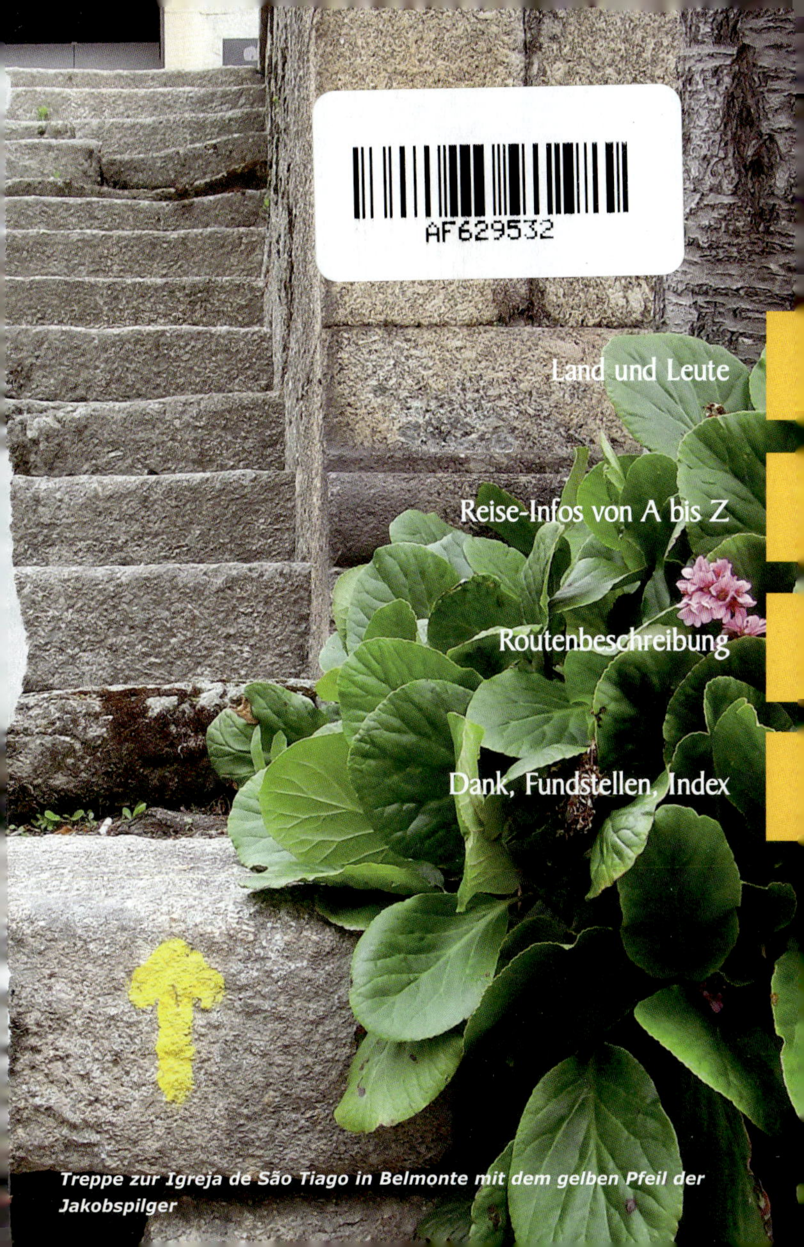

Treppe zur Igreja de São Tiago in Belmonte mit dem gelben Pfeil der Jakobspilger

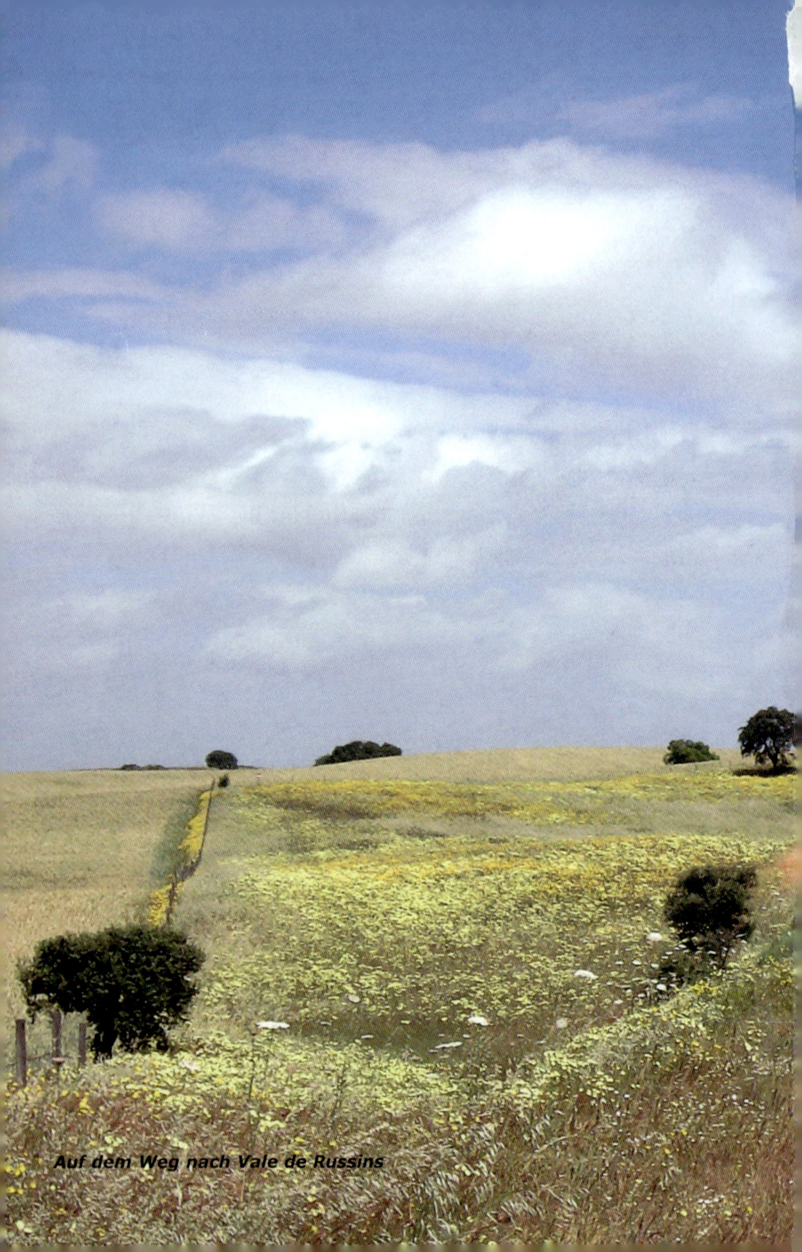

Auf dem Weg nach Vale de Russins

Band 230

OutdoorHandbuch

Hermann Hass

Portugal/Spanien: Jakobsweg Ostportugal – Via Lusitana

von der Algarve nach Ourense

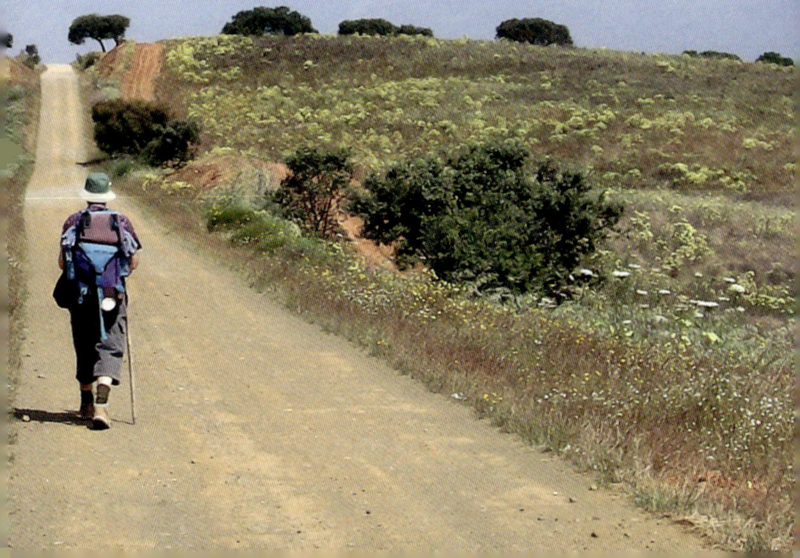

Portugal/Spanien: Jakobsweg

Alle Informationen, schriftlich und zeichnerisch, wurden nach bestem Wissen zusammengestellt und überprüft. Sie waren korrekt zum Zeitpunkt der Recherche.

Eine Garantie für den Inhalt, z.B. die immerwährende Richtigkeit von Preisen, Adressen, Telefon- und Faxnummern sowie Internetadressen, Zeit- und sonstigen Angaben, kann naturgemäß von Verlag und Autor – auch im Sinne der Produkthaftung – nicht übernommen werden.

Der Autor und der Verlag sind für Lesertipps und Verbesserungen (besonders per E-Mail) unter Angabe der Auflagen- und Seitennummer dankbar.

Dieses OutdoorHandbuch hat 319 Seiten mit 110 farbigen Abbildungen sowie 60 farbigen Kartenskizzen im Maßstab 1:200.000, 46 farbigen Höhenprofilen und einer farbigen, ausklappbaren Übersichtskarte. Es wurde auf chlorfrei gebleichtem Papier gedruckt, in Deutschland klimaneutral hergestellt und transportiert und wegen der größeren Strapazierfähigkeit mit PUR-Kleber gebunden.

klimaneutral
natureOffice.com | DE-077-151104
gedruckt

Dieses Buch ist im Buchhandel und in Outdoor-Läden erhältlich und kann im Internet oder direkt beim Verlag bestellt werden.

OutdoorHandbuch aus der Reihe „Der Weg ist das Ziel“, Band 230

ISBN 978-3-86686-548-8 2., komplett überarbeitete Auflage 2017

Text: Hermann Hass
Fotos: ohne Angabe – Hermann Hass, Ursula Austermann (UA), Gertraud Bauer (GB), Roswitha Gardemann (RG), Fernando Gomes (FG), Heino von Groote (HvG), Rolf Kummer (RK), Will und Lambert van Lieshout (vL), Hannelore Steinhaeuser (HS), Jutta Winter (JW), Margrit Wipf (MW), Erik Woody (EW)
Karten: Heide Schwinn
Lektorat: Kerstin Becker
Layout: Manuela Dastig

Gesamtherstellung: Werbedruck GmbH Horst Schreckhase

Dieses OutdoorHandbuch wurde konzipiert und redaktionell erstellt vom:

Conrad Stein Verlag GmbH, Kiefernstr. 6, 59514 Welver,
☏ 023 84/96 39 12, FAX 023 84/96 39 13,
info@conrad-stein-verlag.de,
www.conrad-stein-verlag.de

Besuchen Sie uns bei Facebook & Instagram:

www.facebook.com/outdoorverlage (Die Outdoor-Verlage)

www.instagram.com/die_outdoor_verlage (die_outdoor_verlage)

Titelfoto: Pilger vor Mértola

Inhalt

Routenbeschreibung 44

Azulejos in Fronteira (UA)

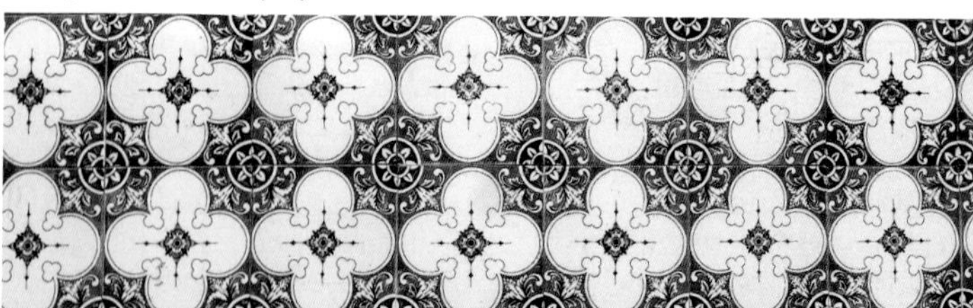

Vorwort zur 2. Auflage

Was nur macht die Faszination dieses Weges aus, der nun schon viele so in seinen Bann gezogen hat, dass sie ihn am liebsten gleich wieder gehen würden, und so manche/r dies auch schon getan hat, einmal, zweimal, ja sogar dreimal hintereinander?

Gründe hierfür sind sicherlich die überwältigend schönen und unglaublich abwechslungsreichen Landschaften, Trillionen bunter Blüten in einer weitgehend gesunden Natur voller Bienengesumm und Vogelgesang, eine trotz aller geografischen Nähe manchmal rätselhaft fremde Kultur mit ihren frühgeschichtlichen Zeugnissen direkt unter den Füßen des Pilgers oder unmittelbar am Wegesrand und nicht zuletzt die herzliche Gastfreundschaft der einfachen Menschen auf dem Land – die Tugend des gegenseitigen Helfens und Verstehens auch bei dürftigem Wortschatz treibt hier eine späte, anderswo schon längst verdorrte Blüte.

In den vielen Berichten, Zuschriften und anderen Äußerungen, die mich erreicht haben, klingt die Begeisterung darüber immer wieder an – wie könnte es auch anders sein? Hinzu kommt jedoch sogar bei meist erfahrenen Pilgern und Fernwanderern ein fast ungläubiges Staunen über sich selbst und unterwegs an sich entdeckte Fähigkeiten: *Ich* habe *das* geschafft, trotz aller Herausforderungen, trotz fehlender Markierungen, trotz zuweilen schlechten Wetters und trotz fehlender Sprachkenntnisse! Die Freude über den Weg verbindet sich mit der über die eigene Leistung und führt zu der beglückenden Erkenntnis, dass doch sehr viel mehr in einem steckt als man jemals vermutet hätte. Welch schöneren Lohn könnte man erwarten?

Ein Pilger schrieb: „Es war immer wieder faszinierend, alles so vorzufinden, wie Sie es beschrieben hatten, auch wenn es manchmal Unsicherheiten gab. Schließlich bin ich immer ans Ziel gekommen und es war immer irgendwie ein Erfolgserlebnis, so ganz ohne Karte und Wegweiser, nur nach Beschreibungen. Ich habe mein Umfeld viel aufmerksamer wahrgenommen als auf den Hauptwegen in Spanien, wo alle paar Hundert Meter ein gelber Pfeil auch den letzten Deppen zum Ziel führt." Ein anderer fasste seine Eindrücke so zusammen: „Diese fünf Wochen waren einer Pilgerreise im ursprünglichen Sinne ähnlicher als die sehr kommerzialisierte und deutlich bequemere Tour auf der Nordroute. … Das Tolle am Pilgern ist, wochenlang ganz bei sich zu sein, alleine mit seinen Gedanken, Zeit zu haben, sich auf das Wesentliche zu konzentrieren. Und das geht unabhängig davon, ob da irgendwo eine Pilgermuschel auf dem Wegweiser klebt." (Fundstelle 19 am Ende dieses Buches)

Der Weg ist eine Herausforderung, ein Abenteuer, dem Brendan und ich uns immer wieder gestellt haben, um für die vorliegende 2. Auflage eine noch schönere Route mit dennoch authentischen Bezügen zu finden. Dabei habe ich mir die gelegentlich geäußerte Kritik an den in der Vorauflage enthaltenen Strecken auf Teer und Asphalt sehr zu Herzen genommen und versucht, die Route nach Möglichkeit über historische Bauern- und Dorfverbindungswege ohne Bitumen zu führen. Das gelang in vielen Fällen, ja mehr noch, unversehens stießen wir und andere auf völlig intakte Stücke von Römerstraßen

– noch authentischer geht es nicht. So werden nun die ganz großen Straßen fast komplett vermieden, hin und wieder jedoch müssen Sie sich auch längere Zeit auf kleineren Teerstraßen fortbewegen. Das liegt teils an der Infrastruktur, teils daran, dass die Alternative unzumutbar oder zu gefährlich wäre oder es dort schlicht keine Übernachtungsmöglichkeit gibt.

Brendan und ich wünschen Ihnen, dass wie so vielen zuvor auch Ihnen die Via Lusitana zu einem Weg der Freude wird. Stellen Sie sich der Herausforderung, durchwaten Sie Flüsse und erklimmen Sie Berge! Dieser Weg wurde zum Abenteuer unseres Lebens. Spätestens in Ourense werden Sie verstehen, warum. Auf geht's!

Einführung

Der Jakobsweg Ostportugal (Via Lusitana)

Den in diesem Buch beschriebenen Weg bezeichne ich wegen seiner geografischen Lage und seines Verlaufs ganz allgemein als „Jakobsweg Ostportugal", das entspricht dem portugiesischen „Caminho Português Interior do Leste". Auch aus Gründen der besseren Unterscheidung vom klassischen Camino Portugués/Caminho Português (mit Nebenrouten) und dem erst 2012 markierten „Caminho Português Interior de Santiago" ziehe ich jedoch die Bezeichnung „Via Lusitana" vor, weil der Weg auf der gesamten Strecke von der Algarve bis zum Douro durch die ehemalige römische Provinz Lusitania und teilweise über die dortigen Römerstraßen (Vias Romanas) führt. Im Übrigen ist „Via Lusitana" nur ein Synonym für „Caminho Português". Der Apostel (der „heilige") Jakobus wird im Spanischen „Santiago" und im Portugiesischen meist „São Tiago" genannt. „Santiago" steht in beiden Sprachen auch für die Stadt Santiago de Compostela.

Die Route

Der portugiesische Archäologe und Historiker Joel Cleto bringt es auf den Punkt: „Es gibt nicht den einen Caminho de Santiago, sondern viele Caminhos nach Santiago. Besonders augenfällig ist dies im Falle Portugals, wo sich über die Jahrhunderte zahlreiche Routen nach Santiago de Compostela bildeten". (Fundstelle 1 am Ende des Buchs)

Genauso wie im übrigen Europa entstand so ein Netz von Jakobswegen, wobei zwei an der Algarve im Süden des Landes beginnende und nach Norden verlaufende Hauptrouten (mit Querverbindungen) erkennbar sind, eine ganz im Westen und eine im Osten nahe der Grenze zu Spanien. Sollten Sie bereits den offiziellen Pilgerausweis, das „Crendencial del Peregrino" besitzen, finden Sie dort die entsprechende Kartenskizze. Sie wiederum entspricht einer Skizze der mittelalterlichen Pilgerwege Portugals auf Seite 89 des Aufsatzes von Prof. Humberto Barquero Moreno (Universität Porto) „Vias por-

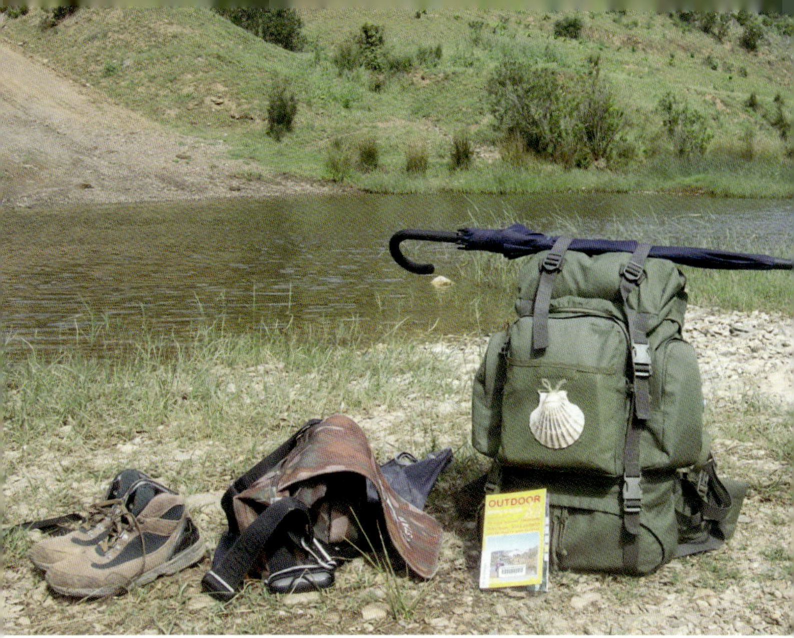

Rast am Ribeira do Terges

tuguesas de peregrinação a Santiago de Compostela na Idade Média" (Fundstelle 2). Bei dem Aufsatz handelt es sich um die bisher ausführlichste Darstellung der portugiesischen Jakobswege, auf Deutsch gibt es dazu nichts.

In diesem Pilgerführer wird die östlichste, auf der Kartenskizze in Tavira beginnende Route beschrieben, wobei wir Prof. Moreno zwischen Beja und Vila Real getreulich folgen und uns nur wenige Abweichungen erlauben. Gleich zu Beginn entschieden wir uns für Vila Real de Santo António (VRSA) als Ausgangspunkt. So gelangen wir unmittelbar auf die ebenfalls authentischen Etappen von Castro Marim über Alcoutim und Mértola nach Beja. An diesen Orten boten entweder Ritterorden wie der von Santiago Pilgern Schutz oder sie waren auf auf diese oder jene Weise eng mit Santiago bzw. São Tiago verbunden. (Dieser Variante folgt auch der von einer 2010 in Tavira gegründeten privaten „Associação Amigos do Caminho do Este de Portugal" ausschließlich auf National- und Kreisstraßen markierte „Caminho do Este de Portugal", vgl. Fundstellen 3-6.)

Von Vila Real nach Ourense machen wir nicht den Umweg über Chaves, sondern folgen der direkten Route über den Jakobsweg durch die Terras de Basto und die herrliche Bergwelt der Trás-os-Montes nach Tourém, um von dort über Bande und Celanova ans Ziel zu gelangen. Beide Orte liegen am alternativen Pilgerweg der Portugiesen von Porto über Braga und Santa Comba de Bande nach Ourense und Santiago de Compostela (Fundstelle 7).

Markierte Wege und Etappen

Bis zum Erscheinen der 1. Auflage dieses OutdoorHandbuchs im Oktober 2009 gab es außer dem Camino Portugués von Porto nach Santiago de Compostela keine weiteren „aktiven" portugiesischen Jakobswege und schon gar keinen markierten; das aber änderte sich dann relativ schnell. 2012 wurde der „Caminho Português Interior de Santiago" von Viseu über Chaves bis zur spanischen Grenze bei Vilarelho da Raia markiert. Dahinter trifft er bei Verín auf die von Zamora herüberkommende Vía de Plata (Fundstellen 8 und 9). Zwischen Lamego und Borbela (☞ 35. bis 37. Etappe) legt er die gleiche Strecke zurück wie die Via Lusitana, wir folgen ihm jedoch nicht, vgl. Etappenbeschreibung.

Besondere Aufmerksamkeit erweckt hat der aufgrund privater Initiative („Asociación de Antiguos Alumnos de la Universidad de Salamanca") von dieser nach 2012 markierte „Camino Torres", der von Salamanca über Trancoso und Lamego zum Anschluss an den Camino Portugués in Braga führt (Fundstelle 10). Auf der 31. Etappe sind die Routen der Via Lusitana und des Camino Torres identisch, auf der 33. und 35. Etappe decken sie sich teilweise.

Auf der **Via Lusitana** sind bislang die Etappen 17 bis 25 und 37 bis 39 (so weit diese im Concelho de Mondim de Basto verlaufen) markiert. Dies erfolgte durch lokale Jakobusbruderschaften, teilweise in Zusammenarbeit mit den jeweiligen Concelhos (Kreisverwaltungen) und im Falle von Nisa zusätzlich durch einen Gemeindeverband. Weitere Concelhos (aktuell Estremoz, Sousel und Fronteira – Etappen 15 und 16) planen die Markierung. Dies geschah und geschieht leider nicht einheitlich; so schließen die Etappen an der Kreisgrenze manchmal nicht nahtlos aneinander an, außerdem sind die Markierungen in den einzelnen Concelhos unterschiedlich. Im Großen und Ganzen ist es jedoch erfreulich, dass dort verhältnismäßig rasch und positiv auf den wiederentdeckten Weg reagiert wurde.

Markierung in Castelo Novo

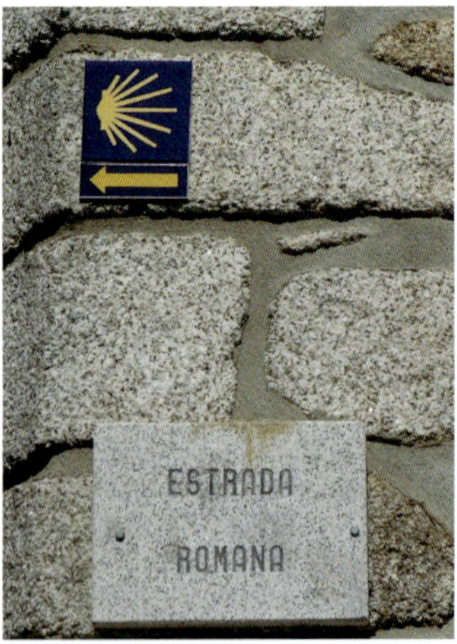

Trotz dieser teilweise markierten Etappen und aller historisch eindeutigen Bezüge unserer Route wird in diesem Outdoor-Handbuch noch kein durchgehend offizieller Pilgerweg beschrieben. Deshalb und weil der Weg von Brendan Mulcahy und mir sozusagen „neu vermessen" wurde, beschreibe ich ihn entgegen der vom Verlag gepflogenen Praxis, aber dennoch mit seiner freundlichen Zustimmung, in der Wir-Form. An Stellen, wo ich um Ihr besonderes Augenmerk bitte, Empfehlungen oder Warnungen ausspreche, wende ich mich aber natürlich direkt an Sie.

Land und Leute

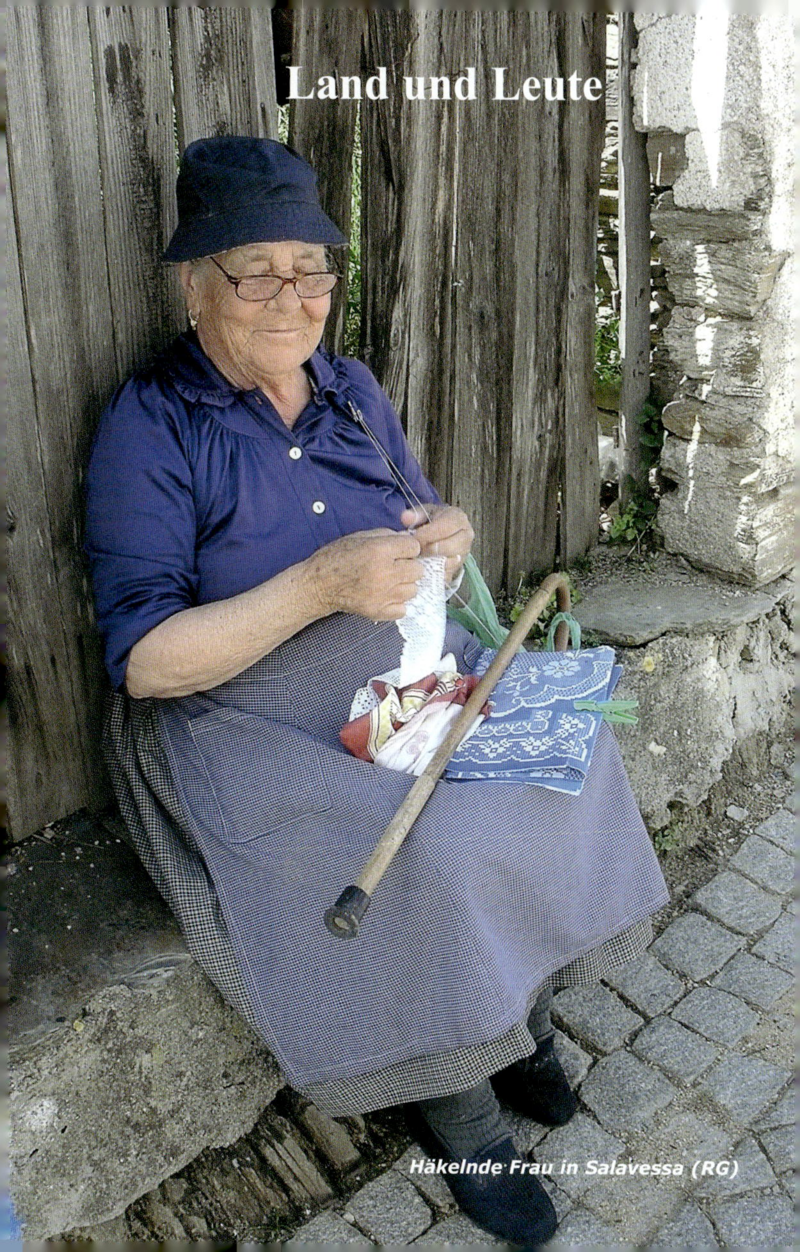

Häkelnde Frau in Salavessa (RG)

Die Menschen

Die Portugiesen, ob in den Städten oder auf dem Land, gehören zu den freundlichsten und hilfsbereitesten Menschen, die ich auf zahllosen Reisen kennengelernt habe. Die Lusitanier sind zudem ein ruhiges und friedliches Volk. Wenn Sie Ihre Bitten und Wünsche ebenso vortragen, werden sie - wenn irgend möglich - erfüllt, ja mehr noch, oft wird schier Unmögliches möglich gemacht. Sie können ohne Scheu überall und jederzeit fragen. Jemand kennt bestimmt jemand, der jemand kennt, der Bescheid weiß oder helfen kann. Sollten Sie einmal Anlass zu einer Beschwerde haben, bitten Sie freundlich um Abhilfe, sie wird sicherlich sogleich gewährt. Am Ende werden Sie dieses Land so lieb gewonnen haben, dass Sie es nur schweren Herzens wieder verlassen werden.

Die Galicier auf dem Wege nach Ourense sind etwas verschlossener, aber auch sehr hilfsbereit. Ihnen ist besonders die Freude anzumerken, dass sich ausländische Reisende in ihrer Heimat umsehen möchten, und sie werden versuchen, Ihnen den Aufenthalt so angenehm wie möglich zu machen.

Verwaltung und Topografie

Verwaltungstechnisch ist Portugal in 22 Distrikte (Distritos) gegliedert, von denen 18 auf dem Festland liegen. Die Distrikte gliedern sich in Kreise (Concelhos oder Municípios) und diese in Gemeinden (Freguesias). Die Kreisverwaltung sitzt in der Câmara Municipal, die Gemeindeverwaltung heißt Junta de Freguesia.

Auf der Via Lusitana kommen Sie von Süden nach Norden durch 8 Distrikte: Faro (mit Vila Real de Santo António), Beja, Évora, Portalegre (mit Crato und Nisa), Castelo Branco, Guarda, Viseu (mit Belmonte) und Vila Real.

Obwohl sie keine politische Bedeutung mehr haben, wird bei Ortsbestimmungen im Tourismus meist auf die 11 **historischen Provinzen** Bezug genommen, entsprechend verfahre auch ich. Zuerst wandern Sie bis kurz vor Mértola durch die *Algarve* (portugiesisch korrekt „O Algarve" = der Algarve), anschließend bis Cuba durch den *Baixo Alentejo*, um dann in den *Alto Alentejo* mit Évora zu gelangen, dessen nördliche Grenze der Tejo bildet. Auf diese 3 hügeligen folgen nun die ausgesprochen gebirgigen Provinzen der *Beiras*, die sich bis zum Douro erstrecken. Dabei handelt es sich um die *Beira Baixa* mit Castelo Branco und die *Beira Alta* mit Guarda. Dahinter geht es dann über das Hochufer des *Alto Douro* und das Hochland der *Trás-os-Montes* mit Vila Real hinunter nach *Galicien*, das als autonome Provinz aber bereits in Spanien liegt.

Geschichte auf unserem Weg

Der in diesem OutdoorHandbuch beschriebene Weg ist mit Geschichte und Geschichten nachgerade gepflastert. Ich will mich daher auf historische Momente beschränken, die unmittelbar oder mittelbar in Beziehung zu unserem Weg stehen.

Dolmen, Iberer, Mittelmeervölker und Kelten

Weil die ältesten Monumente am Weg sehr alt sind, muss der Einstieg früh erfolgen. In der Jungsteinzeit um **4500 v. Chr.** wurden im heutigen Portugal gewaltige Steinblöcke zu Monumenten und Megalithgräbern aufgerichtet und -geschichtet (aus dem Griechischen „mega“ = riesig und „lithos“ = Stein). Mit einer wuchtigen Steinplatte abgedeckt heißen sie Dolmen (Tischgrab). Auf Ihrer Wanderung werden Sie auf Schilder mit der Bezeichnung „Anta“ stoßen, die auf ein Megalithgrab, ja zuweilen ein ganzes Gräberfeld ("Necrópole"), hinweisen. Einige dieser Monumente liegen direkt am Weg.

2000 v. Chr. begannen die Iberer einzuwandern, die der Halbinsel schließlich ihren Namen gaben. Phönizier, Griechen und Karthager folgten, meist um an der Algarve zu siedeln oder Handel zu treiben, aber auch, um die weiter nördlich vorhandenen Kupfervorkommen abzubauen. Etwa eintausend Jahre danach zogen keltische Stämme von Norden über die Pyrenäen und vermischten sich mit den Iberern und anderen Stämmen zu den sog. Keltiberern, die schließlich die große Mehrheit der Bevölkerung ausmachten.

Die Römer kommen

Ab dem **2. Jh. v. Chr.** begannen die Römer, die Iberische Halbinsel zu erobern. Wegen des oft erbitterten Widerstands der Bevölkerung konnten sie erst unter Kaiser Augustus (27 v. Chr. bis 14 n. Chr.) ihren Einfluss auf den Nordwesten und das heutige Galicien ausdehnen. Sie unterteilten die Halbinsel in Provinzen, wobei sie die Bewohner im Westen nördlich des Douro „Gallaeci“ (Provinz Gallaecia = Galicien und das heutige Nordportugal) sowie südlich des Flusses „Lusitani“ (Provinz Lusitania mit der Hauptstadt Emerita Augusta = Mérida an der Vía de la Plata) nannten.

Wie überall in den von ihnen besetzten Gebieten legten die Römer ein weit verzweigtes Straßennetz an, auf dem auch Sie nicht wenige Kilometer zurücklegen werden, selbst wenn es meist unter späteren Straßen verschwunden ist. Über diese Straßen hielt schließlich auch das Christentum Einzug ins heutige Portugal. Im Jahre **303** gab es bereits Bischofssitze in Ossobona (bei Faro) und Ebora (Évora).

Sueben und Westgoten

Ab **409** drangen germanische Heere in die Iberische Halbinsel ein und setzten der römischen Herrschaft ein Ende. Von ihnen konnten sich auf Dauer nur die Sueben halten, die **411** im Nordwesten der Halbinsel ein Königreich gründeten, das neben dem heutigen Galicien auch die Gebiete bis fast hinunter zum Tejo einschloss. Sie wurden zur Keimzelle Portugals. Hauptstadt des Suebenreichs war Bracara Augusta, das heutige Braga in der Nähe von Porto.

Nur ganz kurze Zeit nach den Sueben fielen auch die Westgoten ebenfalls von Norden kommend etwa ab **415** in die Halbinsel ein und machten Toledo zu ihrer Hauptstadt. Bis **585** bestand daneben das Reich der Sueben fort. Dann wurde es dem Reich der Westgoten einverleibt, das zur beherrschenden Macht wurde.

Das Ende der Westgoten – die Araber rücken vor

Nach ersten Krisen im 7. Jh. schwächten Adelsrevolten, Verschwörungen und Thronkämpfe sowie wirtschaftlicher Niedergang und hohe Bevölkerungsverluste durch zwei Pestepidemien um 700 das Westgotenreich vollends. Währenddessen drangen die Araber in Nordafrika stetig vor, und selbst als sie bereits zur Meerenge von Gibraltar vorrückten, fochten zwei westgotische Sippen um die Herrschaft, blind für die Gefahr, die

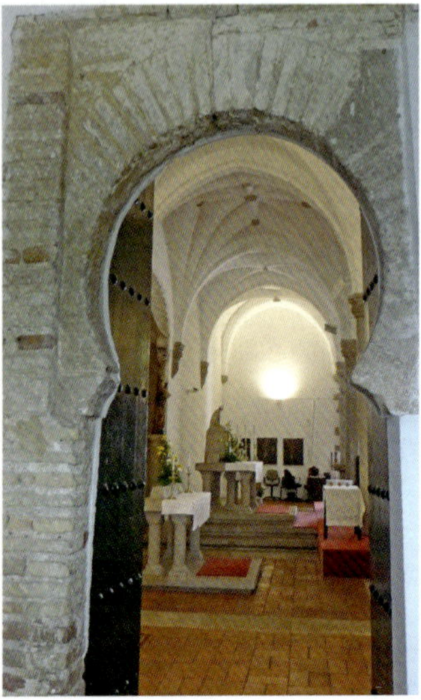

Nordportal der Igreja Matriz von Mértola (UA)

Im Gegensatz zu Spanien, man denke nur an Córdoba und an Granada, hat die Herrschaft der Muslime in Portugal kaum sichtbare Spuren hinterlassen. Eine der ganz wenigen Ausnahmen ist das Nordportal der *Igreja Matriz* von *Mértola* mit dem typischen maurischen Hufeisenbogen.

Bleibendes Kennzeichen des maurischen Einflusses sind jene bemalten und glasierten Fliesen bzw. Kacheln, die Azulejos (aus dem Arabischen az-zuleycha = kleine polierte Fliese, nicht aus dem Spanischen und Portugiesischen azul = blau). Sie werden Ihnen unterwegs auf Schritt und Tritt begegnen. Ohne sie ist Portugal nicht vorstellbar.

Christen (sog. Mozaraber) und Juden waren unter den Muslimen zwar

von Süden drohte. Als ein erster Erkundungstrupp auf das spanische Festland im Juli 710 nur auf wenig Widerstand gestoßen war, ließen die Muslime im Frühjahr **711** eine Flotte mit mehreren Tausend Kriegern nach Gibraltar übersetzen. Der letzte westgotische König Roderich konnte nicht sofort auf die viel zu spät erkannte Bedrohung reagieren. In der Entscheidungsschlacht im Juli 711 wurde das westgotische Heer im südlichen Andalusien besiegt, König Roderich fiel im Kampf.

Die Muslime konnten weitere Gebiete sozusagen im Eiltempo erobern. Schon fünf Jahre später war praktisch die ganze Halbinsel dem Islam unterworfen. Nur ein schmaler Streifen ganz im Norden blieb christlich: von der Westgrenze des heutigen Asturien über Kantabrien und das nördliche Baskenland bis in die Pyrenäen hinein. Auch das Gebiet des heutigen Portugal fiel an das arabische Emirat bzw. spätere Kalifat Córdoba.

Die Synagoge von Belmonte (EW)

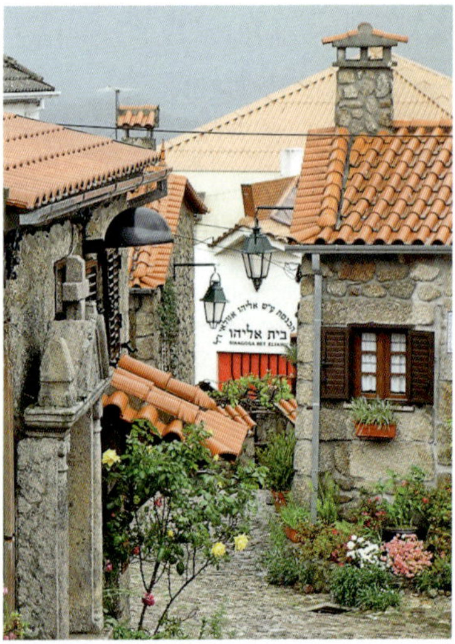

tributpflichtig und Einschränkungen unterworfen, als Anhänger von Buchreligionen (Bibel und Thora/Talmud neben dem Koran der Muslime) genossen sie jedoch weitgehende Religionsfreiheit. Bei den Juden wird sogar von einer Blütezeit auf der Iberischen Halbinsel gesprochen. 55.000 Juden soll es unter arabischer Herrschaft gegeben haben und ihre Wohnviertel, die Judiarias, florierten. Einige davon, z. B. in Guarda, Trancoso und vor allem Belmonte, liegen auf dem Weg.

Widerstand und Portucale

Die seit **719** von den hoch im Norden verbliebenen christlichen Gebieten ausgehende Wiedereroberung, die sog. Reconquista, ging allmählich auf eine ausgedehnte Region im Norden der Halbinsel über. Bis 866 war Galicien bis hinunter nach Ourense, dem Zielort dieses Pilgerführers, eingenommen. Westlich davon gelangten die Kämpfer des Reiches von Asturien oder León, wie es später genannt wurde, bis hinunter zum Duero, dem portugiesischen Douro.

Im heutigen Portugal konnten die Christen das nahe der Mündung des Douro in den Atlantik liegende *Portucale*, das heutige Porto, 868 einnehmen. Es entwickelte sich zu einem wichtigen Verwaltungszentrum und zum Sitz einer neuen politischen Einheit. Der Name *Portucale* ging bald auf dieses Gebiet selbst über und wurde als solcher **913** erstmals erwähnt. Damit war der Grundstein für das heutige Portugal gelegt. Aber eins nach dem anderen.

Santiago de Compostela wird zerstört

Die eben beschriebenen Wiedereroberungserfolge waren nicht von Dauer. Die Muslime kehrten zurück, und für mehr als ein Jahrhundert verwandelten sich die eroberten Gebiete in eine heftig umkämpfte Region mit unzähligen Todesopfern.

997 griff der Kalif al-Mansur Santiago de Compostela an und verwüstete bis auf das Apostelgrab alles in einer Weise, dass - wie ein arabischer Chronist mit Blick auf die zerstörten Bauten bemerkte - „niemand auf den Gedanken gekommen wäre, sie hätten dort noch am Vortage gestanden".

▷ Hier einige Worte zur der dem Apostel Jakobus (Santiago) zugeschriebenen Rolle bei der Wiedereroberung: Bei den frühen Kampfeshandlungen ging es vor allem um den Widerstand gegen die muslimischen Besatzer und um die Rückeroberung der von ihnen besetzten Gebiete. Allerdings kam dem sehr entgegen, dass der asturische Abt Beatus von Liebana (gest. 798) die Vorstellung verbreitete, dem Apostel Jakobus sei die Iberische Halbinsel als Missionsgebiet zugewiesen worden. Als kurz darauf auch noch das Grab dieses Apostels entdeckt wurde, ließ Alfons II., der Keusche (789-842) die erste Kirche in Compostela errichten und unterstützte genauso wie seine Nachfolger intensiv den aufkommenden Kult um den Apostel und die Pilgerbewegung.

Noch jedoch wurde Jakobus nicht mit der Reconquista in Verbindung gebracht. Er blieb fast 250 Jahre lang ein friedlicher Heiliger, oft nur mit Buch und Stab dargestellt, auch dann noch, als man ab dem späten 11. Jahrhundert von einem Glaubenskrieg gegen die Muslime sprechen konnte.

♦ Der erste Auftritt Santiagos als "miles Christi" (Ritter bzw. Streiter Christi) erfolgte der Legende nach bei der langwierigen Einnahme von *Coimbra*, der späteren ersten Hauptstadt Portugals, im Jahre 1064, bei der Jakobus entscheidende Hilfe geleistet haben soll. Davon berichtete erstmals die „Historia Silense“, die allerdings erst 70 Jahre nach der Eroberung *Coimbras* geschrieben wurde, und nochmals 30 Jahre später das „Liber Sancti Jacobi“ (Buch vom heiligen Jakobus). Nicht von ungefähr war zeitlich nah 1144 zum Zweiten Kreuzzug aufgerufen worden. Von den englischen, deutschen und skandinavischen Kreuzrittern, die auf dem Weg nach Jerusalem 1147 Lissabon erobern halfen, war es denn auch nicht weit bis zur Vorstellung von Jakobus als heiligem Ritter Christi, der die christlichen Heere im Kampf gegen die Muslime tatkräftig unterstützte.

Santiago Matamoros

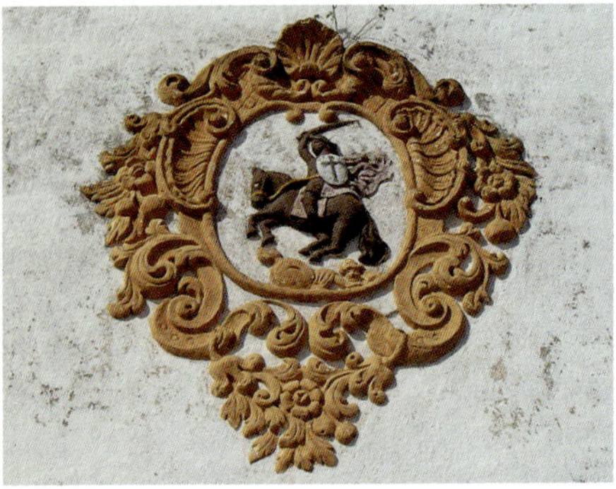

Dieses Bild scheint in Portugal schon lange verblasst zu sein. Auf unserem Weg nach Santiago de Compostela sind mir dort nur zwei Darstellungen des Apostels als Ritter Christi aufgefallen, darunter diese am Turm der Igreja de Santiago in Tavira.

Die Geburt Portugals

Um die christlichen Fürsten im Kampf gegen die Muslime zu unterstützen, kamen französische Ritter als eine Art Kreuzritter auf die Iberische Halbinsel. Unter ihnen waren auch Raymond von Burgund und sein Vetter Henri. Dieser (nunmehr Henrique genannt) bekam **1095** Teresa, die Lieblingstochter von Alfonso VI., dem König von León und Kastilien, zur Frau und mit ihr die sich mittlerweile bis zum Tejo im Süden erstreckende Grafschaft *Portucale* zum Lehen. Henrique begründete mit dieser Heirat die Dynastie Burgund, die bis 1383 über Portugal herrschte. Ihr Sohn Afonso Henriques sollte der erste König Portugals werden.

▷ Der Überlieferung nach hatten seine Eltern in der Burg von *Guimarães* Residenz genommen. Am 25. Juli 1109 wurde er wahrscheinlich hier geboren und in der Kapelle S. Miguel unterhalb der Burg getauft. Als „Wiege Portugals“ ist die Burg heute eine Art Weihe- und Wallfahrtsstätte der Portugiesen. Ich werde Sie weiter unten einladen, einen Abstecher dorthin zu machen, ☞ Seite 267.

Der erste König

Nach dem Tode seines Vaters Henrique strebte Afonso Henriques, unterstützt vom portucalischen Adel, die Unabhängigkeit von Kastilien-León an und stieß damit auf den

Widerstand seiner als Regentin eingesetzten spanischen Mutter und seines Vetters Alfonso VII. von Kastilien-León. Am **24. Juni 1128** besiegte er in der Schlacht von São Mamede bei *Guimarães* die Truppen seiner Mutter und der Spanier. Dieser Tag wird als „Dia I de Portugal" gefeiert. Jedoch erst im Juli 1139, als Afonso Henriques bei *Ourique* einen glänzenden Sieg über die Muslime errang, gewann er Oberwasser und nannte sich fortan „Rex Portugalensium". Alfonso VII. sperrte sich zunächst noch, erkannte aber schließlich im Vertrag von Zamora **1143** das Königreich Portugal an. Die völlige staatliche Unabhängigkeit hing dann jedoch noch von der Zustimmung des Papstes ab, die sich dieser teuer bezahlen ließ. Erst nach weiteren 35 Jahren, umfassenden Zugeständnissen und vierfach aufgestockten Tributzahlungen an den Heiligen Stuhl stimmte der Papst zu. Portugal ist damit der **älteste Nationalstaat Europas**.

1147 nahm Afonso Henriques Lissabon ein, das fortan bei Portugal verblieb. 1162 fielen Beja und 1165 Évora. Trotz seines kriegerischen Lebens starb dieser erste König erst 1185 im Alter von 74 Jahren.

Portugal wird frei

Ab 1184 starteten die Muslime den letzten groß angelegten Versuch, die weit nach Süden vorgerückten Christen wieder zu vertreiben. Dabei kamen sie erneut bis an die Tejo-Linie. Als die Macht der damals regierenden Almohaden schließlich verfiel, konnten die christlichen Truppen erneut nach Süden vordringen, bis unter Afonso III., einem Urenkel Dom Afonso Henriques, mit der Einnahme von Faro **1242** die portugiesische Reconquista abgeschlossen werden konnte.

Noch 1279, dem Todesjahr dieses Königs, gelang es seinem Nachfolger Dom Dinis I., die lang umstrittene Grenze zwischen seinem Land und Kastilien-León festzulegen. Seitdem kennt Portugal ungefähr dieselben Grenzen wie im 21. Jahrhundert - einmalig in Europa!

Dom Dinis I., der kluge König

Dom Dinis I. (**1261–1325**) regierte Portugal 46 Jahre. Er widmete sich mit Nachdruck dem Ausbau seines Landes im Inneren und führte das Land zu wirtschaftlicher und kultureller Blüte. Er ließ Burgen bauen und Städte befestigen; eine ganze Reihe davon, bzw. deren Reste, liegen auf unserem Weg. Den Höhepunkt seiner Herrschaft kennzeichnete eine von 1297 bis 1320 anhaltende Periode des inneren und äußeren Friedens. 1288 wurde die Universität von Lissabon gegründet, die später nach *Coimbra*, die damalige Hauptstadt des Landes, verlegt wurde. Dort schuf Dinis I. auch die Grundlage für die sprachliche Einheit Portugals, indem er den Dialekt von Porto zur Nationalsprache erhob.

▷ Seine Gemahlin war Isabella von Aragon, die spätere Nationalheilige Portugals, Rainha Santa Isabel (☞ Seiten 123 f., 299 f.). Wenn Sie auf *Trancoso* (☞ Seite 219 f.) zumarschieren, treffen Sie kurz vor dem Stadttor rechts nicht nur auf eine Gedenktafel, die an ihre Vermählung erinnert, sondern auch auf zwei bizarre moderne Skulpturen, die beide verkörpern.

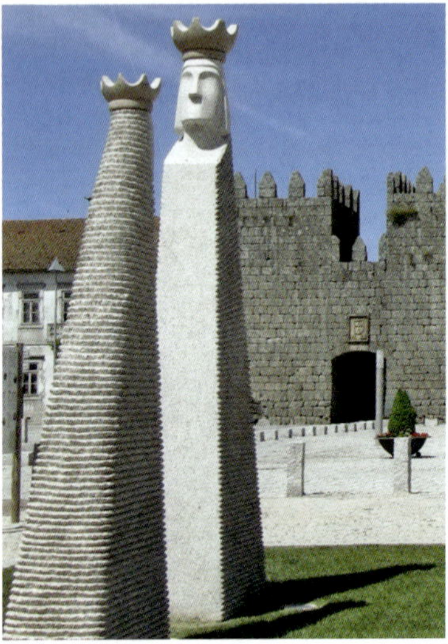

Dom Dinis I. und Rainha Isabel vor der Porta d'El Rei in Trancoso

▷ Beim Aufbau des Landes wurde der König tatkräftig von den Ritterorden unterstützt, die zuvor schon bei den großen Reconquista-Schlachten mitgekämpft hatten. Nur folgerichtig waren ihnen daher im so lange Zeit muslimischen Süden des Landes ausgedehnte Ländereien überlassen worden, an deren Wiederbesiedelung und wirtschaftlichem Aufbau sie wesentlichen Anteil hatten. Bei diesen Ritterorden handelte es sich um Tempelritter, die bereits 1128 ihre erste Niederlassung in Portugal gegründet hatten, um den 1170 gegründeten Orden der Santiagoritter, den Ritterorden von Avis und schließlich um den Hospitaliter- oder Johanniterorden (seit 1530 auch Malteserorden), dessen Hauptsitz sich seit 1232 zeitweilig in *Crato* befand, wo er wie kein anderer der vier Orden in Portugal auch heute noch präsent ist (☞ Seite 144).

▷ Hinsichtlich der Tempelritter gelang König Dinis I. ein Geniestreich. Nach dem Fall von Palästina waren die Templer 1291 nach Europa umgesiedelt, wo sie Paris zu ihrem Hauptsitz machten. Sie betrieben unter anderem Bankgeschäfte und besaßen überall in den großen Städten Europas Schatzkammern. Wegen ihres unermesslichen Reichtums wurden sie beneidet und insbesondere der französische König Philipp IV., der Schöne, schielte begehrlich auf das Vermögen des Ordens. In einer von langer Hand geplanten Nacht- und Nebelaktion ließ der König 1307 daher die gesamte Führung des Ordens sowie fast alle Ritter unter falscher Anschuldigung als Ketzer verhaften. 1312 wurde der Orden aufgelöst, sein immenses Vermögen beschlagnahmt und ein Großteil der Ordensritter samt ihrer Führungsspitze als Ketzer verbrannt.

In Portugal jedoch wusste Dinis I. zu verhindern, dass das riesige Vermögen der Templer das Land verließ oder an einen anderen Orden fiel, indem er mit den Tempelrittern 1317/19 einen neuen Ritterorden, den Christusorden, gründete. Die Personen blieben dieselben, nur die Tracht und das Templerkreuz wurden verändert. Wenn Sie die Augen offen halten, wird Ihnen unterwegs nicht selten das Kreuz des Christusordens (oft als Teil eines Wappens) auffallen. Es ist das rote Kreuz der Templer mit einem seit 1317 eingefügten weißen Kreuz, wobei Weiß für die Unschuld steht - ein cleveres Bilderrätsel.

▷ Dies war einer der größten Triumphe des Königs und zahlte sich vielfach aus. Der Orden wurde zu einer seiner besten Waffen. Das gerettete und weiter vermehrte

Vermögen trug zur Finanzierung der portugiesischen Entdeckungsreisen bei. Der legendäre Prinz Heinrich der Seefahrer war einer der Großmeister des Ordens. Die Entdeckungen führten schließlich dazu, dass der Orden mit seinen überseeischen Besitzungen und Aktivitäten am Ende des 15. Jh. zum reichsten Orden der Christenheit wurde.

Reichtum, Niedergang und Fremdherrschaft

Ab **1383** herrschte in Portugal die Dynastie Avis. Es war die Zeit der großen Entdeckungs- und Eroberungsfahrten, das goldene Zeitalter Portugals. **1500** entdeckte Pedro Alvares Cabral aus *Belmonte* (☞ Seite 198) Brasilien, später Portugals größte Kolonie. Die Gewinne aus Übersee waren immens und ermöglichten eine rege Bautätigkeit. Unter Dom Manuel I. (1495-1521) schufen die portugiesischen Baumeister prächtige Bauwerke in einem völlig eigenständigen Stil, der Manuelinik.

Es gab jedoch auch eine Kehrseite der Medaille: Die riesenhafte Ausdehnung der Kolonien ließ viele junge Portugiesen auswandern und ganze Schiffsmannschaften starben auf den langen Überfahrten. Dadurch wurde die Bevölkerung des Mutterlandes binnen kurzer Zeit um ein Drittel dezimiert. In Hülle und Fülle importierte Lebensmittel und andere Erzeugnisse führten bald zu einem Niedergang von Landwirtschaft und Handwerk. Die Kolonialverwaltung sowie eine ungeheure Verschwendungssucht ließen der Staatskasse immer weniger Einnahmen zufließen. Als der vorletzte König Sebastião bei einem waghalsigen Feldzug nach Marokko 1578 im Alter von nur 23 Jahren zusammen mit 18.000 Offizieren und Soldaten in der verheerendsten Schlacht der portugiesischen Geschichte fiel, ohne einen Thronerben zu hinterlassen, war das Land viel zu schwach, um sich noch nach außen verteidigen zu können.

▷ Die ungeklärte Nachfolgeregelung rief schließlich König Philipp II. von Spanien auf den Plan. Seine Vorgänger hatten immer wieder versucht, ihren Machtbereich auf Portugal auszudehnen, waren jedoch stets gescheitert. Als mit dem Tod des letzten Regenten, dem Lissabonner Erzbischof Henrique, **1580** die Dynastie Avis ausstarb, war der Weg frei für Philipp II. Noch im selben Jahr drangen spanische Truppen unter dem Befehl des Herzogs von Alba ins Nachbarland ein, trafen nur auf schwachen Widerstand und bereits nach wenigen Monaten war der Sieg perfekt.

Philipp II. ließ sich als Filipe I. zum König von Portugal krönen. Das Land blieb auch unter Philipps Nachfolgern unter spanischer Oberherrschaft, insgesamt 60 Jahre lang. Dies ist für viele Portugiesen auch heute noch eine Schmach. 1638 begann eine Adelsverschwörung, die mit der Unterstützung des Herzogs João von Bragança Ende **1640** schließlich in einen Volksaufstand mündete. Lissabon wurde eingenommen und der Herzog zum neuen König João IV. gewählt. Zum Gedenken an die Befreiung von der spanischen Herrschaft ist der 1. Dezember (Dia da Restauração) Feiertag in Portugal.

Portugal wird Republik

Das Haus Bragança regierte bis 1910. Die Jahre davor hatten einen dramatischen Verlauf genommen. Weil das Land immer mehr verarmte und ein rückständiges Agrarland blieb, wuchs die Unzufriedenheit in der Bevölkerung und verhalf der republikanischen

Bewegung schließlich zum Sieg. 1908 wurden König Carlos I. und der Thronfolger Luís Filipe in Lissabon ermordet. Damit war die Monarchie praktisch am Ende. Der letzte König Manuel II. musste abdanken und am **5. Oktober 1910** wurde die Republik ausgerufen.

▷ Sie werden auf Ihrer Wanderung in sehr vielen Orten auf Straßen und Plätze treffen, die nach dem 5. Oktober (meist Avenida 5 de Outubro) oder einfach der Republik benannt sind (Praça da República). Der 5. Oktober ist auch der portugiesische Nationalfeiertag.

Republik und Diktatur

Die Zeit der Ersten Republik ist verwirrend und für unseren Weg nicht weiter relevant. 1928 rief General Carmona die Zweite Republik aus. In der neu gebildeten Regierung wurde die spätere Geißel Portugals, António de Oliveira Salazar, Finanzminister. Er gründete 1930 die faschistische Einheitspartei União Nacional (Nationale Union) und wurde **1932** Ministerpräsident. 1933 legte er die Verfassung, die Grundlage für den sog. „Estado Novo", einen ständisch-autoritären, faschistoiden „Neuen Staat", vor, die er kurz darauf durch einen Volksentscheid bestätigen ließ.

Unter Salazar entwickelte sich Portugal zur Diktatur mit all ihren Attributen: Repression, Zensur, Bespitzelung, Haft und Folter sowie einer der Gestapo nicht unähnlichen Geheimpolizei, der PIDE (Polícia Internacional e de Defesa do Estado = Internationale Polizei zur Verteidigung des Staates). Versuche, das Regime zu stürzen, scheiterten immer wieder, die Macht Salazars wurde nahezu absolut. Die Opposition gegen Salazar bestand im Untergrund zwar fort, aber der außerhalb der Iberischen Halbinsel in Europa tobende 2. Weltkrieg verschaffte Salazar innenpolitisch einige ruhige Jahre. Erst ab 1949 traten die Regimegegner wieder offen auf, sie konnten jedoch keinen entscheidenden Einfluss gewinnen. Das hielt solange an, bis sich Salazar Anfang 1968 eine Kopfverletzung zuzog, die das Weiterregieren unmöglich machte. Er starb im Juli 1970. Sein Nachfolger wurde der zunächst gemäßigte Marcelo Caetano, der aber bald wieder die Unterdrückungsmaschinerie Salazarscher Prägung in Gang zu setzen begann.

Die friedliche Nelkenrevolution

1973 bildete sich eine demokratisch aufgebaute Widerstandsbewegung linksorientierter Offiziere, die sich MFA (Movimento das Forças Armadas = Bewegung der Streitkräfte) nannte. 1974 wurde ein erster Militäraufstand rasch niedergeschlagen. Daraufhin rollte eine vom Geheimdienst PIDE in Gang gesetzte Verhaftungswelle über die MFA hinweg. Sie musste daher reagieren, bevor alles verloren war. Ein gut geplanter und ebenso präzise wie schnell umgesetzter erneuter Militäraufstand, der die große Mehrheit der Portugiesen an seiner Seite wusste, setzte dem Regime und einer 48 Jahre andauernden, verhassten Diktatur am **25. April 1974** ein Ende.

Es war eine friedliche Revolution, Widerstand regte sich so gut wie gar nicht, Blut wurde kaum vergossen. Stattdessen, die Nelkenernte war in diesem Jahr besonders reichlich, steckten die Menschen in Lissabon rote Nelken in die Gewehrläufe der Soldaten, einst regierungstreue Militärpolizisten regelten den Verkehr in Lissabon mit Nelkensträußen in den Händen. Seitdem spricht man von der Nelkenrevolution (Revoluçao dos Cravos). Die Nelke wurde zum Symbol des demokratischen Neubeginns und durch nahezu jeden Ort Portugals, ja selbst Dörfer, führt heute eine Avenida oder Rua 25 de Abril, von den meist mit Springbrunnen geschmückten *Largos* ganz zu schweigen.

🕮 Am 25. April 1974 setzt auch der Roman „Wohin der Wind uns weht" des portugiesischen Autors João Ricardo Pedro (☞ Pedro, João Ricardo) ein, den ich interessierten Lesern zur Lektüre empfehle. „[Dem Autor] gelingt es mit überbordender Fabulierlust und einem feinen Sinn für Ironie, den Leser in seine über mehrere Generationen reichende Geschichte Portugals hineinzuziehen." (Süddeutsche Zeitung). Schauplatz seiner Geschichte ist vor allem die Landschaft am Fuße der Serra da Gardunha (23. und 24. Etappe) zu einer Zeit, als die Gegend noch ärmer war als jetzt.

Portugal heute

Wiederum an einem 25. April wurden genau ein Jahr nach dem Militärputsch die ersten freien Wahlen seit 50 Jahren durchgeführt. Am 2. April 1976 wurde die neue Verfassung verabschiedet und im Mai 1983 bildete der aus der Verbannung zurückgekehrte Sozialist Mário Soares eine Koalitionsregierung, die Portugal den Weg in die Europäische Gemeinschaft ebnete. Seit dem **1. Januar 1986** ist Portugal Mitglied der EU.

▷ Auf unserem Weg durch oft einsame Gegenden ist mit wenigen Ausnahmen selbst in entlegenen Dörfern der wirtschaftliche Aufschwung erkennbar, den Portugal seither genommen hat. Für Pilger und Wanderer weniger erfreulich, aber zur Verbesserung der Infrastruktur und Wirtschaftsförderung oft unerlässlich, erfolgte der Bau eines ausgedehnten Schnellstraßen- und Autobahnnetzes, dessen spektakuläre Brückenkonstruktionen an nicht wenigen Stellen unseren Weg überspannen oder sich weiter entfernt vom Blau des Himmels abheben. Besonders im Norden werden Sie über schmale "alcatrões" (Teerstraßen) ziehen, um zuweilen an einer uralten, aus groben Steinen gefügten Hausmauer auf eine moderne Gedenktafel zu stoßen, die stolz verkündet, dass dieser Weg erst kürzlich geteert wurde und den Dörflern damit den Anschluss an die Zivilisation und die große weite Welt ermöglicht. Nicht nur auf den Vias Romanas oder mittelalterlichem Kopfsteinpflaster fand Geschichte statt, sie setzt sich auch auf diesen schmalen schwarzen Bändern aus unseren Tagen fort.

🕮 Sollten Sie sich eingehender über die Geschichte Portugals informieren wollen, empfehle ich Ihnen:

▷ A.H. de Oliveira Marques, Geschichte Portugals und des portugiesischen Weltreichs, Alfred Kröner Verlag, 2001, und

▷ Klaus Herbers, Geschichte Spaniens im Mittelalter, Verlag W. Kohlhammer, 2006.

Neben anderen Quellen haben diese beiden Werke als Grundlage für die vorstehende Darstellung gedient.

Reise-Infos von A bis Z

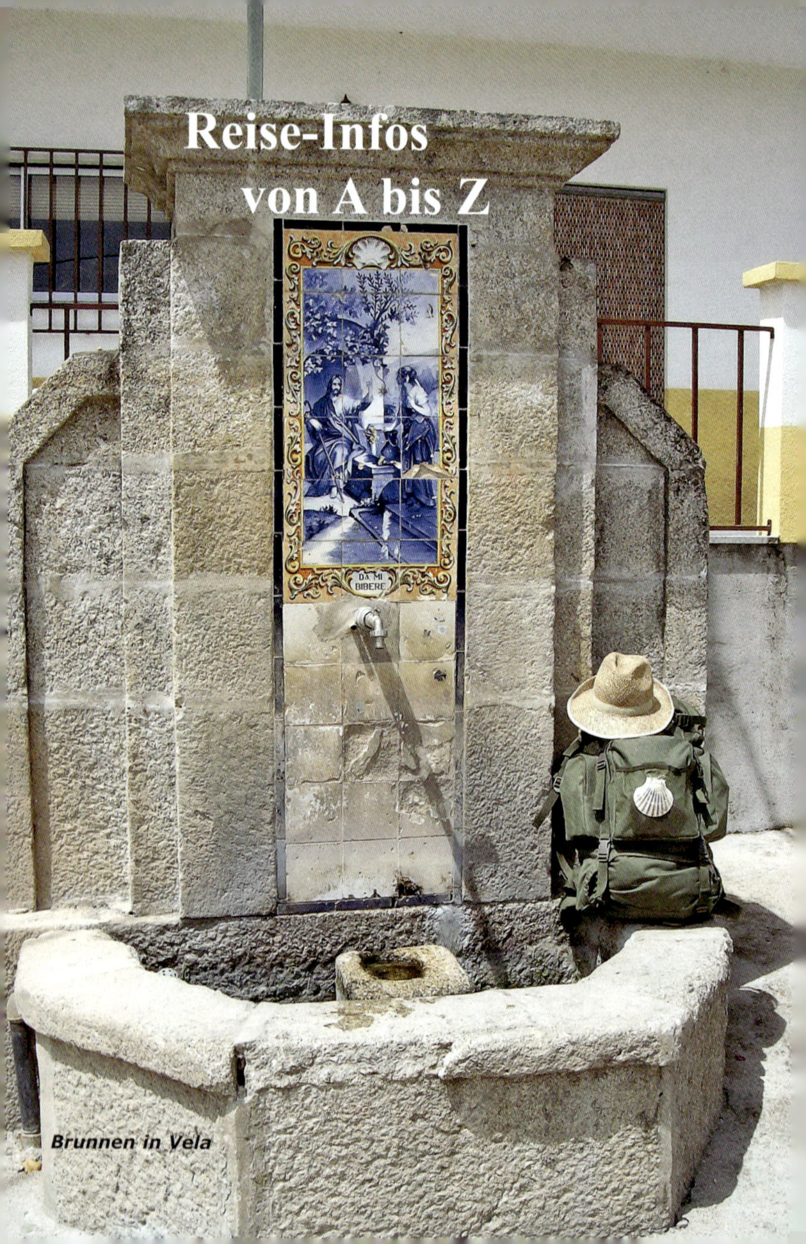

Brunnen in Vela

☺ Bevor ich in die Details gehe, möchte ich Sie auf die hervorragende Website von Thekla Schrange und Aloys Schäfer 💻 www.jakobus-info.de hinweisen. Sie erfahren dort alles, aber auch alles, über das Pilgern nach Santiago de Compostela. Was dort steht, hat Hand und Fuß.

☛ **Wichtig!** Lesen Sie vor Ihrer Abreise auf jeden Fall auch den kurzen Abschnitt zur ☞ **Ausrüstung** und überprüfen Sie das ☞ **Update** auf etwaige Änderungen und Ergänzungen.

Abkürzungen von Ortsnamen

Um Platz zu sparen, habe ich die folgenden Ortsnamen im Text an manchen Stellen abgekürzt:

AdC – Alter do Chão, CdB – Celorico da Beira, CdV – Cabeço de Vide, MdB – Mondim de Basto, VdA – Viana do Alentejo, VRSA – Vila Real de Santo António, VVdR – Vila Velha de Ródão.

Adam und Eva

In diesem Buch verwende ich für beide Geschlechter allgemein die maskuline Form: Pilger, Wanderer, Besucher etc. Dafür bitte ich die Leserinnen unter Ihnen um Nachsicht. Der ohnehin schon lange Text wäre noch länger, wenn ich jeweils beide Geschlechter separat benannt oder „Augenpulver", wenn ich ständig Pilger/in, Besucher/in etc. geschrieben hätte. Danke!

Allein oder zu zweit?

In der 1. Auflage empfahl ich noch, den Weg beim ersten Mal keinesfalls allein zu gehen. Die vielen Einzelpilger und –wanderer, die seitdem auf der Via Lusitana unterwegs waren, darunter auch viele Frauen, haben mich eines Besseren belehrt. Bedenken Sie jedoch Folgendes bei Ihrer Reiseplanung: Die Via Lusitana ist alles andere als überlaufen und nicht jeder kann in einem Land, dessen Sprache er kaum versteht, wochenlang mit sich selbst allein sein. Außerdem ist der Weg streckenweise sehr einsam und nicht immer kommt jemand vorbei, der in Notfällen helfen könnte.

Zu zweit können Sie die Teile Ihrer Ausrüstung, die Sie nicht doppelt mitnehmen müssen, auf zwei Rucksäcke verteilen und sparen dadurch Gewicht; überdies ist die wochenlange Pilgerfahrt billiger. Auch wenn sich die Übernachtungspreise in Grenzen halten, zahlen Sie zu zweit im DZ pro Person meist erheblich weniger als allein im EZ. Manchmal werden Sie auch ein Taxi nehmen wollen, hier ist geteiltes Leid ebenfalls nur halbes Leid. Voraussetzung für eine Wanderung zu zweit ist jedoch, dass Sie sich nicht nur oberflächlich kennen, mit Ihrem Reisegefährten auch ohne Worte verstehen, etwa die gleiche stabile physische und psychische Kondition aufweisen und sich aufeinander verlassen können.

Alternative Routen

Für einige Etappen oder Teil-Etappen gibt es alternative Wege. Aus Platzgründen können im Buch nicht alle Alternativen beschrieben werden. Sie können die Beschreibungen zu diesen Routen aber kostenlos auf der Verlagshomepage herunterladen/beim Verlag anfordern. In den Karten sind sie als gestrichelte Linien eingezeichnet. In den GPS-Tracks zum Buch, die Sie ebenfalls auf der Verlagshomepage herunterladen können (☞ GPS), sind auch die Tracks zu den Alternativrouten enthalten.

An- und Abreise

Die Entfernung Köln - Vila Real de Santo António beträgt etwa 2.350 km. Die Anreise mit der Bahn dauert zwei Tage und bietet keinen Preisvorteil gegenüber einem frühzeitig gebuchten Flug, allenfalls für Interrail-Nutzer könnte sie von Interesse sein. Fahrpläne finden Sie unter www.bahn.de.

Auch die Busfahrt dauert zwei Tage und ist nicht gerade billig. Der Preis für die einfache Fahrt ab Köln beträgt € 166 (mit 20 % Ermäßigung für Studenten, 10 % für Jugendliche unter 26 und Senioren über 60 Jahren). Internationale Busverbindungen finden Sie unter www.internorte.pt/de/ und www.deutsche-touring.de.

Die Anreise mit dem Flugzeug ist den beiden anderen Varianten natürlich vorzuziehen. Es gibt täglich preiswerte Flüge nach **Faro**. Wegen der großen Nachfrage ist das Kontingent der günstigsten Flugpreise schnell ausgeschöpft. Buchen Sie daher möglichst frühzeitig, und damit meine ich *mehrere Monate* im Voraus! Günstige Flüge finden Sie auf Flugvergleichsportalen wie www.swoodoo.de.

♦ Sollten Sie keine bezahlbaren Flüge nach Faro mehr bekommen oder Ihre Wanderung weiter nördlich beginnen wollen, bietet sich stattdessen **Lissabon** als Zielflughafen an. Auch dorthin gibt es günstige Flüge.

▷ Vom Flughafen Lissabon fährt die Metro-Linie *Linha Vermelha* (rote Linie) zum Fernbahnhof Oriente, von dort Züge nach Faro (und weiter nach VRSA), Beja, Évora, Castelo Branco, Covilhã und Guarda – www.cp.pt und www.bahn.de. Ermäßigungen für „terça idade" – Reisende über 60 Jahre.

▷ Der Flughafenbus 96 (Aeroshuttle) fährt zum Busterminal (Terminal Rodoviário) von Sete Rios. Von dort überallhin, u. a. nach VRSA mit www.rede-expressos.com (für die Gesellschaften Rede Expressos und Eva Transportes). Ermäßigungen für Jugendliche, Studenten und Reisende über 60 Jahre.

♦ Eine weitere Anreisemöglichkeit ist ein Flug nach **Sevilla** mit anschließender Busfahrt nach VRSA. Sie müssen zwar entweder in Madrid oder Barcelona das Flugzeug wechseln, dafür können Sie aber unter Umständen sehr günstig fliegen.

▷ Von der Estación de Autobuses an der Plaza de Arma von Sevilla fährt täglich um 16:15 ein Bus von Eva Transportes direkt nach VRSA, ein zweiter fährt um 07:30 (außer Juli, August und der ersten Septemberwoche). Preis € 18 (15 % Ermäßigung für Studenten, Jugendliche und Reisende über 65 Jahre).

♦ Sollten Sie Ihre Wanderung im **Norden** beginnen, bietet sich die Anreise über **Porto** als Zielflughafen an.

▷ Vom Flughafen Porto nehmen Sie zur Weiterreise die violette Metro-Linie *Aeroporto - Estádio do Dragão* bis zum Bahnhof Campanhã. Von dort fahren täglich mehrere Züge nach Peso da **Régua**, das unmittelbar am Pilgerweg liegt. Wenn Sie morgens ankommen, können Sie vom Bahnhof aus eventuell noch am selben Tag direkt nach **Vila Real** hinaufsteigen (☞ 36. Etappe, Seite 251). Zugfahrpläne finden Sie unter 💻 www.cp.pt und 💻 www.bahn.de. Als Zielort nur „Regua" eingeben.

▷ In Peso da **Régua** können Sie auch einen der vor dem Bahnhofsgebäude abfahrenden Busse nach **Lamego** nehmen, um von dort aufzubrechen. Am besten fragen Sie am Zeitungskiosk vor dem Bahnhof nach dem nächsten Bus, der direkt auf der gegenüberliegenden Straßenseite abfährt.

⛴ Ein Erlebnis ist auch eine Schiffsfahrt auf dem Rio Douro von **Porto** nach Peso da **Régua**. Nähere Informationen bei „Porto Tours" in dem Turm gegenüber der Kathedrale (*Sé Catedral*) von Porto oder mit verführerischen Fotos auf 💻 www.porto-tours.com/en-GB/Tourist-Tours/Boat (in englischer Sprache). Informationen auch bei 💻 www.novasetapas.com/ne/douro.php?visitar=cruzeiros (nur Portugiesisch; wenn Sie unter „Contactos" eine Anfrage in Englisch absenden, wird Ihnen in dieser Sprache geantwortet.) Der Buchungsvorgang von Deutschland aus ist umständlich, der Aufwand aber lohnt sich.

♦ Für die **Rückreise** gilt natürlich das für **Lissabon** und **Porto** Gesagte entsprechend. Von **Ourense** fahren Sie am besten mit der Bahn nach Madrid und fliegen von dort zurück, ☞ Infos zu Ourense.

▷ Von **Santiago de Compostela** fliegen Sie am besten nach Hause. Auch hier gilt: Möglichst frühzeitig buchen! Wenn Sie nicht absehen können, wann Sie in SdC ankommen werden, lassen Sie sich ein oder zwei Tage Luft und bleiben Sie ggf. am Ende einen Tag oder zwei Tage länger in einem der Dörfer der Serra do Gerês oder Galiciens.

Ausrüstung

Die mehrjährige Erfahrung mit der 1. Auflage hat gezeigt, dass diejenigen, die zur Via Lusitana aufbrechen, meist sehr erfahrene Pilger und Wanderer sind. Deshalb beschränke ich mich nachfolgend auf die für diesen Weg unbedingt notwendigen Hinweise. Sollten Sie doch noch Anfänger sein, hilft Ihnen die zu Beginn dieser Reise-Infos genannte Website 💻 www.jakobus-info.de zuverlässig weiter.

✂ Nehmen Sie sich viel Zeit zum Planen und Packen!

Befolgen Sie unbedingt den von aus Erfahrung klug gewordenen Pilgern immer wieder gehörten Rat: Halten Sie das Gewicht Ihres Rucksacks so gering wie nur irgend möglich, jedes Gramm zu viel wird zur Qual! Das gilt besonders für diesen Weg mit seinem ewigen Auf und Ab, dem zuweilen schwierigen Terrain sowie den teilweise gewaltigen Höhenunterschieden. Daher: Der Rucksack von Männern sollte brutto keinesfalls mehr als 8 kg, der von Frauen maximal 7 kg wiegen. Wenn Sie noch die Wasserflasche mit 1,5 l und etwas Proviant dazurechnen, sind Sie schnell auf 10 bzw. auf 9 kg. Das reicht vollkommen und vor allem - es ist möglich! Besonders, wenn Sie **zu zweit** gehen, können Sie das Gewicht durch eine sinnvolle Aufteilung nicht doppelt benötigter Sachen deutlich reduzieren.

Rucksack einer Pilgerin (MW)

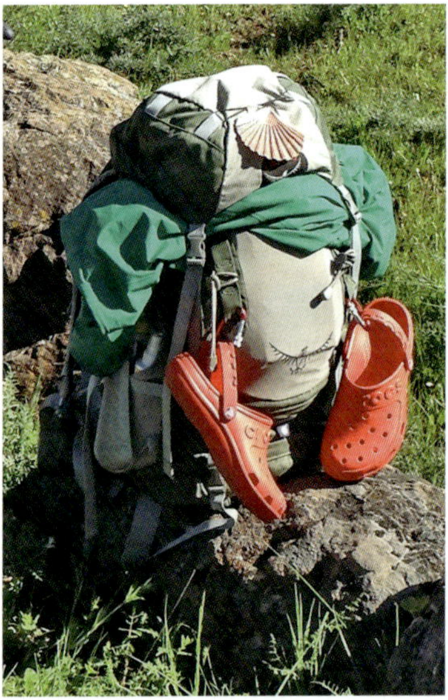

Bis Ourense brauchen Sie weder Isomatte noch Schlafsack, Letzteren benötigen Sie aber für die Pilgerherbergen auf dem *Camino Sanabrés* zwischen Ourense und Santiago de Compostela. Wenn Sie daher an einem verkaufsoffenen Tag in Ourense ankommen und im dortigen Albergue übernachten wollen, können Sie sich immer noch ein leichtes „Etui" aus Baumwolle besorgen, anstatt sinnlos zusätzliches Gewicht durch ganz Portugal zu schleppen.

Noch ein Hinweis für *Frauen*: Auch wenn es schwerfällt, lassen Sie Ihre gewohnten Kosmetika zu Hause und begnügen Sie sich mit einer geeigneten Sonnenmilch als Feuchtigkeitsspender! Ihre teuren Produkte müssten Sie wegen schmerzender Schultern doch irgendwann wegwerfen und das tut dann doppelt weh. Einen Föhn können Sie sich in den Unterkünften ausleihen, wenn nicht, dann muss es für einen Tag auch einmal so oder mit Kopftuch gehen.

♦ Sie brauchen **unbedingt**:

▷ Einen **Wanderstock** – treten Sie diesen Weg keinesfalls ohne ihn an! Zum Abstützen in schwierigem Gelände und bei der Überquerung von Gewässern unerlässlich, hält er Hunde auf Abstand und dient daneben als „Wäscheleine", z. B. über Duschkabinen oder auf Balkonen, der Fantasie sind da keine Grenzen gesetzt.

▷ Hohe Wanderstiefel, die die Knöchel fest umschließen, mit robuster, kompakter Profilsohle (kein Luftkissen). Halbhohe Wanderschuhe oder Sandalen sind für diesen Weg gar nicht geeignet.

▷ Sonnenhut mit Nackenschutz (Sie haben die Sonne fast immer im Rücken), starke Sonnenbrille

▷ Badelatschen, in denen Sie mit Socken laufen können. Die Steinfußböden Portugals sind eiskalt und in den Albergues Galiciens gebietet es die Hygiene, etwas an den Füßen zu tragen. Statt der Latschen können Sie wie die clevere Trägerin des links abgebildeten Rucksacks auch gleich leichte Bade- oder Gartenschuhe für die Durchquerung von Bächen und Flüssen mitnehmen.

▷ Eine sehr leichte, wasser- und luftundurchlässige Windjacke (hält die Körperwärme, lassen Sie Ihren dicken Anorak zu Hause!)

▷ Einen leichten, langärmligen Pullover, auch im Frühsommer. Die bis in den August hinein eiskalten Gemäuer der portugiesischen Unterkünfte und gelegentliche Wetterstürze in den Serras machen ihn erforderlich.

▷ Eine kleine Taschenlampe und einen Kompass, wenn Sie nicht mit einem GPS-Gerät laufen, sowie eine Trillerpfeife für Notfälle.

▷ Den Pilgerausweis „Credencial del Peregrino“ (☞ Pilgerausweis und Fundstelle 11 am Ende des Buches)

▷ Jugendherbergsausweis (☞ Unterkunft)

♦ Die Mitnahme folgender Sachen ist **empfehlenswert**:

▷ Kopie Ihres Personalausweises, sie wird an den Rezeptionen akzeptiert. So vermeiden Sie, ihn zurückzulassen. Mir ist das einmal passiert – nie wieder!

▷ Ein sehr stabiler Regenschirm, der auch als Sonnenschirm benutzt werden kann (unter einem Regencape schwitzt man sich tot, es ist fürchterlich umständlich und nass ein Gräuel),

▷ Regenschutzhülle für den Rucksack,

▷ Sonnenschutzcreme/-milch (reichlich, da in Portugal und Spanien sehr teuer), Lippenbalsam

▷ Wäscheklammern, Sicherheitsnadeln

▷ Taschenmesser mit Zusatzfunktionen, Teelöffel, verschließbarer Salzstreuer

▷ Wörterbuch (☞ Verständigung)

Einkaufsmöglichkeiten

Portugal und Spanien sind Länder, in denen es alles zu kaufen gibt, wenn man einmal von Waschmitteltuben und Minirasierschäumen absieht. Lassen Sie daher *alles* zu Hause, was Sie auch unterwegs erwerben können. Große Supermärkte wie bei uns findet man mit wenigen Ausnahmen nur außerhalb der ganz großen Städte, aber Lebensmittelgeschäfte mit Hygieneartikeln gibt es in jedem größeren Dorf. Manchmal ist der lokalen Bar ein Tante-Emma-Laden (Minimercado) angeschlossen und zuweilen trifft man auf einen ambulanten Händler. In allen Kreisstädten ist täglich oder an bestimmten Tagen die Markthalle (Mercado Municipal) meist bis 14:00 oder länger geöffnet. Dort werden frische regionale Produkte verkauft. Vor allem das herrliche Obst und der frische Ziegenkäse (queijo de cabra) lohnen einen Besuch. In vielen Markthallen finden sich zudem ein Bäcker und Imbiss.

Die portugiesischen Öffnungszeiten variieren, aber von 9:00 bis 12:00 und 14:00 bis 19:00 bekommt man werktags eigentlich überall etwas, das gilt auch für die Apotheken. In Spanien sind die Geschäfte werktags meist von 9:30 bis 13:30 und 16:30 bis 20:00 geöffnet.

☺ Eine nun auch bis weit hinauf in den Norden anzutreffende portugiesische Besonderheit ist der „Chinês“ (ausgesprochen „Schinäsch“, Betonung auf dem „ä“), ein von Chinesen geführter Laden, der durchaus die Größe eines ausgewachsenen Warenlagers haben kann. Dort gibt es außer Lebensmitteln so gut wie alles für den täglichen Bedarf zu kaufen. Die Qualität der Waren lässt oft zu wünschen übrig, aber nicht selten handelt es sich um einen örtlichen Monopolbetrieb, daher bleibt manchmal nichts anderes übrig als ein Gang dorthin.

Erste Hilfe

☞ Notfall und ärztliche Hilfe

Essen und Trinken

Die Küche Portugals ist so vielfältig wie seine Regionen und selbst oder gerade die in kleinen Orten servierten oft einfachen Gerichte sind immer schmackhaft. Genauso wenig wie ich jedoch die deutsche Küche von Berchtesgaden bis Flensburg auf nur wenigen Zeilen beschreiben könnte, kann ich das mit Hinblick auf die portugiesische von Faro bis Tourém. Lassen Sie sich daher einfach überraschen oder noch besser, schauen Sie genau hin, was die Einheimischen essen, so können Sie nicht viel falsch machen.

Ein Pilger schrieb in diesem Sinne: „Das Essen ist grandios. Selbst in einfachen Kneipen wird man sehr gut verpflegt, da muss man sich keine Sorgen machen. Und man sollte unbedingt auch Gerichte probieren, die einem auf den ersten Blick vielleicht nicht zusagen würden.“ (Fundstelle 19 am Ende des Buches)

Ein paar grundlegende Begriffe möchte ich jedoch erläutern:

▷ Feijoada ist ein sättigendes Bohnengericht (weiße, braune, gesprenkelte etc.), oft mit Fleisch oder Würsten, in den verschiedensten Variationen.

▷ Caldeirada ist eine dicke Suppe (ein Hauptgericht wie bei uns die Erbsensuppe) mit den regional unterschiedlichsten Zutaten. Am Atlantik kann es auch eine Bouillabaisse sein.

▷ Cozido ist ein sättigender Eintopf mit verschiedenen Zutaten (z. B. gekochtes Rind-, Schweine- und Hühnerfleisch mit Wurst, Kartoffeln, Kohl und Reis).

▷ Bacalhão (Stockfisch) gibt es in zahllosen Zubereitungsarten. Meist ist er gekocht (cozido) und schmeckt wie frischer Fisch, es gibt ihn aber auch gebraten (assado). Sehr verbreitet und billig ist die Variante mit Rührei und Salzkartoffeln, ich ziehe aber Bacalhão com tudo („mit allem“) vor. Er wird ebenfalls mit Salzkartoffeln, aber unterschiedlichem gedünstetem Gemüse serviert.

▷ Im Alentejo wird gern Açorda serviert, eine richtige Suppe mit eingeweichten Weißbrotscheiben und kräftiger Einlage, die durchaus aus Rebhuhn, Fasan oder Meeresfrüchten bestehen kann.

▷ Wenn Sie gern Wein trinken, der preiswerte Hauswein „Vinho da Casa“ (branco oder tinto) aus der Region ist stets eine gute Wahl. Sie können ihn pro Glas (um copo), als halben Liter (meio litro) oder Flasche (garrafa) bestellen.

▷ Sprudelwasser/Selters (água com gaz) gibt es meist nur in kleinen Flaschen und ist unverhältnismäßig teuer.

☺ Ein wahres Labsal nach einer schweißtreibenden Etappe ist eine eisgekühlte („fresca" = „fräschka") Zitronenlimonade „Frise Limão" (ersatzweise „Pedras Limão"). Sehr erfrischend ist auch ein eiskaltes „Radler" (ja, das deutsche Wort!), helles Bier mit Zitronenlimonade (cerveja com limão) und nur 2% Alkohol, das es aber nicht überall gibt.

Im Text finden Sie bei den einzelnen Etappen Hinweise auf Lokale, in denen Sie eine warme Mahlzeit bekommen können. Oft hat aber auch ein Café-Bar ein separates Gästezimmer, in denen Mittag- und Abendessen serviert werden, fragen Sie nach: „Pode-se comer aqui?". Die Portugiesen sind hingebungsvolle Fleischesser – kein Wunder, ein saftiges Kotelett (costeleta) von den mageren schwarzen Schweinen (Porco preto) aus den Eichenwäldern mit einem knackigen gemischten Salat (salada mista) sind ein Genuss. An der Algarve können Sie sich zusätzlich fangfrischen Fisch an einer Theke aussuchen. Genauso köstlich und preiswert sind im Landesinneren auch die großen, auf offenem Feuer gegrillten Sardinen und der kleinere „Carapaus", die aber meist in größeren Gaststätten und nur gelegentlich angeboten werden.

Carapaus (RK)

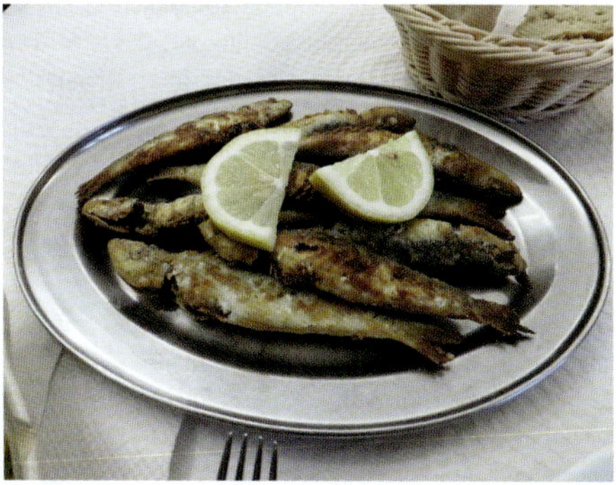

✗ Zwei Besonderheiten sind beim Essen in Lokalen jedweder Art zu beachten:

▷ Die Essensportionen sind grundsätzlich so riesig, dass man sie allein nicht aufessen kann. Sie sollten daher statt einer vollen (dose) stets eine halbe Portion (meia dose) bestellen, die aber nicht unbedingt nur die Hälfte kostet, sondern lediglich im Preis reduziert ist. Viele Speisekarten sehen diese Möglichkeit bereits vor, bei manchen Gerichten jedoch - vor allem bei Fisch - ist sie ausgeschlossen.

☝ Wenn Sie sich an einen Tisch setzen, werden automatisch Kleinigkeiten vor Sie hingestellt: Brot, Oliven, Käse, Thunfischpaste, manchmal auch ausgesuchte Hors d'oeuvres. Sie werden als „Couvert" bezeichnet und gesondert berechnet. Das können mehrere Euro sein und ist ärgerlich angesichts der Tatsache, dass ein einfaches Hauptgericht (meia dose) meist nicht mehr als € 7 kostet. Also aufgepasst und Finger weg, auch wenn der Hunger bzw. die Verlockung noch so groß ist! Ich lasse – noch vor der Bestellung stets freundlich darum bittend – bis auf das Brot und die stets willkommenen köstlichen Oliven alles abräumen.

Die portugiesischen Essenszeiten sind mittags 12:00 bis 14:00 und abends 19:00 bis 22:00. Danach bekommen Sie in kleinen Orten nichts mehr! In Spanien isst man *frühestens* ab 13:00 (bis 16:00) und 19:00, rechnen Sie aber bis Ourense eher mit 20:00 oder sogar noch später.

Etappen

Bei der Aufteilung des Weges habe ich nach Möglichkeit dem Grundsatz vernünftiger Jakobspilger Rechnung zu tragen versucht, dass 20 bis 25 km Tagesleistung möglichst nicht überschritten werden sollten. Außerdem wäre es schade, über diesen herrlichen Weg zu hetzen, statt sich für seine Wunder Zeit zu lassen. Wenn Ihre Urlaubstage knapp sind, überlegen Sie, ob es nicht besser wäre, die Gesamtstrecke in zwei oder drei Jahresetappen zurückzulegen – viele haben das bereits getan.

Meist finden Sie am Ende der nachfolgend beschriebenen Etappen eine preiswerte Übernachtungsmöglichkeit, das ist jedoch leider nicht immer der Fall. Stets aber können Sie mit der Bahn oder dem Bus/Taxi zurück- oder weiterfahren und den Weg am nächsten Tag an Ort und Stelle fortsetzen. Auf einigen Strecken können Sie unter Varianten wählen und/oder kurze Etappen kombinieren, um sich so Ihre eigene Wunsch-Etappe zusammenzustellen. Voraussetzung ist, dass Sie diesen Wanderführer schon vor Ihrer Abreise aufmerksam durchlesen und Ihren Weg gründlich planen.

☺ Die kurzen Alternativen finden Sie in diesem Buch, die langen stellt Ihnen der Verlag separat zur Verfügung, ☞ Alternative Routen.

Fahrradpilger

Die Via Lusitana ist auf der im Buch beschriebenen Route nicht durchgehend mit dem Tourenrad befahrbar, so manche Etappe ist auch für Mountainbiker nicht machbar. Jürgen Jansen jedoch hat das scheinbar Unmögliche geschafft und die Via Lusitana auf fast der gesamten Länge mit einem Tourenrad auf einer Route zurückgelegt, die wir gemeinsam ausgearbeitet hatten. Darüber hat er auf 💻 www.rad-forum.de/topics/1079756 nicht nur einen lesenswerten Bericht, sondern vor allem auch die gesamte Route von der Algarve bis nach Santiago de Compostela ins Netz gestellt („Via Lusitana gefahren neu“ und „Via Lusitana geplant neu“). Folgen Sie dieser, wenn Sie sich ebenfalls auf den Weg machen wollen.

Fahrradpilger in Trancoso (HvG)

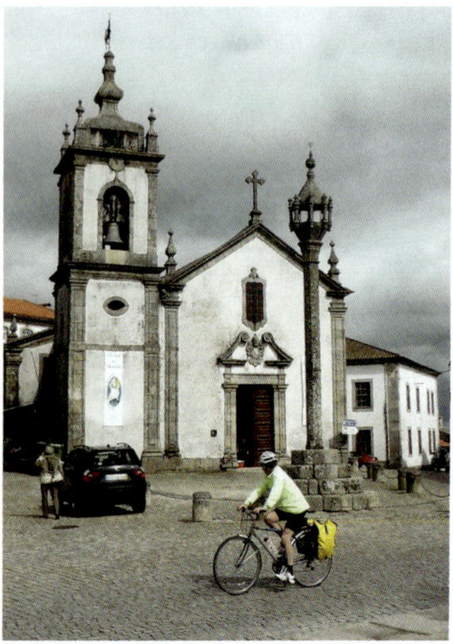

Ergänzungen und weitere Erläuterungen zu dieser Route können Sie wie die Alternativen zur Hauptroute beim Verlag abrufen (☞ Alternative Routen).

Feiertage

Bei 💻 www.calendarr.com/portugal/calendario-2017 finden Sie eine Liste der portugiesischen Feiertage 2017. (Für die darauffolgenden Jahre ändern Sie lediglich die Jahreszahl.) In die Wandersaison fallen neben Karfreitag folgende Feiertage:

Portugal: 25. April – Dia da Liberdade (zum Gedenken an die Nelkenrevolution 1974), 1. Mai, Mai/Juni – Corpus Christi (Fronleichnam, hoher Feiertag), 10. Juni – Dia de Portugal, 15. August – Mariä Himmelfahrt, 5. Oktober – Dia da República

Spanien: 1. Mai, 25. Juli – Dia Nacional de Galicia (regionaler Feiertag), 15. August – Mariä Himmelfahrt, 12. Oktober – Nationalfeiertag

Geld

☺ Nehmen Sie auf dem Hinflug ein Stapelchen 5-Euro-Scheine und beim Verlassen von VRSA keine größeren als 20-Euro-Scheine mit, 50-Euro-Scheine bekommen Sie auf dem Land kaum gewechselt – nicht weil man nicht will, sondern weil man nicht kann. Achten Sie auch unterwegs darauf, stets 5-Euro-Scheine und Kleingeld bei sich zu haben.

In Portugal/Spanien können Sie mit der EC-Karte oder Kreditkarte problemlos Bargeld am Geldautomaten (Bancomat) abheben. Sie sind in beiden Ländern weit verbreitet und selbst in größeren Dörfern vorhanden. Der Maximalbetrag ist in Portugal auf € 200 begrenzt.

Die einfachen Unterkünfte an unserer Route akzeptieren nur Bargeld, führen Sie also davon immer ausreichend mit sich für den Fall, dass es ausgerechnet im Dorf mit der nächsten Unterkunft keinen funktionierenden Bankautomaten gibt.

☺ Unter 💻 www.kartensicherheit.de können Sie sich eine SOS-Info-Karte ausdrucken. Auf dieser Karte stehen alle wichtigen Rufnummern zum Sperren von Kredit- und Mobilfunkkarten sowie Reiseschecks.

GPS-Tracks

Sie können die GPX-Tracks zu dem beschriebenen Weg einschließlich aller Alternativen auf der Seite des Conrad Stein Verlages herunterladen 💻 www.conrad-stein-verlag.de.

✗ Die GPX-Tracks dienten mir als Arbeitsgrundlage und sind entsprechend aneinandergereiht, es gibt keinen durchgehenden Track. Beachten Sie bitte das © Copyright, dem auch diese Tracks unterliegen, sie werden Ihnen ausschließlich zur Verwendung durch Sie selbst zur Verfügung gestellt.

Bitte berücksichtigen Sie weiterhin, dass Sie sich in dem oft schwierigen Gelände dieses Wegs nicht ohne den Text dieses Handbuchs zurechtfinden können, verlassen Sie sich daher nicht ausschließlich auf die GPX-Tracks. Auf der Via Lusitana ändert sich zudem ständig etwas, über das ich zwar im ☞ **Update** berichten kann, die GPX-Tracks aber werde ich nur ändern, wenn ich den genauen neuen Wegverlauf kenne bzw. die Etappe selbst noch einmal gegangen bin. Wegen der damit verbundenen Kosten kann das nicht ständig der Fall sein. Außerdem, warum sich partout von der Technik abhängig machen? Folgen Sie doch einfach Ihren Instinkten und Ihrem Orientierungssinn – Sie werden sich wundern, was alles in Ihnen steckt!

Hunde

Nicht alle Hunde sind so friedlich wie dieser. Der gesamte Weg wird von bellenden und kläffenden Hunden begleitet - sie sind die Alarmanlagen Portugals. Meist toben sie hinter Zäunen oder sind angebunden, oft bemitleidenswert in ihren armseligen Behausungen, und nur laut. Freilaufende Hunde sind auf der bisherigen Route der Via Lusitana mittlerweile so gut wie verschwunden und auf den neuen bzw. optimierten Routen habe ich nur selten welche angetroffen. Dennoch, in kleinen Dörfern, Weilern und auf Gehöften haben Hunde durchaus Bewachungsaufgaben. Nähern Sie sich solchen Orten, dann warten Sie zunächst ruhig ab, bis auf ihr Gebell hin ein Mensch erscheint – er wird sie zurückpfeifen. Wenn ausnahmsweise niemand kommt, dann bleiben Sie auf dem Weg und gehen Sie zügig weiter. Von Wanderern mit **Wanderstöcken** halten sie respektvollen Abstand, schlagen Sie damit jedoch nicht nach ihnen! Bücken Sie sich lieber und tun Sie so, als würden Sie einen Stein aufheben, dann nehmen sie garantiert Reißaus. Im Alentejo trafen wir vereinzelt auf Hütehunde mit Ziegenherden ohne Hirten, sie folgten uns jedoch niemals auf den Weg. Streunende Hunde haben nach meiner Erfahrung immer Angst und suchen sofort das Weite.

Der Wachhund von Agua de Peixes (GB)

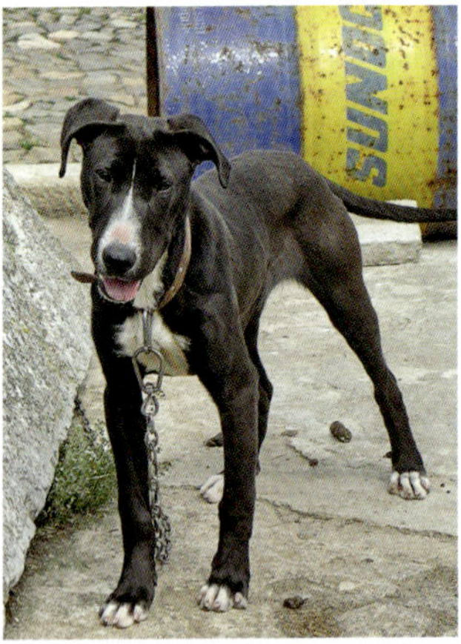

☺ Es gibt auch angenehme Überraschungen. Uns zeigten mitlaufende Hunde zweimal den Weg und einmal begleitete uns ein anhängliches Pärchen durch die Weinberge am Douro. Zwei Pilgerinnen wurden 2016 ebenfalls auf zwei Etappen von Hunden begleitet. Halten Sie sich außerdem stets vor Augen: „Hunde, die bellen, beißen nicht". Dieser Satz gilt auch in Portugal. Mir hat dort noch kein Tier etwas zuleide getan.

Internet

In Portugal gibt es selbst in den entlegensten Gebirgsdörfern so gut wie kein Café mehr, in dem nicht der Hinweis auf „WiFi" mit dem Zugangscode für WLAN hängt, das gilt auch für die Unterkünfte. Für Leute wie mich, die ohne Smartphone und iPad wandern – und das sind noch erstaunlich viele - gibt es in allen portugiesischen Kreisstädten einen sog. „Espaço Internet", meist ein Raum in der öffentlichen Bibliothek (Biblioteca Municipal), wo man Mo-Sa kostenlos im Internet surfen und E-Mails schreiben kann. Überall, wo ich diese Lokalität selbst kenne, weise ich in der Ortsbeschreibung mit dem Symbol @ darauf hin. Wo nicht, gehen Sie nicht fehl, wenn Sie nach der Biblioteca Municipal bzw. dem Espaço Internet fragen.

Jagdsaison

Besonders im Alentejo mit seinen Wildschwein-Rotten und Tausenden von Rebhühnern werden Sie auf Schritt und Tritt bunte Patronenhülsen in der Landschaft herumliegen und überall weiß-rote Jagdhinweisschilder (z. B. Zona de Caça = Jagdrevier) sehen, auch in den *Serras* gibt es Jäger. Gejagt werden darf in der Zeit vom 15. August bis 27. Februar und zwar nur donnerstags, sonntags und an Feiertagen. Nach den portugiesischen gesetzlichen Vorschriften ist ein Abstand von 250 m zu Häusern und 100 m zu Straßen einzuhalten. Obwohl mir noch keinerlei Zwischenfälle bekannt geworden sind, ist es vielleicht ganz ratsam, bei einer Wanderung im Herbst ein auffällig buntes Hemd zu tragen und ggf. die Trillerpfeife zu benutzen.

Jagdgesellschaft bei Mértola (EW)

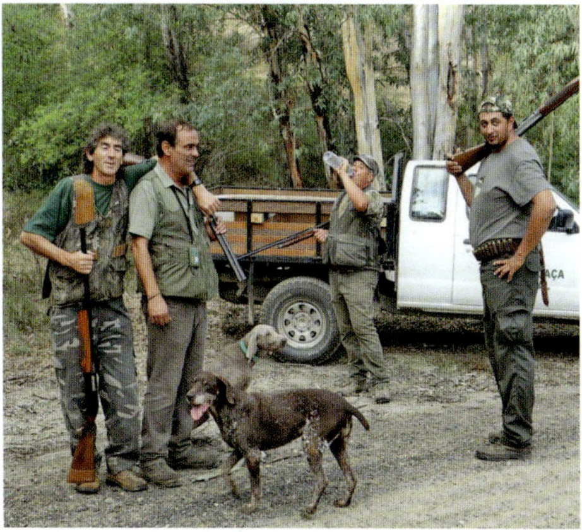

Kartenmaterial

Geeignetes Kartenmaterial für eine Tour auf der Via Lusitana ist Mangelware. Mit einer Autokarte im Maßstab 1:250.000 können Sie nichts anfangen. Für eine detaillierte topografische Kartendarstellung gibt es daher keine Alternative zu den (Militär-)Karten des Instituto Geográfico do Exército (IgeoE), die im Maßstab 1:25.000 und 1:50.000 erhältlich sind. Die Kartenblätter sind allerdings oft veraltet, teuer und man benötigt unzählige davon, um die gesamte Strecke abzudecken. Bestellen kann man sie z. B. bei 💻 www.landkartenfuchs.com. Klicken Sie links „Portugal" an und dann in den „Unterkategorien" die genannten Karten. Auf diese Weise erhalten Sie eine Übersicht, spätestens diese dürfte Sie vom Kauf abhalten.

☺ Sie sind jedoch nicht verloren. Die von der Kartenzeichnerin Heide Schwinn für dieses OutdoorHandbuch sorgfältig angefertigten Karten sind trotz ihres kleinen Formats so genau, dass sie durchaus zur Orientierung geeignet sind. So manche der in dieser Auflage optimierten Verbindungen wurden schon dadurch möglich, dass ich mir die Karten der 1. Auflage genau ansah. Oft war der ideale Weg dort bereits eingezeichnet, auf den Militärkarten hatte ich ihn zuvor nicht bemerkt.

Levada

Levadas sind schmale künstliche Wasserläufe, mit denen Quell- und Regenwasser aus höher gelegenen Gebieten zur Wasserversorgung der Bevölkerung sowie zur Bewässerung von Feldern und Gärten ins Tal geleitet wird. Da es immer gleichmäßig fließen muss, müssen die Levadas ständig gewartet werden. Deshalb sind alle auf einem Weg neben dem Kanal, dem *passeio da levada*, begehbar. An einem dieser künstlichen Wasserläufe führt die 38. Etappe (Hauptroute) von Bilhó hinunter nach Mondim de Basto.

Monte, Quinta, Herdade

Montes sind meist erhöht gelegene kleine Bauernhöfe oder Behausungen für Landarbeiter zum Betrieb von Viehwirtschaft. Als Quintas und Herdades werden große Bauern- und Gutshöfe bezeichnet. Früher regional unterschieden, wird die Quinta ähnlich wie die spanische Finca allmählich zum Sammelbegriff für alle Bauernhöfe mit Landsitzcharakter.

Notfall und ärztliche Hilfe

Nehmen Sie als Kassenpatient Ihre Europäische Krankenversicherungskarte (meist auf der Rückseite der Krankenversicherungskarte) mit. Sollten Sie unterwegs so krank werden, dass ein Gang zur Apotheke (in beiden Ländern „Farmácia") und die dortige Beratung/Hilfe allein nicht ausreichen, wenden Sie sich an ein Gesundheitszentrum (Erste Hilfe). In Portugal heißt es „Centro de Saúde", in Galicien „Centro de Saude" oder „Centro de Salud". In der Ortsbeschreibung ist es mit ✠ gekennzeichnet. Die Behandlung ist mit Versicherungskarte grundsätzlich kostenlos.

In den portugiesischen Großstädten gibt es zudem gut ausgestattete Krankenhäuser, alle mit Notaufnahmen (Urgência) und ambulanten Aufnahmen (Posto de Enfermagem), an die Sie sich in zweiter Linie ebenfalls wenden können; in Ourense heißt die Notaufnahme „Urgencia". In der Ortsbeschreibung ist ein vorhandenes Krankenhaus (in beiden Ländern Hospital) mit ⊞ gekennzeichnet. Auch hier ist die Behandlung mit Versicherungskarte kostenlos.

Privat Versicherte erkundigen sich vor ihrer Abreise bei ihrer jeweiligen Versicherung nach deren Prozedere für Auslandsbehandlungen sowie den erforderlichen Unterlagen und Nachweisen.

Der gebührenfreie **Notruf** für Notarzt, Krankenwagen, Feuerwehr und Polizei ist in Portugal und Spanien ☏ 112.

Öffentliche Verkehrsmittel

Als Fußpilger oder Fernwanderer werden Sie nur selten ein öffentliches Verkehrsmittel benutzen. Das ist auch gut so, weil der Nahverkehr nördlich der Algarve meist aus Schulbussen besteht, die nur an Schultagen verkehren, noch dazu zu täglich unterschiedlichen Zeiten und fast immer in die falsche Richtung, morgens hinein in den Ort, aus dem Sie kommen, und spätnachmittags heraus aus der Stadt, in die Sie gehen. Etwas anderes ist der die großen Städte verbindende Fernverkehr mit den Bussen der *Rede Expressos* und anderen Gesellschaften. Diese komfortablen Busse halten aber natürlich nicht in den kleinen Orten, die wir auf unserer Wanderung zumeist berühren. Fahrten mit der portugiesischen Eisenbahn (CP) sind ein Genuss und unglaublich billig, leider wurden und werden immer noch viele Strecken stillgelegt. Wo das nicht der Fall ist, liegen die Bahnhöfe oft so weit außerhalb der Zielorte, dass sich eine Bahnfahrt nicht lohnt. Nehmen Sie den Zug (comboio) daher nur dort, wo ich es empfehle.

Bei den Etappen werden Angaben zu Bus- und Bahnverbindungen gemacht, die jedoch keinen Anspruch auf Vollständigkeit erheben und für die ich keine Gewähr übernehmen kann. Wegen Landflucht, Geburtenrückgang und der nur noch von ihrer Fußballbegeisterung übertroffenen Liebe der Portugiesen zum eigenen fahrbaren Untersatz werden zunehmend auch Buslinien eingestellt oder ausgedünnt. Besonders in den Beiras sind zudem Fahrplanänderungen an der Tagesordnung.

Taxis gibt es so gut wie überall, sie sind aber verhältnismäßig teuer. Sie müssen mit etwa € 1,20 pro km rechnen. Der Anfahrtsweg wird grundsätzlich berechnet, d. h. wenn Sie ein Taxi aus einem Ort bestellen, in den Sie anschließend fahren, müssen Sie den doppelten Preis bezahlen; es gibt aber rühmliche Ausnahmen.

Pedro, João Ricardo

ist ein 1973 geborener portugiesischer Schriftsteller. Er war ursprünglich als Elektrotechniker in der Telekommunikationsbranche tätig. Im Zuge der Wirtschaftskrise arbeitslos geworden, schrieb er sein lesenswertes Romandebüt „O Teu Rostro Será o Último“. Im Mittelpunkt des Buches stehen die Auswirkungen der portugiesischen Diktatur auf den Alltag der Menschen am Fuße der *Serra da Gardunha*. Es brachte ihm den Premio Le Ya 2011 ein, eine der wichtigsten Auszeichnungen Portugals. Die deutsche Übersetzung ist 2015 unter dem Titel „Wohin der Wind uns weht“ als Suhrkamp Taschenbuch 4597 erschienen – ISBN 978-3-518-46597-4. Eine Besprechung und Inhaltsangabe finden Sie in der Fundstelle 17 am Ende des Buchs.

Pelourinho

Vom 12. bis ins 18. Jh. hinein wurden in zahllosen Orten Portugals Pelourinhos aufgestellt. Sie werden zuweilen als Schandpfähle oder Pranger bezeichnet, dienten aber nicht in erster Linie der Bestrafung von Dieben, Betrügern oder Fälschern, sondern waren vor allem Sinnbild der örtlichen Gerichtsbarkeit (Gerichtssäule) - „pelouro“ bedeutete städtisches Amt, kommunale Behörde. Daher auch die vielfach kunstvolle Ausgestaltung und der Standort dieser Säule meist in der Nähe von Stätten der weltlichen oder geistlichen Macht wie Rathäusern oder Bischofskirchen. Ihr in der Regel reich verzierter Schaft kann zylindrisch, konisch oder spiralförmig geformt sein, bisweilen ähnelt er auch einem Obelisken. Den oberen Abschluss bildet oft eine Bekrönung in Form einer Armillarsphäre („Himmelsgerüst", astronomisches Messgerät).

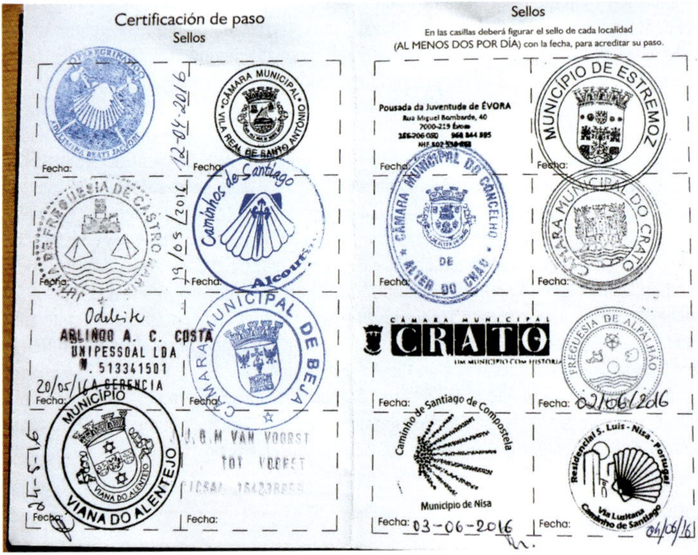

Credencial del Peregrino

Pilgerausweis

Anfangs eine bestaunte Neuheit, wird das „Credencial de Peregrino" (☞ Fundstelle 11 am Ende des Buchs) nunmehr auch auf der Via Lusitana bereitwillig und wie selbstverständlich abgestempelt. Stempel heißt auf Portugiesisch „carimbo". Fragen Sie am besten in der Junta de Freguesia (Rathaus) oder Câmara Municipal danach, die portugiesischen Gemeinden haben durchwegs schöne Wappen. Die Kirchenstempel können sich im Pfarrbüro woanders im Ort befinden, in diesem Fall dokumentieren die Geistlichen den Besuch auch per Unterschrift und Datum. In Spanien heißt der Stempel „sello" (ausgesprochen „ssäjo"), hier bekommen Sie ihn in der Sakristei (Sacristia) von Kirchen oder in den Pilgerherbergen.

Auch auf der **Via Lusitana** gibt es mittlerweile einige Pilgerunterkünfte, in denen Sie nur mit dem Pilgerausweis übernachten können, und manche Unterkünfte gewähren bei seiner Vorlage einen Preisnachlass. Die entsprechenden Hinweise finden Sie bei den jeweiligen Etappenorten.

Vor Ort ist der Ausweis nicht zu bekommen, daher müssen Sie ihn möglichst lange vor Ihrer Abreise bei einer Jakobusgesellschaft/-bruderschaft bestellen. Informationen dazu finden Sie bei 💻 www.jakobus-info.de/jakobuspilger/ausweis.htm. In Fundstelle 12 am Ende des Buches finden Sie den Link zur Deutschen St. Jakobus-Gesellschaft, bei der Sie ihn online bestellen können.

Meist werden die Pilgerausweise von Vereinen ausgestellt, die sich aus Mitgliedsbeiträgen und Spenden finanzieren. Diese müssen für jeden Pilgerausweis einen bestimmten Betrag an die Kathedrale von Santiago de Compostela entrichten, mit dem Arbeitsaufwand und Versand sind so schnell Unkosten von € 10 erreicht. Betrachten Sie die Ausstellung des Ausweises daher nicht als Selbstverständlichkeit zum Null-Tarif, sondern unterstützen Sie die Arbeit der jeweiligen Gesellschaft durch Überweisung dieses Betrages oder besser noch eine kräftige Spende, wenn Sie nicht gleich Mitglied werden.

Reisezeit/Klima

Wenn Sie vorhaben, den gesamten Weg in einem Stück zurückzulegen, sollten Sie so aufbrechen, dass Sie nicht vor Mitte Mai in Castelo Branco ankommen, das Klima in der Serra da Gardunha und vor allem der Serra de Estrela einschließlich der 32. Etappe ist dann noch zu ungemütlich, um wahre Freude aufkommen zu lassen. Merke: Portugal ist nicht Spanien, der Atlantik ist nie mehr als 200 km entfernt!

Ideal ist eine Zwei- oder Dreiteilung des Weges. Für die Algarve und den Alentejo bieten sich die sechs Wochen von Anfang März bis Mitte April an, sie sind dann ein wahres Blütenmeer. In den nunmehr zehn Jahren meiner „Wetterbeobachtung“ regnete es im Alentejo am meisten zwischen Mitte April und Mitte Mai, dann bereitet vor allem die Überquerung der Wasserläufe Schwierigkeiten. Ab Mitte/Ende Mai verliert der Alentejo seine Blüten und damit seinen Reiz.

Für die Wanderung ab dem Tejo oder Castelo Branco (22./23. Etappe) empfehle ich wie gesagt einen Start Mitte Mai, dann können Sie mit dem Frühsommer nach Norden wandern und kommen noch rechtzeitig vor den großen Ferien in Ourense bzw. Santiago de Compostela an. Diese Strecke können Sie auch gut im Herbst gehen, ab Mitte September oder noch später – nicht nur ich hatte Mitte Oktober in der Serra do Gerês noch herrlichstes Wetter mit großartiger Fernsicht.

Die Ferienmonate Juli bis Mitte September wären eigentlich herrliche Wandermonate für das Gebiet Trás-os-Montes nördlich von Vila Real, die raren Unterkünfte sind dann jedoch schon längst von erholungsbedürftigen Portugiesen und zunehmend auch kostenbewussten französischen Urlaubern belegt.

In Zeiten des globalen Klimawandels lassen sich natürlich keine verlässlichen Wetterprognosen mehr machen. Bei meiner Wanderung 2008 stieg das Thermometer zwischen Anfang Mai und Mitte Juni mittags selten auf mehr als 16°C und nie höher als 18°C. Das Baden an der Algarve war wochenlang unmöglich, in Guarda und Trancoso herrschten bei meinem Besuch jeweils 12°C. In anderen Jahren berichteten Pilger schon im April von Temperaturen über 30°C. Ende Mai 2016 herrschten in Tourém 28°C, Mitte Juni in Guarda 9°C - da kann man sich nur noch auf sein Glück verlassen.

Saramago, José

Der 1922 geborene Schriftsteller erhielt 1998 als erster und bislang einziger Portugiese den Nobelpreis für Literatur. Er starb im Juni 2010, seine Biografie können Sie im Internet nachlesen. Hier ist er wichtig als Verfasser des Buches „Die portugiesische Reise" (Verlag Hoffmann und Campe, Taschenbuch 2014, ISBN 978-3-455-65023-5), ein grimmiger alter Mann mit zärtlichen Momenten, der, von der Liebe zu seiner Heimat durchdrungen, mit scharfer Beobachtungsgabe viele der Orte und Gegenden kommentiert, die auch dieser Jakobsweg berührt. Wo seine prägnanten Sätze meiner Beobachtung entsprechen, lasse ich ihn gern zu Wort kommen, weil ich es treffender nicht ausdrücken kann. Sie finden die teilweise gekürzten Zitate in den entsprechenden Kapiteln von Saramagos Werk, die sich mit dessen Orts-/Stichwortverzeichnis leicht auffinden lassen. Saramago veröffentlichte sein Buch 1994, nachdem er Portugal mit dem Auto bereist hatte - entsprechend flüchtig sind mancherorts seine nicht immer positiven Eindrücke. Auf jeden Fall aber ist die Auseinandersetzung mit diesem Werk eine Bereicherung für „die portugiesische Wanderung".

Telefon

Die internationale Vorwahl von Portugal ist 00351, die von Spanien 0034. Sowohl in Portugal als auch in Spanien folgt anschließend immer die neunstellige Rufnummer (☏ und 📱), Vorwahlen im eigentlichen Sinn gibt es nicht. Wenn Sie nach Hause anrufen oder eine SMS senden wollen, wählen Sie für Deutschland die 0049, für Österreich die 0043, für die Schweiz die 0041 und für Luxemburg die 00352.

Touristeninformation

Die Adressen der ℹ Informationsbüros vor Ort („Posto de Turismo" in Portugal, „Oficina de Turismo" in Spanien) finden Sie bei der jeweiligen Ortsbeschreibung. Fast überall wird Englisch gesprochen und die Hilfsbereitschaft ist allerorten groß, aber **Achtung!** Die Mitarbeiter erteilen in erster Linie die üblichen Auskünfte über Sehenswürdigkeiten, Unterkünfte etc. in ihrer Stadt und dem Concelho (Kreis), in dem sie liegt, dafür sind sie geschult. Erwarten Sie daher nicht, dass Sie dort verlässliche Auskünfte zu Verkehrsverbindungen, Wasserständen von Flüssen oder – mit ganz seltenen Ausnahmen – der Via Lusitana und anderen Wanderwegen erhalten. Verlassen Sie sich daher insoweit vor allem auf die *hier* gegebenen Hinweise. Dort, wo in diesem OutdoorHandbuch empfohlen wird, sich mit einem spezifischen Anliegen an eine Touristeninformation zu wenden, sollten Sie das jedoch auf jeden Fall tun.

Trinkwasser

Das Leitungswasser hat im Bereich des Weges überall Trinkwasserqualität. Das trifft auch dort zu, wo das Wasser aus öffentlichen Brunnen (Chafariz) oder Leitungsrohren köstlich klar vom Berg heruntersprudelt, es sei denn, dort befindet sich ein eindeutiger Warnhinweis in Form eines durchkreuzten Wasserhahns. Der Hinweis „Agua não controlada" bedeutet nicht, dass das Wasser nicht trinkbar ist, es wird nur nicht regelmäßig kontrolliert – die öffentliche Hand muss sparen.

Denken Sie daran, immer ausreichend Trinkwasser mit sich zu führen, in Trockenperioden versiegt so mancher Brunnen. Bei großer Wärme oder starkem Schwitzen müssen Sie auch dann trinken, wenn Sie nicht durstig sind, um nicht zu dehydrieren.

Unterkunft

Bis auf die großen Städte sind die Übernachtungsmöglichkeiten entlang der Via Lusitana stark begrenzt und auch dort können an den Wochenenden sowie wegen eines Sportereignisses oder Volksfests alle Zimmer ausgebucht sein. Reservieren Sie Ihre Übernachtungen daher möglichst im Voraus. Weil die Vermieter oft nicht Englisch sprechen (bei den Etappen ist angegeben, wo das der Fall ist), empfiehlt es sich, die i oder Ihren aktuellen Vermieter um Vermittlung zu bitten.

An unserem Jakobsweg gibt es neben vier Pilgerherbergen fünf Jugendherbergen. Dabei handelt es sich um die Pousadas de Juventude in Faro, Alcoutim, Beja, Évora und Castelo Branco, wobei Alcoutim und Évora ein Muss sind. Hier sollten Sie sich, außer vielleicht in Alcoutim, frühzeitig um eine Reservierung kümmern, besonders Évora ist sehr begehrt. Ein Bett im Mehrbettzimmer können Sie über www.hostelbookers.com, ein DZ über www.booking.com reservieren. Um in den JH übernachten zu können, benötigen Sie einen **Jugendherbergsausweis**, den Sie auch vor Ort erwerben können, besser aber, Sie erledigen das zu Hause. Eine Altersbeschränkung gibt es nicht.

Bei den Bombeiros von Fronteira (EW)

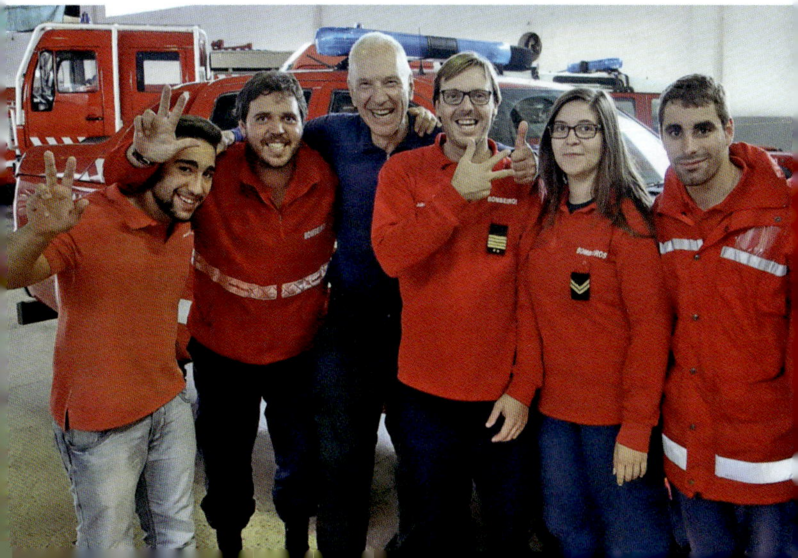

☺ In manchen Kreisstädten (also Orten mit einer Câmara Municipal) können Pilger auch bei der Feuerwehr („Bombeiros") in einfachen oder notfalls lediglich improvisierten Unterkünften mit Duschen übernachten. Mangels einer anderen Möglichkeit sind die Bombeiros in Fronteira (14. Etappe) zu einer festen Anlaufstelle für die Pilger auf der Via Lusitana geworden und auch in Cabeceiras de Basto (39. Etappe) finden Pilger zuverlässig Unterkunft. Sie sollten sich jedoch auch hier telefonisch anmelden lassen, im Notfall direkt zur Feuerwache gehen und fragen.

Die Übernachtungen bei den Bombeiros sind kostenlos. Eine **Spende** von mindestens € 5 für deren Gastfreundschaft sollte jedoch selbstverständlich sein – es handelt sich um Freiwillige Feuerwehren, die sich selbst finanzieren und auf Spenden angewiesen sind. Fragen Sie daher nach dem „mealheiro" [*meal-eiro*], der Sparbüchse, und seien Sie nicht knauserig!

Portugal kennt viele Unterkunftsarten: Pensão, Residencial und Alojamento Local (AL) sind die einfachen Kategorien. Das EZ kostet im Schnitt etwa € 25, das DZ € 40 pro Nacht. Hotels gibt es in allen Preis- und Qualitätsstufen. Unter Turismo Rural, Ecoturismo, Turismo de Habitação sowie Estalagem und Solar versteht man einen Landsitz oder ein meist sehr geschmackvoll ausgestattetes Herrenhaus zu Preisen um € 60 pro DZ mit üppigem Frühstück.

Unterkunft in Fundão

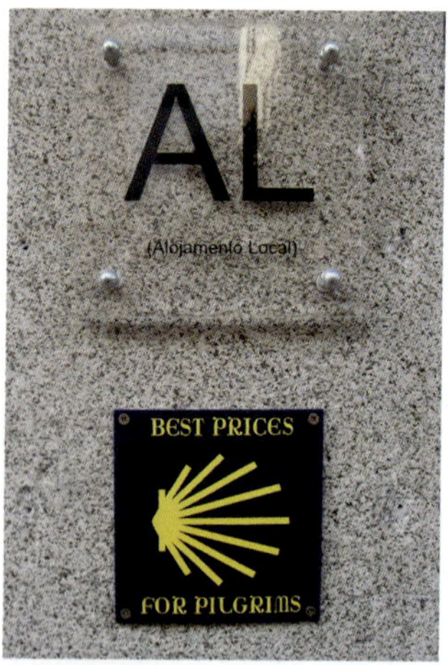

Eine Klasse für sich sind die prächtigen Pousadas de Portugal, die den Paradores in Spanien entsprechen. Besonders für Menschen ab 55 („Golden Age") preislich attraktiv, gibt es auch für Jüngere schon Angebote ab € 45 pro Person im DZ. Näheres unter www.pousadas.pt (auch in Deutsch).

Bei den einzelnen Etappen werden grundsätzlich Unterkünfte aufgezeigt und manchmal auch empfohlen. Ich wurde weder darum gebeten, noch erwarte ich etwas dafür. Die genannten Preise beziehen sich auf die Nebensaison, im Juli/August ist es so gut wie überall teurer, manchmal auch ab Mitte Juni und bis Mitte September.

Updates

Gerade auf der Via Lusitana gibt es ständig Änderungen. Der Conrad Stein Verlag veröffentlicht deshalb regelmäßig Updates zu diesem Buch, die direkt von mir oder Lesern dieses Buches stammen. Ich empfehle Ihnen **dringend**, sich **vor** der Abreise auf www.conrad-stein-verlag.de über Änderungen zu informieren.

Verständigung

Grundlegende Portugiesisch-Kenntnisse sind bei einer Wanderung auf dem Jakobsweg Ostportugal eine große Hilfe, da in den ländlichen Regionen jenseits der Algarve außer in den **i** kaum Englisch gesprochen wird. Wenn Sie wirklich gut Spanisch sprechen und vor allem verstehen können, reicht das fürs Erste aus. Viele Portugiesen verstehen Spanisch und antworten im Gegensatz zu ihren östlichen Nachbarn langsam und deutlich auf Portugiesisch. Daraus wird man dann meist klug. Besser ist jedoch allemal, sich einen Portugiesischkurs mit CDs anzuschaffen oder in der öffentlichen Bibliothek auszuleihen. Schon nach den ersten zehn Lektionen können Sie sich dann recht gut verständigen – die Überwindung der eigenen Trägheit und der geringe zeitliche Aufwand lohnen sich!

Wichtig ist es, sich die Aussprache der Wörter einzuprägen und den Sprechern auf der CD genau zuzuhören, denn die Portugiesen sprechen die Wörter nicht buchstabengetreu aus wie die Spanier, sondern mit vielen nasalen Lauten wie die Franzosen. Das „s" wird zudem vielfach als „sch" in den verschiedensten Weichtönen ausgesprochen. Aus diesem Grunde verzichte ich auch auf einen „Kleinen Sprachführer" im Anhang. Sie hätten nichts davon. Die Mitnahme eines kleinen Wörterbuchs wie z. B. das „Praxiswörterbuch Portugiesisch" mit Minisprachführer von Pons ist jedoch durchaus zu empfehlen. Dort finden Sie auch die Umschrift für die Aussprache.

Manchmal radebrechen alte Männer im Alentejo deutsch – sie waren einst Gastarbeiter. Je weiter Sie nach Norden kommen, umso mehr steigt die Chance, sich auch auf Französisch verständigen zu können – Zigtausende von Portugiesen arbeiteten und arbeiten immer noch in Frankreich und Luxemburg. Oft sind sie mit ihren dort aufgewachsenen Kindern zurückgekommen, die natürlich noch besser Französisch sprechen als ihre Eltern.

Zu guter Letzt

Die Route wurde nach eigenem Diktat so sorgfältig wie möglich beschrieben und die Beschreibung größtenteils von freundlichen Testläufern überprüft. Irrtümer und Ungenauigkeiten kann ich jedoch nicht ausschließen. Außerdem: Tore können verschlossen, Pfade können durch neu gezogene Zäune versperrt, Feld- und andere Wege gesperrt worden sein. Wasserläufe können über die Ufer treten und Straßen durch Erdarbeiten unpassierbar werden. Nicht selten wird ein Lokal oder eine Unterkunft mangels Rentabilität geschlossen. Öffnungszeiten, Preise, Telefonnummern, Internetadressen und Abfahrtszeiten erfahren laufend Änderungen. Der Jakobsweg Ostportugal, die Via Lusitana, ist kein touristisch durchorganisierter Wanderweg, sondern - und darin liegt das Besondere - noch ein echtes Abenteuer. Wir und nun schon viele andere haben es mit Hilfe der großartigen Bevölkerung ohne Weiteres bestanden und das wünsche ich auch Ihnen. In diesem Sinne:

Boa Viagem! ¡Buen Viaje! und mit dem jakobäischen Pilgergruß ¡E Ultreia!

Routenbeschreibung

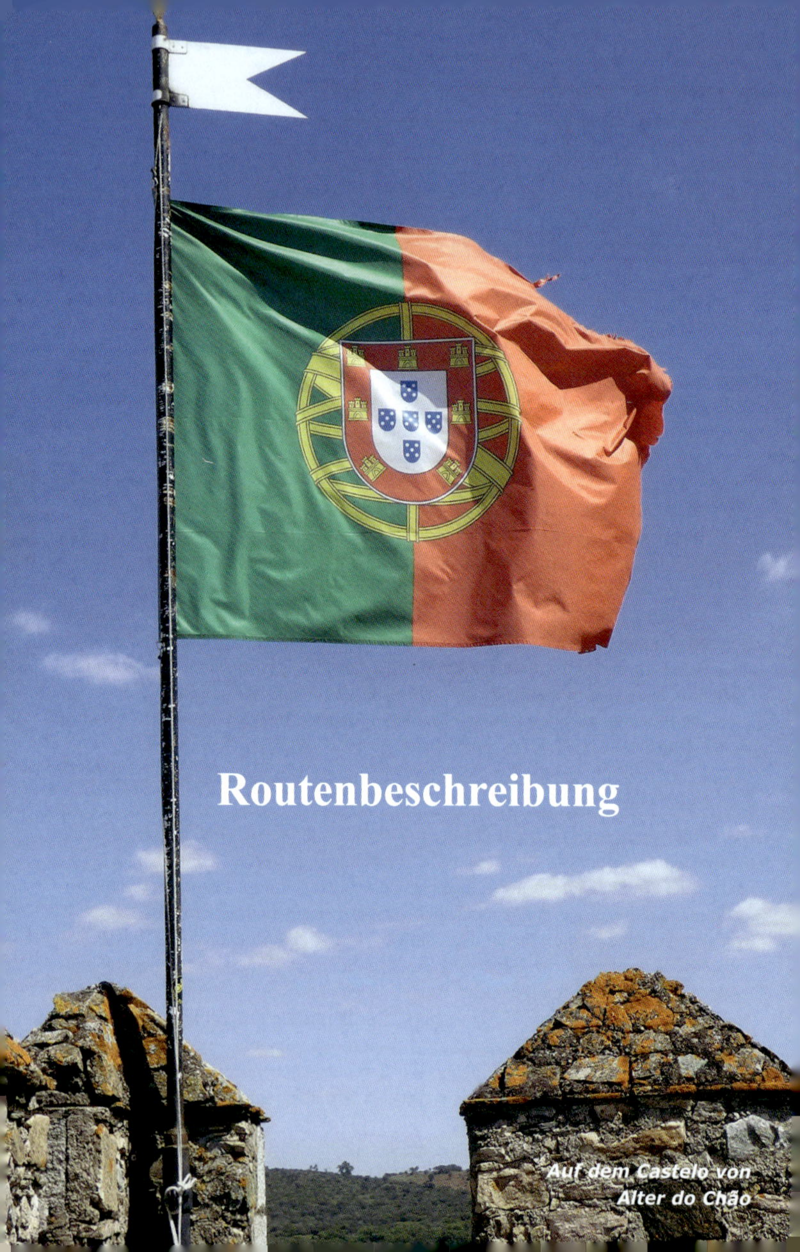

Auf dem Castelo von Alter do Chão

Sicherlich wird die Mehrheit derer, die uns auf den Jakobsweg Ostportugal folgen wollen, über den Flughafen **Faro** nach Portugal ein- und dann mit Bus oder Bahn nach Vila Real de Santo António weiterreisen, daher eine Kurzbeschreibung von **Faro**, wobei ich mich an den Bedürfnissen eines Durchreisenden orientiere, umfassendere Auskünfte erhalten Sie in der i.

Faro — Ew. 47.000

i Posto de Turismo, Rua da Misericordia (neben dem Stadttor Arco da Vila), ☏ 289 803 604, täglich 9:00 – 19:00

Pousada de Juventude Faro, Rua da PSP, Edificio da IPJ am Jardim da Alameda, ☏ 289 826 521, faro@movijovem.pt. Eine recht schlichte, aber saubere Unterkunft. 1 DZ mit Dusche/WC ZP € 28-42 je nach Saison, 4 DZ ohne Dusche/WC ZP € 24-34 und u. a. 3 VierbettZ (€ 10-14 pP). Von der Haltestelle vor dem Gare EVA (☞ Bus) fährt Mo-Fr der Mini-Bus N° 2 zum Jardim de Alameda.

In der alles andere als attraktiven Bahnhofsgegend, für eine Zwischenübernachtung aber ideal gelegen, ist das Hotel Afonso III, Rua Miguel Bombarda 64, ☏ 289 803 542, ZP € 32-40 mit erstklassigem Frühstücksbüffet. Verlangen Sie unbedingt ein „quarto tranquilo“ (ruhiges Zimmer). Gehen Sie mit dem Rücken zum Bahnhof geradeaus in die Rua Venturo Coelho und biegen Sie dann in die erste Straße nach links. An ihrem Ende liegt gegenüber einer Fabrikruine das Hotel mit seinem freundlichen, Englisch sprechenden Personal.

In der Parallelstraße hinter dem Hotel Afonso III gibt es einen Minimercado für Getränke etc.

Meiden Sie das Café im Bahnhof und das direkt gegenüberliegende – dort werden Sie geneppt. Mit dem Rücken zum Bahnhof sehen Sie schräg rechts gegenüber unten in einem mehrstöckigen Wohnhaus in der Rua Francisco Barreto ein Lokal mit der Aufschrift „Snack Bar Expresso“. Diese mehr als einfache Gaststätte hat eine ausgezeichnete Köchin und bietet gute portugiesische Küche zu unschlagbar günstigen Preisen (bestellen Sie eine „meia dose“ – halbe Portion). Auf den Tisch kommt ein weißes Papiertischtuch, die Hygiene ist einwandfrei. Ich bin bei jedem Aufenthalt dort.

Zwei Busbahnhöfe in der Avenida da República:

▷ Erst der „Gare EVA“ für die lokalen Busse und Nahverkehrsverbindungen (modernes Empfangsgebäude mit großem Hof). Dort hält der Flughafenbus, der aber zuvor auch schon vor dem Bahnhof hält; regelmäßiger Shuttlebus-Verkehr von 8:00 bis 21:00, in der Hochsaison bis 22:40, Fahrpreis € 2,23 – ungelogen!

▷ Vom Gare EVA verkehren täglich zwischen 7:15 und 18:20 fast stündlich Busse der Gesellschaft EVA nach Tavira und VRSA, www.eva-bus.com. Erkundigen Sie sich, wo Sie die Tickets für den Bus nach VRSA bekommen, manchmal gibt es sie beim Fahrer.

▷ Gleich hinter dem Gare EVA der „Terminal Rodoviário“ für die Fernverbindungen (dunkler Eingang).

Der Bahnhof von Faro liegt direkt neben bzw. vor dem Gare EVA. Von dort gibt es täglich von 7:44 bis 21:51 13 Verbindungen nach Tavira und VRSA, www.cp.pt.

Faro ist die Hauptstadt der Provinz Algarve. Aus einer älteren phönizisch-griechischen Siedlung entstand in römischer Zeit das *Oppidum Ossonoba*. Wegen seines Hafens und der reichen Fischgründe in seiner Nähe wurde es zum wichtigen Handelsplatz für Produkte der Fischverarbeitung, Wein und Öl. 418 eroberten die Westgoten

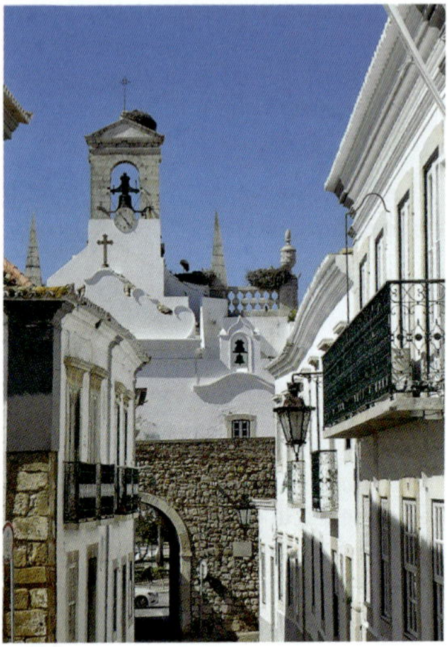

Faro – Arco da Vila (GB)

Faro und 713 wurde die Stadt von den Arabern eingenommen, die es *al-Farun* nannten und von denen auch heute noch viele Spuren zeugen. 1242 eroberten Kreuzritter unter König Afonso III. die Stadt und dank der Druckerwerkstatt der jüdischen Gemeinde erschienen dort im 15. Jh. die ersten in Portugal gedruckten Bücher.

Durch das Erdbeben von 1755 wurde Faro nahezu zerstört, dennoch bietet die Stadt zahlreiche Sehenswürdigkeiten. Nahe dem Yachthafen gelangt man durch das malerische Stadttor *Arco da Vila* in die besonders nach Einbruch der Dunkelheit bezaubernde Altstadt, die *Vila Adentro.* Dort befinden sich das Rathaus und die Kathedrale *Sé* aus dem 13. Jh., täglich 9:00 bis 17:00, Eintritt € 3. Vom Turm hat man einen schönen Blick über die Stadt und die Lagune. Die schaurige Attraktion der barocken Karmeliterkirche *Nossa Senhora do Carmo* aus dem 18. Jh. am *Largo de Carmo* ist die *Capela dos Ossos,* eine mit Schädeln und Knochen ausgekleidete Kapelle.

Auf der Fahrt nach VRSA kommen Sie durch **Tavira,** wo der östliche Hauptweg der portugiesischen Jakobswege ursprünglich seinen Ausgang nahm und ein Besuch nicht nur aus diesem Grunde reizvoll ist. Dort finden Sie unter anderem

- Posto de Turismo, Rua Galaria nº 9, ☏ 281 322 511, wo man Ihnen kompetent und freundlich weitere Auskünfte erteilt.
- Pousada de Juventude, Rua Miguel Bombarda, 36-38, ☏ 217 232 100, tavira@movijovem.pt. 2009 eröffnete JH. DZ mit Dusche/WC ZP 30-47 je nach Saison, VierbettZ pP € 11-17
- Igreja Matríz de Santiago. Sie stammt aus der zweiten Hälfte des 13. Jh. Über dem einfachen Hauptportal ist ein Medaillon aus Stuck angebracht, das São Tiago hoch zu Ross zeigt ☞ Seite 18.

Tavira wurde um 2000 v. Chr. von den Phöniziern gegründet, die Römer siedelten nahebei und nach 711 wurde auch dieser Ort von den Muslimen in Besitz genommen, sie nannten ihn al-Tabira. Der **Ritterorden von Santiago** eroberte die Stadt 1242 zurück und errichtete die Santiagokirche, ursprünglich Startpunkt für die Pilgerfahrt nach Norden. Heute ist Tavira ein beschaulich besonnter Ort mit einem liebevoll restaurierten Stadtkern und einer respektablen Gastronomie, an dem die großen Touristenströme der Algarve bislang vorbeigezogen sind, obgleich nun immer mehr von den Bettenburgen der westlichen Algarve angewiderte Reisende diesen schönen Ort entdecken und er leider kein Geheimtipp mehr ist.

Sollten Sie hier als Jakobspilger erkannt und auf Deutsch oder Englisch auf einen „Caminho do Este de Portugal“ angesprochen werden (☞ Die Route, Seite 11 mit Fundstellen 3-6 am Ende dieses Buches), müssen Sie wissen, dass es sich dabei um die ausschließlich auf Asphalt markierte Route einer privaten Initiative handelt, die nichts mit der Via Lusitana und ihren offiziell markierten Teilstücken zu tun hat. Lassen Sie sich nicht verwirren!

Vila Real de Santo António (VRSA)

BANK

Ew. 11.900

Der stark am Pauschaltourismus orientierte Posto de Turismo befindet sich im 3 km entfernten Badeort Monte Gordo und ist wenig hilfreich bei den hier interessierenden Fragen. Die Übersichtskarte für den Fernwanderweg GR 15 von VRSA nach Alcoutim erhalten Sie erst in der i von Castro Marim. In VRSA firmiert ein Tourismusladen als „Posto de Turismo“, ist aber keine offizielle Touristeninformation.

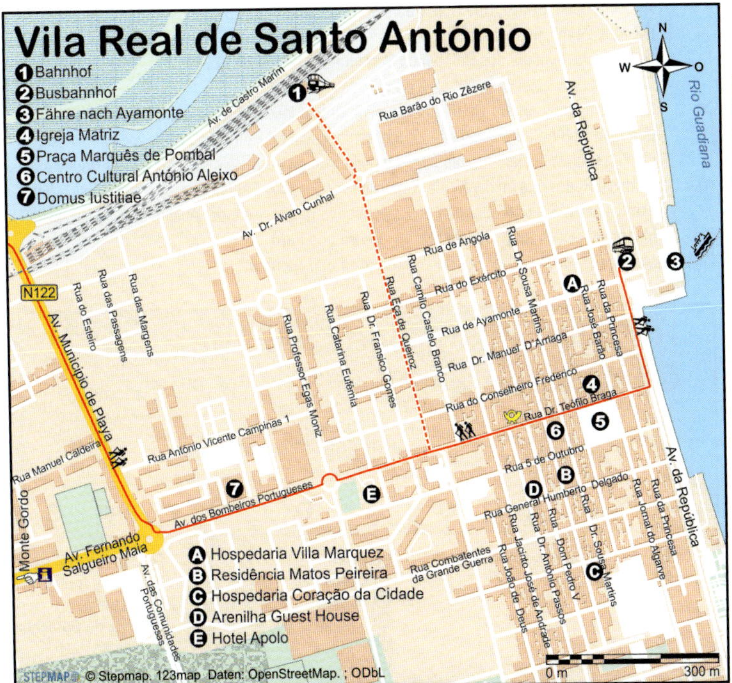

In VRSA gibt es reichlich Übernachtungsmöglichkeiten, hier eine Auswahl:

▷ Mein Favorit: Hospedaria Villa Marquez, Rua José Barão 61/Ecke Rua de Ayamonte, 281 530 420. Die Mitinhaberin Dona Valentina spricht Englisch, residencial.villamarquez@gmail.com. DZ März/April € 30, Mai € 35, Juni/Sept. € 40, EZ März/April € 25, Mai € 30, Juni/Sept. € 35. Ideal für Selbstverpfleger: Im obersten Geschoss liegen Terrasse und Aufenthaltsraum mit Küche (Kühlschrank, Geschirr + Besteck). Gehen Sie vom Haupteingang der Fährstation über die Av. da República hinweg geradewegs in die Rua de Ayamonte bis zur 2. Querstraße (Stadtplan). Sollten Sie vom von VRSA kommen, gehen Sie von dessen Haupteingang geradeaus die Straße hinunter, links liegt der „Intermarché“. Nach Durchqueren eines Gewerbegeländes erreichen Sie das Wohngebiet von VRSA und gehen auf der Rua Eça de Queiroz weiter. Bei der Kreuzung mit der Rua de Ayamonte sieht man links an deren fernem Ende das Fährhaus, die Villa Marquez befindet sich in dieser Richtung auf der linken Straßenseite.

▷ Residência Matos Peireira, Rua Doutor Sousa Martins 57, 281 543 325, residencial.matos.peireira@gmail.com. Englisch, ZP März € 25, April/Mai/Sept. € 30 mF

▷ Hospedaria Coração da Cidade, Rua Dr. Sousa Martins, 17, 281 530 470, Preise wie Vila Marquez

▷ Arenilha Guest House, Rua Dom Pedro V, 55, 281 544 535, Mehrbettzimmer Bett ab € 15, DZ ab € 24 mF, je nach Saison

▷ Hotel Apolo, Avenida dos Bombeiros Portugueses, 281 510 700, www.apolo-hotel.com, DZ ab € 40 mF

Die Restaurants an der Uferstraße bereiten neben lokalen Speisen auch frischen Fisch zu, den man sich an der Fischtheke im Inneren aussuchen kann. Die Lokale mit einheimischen Gästen sind vorzuziehen (aufpassen, es gibt mittags auch viele *spanische* Tagestouristen!).

Terminal Rodoviária an der Av. da República vor der Fährstation. Dort gibt es auch Fahrpläne, lassen Sie sich aber den entsprechenden geben, viele der Aushänge sind veraltet!

▷ Mehrmals täglich nach **Castro Marim**, **Tavira** und **Faro**

▷ Mehrmals täglich (außer So) nach **Junqueira** und **Azinhal**

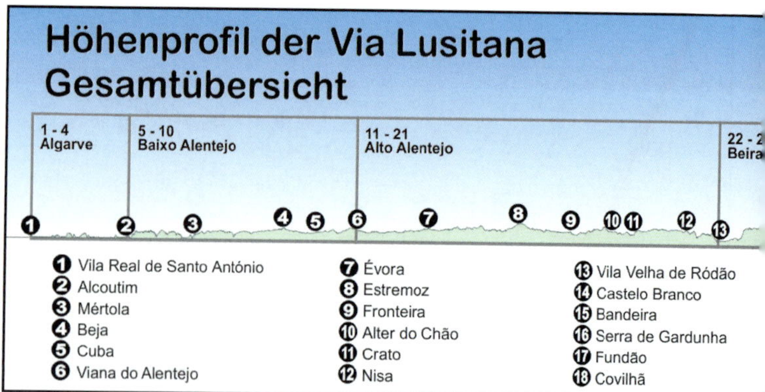

▷ Werktags (außer an Feiertagen) um 17:10 nach **Alcoutim** (Endstation Vaqueiros). Mo, Mi, Fr und an Schultagen. Di, Do hält der Bus auch in **Odeleite**. Mi (an Schultagen) fährt ein zusätzlicher Bus um 14:00 nach **Odeleite** und **Alcoutim** (Endstation Martinlongo).
Für alle vorstehenden Verbindungen 💻 www.eva-bus.com.

▷ Mo und Fr um 9:00 (außer Feiertage) nach **Castro Marim**, **Azinhal**, **Odeleite**, **Alcoutim**, Cortes Pereiras, Santa Marta, Zambujal, **Mértola** und **Beja** mit Rodoviária do Alentejo 💻 www.rodalentejo.pt.

▷ Täglich um 8:05 mit Rede Expressos nach **Odeleite**, **Mértola, Beja**. Fahrkarten beim Fahrer, nicht im Fahrkarten-Kiosk! Dort wird zuweilen geleugnet, dass dieser Bus wie angegeben verkehrt.

Mehrmals täglich nach **Tavira** und **Faro**, 💻 www.cp.pt, 💻 www.bahn.de

Fähre nach **Ayamonte** vom 16. Sept bis 30. Juni (Winter) täglich alle 40 Min. von 8:40 bis 19:00, im Sommer alle 30 Min. von 8:30 bis 20:00. Zurück im selben Rhythmus eine Stunde später. Der Fahrpreis beträgt € 1,35 für die einfache Strecke. Zeitunterschied beachten!

Schiffsverbindungen nach **Foz de Odeleite** ☞ Etappenplanung 1. Etappe

Im Vergleich zu Faro, Tavira und Castro Marim ist VRSA eine nachgerade junge Stadt. Zwar existierte an der Mündung des Guadiana ein Fischerdorf *Santo António de Avenilha*, es wurde jedoch durch das Erd- und Seebeben von 1755 völlig zerstört. An seiner Stelle errichtete der Marquês do Pombal ab 1774 in weniger als drei Jahren mit zum Teil in Lissabon vorgefertigten Bauteilen eine auf dem Reißbrett entworfene Stadt mit schnurgeraden, rechtwinklig angelegten Straßen um einen Zentralplatz, die *Praça Marquês do Pombal*, in deren Mitte der zu Ehren des damaligen Herrschers José I. errichtete Obelisk aufragt. Zweck dieser Neugründung war die Kontrolle des Warenverkehrs auf dem und über den Rio Guadiana, die Fischereiförderung und natürlich als Gegenpol zum andalusischen Ayamonte eine Machtdemonstration gegen den stets angriffslustigen spanischen Nachbarn. Heute ist VRSA ein nicht unbedeutender Handels- und Fischereihafen mit trotzdem angenehm betulichem Charme in seiner schachbrettartigen Altstadt, der *Zona Histórica Pombolina*, durch deren Gassen man gemütlich bummeln und vor den vielen kleinen Cafés, Pastelarias und Restaurants im Schatten von Markisen und Laubbäumen sitzen kann.

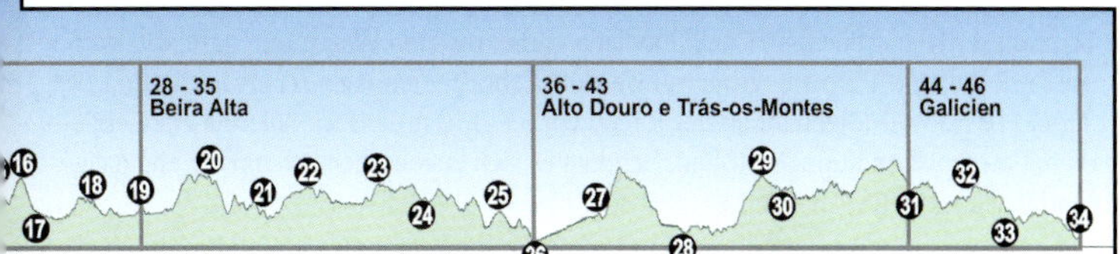

⑲ Belmonte
⑳ Guarda
㉑ Celoríco da Beira
㉒ Trancoso
㉓ Lapa
㉔ Moimenta da Beira
㉕ Lamego
㉖ Peso da Régua
㉗ Vila Real
㉘ Mondim de Basto
㉙ Torrinheiras
㉚ Salto
㉛ Tourém
㉜ Bande
㉝ Celanova
㉞ Ourense

1. Etappe: Vila Real de Santo António – Castro Marim

➲ 11,2 km

Etappenplanung 1. bis 3. Etappe: Die Route folgt streckenweise der *Grande Rota do Guadiana* GR 15, bleibt aber dort auf kleinen Landstraßen, wo der Fernwanderweg extrem lange Umwege ins Inland macht. Die nachfolgend beschriebene Hauptroute besteht aus drei Etappen, wobei die erste mit 11 km ohne Steigungen hervorragend zum Einlaufen geeignet ist. Von Castro Marim bestehen Mo-Sa Busverbindungen zurück nach VRSA, ☞ Infos bei Castro Marim.

Sie haben aber auch die Möglichkeit, den Weg nach *Alcoutim* unter Auslassung der Übernachtung in *Odeleite* (2. Etappe) in zwei Etappen aufzuteilen, indem Sie am ersten Tag 23 km bis *Azinhal* laufen (☞ Seite 56), von dort mit dem Bus nach VRSA zurückfahren, um am zweiten Tag nach *Azinhal* zurückzukehren und dann 29 bzw. 31,3 km (🏠) bis *Alcoutim* durchzulaufen. Die Abkürzung wird im Anschluss an die Infos zu *Odeleite* beschrieben. Bitte berücksichtigen Sie bei Ihrer Planung, dass am Wochenende **keine Busverbindung** zwischen *Azinhal* und VRSA besteht, auch nicht in die umgekehrte Richtung.

⛴ Eine weitere Möglichkeit, die ersten drei Etappen aufzuteilen, ist eine Bootsfahrt bis *Foz de Odeleite*, von dort sind es dann 17 bzw. 18,3 km bis nach Alcoutim. Die Strecken werden von den Gesellschaften „Riosul" (mit Fahrkartenschalter in der Fährstation) und „Transguadiana" bedient, unter diesen Namen finden Sie im Internet auch die entsprechenden Websites mit Informationen in Englisch, teilweise auch Deutsch. Je nach Jahreszeit fahren die Boote an verschiedenen Tagen jeweils um 10:00 ab, seien Sie aber spätestens um **9:30** in der Fährstation. Ankunft in *Foz de Odeleite* ist gegen 12:30. Bei den Fahrten handelt es sich um Package-Touren (Hin- und Rückfahrt mit Mittagessen), einfache Fahrten ohne Verpflegung zu einem geringeren Preis sind jedoch möglich. Bitte erkundigen Sie sich rechtzeitig vor Ort, falls Sie Interesse daran haben.

🚶 Vom 🚌 **Busbahnhof** bzw. der ⛴ Fährstation kommend wenden wir uns nach links auf die *Avenida da República* und laufen auf der palmenbestandenen linken Seite dieser Uferstraße am Hotel Guadiana vorbei bis zum Wegweiser „igreja, correo, posto de turismo". Dort überqueren wir den Zebrastreifen nach rechts in die *Rua Dr. Teófilo Braga*. Wir folgen ihr an der Kirche vorbei (350 m), bis wir links auf ein Gebäude mit zwei gelben Kuppeln stoßen, bei dem es sich augenscheinlich um die ehemalige Markthalle von VRSA handelt.

♦ Sollten Sie vom 🚆 **Bahnhof** von VRSA kommen, gehen Sie von dessen Haupteingang geradeaus die Straße hinunter. Nach Durchqueren eines Gewerbegeländes erreichen Sie das Wohngebiet von VRSA und gehen auf der *Rua Eça de Queiroz* weiter, die nach insgesamt 700 m auf die *Rua Dr. Teófilo Braga* und die Hauptroute stößt, auf der Sie sich nach rechts wenden.

Auf der Hauptroute gehen wir auf der *Rua Dr. Teófilo Braga* in Richtung eines Obelisken weiter, bis wir nach 800 m auf einen Kreisverkehr mit dem *Hotel Apolo* links davor stoßen, über den wir nunmehr auf der *Rua dos Bombeiros Portugueses* geradeaus weitergehen. Dann folgen wir dem Schild „Saida (Exit)" und „Tribunal" und kommen daraufhin an dem rechts liegenden „Domus Iustitiae", einem modernen Gerichtsgebäude, vorbei. Beim nächsten Kreisverkehr (km 1,2) wenden wir uns nach rechts und folgen dem Wegweiser nach *Castro Marim.* Kurz vor dem Ortsausgang liegt links ein Café.

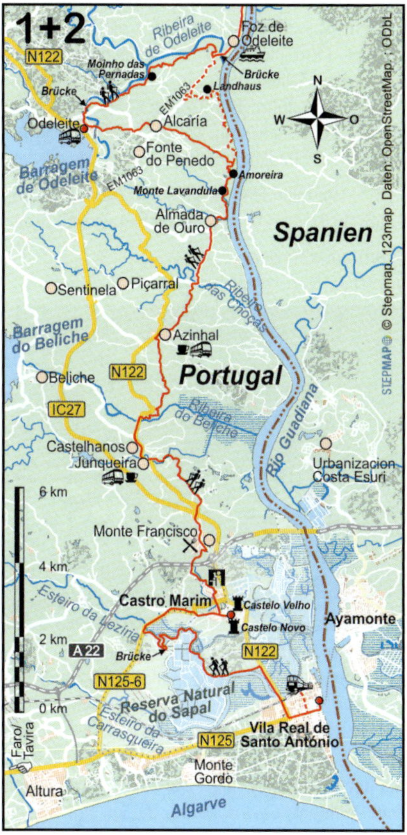

Nach 1,7 km überqueren wir die Bahngleise. Dahinter befindet sich ein Kreisverkehr mit einer aus Metallgeflecht gestalteten Figur des Santo António. Wenig später hört der Bürgersteig bzw. Fahrradweg auf. Kurz darauf gehen wir an einem vor einem Wasserlauf nach links abzweigenden Feldweg vorbei und folgen dem links neben der N 122 verlaufenden Pfad. Dies ist der GR 15, auf dessen erste rot-weiße Markierung wir sogleich stoßen.

Wenn Sie dem GR 15 an der Nationalstraße entlang folgen, erreichen Sie *Castro Marim* bereits nach insgesamt 5 km. Ein Pilger meinte aber zu Recht, „bis nach Castro Marim muss man an der N 122 entlanggehen, was nicht besonders angenehm ist."

Wir biegen daher nach 2,6 km nach links in Richtung auf ein verfallenes Haus und einen links fließenden Wasserlauf ins Feuchtgebiet ab. Dort steht gleich links ein Pfahl mit gekreuzter rot-weißer Markierung und nach wenigen Metern sehen wir rechts einen Pfahl mit drei grünen Pfeilen und u. a. einem Hinweis auf einen Wanderweg, dem wir folgen. Links hinter dem Wasserlauf erheben sich in der Ferne die Bettenburgen von

Monte Gordo, dem *VRSA* vorgelagerten Badeort. Wir gehen durch Salzwiesen rechts an dem Wasserlauf entlang, bis er sich 900 m hinter der Landstraße (km 3,5) nach links wendet. Dort bleiben wir auf dem nach rechts schwenkenden Weg, der nun ständig neben den Salinen (Salzgärten) verläuft und um sie herum zu den vor uns liegenden „Salzbergen" führt. Rechts gegenüber können wir bald auch die beiden Burgen *Castro Marims* liegen sehen, im Vordergrund das Fort von *São Sebastião* ("Castelo Novo") und dahinter das bedeutend ältere *Castelo de Castro Marim* ("Castelo Velho").

Wir befinden uns hier in der *Reserva Natural do Sapal*, einem 1975 geschaffenen Landschafts- und Vogelschutzgebiet. Wanderwege wie der unsrige und Lehrpfade führen durch das hauptsächlich von Sumpf, Sandformationen, Fluss- und Meeresarmen eingenommene, aber auch landwirtschaftlich genutzte und von Salinen durchzogene Reservat, ein ideales Terrain für über 400 Pflanzen- und 150 Wasservogelarten, darunter Reiher, Störche und Flamingos, dazu eine Vielzahl Kleinvögel.

Flamingos in der Reserva Natural do Sapal (MW)

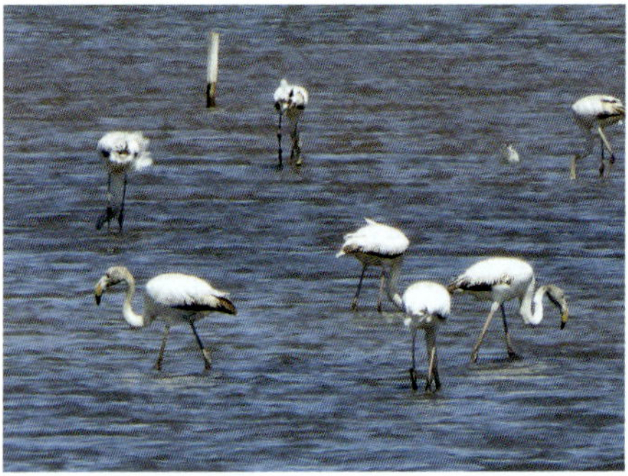

Nach knapp 7,5 km gelangen wir vor den Salzlagerstätten an eine nach rechts hinüberführende Brücke. Dort wenden wir uns vor einem weißen Gebäude nach *rechts* und folgen dann der Sandstraße auf der anderen Seite des Wasserlaufes in die entgegengesetzte Richtung, aus der wir gekommen sind. Am Ende des Wanderweges stoßen wir nach knapp 8,5 km auf eine kleine Teerstraße, der wir nach rechts folgen und sehen sogleich auf der linken Seite einen gelben Pfeil auf der Straße, der uns über eine Brücke auf den Fahrradweg führt. Dahinter folgen wir den gelben Pfeilen auf der linken Straßenseite Richtung *Castro Marim*. Bei km 9,8 beginnt rechts ein Fahrradweg, auf dem wir weitergehen, um dann auf der *Avenida General Lino Dias Miguel* weiterzugehen, wo wir nach 10,4 km auf das Willkommensschild von **Castro Marim** stoßen. Zwischen den niedrigen bunten Häuschen hindurch kommen wir nach 11,2 km zuerst zum Posto de Turismo in der ehemaligen Markthalle mit der davor befindlichen Haltestelle für die Busse zurück nach *VRSA* oder weiter Richtung *Junqueira*, *Azinhal* und *Alcoutim*. Etwas weiter zweigt die *Rua 25 de Abril* nach links ab. An ihrem Beginn liegt gleich rechts die *Junta de Freguesia*, wo es den Stempel für den Pilgerpass gibt.

Castro Marim

Ew. 2.000

Posto de Turismo, 281 531 232, April – Oktober tägl. 9:00 bis 13:00, 14:00 bis 17:00. Hier bekommen Sie den handlichen Faltplan des GR 15.

🛏 Casa Rosada, R. do Dr. Silvestre Falcão 6, ☏ 281 544 215,
💻 www.casarosada-algarve.com. Sehr schön, aber sehr teuer, ZP Nov bis März ab € 85, April bis Okt ab € 105 mF

🚌 Rückfahrt nach **VRSA** Mo-Fr 12:49, 13:14, 14:14, 14:52, 17:44, Mo+Fr 16:52, Sa 12:40, **So kein Bus**

Schon der Name des Ortes beschreibt seine frühere geschützte Lage ("Burg im Meer"). Castro Marim war deshalb bereits in der Steinzeit besiedelt, Funde reichen bis zur Bronzezeit zurück. Später hatten die Phönizier dort einen Handelsstützpunkt und unter den Römern (Baesuris) und den Muslimen (al-Quasruh) entwickelte sich Castro Marim zu einem wichtigen Hafen.

Hauptanziehungspunkt ist das ♜ *Castelo Velho*, das im Kern höchstwahrscheinlich muslimischen Ursprungs ist: Ein sehr gut erhaltenes, kleines, quadratisches Fort mit vier runden Ecktürmen und zwei Toren. Nach der Vertreibung der Muslime 1242 wurde mit dem Bau der mächtigen Außenmauer begonnen, die von den Christusrittern zur uneinnehmbaren Festung verstärkt wurde. Später erhielten die Santiagoritter die Burg zum Sitz (1319 bis 1356). Sie diente bis ins 18. Jh. als Vorposten gegen spanische Übergriffe. In ihrem Innenhof liegt unübersehbar die Jakobuskapelle, die *Capela de São Tiago*.

Blick vom Castelo Velho mit Vila Real de Santo António am Horizont

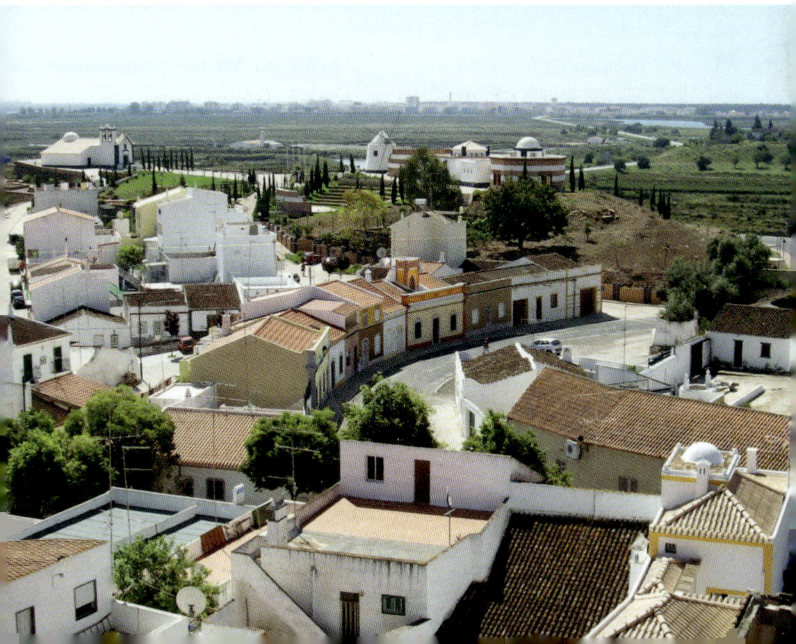

Von den Burgmauern aus genießt man einen herrlichen Rundblick über die umliegende Landschaft und den Rio Guadiana, der bei den Römern übrigens *Ana* und bei den Muslimen *al-Uadi-Ana* hieß. Mai bis September täglich 9:00 bis 19:00, Oktober bis April täglich 9:00 bis 17:00, Eintritt € 1.

Dem Castelo Velho gegenüber liegt das ab 1641 errichtete *Forte de São Sebastiano*, das beim Erdbeben von 1755 schwer beschädigt und danach aufgegeben, in jüngster Zeit jedoch z. T. wiederhergestellt wurde. Unterhalb des Castelo Velho steht die weiße ✝ *Igreja de Nossa Senhora dos Mártires*. Ursprünglich aus dem 16 Jh., wurde ihr Wiederaufbau nach dem Erdbeben von 1755 von den Christusrittern finanziert, daher zieren Christusritterkreuze die seitliche Balustrade. Auf dem Platz vor der Kirche, der *Praça 1° de Maio*, befinden sich unter Orangenbäumen einige Bänke, ein Springbrunnen und ein Straßencafé. Dort lässt es sich herrlich ausruhen.

2. Etappe: Castro Marim – Odeleite ➲ 22,9 km

Etappenplanung: Die Route folgt bis auf ein kurzes Stück zwischen *Azinhal* und *Almada de Ouro* dem GR 15, den entsprechenden Faltplan bekommen Sie in der **i**. Wie bereits in der Etappenplanung zur 1. Etappe ausgeführt, können Sie unter Aussparung des Umwegs über *Odeleite* auf kürzerem Weg direkt nach *Alcoutim* durchgehen, verzichten dann aber auf einen landschaftlich besonders schönen Teil der Route. Diese Alternative bis zur Brücke über den *Ribeira de Odeleite* an dessen Einmündung in den *Rio Guadiana* wird im Anschluss an die ☞ Infos zu *Odeleite* beschrieben.

Wir verlassen *Castro Marim* auf demselben Weg, auf dem wir hereingekommen sind. Unterhalb des Schildes „Odiana“ steht ein Pfosten des GR 15 mit der weiß-roten Markierung (GR-Pfosten), dem wir nun im Wesentlichen bis *Alcoutim* folgen. Nach knapp 300 m biegt bei einer weißen Kapelle nach rechts eine Straße ab, links davon befindet sich eine Baumreihe und davor ein GR-Pfosten; dort gehen wir nach rechts weiter, vorbei an der „Casa Germano“. Über die nächste Kreuzung laufen wir sozusagen geradeaus hinweg und folgen dann dem links an der Mauer stehenden GR-Pfahl. Bei einem großen Kreisverkehr nach 650 m gehen wir erneut geradeaus weiter und folgen den an den links stehenden Laternenmasten befindlichen Markierungen. Nach 850 m wenden wir uns bei einer Kreuzung in einem Neubaugebiet unterhalb einer Bruchsteinmauer nach rechts oben und biegen nach weiteren 100 m (insgesamt 1 km) bei der nächsten Gabelung nach links oben ab und zwar – **gut aufpassen!** – auf einen Sandweg *oberhalb* der nach links abbiegenden Teerstraße. Die Markierung befindet sich unten auf einem Laternenmast und gleich dahinter noch einmal auf einem links liegenden braunen Felsblock.

Der Weg führt steil aufwärts, von dort zurückschauend haben wir einen guten Blick auf *Castro Marim*. Oben befindet sich rechts ein Aussichtspunkt, links führt der Weg hinter Felsblöcken weiter. Er gabelt sich nach knapp 1,3 km bei einer Föhre, wir folgen ihm links herum um eine Hügelkuppe und gehen anschließend ins Tal hinunter. Rechts um einen eingezäunten Teich herum geht es kurz darauf nach rechts zu einem weiteren

Teich hinunter und dann dahinter hinauf zu einem ockergelben Wohngebäude. Davor gehen wir zwischen Eukalyptusbäumen nach rechts hinauf. Nach 2 km steht rechts am Wegesrand ein GR-Pfosten, dahinter wenden wir uns bei dem Stopp-Schild auf die quer verlaufende Teerstraße. 200 m weiter unterqueren wir eine Straßenbrücke und gehen auf die weißen Häuser von **Monte Francisco** zu. Bei einer Kreuzung am Ortsrand wenden wir uns nach 2,7 km nach rechts. 100 m weiter folgen wir dem GR-15-Wegweiser vor einem Kreisverkehr und dem Hinweisschild „golfe" nach links die Straße hinauf, wo wir nach knapp 3 km auf das ✕ „Restaurante São Lupi" treffen.

Nach einer Stärkung gehen wir auf der Straße weiter, umrunden nach knapp 3,9 km einen Kreisverkehr nach rechts und folgen dem Wegweiser „Junqueira". Wir überqueren eine Straßenbrücke und folgen der Straße zunächst nach links, um nach 4,1 km nach rechts auf einen abwärts führenden Feldweg abzubiegen.

GR-Pfosten

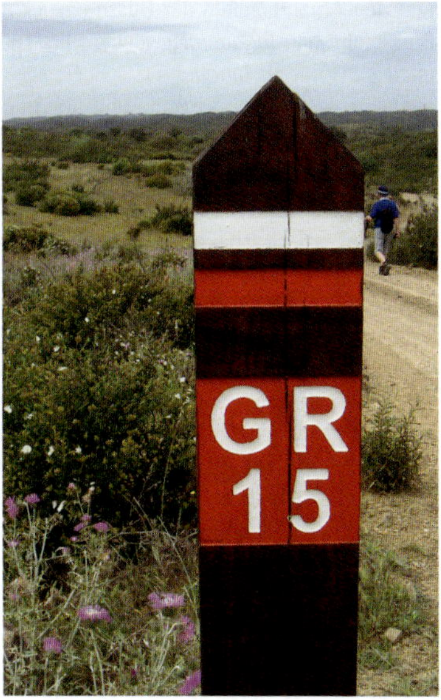

Folgen Sie hier **nicht** den gelben Pfeilen auf der N 122! Eine *Associação Amigos do Caminho do Este de Portugal* hat vor einigen Jahren die Nationalstraße bis *Mértola* (und darüber hinaus) mit gelben Pfeilen markiert. Diese oft schon verblassten Markierungen haben **nichts** mit unserer *Via Lusitana* zu tun. Sie decken sich meist **nicht** mit dem GR 15 und der im Pilgerführer beschriebenen Route, die Nationalstraßen so weit wie nur irgend möglich vermeiden. Halten Sie sich daher **exakt** an die Beschreibung hier im Buch, wenn Sie die Landschaft in ihrer ganzen Ursprünglichkeit und Schönheit genießen wollen.

Nach wenigen Metern biegt vor einem GR-Pfosten mit der gekreuzten Markierung ein Pfad in Richtung einer Häusergruppe nach links unten ab. Vor einem Golfclub und einem Maschendrahtzaun führt der Weg nach links weiter. Nach 4,6 km umrunden wir einen kleinen Kreisverkehr links und folgen dahinter der nach links abzweigenden kleinen Teerstraße, die bald darauf in einen Feldweg übergeht. Er führt durch eine mit niedrigen Büschen, Zistrosen und allerlei Blumen bewachsene, hügelige Landschaft. Nach gut 5,2 km wenden wir uns an einer Weggabelung dem GR-Pfosten folgend nach rechts. Bei der nächsten Gabelung nach 6 km gehen wir über einen kleinen Wasserlauf erneut nach rechts weiter. Ein bei km 6,3 eventuell unpassierbar überschwemmtes Wegstück können Sie wie folgt umgehen: Steigen Sie über die Mauer und gehen Sie dann an dieser entlang bis zum Ende, dann kurz nach rechts und schließlich wieder über die Mauer. Sie können auch bis zu dem kleinen Werkzeugschuppen vorlaufen und dann nach links auf den Feldweg zurückkehren.

Nach 6,6 km wenden wir uns unterhalb einer weißen Mauer nach links hinauf und sehen sogleich *Junqueira* vor uns liegen. Am Ende der weißen Mauer wenden wir uns auf den kleinen, in der Mitte grasbewachsenen Feldweg nach links, um dann auf einer kleinen Holzbrücke einen schmalen Wasserlauf zu überqueren. Dahinter geht der Weg in einen aus groben Steinen zusammengefügten Weg über. Nach 6,9 km erreichen wir bei einem nach „Azinhal 4 km" zeigenden Wegweiser das Willkommensschild von **Junqueira**. Gegenüber befinden sich 50 m weiter die Bushaltestelle und ein Café. (Zu den Abfahrtszeiten der Busse zurück nach VRSA vgl. die Angaben zu *Azinhal*; die Busse fahren in *Junqueira* jeweils 4 Min. später ab. Am Samstag fährt ganzjährig ein Bus um 12:30 nur ab *Junqueira*.)

Wir folgen der Landstraße und überqueren eine Brücke. Nach knapp 7,6 km gehen wir an der Abzweigung zum *Barragem do Beliche* vorbei und bleiben weiterhin auf der Landstraße, auf der wir nach 8 km den *Ribeira do Beliche* überqueren. Rechts dahinter sehen wir ein weißes Haus mit einer Bushaltestelle davor, dort biegt dann auch gleich der GR 15 nach rechts ab. Folgen Sie **nicht** den gelben Pfeilen auf der Landstraße aufwärts. Der Weg führt in der Nähe des Guadiana zwischen Agaven durch eine mit Kakteen und allerlei Büschen bewachsene Landschaft. Bei der Kreuzung hinter einem landwirtschaftlichen Gebäude mit Ziegen und Schafen gehen wir nach 9,1 km geradeaus weiter. Hinter der Abzweigung nach *Azinhal* sehen wir links an einem Masten neben der weiß-roten auch eine gelbe Markierung, hier verläuft also gleichzeitig ein PR, dessen Markierung einheitlich gelb-rot ist, der rote Balken des GR ist hier gleichzeitig der des PR. Nach 10,8 km liegt auf einer Hügelkuppe weiß leuchtend *Azinhal* vor uns. 300 m weiter am Ortsrand angekommen, wenden wir uns nach links und auf der N 122 dann nach rechts in Richtung der Bushaltestelle. Hinter dem Wartehäuschen steht die Willkommenstafel von **Azinhal**. Dort biegen wir auch gleich nach rechts zur „Taberna Anastácio Snack Bar" ab, wo wir nach 11,4 km ankommen.

Versorgen Sie sich hier mit Wasser, wenn Sie weitergehen wollen! Sie finden von hier bis *Odeleite* keine Trinkwasserstelle, können aber zur Not in *Almada de Ouro* an eine Haustür klopfen.

Rückfahrt nach VRSA Mo-Fr 14:00 (ganzjährig), 14:38 und 17:30 (nur an Schultagen) sowie Mo/Fr 16:38 (ganzjährig); am Wochenende und an Feiertagen keine Verbindung.

Nach einer Pause gehen wir **nicht** zurück zur Landstraße, sondern folgen der *Rua Santa Bárbara* vorbei an einer *Pastelaria* und der *Junta de Freguesia* (Pilgerstempel) nach rechts in Richtung der Kirche. Nach 250 m (km 11,6) wenden wir uns unterhalb der Kirche nach links und folgen dem Wegweiser des GR 15 Richtung „Almada de Ouro 5 km". Bei km 12,1 gabelt sich der Weg dreifach, wir nehmen den *mittleren* Weg und folgen hier *nicht* der Markierung des GR 15 (was Sie aber tun können, 600 m Umweg), sondern gehen *geradeaus* weiter. Bei einer Gabelung nach 12,5 km wenden wir uns den Leitungsmasten folgend nach links hinab und sehen gleich darauf unterhalb eine Straße verlaufen. Der erste Leitungsmast trägt die Nummer 12870. Bei einer weiteren Gabelung folgen wir erneut den Leitungsmasten, diesmal nach rechts.

Nach knapp 13,2 km stoßen wir auf die nach *Almada de Ouro* hinaufführende Teerstraße, der wir nach rechts folgen. 150 m weiter überqueren wir eine kleine Brücke mit einem niedrigen, weiß gestrichenen Mäuerchen als Geländer, hinter der wir nach links aufwärts gehen. Bald darauf erreichen wir eine Hügelkuppe, von der aus wir bereits einen herrlichen Blick auf das Flusstal des Guadiana haben. Dort stößt nach 14,6 km auch der GR 15 wieder zu uns. In Verlängerung der Straße sehen wir schließlich auch **Almada de Ouro** vor uns liegen, dessen Ortseingangsschild wir nach knapp 14,8 km erreichen.

Wir folgen dem braunen Willkommensschild von „Almada d'Ouro" auf der kleinen Straße in den Ort hinein, laufen die *Rua da Cruz* ein Stückchen weiter und gehen auf dem *Largo Lourenço Melão* nach rechts einen Weg hinunter. An einer Mauer biegt dieser nach links ab und gleich gegenüber sehen wir dann den Wegweiser „Odeleite", dem wir nach rechts zum Fluss hinunter folgen. An einem grünen Tor wenden wir uns nach links. Wir überqueren einen kleinen Bach und folgen dem Weg unterhalb eines Hügels geradeaus weiter. Vorbei an einer links stehenden kleinen, weiß überdachten Pumpstation erreichen wir schließlich das Flussufer, an dem entlang wir weiterlaufen. Kurz darauf stehen an einer Biegung des Weges Orangenbäume mit im Frühling sehr erfrischend saftig-sauren Früchten. Hinter dem Wiesengrund, in dem diese Bäume wachsen, liegt eine prächtige weiße Villa auf einer Anhöhe. Wir erreichen sie nach 16,5 km und stellen fest, dass sie „Monte Lavandula" genannt wird.

Unterhalb der Villa folgen wir dem GR 15 nach rechts Richtung *Guadiana* und dann an diesem entlang, lassen nach 550 m seit der Villa (km 17,05) eine Abzweigung nach links bergauf außer Acht und passieren kurz darauf das rechts am Weg liegende Gehöft „Amoreira" (Name über dem Eingangstor). Nach **17,8 km** biegt eine kleine Straße dem GR-Pfosten folgend in einem 90°-Winkel nach links hinauf ab (GPS 37°19'32.50"N - 7°26'32.27"W).

An dieser Stelle beginnt die Abkürzung nach *Foz de Odeleite*, ☞ Etappenplanung.

Auf der Hauptroute steigen wir die kleine Straße hinauf bis zur Kreuzung mit der EM 1063, überqueren diese nach gut 20,3 km und gehen dann schräg rechts hinauf nach *Alcaría*. Danach biegen wir auf dem GR 15 zweimal nach links ab und gehen anschließend in einer Rechtskurve über einem Tal weiter. Nach 20,6 km hört die Teerstraße links vor einem Transformatorenhäuschen mit der Markierung des GR 15 auf, dort gehen wir den Leitungsmasten folgend einen Feldweg nach links hinunter.

Er stößt nach gut 21,1 km auf eine Teerstraße, der wir nach rechts folgen, um nach etwa 100 Metern dem GR-Wegweiser folgend wieder nach links abzubiegen. Sogleich können wir vor uns *Odeleite* und dahinter den *Barragem de Odeleite* liegen sehen. Über dem Ort liegt weiß leuchtend der Friedhof, unterhalb dessen sich die Unterkunft von Glória Costa befindet. Die Brücke unterhalb der Kirche erreichen wir nach gut 22,2 km, danach folgen wir der Straße geradeaus weiter, bis wir links den nach *Almada de Ouro* zurückweisenden Wegweiser erreichen. Gegenüber steht ein Leitungsmast mit der gelb-roten Markierung für einen PR. Dort wenden wir uns rechts von einer hohen weißen Mauer nach rechts aufwärts. Bei der weiteren weißen Mauer mit dem Straßenschild *Rua do Progresso* wenden wir uns nicht nach links, sondern gehen der auf einem links stehenden Laternenmast angebrachten Markierung des GR 15 folgend weiter geradeaus die Straße hinauf. Kurz darauf neigt sich die Straße nach rechts unten. Wir folgen ihr bis zu dem Straßenschild *Rua da Corte Pequena* und steigen auf ihr immer geradeaus hinauf in den Ort. Ein kleines Stück aufwärts steht links erneut ein Leitungsmast mit der gelb-roten Markierung. Vor einem grünen Metallgeländer teilt sich der Weg zu den beiden Unterkünften:

▷ Zur Unterkunft von Glória Costa biegen Sie nach scharf links oben ab. Links vor dem Eingang zur Bar „Pérola do Rossio“ befindet sich mit der Nr. 8 die 🛏 Unterkunft, km 22,9.

▷ Zum Restaurante „O Camponês“ gehen Sie geradeaus weiter die Straße hinauf. Bei dem Stopp-Schild vor der Nationalstraße biegen Sie nach links zum Restaurant ab, km 22,9.

Odeleite 🛏 ✕ ☕ 🛒 🚌 ✝ ⇧ 65 m, Ew. 760

🛏 Glória Costa, Rua do Rossío, 8, ☏ 281 495 068, 📱 965 036 540, zwei sehr schöne Zimmer, herrliche Aussicht, zwei Sonnenterrassen mit Wäscheleinen, EZ € 25, DZ € 40 oF. Dona Glória plante 2016 zusätzliche Gästezimmer in der Nähe der Kirche, erkundigen Sie sich ggf. danach, wenn Sie telefonisch reservieren lassen.

▷ Restaurante „O Camponês“, Rua do Centro de Saúde, 12, ☏ 281 495 826, schlichte, aber saubere Zimmer mit Etagenbad, DZ € 30, EZ € 17,50 mF

✕ wie oben, gute, regionale Gerichte

▷ „Casa A Merca“ ☞ nachstehend, ebenfalls gute Küche

🛒/🍸 Minimercado (Krämerladen) mit Bar in der Rua 5 de Outubro. Umrunden Sie die „Casa A Merca“ rechts und gehen Sie dann die Straße nach links hinunter.

🚌 Bushaltestelle vor der ✕ ☕ „Casa A Merca“, zu den Verbindungen ☞ Angaben zu VRSA. Nähere Auskünfte in der „Casa A Merca“. – Gehen Sie von der Unterkunft Glória Costa die Rua do Rossio weiter hinauf und dann nach links hinunter. Vom „O Camponês“ gehen Sie nach links auf der Rua do Centro de Saúde weiter, dann rechts am Friedhof vorbei zur Rua do Rossío, anschließend kurz nach rechts und dann sofort wieder nach links.

Der kleine Ort hat eine lange Geschichte. In der Umgebung gibt es Reste römischer Befestigungen und sein Name ist arabischen Ursprungs (Wadi al Laban = Milch-Fluss), denn schon die Muslime betrieben hier Landwirtschaft. Die sehenswerte Kirche *Nossa Senhora da Visitação* wurde nach 1518 im gotischen Stil erbaut. Der Legende nach gab es dort zwei Marienerscheinungen – 1534 und 1565.

2. Etappe alternativ: Amoreira – Foz de Odeleite ➲ 5,9 km

Dort, wo sich die Hauptroute bzw. der GR 15 hinter dem Gehöft von *Amoreira* bei **17,8 km** nach links oben wendet (☞ Seite 57), bleiben wir auf dem Uferweg, folgen ihm nach gut 300 m nach links aufwärts und dann bei der Gabelung nach 600 m wieder nach rechts zum Ufer hinunter. Unten angekommen, können wir hinter einem verfallenen Haus *Foz de Odeleite* liegen sehen. Nach etwa 1 km führt der Weg wieder landeinwärts nach links hoch, wendet sich aber in einer Kurve bei km 1,4 zurück zum Fluss, wo er sich 100 m weiter gabelt. Wir folgen der Variante nach rechts zum Flussufer hinunter. An ihm entlang laufen wir weiter auf das vor uns liegende *Foz de Odeleite* zu.

Nach einer Weile nähern wir uns einem terrassenförmig mit Zypressen und kugeligen Koniferen bewachsenen Hang, unterhalb dessen wir rechts vorbeigehen und den wir im weiteren Verlauf umrunden. Etwas später sehen wir auf dem Hang gegenüber ein Landhaus bzw. eine Villa liegen, darüber erhebt sich ein runder, weißer Wasserturm. Hier bei etwa 2,1 km folgen wir nicht mehr unserem bisherigen Weg landeinwärts auf den vor uns liegenden Höhenrücken zu, sondern biegen nach rechts auf einen nicht sonderlich gut erkennbaren Wiesenpfad, der zwischen Olivenbäumen hindurch direkt in Richtung des Landhauses führt. Wenig später überqueren wir ein trockenes Bachbett, erreichen auf dessen gegenüberliegender Seite einen Schotterweg, auf dem wir uns nach rechts wenden und an einem rechts verlaufenden Drahtzaun entlang geradeaus weitergehen. Bei einer Gabelung nach etwas mehr als 2,3 km gehen wir **nicht** nach rechts zum Flussufer hinter, sondern folgen dem Weg vom Flussufer weg in einer Kurve nach links zur Villa hinauf. Wir gehen unterhalb des Gebäudes links weiter, dann geht es nach einer Biegung landeinwärts bergan. Nach einem längeren Aufstieg erreichen wir nach 3,6 km schließlich die Landstraße nach *Foz de Odeleite* und *Alcoutim*, der wir nach rechts folgen. Links an den Leitplanken sind gelbe Pfeile angebracht.

Wir überqueren zunächst eine Anhöhe, von der wir einen herrlichen Blick auf den Zusammenfluss des *Ribeira de Odeleite* mit dem *Guadiana* haben. Dann geht es ins Tal hinunter, wo wir nach gut 5,1 km noch vor der Brücke auf die von links aus Odeleite zur Straße heraufkommende Hauptroute treffen und dieser über die Brücke hinweg folgen (☞ Seite 60), bis wir nach 5,9 km die Schiffsanlegestelle *Cais de Embarque* und gegenüber das Restaurant „Arcos do Guadiana" in **Foz de Odeleite** erreichen.

3. Etappe: Odeleite – Alcoutim ➲ 24,6 km

Von beiden Unterkünften kommend gehen wir zurück zu dem grünen Zaun, vor dem sich der Weg in die Unterkünfte teilt. Dort gehen wir vom „O Camponês" kommend geradeaus weiter, während wir von der *Rua do Rossio* aus nach rechts abbiegen. An der Ecke der Kreuzung steht ein Laternenmast mit einer gelb-roten Markierung. Wir folgen ihr und biegen nach 50 m mit Sicht auf die Kirche in einer Kurve nach scharf links hinab in die *Rua Eufrasia Gomes*. Vor einem weißen Haus biegen wir nach ca. 400 m mit Blick auf die Straßenbrücke nach rechts hinab ab, gehen unter der Straßenbrücke hindurch und stoßen an einer Kreuzung mit links einem Drehbrunnen gegenüberliegend auf den Wegweiser des GR 15, dem wir nach rechts folgen. Sogleich stoßen wir auch auf das schilfbestandene Ufer des *Ribeira de Odeleite*, den wir etwas weiter vorne auf einer kleinen Brücke nach rechts überqueren und uns dahinter nach links wenden, 700 m. Der Weg steigt leicht an und führt unter Oliven- und Orangenbäumen an Weinstöcken vorbei, um dann in Ufernähe zu verlaufen.

Nach 2,7 km kommen wir an einen kopfsteingepflasterten Wanderparkplatz mit dem nach *Foz de Odeleite* zeigenden GR-15-Wegweiser, dem wir nach links folgen. Wir laufen auf der zunächst noch kopfsteingepflasterten Straße direkt am Ufer entlang und stoßen nach etwa 250 m auf die restaurierte Wassermühle „Moinho das Pernadas" mit einem herrlichen Blick auf die Biegung des Flusses sowohl rückwärts als auch nach vorne. Nach 3,8 km erreichen wir eine Wegkreuzung mit einem weißen Steinhaus, daneben stehen die Wegweiser für den PR 4 zurück nach *Odeleite* und rechts hinauf nach *Alcaria*. Wir wenden uns jedoch dem GR-Wegweiser folgend *nach links* den Weg hinunter in ein liebliches Wiesental, an dessen rechtem Rand wir unterhalb eines Hangs geradeaus weiterlaufen. Bald stoßen wir wieder auf den *Ribeira de Odeleite* und folgen seinem Lauf. Schauen Sie hin und wieder zum Ufer hinunter, dort können Sie zuweilen Wasserschildkröten in der Sonne sitzen sehen. Nach einer Weile entfernt sich der Weg vom Ufer und führt aufwärts zu einem Hügelrücken, auf dem wir nach 5,1 km ein verfallenes Gehöft umrunden. Von hier aus können wir die Häuser von *Foz de Odeleite* vor uns liegen sehen. Wir folgen dem Weg zunächst in deren Richtung, nach einer Weile biegt er jedoch nach rechts in Richtung einer Brücke über den *Ribeira* ab und macht vor der Brücke eine scharfe Rechtskurve, bis er nach 5,8 km auf die M 507-2 stößt, der wir nach links über die Brücke folgen.

Im Arcos do Guadiana

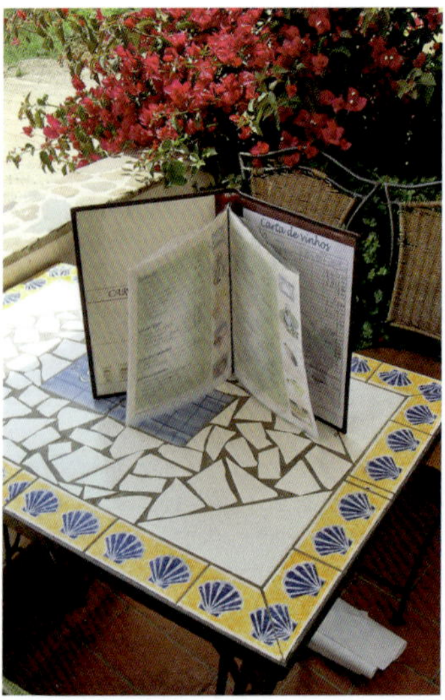

Nach Überqueren der Brücke befindet sich rechts ein Aussichtspunkt mit einem besonders schönen Blick auf die Mündung. Danach gehen wir auf der Landstraße weiter, passieren das Ortseingangsschild von **Foz de Odeleite** und erreichen alsbald auch das Willkommensschild. Rechts davon befindet sich die Anlegestelle *Cais de Embarque*, wo diejenigen an Land gehen, die mit dem Schiff von *VRSA* heraufgekommen sind. Links der Straße liegt bei km 6.5 das ✕ „Arcos do Guadiana" mit seinem freundlichen Wirt und schmackhaften landestypischen Speisen (montags Ruhetag). ☺ Wenn Sie sich vor der Tür des Restaurants nach rechts auf die Terrasse wenden, achten Sie gleich auf den ersten Tisch. Es sieht so aus, als wäre er extra für Jakobspilger dorthin gestellt worden.

Wir setzen unseren Weg auf der kaum befahrenen Uferstraße fort und erreichen wenig später das Restaurant „Casa de Buganvilias", augenscheinlich das Lokal für die mit dem Schiff von VRSA angereisten Tagesgäste. Am Guadiana entlang durchwandern wir anschließend eine hügelige Flusslandschaft mit vielfältiger Vegetation: Weinstöcke, Feigen- und Olivenbäume, Eichen, Kastanien, Schilf etc.

Nach knapp 8,5 km überschreiten wir die Kreisgrenze von *Alcoutim* und sehen bei km 8,9 links das „Paisagem do Guadiana Turismo Rural" mit allen Annehmlichkeiten zum entsprechenden Preis (DZ ab € 75). Das Ortseingangsschild von **Álamo** erreichen wir nach 10,1 km. Wir durchqueren das links an einem Hang liegende Dorf auf der Landstraße, biegen dann aber nach 10,5 km dem GR-Wegweiser folgend rechts bei einem Drehbrunnen mit stark eisenhaltigem, trotz Farbe und Geruchs jedoch sehr bekömmlichem Wasser nach rechts ab und gehen bei der gleich darauf folgenden Gabelung nach *links* weiter - gehen Sie **nicht** nach rechts zum Fluss hinunter! Wir folgen zunächst einem felsigen Pfad und dann einem Wiesenweg unterhalb der Landstraße entlang, bis wir schließlich nach 11,1 km wieder auf dieser weiterlaufen. Nicht weit hinter dem Ortseingangsschild von **Guerreiros do Rio** liegt nach knapp 11,7 km rechts am Fluss die „Bar do Rio", einem Pilgerbericht zufolge mit „super Kaffee" und Kleinigkeiten zu essen. Auch eine Toilette ist vorhanden. Wir gehen auf der Landstraße an dem an den Hang gebauten Dorf vorbei und erreichen nach gut 12,7 km vor einer Biegung des Flusses das Ortseingangsschild von **Laranjeiras** und finden etwas weiter den Wegweiser für den Kurzwanderweg *Percurso Pedestre* PR1 sowie den Hinweis auf die „Cantarinha do Guadiana", zuvor liegt unten am Flussufer ein Kiosk gleichen Namens für einen schnellen Imbiss. Wer mehr Zeit hat, folgt dem Hinweis auf die *Cantarinha* nach links hinauf.

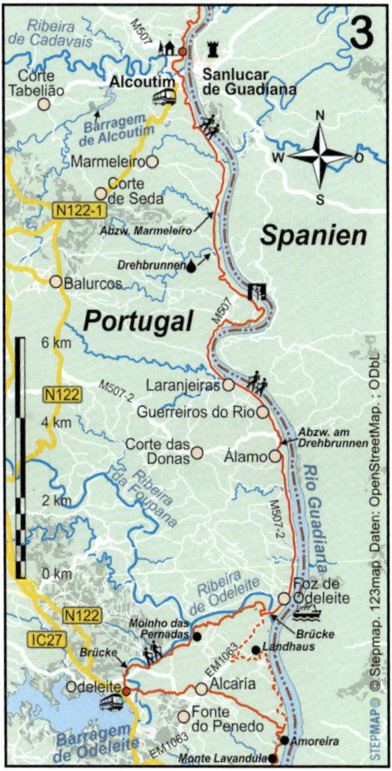

Die kleine „Casa de Pasto" (Bezeichnung für eine einfache Gaststätte, nicht etwa ein Nudelrestaurant) liegt 50 m oberhalb der Landstraße. Sie können dort etwas trinken, im oberen Teil (zweiter Eingang) eine von *Isabel Ribeiros* liebevoll zubereitete Kleinigkeit mit gartenfrischen Zutaten essen und gut gekühltes Mineralwasser mitnehmen.

Zurück auf der Landstraße befindet sich rechts am Ortsausgang ein Kai, an dem zuweilen sehenswerte Boote festmachen. Auf der Straße immer weitergehend begleiten wir nun die Biegung des Flusses, verlassen aber nach 14,9 km die Landstraße und biegen dem GR-15-Pfosten folgend nach rechts ab und zwar dort, wo nur wenige Schritte weiter ein von links herabkommender Weg auf die Landstraße stößt. Bei einer Weggabelung gehen wir kurz darauf nach rechts weiter, nachdem wir einen wenige Meter zuvor in einem 90°-Winkel nach rechts abzweigenden Weg außer Acht gelassen haben. Unter Bäumen und umgeben von den schönsten Blumen geht es auf einem herrlichen Sandweg ganz nah am Flussufer entlang. Nach 16,2 km führt der Weg in einem Bogen wieder aufwärts, bis wir bei km 16,9 unter einer Steineiche mit den Markierungen für den GR 15 und einen PR einen wahrhaft atemberaubend schönen Blick auf den Fluss haben. Etwas weiter vorn verläuft die Teerstraße, dort befindet sich ein Aussichtsbalkon für die Autofahrer. Wir gehen *dorthin* und folgen ab dort wieder der M 507.

Der Guadiana hinter Laranjeiras

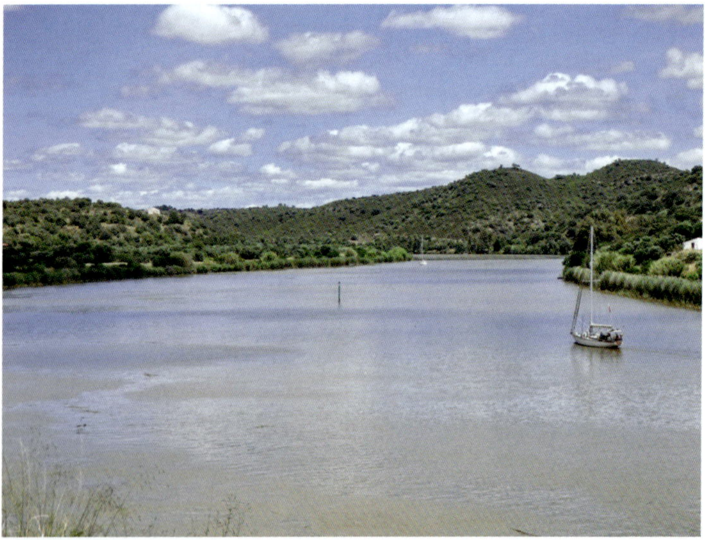

Folgen Sie (mit einer Ausnahme) ab hier **nicht** mehr dem GR 15! Das kurz vor dem Aussichtsbalkon an der Landstraße nach unten abzweigende Stück dieses Wanderweges ist äußerst gefährlich. Offensichtlich ließ die auch bei Pilgern zu beobachtende fixe Idee, unbedingt jeden Meter Asphalt vermeiden zu wollen, die Initiatoren diesen noch dazu außerordentlich anstrengenden Umweg wählen, eine in meinen Augen grob fahrlässige Entscheidung.

Nach 17,5 km zweigt vor einer Linkskurve der Landstraße ein kleiner Weg nach rechts ab. Ihm kann vorbei an einem kleinen Platz in Landstraßennähe wieder zurück zur M 507 gefolgt werden, die wir nach 18,3 km erreichen. Dabei geht der Blick über den majestätisch dahinfließenden Strom bereits hinüber zu der Festung oberhalb des spanischen *Sanlucar de Guadiana*, das *Alcoutim* direkt gegenüberliegt.

Der GR 15 setzt sich danach auf der anderen Straßenseite links fort. Sie sollten diesen kurzen Umweg aber nur dann machen, wenn Sie dringend Wasser benötigen. Laufen Sie in diesem Fall an einem Bachbett entlang und kehren Sie nach gut 400 m bei einem Drehbrunnen (stark eisenhaltiges Wasser) nach rechts und dann nach links zur Landstraße zurück.

Wir bleiben bei km 18,3 auf der M 507, auch dort, wo nach knapp 20 km der GR 15 nach links auf einen durchs Hinterland über *Marmeleiro* führenden, kräftezehrenden Umweg mit 120 m Höhenunterschied abbiegt. Nach 22 km können wir endlich vor uns die weißen Häuser von *Alcoutim* sehen und bald darauf taucht erneut das in der Sonne fast unwirklich weiß leuchtende *Sanlucar* am Ufer auf, mit der Festung darüber und zwei Don-Quichotte-Windmühlen davor ein Bild wie in einem Märchenbuch. Bei einem Kuppelbau, dem hintersten Gebäude *Alcoutims*, handelt es sich um die *Pousada de Juventude*, die Jugendherberge.

Nach gut 23,1 km erreichen wir aber zunächst das Ortseingangsschild und die ersten Häuser von **Alcoutim**. Rechts dahinter wenden wir uns vor einer Mülltrennungsanlage auf die breite, mit Bruchsteinen gepflasterte, von der Landstraße abzweigende *Rua das Portas do Rio*.

▷ Hier beginnt der Fernwanderweg **GR 13 - Via Algarviana** (dieselbe Markierung wie der GR 15) von Alcoutim bis zum Cabo de São Vicente an der Südwestspitze Portugals. Wir werden ihm knapp 12 km weit folgen.

Bald darauf erreichen wir den kleinen Friedhof von *Alcoutim*, vor dem wir uns nach links auf die Burgmauer hin orientieren. Zunächst abwärts, führt der Weg dann wieder aufwärts und rechts an der Burg vorbei zur Kirche hinunter. Hinter dem sich anschließenden Platz unterhalb der Kirche sehen Sie in der Verlängerung rechts unten in Ufernähe das Kassenhäuschen für die Überfahrt nach *Sanlucar*. Wir biegen aber hier nach links in die *Rua 1° de Maio* und stoßen nach wenigen Metern auf den Posto de Turismo (km 23,6).

Zur *Pousada de Juventude* schlagen Sie den folgenden Weg ein: Gehen Sie die *Rua 1° de Maio* weiter in den Ort hinauf bis zur *Praça de República*. Dort wenden Sie sich nach rechts auf die zur Brücke über den *Ribeira de Cadavais*, einem Nebenfluss des Guadiana, führende Straße. Nach 170 m ist die Brücke erreicht, vor der links auch das Willkommensschild von Alcoutim steht. Nach Überqueren der Brücke gehen Sie an einem überdachten Parkplatz vorbei weiter die Straße hinauf und biegen dann nach rechts in die *Avenida de Espanha* ein. Sozusagen unterhalb der Burg von *Sanlucar* wendet sich die Straße bei einem Sackgassenschild auf das *Centro Nautico* zu. Nach insgesamt 850 m gehen Sie zunächst an dem leider geschlossenen „Guadiana River Hotel“

vorbei und sehen direkt vor sich die Kuppel des Verwaltungsgebäudes der Jugendherberge liegen. Eigentlich befindet sich der Haupteingang links unterhalb der Kuppel in der Fortsetzung der Straße links oberhalb des am Hotel vorbeiführenden Weges. Sie können jedoch von hier aus die Abkürzung zu dem auf Stelzen stehenden Gebäude hinunter nehmen, in dem sich die DZ der JH befinden. An der weißen Mauer vor der Anlage wenden Sie sich anschließend nach rechts und durchschreiten ein grünes Metalltor in Richtung des Guadiana. Danach wenden Sie sich sofort wieder nach links und gelangen wiederum links zu einer Treppe, die zum Innenhof mit dem 🏊 der JH hinaufführt. Von dort aus überqueren Sie den Hof nach schräg links, betreten das Kuppelgebäude und können mit dem Fahrstuhl in die 2. Etage fahren, wo sich die Anmeldung (*Recepção*) befindet, km 24,6.

Alcoutim ℹ @ 🏠 🛏 ✕ ⛪ ⚕ BANK 📯 ✠ ♜ Ew. 1.100

ℹ Posto de Turismo, 🕒 täglich 9:30 bis 13:00 und 14:00 bis 17:30, ☎ 281 546 179. Hier und in der JH hält man einen besonders angefertigten Stempel mit Pilgermuschel für den Pilgerausweis bereit.

🏠 Pousada de Juventude de Alcoutim, ☎ 281 546 004, ✉ alcoutim@movijovem.pt. Hervorragende Jugendherberge direkt am Ufer des Guadiana gelegen, mit herrlichem Swimmingpool. Bett im Schlafsaal € 12, DZ je nach Saison € 28 bis 43 (pro Zimmer), bei Vorlage des Pilgerausweises wird 10 % Nachlass gewährt. Frühstück erst ab 8:30, auf Anfrage früher, evtl. ohne Brötchen, weil diese aus Odeleite angeliefert werden. Freundliche, hilfsbereite Mitarbeiter/innen mit teils guten Englischkenntnissen.

🛏 Residencial „Ilda", Rua Dr. João Dias 10, gegenüber dem Hauptplatz die zweite Straße rechts hinauf, 📱 962 654 493, einfache Privatunterkunft, DZ € 30

✕ Mehrere Möglichkeiten von eher bescheidener Qualität. Ein frühes Frühstück gibt es im Kiosk über dem Guadiana schräg gegenüber dem ℹ.

@ Espaço Internet und WiFi in der Biblioteca Municipal gegenüber dem ℹ in der „Casa do Conde", 🕒 Mo-Fr 9:00-17:00, Sa 9:00-14:00

🚌 Busse der Rodoviária do Alentejo fahren außer an Feiertagen Mo **und** Fr um 10:10 über **Cortes Pereiras**, **Santa Marta** und **Zambujal** (☞ 4. und 5. Etappe) nach **Mértola** und **Beja**. An *diesen* Tagen auch **Rückfahrt** nach **Alcoutim** von Zambujal um 15:22, Santa Marta um 15:31 und von Cortes Pereiras um 15:40. Die Bushaltestelle befindet sich vor der Brücke, die über den *Ribeira de Cadavais* Richtung 🏠 Jugendherberge führt.

☺ Nutzen Sie den Aufenthalt in Alcoutim zu einem Kurzbesuch im pittoresken **Sanlucar de Guadiana** und genießen Sie den herrlichen Rundblick vom Bg *Castillo de San Marcos* oberhalb des Ortes. Sie gelangen dorthin mit der

⛴ Motorbootfähre. Bei Bedarf einfach zum Kassenhäuschen am Ufer gehen, der freundliche Fährmann setzt für € 1 pro Strecke auch Einzelpersonen über. Bei der Rückfahrt von der anderen Seite einfach zum Kai hinuntergehen, Sie werden erkannt und umgehend abgeholt.

Alcoutim hatte aufgrund seiner Lage schon seit jeher eine wichtige strategische Bedeutung. Bereits in der Jungsteinzeit besiedelt (einige archäologische Funde sind in dem kleinen ⌘ Museum innerhalb der Burgmauern ausgestellt), war es später Stützpunkt der Römer, die es *Acutinium* nannten. Die Muslime behielten diesen Namen bei,

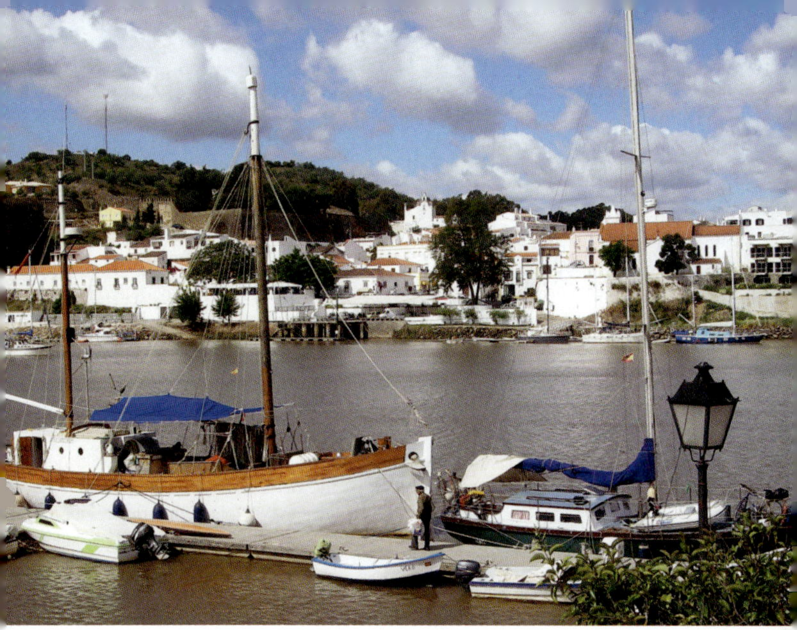

Blick auf Alcoutim

als sie im 11. Jahrhundert die Befestigung errichteten, auf der im 16. Jahrhundert die Burg zur Verteidigung der Grenze nach Spanien errichtet wurde. Alcoutim ist meist ein beschaulicher kleiner Ort, dessen Atmosphäre vom Dreiklang südlicher Architektur, dem Fluss und seiner besonnten Landschaft geprägt wird.

4. Etappe: Alcoutim – Santa Marta ➲ 13,7 km

Etappenplanung: Die Entfernung zwischen *Alcoutim* und *Mértola* ist mit 39,6 km zu groß und die Route landschaftlich einfach zu schön, um sie vernünftigerweise an einem Tag zurücklegen zu wollen. Da es auf dieser Strecke auch keinerlei Unterkünfte gibt, empfehle ich Ihnen, die Etappe zu teilen und am ersten Tag nur die 13,7 km bis *Santa* Marta oder 19,5 km bis zur Bushaltestelle von *Zambujal* zu laufen. Von dort können Sie entweder mit dem 🚌 Bus (siehe vorstehend) oder dem 🚗 Taxi nach *Alcoutim* zurückfahren, um dann am nächsten Morgen mit einem dieser Verkehrsmittel nach *Santa Marta* bzw. *Zambujal* zurückzukehren und Ihre Wanderung fortzusetzen. Sie können auf diese Weise die Berg- und Tal-Wanderung nach *Santa Marta* und den langen Anstieg nach *Zambujal* ohne Rucksack genießen, müssen aber natürlich Wasser mitnehmen, das Sie unterwegs auffüllen können.

☺ Sollten Sie mit dem Taxi fahren, lassen Sie am besten am Tag zuvor aus der Jugendherberge oder dem Posto de Turismo anrufen, eine Hinfahrt vereinbaren oder

Ihre Rückfahrt in Aussicht stellen. Im letzten Fall können Sie dann bei Ankunft selbst anrufen, der Taxifahrer weiß Bescheid und wundert sich nicht über Ihr unzureichendes Portugiesisch. Ich fahre gern mit Senhor João Palma, ☏ 281 547 105 oder 968 574 868. Von Pilgerinnen empfohlen wurde Senhora Arminda Rodrigues, 964 094 491.

Wir verlassen die Jugendherberge über den Haupteingang im 2. Stock und wenden uns auf der davorliegenden Teerstraße nach rechts.

Achtung! Folgen Sie hier **nicht** dem gelben Pfeil nach links, sondern der auf dem gegenüberliegenden Laternenpfahl angebrachten weiß-roten Markierung nach **rechts**!

Die Straße geht nach wenigen Metern in einen Sandweg über, dem wir am Ufer des Guadiana entlang folgen. An einer Weggabelung nach 280 m gehen wir auf eine rechts stehende Schautafel zu. Bei ihr angekommen („Fortaleza Islâmica") folgen wir dem Hinweisschild „Via Algarviana GR 13" und danach stets ihren weiß-roten Markierungen. Nach 700 m und einer gemauerten weißen Hütte gabelt sich der Weg, dort gehen wir der Markierung folgend nach links weiter. Bei 900 m wendet sich der Weg von einem Bachlauf weg nach rechts den Hang hinauf. Wir folgen ihm durch eine im Frühjahr bunte Wiesenlandschaft mit Olivenbäumen, stets in einiger Entfernung vom Rio Guadiana.

Nach 1,9 km stoßen wir auf eine auf einer Freifläche stehende Hütte, an der wir uns rechts vorbei nach *links* hoch wenden. Nehmen Sie *nicht* den Weg nach rechts, wo der Pfahl mit der gekreuzten Markierung steht! Von dem dort beginnenden Anstieg haben wir einen guten Blick auf den Rio Guadiana und je höher wir kommen, umso mehr werden die Olivenbäume von Steineichen abgelöst. Nach gut 3 km erreichen wir rechts bei einem kleinen Felsen mit der Markierung eine kleine Anhöhe. Hinter ihr schlängelt sich der Weg entlang eines mit Kiefern bestandenen Tals. Einen kurz darauf nach links unten abzweigenden kleinen Feldweg lassen wir außer Acht und bleiben auf dem sich nach rechts bergauf wendenden Wanderweg. Von einem Höhenrücken bei km 3,4 öffnet sich ein herrlicher Blick auf eine Biegung des Flusses.

Bei zwei links stehenden Kugelkiefern wenden wir uns nach knapp 4 km der Markierung folgend nach rechts bzw. geradeaus den Berg hinauf. 300 m weiter auf einer Anhöhe entfernt sich der Guadiana von uns, während wir weiterhin dem Weg aufwärts folgen. Hier oben „stören" nur Vogelgezwitscher und Bienengesumm die absolute Stille, die uns umfängt. Hie und da säumen Mandelbäume den Wegesrand und rechts schweift unser Blick über das weite Flusstal des Guadiana mit seinen von Windkrafträdern gesäumten Höhenrücken.

Hinter einer Kurve nach etwa 4,8 km sehen wir vor uns das Dorf *Cortes Pereiras* liegen und erreichen nach weiteren 400 m eine Anhöhe. Bald darauf stoßen wir auf einen Telefonmast, auf dem die Wegemarkierung über Eck steht. Demzufolge gehen wir zunächst die wenigen Meter bis zur EM 507 hinunter (5.6 km), folgen dieser aber wiederum nur 30 m nach rechts, um dann gegenüber einem Buswartehäuschen von der Kreisstraße weg gleich wieder nach rechts Richtung *Cortes Pereiras* abzubiegen, wobei

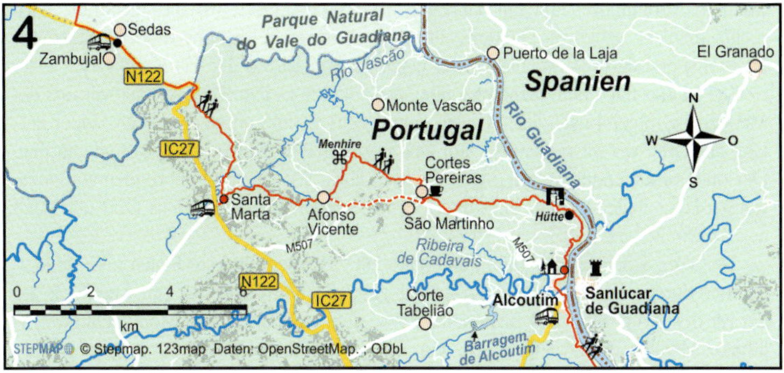

wir erneut dem Wegweiser des GR 13 folgen. Bei Erreichen eines Gehöfts wenden wir uns nach links und bleiben auf dem Feldweg, der links von einer Steinmauer gesäumt wird. Wir folgen dem steinigen Feldweg die Anhöhe hinauf. Danach sehen wir erneut Häuser vor uns liegen, auf die wir zugehen. Der Weg wendet sich dann wieder nach rechts und führt schließlich links an einer aus verwitterten Steinen aufgeschichteten Mauer entlang aufwärts. Auf dem Feld hinter der Mauer stehen viele Mandelbäume.

Nach 6,3 km betreten wir eine Teerstraße, der wir nach links hinauf ins Dorf folgen. Zwischen Bruchsteinmauern hindurch erreichen wir nach knapp 6,5 km bei Mülltrennungstonnen die zentrale Kreuzung von **Cortes Pereiras**. Gegenüber liegt das Café „O Têmpero" mit einem angeschlossenen kleinen Gemischtwarenladen.

Abkürzung: Sie können die Etappe über ein kurzes Stück auf der M 507 und eine kleine Teerstraße um 1,3 km abkürzen. Gehen Sie zu diesem Zweck vom Café knapp 100 m leicht nach rechts hinüber zur Landstraße und folgen Sie dieser nach rechts. Das Dorf *S. Martinho* links liegen lassend gehen Sie auch an der bei km 7,2 nach *Monte Vascão* abbiegenden Straße vorbei geradeaus weiter. Gut 150 m weiter erreichen Sie rechts ein kleines weißes Transformatorenhäuschen und sehen in Verlängerung der Straße dahinter das Dorf *Afonso Vicente* liegen. Nach gut 8,6 km erreichen Sie zunächst den entsprechenden Wegweiser und biegen dann in die kurz darauf folgende Abzweigung dorthin ein. Links neben ihr befindet sich ein Buswartehäuschen. Nach 9 km erreichen Sie das Ortseingangsschild von **Afonso Vicente** und setzen Ihren Weg in das Dorf hinauf fort. Bei dem Wegweiser zum „Monumento Megalithíco" gehen Sie etwas links geradeaus weiter und kommen im Dorf nach 9,3 km auf einen kleinen Platz, in dessen Mitte links ein Baum mit einer kreisförmig gemauerten Sitzbank darunter steht. Dort folgen Sie wieder der nachfolgenden Beschreibung ab **km 10,6**.

Auf dem Hauptweg wenden wir uns aus dem Café tretend nach rechts und folgen der Teerstraße in das Dorf hinauf. Rechts an einem Strommasten befindet sich die weiß-rote Markierung der Via Algarviana. Bald erreichen wir eine Kreuzung mit drei Strommasten, auf der wir uns nach rechts wenden, um gleich an einer weißen Mauer einen weiteren Strommasten mit der Markierung zu sehen. Dort, wo die Teerstraße nach rechts abknickt, gehen wir geradeaus auf einem Feldweg in Richtung weißer Häuser weiter und sehen nach 50 m links wieder einen Strommast mit der Markierung. Vor einer weißen Mauer mit einem manchmal überschwemmten kleinen Weg wenden wir uns der Markierung folgend nach links. Gleich darauf geht es links an einer weißen Mauer entlang aufwärts, wo wir bei km 8,1 auf eine unseren Weg kreuzende Teerstraße stoßen. Der quer verlaufenden Straße folgen wir nach links. Vor einem Drehbrunnen vor einem weißen Haus halten wir uns links und folgen der breiten Straße durchs Dorf und dann aus diesem hinaus.

Der Weg schlängelt sich nun durch eine mit Zistrosenbüschen, Pinien und Mandelbäumen durchsetzte Hügellandschaft. Nach gut 7,5 km erreichen wir eine Kreuzung, auf der wir dem Wegweiser „Via Algarviana“ sowie dem braunen Schild „Monumento Megalithíco, Menires de Lavajó“ folgen. Von einer Anhöhe mit einem markierten Pfosten haben wir bei km 8,4 einen weiten Blick über die Landschaft der nördlichen Algarve. In einer von einem Bächlein durchflossenen kleinen Senke gabelt sich der Weg nach knapp 9,1 km. Wir folgen hier erneut dem Wegweiser „Monumento Megalithíco“ nach links und erreichen nach 9,2 km einen kleinen Platz mit der zu den umzäunten Menhiren hinaufführenden Treppe. (Die auf einem Schild der Via Algarviana angegeben 8,6 km bis *Alcoutim* sind falsch.)

⌘ Die beiden mit Ritzungen und Mustern verzierten Menhire von *Lavajó* (die Reste eines dritten befinden sich im ⌘ *Núcleo de Arqueologia* von *Alcoutim*) wurden am Ende der Jungsteinzeit zwischen 3500 und 2900 v. Chr. errichtet und könnten als Grenzsteine und/oder Weihestätte gedient haben. Der größere von beiden misst 3,14 m und ist der größte Menhir aus Grauwacke (Sandstein) in Portugal.

Nach der Besichtigung folgen wir dem Wegweiser der „Via Algarviana GR 13“ und können nach gut 10,1 km von einer Anhöhe aus das Dorf **Afonso Vicente** vor uns liegen sehen, in dessen Richtung wir weitergehen. Dort, wo sich der Weg bei km 10,4 unterhalb des Dorfes teilt, folgen wir der Markierung nach links ins Dorf hinauf und, oben angekommen, dem Weg Richtung „Centro Cultural“ sowie dem kleinen braunen Pfeil, der in 50 m Entfernung ein Café verheißt.

Vor dem *Centro Cultural* (im Prinzip täglich ab mittags geöffnet, wenn nicht der Betreiber unterwegs ist), dessen Balkon von zwei Säulen getragen wird, wenden wir uns nach links ins Dorf hinauf und dann sofort erneut nach links. Vorbei an einem von 12:00-14:00 geschlossenen Kiosk mit davor gestapelten Getränkekisten erreichen wir bei **km 10,6** den kleinen Dorfplatz mit einer rotbraunen Sitzbank links, in dessen Mitte ein Baum mit einer kreisförmig gemauerten Sitzbank und einer Trinkfontäne steht. Rechts daran vorbei gehen wir geradewegs aus dem Dorf hinaus und stoßen an dessen Rand auf eine quer verlaufende Teerstraße, der wir 50 m hinter dem Dorfplatz nach **rechts** folgen. Wir *verlassen* hier die Via Algarviana, ihre Wegweiser und Markierungen und gehen links am Rand des Dorfes entlang, bis wir nach 50 m an einer Kreuzung ein blaues Haus mit blauem Zaun und links darunter einer Garage mit einem hellblauen Tor erreichen. Dort gehen wir nach links hinunter und um die Garage herum weiter ins Tal hinab.

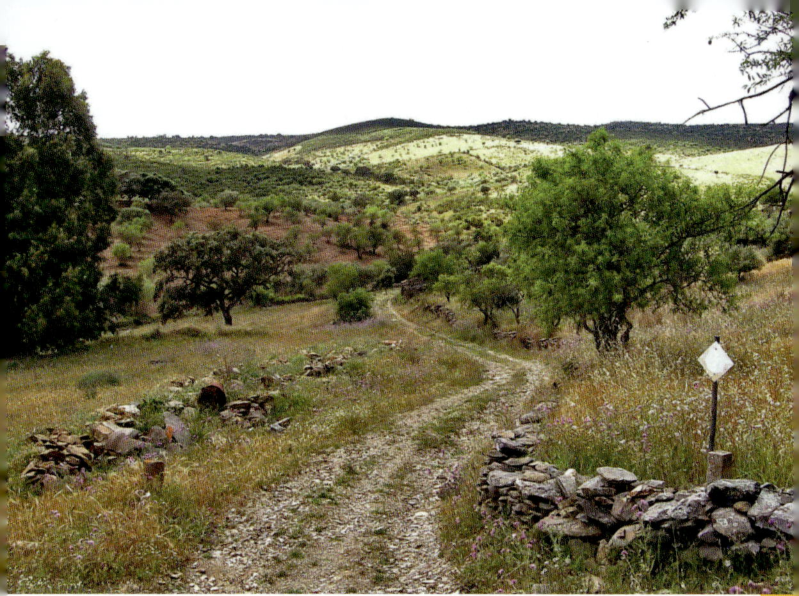

Auf dem Weg nach Santa Marta

Nach ca. 11 km überqueren wir einen kleinen Bachlauf und gehen dahinter geradeaus den Hügel hinauf. 300 m weiter gabelt sich der Weg, wir nehmen die Abzweigung nach rechts. Links am Wegesrand stehen in kurzem Abstand zwei niedrige, weiß gestrichene Pumpstationen mit grüner Metalltür. Bei dem dritten dieser Häuschen - der ganze Weg bis Santa Marta ist in regelmäßigen Abständen von ihnen gesäumt - gehen wir weiter geradeaus über die Kuppe hinweg und dann in eine Senke hinunter. Bei km 12,7 sehen wir auf einer Anhöhe vor uns **Santa Marta** liegen. Nach dem letzten der kleinen Häuschen überqueren wir einen schmalen Bachlauf auf Trittsteinen und wenden uns vor einem weißen Gebäude mit Schrägdach sowie zwei grün gestrichenen Fenstern und einer Tür in derselben Farbe nach links (km 13,3). 100 m weiter folgen wir der Abzweigung nach rechts steil ins Dorf hinauf. Auf dem Weg dorthin geht unser Feldweg in eine kleine Teerstraße über, der wir an einem links liegenden grünen Garagentor vorbei weiter aufwärts und schließlich zwischen einer weißen Mauer links und einer groben Steinmauer hindurch in das Dorf hinein folgen. Vor einem ockerfarben umrandeten, stillgelegten Brunnen gehen wir nach rechts und dann sogleich wieder nach links auf einen Platz und dort auf ein blau verziertes Haus mit einem Drahtzaun zu. Dort wenden wir uns nach links und erreichen das ehemalige Café „Camponês", km 13,7.

☺ Falls Sie Zeit haben, sollten Sie noch die 5,8 km bis zur 🚌 Bushaltestelle von *Zambujal* weitergehen. Der lange Anstieg vom vor Ihnen liegenden Tal des *Rio Vascão* dort hinauf hat es in sich, besonders wenn man mit Rucksack läuft. Wenn Sie schon in *Santa Marta* aufhören wollen, können Sie sich ein Taxi (siehe Hinweise zu Alcoutim) hierhin bestellen oder Mo und Fr mit dem Bus nach *Alcoutim* zurückfahren. Zur Bushaltestelle gelangen Sie wie folgt: In Verlängerung der an dem Café vorbeiführenden Straße weitergehend stoßen Sie rechts auf eine Informationstafel der *Câmara Municipal de Alcoutim*. Dort wenden Sie sich nach rechts. An Müllcontainern vorbei gehen Sie geradeaus weiter und folgen dann der Straße nach rechts. Bei einem rechts stehenden, geduckten Haus mit grünen Fensterrahmen und Türen stoßen Sie auf eine quer verlaufende Straße, auf der Sie nach rechts auf die Wegweiser nach *Beja*, *Mértola* und *Alcoutim* zugehen. Folgen Sie der Straße, bis sie in die Landstraße IC 27 (N 122) mündet. Dort befindet sich die Bushaltestelle Richtung *Alcoutim* (bzw. VRSA) und *Mértola* (bzw. *Beja*). Um es zu wiederholen: Busse fahren von dort außer an Feiertagen Mo **und** Fr jeweils um 15:31 zurück nach *Alcoutim* (Ankunft um 15:50).

5. Etappe: Santa Marta – Mértola ➲ 25,9 km

Vom „Café Camponês" gehen wir ein kurzes Stück zurück, dann nach links die Straße hinunter und stoßen nach 50 m auf das „Centro Cultural Recreativo e Desportivo" mit Getränken und Imbiss (wenig Auswahl), das allerdings erst in der Mittagszeit öffnet. Der Betreiber ist ein mürrischer, alter Mann, der aber nach ein paar freundlichen Worten und dem Hinweis auf Santiago de Compostela recht umgänglich wird.

Sozusagen am *Centro Cultural* vorbei gehen wir geradeaus weiter und dann über eine Kreuzung hinweg schräg nach rechts hinunter auf einen weiteren Ortsteil zu. Bei einer Dreier-Gabelung nach 300 m führt eine Abzweigung nach rechts in den anderen Ortsteil, links befinden sich ein Brunnen mit einer Mülltonne und ein Tor. Dort nehmen wir den *mittleren* Weg entlang einer Bruchsteinmauer mit dahinterliegenden Gemüsebeeten, Zitronenbäumen und Weinstöcken. Über die Kreuzung hinter der Mauer gehen wir geradeaus hinweg und an einer Teerstraße rechts vorbei auf dem Feldweg weiter.

Wir laufen zwischen Steinmauern leicht abwärts und biegen dann bei einer Tür in der Mauer nach rechts auf ein geteertes Wegstück ab. Nach 750 m stoßen wir auf einen kleinen Wasserlauf, den wir notfalls links auf Trittsteinen überqueren können. Bei einer Gabelung nach 900 m mit einer Bruchsteinmauer rechts, die an der Ecke weiß übertüncht ist, nehmen wir den geradeaus führenden, mit einem hellen, festen Belag versehenen Weg und laufen zwischen Bruchsteinmauern weiter. Nachdem der Belag aufgehört hat, geht es am Ende der Bruchsteinmauern hinunter ins Tal und dann wieder aufwärts. Bei der Abzweigung auf der nächsten Hügelkuppe gehen wir auf unserem bisherigen Weg nach links weiter. Wir durchqueren eine hügelige Wiesenlandschaft mit vereinzelten Bäumen, Zistrosen und Sträuchern.

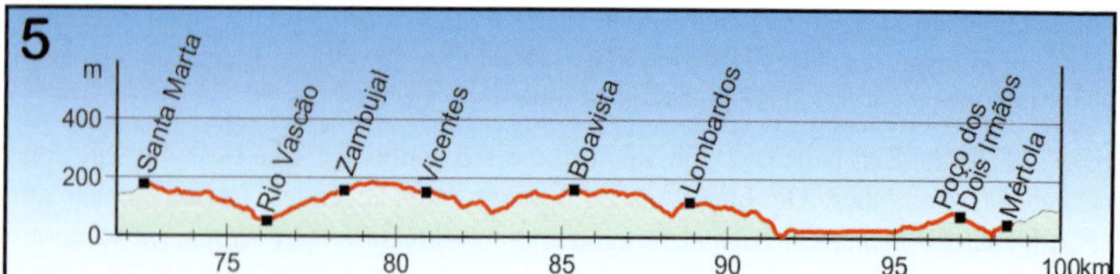

Bei einer erneuten Gabelung nach 1,6 km gehen wir wiederum auf unserem breiten Weg an einer links befindlichen Steinmauer entlang weiter. Bald darauf sehen wir von einer Hügelkuppe aus direkt vor uns die N 122 bzw. IC 27 aufwärts führen, wir werden bald auf sie stoßen. Zunächst aber geht es in ein Tal hinunter. Gegenüber liegt ein kleines Haus, das unten hellblau umrandet ist und ein hellrotes Dach hat. Schließlich nähern wir uns durch eine im Frühjahr zauberhaft blühende, hügelige Landschaft einem Flusstal. Links unter uns liegt die N 122, die wir nach einem kurzen, sehr steilen Abstieg bei km 3,3 erreichen. Wir folgen ihr nach rechts hinunter. 200 m weiter überqueren wir die Brücke über den gemeinhin *Rio Vascão* genannten *Ribeira do Vascão*, der die Grenze zwischen der Algarve und dem Alentejo bildet.

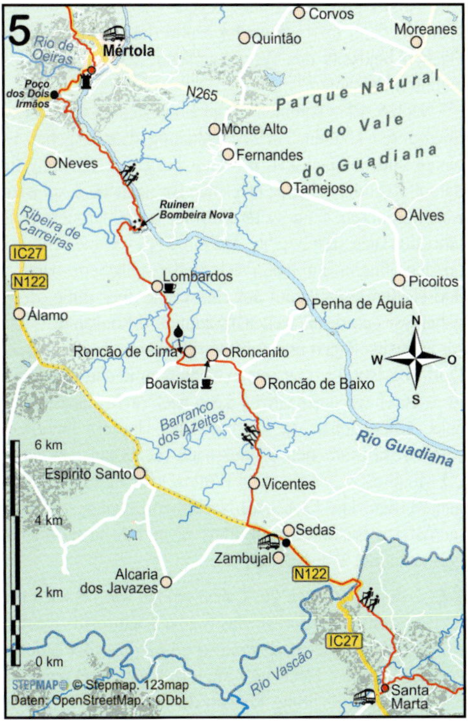

Die N 122 hinauf erreichen wir zunächst rechts die Abzweigung nach *Sedas* und gleich darauf bei km 5,8 die Abzweigung nach links Richtung **Zambujal**. Dort hält der Bus, der Mo und Fr um 15:22 nach **Alcoutim** zurückfährt. Er ist selten pünktlich, ich musste einmal 20 Min. auf ihn warten – also nicht verzweifeln!

Vorbei an einer weiteren Abzweigung rechts nach *Mesquita* biegen wir nach knapp 7,2 km in das rechts nach *Vicentes* führende Sträßlein ein. An der Abzweigung steht ein Buswartehäuschen mit einer blau umrandeten Tür. Wir betreten nun den *Parque Natural do Vale do Guadiana*, den wir erst wieder hinter *Amendoeira da Serra* bei der Furt über den *Ribeira do Terges* (☞ 6. Etappe) verlassen werden, wenn man einmal *Mértola* ausnimmt, das sozusagen in einer Exklave liegt.

Nach 8,3 km erreichen wir **Vicentes** und gehen leicht rechts geradewegs durch das Dorf hindurch, vorbei an einem Drehbrunnen (kein Trinkwasser! Ihm gegenüber befindet sich aber ein niedriger 💧 Wasserhahn mit einem Schlauch, mit dem wir unsere Flaschen auffüllen können) und wenden uns beim letzten Haus (weiß mit grün umrandeten Fenstern) mit einem Leitungsmast und einem großen Kaktus davor nach links auf den an dem Ort vorbeiführenden Weg. Nach 80 m erreichen wir rechts einen Feldweg, der von einer Mauer gesäumt wird. Diesem folgen wir nun immer geradeaus und lassen bei km 8,8 eine Abzweigung nach links liegen. Die flache Hügellandschaft ist mit Zistrosen erst spärlich, dann üppig bewachsen und durchsetzt von einigen Bäumen. Auf den kargen Flächen beidseits des Weges grasende Ziegenherden betrachten neugierig die ungewohnten Passanten.

Nach 9,4 km kommen wir an einen kleinen Bach, dessen Furt wir ohne Schwierigkeit überqueren können. An der Kreuzung danach gehen wir geradeaus weiter den Berg hinauf und nehmen 250 m weiter bei einer Gabelung den Weg nach links. Nach dem darauffolgenden Abstieg erreichen wir nach 10,3 km wiederum einen Bach, dessen Furt wir überqueren. Eine weitere (dritte) Bachüberquerung folgt bald darauf, anschließend führt der Weg steil bergauf. Bei km 11,3 kommen wir an einen Drahtzaun, dessen Gatter sich öffnen - und hinter sich wieder schließen! - lässt. Wir gehen auf dem Weg weiter und stoßen kurz darauf auf eine kleine Teerstraße, der wir nach links folgen. Auf ihr gehen wir geradeaus weiter bis zum Dorf **Roncanito**. An dem Dorf vorbeigehend, lassen wir es rechts liegen und gelangen alsbald in das wunderschön auf einem Hügel gelegene Dorf **Boavista**. Es trägt seinen Namen zu Recht. Bei dem Wegweiser unterhalb des Dorfes wenden wir uns nach 12,5 km nach rechts die Straße hinauf und dann zweimal nach links. Oben gehen wir zwischen den Häusern hindurch geradeaus weiter und hinter einem rosa umrandeten Haus nach rechts auf das einfache, aber gemütliche ☕ Café „O Moinho" zu, von dessen Wirtin *Dona Albertina Reis* wir aufs Freundlichste empfangen werden, km 12,8. Auf Nachfrage bereitet sie gern „pão torrado com manteiga" (geröstetes Weißbrot mit Butter) zu und ihr ausgezeichneter Kaffee weckt die Lebensgeister müder Wanderer.

🚶 Beim Verlassen des Cafés wenden wir uns nach rechts und gelangen auf die kleine Dorfstraße, auf der wir uns wieder nach rechts wenden und geradeaus weitergehen. An dem Wegweiser nach *Roncão de Meio* vorbei laufen wir auf der kleinen Landstraße geradeaus weiter. Nach 13,7 km folgen wir dem Wegweiser und einer kleinen Teerstraße nach rechts in Richtung **Roncão de Cima**. Am Dorfeingang wenden wir uns bei einem Buswartehäuschen vor den Häusern nach links und danach bei einem allein stehenden Baum erneut nach links den Hügel hinunter. Links am Weg liegt eine teilweise blau gestrichene 💧 Wasserstelle mit den Initialen „JF 1966".

Bei einer links am Wegesrand stehenden, weit ausladenden Steineiche gehen wir auf dem Hauptweg geradeaus weiter und biegen nicht nach links ab, spätere Abzweigungen lassen wir ebenfalls außer Acht. Wo der teilweise hübsch von Mandelbäumen gesäumte Weg hinter einem Hügelrücken dann hinunter ins Tal führt, können wir auf der gegenüberliegenden Anhöhe bereits das Dorf *Lombardos* liegen sehen. Im Tal überqueren wir nach 15,8 km eine Steinbrücke und haben dahinter einen steilen Anstieg nach **Lombardos** hinauf zu bewältigen.

Unterhalb des Dorfes biegen wir bei km 16 nach rechts ab und folgen dem Weg an links befindlichen Schafspferchen vorbei ins Dorf hinauf. Nach 100 m erreichen wir eine Betonfläche, wo wir uns nach rechts wenden, um dann an einer rechts stehenden Mauer entlang weiter aufwärts und um ein quer stehendes, lang gezogenes Haus nach links herum auf einen Backofen zuzugehen. Wir lassen den Backofen rechts liegen und gehen zu einer quer verlaufenden Straße hinunter. Dort wenden wir uns nach links und finden nach 16,4 km gleich rechts das Café „António José". Es liegt unterhalb einer Toilettenanlage mit fließendem 💧 Trinkwasser. Sollte das Café geschlossen sein, klopfen Sie an die Tür.

✋ Wenn niemand öffnet, **müssen** Sie Ihre Wasservorräte in der Toilettenanlage auffüllen. Zwischen *Lombardos* und dem „Poço dos Dois Irmães" kurz vor *Mértola* gibt es außer dem gleich nachstehend erwähnten Brunnen keine weitere Wasserstelle und so gut wie keinen Schatten!

Mit Blick auf das Café wenden wir uns nach rechts die Straße hinunter und gehen auf einen weiß-blauen Brunnen mit der Aufschrift „JF 1966" zu. Vor dem Brunnen wenden wir uns an einer Bruchsteinmauer nach rechts und dann gleich wieder nach links, wobei wir den an dem Wasserlauf bzw. der Bruchsteinmauer entlanglaufenden Weg einschlagen. Mit anderen Worten: Von den sich bietenden Möglichkeiten nehmen wir die äußerst linke Variante. Diesem Weg folgen wir nun in Richtung eines Hügels mit einem breitgefächerten Baum darauf. Bei der Kreuzung nach 400 m gehen wir geradeaus weiter. 200 m weiter, bei der Weggabelung mit dem niedrigen Baum in der Mitte (links am Hang dahinter stehen zahllose Bienenstöcke), wenden wir uns nach rechts. Kurz darauf (ca. 130 m) überqueren wir einen kleinen Wasserlauf. Der Weg führt auf einen niedrigen Hügel und senkt sich dann wieder leicht nach unten. Unterhalb des darauffolgenden höchsten Hügelrückens teilt sich der Weg bei km 17,6. Wir folgen der linken Alternative. Der Weg schlängelt sich an einem kleinen Wasserlauf entlang durchs Tal. Wir bleiben auf diesem Weg und lassen eine grasbewachsene Abzweigung außer Acht. Nach 18 km überqueren wir einen kleinen Wasserlauf, danach wendet sich der Weg wieder aufwärts. Oben biegt der Weg nach 18,2 km rechts ab und führt an einem Bergrücken entlang. Im Tal links unterhalb fließt der *Ribeira de Carreiras*, dessen Lauf wir nun aus großer Höhe mit überwältigenden Ausblicken folgen. Nach einer Weile senkt sich der Weg wieder bergab. Auf einem Stück zwischen Ginster- und Zistrosenbüschen verläuft er eben, bis er sich wieder absenkt und es kurz darauf *sehr steil* bergab in Richtung eines Weinbergs mit einem verfallenen, weißen Haus dahinter geht. Wir durchqueren die Weinanbaufläche unterhalb des Hauses und wenden uns dann nach links den Weg zur Furt über den Fluss hinunter. Diese erreichen wir nach 19,1 km.

☺ Sollten Sie die Furt beim besten Willen nicht überqueren können, dann biegen Sie einige Meter oberhalb nach rechts auf einen zugewachsenen Wiesenweg ab und folgen ihm hinunter bis zu einem Steinhäuschen, vor dem ein Damm über den Fluss führt. Er ist ziemlich zugewachsen, seien Sie vorsichtig! Auf der anderen Seite geht es extrem steil und über Geröll nur sehr mühsam aufwärts, daher ist dies wirklich nur eine Notlösung.

Jenseits der Furt wenden wir uns nach rechts und steigen den steilen Hang zum Hochufer des Guadiana hinauf. Auf der Anhöhe erreichen wir die völlig verfallenen Häuser von *Bombeira Nova,* wo wir uns auf einem Kopfsteinpflasterweg nach links wenden und nach wenigen Schritten das beeindruckende Hochufer des Rio Guadiana erreichen. Dort wenden wir uns nach links und laufen am Fluss entlang, der sich hier viel ursprünglicher gibt als der gemächliche Strom, den wir auf dem Weg nach *Alcoutim* kennengelernt haben.

♦ Ich stimme José Saramago voll und ganz zu, wenn er schreibt: „Auch der Guadiana, der mit dem Reisenden Versteck gespielt hat, ist nach Mértola gekommen. Dieser Fluss ist von Anfang an schön und wird es bis zu seinem Ende sein, dieser Bestimmung wird er treu bleiben."

Links liegen die Weinberge der *Herdade da Bombeira,* www.herdadedabombeira.com. Deren ausgezeichnete Alentejo-Weine sind in *Mértola* erhältlich. Sollte nach etwas mehr als 21,4 km das Metallgatter am Ende des Weinguts geschlossen sein, können Sie links durch ein Tor im Zaun innerhalb des Grundstücks und dann gleich rechts über den umgetretenen Außenzaun auf den Weg gelangen. Gleich hinter dem Metallgatter wenden Sie sich nach rechts und stoßen alsbald auf die erste der gelb-roten Markierungen eines Kurzwanderwegs, dem Sie zunächst am Flussufer entlang folgen, bis er sich 1 km weiter vom Hochufer entfernt. Wir *bleiben* hier auf der breiten, nach halb links den Hang hinaufführenden Sandstraße und gehen *nicht* auf dem grasbewachsenen Weg rechts davon am Hochufer entlang weiter.

Hinter einem Felsdurchbruch wieder am Flussufer steigt wie eine Fata Morgana weiß glänzend und malerisch gestaffelt *Mértola* vor uns auf. Noch aber ist es ein gutes Stück Wegs dorthin. Wir bleiben weiterhin auf der breiten Straße, die sich aber zunächst beunruhigend von *Mértola* weg nach links den Hang hinaufwindet, um sich jedoch oberhalb eines ausgetrockneten Bachbetts bald wieder scharf nach rechts zu wenden. Weiter oben sehen wir von diesem Höhenweg aus auch wieder den Guadiana mit der ihn hoch überspannenden Straßenbrücke liegen.

Bei einer hohen Zypresse folgen wir dem Hauptweg nach rechts und erreichen schließlich an einem links stehenden, weißen Haus mit einem von Bänken umstandenen Drehbrunnen davor sowie dem Haus "Poço dos Dois Irmãos"auf der rechten Seite vorbei nach knapp 24,7 km die Nationalstraße nach *Mértola,* der wir von nun an folgen. Unterhalb der mächtigen Burganlage überqueren wir nach 25,5 km die mittelalterliche Brücke über den Nebenfluss *Rio de Oeiras* des Guadiana und erreichen schließlich nach links hinaufsteigend **Mértola**.

Am Ortseingang folgen wir der *Rua Alves Redol* rechts aufwärts bis zum Hauptplatz des Ortes, dem *Largo Vasco da Gama,* den wir nach 25,9 km erreichen. Der Posto de Turismo befindet sich rechts in Richtung der Burg am Ende der *Rua Alonso Gomes.* Geradeaus geht es die Treppe hinunter links zum Residencial „Beira Rio" (Sie sehen den Namen dort groß angeschrieben), links neben der Treppe steht das Gebäude des ADPM, der Eingang ist unterhalb auf dem ersten Treppenabsatz links am Ende des

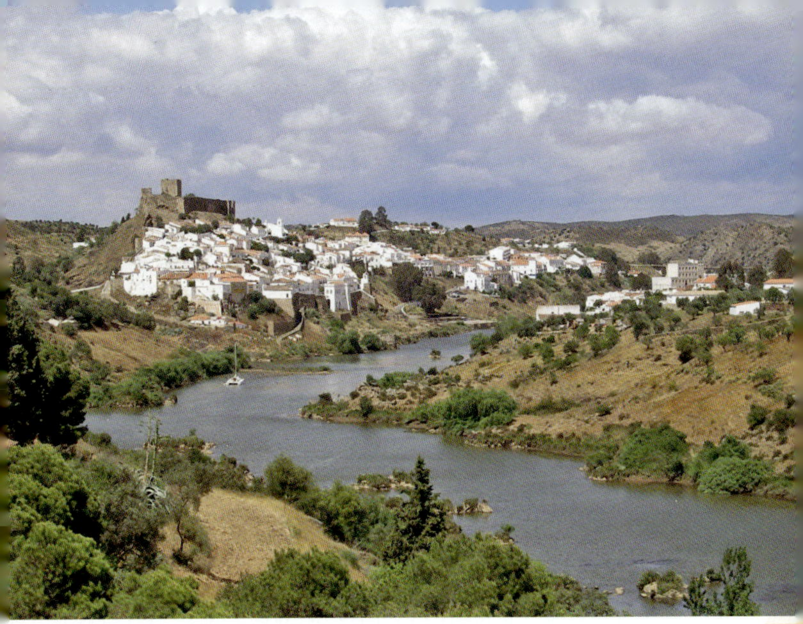

Blick auf Mértola

Geländers. Wenn Sie sich schließlich vom *Largo Vasco da Gama* nach schräg links in die *Rua Dr. Serrão Martins* wenden, gelangen Sie zum „Clube Nautico".

Mértola ℹ @ 🛏 ✕ ☕ ⇧ 25-90 m, Ew. 3.300

ℹ Posto de Informação Turística, Rua da Igreja 31, täglich 9:00 bis 12:30, 14:00 bis 17:30, ☏ 286 610 109, ✉ turismo@cm-mertola.pt. Freundliche Mitarbeiterinnen mit guten Englischkenntnissen, holen Sie dort jedoch nur Auskünfte zu Mértola selbst ein. Fragen Sie **nicht** nach dem Weg, den vor Ihnen liegenden Unterkünften oder Busverbindungen außerhalb von Mértola! Verlassen Sie sich insoweit lieber auf dieses OutdoorHandbuch.

@ Im Posto de Informação Turística

🛏 Es gibt mehrere preiswerte Übernachtungsmöglichkeiten, hier eine Auswahl:

▷ Sehr günstig übernachten können besonders Einzelpersonen im *Centro de Estagio do Guadiana* des Ruderclubs „Clube Náutico", Rua Dr. Serrão Martins, ☏ 286 612 044, Mehrbettzimmer (aber als EZ/DZ buchbar) in einem Sportzentrum mit separaten Toiletten und Duschanlagen, großartiger Blick auf den Rio Guadiana, EZ 15/DZ 26 oF. Das Clubgebäude liegt rechts an der Straße, zum Eingang rechts um das Gebäude herumgehen. Am besten über 💻 www.booking.com reservieren oder anrufen lassen. Falls Sie am Wochenende oder ohne Reservierung ankommen, hängt ein Zettel mit Mobiltelefon-Nr. an der Eingangstür; der junge Mann am anderen Ende spricht etwas Englisch.

▷ Empfehlenswert ist das Residencial „Beira Rio", *Rua Dr. Afonso Costa 108*, ☏ 286 611 190, 💻 www.beirario.pt/de/ (in Deutsch). Die Inhaberin Paula Palma spricht gut Englisch und ist äußerst hilfsbereit. Ihre Angestellte *Paula* (gleicher Vorname) spricht Deutsch. Direkt oberhalb des Guadiana gelegen, haben die Zimmer teilweise Terrassen mit Blick auf den Fluss, dort können Sie auch Ihre Wäsche trocknen. Überraschend preiswert ist die Reservierung über ein Hotelportal wie 💻 www.booking.com (2016 EZ € 24, DZ € 25 mit gutem Frühstück), Preisvergleiche lohnen sich!

Eine wichtige Anlaufstelle ist auch die ADPM, die *Associação de Defesa do Patrimonio de Mértola*, ☎ 286 610 000, 💻 www.adpm.pt (auch in Englisch), eine regionale Naturschutzorganisation. Sie betreibt die einzige Herberge in Amendoeira da Serra, Ziel der nächsten Etappe. Am besten melden Sie sich mit einer E-Mail in Englisch an, ✉ geral@adpm.pt oder ambiente@adpm.pt. Vermerken Sie zu Beginn Ihrer Mail: „Resposta urgente, por favor". Wenn Sie zu den Bürozeiten in Mértola ankommen (Mo-Fr bis 17:00) sollten Sie den ADPM direkt aufsuchen, bevor Sie weitergehen. Sonst können Sie auch bis *Amendoeira da Serra* weiterlaufen, sich den Schlüssel für das *Centro de Acolhimento* (☞ Seite 79) bei Dona Maria [Oriete] im dortigen *Centro Recreativo e Cultural* abholen und auch bezahlen.

✕ In Mértola gibt es zahlreiche Restaurants und Gaststätten, ich mag besonders diese beiden:

▷ Authentische regionale Küche zu Niedrigpreisen bietet das Restaurante „Avenida" links an der Einmündung der Rua Dr. Afonso Costa zum großen Kreisverkehr der Praça de Europa.

▷ Sehr schmackhafte Hausmannskost wird in der Casa do Pasto „O Salvador" serviert, das Sie auf dem Weg zur Stadt hinauf links in der Rua Alves Redol 20, kurz vor dem Largo Vasco da Gama finden. Dort können Sie auch die Weine der Herdade da Bombeira genießen.

Busse der Rede Expressos und Rodovíaria do Alentejo verkehren u. a. nach **Amendoeira da Serra** (Mo bis Fr um 17:10, nicht in den Schulferien) und **Beja**. Die Busse fahren jenseits der Praça de Europa am Beginn der breiten Avenida unterhalb der Ausfallstraße nach Beja ab.

Wie die Geschichte fast aller Städte, die wir auf unserer Reise besuchen, reicht auch die von Mértola weit in die Vorzeit (Neolithicum, 5000 v. Chr.) zurück. Bereits unter den Iberern, Phöniziern, Griechen und Karthagern war es ein bedeutender Handelsstützpunkt und der nördlichste Binnenhafen am Guadiana. Unter den Römern war *Myrtilis Julia* ein wichtiges Municipium, die Muslime machten es im Jahre 1033 gar als *al-Martulah* zur Hauptstadt eines kleinen unabhängigen Emirats, eines sog. Taifa-Reichs. Einen seiner Herrscher, den Sufi Abu-l-Qasim Ahmad ibn al-Husayn ibn Qasi können Sie zwischen der Burg und der *Igreja Matriz* als Reiterstandbild verewigt sehen.

Nach dem Sieg über die Mauren 1238 schenkte König Sancho II. den Ort aus Dankbarkeit dem Orden der Santiagoritter, der dort zeitweilig sein Hauptquartier hatte. Das Stadtwappen von Mértola trägt in seinem Schild noch heute einen Santiagoritter mit erhobenem Schwert.

In Mértola gibt es viel zu sehen: Vom *Torre de Menagem* des am Ende des 13. Jh. stark erweiterten ehemaligen ♜ *Castelo dos Mauros* (Maurenkastell) haben Sie einen herrlichen Rundblick über Stadt, Land, Fluss. Gleich darunter liegt die einzigartige ✝ *Igreja Matriz.* Sie entstand aus einer fünfschiffigen Moschee, an die noch die Anordnung der beeindruckenden Bündelpfeiler auf quadratischem Grundriss und die nach Osten (Mekka) ausgerichtete islamische Gebetsnische (*Mihrab*) hinter dem Altar rechts erinnern. Auf der Rückseite finden Sie noch eine Tür mit dem typischen Hufeisenbogen aus maurischer Zeit (☞ Seite 16).

Unten in der Altstadt stoßen Sie am Flussufer auf den malerischen *Torre de Relógio* (Uhrturm) mit Storchennestern darauf. In der Nähe befinden sich auch das ⌘ Römische und Islamische Museum und schließlich erreichen Sie durch einen Torweg die Reste der einst gewaltigen ⌘ Römerbrücke.

6. Etappe: Mértola – Amendoeira da Serra ➲ 20,4 km

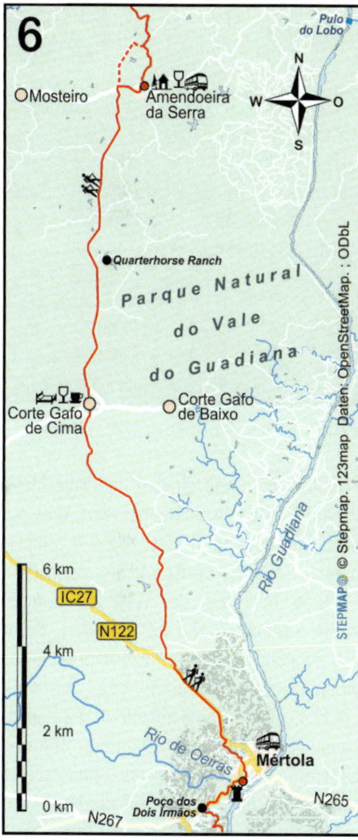

⚔ Eigentlich schon seit der 2. Etappe, nun aber fast deckungsgleich folgt unser Weg bis *Beja* der römischen **Via XXII** des *Itinerarium Antonini Augusti* von *Alcoutim* über *Mértola* (Myrtilis) nach *Beja* (Pax Julia). Lediglich *Cabeça Gorda* liegt nicht auf deren Route, die Römerstraße führte über *Salvada* daran vorbei.

🚶 Vom *Largo Vasco da Gama* gehen wir mit dem Rücken zum ☕ „Café Guadiana" geradeaus die *Rua 25 de Abril* hinauf und folgen ihr über den *Largo do Rossio do Carmo*, um dahinter nach gut 200 m halb rechts in die *Rua Maria Luisa Sales* einzubiegen. Wir folgen dieser Straße über die Kreuzung mit der N 122 (links *Estrada de Circunvalação*, rechts *Rua José Carlos Ary dos Santos*) hinweg und am rechts liegenden ☕ Café *Campaniço* vorbei aufwärts. Im Scheitelpunkt der bogenförmig nach rechts verlaufenden Straße nehmen wir die dritte Abzweigung nach links. An ihrem Beginn steht ein Schild mit der Aufschrift „Serviços Florestais - Regulamento Especial".

Zunächst laufen wir auf einen hohen Leitungsmasten aus Beton zu und setzen dahinter den Weg bis zu einer Gabelung fort (750 m). Dort wenden wir uns nach rechts und erreichen zwischen zwei

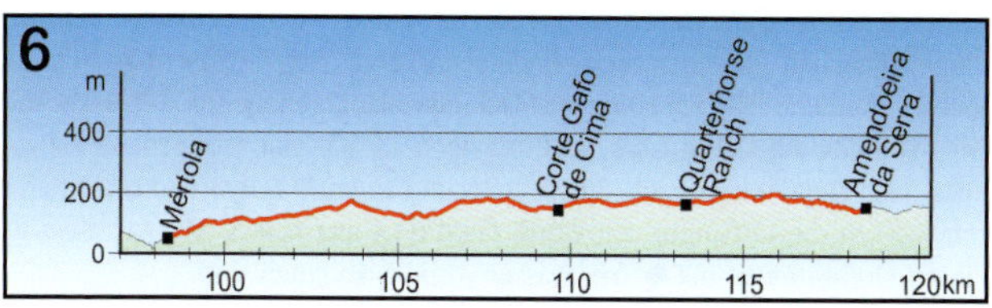

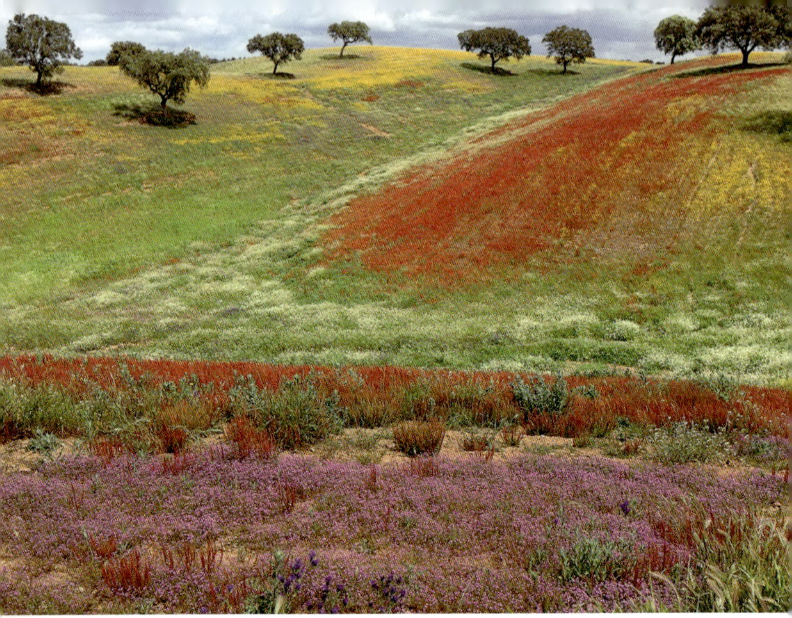

Frühling im Alentejo (MW)

Felsblöcken hindurch eine niedrige kleine Mauer, an der entlang wir weitergehen. Der Weg besteht teils aus Felsboden, teils aus groben Steinen, an denen es sich weiter oben unschwer erkennen lässt, dass es sich bei dem Weg um eine ehemalige Römerstraße handelt. Auf ihr dürften früher auch die Santiagoritter und Pilger entlanggezogen sein.

Kurz nachdem der Weg aus nunmehr rotem Felsgestein gebildet wird, sehen wir rechts unten die N 122 verlaufen. Bei der Weggabelung nach ca. 1,2 km wenden wir uns zwischen niedrigen Eukalyptusbäumen nach rechts hinab und erreichen bald darauf einen quer verlaufenden Weg, den wir nach rechts einschlagen. Wir bleiben auf dem oberen, in Richtung auf die N 122 und einen vor uns stehenden Antennenmast sowie einen grünen Maschendrahtzaun führenden Weg. Rechts unterhalb des Zauns liegt ein Umspannwerk. Vor dem nach links zeigenden Wegweiser „Hortas" wenden wir uns nach ca. 1,4 km nach rechts auf die N122 und folgen dieser nach links aufwärts.

Nach 3,6 km verlassen wir diese Nationalstraße und biegen nach rechts auf die Straße nach *Corte Gafo de Cima* ein. Sie führt durch eine weitläufig agrarisch genutzte Hügellandschaft, die aber auch zunehmend karge, mit Zistrosenbüschen und von Bäumen bestandene Flächen aufweist. Nach einer lang gezogenen Rechtskurve überqueren wir mit Blick auf *Corte Gafo de Cima* nach 11 km eine Straßenkreuzung (Wegweiser links nach *Beja*, rechts nach *Amendoeira* und *Pulo do Lobo*) und erreichen nach weiteren 300 m die Ortsmitte von **Corte Gafo de Cima** 🛏 🍷 ☕, nachdem wir zuvor an einem Drehbrunnen mit 💧 Trinkwasser vorbeigekommen sind.

Turismo Rural „ecoLand", www.ecoland.pt (auch Englisch), info@ecoland.pt, DZ für Pilger € 40, EZ € 30 m.F., 286 611 111, 964 989 402 (*Claudia Melo*, Englisch und Französisch). Die Pilger, die dort bereits übernachtet haben, zeigten sich angetan von Gastfreundschaft und Ambiente.

Gegenüber dem „Café Correia" in der Ortsmitte folgen wir der Straße Richtung *Pulo do Lobo* und gehen auf ihr weiter, bis wir schließlich eine nach links abbiegende Teerstraße erreichen, der wir auf ihrem erdigen Seitenstreifen geradeaus folgen. Sie führt uns hinaus in die Felder. Nach 14,8 km überqueren wir eine Brücke mit einem sich anschließenden Eukalyptushain. Dahinter biegt nach rechts die Zufahrt zur „Quarterhorse Ranch" ab, die von den Deutschen Petra und Roland Winter betrieben wird, falls Hilfe benötigt wird. Sie vermieten auch Zimmer, grundsätzlich aber nur auf vorherige telefonische Anfrage: 286 611 069, 966 640 049 oder 963 000 113.

Nach knapp 19,5 km folgen wir bei der nächsten Abzweigung dem Wegweiser nach rechts in Richtung *Amendoeira da Serra* und *Pulo do Lobo*. Kurz darauf sehen wir das Ortseingangsschild und folgen der Teerstraße in das Dorf hinauf. Bei km 20,1 befindet sich vor uns auf einer weißen Mauer ein Hinweisschild, dem wir nach links hinauf zum „Centro Recreativo e Cultural" von **Amendoeira da Serra** folgen, in dem sich eine Bar befindet, in der man von der freundlichen Wirtin Dona Maria [Oriete] liebevoll verköstigt wird und auch zu Mittag bzw. Abend essen kann. Die Herberge ist gut 200 m von hier entfernt (☞ nachstehend), km 20,4.

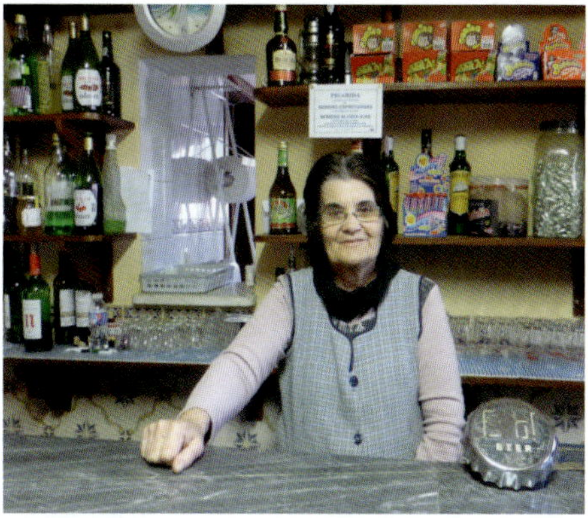

Die gute Seele von Amendoeira da Serra (UA)

Centro de Acolhimento da Amendoeira da Serra, vorherige Reservierung beim ADPM in Mértola erwünscht, ☞ Tipps zu Mértola; Sie bekommen den Schlüssel aber auch bei Dona Maria. Gut ausgestattete Herberge mit in erster Linie Stockbetten und einem netten DZ, das ich „Honeymoon Suite" getauft habe ☺. Pro Person € 15. Bitte hinterlassen Sie diese erst nach langem Bemühen für Pilger geöffnete Stätte sauber und ordentlich!

▷ Zur Herberge gelangen Sie wie folgt: Nehmen Sie vom Centro Recreativo das Sträßchen gegenüber – links vom grünen Tor - bis zu den Abfalltonnen. Dort wenden Sie sich nach links zur Bushaltestelle und durchschreiten rechts daneben ein Gartentor unter niedrigen Bäumen. Gehen Sie auf dem Gartenweg nach schräg rechts weiter bis zum zweiten weißen Gebäude und dann unter der Pergola hindurch bis zu einer grünen Tür, neben der sich rechts eine Treppe befindet. Diese hinauf finden Sie links oben die Eingangstür zur Herberge.

Bushaltestelle neben der Herberge. Sollte der Ribeira do Terges ausnahmsweise nicht durchquert werden können (nachfolgende Etappenplanung), können Sie außerhalb der Schulferien Mo bis Fr um 08:15 mit einem Bus der Rodoviária do Alentejo nach **Mértola** zurück und von dort um 9:00 und 11:00 (Mo bis Fr ganzjährig außer Feiertage) nach **Beja** weiterfahren.

7. Etappe: Amendoeira da Serra – Cabeça Gorda 22,8 km

Etappenplanung: Fragen Sie **vor Beginn** der Etappe auf jeden Fall die Wirtin Maria Oriete des *Centro Recreativo*, ob Sie den *Ribeira de Terges* gefahrlos überqueren können. Sollte er Hochwasser führen, können Sie werktags mit einem Bus nach *Mértola* zurück und von dort nach *Beja* weiterfahren, Abfahrtszeiten vorstehend.

Hinter der führt der Weg hinunter in ein von einem Bach durchflossenes Tal. Sollte es nach starken Regenfällen überschwemmt sein, dann beginnen Sie die 7. Etappe zunächst wie nachfolgend beschrieben, diese Alternative stößt später auf den Hauptweg.

Alternative bei überschwemmtem Talweg:

Von der laufen wir wieder hinunter zum „Centro Recreativo" und zur Hauptstraße und gehen dann *zunächst* zurück in die Richtung, aus der wir gekommen sind. Nach 750 m biegen wir jedoch an einer Dreieckskreuzung bei dem nach *Mértola* zeigenden Wegweiser in dessen **Gegenrichtung** *nach rechts* ab. Wenig später überqueren wir eine Brücke (km 1,7). Das in Verlängerung der Straße links oberhalb liegende Gehöft lassen wir links liegen und wenden uns nach ca. 2,2 km vor dem Gatter der Straße bzw. dem Weg folgend nach rechts aufwärts. 300 m weiter kommt von rechts der Hauptweg herauf bzw. von *Amendoeira* herüber, dem wir an der Einmündung bei dort **1,1 km** geradeaus folgen (siehe gleich nachfolgend).

Hauptweg:

Wir verlassen die Herberge und wenden uns hinter der Bushaltestelle und dem Leitungsmast mit dem Schild „Zona de paragem" nach rechts auf einen Feldweg und folgen ihm in die grasbewachsene Hügellandschaft hinaus, Abzweigungen lassen wir außer Acht. Es geht abwärts und nach 700 m überqueren wir einen Bach. Anschließend steigt der Weg wieder an, bis wir nach **1,1 km** auf einen quer verlaufenden Weg (T-Kreuzung) stoßen, dem wir nach rechts folgen. Wir folgen seiner Kurve nach links und kommen nach 1,4 km an die Abzweigung nach *Monte do Vento* (Herberge des ADPM Mértola), gehen jedoch Richtung *Cabeça Gorda* nach links weiter. Bei einem Durchlass zwischen zwei Zäunen links und rechts mit jeweils einem roten Schild „Zona de caça turistica" können wir halb links vor uns den trigonometrischen Messpunkt von *Vasco Martins* (⇧ 172 m) liegen sehen. Wir folgen unserem Feldweg in einer Linkskurve dorthin, wobei wir stets auf diesem Hauptweg bleiben, bis wir dann halb rechts vor uns wiederum den trigonometrischen Messpunkt sehen. Wir umrunden den Hügel, auf dem er sich befindet, links.

Auf derartige Höhenmesspunkte werden Sie unterwegs noch häufig treffen, es handelt sich dabei meist um einen sich nach oben verjüngenden, mehr oder weniger

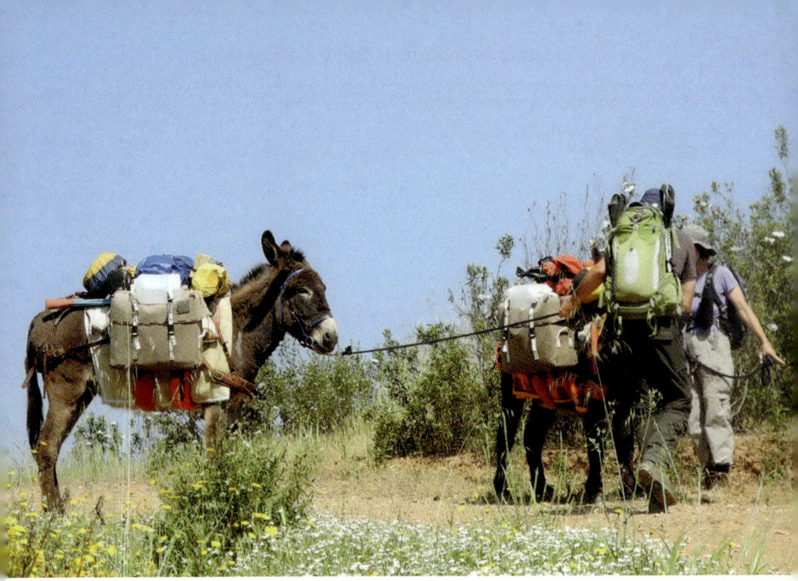

Eselspilger (GB)

stumpfen, weiß gekalkten Kegel auf einer kreisförmigen Basis. Er besteht entweder aus Mauerwerk oder einem anderen Baustoff wie z. B. Beton.

Dahinter bleiben wir auf dem Hauptweg, bis wir nach 3,1 km eine Gabelung erreichen. Dort gehen wir auf dem bisherigen Weg nach links weiter und lassen darauffolgende Abzweigungen nach rechts außer Acht. Nach 3,75 km wendet sich der Weg dann aber nach scharf rechts und durchläuft anschließend mehrere Windungen und Kurven, bevor er sich nach 4,8 km erneut scharf nach rechts wendet und sehr steil hinunterführt zu der schon von den Römern benutzten Straßenfurt *Porto de Salvada* über bzw. durch den *Ribeira de Terges e Cobres*, km 5,1. Bei höherem Wasserstand müssen Sie eventuell die Stiefel ausziehen und den Bach durchwaten (☞ Seite 11).

Auf dem jenseitigen Ufer setzen wir den Weg nach oben fort. Nach einem erneut sehr steilen Anstieg erreichen wir nach einiger Zeit wieder einen Hügel mit einem trigonometrischen Messpunkt (*Picamilho* ⇧ 154 m), den wir rechts umrunden, d. h. wir lassen den Hügel mit dem Messpunkt links von uns liegen. Bei einem Zaun gehen wir geradeaus weiter und bleiben, wie auch bei einer Steineichen-Lichtung dahinter, stets auf dem Hauptweg, der durch die uns nun schon vertraute Hügellandschaft mit ihren Äckern, lichtem Baumbestand und einem im Frühjahr besonnten Blütenmeer führt, wie man es sich schöner nicht vorstellen kann.

Etwa bei km 7,5 treffen wir auf eine Weggabelung, bei der wir den Weg nach links zwischen zwei kleinen Eichen hindurch nehmen. Die Straße führt dann immer geradeaus, bis wir nach einigen km zum Eingangstor der *Herdade do Pessegueiro* gelangen.

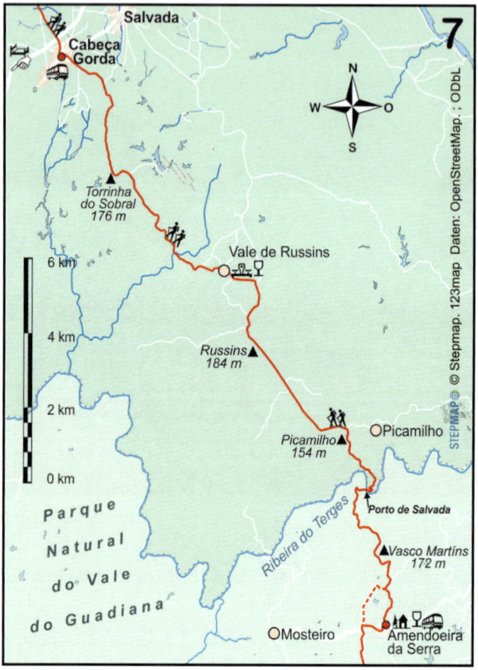

An der bald darauf am Wegesrand stehenden großen Eiche vorbei gehen wir geradeaus weiter auf die Gruppen hoher Eichen zu. Biegen Sie hier keinesfalls nach rechts ab!

Bei km 11,6 km erreichen wir an der Straße links neben uns liegend erneut einen Messpunkt (*Russins* 2° ⇧ 184 m) und laufen dort geradeaus weiter. Nach 13 km gabelt sich der Weg in nunmehr zwei Teerstraßen. Wir folgen dem Hinweisschild auf der linken Seite und dem Kilometerstein auf der rechten Seite in das sehr ärmliche Dorf **Vale de Russins** (oder auch **Rocins**), das wir nach 13,9 km erreichen. Rechts an der Straße betreibt die hochbetagte *Dona Liseté Maria Ramos* mit ihrem Mann einen kleinen Krämerladen. Auf Ihre Bitte hin bekommen Sie dort auch eine Kleinigkeit zu essen, je nachdem, was gerade vorhanden ist.

Danach gehen wir die Straße weiter nach rechts an einem rechts stehenden Haus vorbei und wenden uns dann nach links den gegenüberliegenden Häusern zu. Dort finden wir die „Taverna Romão", wo wir einkehren können. Wir folgen der Straße, die zu einem geradewegs in die Landschaft hineinführenden Feldweg wird. Wir bleiben auf ihm, lassen zwei Abzweigungen nach rechts außer Acht, wenden uns dann aber bei einer Gabelung ca. 400 m nach dem letzten Haus nach rechts. Kurz davor steht ein Pfahl mit der rot-gelben Markierung für einen Kurzwanderweg.

Anschließend verläuft der Weg auf einem Hügelrücken zwischen zwei kleinen Tälern (Senken), etwas später an einem links liegenden Gehöft vorbei hinab ins Tal, führt über einen kleinen Wasserlauf hinweg erst knapp 350 m geradeaus und dann rechts oben weiter. Bei dem Weg handelt es sich nun um eine ziemlich breite Sandstraße, die zwar nicht geradewegs, aber unfehlbar nach *Cabeça Gorda* führt, wenn Sie auf ihr bleiben und Abzweigungen außer Acht lassen. Im weiteren Verlauf des Weges sehen Sie zunächst

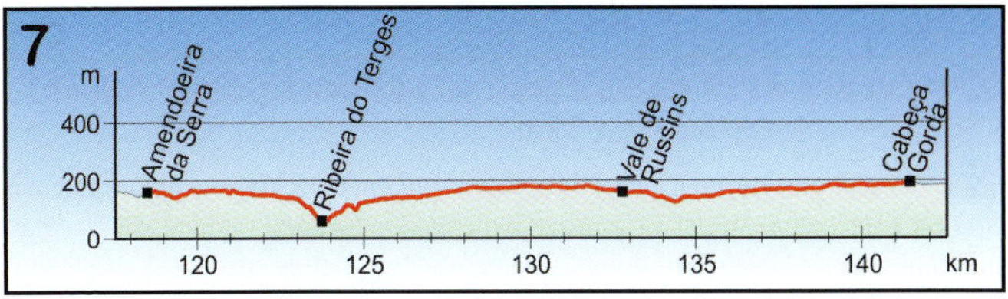

schräg rechts vor sich eine Ortschaft liegen, das ist aber nicht *Cabeça Gorda*, sondern *Salvada*, 2 km nordöstlich von unserem Ziel gelegen.

Bei km 18,7 laufen wir zunächst wieder auf einen Messpunkt links des Weges zu (*Torrinha do Sobral* ⇧ 176 m) und erreichen schließlich einen Eukalyptuswald, durch den und an dessen Rand entlang wir schließlich wieder im Freien die ersten Häuser an der nach **Cabeça Gorda** hineinführenden *Rua João Martins Gonçalves* und nach knapp 22,8 km dann die ✝ Kirche des kleinen Ortes erreichen. An der Kirchenfront vorbei gehen wir nach links zum Hauptplatz *Praça Magalhães Lima*. Links am Platz liegt die *Junta da Freguesia*, wo man Ihnen gern den Stempel mit dem Santiagokreuz in Ihren Pilgerausweis drückt.

☺ Wenn Sie nicht noch bis Beja weiterlaufen und nicht im teuren „Monte da Corte Ligeira“ übernachten wollen, haben Sie die billige und gar nicht so umständliche Möglichkeit, zunächst mit dem Bus nach *Beja* weiterzufahren (19 Min.), dort in der Jugendherberge zu übernachten, am nächsten Tag mit dem Bus zurückzukehren und ohne Rucksack nach *Beja* zurückzulaufen. Die JH liegt ganz in der Nähe des Busbahnhofs. Sie sollten die im Frühjahr besonders blütenreiche und weite Blicke in die ruhige Landschaft des *Baixo Alentejo* bietende 8. Etappe keinesfalls auslassen, mit einer Einschränkung nach starken Regenfällen, ☞ Beginn der 8. Etappe.

Cabeça Gorda ⇧ 186 m, Ew. 1.400

Monte da Corte Ligeira, ☏ 284 947 216, etwa 4 km südwestlich an der N 391 gelegene, gehobene Unterkunft mit Schwimmbad, EZ € 75, DZ € 80 mit üppigem Frühstück

✕ Casa de Pasto "Café dos Caçadores", Rua 1° de Dezembro 24, jenseits der Praça Magalhães Lima. Im vorderen Teil ein unauffälliges Lokal, gibt es im hinteren Teil ein schönes Restaurant mit guter regionaler Küche zu günstigen Preisen.

Das „Café Central“ direkt an der Praça Magalhães Lima serviert neben Getränken auch Sandwiches und kleine Speisen.

Verbindungen nach **Beja** mit Rodoviária do Alentejo von der Bushaltestelle an der Praça täglich außer Sa, So, Feiertage um 14:29, 16:54, 17:54, 18:54; Sa vielleicht auch 16:52 (kein planmäßiger Halt). Sonntags (vielleicht auch samstags) Sammeltaxi (Táxi Colectivo) um 14:10 und 17:40, bitte mit Verspätung rechnen.
Die Rückfahrtmöglichkeiten von Beja finden Sie dort.

Cabeça Gorda muss einst zum Herrschaftsbereich der **Santiagoritter** gehört haben, das Gemeindewappen trägt nämlich zwischen zwei grünen Halbmonden das rote Kreuz dieses Ordens.

8. Etappe Cabeça Gorda – Beja

➲ 13 km

Der Weg besteht auf den ersten 4 km aus rotem Lehmboden, der nach starken Regenfällen an den Sohlen kleben bleibt.

Wir überqueren die *Praça Magalhães Lima* nach schräg rechts und gehen in die *Rua da Estalagem*. An der Ecke *Rua Comendador Santana* wenden wir uns nach links und hinter einer Hofeinfahrt auf der rechten Seite gleich wieder nach rechts in die *Rua Machado Santos*. Das Straßenschild befindet sich rechts oben an einem weiß gestrichenen Haus. Vor einem Lagerhaus mit der Aufschrift „Laverda" und einer Wellblechtür gehen wir nach ca. 360 m links daran vorbei und dann geradeaus weiter.

Nach knapp 500 m erreichen wir die Kreuzung mit der Landstraße EN 391, über die hinweg wir unseren Weg geradeaus fortsetzen. An der Weggabelung bei einer verfallenen Scheune gehen wir nach etwa 1 km nicht länger an der Mauer entlang, sondern geradeaus weiter (aber nicht nach links zu dem Gehöft) und bleiben bis auf Widerruf auf diesem Weg. Nach 3,3 km gehen wir rechts an einem niedrigen Bauernhaus vorbei abwärts und passieren in einer Senke den rechts liegenden *Monte das Cabeceiras*. Vorbei an zwei weiteren Bauernhöfen (*Zorra do Meio*) *bleiben* wir auf unserem Weg (bei *Zorra do Meio* **nicht** nach rechts abbiegen!) und haben dann von einer Anhöhe aus und über zwei Palmen hinweg einen schönen Blick auf einen gepflegten *Monte*. Auf gleicher Höhe mit diesem *Monte* angekommen, teilt sich nach 5,3 km der Weg an der Ecke vor einem Olivenhain. Wir folgen der Abzweigung nach rechts am Zaun entlang, gehen also

Blick auf Monte

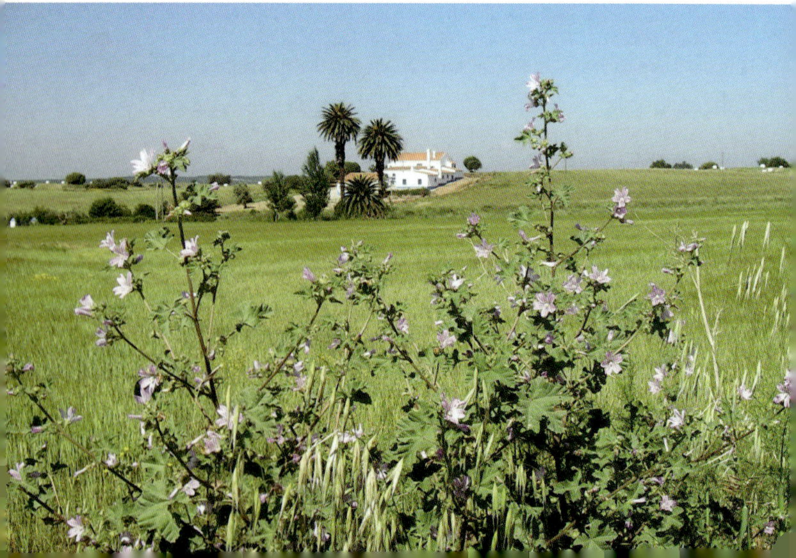

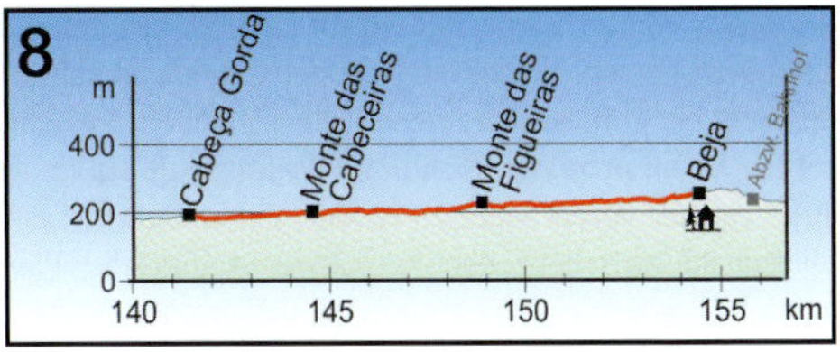

nicht nach links zur Einfahrt des *Monte*. Am Ende der Pflanzung gehen wir bei einer Kreuzung geradeaus weiter. Nach 6,3 km stößt von links kommend ein Weg zu unserem. Wir setzen unseren Weg geradeaus fort.

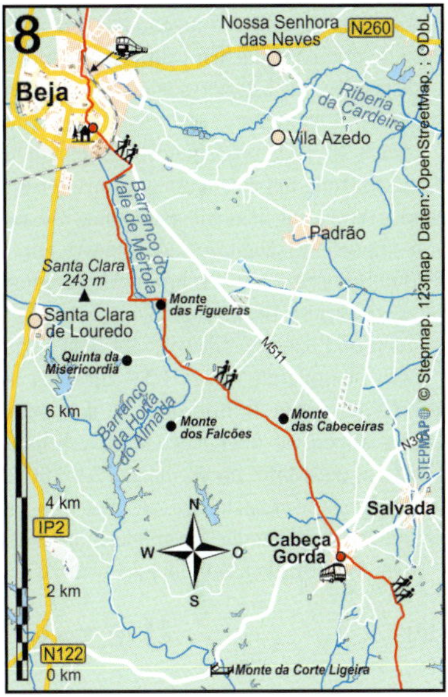

☺ Hier sollten Sie im Frühjahr einen kurzen Abstecher zu der Baumgruppe hinter dem links bergauf liegenden *Monte da Misericordia* machen. Dort stehen zwei hohe Bäume mit unzähligen Storchennestern – ein umwerfender Anblick! Der Umweg von insgesamt 2,2 km lohnt sich wegen dieses Spektakels durchaus.

Nach 300 m erreichen wir den *Barranco da Misericordia*, an dem wir mehr oder weniger entlang weiterlaufen. Im Frühjahr wird der Weg von einem Blütenmeer gesäumt. Bei km 7,6 stoßen wir auf das Gehöft *Monte das Figueiras* und eine quer verlaufende Straße (T-Kreuzung). Hier wenden wir uns nach links in Richtung auf einen gelben Container mit einem danebenstehenden weißen Häuschen. Nach 8 km überqueren wir einen Bachlauf (*Barranco do Vale de Mértola*) und setzen unseren Weg auf den intensiv gelben Plastikcontainer mit dem Häuschen rechts daneben zu fort und kommen an einer Kläranlage vorbei. Wir folgen dem Weg in Richtung eines ausgedehnten Olivenhains, bis wir bei km 8,4 rechts am Rand des Olivenhains einen nach rechts führenden Feldweg erkennen.

Achtung! Bei hoher Vegetation ist der Weg möglicherweise überwuchert und nur schlecht zu erkennen.

Wir gehen auf diesem Feldweg rechts vom bzw. am Olivenhain entlang. Bei km 8,7 geht der Weg vor zwei Metallpfosten in einen Sandweg über, dem wir nun durch den weitläufigen Olivenhain hindurch geradeaus folgen. Nach knapp 9,2 km stoßen wir auf einen quer verlaufenden Weg, auf dem wir unseren Weg weiterhin geradeaus bzw. halb links fortsetzen. Wir bleiben nun stets auf diesem Weg und folgen grob der Linie der rechts von uns stehenden hohen Pappeln, die den direkt nach *Beja* hineinführenden *Barranco* säumen. Bei km 10 hört der Olivenhain auf der rechten Seite auf. Rechts vor uns liegt ein großes, teilweise verfallenes Gehöft, zwischen diesem und dem Olivenhain setzen wir unseren Weg Richtung *Beja* fort. Gut 500 m weiter endet der Olivenhain nun auch auf der linken Seite (es ist durchaus möglich, dass die Lücke bis zum folgenden Olivenhain zwischenzeitlich geschlossen und die Pflanzung nach rechts erweitert wurde).

Wir gehen den jetzt wieder grasbewachsenen Weg geradeaus weiter. Wegen der hie und da aus dem Boden lugenden groben Pflastersteine vermuten wir, dass es sich bei diesem jetzt so einfachen Feldweg sehr viel früher um einen nach *Beja* hineinführenden Verkehrsweg, höchstwahrscheinlich sogar die von *Salvada* nach *Beja* verlaufende Römerstraße XXII handelte.

Nach 11,1 km erreichen wir vor einem links gelegenen, weiteren kleinen Olivenhain eine Kreuzung mit einem quer zu unserer Richtung nach rechts über den *Barranco* führenden Weg, auf dem wir, *Beja* zunächst auf der linken Seite liegen lassend, über den von Pappeln gesäumten Bach hinweg zur Landstraße EM 511 laufen, die wir nach 700 m erreichen. Vor uns breitet sich ein herrliches Landschaftspanorama aus, über das wir gern unsere Blicke schweifen lassen, bevor wir uns auf der Landstraße nach links wenden und dann geradewegs auf **Beja** zulaufen.

Wir überqueren bei km 12,4 zunächst die Brücke über die Bahngleise und können alsbald auf einem Trottoir links an der breiten *Rua Cidade de São Paulo* weiterlaufen. Dieser folgen wir über einen Kreisverkehr mit den Figuren eines Schäfers und seiner Schafe in der Mitte, bis wir nach 12,9 km die *Rua do Prof. Janeiro Acabado* erreichen, wo ein Wegweiser nach links zur „Pousada de Juventude“ weist. Diesem Hinweis folgend finden wir die Jugendherberge gleich links neben der Straße liegend, km 13.

Der Weg zur Pensão Pax Julia wird zu Beginn der 9. Etappe beschrieben.

Beja

⇧ 257 m, Ew. 23.400

Posto de Turismo im Castelo, täglich 9:30 bis 12:30, 14:00 bis 18:00, ☏ 284 311 913

Pousada de Juventude, Rua Prof. Janeiro Acabado, ☏ 284 325 458, beja@movijovem.pt. Gut ausgestattete JH mit Terrassen und Wäscheleinen vor den DZ. Bett im Mehrbettimmer je nach Saison € 11 bis 13, DZ € 26 bis 32 (pro Zimmer, ohne/mit Dusche/WC), spätes Frühstück inkl.

Große Auswahl in allen Preisklassen

▷ Ideal am Pilgerweg gelegen ist die einfache, aber saubere Pensão Pax Julia in der Rua Pedro Vitor 8, ☏ 284 322 575, pensaopaxjulia@gmail.com. Der freundliche Mitinhaber João Gouveia spricht Englisch. EZ € 15, DZ € 25, DreibettZ € 40, alle mF, Wegbeschreibung zu Beginn der 9. Etappe

Restaurante Adega Típica 25 de Abril (kurz: Adega Típica), Rua da Moeda 23, ☏ 284 325 960. Sehr gute Küche mit authentischen Gerichten und Weinen des Alentejo. Die Rua da Moeda zweigt von der Praça da República mit Blick in Richtung der Câmara Municipal (mit den Flaggen) nach links ab.

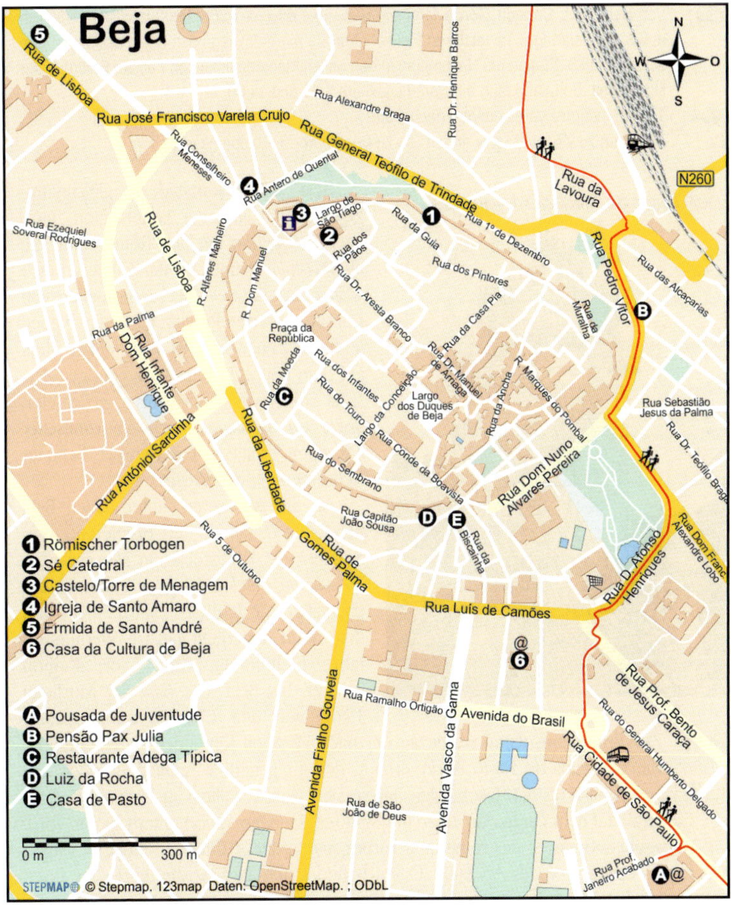

▷ Die bei den Einheimischen beliebte und auch von mir geschätzte Casa de Pasto (oder auch Restaurante) „O Saiote“ in der Rua da Biscainha 6 bietet bodenständige Hausmannskost von guter Qualität zu Niedrigstpreisen; besonders empfehlenswert fürs Mittagessen.

☕/✗ Pasteleria-Café-Restaurante Luiz da Rocha, Rua Capitão João Sousa 63. Die verlockend aussehenden Backwaren in diesem mehr als hundert Jahre alten Café sind ein wahrer Gaumenschmaus und der Kaffee ist besonders aromatisch.

@ In der Pousada de Juventude und (gut ausgestattet) in der Casa de Cultura, Rua Luís de Camões 6

Von Beja nach **Cabeça Gorda** fährt ein Bus um 7:50 (Sa 7:55), 11:00 und 13:25 (täglich außer So, Feiertage). Im letzteren Fall könnten Sie am Vormittag noch Beja besichtigen. Sie schaffen die 8. Etappe am Nachmittag in den hellen Monaten auf jeden Fall vor Einbruch der Dunkelheit. Sonntags fährt ein Sammeltaxi um 7:30 und 14:00.

Täglich mehrere Verbindungen nach Cuba

▷ Den Weg zu und finden Sie zu Beginn der 9. Etappe beschrieben.

Der Torre de Menagem von Beja

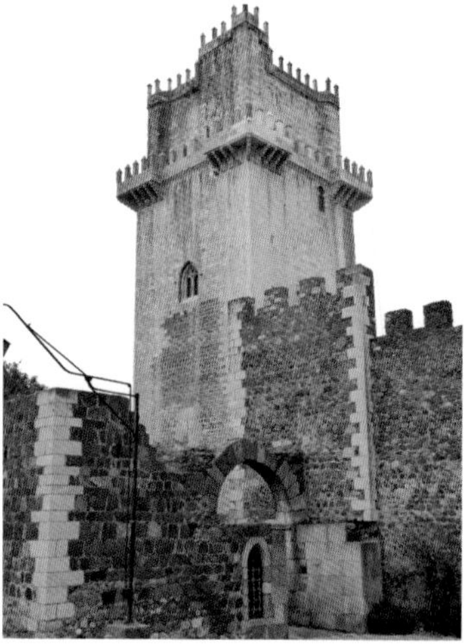

Beja ist die Hauptstadt des gleichnamigen Distrikts und der Unterregion *Baixo Alentejo.* Schon bei den Römern war sie als *Pax Julia* Hauptstadt der Gebietseinheit *Conventus Pacensis* der ursprünglich von Caesar eroberten Provinz Lusitania. Neben anderen Zeugnissen ist links neben dem auf dem höchsten Punkt der heutigen Altstadt später von Dom Dinis I. errichteten *Torre de Menagem* noch ein römischer Torbogen erhalten, ein weiterer befindet sich unterhalb des *Castelo.*

An die Westgoten, unter denen Beja bereits im 6. Jahrhundert Bischofssitz war, erinnern die Fundstücke im sehenswerten ⌘ *Museu Núcleo Visigótico,* das in der ehemaligen ✞ *Igreja de Santo Amaro* aus dem 5. Jh. untergebracht ist. Vierhundert Jahre hielten die Araber die Region besetzt, bis Beja (das *Baja* der Muslime) 1162 von den Christen zurückerobert wurde. Zur Erinnerung daran wurde an der nach Lissabon führenden Straße (*Rua de Lisboa*) die ✞ *Ermida de Santo André* erbaut, deren eigenartige Architektur einen festungsartigen Charakter hat. Jakobspilger interessiert wohl vor allem auch die Kathedrale (Sé Catedral) auf dem *Largo São Tiago* (im Stadtteil *Santiago Maior*) unterhalb des *Torre de Menagem* und unweit des römischen Torbogens. In dem Gotteshaus steht im Längsschiff links eine Statue des Apostels. Davor befindet sich die Sakristei, in der Sie Ihren Pilgerpass abstempeln lassen können.

Beja wird von den meisten Reiseführern als städtebaulich nicht sonderlich sehenswert eingestuft, jedoch ist ein Bummel durch die engen Gässchen der Altstadt mit ihren zum Teil mit Azulejos und anderen bemerkenswerten Details verzierten Häusern trotz des sichtbar fortschreitenden Verfalls reizvoll. Vom *Torre de Menagem* oder den Mauern des *Castelo* hat man einen schönen Blick über die Stadt und die Landschaft des Baixo Alentejo, auch ein Rundgang um das auf seiner Rückseite beeindruckend wehrhafte *Castelo* herum hinunter zum zweiten römischen Torbogen und dann zurück in die Stadt lohnt sich.

9. Etappe: Beja – Cuba ➲ 20,8 km

Vor der Herberge wenden wir uns nach rechts auf die *Rua Cidade de São Paulo* und folgen dieser am *Gare Rodoviária* vorbei bis zum Kreisverkehr auf der *Praça António Raposo Tavares*, den wir nach knapp 300 m erreichen. Jenseits des Kreisverkehrs gehen wir nach rechts in die *Rua do General Humberto Delgado* und treffen an deren Ende unter Bäumen auf eine Treppe. Auf ihr steigen wir in Richtung auf das Gebäude des *Mercado Municipal* mit dem „Minipreço" hinauf, gehen dann in dieser Richtung weiter und vor dem Marktgebäude auf der *Rua D. Afonso Henriques* nach rechts weiter. Wir folgen dieser Straße an einem Park entlang nach links, bis wir nach ca. 1 km an ihrem Ende auf mehrere Wegweiser stoßen. Dem grünen mit der Aufschrift „Saída" und dem nach rechts gerichteten Pfeil folgen wir auf einer Kopfsteinpflasterstraße abwärts.

Zunächst erreichen wir auf der rechten Straßenseite die „Pensão Pax Julia" und folgen dann weiter unten den schwarz-gelben Pfeilen sowie dem gegenüberliegenden Wegweiser „Sortie, Way out, Ausgang, Saida" nach rechts in Richtung des Bahnhofs (*Estacão*), biegen aber beim nächsten Kreisverkehr sogleich wieder nach links in die *Rua da Lavoura*, auf der wir nun fürs Erste bleiben. Ein Stück des Weges weiter erreichen wir dann auf der rechten Seite das öffentliche Waschhaus, das dieser Straße seinen Namen gab. Bei km 1,6 steht links ein aus roten Ziegeln gemauerter

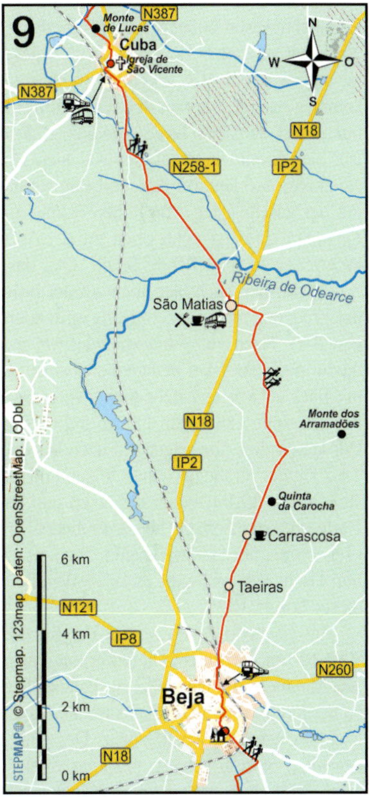

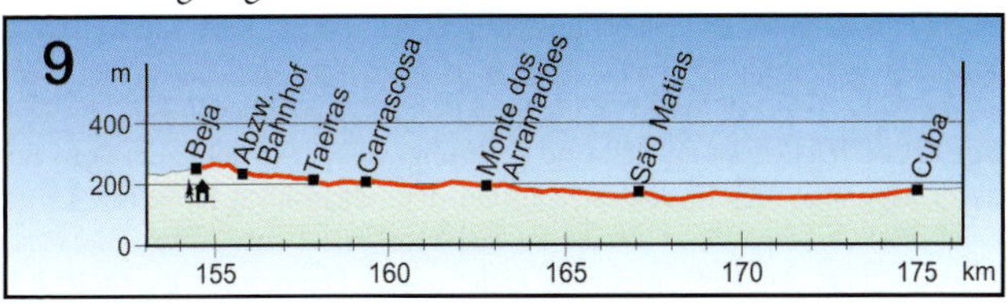

Schornstein und dahinter ein hoher Getreidespeicher mit der Aufschrift „MEPAC". Nach Durchqueren eines Gewerbegeländes und rechts einer Armensiedlung erreichen wir eine Weggabelung (km 2,1), bei bzw. vor der wir den Pfad nach rechts über die Eisenbahngleise nehmen und uns anschließend sofort wieder nach links auf die Teerstraße wenden. Diese gehen wir geradeaus weiter.

Nach 120 m laufen wir durch eine Straßenunterführung (IP-8) und dann an den Eisenbahngleisen entlang auf der Landstraße geradeaus weiter. An einem Silo vorbei gehen wir auf eine in einiger Entfernung liegende Baumgruppe zu. Bei dieser Baumgruppe und zwei dahinter liegenden weißen Lagerhallen gehen wir geradeaus weiter und kommen nach 3,3 km an den Häusern des Weilers *Taeiras* vorbei. Nach 4,8 km durchqueren wir die kleine Straßensiedlung *Carrascosa,* links mit dem ☕ Café „O Segredo". Wir bleiben nun stets auf dieser kleinen Straße und lassen Abzweigungen außer Acht. Nach etwa 5,6 km hört der Teerbelag auf und bei km 6,82 erreichen wir eine Kreuzung mit der ansehnlichen, von hohen Palmen und anderen schönen Bäumen umstandenen *Quinta da Carocha* rechts oben. An der Abzweigung nach rechts steht außerdem das als Wegweiser zu verstehende Schild „Qta. das Almeidas 2 km".

Wir bleiben auch hier noch auf der bisherigen Straße, biegen aber nach 1,4 km an der Kreuzung mit dem geradeaus weisenden Wegweiser nach *Arramadões* nach links ab (km 8,2). Nach gut 9 km kommen wir an einem verfallenen Gehöft vorbei und kurz darauf nach 10,4 km bedauerlicherweise an einem weiteren. Dahinter aber gehen wir mit Blick auf vor uns stehenden Zypressen und einige Hausdächer geradewegs in eine herrlich weite Landschaft hinein und nach einer ganzen Weile auf die Hausdächer zu. Wir lassen drei Abzweigungen nach links außer Acht, bis wir bei einer Kreuzung nach 12,2 km der Straße nach links folgen und sogleich auf die ersten Häuser von **São Matias** stoßen, um 800 m weiter die N 18 und links gegenüberliegend das Restaurant „Dom Garfo" zu erreichen, ein helles, sauberes Fernfahrerlokal mit freundlicher Bedienung und preiswerten, aber schmackhaften Tagesmenüs sowie an bestimmten Tagen frisch gegrilltem Fisch. Für mich gibt es keine Wanderung durch den Alentejo ohne einen Besuch dieses Lokals. ☺

Anschließend gehen wir auf der Rückseite des Lokals die *Rua Alferes Borges dos Reis* 200 m nach rechts hinunter zur Praça 1° de Maio mit einem Brunnen, ☕ Cafè, 🛒 Minimercado, einer 🚌 Bushaltestelle (Mo-Fr 13:45 nach *Cuba*) und anschließend an der Kirche vorbei geradeaus weiter. Am Ende des Dorfes folgen wir der Straße in eine leicht wellige Landschaft hinein. Der einst so schöne Feldweg ist nun leider auf der gesamten Strecke geteert und führt direkt auf das in der Ferne erkennbare **Cuba** zu. Nach 20,4 km erreichen wir ein Neubaugebiet mit einer quer verlaufenden Straße und einem Park dahinter, an dem wir uns nach rechts wenden. Beim Kreisverkehr hinter einer Tankstelle gehen wir an einem „Minipreço" vorbei auf der *Rua 1° de Maio* geradeaus weiter, wobei wir dem Schild „Câmara Municipal" ganz oben folgen. Vor einer Grünanlage links erreichen wir endlich eine Kreuzung, von der es links zum 🚆 Bahnhof, den davor liegenden 🚌 Bushaltestellen und dem ehemaligen Kiosk des ℹ geht. Rechts biegt die Rua Serpa Pinto ab, die im weiteren Verlauf zur *Câmara Municipal* und zum Zentrum führt. An dieser Kreuzung endet unsere Etappe nach knapp 20,8 km.

Wenn Sie in Cuba **übernachten** wollen, gehen Sie die Rua 1° de Maio weiter bis zur Kreuzung mit der *Rua da Esperança*. Direkt an der Ecke finden Sie die „Hospedaria Lula". Die *Rua da Esperança* etwas weiter hinauf liegt das bei den Einheimischen beliebte ✕ Restaurant „Chave d'Ouro". Der Eigentümer der gleichnamigen *Unterkunft* wohnt links daneben, Sie können aber auch im Restaurant nachfragen (samstags geschlossen).

Cuba i @ ✕ ⇧ 180 m, Ew. 3.200

i Posto de Informação Turística in der Biblioteca Municipal, ☏ 284 419 900, dulce.lopes@cm-cuba.pt, Englisch und etwas Deutsch, Di bis Sa 10:00 bis 12:00, 14:00 bis 19:00

@ ebenfalls in der Biblioteca Municipal

/✕ Hospedaria Lula, Rua da Esperança 56, ☏ 284 412 759, 964 688 672. Einfache, aber sehr saubere Zimmer, kürzlich renoviert, DZ € 30, EZ € 17,50 mF

▷ Casa de Hóspedes „Chave d'Ouro", Rua da Esperança 46, ☏ 284 412 458. Gut ausgestattete Zimmer, EZ € 25, DZ € 40. Anfragen am besten über die dazugehörige Hospedaria do Carmo, ☏ 284 418 026 und hospedariadocarmo@gmail.com (Marinella, spricht Englisch). Die Eigentümer José und Dona Natália Lopes haben einst in Deutschland gearbeitet und sprechen Deutsch.

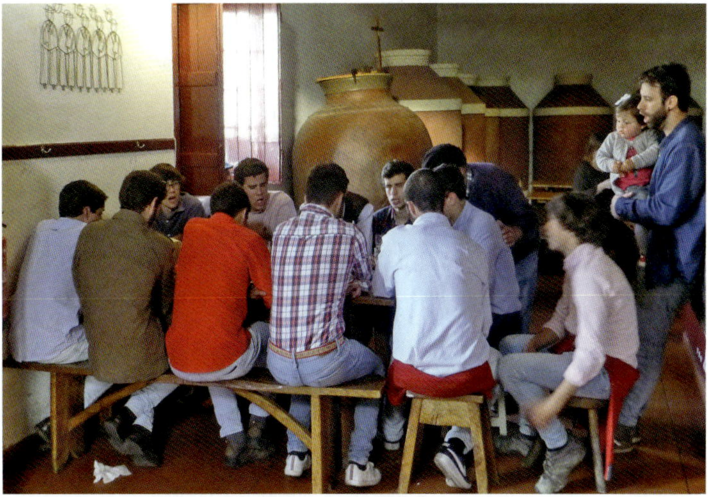

Cantores Alentejanos in der Adega do Arrufa (UA)

✕ Adega do Arrufa, Travessa das Francas 3, 12:00 bis 15:00, 17:30 bis 22:00, So Ruhetag. Eine Adega ist ein Weinkeller oder Gewölbe. Dieses rustikale Lokal mit einfachen, dunklen Holztischen und Stühlen neben den Weinfässern und einem begrünten Innenhof gilt als die älteste bodenständige Adega. Mit Glück versammelt sich dort gerade einer der lokalen Männerchöre und stimmt eins seiner kraftvollen, emotionsgeladenen alentejanischen Lieder an.

▷ Adega da Lua, gleich nebenan in der Rua das Francas 1, 12:30 bis 15:00, 19:30 bis 22:00, Mo Ruhetag. Ebenfalls ein gemütliches Lokal mit Holztischen; es wird von einem portugiesischen Reiseführer zu Recht als „santuário à comida da região“ bezeichnet; das muss man nicht übersetzen. ☺

Empfehlenswert: José [João Mimosa Maltez] Capela, ☏ 284 412 407, 964 512 987

Vom Bahnhofsvorplatz Largo da Estaçao fährt Mo bis Fr in aller Herrgottsfrühe um 5:55 ein Bus der Rodoviária do Alentejo über die vor Ihnen liegenden Etappenorte **Vila Ruiva**, **Viana do Alentejo** und **Aguiar** nach **Évora**. Zusätzliche, sehr unregelmäßige Verbindungen ebenfalls zu diesen Orten.

Mehrmals täglich zurück nach **Beja** und (andere) Richtung **Évora** (umsteigen in Casa Branca) sowie Lisboa-Sete Rios

Cuba weist keine besonderen Sehenswürdigkeiten auf, ein Rundgang durch das Städtchen lohnt dennoch. Die Hauptkirche ✞ *Igreja de São Vicente* ist im Inneren fast ganz mit Azulejos ausgekleidet. Außerdem finden Sie auf dem *Largo Cristovão Colon* eine Statue von Christopher Columbus. Sie wurde am 20. Oktober 2006 eingeweiht, an dem Tag, als Columbus 1492 die Insel Cuba entdeckte. Einer These des Historikers *Mascarenhas Barreto* zufolge soll Columbus 1448 als illegitimer Sohn des Infanten Dom Fernando, Herzog von Viseu und Beja und einer Isabel Zarco geboren worden und in obiger Kirche getauft worden sein. Eigentlich habe er Salvador Fernandes Zarco geheißen, sein spanischer Name sei ein Pseudonym bzw. Deckname als Spion im Auftrage des Königs Dom João II. gewesen.

10. Etappe: Cuba – Viana do Alentejo ➲ 24 km

Etappenplanung: Wie sonst nirgendwo auf unserem Weg haben selbstherrliche Großgrundbesitzer (nicht nur) die Römerstraße XXI von *Beja* nach *Évora* fast auf ihrer ganzen Länge durch hohe Stacheldrahtzäune unzugänglich gemacht, so auch zwischen *Cuba* und *Vila Ruiva*. Allein von feudal-wirtschaftlichen Interessen geleitet, gilt ihnen der Erhalt eines bedeutenden Kulturerbes mit streckenweisem Originalpflaster und insgesamt 16 Meilensteinen aus römischer Zeit offensichtlich nichts. Daher müssen Sie bis *Vila Ruiva* notgedrungen über 8 km auf der recht eintönigen N 258-1 zurücklegen. Sollten Sie sich diese mäßig verkehrsreiche Straße bis dorthin ersparen wollen, können Sie an Werktagen frühmorgens mit dem Bus bis *Vila Ruiva* fahren, ☞ oben die

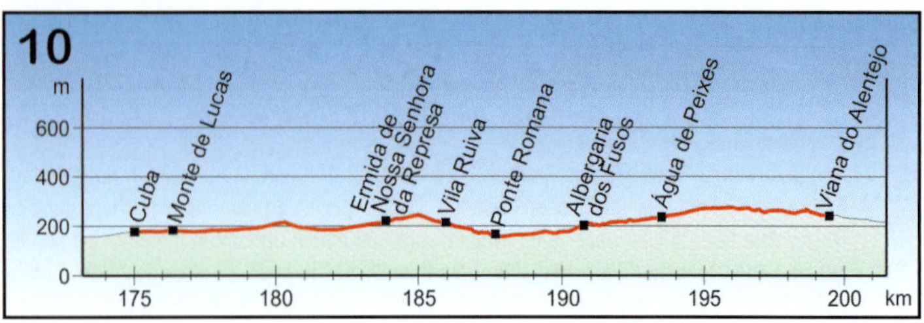

Hinweise zu *Cuba*. Er hält dort direkt vor dem Wegweiser zur „Ponte Romana", den auch die hier beschriebene Route passiert.

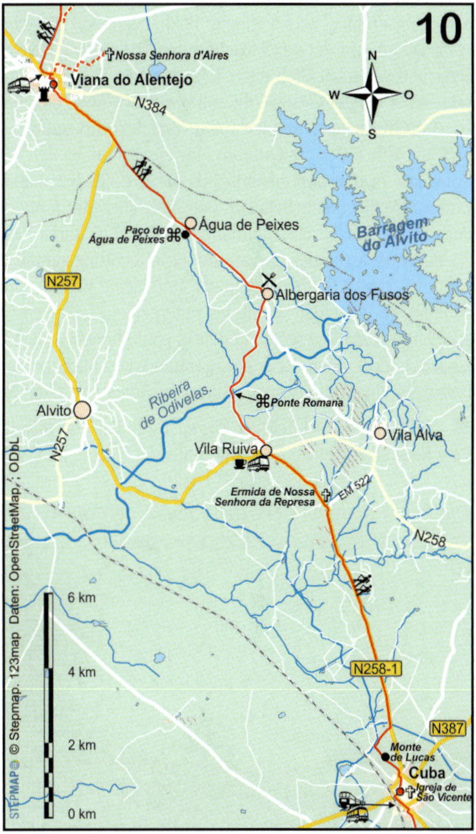

Von der Ecke *Rua 1° de Maio/Rua da Esperança* mit der „Hospedaria Lula" links gehen wir geradewegs die *Rua da Esperança* hinauf und am Restaurante „Chave d'Ouro" vorbei weiter. Über die nächste Kreuzung gehen wir ebenfalls geradeaus hinweg, biegen anschließend aber bei der Hausnummer 24 in die nächste Gasse nach links ein. Das ist die *Rua de Beja*, der Straßenname ist hier noch nicht angeschrieben. An der darauffolgenden Kreuzung befindet sich links die Post. Dahinter biegen wir nach knapp 350 m in die zweite Straße nach rechts *(Rua de Évora)* ein und folgen dieser bis zu dem großen grauen Gebäude mit den drei großen roten Buchstaben „BVC". Dort gehen wir nach links in Richtung einer Kirche weiter und stoßen nach 650 m rechts auf das Gebäude der „Bombeiros Voluntários de Cuba". An diesem links vorbei gehen wir in Richtung eines Kreisverkehrs weiter und überqueren diesen sozusagen geradeaus in Richtung „Alvito 17 km". Sofort danach wenden wir uns nach 800 m nach links auf eine kleine, in Richtung einer Quinta abzweigende Teerstraße und gehen in Richtung dieses Gehöfts „Monte de Lucas" weiter, dann an diesem vorbei, bis wir nach knapp 1,8 km vor einer Brücke über ein Wehr bzw. vor einem Kanal nach rechts auf den an dem Kanal entlanglaufenden Weg abbiegen. Vorbei an ausgedehnten Stallungen links und einem kleinen Bauernhof erreichen wir nach knapp 2,5 km schließlich die N 258-1.

Ereignislose 6 km auf der Landstraße weitertrottend gehen wir bei der Straßengabelung nach insgesamt 8,5 km nach links weiter und bleiben auf der N 258-1 in Richtung *Vila Ruiva* (nach rechts zweigt die EM 522 nach *Vila Alva* ab). An den gleich rechts im Kreuzungsdreieck neben einem Bach liegenden Resten einer römischen Staumauer (= *represa*) und der weiß leuchtenden ✞ *Ermida de Nossa Senhora da Represa* vorbei erreichen wir schließlich nach 10,7 km **Vila Ruiva** mit seinen freundlichen Einwohnern und seiner langen Geschichte, auf die gleich noch ein Hinweis folgt.

Am Ortseingang wenden wir uns nach rechts auf die *Rua Candido dos Reis*, gehen über die *Rua Cinco de Outubro* hinweg und folgen den Wegweisern in Richtung „Ponte Romana". In den dort befindlichen ☕ 🍷 Cafés bekommen Sie etwas zu essen und zu trinken. Weiter unten befindet sich links auch die *Junta de Freguesia*, wo Sie während der Öffnungszeiten einen hübschen Stempel für Ihren Pilgerpass erhalten können.

Beim Verlassen des Ortes - immer in Richtung auf die „Ponte Romana" bzw. „Albergaria dos Fusos" - überqueren wir eine kleine Brücke, an der sich links ein Waschhaus befindet. In derselben Richtung weitergehend gelangen wir bald darauf auf eine idyllische Landstraße, die rechts und links von Bäumen sowie im Frühjahr einem Blumenmeer begleitet wird. Nach 12,5 km betreten wir schließlich eine der berühmtesten Brücken Portugals, die *Ponte Romana* über den *Ribeira de Odivelas.*

⌘ Die Brücke ist Teil der Römerstraße von *Pax Julia* (Beja) nach *Ebora* (Évora) über *Villa Rubra* (Vila Ruiva) und datiert aus der Zeit 1. Jh. v. Chr. bis 1. Jh. n. Chr. Ursprüng-

Die Ponte Romana über den Ribeira de Odivelas bei Vila Ruiva

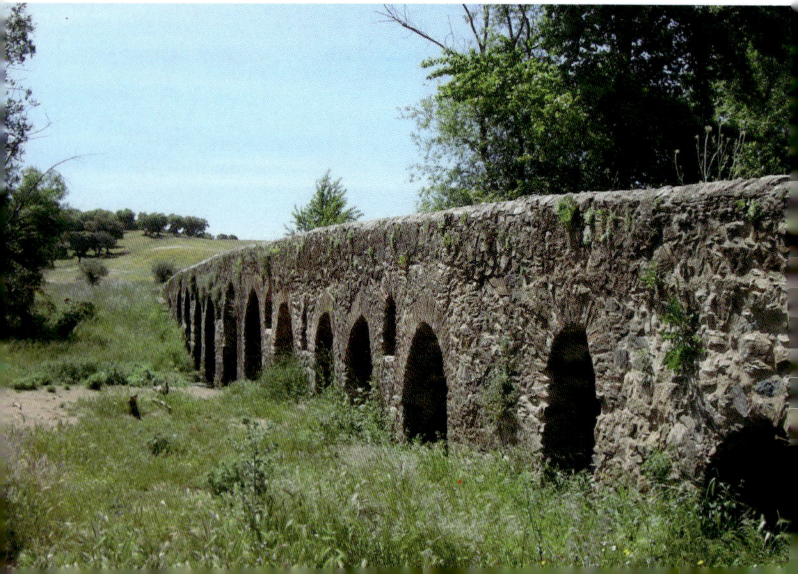

lich war sie 120 m lang und hatte 26 Brückenbögen. Aufgrund des vom Fluss mitgeführten Schwemmsandes sind viele von ihnen heute nicht mehr sichtbar, der Rest ist aber immer noch eindrucksvoll. Die nachfolgenden Generationen haben natürlich ihren Teil zu Ausbesserungen und Veränderungen beigetragen, so findet man eingebaute römische Grabsteine sowie Spuren westgotischer, arabischer und mittelalterlicher Rekonstruktionsarbeiten.

Wir setzen nun den Weg auf der Landstraße, einer ehemaligen *Via Romana*, fort und erreichen bei km 17 an einem Hang gelegen **Albergaria dos Fusos.** An der links liegenden *Escola Primaria* vorbei stoßen wir rechts auf das „Café A Mó" mit guter Küche (u. a. „uma Carne de Porco Alentejana divinal", wie ein begeisterter Portugiese schrieb), einer freundlichen Wirtin und Gästen, die einer kleinen Plauderei auch mit eigenartigen Fremden nicht abgeneigt sind.

Bei der nächsten Abzweigung nach rechts setzen wir unseren ansteigenden Weg geradeaus fort und sehen alsbald ein Hinweisschild auf eine Kurve sowie eins mit einer Beschränkung auf 15 t Gesamtgewicht (weiß mit rotem Kreis) und das Schild „Concelho de Alvito". Auf der Landstraße immer weiter treffen wir bei km 18,3 in dem Flecken **Água de Peixes** ein.

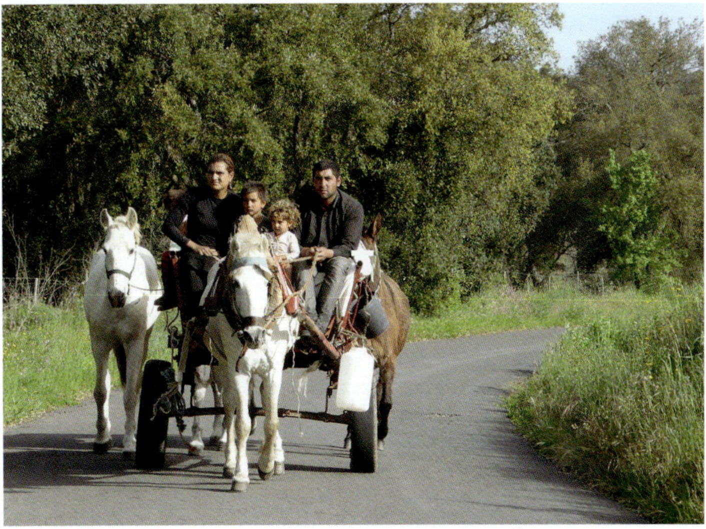

Roma-Familie bei Água de Peixes (MW)

⌘ Der im 15. Jh. gebaute Landsitz der Adelsfamilie Cadaval, der *Paço de Água de Peixes*, war eins der schönsten Beispiele des Mudejar-Baustils in Portugal, wurde 2002 als *Monumento Nacional* klassifiziert und vom Baedeker als hervorstechende

Sehenswürdigkeit bezeichnet. Leider wurde er jedoch von der letzten Erbin an einen zweifelhaften italienischen Grafen verkauft, der ihn seiner wertvollen Azulejos berauben und anschließend einfach verfallen ließ; daher kann das Gebäude nicht besichtigt werden. Vielleicht ändert sich in Zukunft etwas daran, beim letzten Besuch deutete einiges darauf hin. Wäre schön.

Hinter der auf dem kopfsteingeplasterten, bis auf den bedauernswerten Wachhund gespenstisch unbelebten Platz stehenden Säule gehen wir auf der Landstraße geradeaus weiter. Knapp 400 m weiter teilt sich der Weg. Wir **verlassen** dort die in einem Linksbogen nach *Alvito* führende Teerstraße und schlagen den nach rechts führenden, sandigen Feldweg ein. An einer kurz darauf nach rechts ins Feld hineinführenden Abzweigung vorbei gehen wir auf dem breiten Hauptweg geradeaus weiter.

☺ Dieser auch *Caminho Velho* genannte Weg weist Witterungs- und Erosionsschäden mit zeitweilig großen Wasserlachen auf. In diesem Fall können Sie auf den kleinen Feldweg hinüberwechseln, der rechts neben dem Hauptweg herläuft, mal ganz nah, mal etwas weiter entfernt. Dieser ist in einem besseren Zustand und mündet bei km 21 wieder in den Hauptweg. Achten Sie darauf, dass Sie immer parallel unmittelbar neben dem Hauptweg herlaufen und folgen Sie dem kleinen Feldweg *nicht* auf Abzweigungen nach rechts ins Feld hinaus – auch wenn die Landschaft dort noch so schön ist!

Bei einem Stopp-Schild nach knapp km 21,5 km mündet nun seinerseits der Hauptweg in eine Teerstraße, die uns geradewegs nach **Viana do Alentejo** führt. Bei Erreichen des Ortes folgen wir der Straße *Rua Médico Sousa* und später dem braunen Wegweiser „castelo/igreja matriz" nach links hinauf bis zur Burg (*Castelo*), biegen dann zu Beginn des Platzes *Largo S. Luis* nach rechts ab und laufen an der Burgmauer entlang nach links zum Hauptportal der Burganlage hinunter. Nach dessen Durchschreiten finden wir links den i *Posto de Turismo* mit einem sehr freundlichen, kompetenten und hilfsbereiten Mitarbeiter, der ausgezeichnet Englisch spricht. Danach gehen wir gegenüber dem Hauptportal die *Rua Candido dos Reis* hinab zur *Praça da Republica*, die wir nach 23,9 km erreichen.

▷ Bis zur Unterkunft sind es dann noch ca. 500 m. Dorthin gelangen Sie wie folgt: Gehen Sie auf der *Rua Candido do Reis* geradeaus weiter und dann hinauf zu einem Haus, vor dem Palmen stehen. Davor biegen Sie dann nach links (vierte Querstraße ab der *Praça da Republica*) in die *Rua Dr. António José de Almeida* bzw. die von der anderen Seite kommende *Rua Brito Camacho* ein und gehen Sie bis zu einem *Supermercado. Davor* wenden Sie sich nach rechts die *Rua do Lagar Velho* hinunter und biegen dann nach links in die Nationalstraße ein. Sofort sehen Sie links vor sich ein Haus mit dem blauen Schild „QUARTOS". Dort gelangen Sie links an eine Tür aus grünen Gitterstäben, mit einer Treppe dahinter. Diese führt hinauf zu den Zimmern. Den Schlüssel bekommen Sie entweder bei den Vermietern (Eingang links herum in der Travessa do Rossio bzw. Rocio Nr. 20, erste Tür links) oder die Straße weiter hinunter links im „Supermercado Coviran", in dem die Vermieterin arbeitet. Am besten, Sie lassen vom i aus anrufen, um zu erfahren, wie Sie wo den Schlüssel abholen können.

Viana do Alentejo (VdA)

ℹ @ 🛏 ✕ ☕ 🛒 🚌 BANK ✠ ♜ ✝ ⌘

⇧ 255 m, Ew. 2.800

- ℹ Posto de Turismo im Castelo, ☏ 266 930 012, täglich 10:00-13:00 und 14:00-17:30
- @ in der Biblioteca Municipal, im 1. Stock des Gebäudes links vor der Praça da Republica (wenn man vom Castelo hinuntergeht), Mo bis Fr 9:30 bis 12:30 und 14:30 bis 18:30
- 🛏 „Maria de Jesus“ (die Vermieterin heißt *Maria de Jesus Manilhas Matias*), Rua do Rossio, ☏ 266 939 334, 📱 962 382 190. Nette Pension mit großer Terrasse zum Wäschetrocknen (☺ unzählige Wäscheklammern), EZ € 15, DZ € 30
- Eine Pilgerin berichtete, dass ihr bei den freundlichen *Bombeiros* eine Matratze und Decke zur Verfügung gestellt worden seien, Duschen seien auch vorhanden. Lassen Sie von der ℹ aus anrufen und nachfragen, falls Sie dort übernachten wollen. Die Feuerwehrwache befindet sich am Beginn der 11. Etappe. Denken Sie bitte an eine Spende von mindestens € 5, wenn Sie dort übernachten.
- ☕ Ein frühes Frühstück gibt es in der kleinen Pastelaria „O Cantinho“ links oberhalb des Verkehrskreisels zu Beginn der 11. Etappe. Auch im Gebäude der *Bombeiros* findet sich ein Café.
- 🚌 Die Bushaltestelle befindet sich links an dem Verkehrskreisel. Nach **Évora** fahren Busse Mo bis Fr 6:50, 8:15 ganzjährig; Mo, Di, Do, Fr 18:40, Mi 14:45 außerhalb der Schulferien; Mo bis Fr 19:50 in den Schulferien.

Schon beim Hereinkommen nach VdA gehen Sie an dem fünfeckigen *Castelo* mit seinen fünf zylindrischen Türmen entlang in den Ort hinunter. Seine Ursprünge reichen bis in die Zeit von Dom Dinis I. zurück (☞ Seite 19). Versäumen Sie nicht, zum Eingangstor in den hohen Mauern zurückzukehren und die breite Treppe zur strahlend weißen Kirche innerhalb der Burgmauern hinaufzugehen. „Von innen fasziniert die Kirche durch den Sinn für Raum, den sie vermittelt: Das getäfelte Gewölbe ruht auf enorm dicken, unbearbeiteten achteckigen Pfeilern und die drei Schiffe setzen sich über fünf hohe, mit Rundbögen abgegrenzte Felder fort. Da der Chor offen zugänglich und frei in den Kirchenkorpus integriert ist (er nimmt das erste Feld ein), wirkt er nicht distanziert und reserviert wie üblich. ... Beim Hinausgehen betrachtet der Reisende ausführlich das reich verzierte Doppelportal mit

Wehrgang des Castelo von Viana do Alentejo

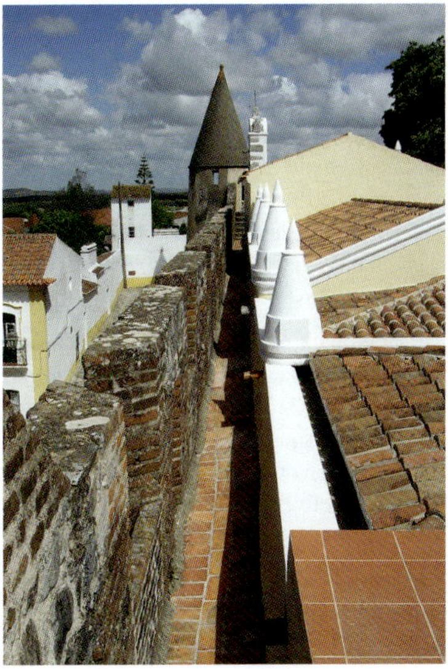

seinem kielförmigen Bogen, den königlichen Attributen (Wappenschild, Christuskreuz, Armillarsphäre, Krabbennetz), dem Blattwerk und den Menschengestalten – dieses fast verborgene Portal ist eine hervorragende Lektion über unsere hybride Ornamentik." (José Saramago)

Bei einem Rundgang über die Burgmauern können Sie auch auf das Dach der Kirche hinaufsteigen und den beiden Glocken im Turm einen Besuch abstatten. Von dort haben Sie einen herrlichen Blick auf VdA und die umliegende Landschaft.

✞ Von der Burg aus können Sie im Nordosten von VdA auch die ca. 2 km entfernt gelegene Wallfahrtskirche *Nossa Senhora d'Aires* liegen sehen. Mit ihrem Bau wurde 1743 aufgrund eines Gelübdes der Kaufleute von VdA begonnen, nachdem eine Epidemie abgeklungen war. Das außen und innen prächtige Gotteshaus besitzt eine Votivkapelle, deren Wände mit sehenswerten Zeugnissen großer Frömmigkeit gepflastert sind. Seit dem 19. Jh. gibt es die Pferdewallfahrt „Romaria Moita-Viana do Alentejo", die nach einer Unterbrechung von 70 Jahren seit 2001 wieder jährlich am vierten Wochenende im April stattfindet. Sie beginnt in *Moita* südöstlich von Lissabon, und ihr verdanken wir den einzigen offenen Feldweg nach Norden – hier mussten die Großgrundbesitzer ausnahmsweise der Tradition weichen.

▷ Den Weg zur Wallfahrtskirche sehen Sie auf der Karte 10 ☞ Seite 93 gestrichelt eingezeichnet.

11. Etappe: Viana do Alentejo – Valverde ➲ 29,9 km

Etappenplanung bis Évora: Die vorstehend erwähnten Absperrungen so gut wie aller Feld- und Wanderwege durch Großgrundbesitzer stellten uns vor nahezu unüberwindliche Schwierigkeiten: Wir brauchten zehn Jahre, um mit Hartnäckigkeit und nach und nach aufgefangenen Hinweisen von Einheimischen und aufmerksamen Pilgern endlich die nachstehend beschriebene Route zu finden, die zu Umwegen zwingt und auch jetzt noch nicht ideal ist, obwohl sie landschaftlich großartige Eindrücke bietet und von einigem kulturellem Interesse ist. Wir hoffen, dass nicht auch noch diese letzten verbliebenen Wege eines Tages abgezäunt werden, dann bleibt nur noch die Nationalstraße – oder der Bus.

Sie haben mehrere Möglichkeiten, den Weg nach *Évora* zurückzulegen:

▷ Der kürzeste Weg ist mit insgesamt 31 km der über die N 254 von VdA nach *Évora*, wovon 21,8 auf diese Nationalstraße entfallen. Da sie kaum Seitenstreifen aufweist und besonders im morgendlichen Berufsverkehr stark befahren ist, rate ich an Werktagen davon ab. Sie können die auf der Karte 11+12 ☞ Seite 101 gestrichelt eingezeichnete **Alternative** aber beim Verlag abrufen (☞ Alternative Routen).

▷ Auf der nachstehend beschriebenen Hauptroute haben Sie nach 22,5 km die Möglichkeit, auf dem ⛺ Campingplatz der bzw. in der *Quinta São Jorge* der Holländer Joris und Caroline van Voorst tot Voorst zu übernachten. Dort werden Sie auf Wunsch auch verköstigt, Voraussetzung ist jedoch eine **vorherige Anmeldung**, ☞ Seite 103.

▷ Eine weitere Übernachtungsmöglichkeit *könnte* es am Ende der 11. Etappe in *Valverde* geben. Mo-Fr (nicht an Feiertagen und nicht in den Schulferien) besteht auch die Möglichkeit, mit dem nach Évora zu fahren und am nächsten Morgen zurückzukehren; zu beiden Infos zu *Valverde*.

Auf dieser Etappe sind zwei Wasserläufe zu überqueren, der *Ribeira da Fragosa* und der *Rio Xarrama*. Besonders nach starken Regenfällen müssen Sie beide ohne Schuhe und Strümpfe durchqueren. Wir hatten dabei keinerlei Schwierigkeiten und alle bisherigen Rückmeldungen waren in dieser Hinsicht positiv, allerdings musste mancher Pilger auch die Hosen ausziehen.

Wir verlassen VdA, indem wir entweder von der aus durch die *Rua Candido dos Reis* laufen, nach links in die *Rua Dr. Antonio José de Alameida* biegen und auf dieser bis zum Verkehrskreisel auf dem *Largo 25 de Abril* hinunterlaufen oder von der Pension "Maria de Jesus" auf der *Rua do Rossio* bis zu ebendieser Rotunde gehen. Ab hier messen wir die Entfernung.

Über den Kreisel hinweg setzen wir unseren Weg auf der EN 257 Richtung *Alcáçovas* fort bis zur Feuerwehrstation (*Bombeiros*) mit einem , vor der wir an einem ockerfarbenen Gebäude vorbei nach rechts eine kleine Straße hinuntergehen, auf der wir uns bis auf Weiteres geradeaus halten. Nachdem wir einige Häuser rechts und links am Wegesrand passiert haben, gehen wir in eine flache, baumbestandene Landschaft hinein. Nach 1,7 km biegt bei einem längs gezogenen, niedrigen Haus mit ockerfarbenen Verzierungen ein Weg nach rechts zur ganz in der Nähe verlaufenden N 254 ab.

Hier beginnt die in der Etappenplanung genannte **Alternative** über die N 254 nach Évora.

Auf der **Hauptroute** gehen wir geradeaus weiter und laufen unter den anschließend dort stehenden Eichen in einen kleinen Korkeichenwald hinein (km 2), dessen Zugang mit einem Gatter verschlossen ist, das wir öffnen und hinter uns wieder schließen. Dahinter setzen wir unseren Weg geradeaus und dann in einer Linkskurve fort.

Nach knapp 2,4 km erreichen wir links einen Leitungsmasten aus Beton mit der weißen Zahl „26“ auf schwarzem Grund. Der Weg führt nun nach rechts aufwärts durch ein vereinzelt mit Bäumen bestandenes, freies Gelände, auf dem zuweilen Rinder weiden. Nach 2,7 km steht rechts ein gemauerter Wassertrog mit dahinter verstreut aufgehäuften Felsbrocken. Nach 3 km stoßen wir auf einen quer verlaufenden Weg mit einem Gatter davor, das dann verschlossen (zugebunden) ist, wenn Kühe auf der Weide sind. Dahinter wenden wir uns auf den breiten Feldweg nach links und laufen ein kurzes Stück zwischen Zäunen und einem Olivenhain rechts und lichtem Eichenbestand links weiter. Nach knapp 3,3 km zweigt links ein Weg zu einem kleinen Bauernhof ab. Wir gehen aber geradeaus weiter und erreichen bei km 3,6 zwei hohe Steinpfosten. Zwischen diesen hindurch setzen wir unseren Weg geradeaus fort und sind nun in einer völlig freien Landschaft mit nur wenigen Bäumen. Bald können wir rechts hinter einem Baumbestand *Aguiar* liegen sehen.

Nach 4,6 km kommen wir an ein Gatter mit einem links dahinterliegenden, kleinen Bauernhaus und setzen unseren Weg geradeaus fort. Bei km 5,1 erreichen wir vor einem links liegenden Kiefernwäldchen erneut ein Gatter (öffnen und wieder schließen). Rechts liegt zwischen zwei Turmruinen ein verfallener Bauernhof. Wir setzen den Weg am Zaun entlang geradeaus fort und stoßen nach kurzer Zeit wieder auf ein Gatter (öffnen und wieder schließen); auch hier gehen wir geradeaus am Zaun entlang weiter. Bei km 5,4 erwartet uns an einer Ecke der Kiefernschonung erneut ein Gatter (öffnen und wieder schließen), hinter dem wir in die Schonung hineingehen. Sie endet nach bis hierher 6,5 km, wir aber folgen dem Weg durch ein Gatter (öffnen und wieder schließen) weiter geradeaus auf ein gegenüber erhöht liegendes Gehöft zu.

Nach 250 m stoßen wir auf die Furt durch den *Ribeira da Fragosa*, die wir auf Trittsteinen trockenen Fußes überqueren konnten, und gehen das jenseitige Ufer hinauf. Der Weg wendet sich hinter der Furt kurz nach rechts, um dann wieder nach links auf das gegenüberliegende Gehöft zuzulaufen. Wir bleiben auf diesem Weg und erreichen bei km 7,2 die Furt durch den *Rio Xarrama*, der ggf. durchwatet werden muss. Hinter der Furt setzen wir den Weg wieder geradeaus fort und stoßen nach knapp 7,8 km auf ein Viehgitter, das wir überqueren, um dann wieder geradeaus weiterzugehen, genauso wie später an einer Kreuzung bei km 8,1 mit einem Gatter rechts.

Nach km 9,3 km erreichen wir das Viehgitter vor *Monte das Mascarenas*. Von rechts stößt der Weg aus *Aguiar* und *Monte das Aguas* (☞ Karte 11+12) zu uns. Wir gehen zwischen den verlassenen Gebäuden (sie werden nur noch als Heuschober benutzt) hindurch und sofort hinter dem rechts stehenden letzten Gebäude nicht geradeaus weiter, sondern nach schräg links in Richtung eines rechts vor uns stehenden Eukalyptushains, an dem wir vorbeilaufen. Dahinter sehen wir rechts unterhalb einen zu einem Fischgewässer aufgestauten Bach und weiter das ausgedehnte Gehöft *Monte do Marnel* liegen, zu dem wir hinübergehen. Wir überqueren ein Viehgitter, dann geht es entlang der Staumauer kurz abwärts und bei km 10, 8 anschließend bei einer kleinen Steinhütte nach rechts aufwärts. Sollte das Wasser in der Senke hoch stehen, kann man es auf rechts liegenden Felsbrocken vorsichtig überqueren.

Nach 11,3 km erreichen wir *Monte do Marnel* mit seiner beindruckenden Schar von Truthähnen und gehen geradeaus in eine Senke hinunter, wobei wir die linke Abzweigung wählen und **nicht** die rechte, die noch dazu durch ein Gatter versperrt ist. Nach 12,6 km überqueren wir ein Viehgitter, von dem aus wir vor uns einen Höhenzug sowie

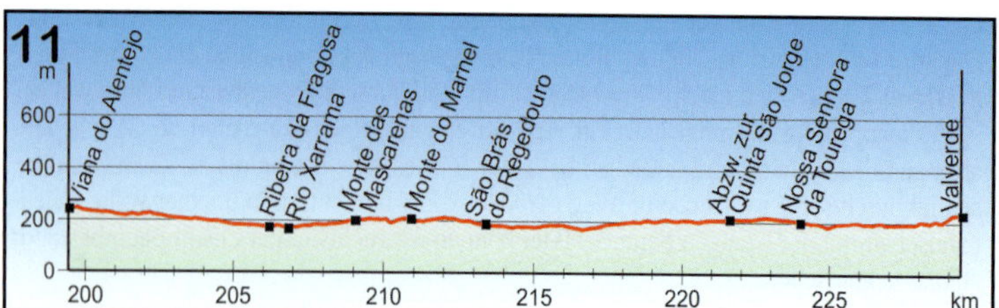

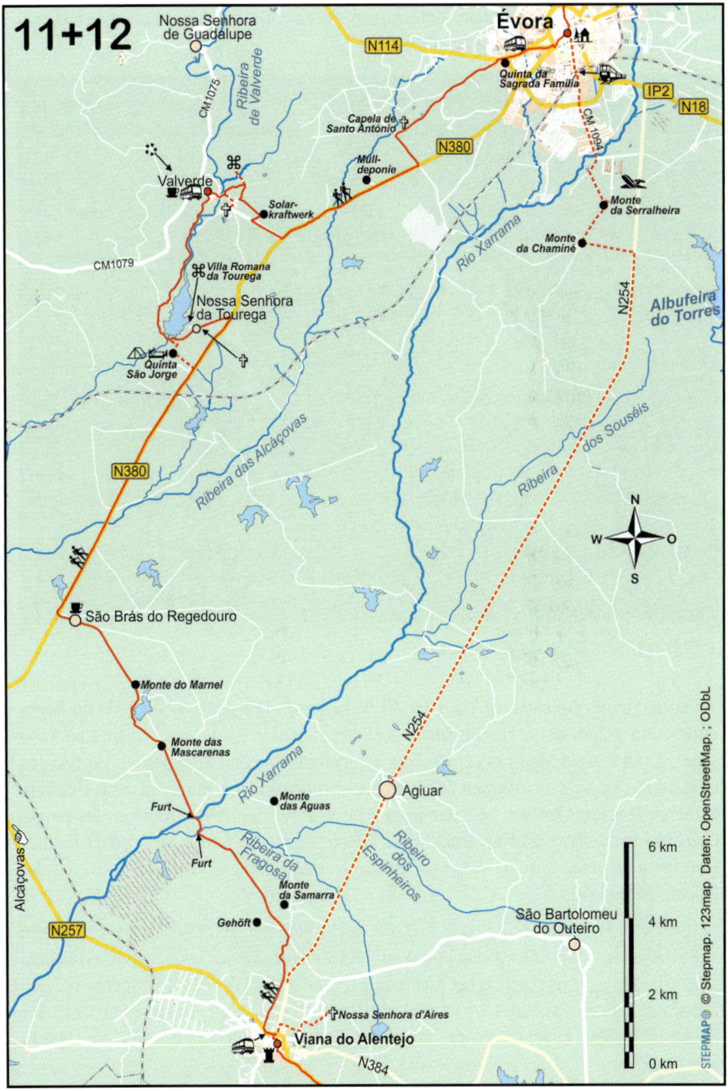
11+12
Nossa Senhora de Guadalupe
Évora
N114
Quinta da Sagrada Família
IP2
N18
CM1075
Ribeira de Valverde
Capela de Santo António
CM 1094
N380
Müll-deponie
Valverde
Solar-kraftwerk
Monte da Serralheira
Monte da Chaminé
CM1079
Villa Romana da Tourega
Rio Xarrama
Nossa Senhora da Tourega
N254
Albufeira do Torres
Quinta São Jorge
Ribeira das Alcáçovas
Ribeira dos Souséis
N380
N
W
O
S
São Brás do Regedouro
Monte do Marnel
Monte das Mascarenas
N254
Rio Xarrama
Agiuar
Monte das Aguas
Furt
Furt
Ribeira da Fragosa
Ribeiro dos Espinheiros
Monte da Samarra
Alcáçovas
N257
Gehöft
São Bartolomeu do Outeiro
6 km
4 km
2 km
0 km
Nossa Senhora d'Aires
Viana do Alentejo
N384
STEPMAP © Stepmap. 123map Daten: OpenStreetMap.; ODbL

ganz rechts *Évora* liegen sehen können. Wenige Hundert Meter weiter stößt von rechts kommend ein Weg zu unserem, dem wir bis zu einem Eukalyptusbaum aufwärts und dann wieder ins Tal hinunter folgen.

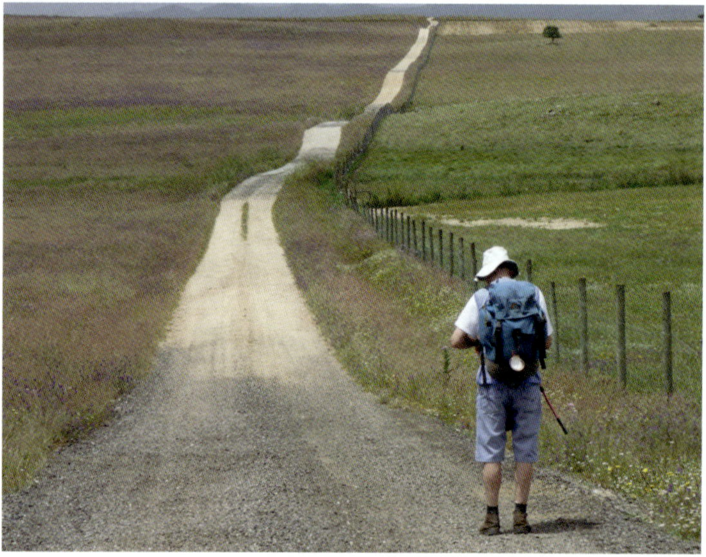

Richtung São Brás do Regedouro

Kurz darauf erreichen wir nach 13,7 km die ersten Häuser von **São Brás do Regedouro** und gehen dann zur Ortsmitte hinunter. Vor der Kirche nach rechts blickend sehen wir das „Café Marques" (13,9 km), wo man sich bei den freundlichen Wirtsleuten stärken und im angeschlossenen *Minimercado* verproviantieren kann und auch **Getränke** mitnehmen sollte. Auf der 16,2 km langen Strecke bis *Valverde* bekommen Sie möglicherweise nur auf der *Quinta de São Jorge* Wasser, da man in *Nossa Senhora da Tourega* manchmal niemand antrifft. Wenn Sie unangemeldet kommen, kann dies auch auf der Quinta der Fall sein.

Danach gehen wir wieder nach links zur Kirche hinunter, an dieser vorbei und folgen der Straße, die gegenüber ihrem Portal zur N 380 führt, die wir nach 500 m erreichen. Dort wenden wir uns nach rechts Richtung *Évora*. Bei km 17,1 km überqueren wir den *Ribeira das Alcáçovas* und 4 km weiter auf einer Brücke mit blau gestrichenem Geländer die Eisenbahnlinie Lissabon-Évora. Nach **21,8 km** zweigt nach links ein Weg zur „Quinta São Jorge" ab.

Hier haben Sie die Qual der Wahl. Sie können auf dem eingangs erwähnten der bzw. in der *Quinta São Jorge* übernachten und den Weg am nächsten Morgen nach *Valverde* und *Évora* fortsetzen oder entweder über die *Quinta* oder wie nachfolgend beschrieben über *Nossa Senhora da Tourega* nach *Valverde* weitergehen, um noch am gleichen Tag von dort mit dem Bus nach *Évora* weiterzufahren.

Bis zur *Quinta* sind es etwa 750 m. Von dort gelangen Sie direkt auf den unten beschriebenen Wanderweg nach *Valverde*, d. h Sie müssten von dort noch einmal 850 m bis zur Wallfahrtskirche zurücklaufen, falls Sie Interesse an einer Besichtigung haben. Dennoch ist der Weg über die Quinta etwas kürzer als auf der N 380. Die Wegbeschreibung dieser kurzen Alternative folgt im Anschluss an die **Hinweise** zu Nossa *Senhora da Tourega*, die Sie auch **lesen** sollten, wenn Sie den Weg über die Quinta nehmen.

Wenn Sie auf der N 380 weitergehen, können Sie bald links die Wallfahrtskirche liegen sehen. Vor dem Km-Stein „84" passieren Sie den ersten Wegweiser dorthin und folgen dann 300 m weiter bei knapp km 23,5 dem zweiten Wegweiser nach links auf eine von Eukalyptusbäumen gerahmte Sandstraße Richtung „Tourega". Nach genau 1 km erreichen Sie bei km 24,5 endlich auch den Weiler **Nossa Senhora da Tourega** mit seinem kleinen ✞ *Santuário*.

In dem Haus links der Kirche wohnt der Küster mit dem Schlüssel zur Kirche (manchmal nicht anwesend). Etwas weiter befinden sich unterhalb des kleinen Friedhofs am Seeufer die Reste der römischen *Villa Romana da Tourega* mit Bädern aus der Zeit vom 1.- 4. Jh. n. Chr. Die Villa gehörte Anfang des 3. Jh. dem Senator Quintus Julius Maximus. Das ergibt sich aus einem hier gefundenen und nun im *Museu de Évora* befindlichen Grabstein. Unweit von hier verläuft auch die Römerstraße von *Santiago de Cacém* (Mirobriga) nach *Évora* (Ebora). Den Schlüssel für das archäologische Gelände bekommen Sie ebenfalls beim Küster.

Alternative Quinta São Jorge

Bei vorstehend **21,8 km** biegen wir dem entsprechenden Wegweiser folgend zur Quinta ab, die wir nach weiteren 750 m erreichen. Das überaus freundliche und hilfsbereite holländische Ehepaar Joris und Caroline van Voorst tot Voorst (Englisch und Deutsch) bietet Pilgern folgende Übernachtungsmöglichkeiten:

- geräumige Zimmer mit ebensolchen Bädern im Haupthaus pP € 25 oF, € 30 mF, € 45 mit Abendessen und Frühstück in einem mitten im Alentejo an Rembrandt erinnernden Wohnzimmer
- Die Gastgeber betreiben auf ihrem Grundstück einen Campingplatz und vermieten einen kleinen Caravan für 1 Person zu € 15, für 2 Personen zu € 20, und ein Einmannzelt für € 8, alle oF. Wir fühlten uns dort sehr wohl. ☏ 266 711 215, jjvvtv@gmail.com, **vorherige Anmeldung** besonders bei Verpflegungsbedarf erwünscht.

Wir setzen den Weg von der Quinta aus wie folgt fort: Mit Blick auf das Haus gehen wir rechts daran vorbei und dann hinunter zu einer kleinen Holztür, die geöffnet (und wieder geschlossen) werden kann. Nach 260 m erreichen wir ein Metalltor, das mit einem Draht verschlossen ist (öffnen und wieder schließen). Dahinter wenden wir uns nach links. Am Ende des Ackers passieren wir ein Gatter und gehen dann auf der vor uns liegenden Straße geradeaus nach links weiter. Nach 600 m überqueren wir eine Brücke. Das entspricht den **900 m** auf der nachfolgenden Hauptroute, der wir von hier an wieder folgen.

Fortsetzung der Hauptroute Nossa Senhora da Tourega – Valverde (neue Messung).

In *Nossa Senhora da Tourega* beginnt das Wanderwege-Netz *Percursos de Monfurado.* In der Nähe der Kirche weisen zwei hölzerne, braune Wegweiser in unterschiedliche Richtungen. Wir folgen dem in Richtung des Friedhofs weisenden und gehen im Uhrzeigersinn um den Stausee herum, so wie auf der ☞ Karte 11 + 12 eingezeichnet. Unterwegs ist der Weg gelegentlich mit zunehmend verwitterten, kleinen, braunen Holztafeln mit einem Fahrradfahrer und Wanderer darauf markiert. Weil auch diese offiziellen Wanderwege in großem Umfang abgezäunt wurden, werden die Hinweisschilder nicht mehr erneuert. Es kann daher sein, dass Sie in Zukunft gar keine mehr finden oder als solche erkennen können.

Wir gehen auf der Straße am Friedhof vorbei geradeaus weiter, dann Richtung Staumauer und links an ihr vorbei hinunter zu einer Brücke, die wir nach **900 m** erreichen, und wenden uns dahinter nach rechts aufwärts. Rechts sehen wir sogleich wieder den Staudamm und anschließend den sich rechts und vor uns erstreckenden Stausee. Nach etwas mehr als 1,8 km kommen wir rechts an einem Schuppen vor einem Gehöft mit Scheunen und Stallungen vorbei. Gleich darauf gehen wir durch ein grünes Schiebegatter nach rechts auf das Hofgelände.

Bitte schließen Sie das Gatter wieder ordentlich! Der Eigentümer hält es wegen der Pilger geöffnet und wartet nur auf einen Grund, das Gatter auch tagsüber versperren zu können (die Tatsache eines offiziellen Wanderwegs stört ihn wenig). Sollte es tatsächlich nicht mehr zu öffnen sein, dann folgen Sie der Straße 1,3 km bis zur nach *Valverde* führenden CM 1079 und wenden Sie sich dort nach rechts. Nach weiteren 900 m zweigt von dort ein Forstweg ab, der sozusagen in Verlängerung der Teerstraße schnurgerade nach *Valverde* führt, wo Sie nach insgesamt 3,9 km seit dem Tor wieder auf die CM 1079 gelangen, die nach rechts hinunter zum Beginn der 12. Etappe führt.

Ohne uns an der Hundemeute zu stören, gehen wir zwischen den links stehenden beiden Häuschen hindurch hinunter zu einem Eukalyptuswäldchen bzw. dem Stausee. Stets an dessen malerischem Ufer entlanglaufend stoßen wir nach 3 km rechts auf ein verfallenes Haus mit einem sehr verwitterten Schild der *Percursos de Monfurado* davor. Bei km 3,5 sehen wir rechts einen über das Wasser führenden Steg und links Wegweiser zurück zur „Villa Romana da Tourega 3,5 km" und vorwärts nach „Valverde 1,9 km". Wir gehen geradeaus weiter und überqueren kurz darauf ein Viehgitter.

Nach 3,8 km gehen wir über eine Kreuzung hinweg und dann nach rechts aufwärts. 1 km weiter geht es steil aufwärts und kurz darauf sehen wir bereits die ersten Häuser von **Valverde**, dessen Ortsrand wir nach ca. 5,1 km erreichen, um dann auf die erste nach links abzweigende Straße, die *Rua Giraldo Sem-Pavor*, abzubiegen. Vorbei an der modernen, kleinen Kirche und dem freundlichen ☕ Café der „Grupo Desportivo e Cultural da Tourega" erreichen wir nach 5,4 km schließlich die nach links zur *Junta de Freguesia* hinaufführende Treppe, nach rechts geht es hinunter zu zwei netten ☕ Cafés. Unsere Etappe endet nach (24,5 + 5,4) 29,9 km einige Schritte weiter an der Kreuzung *Rua do Giraldo Sem-Pavor* mit der nach rechts hinunter weiterführenden *Rua General Humberto Delgado*. An dem Parkplatz hier oben hält auch der **Bus** nach *Évora*. Abfahrt werktags (außer Sa und dem 29. Juni) außerhalb der Schulferien um **16:30**.

⌘ Links vor der Kreuzung steht das Standbild des *Giraldo Sem-Pavor*, des Giraldo ohne Furcht. *Geraldo Geraldes* war ein portugiesischer Ritter, der am Ende des 12. Jh. im Alentejo diesseits und in der Estremadura jenseits des Guadiana im Rahmen der Reconquista gegen die Mauren kämpfte. Sein größter Erfolg war 1165 die Befreiung von Évora, das danach nie wieder zurückerobert werden konnte. Zum Dank wurde sein Reiterbild ins Stadtwappen aufgenommen. Giraldo starb um 1176. Mit Valverde wird er deshalb in Verbindung gebracht, weil er sich mittelalterlichen Quellen zufolge im bereits zur Bronzezeit bestehenden und im Mittelalter befestigten *Castelo do Giraldo* außerhalb von Valverde aufgehalten haben soll.

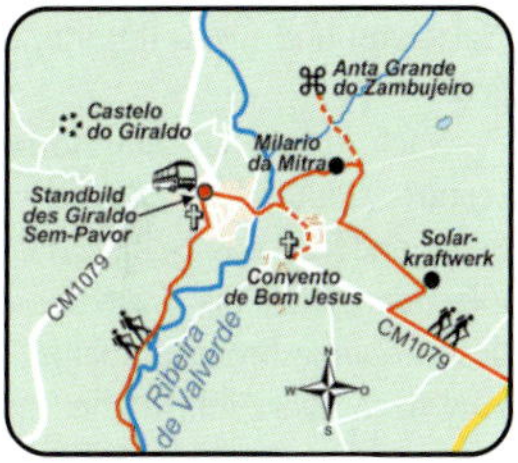

Weg durch Valverde

Valverde

🛏 ✕ ☕ ⌘ 237 m, Ew. 600

[🛏] Es war bei Drucklegung noch nicht klar, ob zukünftig im Convento de Bom Jesus Valverde (Polo da Mitra da Universidade de Évora), Lage siehe Kartenausschnitt, eine Übernachtung für Pilger möglich sein wird. Einer Auskunft zufolge wird ab 2017 möglicherweise auch eine Buchung über www.booking.com möglich sein. Bitte prüfen Sie das im Internet nach. Sobald ich Näheres weiß, werde ich die entsprechende Information auch im ☞ Update veröffentlichen.

☕ ✕ im Zentrum der Grupo Desportivo e Cultural da Tourega, Rua Giraldo Sem-Pavor

▷ in der Rua 25 de Abril, unterhalb der Junta de Freguesia.

🚌 Mo-Fr 11:10 und 16:50, Mi auch 14:35 nach **Évora,** zurück Mo-Fr 10:20 (in beiden Richtungen nicht an Feiertagen und in den Schulferien)

Mitte des 16. Jh. wurde vom damaligen ersten Erzbischof von Évora, Dom Henrique, der *Convento de Bom Jesus* für die seit 1517 hier ansässigen Franziskaner gegründet. Daneben wurde ab 1534 der bischöfliche Landsitz gebaut, die *Quinta do Paço de Valverde* mit den heute noch bestehenden Sehenswürdigkeiten wie der *Capela e Claustro* (Kreuzgang) *da Mitra* (Kopfbedeckung der Bischöfe), dem *Jardim de Jericó* (Jericho) sowie dem kleinen runden See und dem Aquädukt, die der Wasserversorgung dienten. Heute befinden sich dort und auf der *Herdade da Mitra* Abteilungen der Universität Évora wie Agrartechnik, Phytotechnologie (Anwendung von Pflanzen und deren Systemen für Problemlösungen in Wissenschaft und Technik), Veterinärmedizin und Zootechnik (Methoden der Tierhaltung).

12. Etappe: Valverde – Évora ➲ 14,4 km

Von der Kreuzung aus folgen wir dem braunen Wegweiser „Évora 9,3 km" bzw. „Anta de Zambujeiro 1,9 km" auf der *Rua General Humberto Delgado* geradeaus durch den Ort bergab. Nach 400 m überqueren wir eine Brücke und 200 m weiter zweigt an einer Mauer unter einem ausladenden Baum und dem kaum noch lesbaren Schild „Anta do Zambujeiro" mit einem nach links zeigenden Pfeil ein Weg nach links ab. Wir folgen diesem Sandweg durch eine mit Eichen bestandene Wiesenlandschaft. Zu Beginn sehen wir rechts oben das Universitätsgelände liegen und entdecken ein Stück weiter links den römischen Meilenstein „Milario da Mitra". Er stand auf der *Via XII* des *Itinerarium Antonini Augusti* von Lissabon nach Mérida bzw. auf deren Teilstück zwischen *Alcácer do Sal* (Salacium) und *Évora* (Ebora), dort trafen sich Römerstraßen aus allen Himmelsrichtungen.

Nach knapp 1,3 km stoßen wir auf eine Kreuzung. Rechts geht es zurück zum „centro", links führt der Weg weiter zum *Anta do Zambujeiro*, außerdem sehen wir dort unter anderen das Schild „Percursos de Monfurado". Zu Beginn des diesem Schild folgenden, über die Kreuzung geradeaus weiterführenden Weges ist ein Seil quer über dessen ganze Breite gespannt, daran hängt der Hinweis „Sem Saida" (Sackgasse). Der Weg nach Évora führt daher zwangsläufig nach rechts weiter.

Versuchen Sie *keinen anderen* als den nachfolgend beschriebenen Weg zu finden! Wir haben wirklich *alle* in Frage kommenden Wanderwege der *Percursos de Monfurado* durch Zäune versperrt gefunden!

⌘ Zunächst folgen wir an der Kreuzung dem Weg nach links, überqueren nach 350 m eine kleine Holzbrücke über einen Bach und gehen dahinter geradeaus aufwärts, bis wir 200 m weiter den besonders eindrucksvollen *Anta Grande do Zambujeiro* erreichen. Die zyklopische Grabanlage aus der Jungsteinzeit zwischen dem Beginn des 4. und der Mitte des 3. Jahrtausends v. Chr. wurde bis in die Bronzezeit (1500 v. Chr.) hinein genutzt. Erst in den 1960er-Jahren ausgegraben, befinden sich die dort entdeckten Grabbeigaben und Artefakte im *Museu de Évora*. Gehen Sie um das Steinkammergrab herum links hinauf und werfen Sie einen Blick ins Innere. Sie werden sich wie wir fragen, wie die Steinzeitmenschen diese massiven Felsblöcke bewegen konnten.

Nach der Besichtigung kehren wir zur Kreuzung (km 1,3) zurück und gehen aus der Richtung *Zambujeiro* kommend geradeaus auf die vor uns liegende *Herdade da Mitra* zu, darüber erneut die Universitätsgebäude. Auf dem Gelände der Herdade wenden wir uns nach knapp 1,7 km nach links und folgen dem Hinweisschild „UE Solar EMSP/PECS". Bei km 2,4 kommen wir zum Eingang der „Evora Molten Salt Platform" einer Anlage zur Gewinnung von Solarenergie, wobei Flüssigsalz als Wärmeübertragungsmittel dient. Das Besondere an der Molten-Salt-Technologie ist, dass hier geschmolzenes Salz als Wärmeträger fungiert, anstelle des bisher üblichen Thermoöls, das sich durch die konzentrierte Sonneneinstrahlung auf etwa 400 Grad Celsius aufheizen ließ. Mit der Salzschmelze als Wärmeträger jedoch sind Betriebstemperaturen von bis zu 550 Grad möglich. Das steigert den Wirkungsgrad des Solarkraftwerkes, und es kann Strom zu wesentlich geringeren Kosten erzeugen.

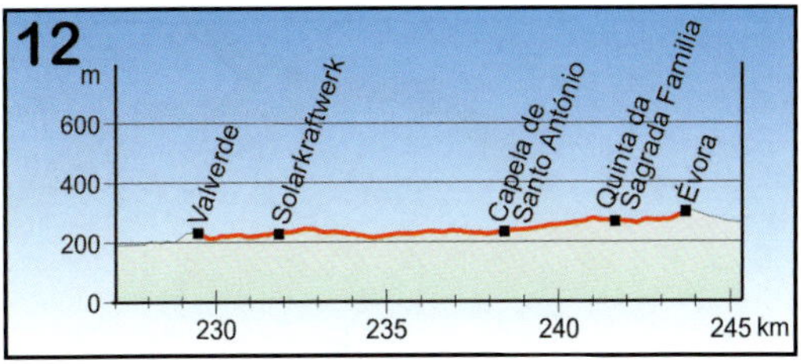

Karte 12 ☞ Seite 101

Nachdem wir verblüfft festgestellt haben, dass Steinzeit und modernste Technologie nur wenige Hundert Meter auseinanderliegen können, wenden wir uns nach rechts und folgen bei einem Stopp-Schild dann der CM 1079 nach links Richtung *Évora.* Nach 3,6 km biegen wir erneut nach links auf die N 380 ab und folgen ihr nach gut 6,5 km vorbei an der Zufahrt zu der riesigen Mülldeponie *Etar Aterros Sanitariós,* über der ganze Storchenschwärme kreisen, bis wir nach 7,8 km eine Kreuzung erreichen, auf der wir uns dem Wegweiser „aceso local" folgend nach links wenden.

Knapp 1 km weiter biegen wir auf eine breite Sandstraße in Richtung einiger Gebäude nach rechts ab und kommen nach 9,1 km an der links liegenden *Capela de Santo António* vorbei. 700 m weiter scheint das ☕ Café Restaurante „António" nicht immer geöffnet zu sein. Wir gehen stetig aufwärts, bis wir schließlich die Kathedrale von Évora vor uns aufragen sehen und laufen nach 12 km an dem massigen „Evora Hotel" vorbei. Kurz bevor unsere Straße in die N 114 mündet, wenden wir uns nach schräg rechts und gehen an Bäumen entlang weiter. Nach 12,4 km liegt rechts das Eingangstor zur *Quinta da Sagrada Familia,* und kurz darauf kommen wir an einen Kreisverkehr, den wir rechts umrunden, um danach geradeaus weiterzugehen. Bei km 13 passieren wir erneut einen Kreisverkehr und folgen dem Wegweiser „centro" hinter einem dritten Kreisverkehr nach rechts.

Nach 13,4 km wechseln wir auf die andere Straßenseite zur Einfahrt des Busbahnhofs hinüber und bleiben auf dem linken Bürgersteig, bis wir hinter einer Tankstelle über einen kleinen Parkplatz und einen Zebrastreifen zur Stadtmauer von **Évora** hinüberlaufen. Dort wenden wir uns nach rechts und biegen dann sofort durch die *Porta do Raimondo* nach links auf die *Rua do Raimondo,* der wir aufwärts folgen. Sie endet nach 14,4 km auf der *Praça do Giraldo* im Herzen der Stadt.

Évora ℹ @ 🏠 🛏 ✕ ☕ 🍽 ⚕ BANK 📯 ✚ ✠ ⌘ ✝ ⇧ 300 m, Ew. 56.000

ℹ Tourist Information/Turismo, Praça do Giraldo 73, ☏ 266 777 071, 🚪 täglich 9:00 bis 18:00 bzw. 19:00 April bis September. Dort bekommen Sie einen Stadtplan mit den Hauptsehenswürdigkeiten Évoras.

@ im Edificio Paços do Concelho (Câmara Municipal), Praça do Sertorio

🏠 Pousada de Juventude, Rua Miguel Bombarda 40 (☞ Stadtplan), ☏ 266 706 050, ✉ evora@movijovem.pt, Bett ab € 11, DZ mit Dusche/WC ab € 32. Eine aufwendig renovierte, großzügig ausgestattete JH mitten im Zentrum – sehr empfehlenswert.

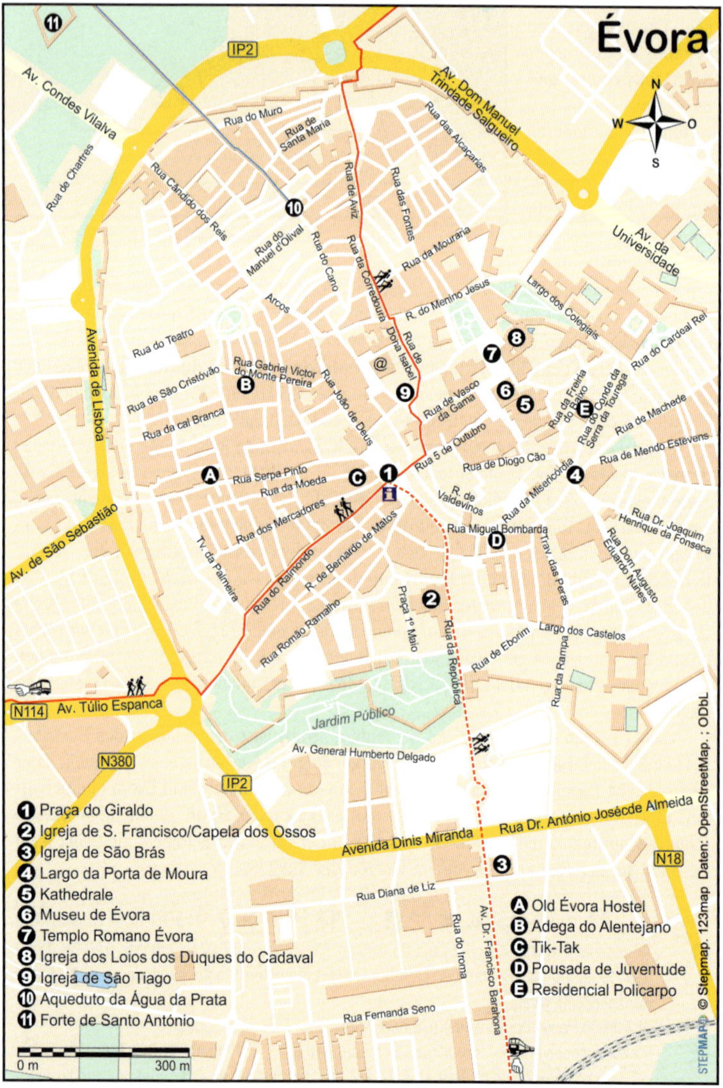
Évora
N
W
O
S
IP2
Av. Condes Vilalva
Av. Dom Manuel Trindade Salgueiro
Rua do Muro
Rua de Santa Maria
Rua das Alcaçarias
Rua de Chartres
Rua Cândido dos Reis
Rua de Aviz
Rua das Fontes
Rua do Manuel d'Olival
Rua do Cano
Rua da Corredoura
Rua da Mouraria
Av. da Universidade
Arcos
R. do Menino Jesus
Largo dos Colegiais
Avenida de Lisboa
Rua do Teatro
Rua de Dona Isabel
Rua Gabriel Victor do Monte Pereira
Rua de São Cristóvão
Rua João de Deus
Rua do Cardeal Rei
Rua de Vasco da Gama
Rua da Freiria do Baixo
Rua do Conde da Serra da Tourega
Rua da cal Branca
Rua 5 de Outubro
Rua de Machede
Rua de Mendo Estevens
Rua de Diogo Cão
Rua Serpa Pinto
Rua da Moeda
Rua da Misericórdia
R. de Valdevinos
Rua dos Mercadores
Av. de São Sebastião
Rua Miguel Bombarda
Rua Dr. Joaquim Henrique da Fonseca
Tv. da Palmeira
R. de Bernardo de Matos
Trav. das Peras
Rua Dom Augusto Eduardo Nunes
Rua do Raimundo
Praça 1º Maio
Rua Romão Ramalho
Rua da República
Largo dos Castelos
Rua de Eborim
Rua da Rampa
N114
Av. Túlio Espanca
Jardim Público
Av. General Humberto Delgado
N380
IP2
Rua Dr. António Josécde Almeida
Avenida Dinis Miranda
N18
Rua Diana de Liz
Rua do Iroma
Av. Dr. Francisco Barahona
Rua Fernanda Seno
1 Praça do Giraldo
2 Igreja de S. Francisco/Capela dos Ossos
3 Igreja de São Brás
4 Largo da Porta de Moura
5 Kathedrale
6 Museu de Évora
7 Templo Romano Évora
8 Igreja dos Loios dos Duques do Cadaval
9 Igreja de São Tiago
10 Aqueduto da Água da Prata
11 Forte de Santo António
A Old Évora Hostel
B Adega do Alentejano
C Tik-Tak
D Pousada de Juventude
E Residencial Policarpo
0 m
300 m
© Stepmap. 123map Daten: OpenStreetMap ; ODbL
STEPMAP

▷ Ausweichmöglichkeit: „Old Évora Hostel", Rua Serpa Pinto 68, 934 734 493, http://oldevorahostel.blogspot.com, oldevorahostel@gmail.com, Bett ab € 13 mF

Große Auswahl in allen Preisklassen, nur in der Hochsaison oder bei besonderen Anlässen kann es zu Engpässen kommen. Nachweise bei der i

▷ Stilvoll und gediegen: Residencial Policarpo, Rua da Freiria do Baixo, 16, ☏ 266 702 424 (Englisch/Französisch), www.pensaopolicarpo.com, mail@pensaopolicarpo.com. Eine altehrwürdig schöne Bleibe mit teilweise herrlicher Aussicht auf das Umland. Für *Pilger* EZ € 23-27, DZ € 30-36 (je nach Saison, mit Etagenbad) oder EZ € 38-50, DZ € 42-55 (mit Dusche/WC), inkl. schöner Frühstücksterrasse. Empfehlenswert sind vor allem die geschmackvoll eingerichteten Zimmer mit Dusche/WC, die Zimmer ohne sind recht schlicht und teilweise abgewohnt.

In der Altstadt gibt es ansprechende Restaurants zuhauf, leider oft mit Touristenpreisen.

▷ Einheimische essen gut und günstig im schlichten „Tik-Tak". Es befindet sich in der zweiten Gasse rechts der i, der Rua da Moeda 15. samstags geschlossen. Sie bekommen dort einfache, für den Alentejo typische Gerichte. Schauen Sie entweder, was die Nachbarn bestellt haben, oder greifen Sie zu, wenn *Carne de porco alentejana* im Angebot ist - authentischer geht es nicht! Bestellen Sie sich möglichst eine „meia-dose", also eine halbe Portion, eine ganze Portion („dose") reicht für zwei Personen.

▷ Gehobener ist die „Adega do Alentejano", Rua Gabriel Victor do Monte Pereira 21-b, ☏ 266 743 130. Gehen Sie vor der Kirche am Ende des *Giraldo* nach links hinunter, dann die erste Straße nach rechts und schließlich die zweite nach links. Rustikale Einrichtung mit Weinfässern, Spezialität eine herzhafte Tomatensuppe, schon allein sehr sättigend. So geschlossen

Am Largo da Porta de Moura befindet sich die „Farmácia Diana" mit einer **deutschen** Apothekerin, die Sie dienstags gern berät. Fragen Sie nach Sra. *Lina Bonito*, ☏ 266 702 383. Meist ist aber auch ein Arzt anwesend, der gut Englisch spricht.

Der Terminal Rodoviário befindet sich in der Avenida Tulio Espanca südwestlich der Altstadt, einfach gleich rechts neben der i die Rua do Raimondo hinunter- und dann hinter dem Kreisverkehr außerhalb der Mauer die zweite Straße nach rechts bzw. geradeaus weitergehen. Der Bus nach **Valverde** fährt Mo-Fr 10:20 (nicht an Feiertagen und in den Schulferien), nach **Azaruja**, **Évoramonte** und **Estremoz** täglich 10:25 (nicht an Feiertagen).

Der Bahnhof liegt im Süden der Stadt. Gehen Sie mit Blick auf die i nach links und am Ende des Platzes zunächst geradeaus (Arkaden), dann nach rechts die Rua da República hinunter. Außerhalb der Mauer überquert sie die IP 2 und setzt sich dahinter als Avenida Dr. Francisco Barahona fort, die schließlich nach ca. 1,1 km auf die Rua da Estação trifft. Von dort gibt es täglich vier Verbindungen nach Lisboa-Sete Rios, 7:06, 9:06, 16:57, 19:06.

Évora ist die Hauptstadt des gleichnamigen Distrikts und der historischen Provinz *Alto Alentejo*. Seit 1986 ist die von einem geschlossenen Mauerring umgebene Altstadt **Weltkulturerbe** der UNESCO und bietet auf relativ engem Raum großartige Zeugnisse aller Epochen von den Römern bis zum 18. Jh. und auch noch danach. Einer der ältesten Handelsplätze auf der Iberischen Halbinsel, hieß die Stadt bei den Römern zunächst *Ebora*, bis Caesar sie *Liberalitas Iulia* taufte. Später wurden beide Namen zusammengeführt. Von damals zeugt noch der ⌘ römische Tempel (fälschlich: der Diana) auf dem *Largo Conde Vila Flor* oberhalb der Kathedrale.

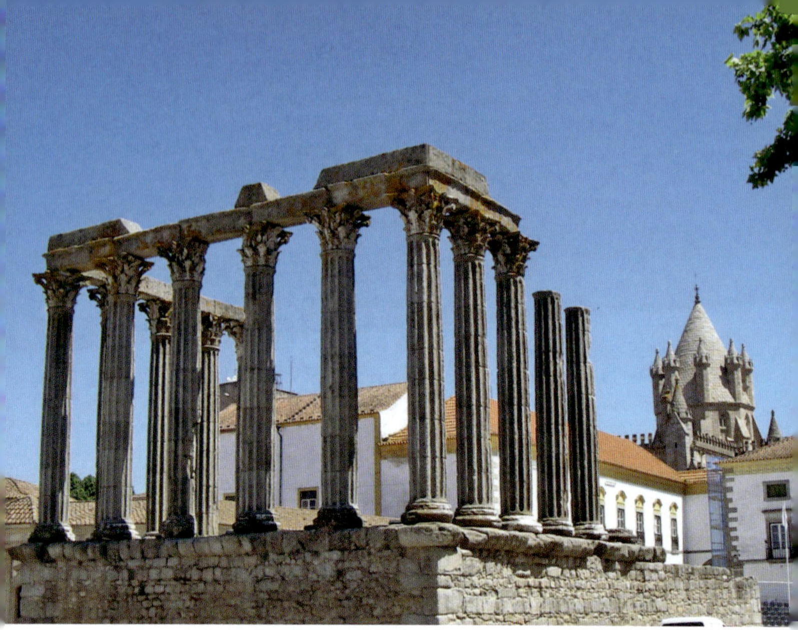

Tempel der Diana und Turm der Kathedrale

Die Muslime haben nach der Eroberung 715 die römischen Stadtmauern verstärkt, abgesehen davon ist vom arabischen *al-Yabura* so gut wie nichts erhalten. Nach der Rückeroberung der Stadt im Jahre 1165 wurde die ✞ Kathedrale errichtet, deren romanisches Portal genauso beeindruckt wie ihr lichtdurchfluteter Kreuzgang. Von dort kann man auf das Dach des Gotteshauses hinaufsteigen, wo sich herrliche Ausblicke bieten.

Während der Dynastie der Avis (1383 bis 1580) war Évora zeitweilig Residenz der portugiesischen Könige, die ebenfalls Spuren im Stadtbild hinterlassen haben. Im *Jardim Público* befinden sich Gebäudeteile des Königspalasts aus dem 16. Jh. (die beeindruckenden Ruinen, auf denen Pfaue stolzieren, stammen dagegen erst aus dem 19. Jh.). Von den großartigen Stadtpalästen des Adels soll stellvertretend der ⌘ *Paço dos Duques do Cadaval* und vor allem die ✞ *Igreja dos Loios dos Duques do Cadaval* gleich hinter dem römischen Tempel erwähnt werden. Diese Kirche ist im Inneren aufs Prächtigste mit Azulejos ausgekleidet, der Eintritt von € 3 lohnt sich daher allemal.

Rechts davon haben Sie vom Rand des Parks einen spektakulären Blick auf das beeindruckende Aquädukt zur Wasserversorgung der Stadt (*Aqueduto da Água da Prata*, erbaut 1533-37), das sich in nordwestlicher Richtung fast zum Horizont erstreckt.

Nicht zu vergessen ist der *Largo da Porta de Moura* mit dem beindruckenden Brunnen aus dem 16. Jh. Richtung Kathedrale wird der Platz von Residenzen mit beeindruckenden Fenstern im manuelinischen und Mudejar-Stil gesäumt.

⌘ Links unterhalb des Tempels lädt das *Museu de Évora* mit 20.000 Ausstellungsstücken (einschl. Gemälden) aus allen Epochen zum Besuch ein. Di-So 9:30 bis 17:30, € 3 (Ermäßigungen)

✞ Ein Touristenmagnet ohnegleichen ist die *Igreja de S. Francisco* mit ihrem gotischen Kreuzgang, vor allem aber der *Capela dos Ossos*, der Knochenkapelle. Sie wurde aus einer Notwendigkeit heraus geboren und ist mehr als nur eine religiöse Kuriosität. Im 16. Jh. waren die Friedhöfe in Évora übervölkert, so dass Gebeine exhumiert werden mussten, um Platz für neue Bestattungen zu schaffen. Mehr als 500.000 Knochen und Schädel wurden daher in dieser Kapelle kunstvoll zusammengefügt und vom Boden bis zur schön bemalten Decke in Zement angeordnet. Dennoch ist der Anblick gruselig bis faszinierend makaber, je nachdem wie empfindlich der Betrachter ist. täglich 9:00 bis 13:00, 14:30 bis 17:30, € 2 (Ermäßigungen) + € 1 fürs Fotografieren

▷ Ohne den Hinweis auf die **Igreja de São Tiago** wäre dieser kurze Abriss nicht vollständig. Beim Verlassen von Évora werden wir an ihr vorbeikommen.

13. Etappe: Évora – Evoramonte ➲ 32,2/34,4 km

Etappenplanung: In Evoramonte gibt es momentan nur noch eine nicht billige Unterkunft (mit einer noch teureren Alternative außerhalb des Ortes), von der ich nicht weiß, ob sie auch in Zukunft noch geöffnet sein wird. Stattdessen können Sie:

▷ Mo-Fr (außer an Feiertagen) mit dem Bus nach *Estremoz* weiterfahren und am nächsten Morgen (Mo-Fr, außer an Feiertagen) mit dem Bus zurückkommen, um den Weg fortzusetzen,

▷ Mo-Fr um 10:25 (außer an Feiertagen) mit dem Bus nach *Azaruja* fahren und bei entsprechender Fitness 37,5 km über *Evoramonte* nach *Estremoz* durchlaufen. Sie versäumen dann zwar einen 3,5 km langen, wirklich sehr schönen Weg durch die Korkeichenwälder vor *Azaruja*, vermeiden dadurch aber gut 16 km auf Asphalt und Teer und müssen nicht in *Evoramonte* übernachten.

Von *Évora* besteht bis kurz vor *Azaruja* auf gut 16 km dasselbe Problem wie zwischen *Viana do Alentejo* und *Évora*: Sie sind wegen der sich auch hier ausbreitenden Latifundien darauf angewiesen, den Weg auf einer Nationalstraße zurückzulegen. Diesmal sind nicht in erster Linie Wiesen und Äcker, sondern als Weideflächen für Rinder und Schweine genutzte, riesige Korkeichenhaine bzw. -wälder der Grund. Die N 18 ist allerdings wegen der in der Nähe bzw. parallel dazu verlaufenden Autobahn bei Weitem nicht so stark befahren wie die N 254 und daher leichter zu bewältigen.

In *Azaruja* teilt sich der Weg, der kürzere Hauptweg führt direkt nach *Evoramonte*, die Variante macht einen Umweg von 2,2 km über die Wallfahrtskirche *Nossa Senhora do Monte do Carmo*.

Wir überqueren die *Praça do Giraldo* vor der **i**, gehen auf der gegenüberliegenden Seite die *Rua 5 de Outubro* hinauf und biegen nach wenigen Metern in die zweite Gasse nach links ein. Am Ende dieser *Rua do Burgos* einen kleinen Platz überquerend gehen wir halb links auf das Straßenschild *Largo de Alexandre Herculano* mit dem Zusatz *Antigo Largo de S. Tiago* zu und bleiben dann nach knapp 200 m kurz vor der Vorderfront der ✞ Santiagokirche stehen, um nach oben zu blicken. Dort können Sie in der Mitte unter dem Kreuz den Pilgerpatron als berittenen Streiter Christi erkennen.

Danach wenden wir uns wieder kurz nach rechts und setzen unseren Weg nach links um die Kirche herum fort. Dort befindet sich erneut ein (beschädigtes) Schild mit der Aufschrift *Largo de Alexandre Herculano* und gegenüber der Straßenname *Rua de Dona Izabel.* Alsbald erreichen wir eine breite Straße, die wir in Richtung eines Tores in der Stadtmauer geradeaus hinuntergehen. Links vor dem Tor liegt unter Arkaden die Post. Nachdem wir das Tor durchschritten haben, laufen wir geradeaus weiter und hinter einer Kreuzung hinunter in die *Rua da Corredoura.* Dieser Gasse mit einer blauen Linie in der Mitte folgen wir nun mit einigen kleinen Schlenkern immer geradeaus bis zur barocken *Porta de Avis,* gehen rechts vor dem Haupttor durch eine Pforte (700 m) und sehen dann gleich gegenüber die vom Kreisverkehr nach rechts hinter eine Bastion abbiegende Straße nach *Estremoz,* auf die wir hinüberwechseln (800 m).

An der Bastionsmauer entlang erreichen wir nach gut 100 m einen zweiten Kreisverkehr, über den wir geradeaus weitergehen, und folgen der N 18 Richtung *Estremoz* von nun an über viele Kilometer. Bei km 3,5 kreuzt die stillgelegte Eisenbahnlinie nach Estremoz zum ersten Mal und gut 3 km weiter zum zweiten Mal unseren Weg. Bei der Brücke über einen *Ribeira* kurz dahinter beginnt auf der linken Seite eine breite Standspur bzw. ein Seitenstreifen, auf dem es sich abseits vom Verkehr gut laufen lässt. An der folgenden Auffahrt zur Autobahn sind es auf der N 18 laut Beschilderung 8 km nach *Évora* und 9 km nach *Azaruja.* Bis zu dieser Autobahnauffahrt, die *wir* bei km 9,6 erreichen, führt auch dieser breite Seitenstreifen, der danach in einen sehr viel schmaleren übergeht.

Wo die Eisenbahngleise schließlich zum dritten Mal unseren Weg kreuzen, hören auch die riesigen Wiesen-, Acker- und Getreideflächen auf, die uns mit nur wenigen Unterbrechungen bis hierher begleitet haben. Ab dem Bächlein gleich hinter den Bahngleisen beginnt sich die Landschaft zu verändern und lichte Korkeichenwälder besetzen nun die zunehmend für zunächst Rinder und dann die typischen schwarzen Schweine genutzten Flächen.

Ein ziemliches Stück weit laufen nun die N 18 und die Autobahn nebeneinander her. Kurz bevor sie sich wieder trennen und von der Nationalstraße eine Brücke über die Autobahn führt, zeigt ein **Wegweiser** mit der Aufschrift „Monte do Castelo Ventoso" nach rechts (km 16,5). Diesem Wegweiser folgend biegen wir nach rechts ab. Wir bleiben auf der Straße mit dem Teerbelag und biegen nicht nach links ab. Nach 500 m erreichen wir eine kleine Brücke und dahinter eine Weggabelung mit einer hohen Eiche rechts. Wir gehen bereits direkt vor der Brücke links hoch in Richtung einer Pumpstation, an der wir schließlich links vorbeigehen.

Bei einer eichenbestandenen Kreuzung gehen wir bei km 17,6 an einer weit ausladenden Eiche geradeaus weiter, bleiben dann stets auf diesem Weg und biegen auch bei der nächsten Abzweigung nicht nach rechts ab. Etwa 700 m weiter können wir von einer Anhöhe aus zwischen den Eichen vor uns bereits die Häuser von *Azaruja* erkennen. Der

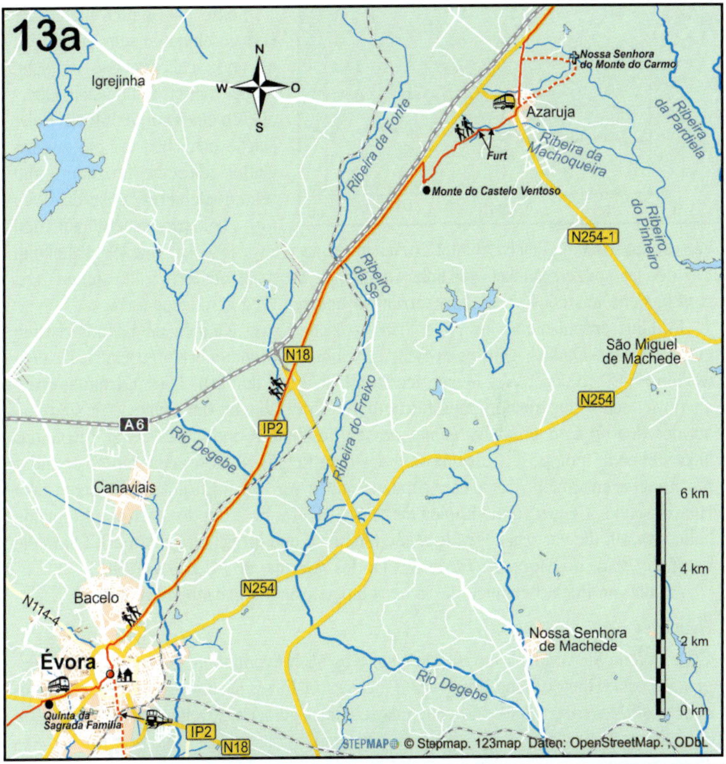

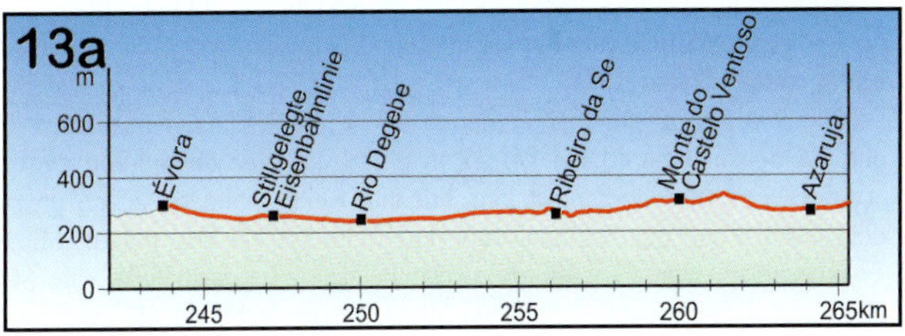

Weg führt nun durch einen für den *Alto Alentejo* typischen Korkeichenwald. Bei km 19,2 stoßen wir auf einen Wasserlauf mit einer Furt aus groben Felssteinen. Dahinter liegt ein Gatter. Wir gehen vor dem Gatter links zwischen Zaun und Wasserlauf weiter und folgen dem Bach an seinem Ufer in einem Rechtsbogen, bis wir wieder auf den ursprünglichen Weg treffen, wo wir erneut eine Furt überqueren.

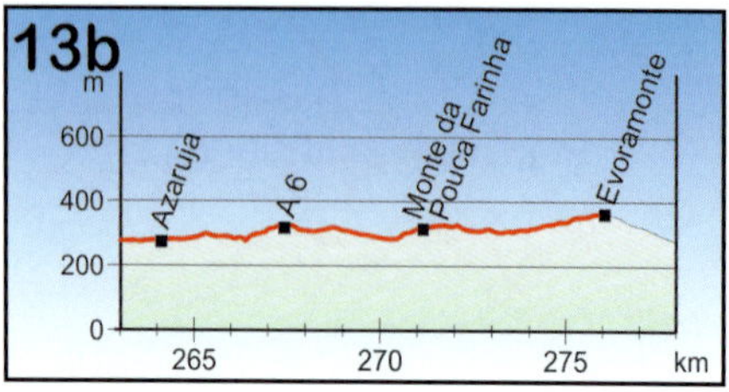

Sollte das Gatter hinter der Furt geschlossen sein, öffnen Sie es und schließen Sie es dann wieder hinter sich. Nach Überqueren eines kurzen Stücks freier Fläche erreichen wir ein zweites Gatter (dieselbe Prozedur) und setzen dahinter unseren Weg fort, bis wir erneut auf den Wasserlauf stoßen. Gleich dahinter erreichen wir nach etwa 19,5 km eine Weggabelung. Wo der im spitzen Winkel von links kommende Weg auf unseren trifft, stehen zwei verschiedene Kakteensorten. Dort setzen wir unseren Weg geradeaus fort.

Er führt anschließend ins Freie, dann zwischen zwei Zäunen an Leitungsmasten entlang weiter. Danach geht es zwischen Steinmauern hindurch bis zu einem kleinen, weißen Haus, wo unser Weg in eine Teerstraße übergeht (km 20). 150 m dahinter erreichen wir rechts eine kleine, graue Kirche mit einem Hahn auf der Spitze. Wir sind nun auf der *Rua do Conde da Azarujinha*, dessen Residenz (Conde heißt „Graf") wohl das links stehende, pompöse Gebäude war, das dem Repräsentationsgedanken einer anderen Epoche entsprach. Auf dieser Straße wenden wir uns nach links und folgen dem Hinweisschild „Centro" und „Ermida de N. Sra. de Carmo". Bei der nächsten Kreuzung halten wir auf die vor uns liegende weiße Kirche zu und erreichen bei **km 20,2** links die begrünte *Praça do Morgado Torres* des Dorfes **Azaruja**, ☕ ✕ 📮 ✚ BANK.

An diesem Punkt beginnen die in der Etappenplanung genannten **Varianten**:

Hauptweg

🚶🚶 Wenn Sie von hier aus auf *direktem Weg* nach *Evoramonte* gelangen wollen, biegen Sie nach Überquerung der *Praça do Morgado Torres* nach links in die *Rua Engenheiro José Frederico Ulrick* und gehen diese immer geradeaus weiter über die *Rua João José Perdigão* hinweg, dem Wegweiser "Estremoz" folgend nach Norden. In der *Rua Perdigão* finden Sie links auch gleich das ✕ Restaurante „O Sobreiro" mit einer ländlich geräumigen Gaststube und Bar sowie einem Speisesaal, in dem Sie gut und preiswert zu Mittag essen können

Die *Rua Engenheiro José Frederico Ulrick* mündet immer geradeaus durch Wiesen und Weideland führend bei **km 22** in die N 18. Wir überqueren diese in Richtung „cemitério", gehen aber **nicht** zum Friedhof weiter, sondern setzen unseren Weg auf dem linken Rand der Nationalstraße fort (teilweise ein Erdstreifen). Mit Blick auf die Festungsanlage von *Evoramonte* zweigt bei km 23,6 nach links eine Straße ab und überquert die Autobahn. Wir folgen dieser Straße halb links abwärts, bis wir nach ca. 500 m einen nach rechts in den lichten Eichenwald abzweigenden Feldweg erreichen, in den wir einbiegen. Nach weiteren 400 m kommen wir an eine Kreuzung, über die wir geradeaus hinweggehen. Kurz darauf erreichen wir ein Tor, das wir öffnen (und hinter uns wieder schließen) können. Dahinter gehen wir geradeaus weiter, bis wir bei km 25,8 an eine an ein Andreaskreuz erinnernde Wegkreuzung gelangen, über die hinweg wir ebenfalls geradeaus weitergehen. Nach 800 m können wir bei einer Abzweigung nach links oben vor uns einen *Monte* (*da Pouca Farinha*) erkennen, auf den wir geradewegs zugehen. Wir folgen dem Weg aufwärts und rechts um das Gebäude herum und erreichen oben vor einem Zaun einen links von dem Bauernhaus herüberführenden Weg, dem wir bei km 27 nach rechts folgen.

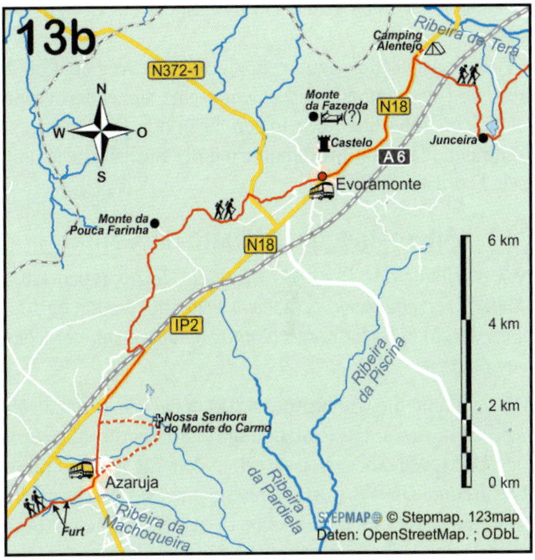

Nach 400 m stoßen wir auf eine Kreuzung. Quer zu unserem Weg verläuft eine Sandstraße, die wir überqueren, um unseren Weg danach in nordöstlicher Richtung fortzusetzen. Wir laufen zwischen Zäunen weiter und sehen kurz darauf rechts ein kleines Haus mit einer Garage und einer angebauten Hundehütte. Nach etwa 200 m überqueren wir ein Viehgitter und gehen geradeaus weiter. Bei einer Wegkreuzung mit einem Zaun sehen wir vor uns das *Castelo* von *Evoramonte* liegen. An der Ecke des Zauns befindet sich hinter dem Pfosten ein Grenzstein mit eingemeißelten Buchstaben, die wohl „Poucafarinha" ergeben sollen.

Wir setzen unseren Weg in Richtung auf die Burganlage links am Zaun vorbei geradeaus fort. Bald erreichen wir ein Gatter mit einem Jagdhinweisschild links, ein auf die Spitze gestelltes, rotes Viereck mit einem weißen Kreis in der Mitte. Wir gehen durch das Gatter und stoßen bald darauf auf einen Strommast aus Beton, den wir links umrunden, und setzen den Weg geradeaus fort. Wenig später sehen wir hinter den Bäumen einen *Monte* liegen und links vor uns aufragend erneut das *Castelo* von *Evoramonte*. Nach einer Weile gehen wir über ein mit teilweise marmoriertem Marmorschutt in Weiß- und Rosatönen übersätes Wegstück. Nachdem wir erneut ein Gatter durchquert und unseren Weg danach geradeaus fortgesetzt haben, kommen wir auf eine Kreuzung mit drei niedrigen Eichen links. Von links hinten stößt ein Weg zu uns, vor uns biegt einer nach links ab. Der Weg, auf dem wir uns befinden, setzt sich geradeaus fort und ist bald erneut mit Marmorschutt bedeckt. Wir nehmen den zweiten Weg nach links, der direkt auf das *Castelo* zuläuft. Später überquert der Weg einen kleinen Wasserlauf.

Nach 30,2 km stoßen wir bei einem Stopp-Schild auf die von links nach rechts zur N 18 führende N 372. Wir überqueren die Teerstraße und folgen unserem Weg durch ein Gatter hindurch an einer links stehenden kleinen Hütte vorbei in Richtung auf einen

Strommast geradeaus weiter. Der Weg schlängelt sich durch Weideland aufwärts, durchquert ein weiteres Gatter und erreicht nach 31,3 km landwirtschaftliche Gebäude, um dann direkt unterhalb des imposant aufragenden *Castelo* von *Evoramonte* weiter aufwärts zu führen. Nach weiteren 300 m gehen wir an einer großen Wegkreuzung/-gabelung mit verrotteten Baumresten in der Mitte unserem bisherigen Weg folgend geradeaus weiter, links an einem auf der Anhöhe befindlichen Wasserbecken vorbei.

Der anschließend gut instandgehaltene Weg geht bei km 31,7 und den ersten Häusern von Evoramonte und einem rechts stehenden großen Strommasten aus Beton in eine Teerstraße über. Wir folgen ihr in den Ort hinein. Nach 500 m erreichen wir den zentralen Platz von **Evoramonte** mit der Bushaltestelle und sind nach insgesamt 32,2 km seit *Évora* am Ziel.

Alternative über Monte do Carmo

Hinter der *Praça do Morgado Torres* (oben **km 20,2**) gehen wir auf der *Rua Mateus Ferreira Ruivo* geradeaus weiter auf die Kirche zu und erreichen nach gut 200 m links den Marktplatz *Largo Doutor Barahona* mit der kleinen, etwas ramponierten Stierkampfarena.

☺ Wenn Sie von hier etwa 200 m nach links oben gehen, finden Sie in der *Rua João José Perdigão, 5*, das Restaurante "O Sobreiro" mit einer ländlich geräumigen Gaststube und Bar sowie einem Speisesaal, in dem Sie gut und preiswert zu Mittag essen können. Der freundliche Wirt und seine Stammgäste durchweg älteren Semesters geben bereitwillig Auskunft. Sollten Sie ohne die Möglichkeit einer Besichtigung der dortigen ✝ Wallfahrtskirche nicht über *Monte do Carmo* laufen wollen, fragen Sie doch den Wirt *Senhor Pastor*, ob die *Ermida* geöffnet ist. Sollte er nicht selbst Bescheid wissen, kann er sich bei der älteren Frau erkundigen, von der die Kirche betreut wird.

In Höhe des Tors zur Stierkampfarena biegen wir nach links und dann vor dem Restaurante "O Bolas" gleich wieder nach rechts auf die zur Kirche führende Straße *Rua do Conde das Galveias* ein und gehen zur Kirche hinauf, die wir auf der rechten Seite passieren, um dann gleich den Wegweiser zur „Ermida Nossa Senhora do Carmo" vor uns zu sehen, dem wir nach rechts folgen (km 20,75). Hinter dem Wegweiser können wir in der Ferne die Burg von *Evoramonte* liegen sehen. Gut 50 m weiter folgen wir dem Wegweiser an der nächsten Abzweigung nach links und setzen unseren Weg nun durch eine im Frühjahr herrlich blühende Wiesenlandschaft fort, die dann aber zunehmend in lichte Korkeichenwälder übergeht. Bei km 22,3 erreichen wir das 2016 geschlossene Hotel Rural do **Monte do Carmo**.

✝ In der Anlage liegt frei zugänglich die von außen schlichte barocke Wallfahrtskirche *Ermida de Nossa Senhora do Monte do Carmo*. Innen und im Treppenaufgang zum Dach (von dort herrlicher Blick) sind zahllose, sehenswerte Votivtafeln und -gaben angebracht in Form von Körperteilen aus Wachs, die stellvertretend für die durch ein Wunder geheilten Beine, Arme usw. an den Wänden aufgehängt wurden. Nehmen Sie sich Zeit vor allem für die Betrachtung der *Ex Votos*, die auf oft anrührende Weise die Errettung aus mancher Notlage und Pein schildern, vom Schiffbruch auf der Fahrt nach Brasilien bis zur Heilung einer jungen Eselin.

Unterhalb des Hotels verläuft nach rechts durch ein Gatter hindurch und dann zu Stallgebäuden hinauf ein Weg, zu dessen Beginn wir erst nach links zurückgehen, um ihm dann nach rechts über einen Wasserlauf hinweg und durch besagtes Gatter, das sich öffnen (und wieder schließen!) lässt, aufwärts zu folgen. Vorbei an den niedrigen Stallungen erreichen wir nach knapp 1 km eine *Spitzkehre*, bei der wir geradeaus (nicht nach rechts!) weiterlaufen. Nach 23,6 km stoßen wir auf die links von Azaruja zur N 18 heraufführende Teerstraße, der wir natürlich nach rechts folgen, um dann nach 24 km auf die N 18 und den **Hauptweg** (dort **km 22**) zu stoßen.

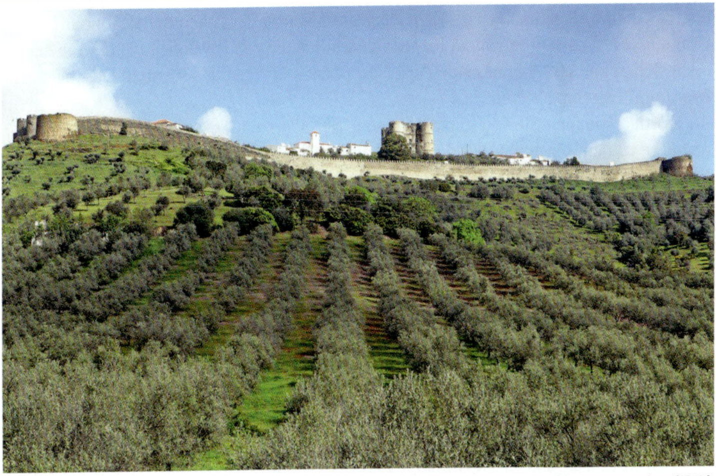

Die Burganlage von Evoramonte (GB)

Evoramonte

(ambulant)
374 m (Ort) bis 470 m (Burg), Ew. 1.000

„Monte da Fazenda" (Turismo Rural). Der Preis ist leider hoch: DZ € 60, EZ € 50 (verhandelbar), beide mit gutem Frühstück (das Abendessen müssen Sie sich in dem kleinen *Supermercado* von Evoramonte selbst besorgen). Der freundliche Eigentümer André Violette (Franco-Kanadier) holt Sie mit dem Wagen in Evoramonte ab (anrufen oder vorher vereinbaren, Englisch/Französisch, ☏ 268 959 172) und zeigt Ihnen am nächsten Morgen eine landschaftlich reizvolle Abkürzung zur N 18 auf dem Weg nach Estremoz.

▷ Es könnte sein, dass das bis 2015 geöffnete Café Residendial „A Convenção" hoch oben auf dem Burgberg in Zukunft unter neuer Leitung wiedereröffnet wird. Bitte prüfen Sie im ☞ Update nach, ob das zum Zeitpunkt Ihrer Wanderung schon geschehen ist.

Für den Notfall: „Camping Alentejo", www.campingalentejo.com, info@campingalentejo.com, 268 959 283, 936 799 249. Zwei Bungalows, ZP € 35 bis 30.04., € 50 1.05. bis 30.09, Mindestaufenthalt 2 Nächte! Der Campingplatz befindet sich rechts an der N 18 Richtung Estremoz ca. 250 m hinter der Abzweigung nach *Junceira*, ☞ 14. Etappe. Die Inhaber Siebo und Catarina Foreman sprechen Englisch.

Castelo de Evoramonte, 10:00-13:00 und 14:00-17:00, geschl. Mo ganztägig, Di vormittags und letztes Wochenende im Monat

Unten im Ort am zentralen Platz. Busse nach **Estremoz** ganzjährig Mo-Fr 16:36 (nicht feiertags), Mo-Fr 17:54 sowie Mo, Di, Do, Fr 18:32 (beide nicht feiertags und in den Schulferien). **Zurück** Mo-Fr 7:45 (nicht feiertags und in den Schulferien).

Evoramonte wird auch *Évoramonte* und *Évora Monte* geschrieben. Es ist nun keine Überraschung mehr, dass bereits die Römer ein *castrum* auf dem heutigen Burgberg hatten, das die Muslime später zu einem *Alcazar* umbauten und nach der Reconquista von Dom Dinis I. ab 1306 zu einem Kastell mit den Mauern umgewandelt wurde, die heute noch stehen und atemberaubende Ausblicke über weite Teile des Alentejo einschließlich Évora und Estremoz bieten.

Dorthin kommen Sie wie folgt: Vom zentralen Platz mit links der Bushaltestelle und rechts u. a. dem einfachen Café „O Pérola do Alentejo" mit seinem freundlichen Wirt biegt nach links die Straße zum Castelo ab. An der Kirche São Pedro vorbei führt sie 500 m hinauf zu einem Parkplatz auf der linken Seite, vor dem nach rechts ein mit groben Steinen gepflasterter, teils sandiger Weg abzweigt, der auf ca. 150 m steil zur *Porta do Freixo* der Burganlage ansteigt. Gleich hinter dem Tor liegt links ein Friedhof und ihm gegenüber die innen ganz mit Azulejos ausgekleidete ✝ *Igreja de Santa Maria*. Von dort geht es die Gasse hinauf zu einem eigentümlich massiven Turm, er ist jedoch kein mittelalterlicher Bergfried, sondern eine 1531 nach einem Erdbeben errichtete Burg, die dem Haus Bragança vor allem als Jagdschloss diente. José Saramago bemerkt dazu:

„Der *Paço de Homenagem* soll italienisch beeinflusst sein. Gut möglich, denn Vergleichbares hat der Reisende hier noch nicht gesehen - ein quadratischer Mittelkorpus, der sich in den Ecken zu kreisrunden Befestigungstürmen erweitert. Der Anblick des Inneren ist großartig, dicke Säulen tragen die drei Stockwerke hohen Gewölbe, alle unterschiedlich, sowohl die Gewölbe als auch die Säulen, und die Räume gehen offen in die Türme über. Das Ambiente entspricht in der Tat der Renaissance, ein schöner Ort für stilvolle Feste".

14. Etappe: Evoramonte – Estremoz ➲ 21,8 km

Wir verlassen *Evoramonte* am zentralen Platz mit der Bushaltestelle auf der N 18 Richtung *Estremoz* und folgen der Nationalstraße abwärts, bis wir nach knapp 4 km und etwa 500 m nach dem Kilometerstein 237 bei einer Eiche und einer blumengeschmückten Andachtssäule mit der Muttergottes auf einen nach rechts abzweigenden Weg treffen. Dort folgen wir einem kleinen, weißen Wegweiser mit der schwarzen Aufschrift „Junceira" nach rechts.

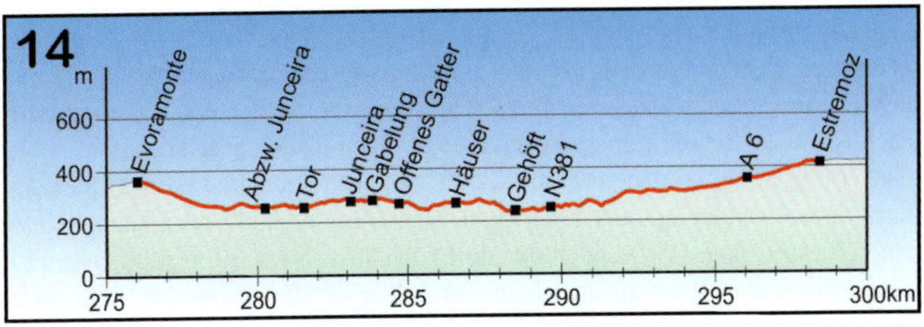

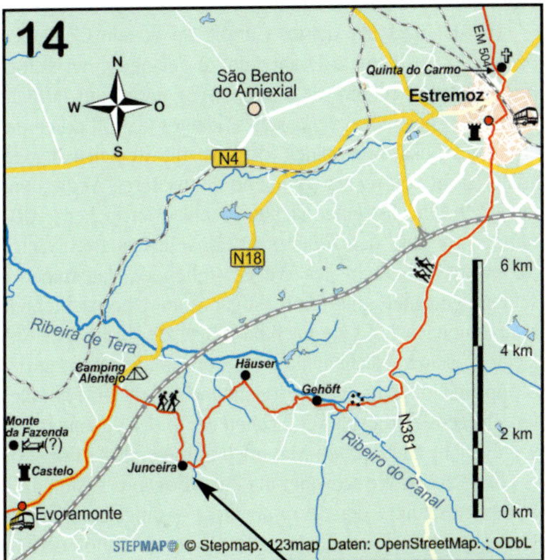

Der Weg führt uns durch lichte Eichenwälder. Nach 850 m erreichen wir eine Autobahnunterführung und folgen dem dann auf einem kurzen Stück geteerten Weg wieder hinein in lichten Eichenbestand. Wir bleiben stets auf diesem Weg. Nach 5,4 km kommen wir an ein Tor mit einer Agave links und dem Hinweis „Propriedade Privada", wir dürfen aber trotzdem weitergehen. Bei km 6,2 eröffnet sich von einer Anhöhe aus nach links ein schöner Blick auf *Estremoz*. Rechts von uns ragt die Befestigungsanlage von *Evoramonte* auf. Bald erreichen wir ein Wegkreuz im Weiler *Junceira*. Wir gehen nach links hinunter zum See und umrunden ihn auf dem ihm nächstliegenden Weg über die Brücke mit dem Rohr in der Mitte entgegen dem Uhrzeigersinn. Bei einer Gabelung nach 7,6 km gehen wir links und ignorieren einen rechts aufwärts führenden Weg (38°46'30.40"N-7°40'00"W).

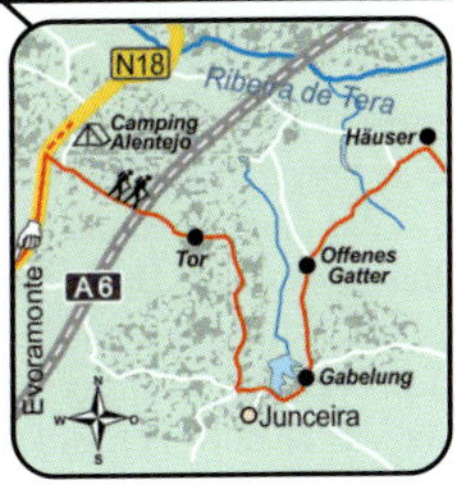

900 m dahinter erreichen wir ein offenes Gatter mit Viehgitter und einem quer zu unserem Weg verlaufenden Zaun. Wir gehen durch das Gatter und folgen dem Weg leicht nach rechts weiter geradeaus. *Wenden Sie sich nicht nach links!* Nach 500 m kann man von einer Anhöhe aus in der Ferne die direkt gegenüberliegende Befestigungsanlage von *Estremoz* sehen. Kurz darauf geht es hinunter in ein baumbestandenes Tal, das wir durchqueren, bis wir

bei km 9,3 einen Wasserlauf erreichen, jenseits dessen wir aufsteigen. Von der darauffolgenden Anhöhe aus sehen wir gegenüberliegend einige Häuser. Wir folgen dem Weg geradeaus, wenden uns dann aber bei km 9,8 nach rechts und gehen auf eine rechts von den Häusern quer verlaufende Bruchsteinmauer zu, an der entlang wir unseren Weg nach rechts fortsetzen, um zwischen zwei Zäunen hindurch geradeaus weiterzulaufen. Gut 700 m weiter erreichen wir ein Gatter, das sich öffnen (und wieder schließen!) lässt. Kurz darauf wendet sich der Weg leicht nach links und stößt nach knapp 10,9 km auf eine Wegkreuzung. Wir wenden uns dort nach links. Nach 50 m steht links im Feld ein Schild mit einem W mit zusätzlichem Abstrich am Ende. Wir bleiben stets auf unserem Weg, bis er an einer Kreuzung nach links hinunterführt in ein idyllisches Tal (km 11,8).

Vor uns liegt ein kleines Gehöft, an dessen Gebäuden wir rechts vorbeilaufen, um bei km 12,2 zu einem Drahtzaun zu gelangen, der sich öffnen (und wieder schließen!) lässt. Dahinter setzen wir unseren Weg geradeaus in Richtung auf ein auf einem Hügel gegenüber liegendes, verlassenes, kleines Gehöft durch die bis zur N 381 gerodete Fläche eines Eukalyptuswaldes fort, die mit Steineichen wieder aufgeforstet wurde. Etwas später stößt von rechts kommend ein weiterer Weg zu uns, mit dem zusammen wir bei km 12,9 zunächst einen kleinen Bachlauf erreichen. 100 m nach dessen Überquerung müssen wir links den *Ribeiro do Canal* überqueren Nach Erreichen von zwei 100 bzw. 50 m links oberhalb des Weges stehender Hausruinen (Stall, für Notfälle als Unterschlupf geeignet, mit Matte sogar zum Übernachten) führt der Weg bei der Wegkreuzung nach 13,3 km nach links bzw. der bisherigen Richtung weiter, senkt sich in ein kleines, weites Tälchen hinunter und steigt dann zum schon von Weitem sichtbaren Stopp-Schild hinauf. Dort erreichen wir nach 14,4 km die schmale N 381, der wir nach links folgen. Zurückblickend sehen wir in der Verlängerung des gerade verlassenen Feldweges nicht zum letzten Mal hoch aufragend die Burg von *Evoramonte* liegen.

Die Landstraße schwingt in einem Bogen erst steil nach oben - wir befinden uns hier in den Ausläufern der *Serra de Ossa* -, steigt dann aber gemächlich gen *Estremoz* an. Dabei verläuft sie durch in erster Linie für Land- und Weidewirtschaft genutztes und locker besiedeltes Gebiet, wo Sie nach eventuell benötigtem Wasser fragen könnten. Nach 19,5 km seit *Evoramonte* führt die Straße unter der Autobahn hindurch und erreicht nach 20,8 km beim Kilometerstein 0 schließlich auch wieder die von *Évora* und *Evoramonte* heraufführende N 18/N 4.

Wir überqueren die Kreuzung und folgen dem Wegweiser „Acesso Local" in Richtung Innenstadt. Direkt vor uns liegt links oben die Burganlage. Ebenfalls links an der Straße lädt etwas zurückgesetzt die Bar „Miraserra" („Bergblick") nebst angeschlossenem *Minimercado* zu einer ersten Erfrischung ein. Danach geht es aufwärts direkt auf das Stadttor *Portas dos Currais* zu, durch das wir 600 m nach dem Kilometerstein 0 schließlich Estremoz betreten.

Hinter dem Tor gehen wir leicht links, aber im Prinzip geradeaus in die *Travessa Brito Capêlo*, wenden uns an deren Ende nach rechts auf einen Brunnen mit wasserspeienden Gesichtern zu und davor in die *Rua Brito Capêlo.* Dieser folgen wir unverdrossen auch über einen kleinen Dreiecksplatz hinweg bis zur Südwestecke des allein durch seine Ausmaße beeindruckenden Platzes *Rossío Marquês de Pombal*, kurz „Rossío" genannt.

Rechts in dem ehemaligen Klosterkomplex mit den beiden Kirchtürmen befindet sich die *Câmara Municipal* und gleich daneben die 🅸 *Informação Turistica*. Im Anschluss gehen wir am linken Rand des *Rossio* rechts am ✗/🛏 Restaurante „Alentejano" vorbei bis zum Platz mit dem Kriegerdenkmal schräg vor der sehenswerten ✝ *Igreja de São Francisco*. Hier endet unsere Etappe nach 21,8 km.

✗ Um zum 🛏 „O Gadanha" zu gelangen, wenden Sie sich nach links auf den *Largo General Graça* mit der großen Brunnenanlage der *Fonte das Bicas*, wo Sie gleich gegenüber das Residencial sehen können.

Estremoz

🅸 🛏 ✗ ☕ 🛒 ⚖ ⚕ BANK 📯 ✠ ⌘ ♜

⇧ 463 m (Castelo), Ew. 8.700

🅸 Informação Turistica, Rossio Marques de Pombal, 🚪 täglich 9:00-12:30 und 14:00-17:30

🛏 Neben der *Pousada* und einem *Solar* gibt es auch mehrere preisgünstige Pensionen. Sehr empfehlenswert: Hotel „O Gadanha", Largo General Graça 56, ☏ 268 339 110, 💻 www.hotelogadanha.com, ✉ hotelogadanha@gmail.com, gut ausgestattete Zimmer, DZ 40, EZ 22,50 (bei Direktbuchung, Sa/So keine EZ), Frühstücksbüffet. Der freundliche Nachtportier spricht Englisch und hilft gern. Er kommt schon gegen 19:00 und bleibt bis nach dem Frühstück.

▷ Mit Blick auf das „O Gadanha" nach links liegt das Residencial „Miguel José", Travessa da Levada, 8, ☏ 268 322 326, einfache, aber saubere Unterkunft, EZ ab € 20, DZ € 38 mF

✗ Zahlreiche Lokale. Diese beiden gefielen uns auch wegen ihrer Ausstattung:

▷ „Buxa do Corticeiro", Rua 31 de Janeiro 40 (mit Blick auf das „O Gadanha" nach rechts). Das liebevoll eingerichtete Bistro von Maria Cortes bietet mit seiner kleinen Speisekarte Abwechslung vom gastronomischen Einerlei - nicht billig, aber lohnenswert. 🚪 tägl. ab mittags

▷ „Adega do Isaías", Rua do Almeida 21. Rustikales Lokal mit riesigen Weinfässern, traditionelle portugiesische Küche und regionale Gerichte, So Ruhetag.

☕ Wenn Sie sehr früh aufbrechen wollen, die „Pastelaria Susana 1" hinter der Bank Santander Totta an der Ecke des „Rossío" rechts der 🅸 (wenn man dorthin blickt) hat morgens ab 6:00 geöffnet. Dort sorgt eine resolute Engländerin für frischen Kaffee und „pão torrado" (eher Röstbrot als Toast) mit Butter.

🚌 Terminal Rodoviário an der Avenida Rainha Santa Isabel, Busse nach **Lissabon**, **Évora** und **Portalegre**. Von Portalegre Anschluss nach **Alter do Chão**, **Apalhão** und **Nisa**. Keine Verbindung nach Fronteira!

Estremoz besteht aus einer geschäftigen Unterstadt mit dem nachgerade überdimensionierten Rossío (⚖ Wochenmarkt jeden Sa) und der hoch gelegenen, mittelalterlichen Oberstadt, wo die Hauptsehenswürdigkeiten versammelt sind. Die meisten Besucher nehmen den kürzesten Weg vom *Rossío* oder der *Fonte das Bicas* über die *Praça Luis de Camões* dort hinauf, ich aber möchte Sie zu einem knapp zweistündigen Rundgang einladen, auf dem Sie neben den Highlights auch viele andere reizvolle Aspekte der Altstadt kennenlernen können:

▷ Wenden Sie sich zu diesem Zweck vor der Brunnenanlage *Fonte das Bicas* mit Blick auf das „O Gadanha" nach rechts und biegen Sie dann vor der kleinen Grünanlage mit Seerosenteichen nach links in die *Rua Serpa Pinto* ein. Folgen Sie ihr immer

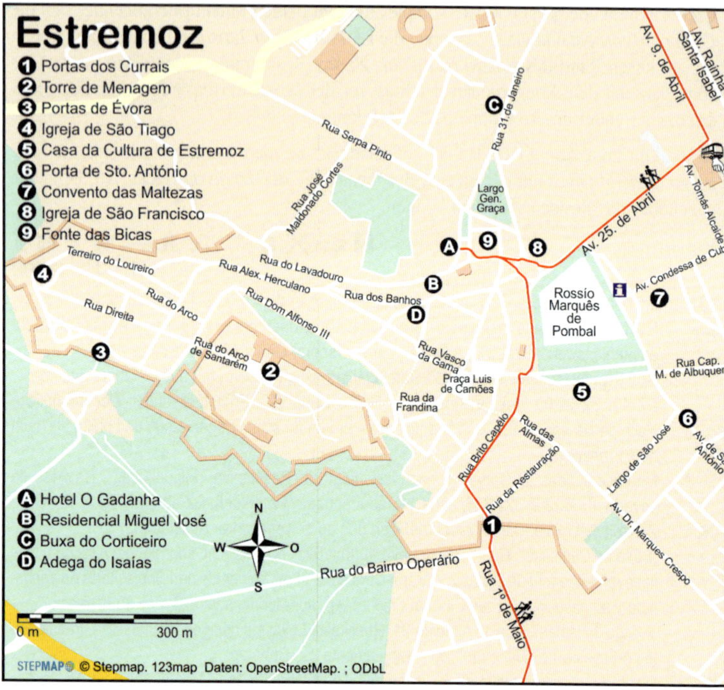

geradeaus und dann links unterhalb der Burg hinaus auf die Richtung *Evoramonte* führende Landstraße, vorbei an Gärten, Olivenbäumen und schließlich Rebstöcken, die sich die Hänge zur Altstadt hinaufziehen. Ganz am Ende des Befestigungsgürtels der Oberstadt sehen Sie von einer Bastion unter Bäumen die weiß leuchtende ✞ **Igreja de São Tiago** heruntergrüßen. Ihr gegenüber erhebt sich im Südwesten die Burg von *Evoramonte*.

Bei dem Kreisverkehr unterhalb der Santiagokirche biegen Sie nach links ein auf das zur Befestigungsanlage hinaufführende Sträßlein, mit dem emporsteigend Sie das auch heute noch mittelalterliche Atmosphäre verbreitende, beeindruckende ⌘ Stadttor *Portas de Évora* erreichen, an dem die Zugbrücke nach wie vor an Ketten hängt. Hier betraten einst Landfahrer, Händler und Pilger die Stadt, und die Letzteren werden sich wohl in der zweiten Querstraße hinter dem Tor nach links in die *Rua Direita* hinunter zur Santiagokirche gewandt haben, um für die sichere Ankunft zu danken. ☺ Schauen Sie sich aber zuvor noch einmal im Torgang um, der Blick hinaus in die Landschaft ist unvergesslich.

Das verschiedenartige Pflaster der *Rua Direita* ist sehenswert, mehr aber noch ihre Häuser, die sich rechts und links die Straße hinunter zur Kirche und nach oben zum Burgtor ziehen. José Saramago meint: „Die strahlend weiß gekalkten Häuser der Altstadt, gebaut aus Marmor, als wäre es gewöhnlicher Stein, sind schon allein für sich ein Grund Estremoz zu besuchen." Sie können nun hinunterspazieren und den herrlichen Blick von der Bastion vor der Santiagokirche genießen, anschließend rechts um sie herum über den *Largo de S. Tiago* die Parallelstraße zur *Rua Direita* hinaufgehen, um dann nach rechts an eigenartigen Reihenhäusern vorbei wieder auf diese zu treffen und den Weg zum Castelo fortzusetzen. Oben beeindruckt vor allem der 27 m hohe Bergfried ♜ *Torre das Tres Coroas* (Dreikronenturm) aus dem 13. Jh. Er allein ist vom früheren Kastell übrig geblieben, neben ein paar Resten, um die herum eine luxuriöse *Pousada* erbaut wurde, in der Sie bei einer Tasse Kaffee rasten können. Die Toiletten links des Cafés sind frei zugänglich.

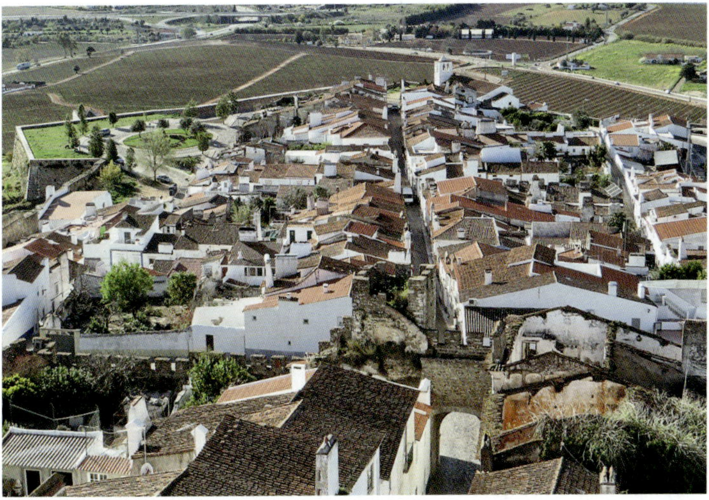

Blick vom Torre de Menagem auf die Igreja de São Tiago (RK)

Steigen Sie **unbedingt** auf den Turm – die Aussicht ist großartig! Gehen Sie zu diesem Zweck durch die Glastür in den Empfangsraum der Pousada, dann aber sofort nach links durch eine weitere Tür und dann unmittelbar nach links zur Treppe auf den Turm. Von dort haben Sie nicht nur einen großartigen Blick über Stadt und Land, sondern können vor allem im Südosten auch die großen Marmorsteinbrüche sehen, wo ein feinkristalliner, homogener Marmor gewonnen wird, dessen Farbspektrum von cremeweiß über zartes bis zu intensivem Rosa reicht. Seine Verwendung findet der Estremoz-Marmor heute in erster Linie für hochwertige Wand- und Bodenbeläge, Treppen, Waschtische, Säulen sowie Kaminumrandungen.

Vor der *Pousada* steht neben der Kirche Santa Maria auf einem Platz hoch über dem Land die weiß-marmorne Statue der *Rainha Santa Isabel*, der immer noch hoch verehrten hl. Königin Isabella. Als 12-jährige Prinzessin von Aragon wurde sie mit König

Dinis I. verheiratet (☞ Seite 19 f.) und war Zeit ihres Lebens genauso fromm wie ihre Großtante, die hl. Elisabeth von Thüringen, mit der sie über die Staufer verwandt war. Sie pilgerte zweimal nach **Santiago de Compostela** (wir werden ihren Spuren in Galicien folgen ☞ S. 299 f.) und verhinderte zweimal eine Schlacht, indem sie zwischen die feindlichen Heere ritt: einmal zwischen Dom Dinis I. und seinen Sohn Afonso und erneut 1336 zwischen diesen und seinen Schwiegervater Alfonso von Kastilien. Altersschwach und von Krankheit gezeichnet ritt sie nach Estremoz zwischen die feindlichen Linien und starb kurz darauf am 4. Juli 1336. Ihr Sterbezimmer in der jetzigen Pousada wurde im 17. Jh. zu einer Kapelle, der *Capela da Rainha Isabel* umgebaut, auf deren Azulejos Szenen aus dem Leben der Königin dargestellt sind.

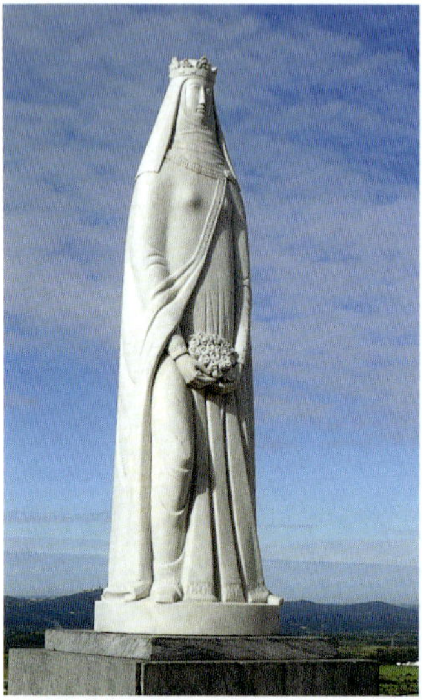

Santa Rainha Isabel (GB)

Danach gehen Sie rechts hinunter zum aus dem 14. Jh. stammenden Tor *Arco da Frandina.* Von dort gelangen Sie über eine Treppe und eine steil nach links unten führende Gasse hinunter zur *Praça Luis de Camões* mit dem *Pelourinho*, auf dem eine Armillarsphäre, ein mittelalterliches astronomisches Instrument, ruht, und seinen 🍷 Bars und ✕ Restaurants.

15. Etappe: Estremoz – Fronteira ➲ 32 km

Etappenplanung: Sie sollten sich vor dem Aufbruch informieren (lassen), ob Sie in *Fronteira* bei den *Bombeiros* übernachten können, ☎ 245 604 500. Manchmal ist das nicht möglich, dann finden Sie *vielleicht* Unterkunft im Residencial „A Estalagem". Dort müssen Sie vorher anrufen lassen, da die Besitzer sonst nicht öffnen. Die Telefonnummern finden Sie bei den ☞ Infos zu Fronteira. Wenn auch das nicht klappt, bleibt nur noch das etwas außerhalb liegende und nicht gerade billige „Monte dos Aroeirais", ☞ Infos zu *Fronteira.* Sie können auch mit dem Taxi nach *Cabeço de Vide* fahren, um dort zu übernachten, sollten aber auch dort vorher anfragen, ☞ Infos zu *Cabeço de Vide.*

Diese Etappe führt über *São Bento de Cortiço* und *Santo Amaro.* In beiden Orten können Sie Ihre Wasservorräte auffüllen. Die letzte Teilstrecke von *Santo Amaro* nach *Fronteira* ist jedoch auf einer schattenlosen Teerstraße bis zur rettenden „Bar dos Bombeiros" fast 11 km lang. Sorgen Sie also gut vor!

🚶🚶 Vom Kriegerdenkmal gegenüber der *Igreja de São Francisco* gehen wir hinüber zur *Avenida 25 de Abril* und folgen ihr zwischen der Kirche und dem *Rossio* geradeaus

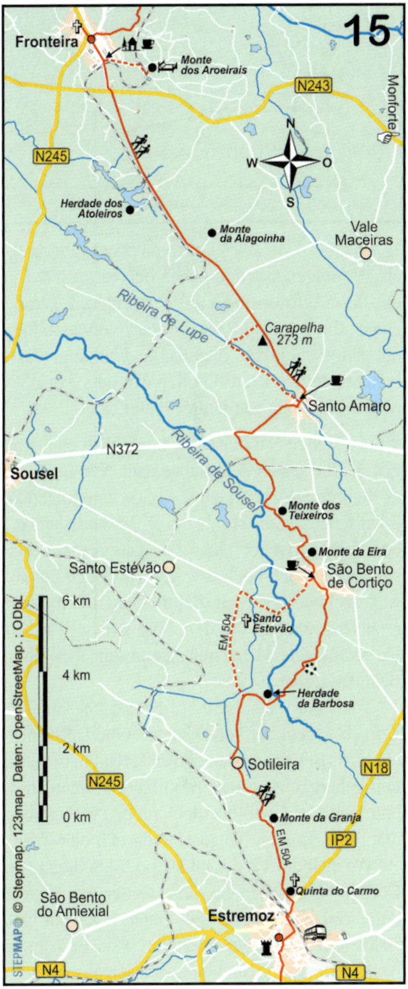

und an dem sehenswerten Theatergebäude vorbei bis zur *Avenida 9 de Abril*, wenden uns gegenüber einer Jugendstil-Villa nach links und laufen die *Avenida* hinunter bis zu ihrem Ende mit dem *Centro de Saúde* links. Dort überqueren wir den Zebrastreifen nach rechts und gehen dann nach links zu Lidl hinüber. Hinter einem weiteren Zebrastreifen umrunden wir nach 900 m den Kreisverkehr links und gehen an Lidl vorbei auf dem Bürgersteig geradeaus weiter, bis wir nach 1,3 km den blauen Wegweisern „agroturismo 6" und „turismo rural 9" nach links auf eine kleinere Teerstraße folgen. 300 m weiter erblicken wir rechts den barocken Prachtbau des Weinguts „Quinta do Carmo". Eine Besichtigung der Kapelle *Nossa Senhora do Carmo*, der herrlichen Gärten und der Weinkeller mit den berühmten Keltern aus Marmor ist ab 9:00 möglich, ebenso eine Weinprobe, aber nur ab zwei Personen mit Voranmeldung.

Hinter der *Quinta* bleiben wir auf der zwischen alten Mauern und dahinter liegenden Olivenhainen weiterführenden EM 504 und folgen an einer Gabelung nach 3,4 km den erneut nach links zeigenden Wegweisern „agroturismo" und „turismo rural" nach links. Nach 4,1 km haben wir einen herrlichen Blick in die weite, flache Landschaft mit vereinzelten Gehöften, *Montes*, auf den Hügelkuppen. Gut 600 m danach begrüßt uns das Willkommensschild der *Freguesia de Santo Éstevão* und nach 5,7 km passieren wir den Weiler **Sotileira**. Anschließend folgen wir der EM 504 nach rechts. Sie wird bald darauf von Korkeichenbeständen gesäumt.

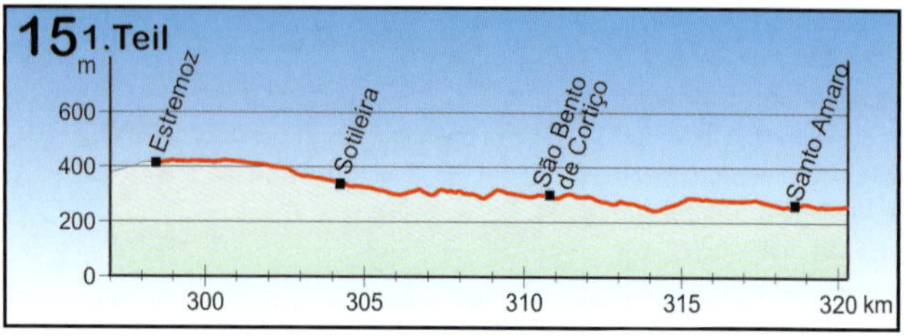

Nach 7,4 km zweigt nach rechts ein Sandweg in Richtung der „Herdade da Barbosa" ab. Wir folgen ihm und gehen bei der nach 8,1 km folgenden Kreuzung (nach links geht es zum „Agroturismo") auf dem Feldweg geradeaus weiter. Es handelt sich hierbei um einen „Caminho Agricola Particular - Acesso Reservado", einen privaten Wirtschaftsweg mit eingeschränkter öffentlicher Nutzung, der bis auf Widerruf, sprich Absperrung, benutzt werden kann – hoffen wir, dass es nicht dazu kommt. Bitte schließen Sie daher wieder sorgfältig alle Gatter hinter sich!

➯ Sollten Sie den Weg tatsächlich einmal unüberwindlich versperrt finden, gelangen Sie auf dieser **Alternative** nach *São Bento de Cortiço*:

Kehren Sie zurück zur EM 504 und folgen Sie ihr nach rechts. Nach etwas mehr als 2 km sehen Sie die rechts zur ✟ Wallfahrtskirche *Santo Estevão* abzweigende Stichstraße und 800 m weiter biegt ebenfalls nach rechts ein breiter Feldweg ab, auf den Sie einbiegen. Nach nochmals 400 m stoßen Sie im Tal auf einen Bach, den Sie geradeaus weitergehend auf einer Betonbrücke überqueren, um sich anschließend sogleich nach rechts zu wenden und dem Weg in einer Linkskurve aufwärts zu folgen. Bald erreichen Sie rechts eine Mauer mit Datumsangaben und setzen dort Ihre Wanderung zwischen Bäumen geradeaus fort.

Von einer Anhöhe aus, die Sie bei km 3,8 erreichen, können Sie *São Bento de Cortiço* gegenüber liegen sehen. Oberhalb eines Gehöfts senkt sich der Weg nach links hinunter. Bei einem kleinen Wasserlauf mit einem Felsbrocken wenden Sie sich nach links und gehen auf den Bauernhof zu und dann an diesem vorbei. Anschließend stoßen Sie unterhalb des Gehöfts erneut auf den vorhin überquerten Bach, den Sie diesmal auf Steinen überschreiten. Folgen Sie danach dem Weg aufwärts.

Wo sich der Weg nach knapp 5 km direkt vor den ersten Häusern von **São Bento de Cortiço** teilt, gehen Sie links weiter. Vor dem ersten Haus verschwindet der Feldweg unter einem Teerbelag. Bei einem Haus mit einem Säulengang wendet sich die Straße leicht nach links. Sie überquert eine Brücke, hinter der Sie geradewegs in das Dorf hinaufgehen und dabei eine Abzweigung nach rechts außer Acht lassen. Laufen Sie nun in der gleichen Richtung über eine Kreuzung hinweg und auch auf der *Travessa das Flores* geradeaus weiter. Wenden Sie sich an deren Ende nach links und dann bei einem links vor Ihnen stehenden kleinen Haus, unten intensiv blau umrandet und mit einem breiten Schornstein, nach rechts. Oben auf der Straße stoßen Sie nach 5,5 km auf das gegenüberliegende „Centro de Convívio" und den **Hauptweg**, dort bei km 12,6.

Auf der **Hauptroute** gehen wir auf dem Feldweg geradeaus weiter und durchqueren bei km 8,5 eine Senke mit einem kleinen Wasserlauf, der auf Steinen vorsichtig überquert werden kann, bei hohem Wasserstand jedoch müssen die Stiefel ausgezogen werden. Danach geht es durch ein Gatter hindurch aufwärts, und oben stoßen wir nach 8,9 km erneut auf ein Gatter, das sich mit einem Holzpflock öffnen und wieder schließen lässt. Bei km 9,4 stoßen wir auf ein gelbes Metallgatter, das sich oben öffnen und wieder schließen lässt. Kurz darauf erreichen wir unterhalb eines verfallenen Gehöfts erneut ein Gatter, hinter dem wir uns nach knapp 9,8 km nach links wenden. Wir folgen den Zäunen unterhalb der Ruine nach rechts herum abwärts. Im Tal gehen wir vor einem Wasserlauf durch ein Gatter, biegen aber vor der darauffolgenden Absperrung nach links bergauf ab.

Bei einer breiten Gabelung bzw. T-Kreuzung nach 10,7 km wenden wir uns vor einem Areal mit ausladenden Korkeichen nach links und gehen dann in nördlicher Richtung auf ein vor uns liegendes Gatter sowie die dahinter sichtbaren Häuser zu. Hinter dem Gatter geht es in die Felder hinunter, wo wir nach gut 11,1 km auf einen schönen, breiten Sandweg stoßen, der uns nach links geradewegs nach **São Bento de Cortiço** führt. Wir erreichen das Dorf nach 11,7 km auf einer Teerstraße und wenden uns auf der Kreuzung vor der Kirche bei km 12,1 nach links hinunter. Unterwegs kommen wir an einem ☕ und einem kleinen 🛒 *Supermercado* vorbei, gehen bei einer rechts stehenden Telefonzelle geradeaus bzw. leicht nach rechts weiter und erreichen nach 12,7 km das „Centro de Covivio". Dort gibt es eine ansprechend ausgestattete ☕/🍷 Bar, wo man Kaffee trinken und auch etwas essen kann.

Nach dem Besuch der Tagesstätte gehen wir weiter die Straße hinauf. Kurz darauf erreichen wir eine Kreuzung, an der wir unseren Weg gegenüber der 🚌 Bushaltestelle nach links fortsetzen. Zwischen den dort stehenden Häusern gehen wir geradeaus weiter und dann auf das Tor von *Monte da Eira* zu. Dort geht die Teerstraße wieder in einen Feldweg über, dem wir zunächst an einigen Häusern vorbei in die Landschaft hinaus folgen, wobei wir stets auf dem Hauptweg bleiben und Abzweigungen nach links oder rechts unbeachtet lassen.

Nach einer Weile neigt sich der Weg nach rechts hinab, bis wir im Talgrund bei einem Bach und km 13,9 eine Kreuzung erreichen, über die wir auf einem nunmehr in der Mitte mit Gras bewachsenen Weg geradeaus weiterlaufen. Nicht lange danach sehen wir in der Verlängerung des Weges den Hof *Monte dos Teixeiros* vor uns liegen, den wir ansteuern, auch wenn sich der Weg vorher noch einmal nach links aufwärts und dann bei km 14,5 und einer links liegenden Hausruine nach rechts wendet, um dann wieder nach links hinabzuführen. Nach 15,1 km erreicht er schließlich das schön gelegene Gehöft *Monte dos Teixeiros*.

Vor der Zufahrt zum Hof und einer Palme wenden wir uns nach links und fassen das gegenüberliegende Gehöft als nächstes Ziel ins Auge. Zunächst aber geht es hinunter in ein im Frühjahr üppig blühendes Tal, wo wir vor einem Mauerrest die Abzweigung nach rechts nehmen. Daneben an einem Wasserlauf quaken vergnügte Frösche. Wir folgen dem Weg weiter oben durch ein Gatter, umrunden das einst von glücklichen

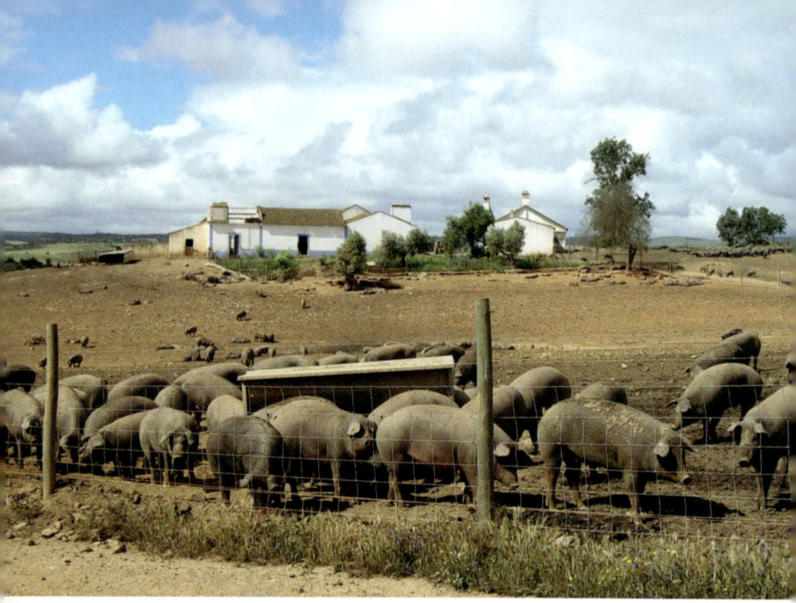

Ländliche Idylle bei Monte dos Teixeiros

Schweinen bevölkerte, jetzt aber zunehmend verfallende Gehöft rechts und gehen dann an einem links stehenden Silo vorbei geradeaus weiter.

Auf einer Anhöhe gabelt sich der Weg nach 16,8 km. Wir gehen auf der linken Abzweigung durch lichten Eichenbestand geradeaus weiter, bis wir bei km 18 schließlich die N 372 erreichen. Nach links führt sie in das dort auf einem Hügelrücken erkennbare *Sousel*, wir wenden uns auf der Nationalstraße jedoch nach rechts. Keine 200 m weiter zeigt ein Wegweiser nach links Richtung *Santo Amaro*. Wir bleiben danach noch gut 150 m auf der Landstraße, bis wir erneut auf einen Wegweiser und auch die Abzweigung nach „Santo Amaro" stoßen. Wir folgen ihnen und kommen bei km 19,5 zum Ortseingangsschild und gleich links dahinter zum Dorffriedhof. Wir gehen bis zu einem Kreisverkehr weiter und wenden uns dort nach rechts in Richtung der kleinen Kirche von **Santo Amaro** (✕ ☕ ✠ BANK). Wir folgen der Straße hinunter, überqueren den Bach *Ribeira de Lupe* und erreichen nach 20 km die 🍷 Snack-Bar „A Ponte" mit ihrer freundlichen Atmosphäre.

✕ Ab hier besteht die Möglichkeit, auf der gesamten verbleibenden Hauptroute einer kleinen Gemeindestraße 11 km bis *Fronteira* zu folgen **oder** zunächst ein kurzes Stück auf Feldwegen weiterzulaufen, bevor es dann auf dieser Straße weitergeht. Der Umweg beträgt nur 100 m gegenüber der Hautroute.

↳ Hier zunächst diese kurze **Alternative**, die Beschreibung der Hauptroute erfolgt im Anschluss:

Wir gehen zurück über die Brücke und dann nach rechts am Bachufer entlang. Vorbei an einem Fußballplatz gehen wir durch ein weißes Tor geradeaus in eine baumbestandene Landschaft hinein. Das Tor hinter der kleinen Kläranlage ist nur angelehnt und muss nicht geschlossen werden. Nach 1,2 km erreichen wir eine erste Abzweigung nach rechts und nach knapp 2,5 km folgen wir dann unter einer hohen Esche der zweiten Abzweigung nach rechts über den kleinen Wasserlauf hinweg und dem Weg aufwärts. Nach 2,8 km kommen wir an landwirtschaftlichen Gebäuden vorbei, gehen geradeaus weiter und stoßen nach etwas mehr als 3,4 km auf die nach links weiterführende Landstraße sowie die Hauptroute.

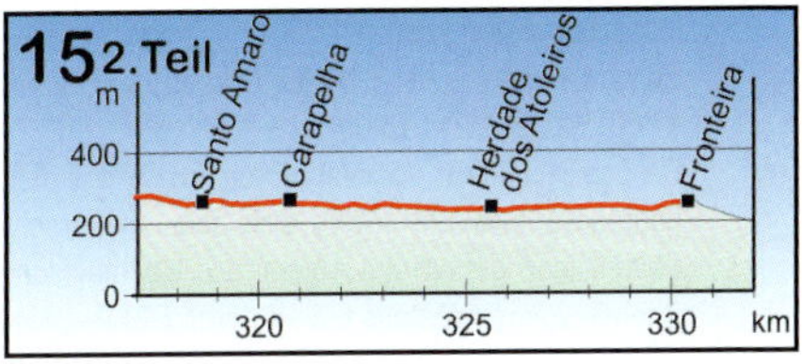

Auf der **Hauptroute** gehen wir an der Snack-Bar vorbei weiter und dann die *Rua da Azinhaga* hinauf, wo wir nach knapp 300 m auf den nach links Richtung „Fronteira" zeigenden Wegweiser stoßen und ihm folgen. Über den Scheitelpunkt der Straße hinweg können wir in gerader Linie vor uns das enorme Getreidesilo von *Fronteira* leuchten und rechts davon bereits dessen Häuser liegen sehen. Gleichzeitig schweift unser Blick über die leicht wellenförmig geschwungene, weite Landschaft mit Ackerland, Weideflächen und verstreut grasenden Rinderherden. Links entlang der ohnehin kaum befahrenen kleinen Landstraße verläuft mit Unterbrechungen ein Erdstreifen, auf dem es sich gut laufen und den die herrliche Gegend bejubelnden Lerchen lauschen lässt.

Gleichmäßigen Schritts auf der schurgerade vor uns herlaufenden Straße weitertrottend sehen wir nach 22,7 km links den ⛪ von *Carapelha* (⇧ 273 m). Kurz bevor bei km 23,5 nach rechts ein Weg Richtung *Vale Maceiras* abbiegt, stößt von links kommend die vorstehend beschriebene Alternative auf die Straße und rechts am Horizont unter einem Höhenzug lässt sich *Cabeço de Vide* ausmachen, das wir auf der nächsten Etappe erreichen werden. Links gegenüber dem nach 25,6 km rechts zum *Monte da Alagoinha* abzweigenden Weg nähert sich die stillgelegte Eisenbahnlinie unserer Straße und begleitet uns für eine ganze Weile.

Sobald das Gebiet des *Concelho de Fronteira* beginnt, ändert sich auch der Straßenbelag und knapp 1,7 km weiter liegt links das Tor zur *Herdade dos Atoleiros* mit einem landschaftlich ansprechenden Feuchtgebiet hinter dem Eingang. Nach 30,5 km erreichen wir einen großen Kreisverkehr bzw. die Azulejo-Säule auf der Mitte des Rondells und gehen von dort direkt auf das Getreidesilo vor uns zu. Hinter dem Ortseingang von **Fronteira** befindet sich nach 31,4 km ein Kreisverkehr mit der ☕/🍷 „Bar dos Bombeiros" rechts dahinter im Gebäude der Feuerwehr, wo Pilger 🏠 übernachten dürfen.

Zum Zentrum gehen wir auf der breiten *Avenida Heroís dos Atoleiros* geradeaus hinauf und erreichen an ihrem Ende hinter dem Domus Iustitiae nach 600 m eine Kreuzung, von der die nächste Etappe nach rechts weiterführt. Hier *endet* diese Etappe nach

32 km. Wir aber gehen über diese Kreuzung geradeaus hinweg, dann durch die *Rua da Lagoa* mit ihren pastellfarbenen Häusern Richtung Innenstadt und der Kirchtürme. Bevor wir nach 32,4 km den Platz vor der Kirche erreichen, führt nach links die *Rua de Avis* zur *Biblioteca Municipal* hinunter, rechts die *Rua Professor Doutor João Porto* zur *Praça do Municipio* mit der *Câmara Municipal*.

Fronteira ⇧ 253 m, Ew. 3.400

Fronteira hatte 2016 keinen Posto de Turismo mehr, er soll aber wiedereröffnet werden. Bis dahin können Sie am Empfang der Biblioteca Municipal (nächste Zeile) bei den freundlichen und hilfsbereiten Mitarbeiterinnen nachfragen. Möglicherweise kann man auch in der Câmara Municipal weiterhelfen.

@ Espaço Internet in der Biblioteca Municipal in der *Rua de Avis*, Di-Fr 9:00 bis 13:00, 14:00 bis 17:00, Sa 12:00 bis 18:00

Bei den Bombeiros Voluntários von Fronteira finden Pilger zuverlässig Unterkunft, zwei Mehrbetträume m/w. Sie sollten sich aber telefonisch anmelden lassen, im Notfall direkt zur Feuerwache gehen und fragen. Die Übernachtung bei den Bombeiros ist kostenlos. Eine Spende von mindestens € 5 für deren Gastfreundschaft sollte jedoch selbstverständlich sein – es handelt sich um eine Freiwillige Feuerwehr, die sich selbst finanziert und auf Spenden angewiesen ist. Fragen Sie daher nach dem „mealheiro" [*meal-eiro*], der Sparbüchse, und seien Sie nicht knauserig!

Pensão Residencial "A Estalagem", Largo de Senado 1, ☏ 245 604 480, 967 022 820. Die Preise waren auch auf Anfrage nicht in Erfahrung zu bringen, angeblich nimmt man dort keine Wanderer auf. Gehen Sie hinter dem Domus Iustitiae auf der Rua da Lagoa die zweite Straße links, an der Ecke der nächsten Straße liegt dann das Residencial.

▷ Monte dos Aroeirais, 969 016 681, geral@montedosaroeirais.com. Luxuriöses „Turismo Rural" mit . ZP bei Direktbuchung für Pilger € 70 mit üppigem Frühstück – wenn Sie sich einmal etwas gönnen wollen. Gehen Sie vor der Feuerwehr nach rechts weiter und folgen Sie dem entsprechenden Wegweiser, bis Sie nach 1,5 km das Anwesen erreichen.

☺ Sollten Sie keine geeignete Unterkunft finden, können Sie die relativ kurze Strecke nach Cabeço de Vide (CdV) oder zu den Termas da Sulfúrea etwas außerhalb von CdV mit einem Taxi zurücklegen (CdV € 10, Termas € 12) und dort übernachten, ☞ Infos zu CdV.

Fronteira weist im Ort selbst keine spektakulären Sehenswürdigkeiten auf, ist aber ein gemütliches, kleines Städtchen mit schönen Bürgerhäusern aus dem 17./18. Jh. und netten Cafés. Dass es schon früh besiedelt war, beweisen die Megalithgräber unterhalb der Stadt am *Ribeira Grande*, und von der Anwesenheit der Römer zeugt eine einsame Säule links von der *Igreja Matriz* auf dem Hauptplatz Fronteiras.

16. Etappe: Fronteira – Cabeço de Vide (CdV) 11 km

Von den Bombeiros kommend gehen wir zur Kreuzung mit dem Domus Iustitiae bzw. Tribunal rechts (km 0) und wenden uns dort nach rechts auf den *Largo Prof. Dr. Antunes Varela*. Dort folgen wir dem Wegweiser nach CdV und erreichen hinter dem Mercado Municipal die *Estrada de Cabeço de Vide*, die wir zunächst hinunterlaufen. An einem Kreisverkehr wenden wir uns nach rechts in Richtung „Avis/Sousel/Monforte",

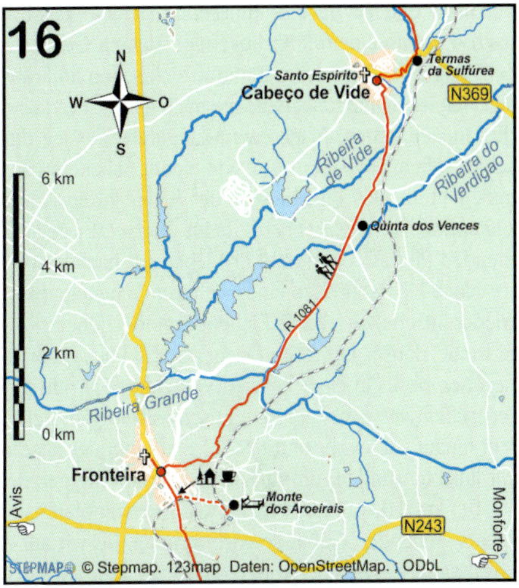

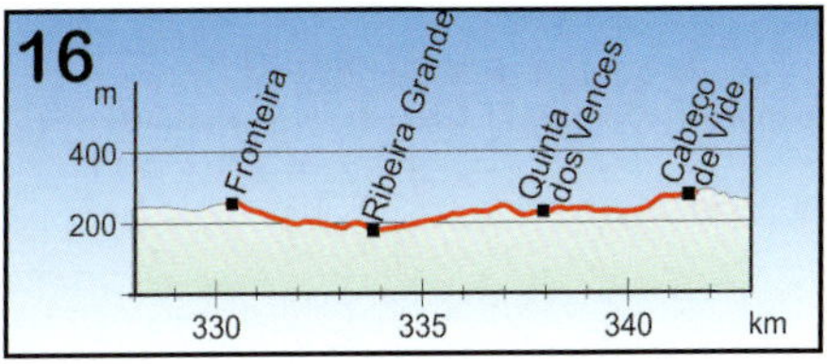

um dann nach einem Zebrastreifen nach links abzubiegen. Nach bisher 500 m halten wir uns an einer Dreieckskreuzung nach links und bleiben auf dem abwärts führenden Sandweg. Etwa 450 m weiter erreichen wir ein niedriges Haus mit einem roten Dach und einem überdimensionierten Eingangstor. An ihm vorbei gehen wir weiter ins Tal hinab und treffen nach nunmehr gut 1,1 km auf einen nach links abzweigenden Weg, vor dem ein Zaunpfosten steht, auf dem eine nur schwer erkennbare gelb-rote Markierung darauf hinweist, dass hier ein offizieller Wanderweg (*Percurso Pedestre*) **nach links** abbiegt; hier handelt es sich um den PR 1 "Rota Megalithica", dessen Ziel sechs Megalithgräber sind. Gehen Sie **nicht** geradeaus weiter zur ehemaligen Eisenbahntrasse hinunter!

Auf dem Stamm der gegenüberliegenden mächtigen Eiche mit einem Felsblock daneben zeigt die erneute Markierung an, dass der Weg hier weiterführt. Wie mir ein Schäfer versicherte, befinden wir uns hier auf dem *Caminho Velho*, der uralten direkten Verbindung zwischen *Fronteira* und CdV, das wir gegenüberliegend bereits ausmachen können. Bald finden wir auch wieder an einem Baum links die Markierung für den PR 1.

Der Weg führt zunächst durch Olivenhaine, später dehnen sich gegenüber bereits große Ackerflächen aus. Nach knapp 2,2 km mit einem Stallgebäude rechts und einer Eiche mit der bekannten Markierung ebenfalls rechts laufen wir durch ein Tal mit lichten Eichenbeständen und erreichen den *Ribeira Grande*, den wir nach 3,4 km auf einer Brücke rechts von der Furt überqueren können, um uns dann gleich wieder nach links auf den Weg zu begeben. Vorher sehen wir noch weiter rechts eine schöne Eisenbahnbrücke liegen.

Nach knapp 3,8 km stoßen wir rechts auf eine große Eiche, auf der die gelb-rote Markierung nach rechts weist. Diesmal folgen wir ihr aber **nicht** und gehen auch nicht die Straße mit dem Schild "Campo de treino de caça" und einem Hundekopf nach rechts hinauf, sondern pilgern über einen kleinen Wasserlauf geradeaus weiter, hinter dem wir zur nach *Cabeço de Vide* führenden kleinen Teerstraße R 1081 hinaufsteigen, der wir nach 4 km an einem links liegenden kleinen Gewässer vorbei aufwärts folgen.

Wir befinden uns nun inmitten sich schon im Frühsommer braungelb wölbender, riesiger Getreideanbauflächen, die nach all der herrlichen Natur bisher etwas Beklemmendes an sich haben. Nach einem längeren Aufstieg durch diese sonst ereignislose Landschaft sehen wir bei km 6,5 von einem Scheitelpunkt der Straße aus CdV weiß vor uns aufleuchten. Das Eingangstor der leider ihrem Namen nicht mehr gerecht werdenden *Quinta dos Vences* („vencer" heißt übersetzt „siegen, gewinnen") mit zwei sich aufbäumenden Pferden obendrauf erreichen wir nach knapp 7,6 km Wanderung seit *Fronteira*.

Nach Überschreiten eines weiteren Scheitelpunkts wird die Landschaft nun endgültig wieder ansehnlich - lichte Eichenbestände ziehen sich hügelwärts, dazwischen vereinzelte weiße Häuser mit roten Dächern. Von links grüßt auch wieder das hochgelegene CdV herüber, bis es in einer Linkskurve bei km 8,4 nun direkt vor uns liegt. 1 Kilometer weiter treffen wir rechts auf eine geschlossene Tankstelle. Danach geht es dann aber ernsthaft hinauf nach CdV und nach 9,8 km mündet unsere Straße in einen Kreisverkehr, den wir links umrunden, um dahinter unseren Weg geradeaus zur Stadt hinauf fortzusetzen.

Bei km 10,6 umrunden wir die Stierkampfarena links und gehen dahinter an einem rechts stehenden Gebäude vorbei weiter, bis wir auf die nach links führende Prachtallee *Avenida da Libertação* stoßen. Wir folgen ihr aufwärts und erreichen nach 11 km in der

Blick auf Cabeço de Vide (JW)

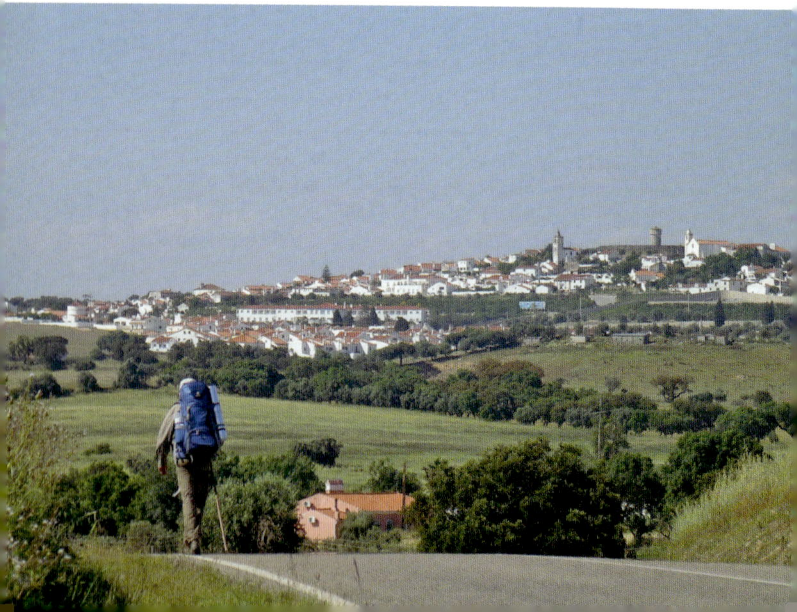

Mitte des Platzes ein Denkmal mit der Büste des Arztes Dr. António da Silva Pires. Links davon befindet sich das kleine Haus mit dem @ Espaço Internet sowie einige Häuser weiter oben die Junta de Freguesia.

☺ Falls Sie nicht in Cabeço de Vide verweilen wollen, die Fortsetzung der Route beginnt genau hier. Sie können also ohne Umweg weitergehen.

Cabeço de Vide (CdV) [i] @ ⇧ 320 m, Ew. 1.100

[i] Auskünfte in der Junta de Freguesia (dort auch Pilgerstempel), Avenida da Libertação, 45 B, allerdings nur auf Portugiesisch

@ Espaço Internet auf der Avenida da Libertação etwas unterhalb der Junta de Freguesia

Mehrere Möglichkeiten in CdV selbst:

▷ Francisco Praxedas, Rua Francisco Ferreira Lé 33ª. Separate Wohnungen € 20 pP, 967 782 858

▷ „Casa Típica Alentejana“, Rua de Avis 4, Kontakt Dona Ana Margarida: 962 654 433, sileana@sapo.pt, Privatzimmer mit je einem breiten Bett, ZP € 30

▷ „Solar Simas Cardoso“ am oberen Ende der Avenida da Libertação, 967 597 998. Ein Herrenhaus in Familienbesitz, original möbliert (jedoch mit hochmodernen Badezimmern), vor Antiquitäten berstend, ein architektonisches Juwel. Wenn Sie einen Eindruck gewinnen wollen, wie portugiesische Granden einst und jetzt noch leb(t)en, dies ist der Ort dafür. Die € 60 bis 80 pro DZ bzw. Suite mit fürstlichem Frühstück sind durchaus angemessen.

/✗ 1,5 km außerhalb des Ortes in herrlicher Umgebung direkt am Pilgerweg gelegen (☞ 17. Etappe): Residencial „Termas da Sulfúrea“, ☎ 245 634 027, residencialsulfurea@gmail.com, ZP € 40 mF. Modernes Gebäude inmitten der baumbestandenen Kuranlagen, freundlicher Empfang, schöne Zimmer mit Balkon, Frühstück im Kurhaus – ein bisschen Wellness auch für Pilger ☺. Das ✗ Restaurant bietet portugiesische Küche zu vernünftigen Preisen.

CdV war schon vor 2100 Jahren für seine schwefelhaltigen Heilquellen bekannt und ist auch heute noch ein beliebter Kurort. Die Anlagen der *Termas da Sulfúrea* liegen gut 1 km vom heutigen Ortskern entfernt an der Stelle, wo die Römer bereits im 1. Jh. v.Chr. prächtige Badeanlagen errichtet hatten, deren Reste besichtigt werden können. Die Heilbäder befanden sich an der bedeutenden Heerstraße *Via XIV* von Mérida (*Emerita Augusta*), der Hauptstadt der Provinz *Lusitania*, über *Abelterium* (*Alter do Chão*) nach Lissabon (*Olisipo*) und sechs Jahrhunderte lang suchten die Römer dort Linderung ihrer Leiden.

CdV selbst ist eine pittoreske Ansammlung bunter Häuser, die sich an den grob gepflasterten Straßen den Burgberg hinaufziehen, auf dessen höchster Erhebung nur noch die Ringmauer des ehemaligen Kastells steht, in der Mitte ein neuzeitlicher Wasserturm. Wenn Sie von der sehenswerten kleinen Kirche ✞ *Espirito Santo* links am oberen Ende der *Avenida* nach rechts die gleichnamige Straße zum *Largo de Pelhourino* mit der ✞ *Igreja da Misericordia* hinaufgehen, präsentiert sich Ihnen auf dem Weg sowie später von oben ein buntes Kaleidoskop kleinstädtischer Architektur des Alto Alentejo, und vom ♜ Burgberg aus haben Sie wieder einmal einen herrlichen Blick über die Landschaft.

17. Etappe: Cabeço de Vide – Alter do Chão ➲ 14,2 km

Ich habe die Beschwerlichkeit des Weges (Gatter und Bodenbeschaffenheit) von nachstehend km 4,2 bis nach *Alter Pedroso* gegenüber den für diesen Weg Verantwortlichen im Concelho von *Alter do Chão* beklagt, ob jedoch darauf reagiert wurde, war bei Drucklegung nicht bekannt. Möglicherweise sind bei Ihrer Wanderung bereits Verbesserungen vorgenommen worden, wenn nicht, folgen Sie weiterhin den nachfolgenden Hinweisen.

Zum Verlassen von CdV gehen wir auf der *Av. da Libertacão* an der links liegenden *Junta de Freguesia* vorbei aufwärts, biegen dann nach rechts in die *Rua Senhora das Candeias* ein und folgen dieser hinauf in Richtung des darüber aufragenden Kirchturms. Beim nächsten Stopp-Schild wenden wir uns nach rechts auf die N 369, der wir Richtung „termas“ und „ruínas romanas“ (blaues Hinweisschild) folgen.

Die Landstraße windet sich in engen Kurven hinunter, bis wir nach knapp 1,2 km eine erste Einfahrt zu den „Termas da Sulfúrea“ erreichen. Gegenüber der Einfahrt befindet sich ein Wegweiser zum „Parque de Merendas“. (Falls Sie im *Residencial* übernachten wollen, können Sie bereits hier abbiegen. Ich beschreibe nachfolgend einen alternativen Zugang.) Wir gehen an der Einfahrt vorbei geradeaus weiter und erreichen nach 1,4 km schließlich das ✕ Restaurant der Thermen, an dem wir ebenfalls vorbeigehen, bis wir rechts an ein Tor mit weiß-blauen Pfosten gelangen.

/✕Wenn Sie hier übernachten wollen, gehen Sie durch das Tor nach rechts zu einer Treppe und diese hinunter. Dort finden Sie den Eingang zum „Residencial Termas da Sulfúrea“.

Zur Fortsetzung des Weges biegen wir auf der N 369 gegenüber der Einfahrt auf die nach links unter Leitungsmasten weiterführende kleine Teerstraße ab. (Vom *Residencial* kommend muss lediglich die N 389 zur gegenüber weiterführenden Teerstraße überquert werden.) Der Leitungsmast vor einer Brücke trägt die gelb-rote Markierung für einen Kurzwanderweg. Vor einem weißen Haus links hinter der Brücke gehen wir rechts um ein blaues Gatter herum und biegen dann nach links auf einen Feldweg ab. Bei einer sofort darauf folgenden Gabelung wählen wir die untere Möglichkeit. Anschließend folgen wir dem Weg hinauf zu einem Bauernhof, den wir durchqueren (km 3,4). Auf einem der beiden Silos rechts haben Störche ihr Nest gebaut.

Die erste Markierung

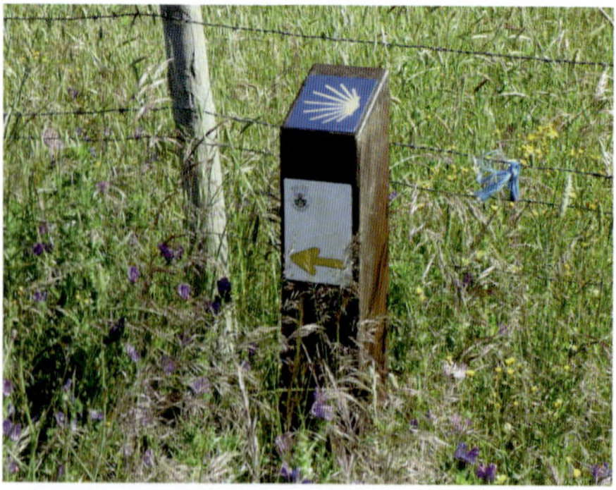

Hinter dem Gehöft gehen wir an vier mächtigen Eukalyptusbäumen vorbei geradeaus weiter und entdecken sogleich rechts die erste Markierung der Via Lusitana im *Concelho* von *Alter do Chão.* Der nunmehr durchgehend markierte Weg führt hinaus in eine weite, baumbestandene Landschaft. Nach gut 4,5 km teilt sich der Weg bei an einer niedrigen Eiche mit darunter liegenden Felsbrocken. Dort wenden wir uns nach rechts in Richtung eines mit lichtem Gebüsch bewachsenen Hügels. Der nun grasbewachsene und mit Steinen durchsetzte Weg läuft auf eine gegenüberliegende Scheune zu. Ein Stück des Wegs weiter können wir links auf einer Anhöhe bereits *Alter Pedroso* sehen, das wir als nächstes ansteuern.

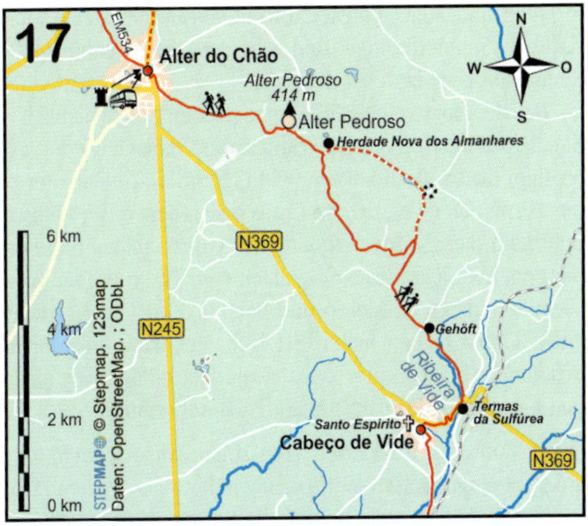

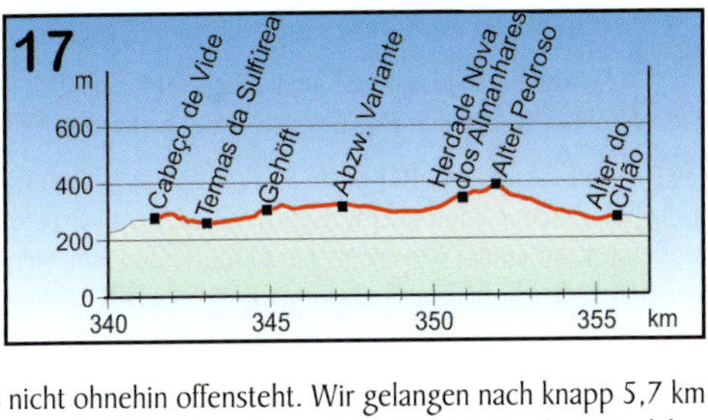

Nachdem wir einige niedrige Eichenbäume passiert haben, wird der Weg durch ein Gatter aus Drahtgeflecht (eine sog. Baustahlmatte) versperrt. Wir können das Gatter jedoch mühsam beiseiteschieben, sodass eine Lücke entsteht, und setzen unseren Weg vorbei an einem Baum mit einem gelben Pfeil geradeaus in Richtung einer kleinen Hütte fort. Auf diesem nur anfangs ein wenig beschwerlichen, von Felsbrocken gesäumten Trampelpfad entlanglaufend sehen wir rechts erneut einen gelben Pfeil auf einem Felsbrocken unter einer Eiche. Am Ende der Wiese stoßen wir erneut auf ein Gatter, das sich leichter öffnen lässt, wenn es nicht ohnehin offensteht. Wir gelangen nach knapp 5,7 km auf einen Weg mit rechts einem nach *links* weisenden gelben Pfeil. Dort gehen wir daher *nicht geradeaus* weiter, sondern biegen nach scharf links ab.

Der markierte Weg versucht möglichst exakt der ehemaligen Römerstraße *Via XIV* zu folgen, deren Steine hin und wieder aus dem Boden hervorschauen. Leider wurde dabei übersehen, dass sich der lehmige Boden der Feldwege nach starken Regenfällen in zähen Schlamm verwandelt, der das Vorankommen fast unmöglich macht. Selbst wenn sie trocken sind, bereiten diese Pfade Schwierigkeiten, weil die Hufe der hier grasenden Rinderherden unzählige tiefe Löcher hinterlassen, über die man mehr stolpert als wandert. Bei oder nach starkem Regen empfehle ich Ihnen daher, die folgende **Alternative** zu wählen, wobei ich allerdings nicht für die Zukunft garantieren kann, dass die auch hier befindlichen Gatter geöffnet werden können. Ich beschreibe zunächst die **Alternative**, der markierte Pilgerweg folgt im Anschluss.

Gehen Sie bei km 5,3 mit dem nach links weisenden Pfeil *geradeaus weiter* und folgen Sie dann dem Weg zwischen zwei Hügeln hindurch nach links oben. Dahinter erreichen Sie eine einem botanischen Wildgarten gleichende Vegetation: seltene Blumen in Hülle und Fülle, Ginster, Brombeerbüsche, kleine Eichen, Büsche, Gräser, Kräuter, darüber Schmetterlinge und Vogelgesang. Rebhühner fliegen erschrocken auf und Kaninchen hoppeln eilends davon.

Bei der Ruine eines Gehöfts erreichen Sie schließlich nach etwas mehr als 1 km ein Stacheldrahtgatter, das sich öffnen (und danach wieder schließen!) lässt. Halten Sie hinter dem Gatter nach links auf ein Gewässer zu. Dahinter sehen Sie wie schon zuvor aus der Ferne *Alter Pedroso* erhöht vor sich liegen. Im Frühsommer ist die Weidelandschaft unterhalb dieses Ortes ein einziges violett-gelbes Blütenmeer, an dessen Ufern entlang Sie dem Weg geradeaus folgen, nochmals ein wieder verschließbares Gatter mit einem Viehgitter davor passieren und nach 3,3 km die *Herdade Nova dos Almanhares* erreichen. Unter Eichen halten Sie sich hier nach links hinauf und erreichen nach knapp 3,6 km das blaue Gatter, das der markierte Pilgerweg nach **9,4 km** erreicht. Ab dort folgen Sie wieder der nachstehenden Beschreibung.

Auf dem **markierten Weg** sehen wir, nachdem wir scharf links abgebogen sind, links auf einem Felsen am Boden wieder einen gelben Pfeil. Etwas später durchschreiten wir hinter einem gelben Pfeil erneut ein Gatter. Hinter einer Kurve sehen wir nach 7,2 km das Pflaster der Römerstraße aus dem Boden lugen.

Achten Sie bald darauf hinter einer wahrscheinlich mit Wasser gefüllten Senke auf die nach links weisenden Pfeile. Gehen Sie dort nicht geradeaus weiter!

Hinter einem Gatter nach 8,1 km teilt sich der Weg. In der Gabelung steht eine Eiche mit einem nach rechts weisenden Pfeil, dem wir natürlich folgen. Nach gut **9,4 km** stoßen wir vor einem von rechts heraufführenden Sandweg auf ein Gatter. Jenseits befindet sich links ein blaues Gatter, das sich ebenfalls leicht öffnen (und wieder schließen) lässt. Dort setzen wir unseren Weg nach links fort. 300 m weiter kommen wir an ein mit einer Kette verschlossenes großes Tor, um das wir links herumgehen können, um dann vermittels eines Drahtes eine Baustahlmatte zu lockern und durch die entstandene Lücke hindurchzugehen. (Ich habe diesen Umstand bei den Verantwortlichen gerügt, weiß aber nicht, ob etwas getan wurde.)

Dahinter setzen wir unseren Weg geradeaus fort und sehen nun *Alter Pedroso* direkt vor uns liegen. Nach etwas mehr als 10,2 km kommt von rechts ein Weg herauf. Gegenüber weist die Caminho-Markierung nach oben, dennoch folgen wir ihr hier nicht, weil sie uns zu einer Sightseeing-Tour veranlassen möchte, die wir später auf bequemere Weise nachholen können. Wir gehen stattdessen auf der Straße nach links und bei einer

Kreuzung auf der mit Bruchsteinen gepflasterten Straße weiter in das Dorf hinauf. Oben biegen wir nach rechts in die schmale *Rua do Forno* und gehen zu der kleinen ✞ *Igreja Nossa Senhora das Neves* hinauf, km 10,5.

☺ In **Alter Pedroso** gibt es keine Gastronomie und auch der Brunnen direkt unterhalb des Kirchturms ist wie fast überall im Alto Alentejo versiegt. Sollten Sie Wasser benötigen, können Sie an eine Tür klopfen und danach fragen – man hilft gern. Notfalls befindet sich auch ein Brunnen am Beginn der nächsten Etappe.

Wenn Sie links oder rechts um die Kirche herumgehen, gelangen Sie dahinter zu einer aufwärts führenden Straße mit links dem Hinweis „Miradouro" und einem gelben Pfeil. Die Straße hinaufgehend finden Sie oben die Mauerreste und Teile der Bastionen des Kastells aus dem 12. Jh. sowie den Messpunkt „Alter Pedroso" ⇧ 414 m mit Aussichtsplattform, von der man einen wirklich atemberaubenden Blick auf die umliegende Landschaft bis hinüber nach Portalegre hat, das hinter einer Wasserfläche unterhalb des zu erkennen ist. Dahinter erhebt sich die *Serra de São Mamede* vor der Grenze zu Spanien. Nach links bietet sich eine herrliche Sicht auf *Alter do Chão* und in der Ferne *Crato*.

Unterhalb des Messpunktes stehen die romantisch mit Mohnblumen bewachsenen Mauerreste einer Kapelle.

Blick von Alter Pedroso nach Norden

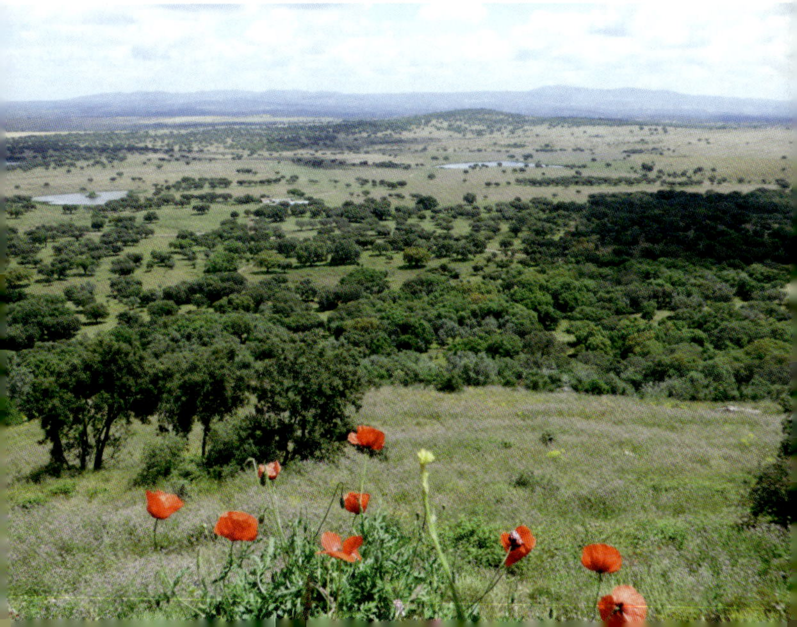

Wir setzen unseren Weg fort, indem wir von der kleinen Kirche aus schräg links hinunter auf die *Rua das Escolas* zugehen und dann um die Ecke herum in die *Estrada da Fonte* einbiegen. Von hier aus können wir bereits unser nächstes Etappenziel *Alter do Chão* vor uns im Tal liegen sehen. Vorbei an einem links liegenden, großen Brunnen führt die kleine Landstraße mit einem weiten Blick in die Landschaft direkt nach *Alter* hinunter. Nach etwa 13,5 km erreichen wir den Ortseingang mit dem Hinweisschild „Centro" und links einem gelben Pfeil, der nach rechts weist. Diesem Pfeil folgen wir jedoch **nicht**, sondern gehen halb links über den dahinter liegenden großen Platz hinweg auf die gelb-weiße Barockfront einer Kirche zu. Sobald die Kirche aus unserem Blickfeld verschwindet, halten wir stattdessen auf ein darunter liegendes verrostetes Eisengittertor zu und wenden uns auf der davor verlaufenden *Rua das Amoeiras* nach rechts bergauf. Wir gehen diese Straße stets geradeaus weiter bis zu einer Kreuzung, hinter der wir unseren Weg auf der *Rua General Humberto Delgado* unter Orangenbäumen fortsetzen. An einer Kreuzung mit einem kanariengelb gestrichenen Haus dahinter folgen wir erneut **nicht** dem gelben Pfeil, sondern wenden uns nach links wiederum in eine Orangenbaumallee. Dieser folgen wir bis zu ihrem Ende und biegen dann nach rechts auf die *Avenida* in Richtung des großen Platzes in der Ortsmitte ein. Vor dem Platz liegt links das „Pateo Real", dahinter erhebt sich links das *Castelo* und rechts, hinter einem kleinen Musikpavillon, steht die *Casa do Álamo* mit der *Câmara Municipal* und dem, wo wir nach 14,2 km seit *Cabeço de Vide* ankommen.

Alter do Chão (AdC)

BANK

⇧ 275 m, Ew. 4.500

Posto de Turismo, 245 610 004, 9:00 bis 12:30, 14:00 bis 17:30; Juni bis Sept. Mo-Fr 10:00 bis 19:00, Wochenende 10:00 bis 13:00, 14:30 bis 19:00

Mehrere Möglichkeiten:

▷ Für Pilger ideal: „Pateo Real". Dort gibt es im 1. Stock über dem Restaurantgarten (ständige, aber erträgliche Musikberieselung) 5 kleine, sehr schlichte, aber blitzsaubere Zimmer mit zwei geräumigen Duschbädern. EZ € 17,50, DZ € 26 oF. Weil die DZ sehr eng sind, sollten auch Paare *zwei* EZ nehmen. Vermeiden Sie nach Möglichkeit Nr. 5 (extrem eng). Reservierungen (außer Di = Ruhetag) 245 612 301, am Di 968 024 537

▷ „Forno dos Pelâmes", Gaststätte mit Pension, Rua dos Pelâmes, 245 613 174, EZ € 25, DZ € 40. Preis *vorher* aushandeln, der Wirt ist sehr „geschäftstüchtig"!

Ebenfalls das „Pateo Real", gute portugiesische Küche. Manchmal werden im Garten große Sardinen gegrillt – Delikatesse! Bei schlechtem Wetter schöner Speiseraum im Obergeschoss.

▷ Gefallen hat uns auch das „Churrasquinho Alentejano" mit preiswerten Tagesmenüs. Gehen Sie die am „Pateo Real" vorbeiführende Rua Dom Nunes Alvares Pereira ca. 400 m zurück (nach Süden) bis zu deren Ende. Fr und Sa frischer Fisch, So Ruhetag

/☺ Pastelaria „Algodão Doce" (= Zuckerwatte). Vom „Pateo Real" um die Ecke knapp 100 m nach links. tägl. ab 6:30, So 7:00. Der Name ist Programm - mir zaubert die Erinnerung an dieses kleine Café noch beim Schreiben dieser Zeilen ein Lächeln ins Gesicht; Sie werden es ebenfalls mögen.

🚌 Bushaltestelle an der Avenida da Coudelaria de Alter vor dem Mercado Municipal hinter dem Castelo. Verbindungen nach **Crato** Mo-Fr 7:25, in den Schulferien Mo-Fr 7:40 und (außer Juli) 9:20. Keine direkte Verbindung nach Alpalhão und Nisa, dorthin nur über **Portalegre** (Busse wie Richtung Crato).

Wie bereits erwähnt, lag das römische *Abelterium* an der wichtigen Heerstraße Via XIV von Mérida nach Lissabon. Aus dem 4. Jh. haben sich in AdC Reste der *Villa Romana Casa de Medusa* mit einem herrlichen Fußbodenmosaik im ehemaligen *Triclinium*, dem Speiseaal erhalten. Eintritt € 5 + Ermäßigungen (gilt auch für das Castelo und ein weiteres Museum), 🕘 und weitere Auskünfte im ℹ.

Im Mittelalter war AdC Besitz der Krone, während das nahe *Alter Pedroso* dem Orden von Avis gehörte und *Crato* Sitz des Malteserordens war. Die beeindruckende ♜ Burganlage mitten in der Stadt wurde in der zweiten Hälfte des 14. Jh. gebaut (heute eine zum Multifunktionsbau mit ⌘ Museum restaurierte Ruine) – ein Rundgang über die Mauern bietet beeindruckende Ausblicke auf Stadt und Land.

Rechts der Burg liegt ein herrlicher Renaissancebrunnen am *Largo da Fontinha*. Die von José Saramago gemachte Beobachtung „von der Zeit arg mitgenommen, Medaillons und Velouten sind beschädigt, die korinthischen Kapitelle zerbrochen", trifft nach einer Restaurierung erfreulicherweise nur noch bedingt zu, ein ehrwürdiges Alter hat die Anlage aber allemal und als wollte sie die Vergänglichkeit aller Dinge noch unterstreichen, hat die ältere Generation auf Bänken vor dem Brunnen ihren ständigen Beobachtungsposten bezogen.

Wenn Sie den Markierungen des Caminho de Santiago in AdC folgen, erhalten Sie eine veritable Stadtführung. Eigentlich ist dies nicht der Zweck von Jakobsweg-Markierungen, Sie entdecken jedoch auf diese Weise die interessantesten Ecken von AdC.

Nordwestlich der Stadt, wir werden noch daran vorbeikommen, liegt das 1748 gegründete Gestüt *Coudelaria de Alter*, eine der berühmtesten Pferdezuchten Europas. Die Pferde werden hier nicht nur für die Hohe Schule und Reitsport, sondern auch für Falkenjagden ausgebildet. Führungen finden Di-So um 11:00 und 15:00 statt. Führung € 7,50 (mit Ermäßigungen), evtl. Anmeldung ☎ 245 610 064, 📱 961 733 371

18. Etappe: Alter do Chão – Crato ➲ 15,5/12,7 km

Etappenplanung: Die Unterkünfte bis Nisa sind zwar alle sehr schön, aber besonders für Einzelpilger nicht gerade billig. Ab **Alpalhão** fahren werktags 🚌 Busse nach *Nisa*, zwischen *Crato* und *Alpalhão* gibt es keinen Busverkehr. Wer daher nicht in *Crato* übernachten oder am selben Tag noch von *Crato* nach *Flôr da Rosa* bzw. die 8,8 km nach *Vale do Peso* weiterlaufen möchte, um dort zu übernachten, kann werktags mit dem 🚌 Bus von *Crato* nach *Alter do Chão* zurückfahren und am nächsten Morgen dann von *Alter do Chão* nach *Crato*. Der Rucksack kann dann natürlich in AdC bleiben. Die Abfahrtszeiten in **Crato** sind: **1)** Mo/Di/Do/Fr 16:40, Mi 15:40, Schulferien (ohne Juli) Mo-Fr 15:55, im Juli Mo-Fr 17:40, **2)** Mo-Fr 18:25, Schulferien Mo-Fr 17:40. Die Abfahrtszeiten von **Alter do Chão** ☞ vorstehend bei den Infos für AdC.

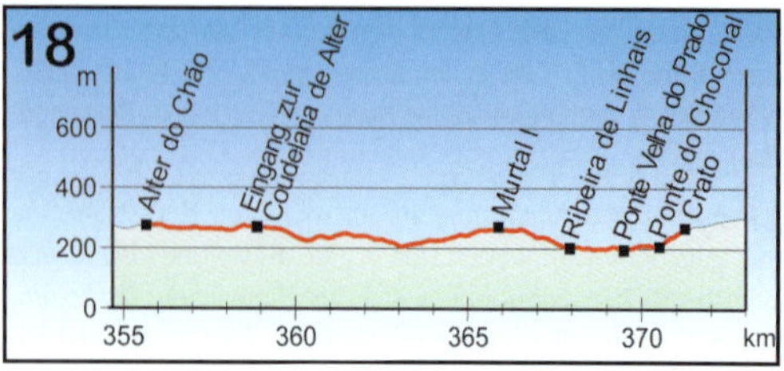

↬ Weil ein Bauer den direkten Weg zwischen der *Coudelaria de Alter* und dem Messpunkt *Murtal I* abgezäunt hat, macht der vom *Concelho de Alter do Chão* markierte Pilgerweg einen weiten Umweg. Für diejenigen, die etwas schneller ans Ziel gelangen wollen, beschreibe ich im Anschluss an die Teiletappe bis zum Messpunkt *Murtal I* eine **Alternative** dorthin, die 2,8 km kürzer ist, allerdings auf 5 km der (kaum verkehrsreichen) N 245 folgt, bevor sie sich auf einem dann jedoch sehr schönen Feldweg fortsetzt.

Vom Platz vor dem i gehen wir auf dem Zebrastreifen zum Castelo hinüber und folgen anschließend dem vor seiner Längsseite stehenden Hinweisschild „Coudelaria de Alter 3 … Gestüt von Alter“ in Richtung des schwarzen Pfeils an der Burgmauer entlang in die Gasse neben dem Supermarkt. An der darauffolgenden Ecke folgen wir erneut dem schwarzen Pfeil mit dem Hinweis „Coudelaria de Alter 3“ und laufen die *Rua de Santarem* hinunter. Immer geradeaus weitergehend sehen wir links über dem nach „Ponte de Sôr“ zurückweisenden Wegweiser die gelbe Markierung für unseren Pilgerweg zum ersten Mal wieder.

Pferde der Coudelaria de Alter (UA)

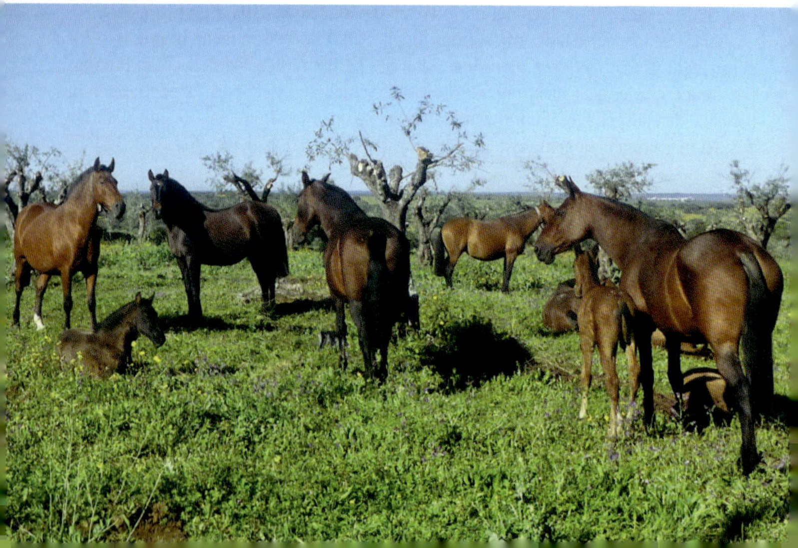

Am Ortsende geht die Teerstraße nach bisher 600 m in einen Sandweg über, dem wir weiterhin geradeaus folgen. Er führt durch eine leicht wellige Wiesenlandschaft, durchsetzt von Olivenbäumen und Korkeichen, bis er nach gut 2,4 km vor der quer verlaufenden IC 13 dem gelben Pfeil folgend nach rechts abbiegt. 350 m weiter stoßen wir auf die kleine EM 534, der wir nach links über die IC 13 hinweg folgen, um nach gut 3,2 km links das Tor der *Coudelaria de Alter* zu erreichen.

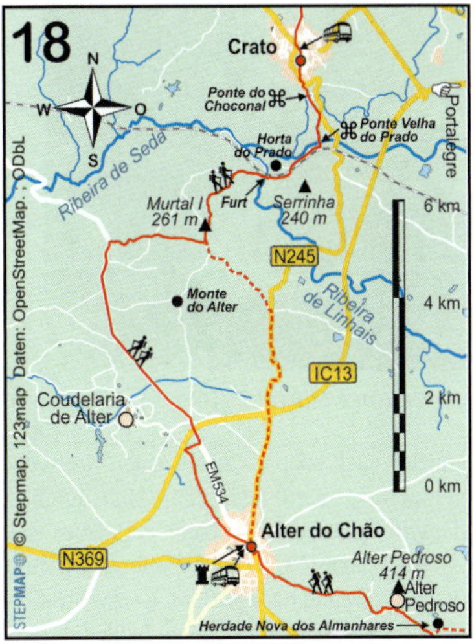

Danach laufen wir 1,6 km lang stets an der Mauer dieses weitläufigen Gestüts mit seinen rassigen Bewohnern entlang. Bevor die Mauer hinter einem kleinen Wasserlauf nach 4,8 km endet, wird die Landschaft hügeliger. Hier sind die Caminho-Markierungen rar, aber auch nicht erforderlich. Dort, wo nach 5,4 km ein Sandweg nach rechts abbiegt, sehen wir wieder einen Pfeil und bleiben weiterhin auf der kleinen Teerstraße.

Nach gut 7,3 km überqueren wir eine Brücke. Dahinter steht rechts ein Caminho-Wegweiser, der nach rechts zeigt; wir folgen ihm jedoch **nicht**, weil der Pfad über eine im späten Frühjahr und Frühsommer mit fast mannshohem Gras bewachsene und am Ende sumpfige Wiese führt, in der er kaum noch erkennbar verschwindet. (Es kann aber sein, dass der Wegweiser versetzt wurde, ich habe darum gebeten.) Stattdessen folgen wir der Straße noch 80 m, bis nach 7,5 km vor ihrer Linkskurve ein Sandweg nach rechts abzweigt. Ihm folgend gelangen wir trockenen Fußes an die Stelle, wo nach gut 8,4 km der Pilgerweg von rechts heraufkommt. Dort steht links der bekannte Wegweiser mit Muschel und Pfeil, dem wir auf unserem bisherigen Feldweg weiterhin geradeaus aufwärts folgen. Bereits nach 150 m gabelt sich der Weg, dort gehen wir nach **rechts** weiter.

Passen Sie hier gut auf! So mancher Pilger ist hier schon nach links abgebogen und hat sich verlaufen. Von hier bis kurz vor dem Messpunkt *Murtal I* finden Sie keine weiteren Markierungen. Der Grund liegt darin, dass hier die Kreisgrenze verläuft und der vom *Concelho de Crato* markierte Weg nicht direkt an den vom *Concelho de Alter do Chão* markierten Pilgerweg anschließt. *Crato* hat vielmehr die nachfolgende **Alternative** ab der Kreisgrenze markiert. Ich begriff das auch erst im Nachhinein, als ich die Alternative erkundete und dort gelbe Pfeile fand, wo ich sie gar nicht erwartete.

Hinter der Gabelung geht es stetig aufwärts. Nach gut 9,6 km stößt ein von rechts unten heraufkommender Weg zu unserem, gegenüber können wir *Crato* liegen

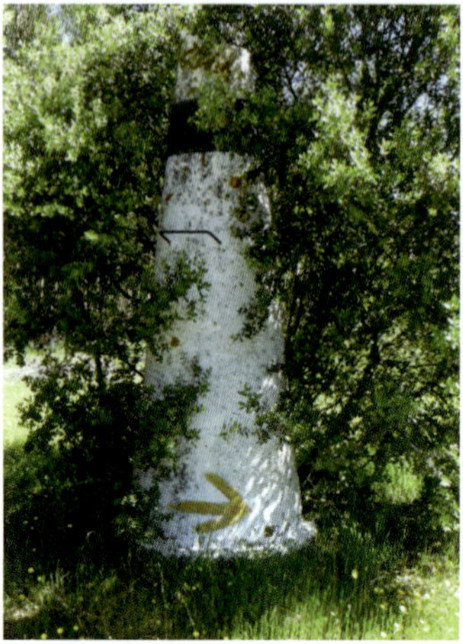

Messpunkt Murtal I (UA)

sehen. Wir gehen hier nach links bzw. geradeaus weiter und bleiben auch auf unserem Weg, wo nach 100 m ein weiterer von rechts einmündet. 200 m dahinter gabelt sich der Weg nach 10 km, rechts ist in geringer Höhe über dem Boden ein gelber Pfeil zu erkennen. Wir gehen daher nach rechts weiter und stoßen nach 100 m links auf den (2016) fast zur Unkenntlichkeit überwucherten trigonometrischen Messpunkt *Murtal I* (⇧ 261 m).

Alternative über die N 254:
Vom Platz vor dem gehen wir auf der Hauptstraße *Avenida de Alcarcova* zwischen der Post links und der *Casa do Álamo* rechts geradeaus weiter. Nach 750 m geht die Kopfsteinpflasterstraße hinter den letzten Häusern von AdC in die asphaltierte N 254 über. Wir bleiben stets auf dieser Straße und können nach knapp 2,6 km einen Kreisverkehr vor der Unterführung unter der IC 13 geradewegs überqueren, um dann durch die Unterführung hindurch und hinter dem darauffolgenden Kreisverkehr geradeaus weiterzugehen, km 2,8.

Nach knapp 3,2 km überqueren wir eine Brücke, dahinter geht es steil aufwärts. Ab der Kreisgrenze nach 4,6 km ist die Straße wieder gepflastert und wird 200 m lang von wohltuend schattigen Bäumen begleitet, bevor wir am Ende des Pflasters nach 5 km eine Kreuzung erreichen, an der links der hölzerne Wegweiser „Murtal" steht. Wir folgen ihm und einem gelben Pfeil auf den „Caminho de Murtal" nach links. Schon von der Straße aus hatten wir einen vollen Blick auf *Crato*, der uns nun nach rechts blickend in wechselnden Landschaftsbildern erhalten bleibt.

Wir bleiben stets auf diesem Weg mit seinen schönen Ausblicken in die hügelige Landschaft und lassen Abzweigungen außer Acht. Nach 6,8 km kommt von dem links malerisch erhöht liegenden *Monte do Alter* ein Feldweg herüber bzw. herauf und 350 m danach stößt im spitzen Winkel von rechts ein Weg zu uns. Wir bleiben auf unserem Weg, bis er sich nach 7,2 km gabelt. Rechts ist in geringer Höhe über dem Boden ein gelber Pfeil zu erkennen. Wir gehen daher nach **rechts** weiter und stoßen nach 100 m links auf den (2016) mit Efeu bis zur Unkenntlichkeit überwucherten Messpunkt *Murtal I* (⇧ 261 m).

Fortsetzung der **Hauptroute**:
Wir gehen rechts am vorbei geradeaus weiter. Von diesem Weg nach rechts hinüberblickend können wir am Horizont gegenüber *Portalegre* erkennen und gleich danach taucht schräg rechts vor uns *Crato* auf. Zwischen einem Eukalyptuswald und einem Stacheldrahtzaun geht es nun weiter. Wo der Zaun aufhört bzw. sich nach rechts

ins Tal hinunter fortsetzt, folgen wir dem Hauptweg in einer leichten Rechtskurve geradeaus weiter in einen Eukalyptuswald hinein. Bei der kurz darauf folgenden Gabelung gehen wir nach rechts abwärts. Nach gut 11,4 km mündet er in einen von links herunterkommenden, breiten Sandweg, dem wir nach rechts folgen.

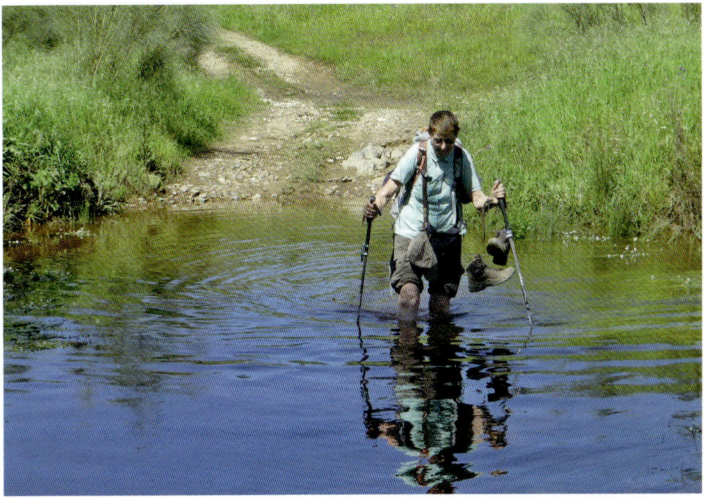

Ribeira de Linhais (MW)

Wir kommen an einem verfallenen Bauernhof vorbei und sehen in der Verlängerung des Weges geradeaus gegenüber ein größeres Gehöft liegen. Darüber auf einem Hügel befindet sich ein ⛼ Messpunkt. Links verlaufen nun auch die Gleise einer noch aktiven Eisenbahnstrecke. Nach etwas mehr als 12,1 km durchqueren wir rechts der Eisenbahnbrücke das malerische, von vielfältiger Vegetation umrahmte Bachbett des *Ribeira de Linhais* und folgen dem Weg dahinter aufwärts. Dann laufen wir unterhalb des Bauernhofs an diesem vorbei weiter, bis wir nach knapp 12,8 km an einem unbeschrankten Bahnübergang die Gleise nach links überschreiten. Links liegt sogleich das Eingangstor zur „Horta do Prado". Wir befinden uns nun auf dem *Caminho do Prado*, der uns nach *Crato* hinaufführen wird. Bei einem kleinen Stellwerkhäuschen schließlich wenden wir uns nach rechts Richtung *Crato*. Der Weg verläuft nun eine ganze Weile zwischen einem weiteren Bachlauf und den Eisenbahnschienen. Bei km 13,6 und einer weißen, an der Bahnstrecke befindlichen Hinweistafel mit dem schwarzen Buchstaben S gehen wir nach links zu der Steinbrücke ⌘ *Ponte Velha do Prado* über den *Ribeira de Seda* hinunter. Dem kurz darauf auf beiden Seiten von einer Steinmauer eingefassten Weg folgen wir nun geradeaus nach *Crato* hinauf.

Bei km 15,3 stoßen wir bei dem rechts stehenden hölzernen Wegweiser „Caminho do Prado" auf die N 245, die sich in einem weiten Rechtsbogen in die Stadt hinaufzieht.

Wir bleiben jedoch links auf unserem bisherigen Weg, dessen grobe Pflastersteine über die Jahrhunderte so abgenutzt sind, dass durchaus, wie von manchen vermutet, bereits römische Legionäre darüber hinwegmarschiert sein könnten. Sie setzen sich auf einer weiteren uralten Brücke fort, diesmal über den *Ribeiro do Choconal*. Die ⌘ *Ponte do Choconal* ist wie die *Ponte Romana* bei *Vila Ruiva* (☞ Seite 94) eine der bekanntesten Brücken Portugals und der Weg über sie hinweg ein wahres Vergnügen. Sicherlich wurde sie auch von mittelalterlichen Pilgern überschritten. Der Vorstellungskraft - nicht der Fantasie, denn das ist reale Geschichte - eines heutigen Jakobspilgers sind hier keine Grenzen gesetzt.

Anschließend steigen wir an einem verlassenen, von zahlreichen Störchen bevölkerten Fabrikgebäude mit einem hohen Schornstein den Steilhang zur Stadt hinauf. Nach gut 15 km gelangen wir schließlich doch noch auf die Nationalstraße, der wir nach links folgen. Wir erreichen schließlich das Ortseingangsschild von **Crato** und folgen den Wegweisern auf der *Rua da Olivença* sowie an einem *Lagar de Azeite* (Ölpresse) vorbei zum *Centro Histórico* mit der Câmara Municipal und dem davor stehenden Pelourinho hinauf, das wir nach knapp 15,5 km erreichen.

Crato — i 🛏 ✕ ☕ BANK ✠ ⌘ ⇧ 273 m, Ew. 2.100

i Erst in Flôr da Rosa zu Beginn der nächsten Etappe. Auskünfte erhalten Sie aber auch in der Câmara Municipal am *Largo do Município* mit dem Pelourinho.

🛏 Von Pilgern empfohlen („sehr nette Leute, habe so etwas auf meinen Caminos noch nicht erlebt"): „Casa do Crato", *Rua D. Efigénia de Sá Nogueira* 21, ☎ 245 990 002, 📱 964 809 819, 💻 www.casadocrato.com, ✉ reservas@casadocrato.com, EZ € 40, DZ 60 mit üppigem Frühstück. Folgen Sie der nächsten Etappe hinauf bis zur *Avenida General Humberto Delgado*, wenden Sie sich auf ihr nach links und dann sofort wieder nach links in die nächste Straße. Gleich zu deren Beginn liegt rechts die Unterkunft.

🚌 Verbindungen vom *Largo Dr. Belo Morais* zurück nach **Alter do Chão** (☞ Etappenplanung) und über **Portalegre** (umsteigen) u. a. nach **Alpalhão** und **Nisa**

Crato ist die Stadt des Johanniter- bzw. Malteserordens, der hier zeitweise seinen Hauptsitz hatte (☞ Seite 20). Das **Malteserkreuz** ist denn auch im ganzen Ort präsent und unter dem beeindruckenden Balkon des Priorats rechts neben der Câmara Municipal findet sich eine Tafel mit den Namen aller Ordensritter, die seit 1232 Vorsteher (Großmeister) des Priorats von Crato waren, als König Sancho II die Ländereien von Ucrate dem Johanniterorden übertrug. Falls Sie Zeit haben, lassen Sie sich in der Câmara Municipal einen englischsprachigen Prospekt mit einer „Touristic Route" geben, auf der Sie den Spuren der Ordensritter zu den Sehenswürdigkeiten Cratos folgen können.

19.Etappe: Crato – Alpalhão ➲ 18,2 km

Etappenplanung: Auf dem Weg nach *Alpalhão* gibt es neben der *Pousada* in *Flôr da Rosa* eine großartige Unterkunft (*Turismo de Habitação*) in *Vale do Peso*. Es lohnt sich, dort zu übernachten und am nächsten Tag nach *Nisa* weiterzulaufen. In *Alpalhão* finden Sie eine empfehlenswerte Unterkunft direkt am Pilgerweg und eine sehr schöne, bei den Lesern der 1. Auflage äußerst beliebte *Quinta* außerhalb des Ortes, ☞ dort 🛏. Diese

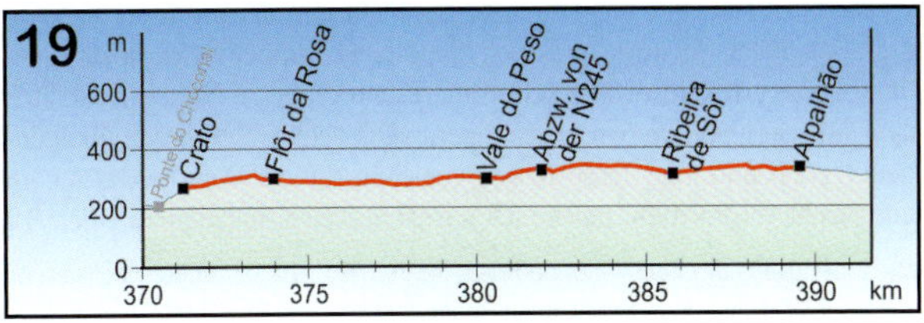

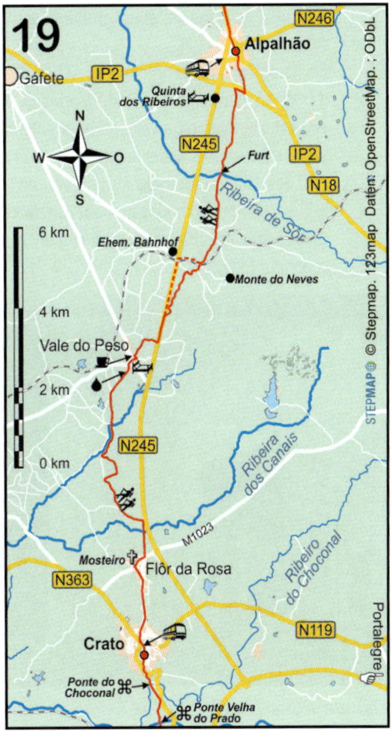

Unterkünfte sind jedoch für Einzelreisende nicht gerade billig. Alternative: von *Alpalhão* nach *Nisa*, dort übernachten, am nächsten Morgen zurück und ☺ ohne Rucksack nach *Nisa* laufen.

Vom *Largo do Município* aus gehen wir am Balkon des Priorats sowie am ebenfalls links stehenden *Museo Municipal do Crato* und dann an einem in eine vor uns liegende Wand eingelassenen Kreuzweg-Azulejo vorbei in die aufwärts führende *Rua Serpa Pinto*, die sich hinter einer Kreuzung in der *Rua 5 de Outubro* fortsetzt, vor deren Häusern Hortensienbüsche blühen. Wir folgen ihr aufwärts bis zum Platz *Largo Dr. Belo Morais*, wenden uns davor nach links auf die am Platz entlangführende *Avenida General Humberto Delgado* und folgen dieser, bis sie nach 500 m bei einem Stopp-Schild auf die nach Norden und zur „Pousada“ von „Flôr da Rosa“ führende N 245 stößt.

Wir bleiben auf der Nationalstraße, bis die Caminho-Markierung nach gut 1,9 km beim Ortseingangsschild von **Flôr da Rosa** und vor einem grünen Tor nach links auf einen Feldweg weist. Er führt zwischen Mauern auf einen Dorfplatz und rechts an der *Igreja Matriz* vorbei hinunter zum hoch aufragenden ⌘ *Mosteiro de Santa Maria de Flôr da Rosa*, deren mächtiges Eingangstor wir nach 2,5 km erreichen.

☺ Hier empfiehlt sich eine längere Pause, denn, um es mit José Saramago zu sagen: „Man fährt nach Flôr da Rosa, um die Burg zu sehen (Burg, Kloster und Palast), die Dom Álvaro Gonçalves Pereira, Prior des Spitals, 1356 hier erbauen ließ. Dorthin will der Reisende.“

Die einst mächtige Klosteranlage des Malteserordens wurde 1662 von den Spaniern in großen Teilen zerstört, und auch Napoleons Truppen fielen noch einmal darüber her. Die sehenswerten Reste sind behutsam restauriert in die moderne Architektur einer *Pousada* integriert worden, wo Sie sich gern auch verschwitzt in den üppigen Lederfauteuils niederlassen und eine Tasse Kaffee genießen dürfen. Weil bereits mehrere Pilger dort eine Nacht verbrachten, mache ich ausnahmsweise Angaben zu einer *Pousada*:

🛏 Pousada de Crato – Flôr da Rosa, ☏ 245 997 210, DZ (außer Hochsaison) € 120 bis €150, EZ € 10 weniger, Ermäßigung „Idade do Ouro" (ab 55 Jahre) DZ ab € 80 (vorher anfragen) alle mF. Das Hotel hat einen großen 🏊 mit einem großartigen Ausblick auf die Anlage, den man sonst nicht hat.

ℹ Posto do Turismo (Eingang links neben dem Eingangstor), 🚪 Mo-Fr 9:30 bis 12:30, 14:00 bis 17:30, an Wochenenden und Feiertagen 10:00 bis 13:00, 14:30 bis 18:00. Die freundlichen Angestellten versorgen Sie gern mit Informationsmaterial und geben weitere Auskünfte. Sie sollten auf jeden Fall die unglaublich hoch aufragende gotische ✝ Wehrkirche mit dem Grabmal des Gründers besuchen und von dort die Treppe zum Dach hinaufsteigen - innen und außen bieten sich einzigartige Ausblicke. Es gibt zudem einen Informationsraum zur Geschichte des Klosters, wechselnde Ausstellungen und ein kleines Skulpturenmuseum (geringer Eintritt).

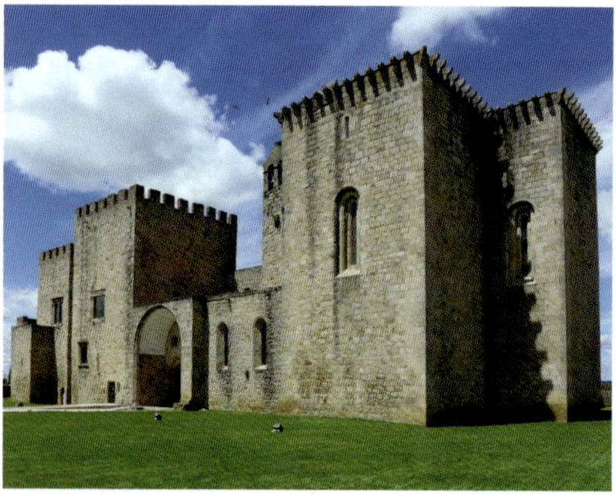

Flôr da Rosa (GB)

Hören wir noch (ein wenig gekürzt) José Saramago zu, bevor wir **Flôr da Rosa** wieder verlassen: „Von außen wirkt der Gebäudekomplex sehr massiv, gleich einer Festung. Doch die Kirche, die, genaugenommen, der einzig erhaltene Teil ist, verblüfft durch ihre ungewöhnlich schlanken Proportionen. Flôr da Rosa wirkt deshalb, auch wegen seiner besonderen Ortsumbauung und seiner merkwürdig ruhigen, distanzierten Atmosphäre wie auf zarten Fingerspitzen dargeboten - eine wilde Rose, eine Blüte, die trotz der Zeit nicht welken kann; wer es gesehen hat, wird es nie vergessen."

🚶 Wir verlassen die Klosteranlage nach links und folgen der *Rua Nossa Senhora das Neves* zwischen niedrigen bunten Häusern aus dem Dorf hinaus. An seinem Ende biegen wir vor einer kleinen Anlage mit einem Kreuz in der Mitte nach links auf die zur Sackgasse gewordene ehemalige N 245 ab und folgen ihr fast bis dorthin, wo sie auf die neue Trasse der N 245 stößt. Kurz vor ihrem Ende zweigt nach knapp 3,8 km ein Feldweg nach links ab, gegenüber steht ein Telefonmast mit einem gelben Pfeil. Wir folgen diesem Feldweg vorbei an der links von uns liegenden Klosteranlage von *Flôr da Rosa* in eine von niedrigen Eichbäumen bestandene Wiesenlandschaft.

Bei einer Gabelung wenden wir uns hinter einer mächtigen Schirmakazie bei km 4,4 nach rechts. Nach knapp 5,3 km gabelt sich der Weg erneut. Wir biegen nach rechts auf einen Wiesenweg ab und gehen zu weit ausladenden Eichen hinauf. Weiter oben befindet sich an einer links stehenden Eiche ein gelber Pfeil. Nach gut 5,6 km wenden wir uns am Waldesrand dem gelben Pfeil folgend vor einem Gatter nach links auf einen links neben einer Feuerschneise herlaufenden Pfad. Er stößt bei km 6,3 auf einen von links kommenden Weg, dem wir nach rechts folgen.

Ab hier war der *Caminho* bei unserer Testwanderung auf 700 m regelrecht umgepflügt und nur schwer zu bewältigen. Ich habe auf diesen ärgerlichen Umstand hingewiesen und um Abhilfe gebeten, ob dem aber jemals entsprochen wird, steht jedoch nach den unerfreulichen Erfahrungen mit den Landwirten des Alentejo in den Sternen.

Am Ende der (2016) gepflügten breiten Schneise führt der Weg am Waldesrand mit einer Tendenz nach links geradeaus weiter. Kurz darauf muss ein Bach seitlich auf Trittsteinen überquert werden. Bei der Gabelung dahinter geht es geradeaus weiter. Nach 7,7 km stößt unser Trampelpfad endlich auf eine von links kommende, breite Sandstraße, der wir nach rechts bzw. geradeaus folgen. Ein Stück weiter über die Kreuzung geht es geradeaus (Tendenz rechts) hinweg. Nach 8,6 km stoßen wir vor dem Dorf **Vale do Peso** auf eine Caminho-Stele und gehen geradeaus ins Dorf hinein. Sofort links befindet sich der große Brunnen „Fonte Nova" mit herrlich klarem Trinkwasser und einer Ruhebank. Die Ortsmitte mit Kirche, Bushaltestelle und schräg gegenüber einem kleinen Café, in dem gern Sandwiches zubereitet werden, erreichen wir nach 8,8 km.

Links an der Kirche vorbei liegt in der *Rua Nossa Senhora da Luz* rechts sogleich die

„Casa do Peso", 254 991 002, 967 122 244, cpthcasadopeso@gmail.com. ZP für Pilger bei Direktbuchung So-Do € 45, Fr-Sa € 55 mit gutem Frühstück. Mit sehr viel Geschmack restauriertes Herrenhaus – ein innenarchitektonisches Juwel. Statt selbst zu schwärmen, lasse ich eine Pilgerin zu Wort kommen: „Die Besitzerfamilie wohnt im Haus, ist überaus freundlich, interessante Leute in einem Haus mit Geschichte, traumhaftem Fernblick und Swimming-Pool".

Wir setzen unseren Weg auf der *Rua Nossa Senhora da Luz* fort. Sie führt abwärts zu einem kleinen Platz mit einer Kreuzung. Dort biegen wir nach knapp 9 km nach links auf die Rua do Fundão und gehen auf der nächsten Straße nach rechts aus dem Ort hinaus. Dort steht ein Waschhaus mit Trinkwasser am Wegesrand. Nach 9,5 km erreichen wir den Brunnen „Fonte da Bica". Dahinter geht es über eine kleine Brücke nach rechts weiter. Nach knapp 9,9 km erreichen wir die N 245, der wir nach links folgen. 600 m weiter biegen wir auf einen nach rechts oben abzweigenden Feldweg ab.

Der markierte Weg führt entgegen dem historischen Verlauf des *Caminho de Santiago* und entgegen den ursprünglichen Plänen der Initiatoren auf der Nationalstraße weiter, bis er hinter den Gleisen einer stillgelegten Bahnlinie (links liegt der ehemalige

Bahnhof von Vale do Peso) auf einen Feldweg nach rechts abbiegt und nach 12,6 km schließlich auf unseren Weg stößt, der von rechts kommend die Bahngleise überquert (☞ **12,3 km**).

Wir aber folgen an der Abzweigung dem Feldweg und laufen nahe der N 245 weiter. Unser grasbewachsener Weg führt uns an einem Stacheldrahtzaun entlang mehr oder weniger geradeaus. Bei km 11,8 treffen wir auf einen quer zu unserem Feldweg verlaufenden, breiteren Sandweg, dem wir zunächst nach rechts folgen. Kurz darauf wendet er sich nach links und dann wieder nach rechts. Dort, wo er auf einen von rechts kommenden Weg stößt, gehen wir geradeaus weiter. Bei der Abzweigung zur Quinta *Monte do Neves* mit dem Hinweis „Caminho Particular" gehen wir geradeaus weiter auf die Gleise der dort verlaufenden Bahnstrecke zu und überqueren diese nach **12,3 km**.

Auf der anderen Seite setzen wir unseren Weg nach schräg rechts durch den Eukalyptuswald fort. Nach 13 km erreichen wir eine Kreuzung. Dort wählen wir weder den unmittelbar nach links noch den rechts zu den Bahngleisen führenden Weg, sondern gehen über die Kreuzung hinweg nach leicht schräg links weiter. 200 m weiter bei einer Dreieckskreuzung setzen wir unsere Wanderung geradeaus auf dem (mittleren) zweispurigen, in der Mitte mit Gras bewachsenen Waldweg fort. Zunächst neigt er sich bergab, führt dann in nördlicher Richtung durch den Eukalyptuswald hindurch weiter und auf einer Lichtung an hohen Felsbrocken vorbei wieder in den Wald hinein. So einsam der Weg auch erscheinen mag, befinden wir uns doch immer in Hörweite der Verkehrsgeräusche auf der links von uns verlaufenden N 245. Einer lokalen Website zufolge ist dieser „caminho rural paralelo à estrada nacional" (parallel zur Nationalstraße verlaufende Feldweg) „o antigo Caminho de Santiago" (der ehemalige Jakobsweg) nach *Alpalhão*.

Am Waldesrand kommt nach 14,3 km im Bogen ein Weg von links herüber. Wir gehen an einer Hecke entlang weiter, erreichen nach 14,6 km unter Bäumen den *Ribeira de Sôr*, der sich auf Trittsteinen seitlich überqueren lässt, und folgen danach dem Weg geradeaus weiter.

☺ Einige Meter rechts von dieser Furt wurde ein Steg über den Wasserlauf gelegt, der sich auf diese Weise leichter überqueren lässt, besonders, wenn der Bach viel Wasser führt.

Bald sehen wir eine hohe Schirmakazie und darunter ein verlassenes, kleines Gehöft. Hinter einem weiteren schmalen Wasserlauf wendet sich der Weg an einer Steinmauer entlang nach schräg rechts oben. Hier befinden wir uns nun wieder in offenem Gelände, gelegentlich passieren wir linker Hand kleine Schafs- oder Schweinepferche.

Gegenüber einem Schweinekoben steht links ein hoher, mit fast barockem Dekor verzierter weißer Brunnen mit dem Sternenweg-Symbol. Kurz darauf erreichen wir ein Hochplateau mit Felsformationen, die sich in Richtung eines Eukalyptuswäldchens fortsetzen, das wir links passieren. Anschließend verläuft der Weg eine ganze Weile an einer Steinmauer entlang auf eine Reihe hoher Eichen zu. Bei diesen stoßen wir links auf eine hohe Felsformation, an der wir rechts vorbeigehen. Wir setzen unseren Weg geradeaus

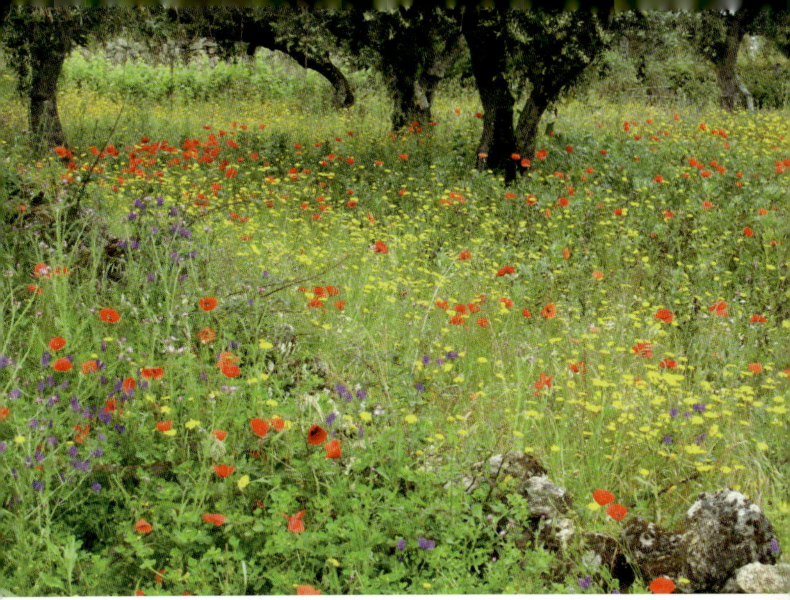

Blumenwiese bei Alpalhão

fort, bis wir bei km 16,9 schließlich die quer zu unserem Weg verlaufende IP 2 erreichen, deren Anblick uns unsanft in die Jetztzeit zurückholt.

Auf der davor parallel entlangführenden, kleinen Teerstraße gehen wir nach rechts hinunter zu einer Unterführung, wo wir auf den ersten roten Wegweiser GR 40 „Caminho Português Interior do Santiago – Etapa de Nisa" stoßen, dem wir durch die Unterführung hindurch folgen.

Wir gehen geradeaus weiter. Wenn Sie jedoch in der „Quinta dos Ribeiros" übernachten möchten, müssen Sie hier die neben der IP 2 herlaufende Straße nach links einschlagen. Folgen Sie ihr und hinter einer Biegung schließlich der Zufahrt bis zum Kreisverkehr. Dort wenden Sie sich nach links und gehen unter der Unterführung hindurch. 200 m dahinter finden Sie rechts an der N 245 die Zufahrt zur Quinta.

Geradeaus weitergehend gelangen wir vor den ersten Häusern von **Alpalhão** links zum Eingangstor der *Casa de Campo* „A Palhota". Danach setzen wir unseren Weg über eine Kreuzung mit rechts einer kleinen Kirche und Sitzbänken davor geradeaus fort (nach links geht es über den *Largo de São Tiago* geradeaus weiter zum „Alpalhoense") und an dem kleinen, dreieckigen *Largo do Terreiro* (mit Mülltonnen) links entlang weiter. An dem darauffolgenden Platz, dem *Largo Joaquim Lopes Subtil* mit einem Apfelbaum in der Mitte, gehen wir ebenfalls links vorbei und erreichen nach 18,2 km den kleinen Platz mit einem Brunnen vor der *Junta de Freguesia* von **Alpalhão**, wo wir während der Bürozeiten gern einen Stempel in unseren Pilgerpass gedrückt bekommen.

Alpalhão

325 m, Ew. 1.200

Casa de Campo „A Palhota", ☏ 245 742 015, 965 414 083, www.apalhota.com, alpalhaopalota@gmail.com. ZP für Pilger bei Direktbuchung € 45 (in der Nebensaison) mit üppigem Frühstück nach Wahl. Ein herrliches Anwesen, gut ausgestattete Zimmer, Terrasse, Swimming-Pool, großer Aufenthaltsraum und Küche. Die Inhaber sind sehr freundlich und aufmerksam, Ihre Wäsche wird auf Wunsch (kostenlos) gewaschen, Wäscheleine hinter dem Haus.

„Quinta dos Ribeiros" (*Agroturismo* an der N 245 vor Alpalhão) ☏ 245 745 100, www.quintadosribeiros.com. ZP 55 € (Nebensaison) mit üppigem Frühstück. Im ✕ werden ökologische Produkte aus eigener Landwirtschaft serviert. Obwohl außerhalb gelegen, ist dieser wunderschöne Landsitz wie von selbst so etwas wie ein Geheimtipp unter den Lesern dieses Handbuchs geworden. Ich selbst war noch nie dort, habe aber so viel Lob darüber gehört, dass ich ihn gern weiterempfehle.

Café Restaurante „Alpalhoense", Largo Doutor Alves da Costa. Einfaches Restaurant mit guter Küche zu unschlagbar günstigen Preisen. Eingang durch das Café. Sagen Sie, dass Sie essen wollen, dann schließt man es Ihnen auf. Wegbeschreibung im vorstehenden Text am Ende.

Haltestelle am Hauptplatz (Weg wie zum ✕ „Alpalhoense", dann weiter zur Hauptstraße bzw. N 18 und diese nach rechts hinunter). Verbindungen nach **Nisa** Mo-Fr (außer an Feiertagen und in den Schulferien) 16:45 und 18:30, in den Schulferien Mo-Fr (außer an Feiertagen) 17:40

Klein wie es sein mag, wird doch Alpalhão in allen Quellen als wichtige Station auf dem Weg nach Santiago de Compostela erwähnt. Vor der *Igreja Matriz* am Beginn der 20. Etappe steht eine Schautafel zum Caminho de Santiago und zu den Sehenswürdigkeiten des Städtchens.

20. Etappe: Alpalhão – Nisa

13,9/11,7 km

Etappenplanung: Die nachstehend beschriebene Hauptroute ist 2,2 km länger als der GR 40. Ich habe sie dennoch gewählt, weil der GR 40 fast 1,6 km länger auf der N 18 und vor der Furt des *Ribeira da Figueira* gut 500 m lang auf einem nassen und oft überschwemmten Weg ohne Ausweichmöglichkeit neben diesem Fluss verläuft. Die von mir gewählte Route ist zudem landschaftlich sehr viel eindrucksvoller als der markierte Weg, den ich aber nachstehend ebenfalls beschreibe.

Wir verlassen *Alpalhão* von dem kleinen Platz vor der *Junta de Freguesia*, folgen aber nicht der Markierung nach rechts um die Junta herum, sondern gehen auf der *Rua Direita* geradeaus weiter. Sie stößt nach 120 m auf den *Largo do Adro* vor der *Igreja Matriz*. Wir gehen zu ihr hinüber, betrachten die vor ihr stehende Caminho-Schautafel und folgen anschließend der Rua de Santo António an der Kirchenfront vorbei bis zum Stopp-Schild vor der Kreuzung mit der N 18, auf die wir nach rechts abbiegen. Wir folgen dieser, bis wir nach knapp 5 km auf einen nach links abzweigenden Sandweg stoßen. Links an der Abzweigung steht ein braunes Schild mit weißer Schrift und dem Text „naturtejo GEO.PARK", auf der N18 gegenüber befindet sich ein verwitterter hölzerner Wegweiser „Saragonheiras". An dieser Stelle biegen wir nach links ab.

↳ Der GR 40 folgt der N 18 bis zu einer links stehenden Hausruine bei km 6,5. Folgen Sie dort **nicht** der GR-Markierung am Haus vorbei nach links, sondern bleiben Sie bis zum Beginn der Leitplanke auf der N 18 und gehen Sie erst dann nach links zu der Caminho-Stele hinüber und links bzw. geradeaus auf dem Sandweg weiter. Nach 7,6 km führt der GR 40 links an einer lang gezogenen Bruchsteinmauer mit einer riesigen Korkeiche dahinter und einem Gebäude entlang abwärts und 300 m danach hinter einem markierten Felsen nach rechts weiter. Nach 8,4 km tritt zum ersten Mal das Römerpflaster dieses uralten Wegs zutage. Bleiben Sie bei einer Abzweigung kurz dahinter stets auf dem am *Ribeira da Figueira* entlangführenden Weg. Nach 9 km stößt der Weg auf eine Kreuzung, über die Sie geradeaus hinweggehen. Von links herunterkommend stößt die Hauptroute (dort bei **km 11,2**) auf die Kreuzung.

Auf der **Hauptroute** folgen wir bei km 5 dem Sandweg nach links in den UNESCO Geopark Naturtejo, einer Region mit einer einzigartigen Landschaft und bedeutenden geologischen Formationen, in der in unserem Fall nicht wenige Störche auf Nahrungssuche sind. Auf den Steinmauern zu beiden Seiten blühen Blumen in üppiger Vielfalt. Nach 5,4 km teilt sich der Weg vor einem runden, blauen Schild mit einem weißen Pfeil dreifach. Wir folgen dem rechten Weg an den Bruchsteinmauern entlang. Bald darauf stoßen wir auf ein rechts vor uns liegendes Ungetüm von Buckelfelsen, der sehr an einen schlafenden Wal erinnert. Nach gut 6 km kommen wir an eine Weggabelung, die runde, blaue Tafel mit dem Hinweispfeil ist uns diesmal rückwärts zugewandt.

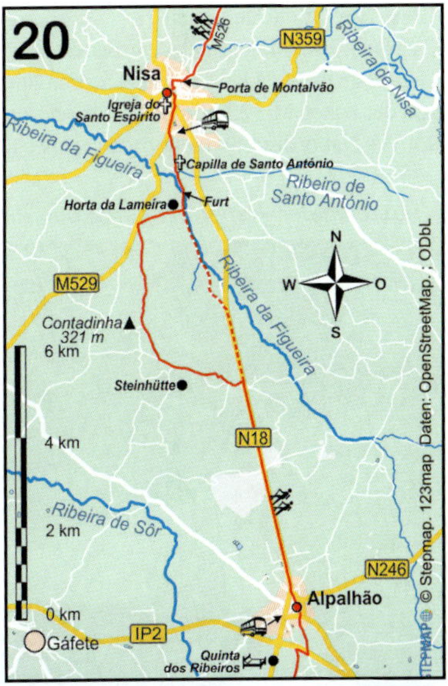

Wir gehen geradeaus weiter und betreten nun wieder einen beidseitig von uralten Steinmauern gesäumten Weg, der uns in die weite, archaisch anmutende Landschaft hineinführt. Hierzu passt die links in einiger Entfernung auf der Wiese befindliche, beeindruckende runde Steinhütte, die dort schon seit Menschengedenken stehen muss. Sie hat ein gewölbtes Steindach, ja eine Kuppel, und erinnert

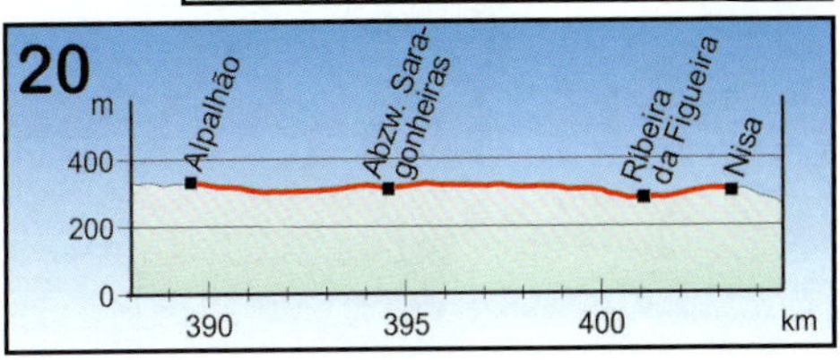

an frühe irische Bienenkorbhütten, von der Form her auch an die „Pallozas“ der Keltiberer auf dem Pass *O Cebreiro* an der Grenze nach Galicien, wo Jakobspilger auf dem *Camino Francés* Unterschlupf fanden. Vor der Hütte befindet sich ein Felsen in Form eines Steintisches und da es nicht weit entfernt Menhire und einen Dolmen (Steintischgrab) gibt, sind der Fantasie des interessierten Pilgers keine Grenzen gesetzt.

Bei etwa km 6,7 erreichen wir eine Kreuzung, wo wir den Weg weiter geradeaus fortsetzen. Kurz darauf gabelt sich der Weg nach 7 km hinter einer links stehenden, niedrigen Eiche. Dort wenden wir uns nach rechts und folgen wiederum einem von einer doppelten Steinmauer gesäumten Weg mit zunächst auf der rechten Seite stehenden Leitungsmasten. Nach einiger Zeit kommen wir rechtsseitig an einer enormen Ansammlung von Steinblöcken vorbei. Alsbald setzen sich auch die Leitungsmasten nunmehr auf der linken Seite unseres Weges fort. Dort sehen wir auch kurz darauf den Messpunkt *Contadinha* ⇧ 321 m. Wir bleiben auf diesem stets von Leitungsmasten begleiteten Weg und wandern durch eine mit Granitblöcken und typischen Buckelfelsen durchsetzte Gras- bzw. Weidelandschaft.

Nach 9,8 km liegt links ein Bauerngehöft, an dem vorbei wir unseren Weg an den Leitungsmasten entlang fortsetzen. Von links können wir nun bereits den Verkehrslärm von der nahen M 529 herüberdringen hören. Gut 250 m weiter und nur wenige Schritte vor der Nationalstraße biegt nach rechts ein Weg ab. Er führt in ein Wiesental und vor-

Trittsteine der Römerfurt durch den Ribeira da Figueira (vL)

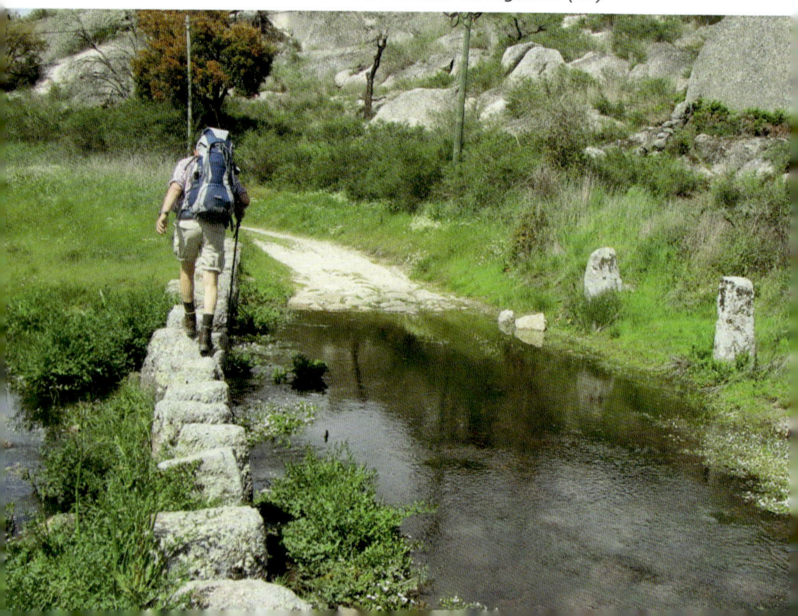

bei am links liegenden Eingang zur *Horta da Lameira* zum *Ribeira da Figueira* hinunter, an dessen Ufer wir uns bei **km 11,2** nach links wenden. Die Pflastersteine unter uns gehören zur ehemaligen Römerstraße von *Alpalhão* nach *Nisa*, die ab hier von *Nisas* Straßenbauamt instandgehalten wird. Bei km 11,6 gelangen wir an eine Furt, die seitlich auf Steinen überquert werden kann – wer zu kurze Beine hat oder sich nicht traut, muss die Stiefel ausziehen (der Grund ist ebenfalls sorgfältig grob gepflastert). Keine 400 m weiter sind wir bereits auf der neueren Brücke über den *Ribeiro de Santo António* von 1994. Links unterhalb des Geländers können Sie noch die alten Trittsteine sehen, auf denen man früher über den Bach balancieren musste.

Hinter dieser Brücke geht der gepflasterte Weg in einen Sandweg über und bald erreichen wir nun auch die Teerstraße, die nach links bergauf Richtung Wasserturm und **Nisa** führt. Auf der rechten Seite liegt noch die ✞ *Capilla de Santo António* und kurz vor dem Ortseingang treffen wir nach 12,6 km ebenfalls rechts auf einen großen ⌘ Brunnen mit dem Kreuz der Christusritter, einem Wappen und der verwitterten Jahreszahl 1615.

Am Ortseingang von **Nisa** folgen wir dem gelben Pfeil und dem orangefarbigen Schild mit den olympischen Ringen in Richtung „pavilhão desportivo". Die Straße führt in Verlängerung der hinter einem Wegekreuz heraufführenden M 529 in den Ort hinein. Dort, wo die Sackgasse zum *Pavilhão desportivo* nach rechts abbiegt, gehen wir geradeaus weiter bis zu der mit einem Storchennest verzierten *Junta de Freguesia de Espirito Santo*. Hier wenden wir uns nach links und folgen der Straße vorbei an der rechts zum 🚌 „terminal rodoviário" hinunterführenden *Rua Doutor Sidónio Pais*. Wir passieren zunächst die rechts stehende kleine ✞ Igreja do Santo Espirito, gehen dann mit Blick auf drei Kirchtürme nach links hinüber und am Gerichtsgebäude "Domus Iustitae" vorbei, überqueren anschließend die Straße zu der außen an einer Kirche angebrachten Kanzel, umrunden diese Kirche rechts, gehen am Café „Dom Dinis" vorbei und erreichen schließlich die mit Platanen bestandene *Praça da República*. Links dahinter befindet sich der Pavillon des ℹ Posto de Turismo, den wir nach 13,9 km erreichen.

Um zu dem nachstehend empfohlenen 🛏 „Residencial São Luis" zu gelangen, gehen Sie links oder rechts um die Touristeninformation herum und auf deren Rückseite dann auf das gegenüberliegende „Cine-Teatro de Nisa" zu, vor dem Sie sich nach links in die *Rua Visconde Vale da Sobreira* wenden. Nach einer leichten Kurve sehen Sie das Residencial direkt vor sich am Ende der Straße liegen. Noch bevor Sie es erreichen, zweigt links eine Straße zum ✕ „Flôr do Alentejo", zur Markthalle und einem großen 🛒 mit einem breiten Warenangebot ab.

Nisa ℹ @ 🛏 ✕ ☕ 🛒 BANK ✠ ⇧ 308 m, Ew. 3.300

ℹ Posto de Turismo ("Turismo"), Praça da República, ☎ 245 410 000 (Apparat 353), täglich 9:30 bis 12:30 und 14:00 bis 17:30. Hier und im Residencial São Luis gibt es einen speziellen Pilgerstempel für den Pilgerpass.

@ in der Biblioteca Municipal, großes gelbes Gebäude in der Mitte der Praça da República

🛏/☺ Seit Jahren unser Stammquartier, bei allen Pilgern beliebt: Residencial São Luis, Rua Visconde Vale da Sobreira, ☎ 245 429 007, residencialsaoluis@gmail.com, EZ € 25,

DZ € 40 mF. Der freundliche und hilfsbereite Inhaber José Monteiro spricht fließend Englisch und Französisch, kennt die Gegend wie seine eigene Westentasche und nimmt seine Gäste (wenn es seine Zeit erlaubt) mit zur Beobachtung der Geier hinauf zum *Castelo do Rei Wamba* hoch über dem Tejo bei VVdR. Hierfür und für weitere nette Extras sollten Sie ihm ein finanzielles Dankeschön hinterlassen, auch wenn er sich dagegen wehrt. Legen Sie es ihm einfach auf den Tresen.

Restaurante „Flôr do Alentejo", kurz vor dem Residencial nach links Richtung Markthalle. Gute regionale Küche und Fischgerichte, sehr freundliche Bedienung, Sonntag Ruhetag

▷ Restaurante „Fonte da Pipa" im Erdgeschoss des Residencial São Luis. Gute portugiesische Küche, besonders empfehlenswert die Tagesgerichte (prato do dia), meine Wahl fürs Mittagessen.

Busse vom Terminal Rodoviário Mo-Sa 15:45, So-Fr 20:00, tägl. 21:45 nach **Vila Velha de Rodão** und **Castelo Branco**, Mo-Fr 5:50, tägl. 8:50, 13:50, Fr 18:50 nach **Lissabon**

Typische Reiskorn-Keramik aus Nisa

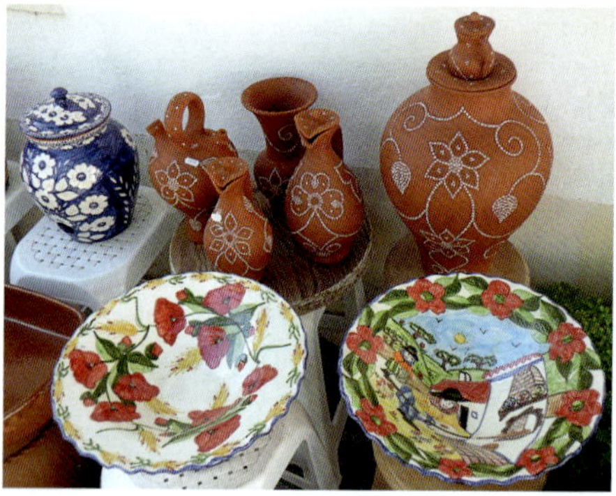

Das heutige Nisa entstand im 13. Jh. nicht weit vom vorher zerstörten vorrömischen *Nisa-a-Velha* in einer geschichtlich interessanten Region. Nisa war im Mittelalter eine wichtige Etappe auf dem Weg nach Santiago de Compostela. Hier trafen von Osten aus *Castelo Vide* und der spanischen Extremadura (*Cáceres* an der *Vía de la Plata*) und von noch weiter herkommende Händler und Pilger mit jenen aus Évora und dem Süden zusammen, um über den Tejo weiter nach *Castelo Branco* und von dort über den Douro hinauf nach Galicien zu ziehen. Drei große Gasthöfe mit Pferdestallungen beherbergten und verköstigten die Reisenden.

▷ Dort kamen im März 1445 auch drei deutsche Pilger von Spanien herüber, zwei Brüder und die Frau des einen. Sie erhoben vor dem örtlichen Richter Klage, dass sie unterwegs von drei Kuhhirten überfallen worden seien. Einer von diesen habe die Frau vergewaltigt. Der Täter konnte dingfest gemacht werden. Als es aber zur Gegenüberstellung kam, unterließen die Deutschen eine Identifikation, weil sie „als Pilger nach Santiago in Galicien" ihr Seelenheil nicht durch eine mögliche Falschaussage gefährden wollten. Der Richter warf den Übeltäter dennoch ins Gefängnis, aber König Afonso V. begnadigte ihn durch Erlass vom 13. Dezember desselben Jahres gegen eine Spende von 1.000 Real an seinen Kaplan Johann von Évora. Man fragt sich sogleich, woher ein Kuhhirt so viel Geld nehmen sollte und warum der König persönlich eingriff. In diesem Licht besehen, erscheint das Verhalten der Pilger einleuchtend.

21. Etappe: Nisa – Vila Velha de Rodão (VVdR)

➲ 19,6 km/20,2 km (Estalagem)

Etappenplanung: Der GR 40 „Caminho Português Interior do Santiago – Etapa de Nisa" ist von Nisa bis VVdR durchgehend markiert und wird nachstehend beschrieben. Ab der *Capela de Santiago* beschreibe ich zusätzlich eine 400 m kürzere, landschaftlich und historisch attraktivere **Variante**. Sie führt zu einer Römerbrücke hinunter und dann vorbei an einer malerischen Fluss-Schleife, bevor sie wieder auf den Hauptweg trifft.

Ab *Pé da Serra* gibt es eine **Alternative** zur Hauptroute. Sie führt über *Pé da Serra* hinauf nach *Salavessa* auf dem Hochufer des Tejo, von wo Pilger und andere Wanderer früher direkt zum Ufer hinuntergingen, um den Fluss Richtung *Perais* auf der anderen Seite zu überqueren. Dies ist heute nicht mehr möglich, sodass die Alternative einem Kurzwanderweg längs des Tejo mit unvergesslich schönen Ausblicken auf den Fluss folgt und sich am Beginn der Tejo-Brücke vor VVdR wieder mit dem GR 40 vereinigt. Die Entfernung Nisa-VVdR beträgt einschließlich der Variante und der Alternative 22,3 km. Sie können die auf der Karte gestrichelt eingezeichnete Alternative beim Verlag abrufen (Alternative Routen).

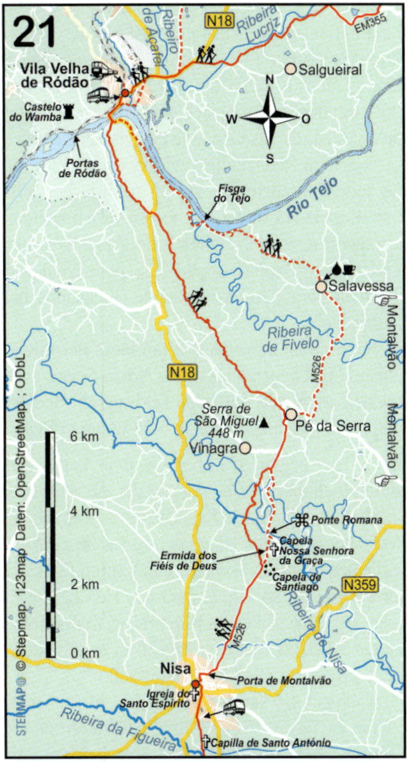

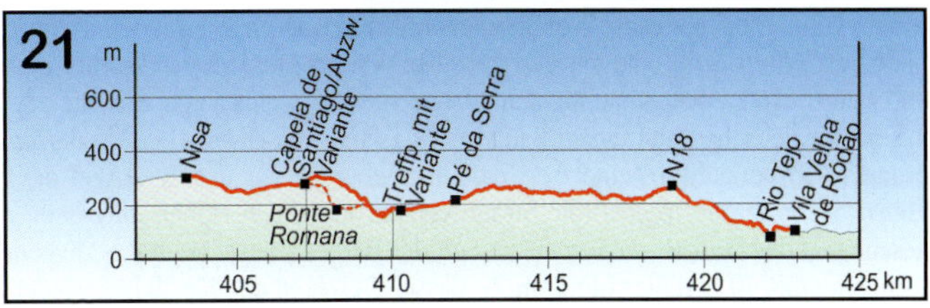

Ich selbst ziehe die Alternative wegen ihrer landschaftlich einzigartigen Eindrücke vor, kann aber nicht verleugnen, dass auch der GR 40 einige schöne Ausblicke bietet.

☝ Auf der *markierten* Etappe finden Sie unterwegs keine Wasserstelle, sorgen Sie also gut vor – es geht schweißtreibend hoch hinauf!

Vom **i** gehen wir über den Zebrastreifen hinweg in Richtung auf die Kirchtürme vorbei an der rosa gestrichenen Rückseite der Biblioteca Municipal. Auf einem kleinen Platz mit einem Denkmal mit Büste in der Mitte wenden wir uns nach links und gehen durch die *Porta da Vila* Richtung „museu". Dahinter geht es links zur *Igreja Matriz* und dann geradeaus weiter die *Rua Dr Francisco Miguens* hinunter zur *Praça do Municipio*. Dort wenden wir uns nach rechts zur *Capela da Misericordia* und gehen dann links davon durch die ins Gebäude eingelassene *Porta de Montalvão*. Dahinter geht es hinunter zu einem Rest Stadtmauer mit einem Turm und durch das dortige Tor hindurch auf die andere Straßenseite, wo wir nach bisher 550 m dem Wegweiser nach „Salavessa" und „Capela NS da Graça" folgen. Nach weiteren 300 m erreichen wir links das hervorragend restaurierte öffentliche Waschhaus und folgen dort der nach *Salavessa* führenden, vom Asphalt der M 526 bedeckten ehemaligen Römerstraße durch eine fast schon als bergig zu bezeichnende Hügellandschaft mit Eukalyptuskulturen und anderen Laubwäldern.

Nach etwas mehr als 3,8 km biegt der GR 40 unterhalb der rechts gegenüber auf einem Hügel liegenden *Capela Nossa Senhora da Graça* an einem Baum unübersehbar markiert nach links auf einen Feldweg ab. Rechts auf der anderen Seite liegen eine alte Hütte und - kaum erkennbar - die wenigen Reste der *Capela de Santiago*.

Hier beginnt die oben erwähnte kurze Variante, die ich zunächst vor der Hauptroute beschreibe: Bleiben Sie an der Abzweigung des GR 40 auf der M 526 und folgen Sie ihr bei oder nach Regenwetter unterhalb von *Nossa Senhora da Graça* in einer Rechtskurve um den Hügel herum steil in ein Flusstal hinunter. Wenn Sie trittsicher sind und einen Stock und keinen zu schweren Rucksack dabeihaben, biegen Sie nach 4,2 km **vor** der kleinen Kapelle *Ermida dos Fiéis de Deus* zu Beginn der Auffahrt zur Marienkapelle nach links auf einen Wiesenweg ab und folgen Sie ihm ins Tal hinunter. Auf seinem letzten Stück oberhalb der M 526 ist er sehr steil und die dort angebrachten Stufen sind recht lädiert, passen Sie also gut auf!

Nach gut 4,6 km sind Sie wieder auf der Straße, gehen nach links hinunter und überqueren im Tal eine Brücke, unterhalb derer Sie rechts die wunderbar erhaltene ⌘ *Ponte Romana* über den *Ribeira de Nisa* bewundern können, selbst die offizielle Website spricht von „voltas perfeitas", vollkommenen Brückenbögen. Sie werden davon genauso begeistert sein wie alle, die mit der Vorauflage dieses OutdoorHandbuches dort waren und wunderschöne Fotos mitbrachten. Danach geht es rechts an der Schleife des Flusses mit dem malerischen, mit einem Bauernhof bestandenen Hügel *Poço de Burros* (Eselsbrunnen) vorbei aufwärts und bald darauf erhebt sich vor uns der Kegel des 448 m hohen *Serra de São Miguel* (die Straße verläuft in 185 m Höhe), an dessen Abhang geschmiegt das Dorf *Pé da Serra* ("am Fuß des Berges") liegt. Nach 6,6 km kommt von rechts der GR 40 herunter (dort **km 7**), dessen Beschreibung Sie ab hier wieder folgen.

Auf dem **Hauptweg** folgen wir den Markierungen des GR 40 und jenen einer Jakobsbruderschaft in Nisa hinauf auf einen Höhenrücken und auf diesem entlang in Richtung des Bergkegels des *Serra de São Miguel*. Nach rechts haben wir schöne Ausblicke zunächst auf die Marienkapelle, dann das nordwestlich in der Ferne hoch oben liegende *Montalvão* und vor uns allmählich auch das weißleuchtend am Hang liegende *Pé da Serra*.

Nach 5,1 km ist der Scheitelpunkt erreicht, danach geht es stetig abwärts. Sollten dort Rinder weiden, wird der Weg an einem kleinen Gehöft nach knapp 5,5 wahrscheinlich mit einem Gatter versperrt sein, das aber geöffnet (und natürlich wieder geschlossen) werden kann. Danach geht es in ein von einem Bach durchflossenes, baumbestandenes Tal hinunter. Vor dem Bach wenden wir uns nach rechts, gehen aber nicht unmittelbar auf die Brücke zu, sondern auf einen rechts zur Brücke führenden Steg, von dem aus sie leichter überquert werden kann als vom Talboden aus.

Jenseits der Brücke steigt der Weg wieder an und führt durch einen Eukalyptuswald in einem Bogen nach rechts zur M 526 zurück, der wir bei **km 7** nach links folgen. Bei dem Wegweiser „Vinagra 1 km“ bleiben wir auf unserer Landstraße und gehen auf **Pé da Serra** zu, das wir nach gut 8 km erreichen. Kurz vor dem Ortseingang weist der GR-Wegweiser bei km 8,2 nach links auf einen Feldweg, dem wir aber nur 150 m weit folgen, um dann entgegen dem Wegweiser nach rechts auf die Teerstraße zurückzukehren, weil der Weg ab hier, auch wenn gerade nicht überschwemmt, doch unpassierbar nass ist. Wir werden bald auf ihn zurückkehren.

Dort, wo nach knapp 8,4 km der Weg wieder auf die M 526 trifft, beginnt gegenüber die in der Etappenplanung erwähnte **Alternative** über Salavessa.

In Pé da Serra (vL)

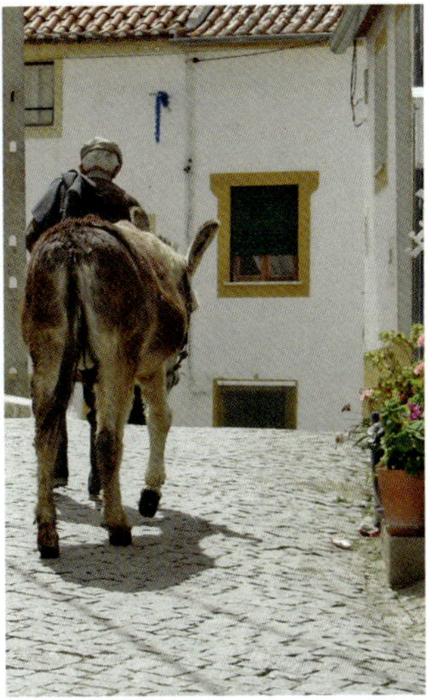

Auf dem **Hauptweg** folgen wir der M 526, bis nach 8,6 km der nach links abknickenden gelb-roten Markierung folgend ein Weg nach links abbiegt. An der Abzweigung steht der Wegweiser „MONTE CIMEIRO PR 5“. Hinter einer niedrigen Steinhütte stößt nach 80 m der GR 40 zu uns. Wir gehen geradeaus weiter. Es geht aufwärts und nach 400 m steht links ein verfallendes Haus unter einer Eiche. Bei einer Kreuzung nach gut 9,4 km folgen wir zwischen alten Mauern dem gelben Pfeil auf den Weg geradeaus abwärts. Kurz darauf geht es nun mit Unterbrechungen ständig aufwärts. Nach 10,1 km haben wir von unserem Höhenweg aus nach rechts die ersten schönen Ausblicke auf ein Tal und bald darauf zunehmend mehr.

Bei einer Gabelung nach 10,7 km folgen wir den Markierungen nach links bzw. geradeaus abwärts und bei einer Kreuzung auf einer Anhöhe nach 11,7 km gehen wir ebenfalls geradeaus weiter. Bei einer T-Kreuzung nach 12,1 km wenden wir uns nach links. Bei der Gabelung ohne Markierung nach 13,9 km bleiben wir auf unserem Höhenweg und gehen geradeaus weiter. Kurz darauf gehen wir an einem verfallenen Weiler vorbei und haben von einer Abzweigung nach 15 km nach rechts einen Blick auf den Tejo. Zu Beginn einer hohen Felswand links rauchen rechts unterhalb die Schlote der Zellulosefabrik von VVdR, für sie wird der schnell nachwachsende Eukalyptuswald angebaut, durch den wir laufen.

Nach 15,7 km stoßen wir auf die von Nisa nach VVdR führende N 18, wenden uns zunächst nach links und schon 50 m weiter sofort wieder nach rechts auf einen abwärts führenden Weg. Sogleich taucht gegenüber das *Castelo do Rei Wamba* auf, eines sagenumwobenen, mythischen westgotischen Königs. Der steile, schwierig und mit **Vorsicht** zu laufende, geröllbedeckte Weg geht erst nach gut 700 m auf einer freien Fläche neben einer Steinhütte in einen Sandweg mit Schotter über. Nach 16,8 km senkt sich der Weg steil zu einem Eukalyptuswald hinunter.

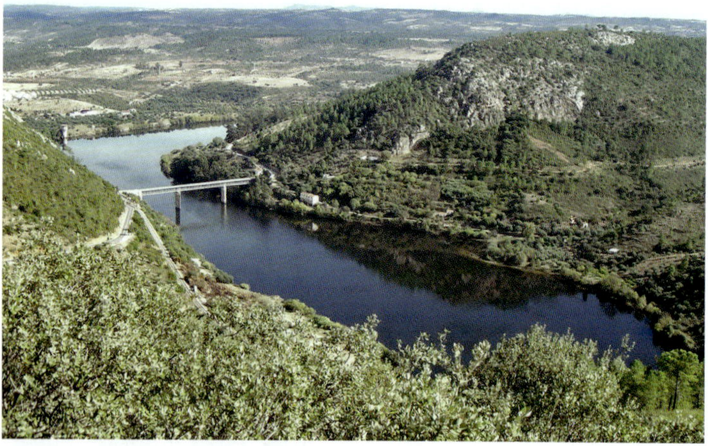

Der Weg zur Tejo-Brücke bei Vila Velha de Rodão (gegenüber)

Schauen Sie ab hier hin und wieder nach oben! Am Himmel kreisen oft die Gänsegeier aus der hiesigen Kolonie. Man sieht sie besonders gut vom *Castelo do Wamba* aus. Die Tiere unterliegen strengem Artenschutz und werden ständig von Tierschützern überwacht.

Unten geht es dann lange eben dahin und mit Blick auf das *Castelo do Wamba* und eine Eisenbahnbrücke an einem Nebenarm des Tejo entlang, bis der Weg nach 18,3 km schließlich dem Fluss selbst zur Straßenbrücke folgt, die wir nach 18,8 km erreichen. Auf dem gegenüberliegenden Geländer befindet sich neben dem letzten großen gelben Pfeil von *Nisa* der erste kleine blassgelbe Pfeil der „Confraria dos Caminhos" aus *Castelo Branco.* Auf der N 18 stößt auch die Alternative über *Salavessa* auf unseren Weg.

Wir wenden uns nach links und werden auf der Tejo-Brücke mit Ausblicken auf den Strom in seiner ganzen majestätischen Breite und einem Anblick belohnt, der mit zu den schönsten des gesamten Pilgerwegs gehört: den *Portas de Ródão,* einem gewaltigen Felsdurchbruch, wie er beeindruckender kaum sein kann. Hier beginnen auch die *Beiras* (*Beira Baixa* mit dem Hauptort *Castelo Branco, Beira Alta* mit *Guarda*).

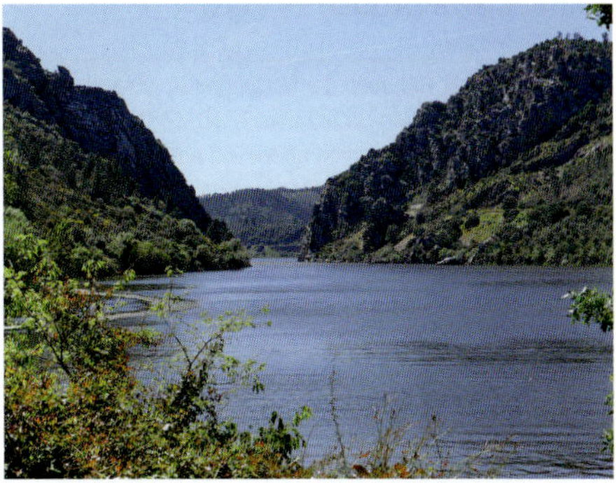

Portas de Ródão (GB)

Hinter der Brücke wenden wir uns bei den Wegweisern u. a. zum „Estalagem Portas de Rodão" nach rechts und gehen immer an einer oben braun-orange gestrichenen Mauer entlang. Da, wo sie nach **19,4 km** aufhört, folgt der markierte Pilgerweg der scharf nach rechts bergab abbiegenden Kopfsteinpflasterstraße Richtung Pilgerherberge.

Sie können an dieser Stelle noch 200 m weitergehen und erreichen schräg links gegenüber der Bushaltestelle von **Vila Velha de Ródão** das „O Júlio", das bis 14:00 warme Küche bietet. Vor dem Restaurant führt eine kleine Straße nach links aufwärts zum Bahnhof, falls Sie nach *Castelo Branco* weiterfahren oder hier Ihre Wanderung mit einer Fahrt nach Lissabon beenden wollen. Wenn Sie auf der N 18 dem Wegweiser „Complexo Turistico Portas de Ródão" folgen, finden Sie nach 350 m links hinter der Brücke über den Rio do Enxarrique den und gelangen nach insgesamt 700 m an eine große Kreuzung. Dort geht es links zur Zellulosefabrik und nach rechts zum Estalagem Portas de Ródão.

Weg durch Vila Velha de Ródão

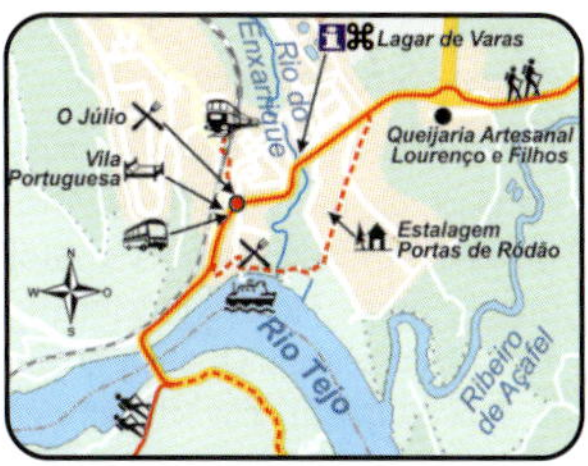

Auf dem **Hauptweg** biegen wir bei km 19,4 auf die nach scharf rechts abwärts führende Kopfsteinpflasterstraße ab. Wir folgen ihr bis zu einem weißen Haus mit roten Rosen davor und gehen dort nach links hinunter. Bei einem Stopp-Schild wenden wir uns bei km 19,6 nach rechts zum Flussufer hinunter und gehen zwischen der Bootsanlegestelle und einem ganzjährig geöffneten Restaurant (Touristenpreise) hindurch zu der

Holzbrücke über den *Rio do Enxarrique*, die wir nach 19,8 km überqueren. Dahinter gehen wir auf einer Kopfsteinpflasterstraße aufwärts und dann nach links weiter. Über eine Kreuzung mit grauen Wegweisern gehen wir geradeaus weiter bergauf zum „Estalagem Portas de Ródão", das wir nach 20,2 km erreichen.

Vila Velha de Ródão (VVdR)

⇧ 80 m bis 150 m, Ew. 3.500

An der N 18 neben der Museums-Ölmühle „Lagar de Varas" am Ribeira de Enxarrique, bis 30.04 Mo-Sa 9:00 bis 12:30, 14:00-17:30; Mai bis Sept. tägl. 9:30 bis 12:30, 14:00 bis 18:00. Sie bekommen aber auch Auskunft im Estalagem und Restaurant „O Júlio".

Estalagem Portas de Ródão, Rua da Senhora da Alagada, ☏ 272 545 125, www.estalagemrodao.blogspot.com, estalagemrodao@gmail.com. Das herrlich oberhalb des Tejo gelegene Hotel (voller Blick auf die Portas de Ródão) bietet für Pilger Vier-Bett-Zimmer für € 15 pP, mF. Alle Hoteleinrichtungen einschließlich des Swimming-Pools können mitbenutzt werden.

Vila Portuguesa, Rua Pesqueiras 25 (zwischen N 18 und Bahnhof), ☏ 272 541 138, www.vilaportuguesa.pt (Online-Buchung), ZP € 50 mF, für Gäste 20 % Ermäßigung im Restaurant. Ein (2016) neues Haus mit allem Komfort.

Café Restaurante „O Júlio". Neben portugiesischer Küche auch fangfrischer Flussfisch, Sonntag Ruhetag

Nach **Castelo Branco** Mo-Sa 16:05, So-Fr (außer Feiertage) 20:20 (Rede Expressos)

Züge nach **Castelo Branco** ab Mittag tägl. 13:23, 15:48, 19:04, 21:26, 21:42

Von Mai bis Sept. Di-So „Passeios no Tejo", € 5 bis € 15, Motorboot zum Selbstfahren 2 Pers. € 30, Auskunft und Buchung im Estalagem

22. Etappe: Vila Velha de Ródão – Castelo Branco

32,2 km

Routenplanung: Der nachstehend beschriebene, nicht markierte Weg folgt in etwa der von Spanien herüberkommenden ostportugiesischen Pilgerroute, die von *Nisa* oder *Montalvão* über den Tejo und *Perais* nach *Castelo Branco* führte. Er verläuft zunächst durch flaches Gelände, bis er auf einem relativ kurzen Stück sehr steil nach *Cebolais de Cima* ansteigt. Danach geht es mäßig aufwärts, bis der Weg die alte N 18 erreicht, die wiederum flach bis nach *Castelo Branco* verläuft. Nach 23,8 km erreichen Sie an der Haltestelle **Benquerenças** um 13:45 oder 19:41 einen Zug nach **Castelo Branco**, entsprechend früh oder spät müssen bzw. können Sie aufbrechen, wenn Sie nicht die gesamte Strecke laufen wollen.

Die „Confraria dos Caminhos" aus *Castelo Branco* hat im April 2016 eine Route markiert, die nach ständigem Anstieg erst oberhalb von *Cebolais de Cima* auf den nachstehend beschriebenen Weg stößt. Weil sie fortwährend ansteigend einen unnötig langen, durch nichts gerechtfertigten Umweg um die Bahnlinie und die A 23 herum macht, um schließlich auch noch neben bzw. zwischen dieser und der verkehrsreichen N 3 herzulaufen, bin ich bei dem landschaftlich attraktiveren und trotz eines steilen

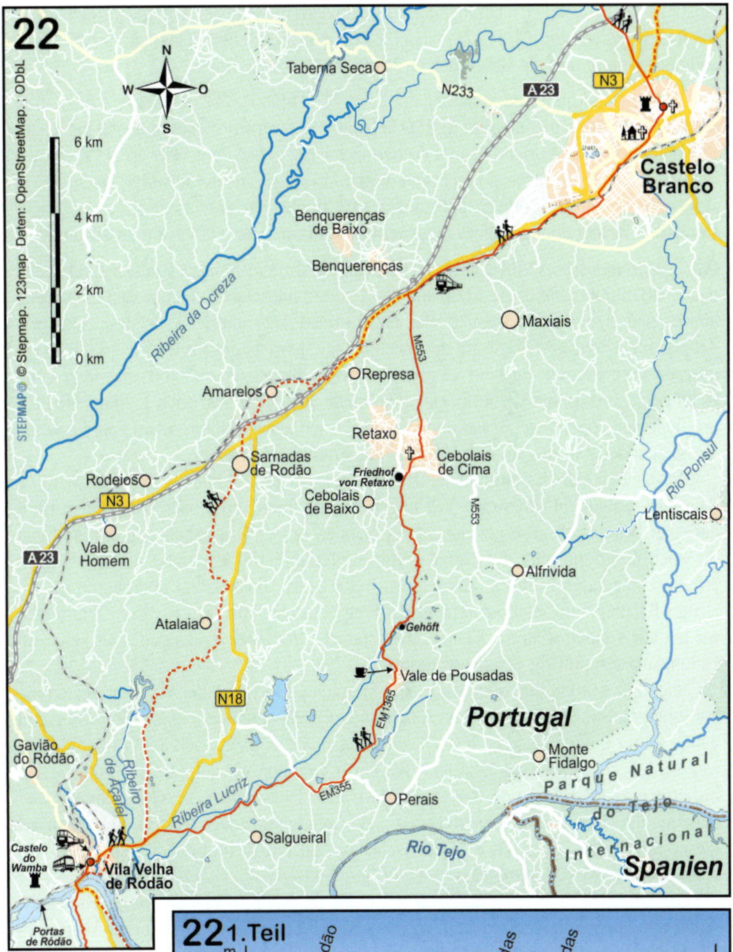
22
STEPMAP © Stepmap. 123map Daten: OpenStreetMap. ; ODbL
N
W
O
S
6 km
4 km
2 km
0 km
Taberna Seca
N233
A23
N3
Castelo Branco
Benquerenças de Baixo
Benquerenças
Ribeira da Ocreza
Maxiais
M553
Represa
Amarelos
Retaxo
Cebolais de Cima
Sarnadas de Rodão
Friedhof von Retaxo
Rodeios
Cebolais de Baixo
Rio Ponsul
Lentiscais
Vale do Homem
Alfrivida
Atalaia
Gehöft
Vale de Pousadas
N18
EM1365
Portugal
Gavião do Ródão
Ribeiro de Açafal
Monte Fidalgo
Parque Natural do Tejo Internacional
Ribeira Lucriz
EM355
Perais
Salgueiral
Rio Tejo
Castelo do Wamba
Vila Velha de Ródão
Spanien
Portas de Ródão

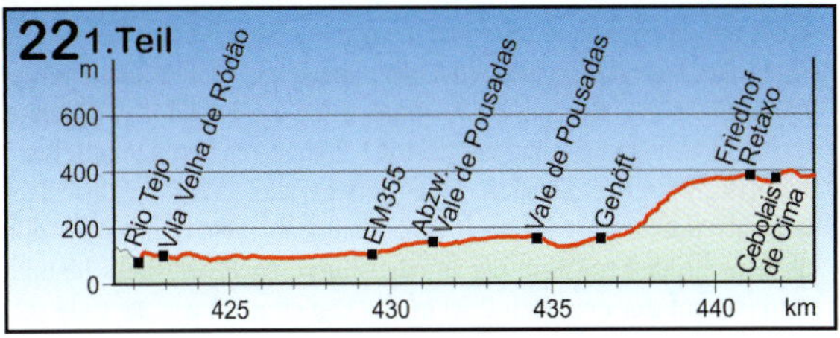
22 1. Teil
m
600
400
200
0
Rio Tejo
Vila Velha de Ródão
EM355
Abzw. Vale de Pousadas
Vale de Pousadas
Gehöft
Friedhof Retaxo
Cebolais de Cima
425
430
435
440
km

Anstiegs m. E. weniger anstrengenden (modifizierten) Weg der Vorauflage geblieben. Sie finden die von der *Confraria* markierte Route als gestrichelte Linie auf der ☞ vorstehenden Karte und als GPX-Track im Paket bei ☞ GPS-Tracks.

▷ Die Entfernungsmessung beginnt beim ✕ „O Júlio", ☞ vorstehend Ankunft in VVdR. Der Weg vom *Estalagem* ist 250 m kürzer. Sie wenden sich vorm Hotel nach links und dann bei einem Vorfahrt-Gebot wieder nach links, gehen dann aber an der Kreuzung mit dem Einfahrtverbotsschild rechts an diesem vorbei geradeaus aufwärts. Nach 400 m stoßen Sie bei einem Stopp-Schild auf die N 18, der Sie nach rechts und dann der nachstehenden Beschreibung folgen. Beginnen Sie am besten bei ☞ **1 km** zu zählen.

Wir verlassen VVdR auf der N 18 Richtung *Castelo Branco*. Zunächst gehen wir nach 700 m über eine große Kreuzung (links zur Zellulosefabrik, rechts zum *Estalagem*) hinweg und erreichen nach exakt **1 km** einen Kreisverkehr mit der Käsefabrik „Queijaria Artesanal *Lourenço e Filhos*" auf der rechten Seite. Jenseits des Kreisverkehrs setzen wir unseren Weg bei der Ausfahrt „Sarnadas-Castelo Branco-Perais" fort und folgen der N 18 geradeaus weiter. Vorbei an einer Tankstelle überqueren wir nach 1,4 km eine Brücke über den *Ribeiro de Açafel* und 250 m danach zweigt hinter einem Fabrikgelände die ↳ markierte Route auf einer kleinen Teerstraße nach links ab.

Wir bleiben jedoch weiterhin auf der N 18, bis bei km 2,2 nach rechts die EM 1372 Richtung „Salgueiral" abzweigt. Wir folgen ihr und überqueren nach 3 km einen Bach auf einer Brücke mit grün gestrichenem Geländer. Bei km 3,3 gabelt sich die Straße in die nach rechts um eine Böschung herum weiterführende Teerstraße und einen nach links abzweigenden Feldweg, auf dem wir weitergehen. Bald darauf überqueren wir ein kleines Bächlein und setzen dann unseren Weg geradeaus fort. Etwas später überqueren wir bei km 4 einen weiteren kleinen, wohl zumeist trockenen Wasserlauf und gehen an Leitungsmasten entlang geradeaus weiter.

Nach gut 4,2 km überqueren wir eine Kreuzung. Dort wird der Weg zur Teerstraße mit sandigen Straßenrändern. Links sehen wir einen Wasserlauf mit einem Betonsteg und gehen weiter geradeaus. An einer Olivenplantage vorbei biegt nach 500 m der Hauptweg nach rechts und wir folgen ihm. Bei km 6,4 stoßen wir auf die quer zu unserem bisherigen Weg verlaufende Kreisstraße EM 355. Links sehen Sie eine Scheune und daneben die Hinweistafel „Ribeira Lucriz". Wir wenden uns nach rechts und bleiben auf dieser Straße, bis wir nach 8,1 km nach links auf die Richtung „Vale de Pousadas" abzweigende EM 1365 abbiegen.

Die Straße führt durch eine locker mit Eukalyptusbäumen bestandene, flache Landschaft mit einem See rechter Hand, vor dem nach 9,6 km ein Weg zu der am Ufer gelegenen *Herdade da Urgueira* (mit 🛏) abzweigt. Ab hier begleiten uns vereinzelte niedrige Steineichen. Bei km 10,9 kommen wir am Friedhof von **Vale de Pousadas** vorbei, dessen Ortseingangsschild wir nach 11,2 km erreichen. Unmittelbar danach teilt sich die Hauptstraße in drei Straßen. Eine führt geradeaus nach „Alfrivida 4,7" km, die zweite biegt als *Rua do Cavão* nach scharf links ab. Wir wählen die dritte Möglichkeit und folgen von der Kreuzung der in einer Kurve nach halb links hinunterführenden *Rua do Barreiro*, auf der uns nach 250 m das täglich geöffnete ☕ Café „Oliveira" erwartet.

Mit dem Rücken zum Café wenden wir uns nach links und gehen an der Bushaltestelle vorbei bis zu einer Gabelung kurz darauf, an der wir nach rechts abbiegen und der Straße leicht aufwärts folgen. Oben gehen wir an einer Kreuzung die *Rua do Ribeiro* nach links hinunter. Nach 11,9 km kommen wir an einem links stehenden Haus mit blauen Fensterläden und blauem Balkon sowie der Hausnr. 23 vorbei und bleiben auch bei dem hinter einer Brücke nach rechts bergauf abzweigenden Weg auf unserem Weg. Bei der nächsten Gabelung dann gehen wir auf dem breiten Weg nach rechts weiter. Nach 12,4 km überqueren wir eine Brücke und biegen dahinter sofort nach rechts zu einer weiteren Brücke ab. Nach Überschreiten der Brücke stehen links und rechts Mauern. Dahinter steht links eine gemauerte Hütte mit einem roten Doppelpfeil und den drei Großbuchstaben „APR“ darüber. Wir folgen nun dem Weg bergan.

Zwei, die sich mögen

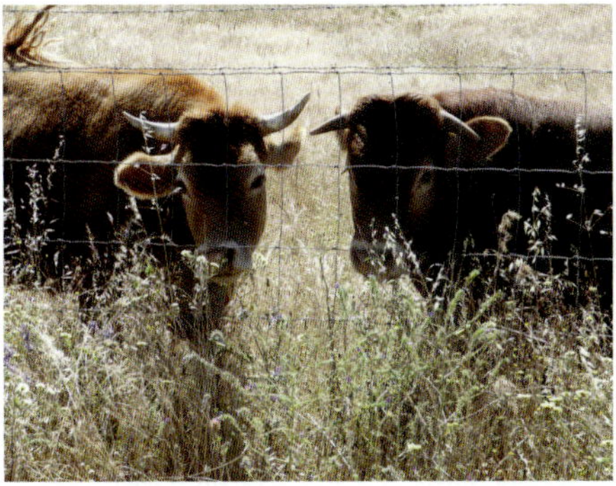

Nach 13 km teilt sich der Weg an einem links stehenden gelben Pfahl mit der Kennzeichnung LN 10001. Vor einer niedrigen Zementsteinmauer rechts wächst eine alleinstehende Föhre. Wir gehen nicht nach links bergauf, sondern an der Mauer entlang geradeaus weiter. 100 m danach stehen rechts zwei Steinhütten. Kurz darauf kommen wir an einem rechts stehenden, kleinen Gehöft vorbei, das von niedrigen Olivbäumen umstanden ist, unter denen Schafe weiden. Nach 13,6 km gabelt sich der Weg bei einer rechts stehenden Hausruine, die von einer mit Heckenrosen bewachsenen Bruchsteinmauer umgeben ist. Dort gehen wir geradeaus bzw. nach rechts hinunter weiter. Wir überqueren einen kleinen Wasserlauf, um dann nach links in Richtung des Urstromtal-Hochufers weiterzugehen. Bei der nächsten Abzweigung mit einem Gebäude rechts gehen wir am Zaun entlang geradeaus weiter aufwärts auf eine uralte Steinhütte mit einem Schrägdach zu. Gleich dahinter liegt die Ruine eines genauso alten Gebäudes. Nach 14,3 km stoßen wir auf ein schadhaftes Gatter, das sich öffnen (und wieder schließen) lässt. Der Weg führt dahinter zunächst steil und dann schräg am Hang entlang aufwärts.

☺ Von dort und auch von noch weiter oben haben Sie einen beeindruckend schönen Blick zurück auf die Landschaft mit den darin verstreuten Dörfern an den Ufern des *Tejo*. Drehen Sie sich daher beim Aufstieg mehrmals um und genießen Sie die Ausblicke.

Nach 14,6 km macht der Weg eine scharfe Rechtskurve und verläuft zwischen eingestürzten, alten Steinmauern weiter auf eine kleine, weiße Hausruine zu. Daran vorbei führt der Weg weiter aufwärts und überwindet bei einer Kieferngruppe nach knapp

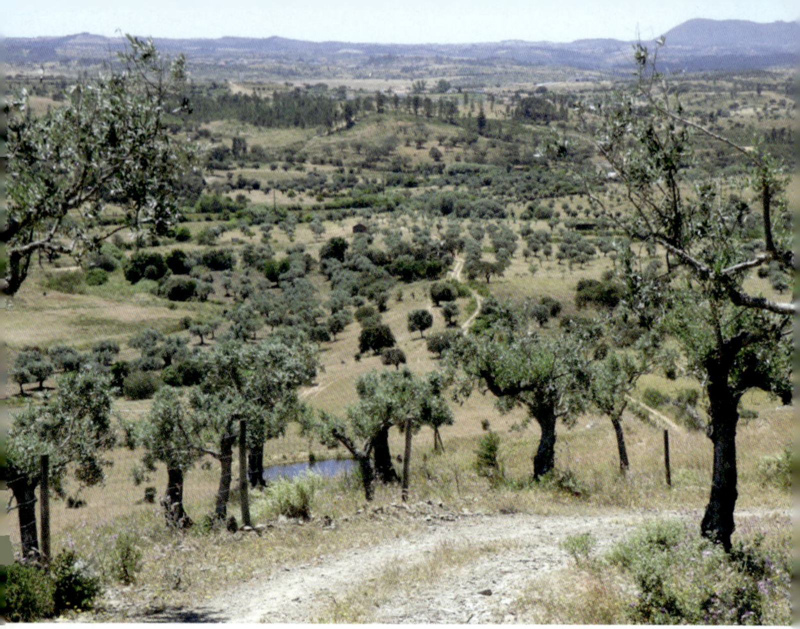

Pilgerweg und Landschaft bei Alfrivida

14,8 km einen ersten Scheitelpunkt; rechts unten liegt das Dorf *Alfrivida*. Kurz darauf bleiben wir bei einer Gabelung mit einem auf den Kopf gestellten roten Schild und einem weißen Kreis in der Mitte auf dem breiten Weg. Nach 15,6 km vereinigt sich ein von links kommender Weg mit unserem breiten Weg. Nach 16,8 km erreichen wir eine Abzweigung nach links mit einer PR-Markierung. Dieser folgen wir jedoch nicht, sondern gehen geradeaus weiter und ignorieren den Pfahl mit der über Kreuz stehenden Markierung.

Bald darauf liegt schräg rechts vor uns eine Reihe von Häusern und nur wenig später laufen wir auf sich vor uns drehende Windkrafträder zu. Vorbei an einem Grundstück mit Wasserteichen und einem neueren Wohnhaus 200 m weiter oben, geht der Weg vor dem Haus bei km 17,6 in eine Teerstraße über, auf der wir nach 17,8 km links auf die Mauer des Friedhofs von *Retaxo* stoßen. Wir gehen rechts an der Friedhofsmauer entlang und auf unserer Straße in Richtung eines Stopp-Schilds weiter. Rechts neben dem Stopp-Schild steht eine Lagerhalle. Geradeaus weitergehend, wenden wir uns bei der sofort darauffolgenden Straßengabelung bei km 18 nach links hinunter Richtung **Cebolais de Cima**.

Unten im Ort (✕ ☕ 🛏) angekommen, sehen wir an dem rechts stehenden, kleinen Haus Nr. 27, dass wir uns auf der *Rua de Fontainha* befunden haben. Diese geht an der Kreuzung hinter der *Igreja Matriz* bei km 18,5 in die kopfsteingepflasterte *Rua do Monte* über, der wir bis zum kleinen *Largo do Rossío* folgen, wo sie nach links abbiegt.

Wir folgen ihr an dem rechts stehenden Verbotsschild für Lastwagen vorbei aufwärts. Später setzt sie sich in der *Rua do Outeiro* fort, auf der wir nach 18,9 km links das moderne Gebäude der *Junta de Freguesia* erreichen. Kurz darauf sehen wir bei einer Straßengabelung den Wegweiser zur A 23 und nach „Castelo Branco". Diesem und der M 553 folgen wir vorbei an gelben Pfeilen links und rechts und überqueren bei km 21,9 auf einer Brücke zunächst einen Wasserlauf und anschließend die Bahngleise, um kurz darauf bei km 22,8 auf die N 3 und die markierte Route zu stoßen, der wir nach rechts folgen.

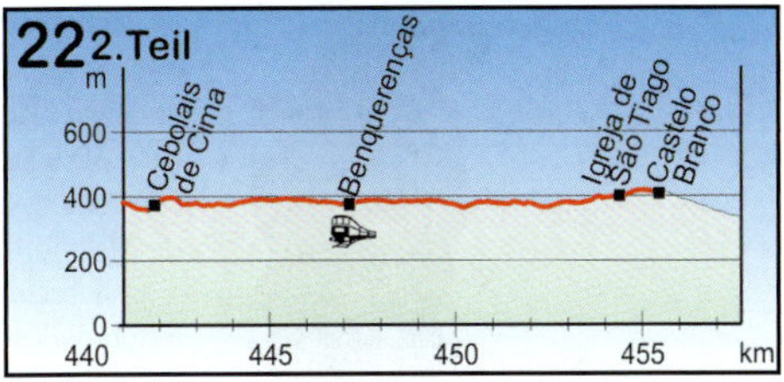

Wir gehen auf der rechten Standspur zunächst über einen Kreisverkehr hinweg. Danach laufen wir links an zwei verfallenen Gebäuden vorbei weiter, immer geradeaus auf der in der Mitte zwischen der N 3 links und den Bahngleisen rechts verlaufenden, alten Landstraße. Auf beiden Seiten von Bäumen bestanden, führt sie geradewegs nach *Castelo Branco*. Nach 23,8 km befindet sich rechts hinter hohen Bäumen verborgen die Bahnstation bzw. Haltestelle **Benquerenças**. Um 13:45 und 19:41 halten dort Züge nach *Castelo Branco*. Links gegenüber steht jenseits der N 3 ein Wohnhaus mit rotem Ziegeldach, Lagerhallen dahinter und daneben sowie einem großen Lagerplatz für Baustoffe.

Nach etwa 24,4 km treffen wir auf das vom Zahn der Zeit angenagte alte Hinweisschild „C. Branco 7 km" und bei km 24,9 weist schließlich ein Wegweiser nach rechts in Richtung „Maxiais". Wir aber bleiben stets auf dieser alten Straße, die dort, wo sie sich bei km 25,7 km wieder der N 3 annähert, in eine Sandstraße übergeht. Bald darauf sehen wir *Castelo Branco*, seinem Namen ("Weiße Festung") alle Ehre machend, weiß in der Sonne vor uns aufleuchten.

Nach einer Weile findet die Straße ihren Teerbelag wieder und von hier aus können wir links am Horizont als höchste Erhebung bereits die *Serra da Gardunha* vor uns liegen sehen, die es in den nächsten Tagen zu bezwingen gilt. Bei km 27,7 stoßen wir vor einer Unterführung unter die N 3 auf das große Hinweisschild „N3 C.[lo] Branco ESPANHA" etc.

Gehen Sie dort **nicht** den gelben Pfeilen folgend geradeaus und durch die Unterführung hindurch weiter! Auf der markierten Route muss man eine vierspurige Schnellstraße mit hohem Verkehrsaufkommen überqueren und dann an dieser entlanglaufen, bis schließlich der Kreisverkehr mit McDonald's erreicht wird. Ich bin die Strecke einmal an einem „ruhigen" Sonntagabend gelaufen – nie wieder!

Wir wenden uns bei dem Hinweisschild nach rechts und folgen der kleinen Teerstraße über die von zwei niedrigen Barrieren gesicherten Gleise hinüber zu einem Schuppen mit zwei Türen. Davor gehen wir nach schräg links, bis nach 28,2 km vor einer Grundstücksmauer die erste Straße nach links abbiegt. Dieser folgen wir 600 m bis zu einem Kreisverkehr, über den wir sozusagen geradeaus hinweg und dann am „Decathlon" vorbei bis zur breiten *Rua José Castanheira* laufen, die wir nach 29 km nach links hinunter und durch eine Bahnunterführung hindurch zu einem großen Kreisverkehr mit McDonald's linker Hand hinaufgehen.

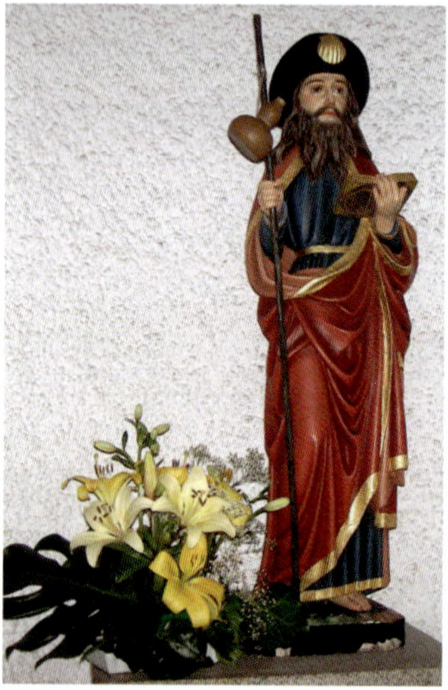

Statue des Apostels in der Igreja de São Tiago

Dort folgen wir dem Wegweiser „C.[lo] Branco" nach rechts und gehen immer geradeaus weiter, dabei orientieren wir uns an dem Wegweiser „centro". Hinter einem Kreisverkehr mit einer Kunstinstallation aus rostigem Metall setzen wir unseren Weg nach 30,6 km auf dem Trottoir einer auf beiden Seiten palmenbestandenen *Avenida 1° de Maio* fort.

An ihrem Ende erreichen wir an der weiterführenden, nunmehr mit Linden bestandenen *Avenida 1° de Maio* nach 31,2 km das Zentrum von **Castelo Branco**. Dort wenden wir uns nach links und gehen über einen kleinen Platz mit einem 🍷 Getränkepavillon hinüber zur *Avenida Alvares Cabral*, wo wir nach 100 m links an der nächsten Querstraße die modern schlichte ✝ **Igreja de São Tiago** finden, in der uns eine Statue des Apostels begrüßt.

Danach gehen wir gegenüber der Kirche nach rechts die *Rua de S. Tiago* hinauf und vorbei an der gleichnamigen Kirche zum *Largo de Espírito Santo* mit einer Informations-Stele in der Mitte, km 31,6. An dem dahinterliegenden ☕ Café gehen wir rechts vorbei in die *Rua Vaz Preto* und folgen dieser an längeren Abschnitten der mittelalterlichen Stadtmauer entlang über eine Kreuzung geradeaus in die schmale *Rua Tenente Valadim*. An deren Ende überqueren wir erneut eine Kreuzung und folgen jenseits der *Rua de São Sebastião* bis zum *Largo da Sé*, jenseits dessen sich nach knapp 32,2 km die Kathedralkirche *Igreja de São Miguel* erhebt.

Zum Residencial „Imperio do Rei" gehen Sie rechts an der Kirche bzw. der angebauten Sakristei vorbei und biegen dann nach rechts in die *Rua dos Prazeres*. Dort hinunter sehen Sie nach insgesamt 100 m links den Eingang zur Unterkunft.

Castelo Branco

BANK

⇧ 400 m bis 475 m (Castelo), Ew. 35.200

i Posto de Turismo, Avenida Nuno Álvares, 30, ☏ 272 330 339, tägl. 10:00 bis 13:00, 14:00 bis 18:00

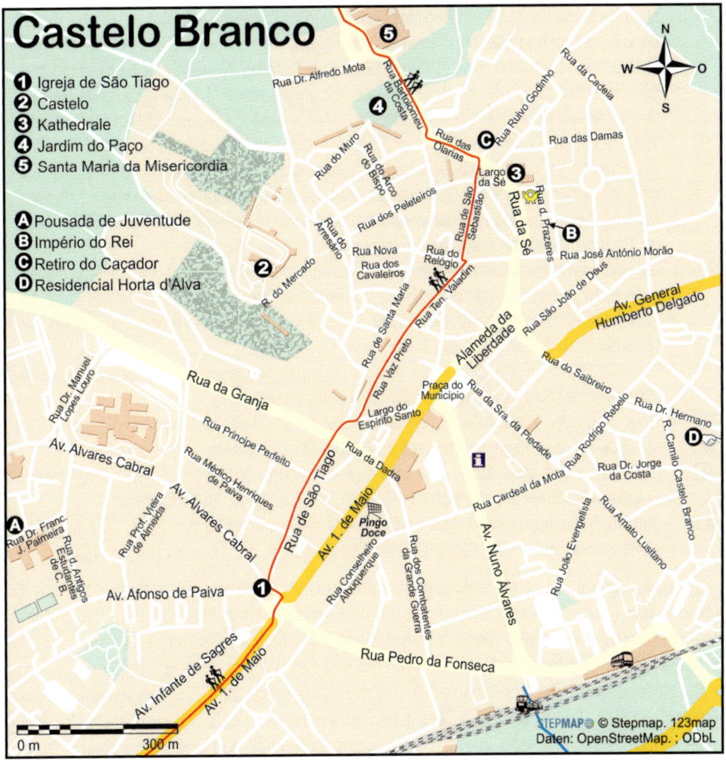

Pousada de Juventude, Rua Dr. Francisco José Palmeira, Edificio do IPDJ - Instituto Português do Desporto e Juventude (an der Igreja de São Tiago vorbei Richtung Hospital), 272 321 363, castelobranco@movijovem.pt. Gut ausgestattete JH, Mehrbett € 10-12 pP, DZ o. WC € 24-26, DZ m. WC € 28-30, alle mF, unkomplizierte Buchung über www.booking.com

Sehr empfehlenswert: „Império do Rei", Rua dos Prazeres 20, 272 341 720, www.imperiodorei.pt, info@imperiodorei.pt. Unweit der Kathedralkirche gelegenes, gut ausgestattetes Haus mit sehr freundlichem und hilfsbereitem, jungem Personal (gutes Englisch) und entsprechender Atmosphäre. Sonderpreise (außer Juli/August) für Pilger bei Direktbuchung: EZ € 25, DZ € 40 mF, oF jeweils € 2 weniger, wer aber verzichtet schon gern auf *dieses* Frühstücksbüffet?

▷ Residencial Horta d'Alva, Rua Eng. Frederico Ulrich 40, 272 327 655, http://residencial-horta-d-alva.webnode.pt, residencial.hortadalava@hotmail.com. Gediegen ausgestattete Unterkunft unweit von und , EZ € 25, DZ € 40 mF

Mehrere Möglichkeiten. Mein Lieblingslokal: „Retiro do Caçador", Rua Ruivo Godinho 15 (mit Blick auf die Kathedralkirche, die zweite Nebenstraße links davon, das dritte Lokal von links. 12:00 bis 15:00, 19:00 bis 22:30 (und länger), So Ruhetag. Ein relativ kleines, nicht nur bei Einheimischen (auch vielen jungen Familien mit artigen Kindern) äußerst beliebtes Restaurant mit lokaler Küche und interessanten Tagesmenüs um € 7; der Juniorchef spricht gut Englisch. Schauen Sie auf die Teller der Tischnachbarn und wagen Sie auch den Schritt ins Unbekannte. Ich hatte einmal „Moelos com batata cozida", Putenmägen mit Salzkartoffeln in einer herrlichen Soße – ein Gedicht! Das Lokal ist stark besucht, Reservierungen sind nur Mo-Do möglich; kommen Sie daher sehr früh oder kurz vor Schluss, dann haben Sie die besten Chancen auf einen Platz. Warten lohnt sich!

Die Kathedralkirche (Konkathedrale) ist sehenswert; ich erwähne sie aber wegen der beiden noch recht jungen Priester, die lebhafte Gottesdienste gestalten und sich freuen, Ihnen im Sakristei-Gebäude rechts der Kirche einen Stempel in den Pilgerpass drücken zu können. Sie betreuen auch die Igreja de São Tiago, siehe nachstehend.

▷ Für viele Pilger ein Anliegen: Igreja de São Tiago, nur Morgenmesse Mo-Sa 8:30, So 9:00 (Pilgerstempel aber nur in der Hauptkirche – siehe vorstehend)

Oben an der Av. 1° de Maio liegt ein auch Sa/So bis 21:00 geöffneter großer „Pingo Doce".

Mit Blick auf die Kathedralkirche liegt die Hauptpost gleich rechts.

Links neben dem . Mo-Fr 9:00 nach Alcains, Lardosa, Soalheira, Castelo Novo, Fundão, Covilhã (alles Etappenorte), tägl. nach Fundão und Covilhã mit Rede Expressos

Von der Praça de Municipio die Avenida Nuno Alvares hinunter bis zum Ende. Tägl. 8:21 und 10:09 zurück nach VVdR, tägl. mehrere Verbindungen zu den Etappenorten bei

Castelo Branco ist eine weiträumige, moderne Stadt. Altstadtflair finden Sie noch jenseits der *Praça de Município* um die *Praça Camões* bis zur Hauptkirche, also unterhalb der an der Stelle des römischen Kastells *Castra Leuca* zwischen 1214 und 1230 erbauten Templerburg, die der Stadt ihren Namen gab. Wegen der grenznahen Lage war der Ort häufigen Angriffen feindlicher Truppen ausgesetzt und Napoleons Soldateska besorgte 1807 den Rest - vom Castelo ist heute nur noch „eine spärliche Ruine" (José Saramago) übrig geblieben. Der herrliche Rundblick von den Burgmauern lohnt sich jedoch sehr. Es gibt mehrere thematische Rundgänge (Itinerários) durch die Altstadt und zum Castelo hinauf, wobei die Itinerários „Castelo" und „Portas" am interessantesten sind (Plan im). Hauptsehenswürdigkeit jedoch ist der Garten des Bischofspalasts, der ⌘ Jardim do Paço. Spätestens auf dem Weg aus der Stadt hinaus sollten Sie ihm unbedingt einen etwas längeren Besuch abstatten - es gibt dort viel zu entdecken.

23. Etappe: Castelo Branco – Soalheira ➲ 26,8 km

Etappenplanung: Sie sollten sich schon hier darüber im Klaren sein, wie Sie die Strecke bis *Fundão* aufteilen wollen. Nachfolgend beschreibe ich die von der „Confraria dos Caminhos" aus *Castelo Branco* markierte Route nach *Soalheira*. Der Ort hatte aber 2016 noch keine Übernachtungsmöglichkeiten für Pilger und Wanderer. Es bleibt daher nur, mit Bus oder Bahn nach *Fundão* weiterzufahren (mit dem auch zurück nach Castelo Branco) und am nächsten Morgen zur Fortsetzung des Wegs zurückzukehren.

Die Crux ist, dass Busse nur Mo-Fr fahren, an den Wochenenden müssen Sie daher noch zusätzliche 2,3 km bis zum Bahnhof laufen.

↳ Auf der genauso langen **Alternative** (26,8 km) können Sie über *Alcains* zunächst ohne Rucksack bis *Lardosa* (20,5 km) laufen, um von dort nach *Castelo Branco* zurückzufahren und am nächsten Morgen zurückzukommen. In *Lardosa* gibt es ebenfalls keine Unterkunft, der Bahnhof liegt aber ganz bequem am Ortsrand. Von *Lardosa* über *Soalheira* nach *Castelo Novo* sind es dann noch 17,3 km – genau die richtige Länge für diese landschaftlich so abwechslungsreiche Etappe mit ihren herrlichen Ausblicken und einem Anstieg von 500 m. Sie können die auf der Karte ☞ Seite 171 gestrichelt eingezeichnete Alternative beim Verlag abrufen (☞ Alternative Routen).

Von der Kathedralkirche gehen wir an der rosa Fassade des *Conservatório Regional* vorbei nach halb links bzw. geradeaus in die *Rua das Olarias* (zurückblickend liegt die Kathedralenfront mit dem Erzengel Michael genau hinter uns), die dann in einem Rechtsschwenk in die *Rua Bartolomeu da Costa* übergeht und sich dem Wegweiser „Jardim do Paço" folgend in Richtung einer Fußgängerbrücke fortsetzt.

☺ Nach 250 m gelangen wir links zum Besuchereingang des ⌘ *Jardim do Paço Episcopal*, eine der berühmtesten Gartenanlagen Portugals. Ihr Besuch ist lohnenswert. In dem unterhalb des Kastells kunstvoll angelegten, kleinen Park mit Wasserspielen unter sorgsam gestutzten Buchsbäumen finden sich Statuen der portugiesischen Könige, Apostel, Päpste, Allegorien, Tugenden, Monate und „etwas abseits gelegen, der Mauer zugewandt, der Tod. Den mögen die Besucher natürlich nicht. Sie kleben ihm Kaugummi in die leeren Augenhöhlen und stecken ihm Zigarettenkippen zwischen die Kiefer. Es ist anzunehmen, dass der Tod sich nichts daraus macht" (José Saramago). Wir sahen ihn nicht auf diese Weise verunstaltet.

Der Tod im Jardim do Paço

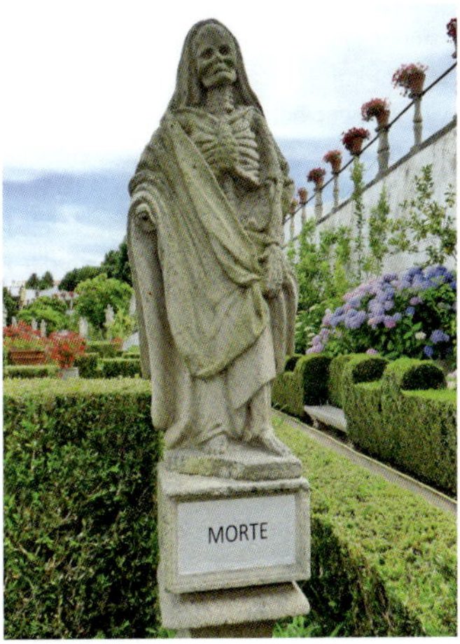

Danach setzen wir unseren Weg geradeaus in Richtung der Kirche *Santa Maria da Misericordia* fort, wenden uns davor nach links und gehen über ein Rondell die *Rua da Graça* hinunter. Nach 900 m stoßen wir auf einen Kreisverkehr.

↳ Hier beginnt auch die in der Etappenplanung erwähnte **Alternative** über *Alcains* und *Lardosa*. Auf der hier beschriebenen Route gehen wir links am Kreisverkehr vorbei geradeaus weiter, während sich die Alternative vor der Tankstelle nach rechts zum darauffolgenden Kreisverkehr fortsetzt.

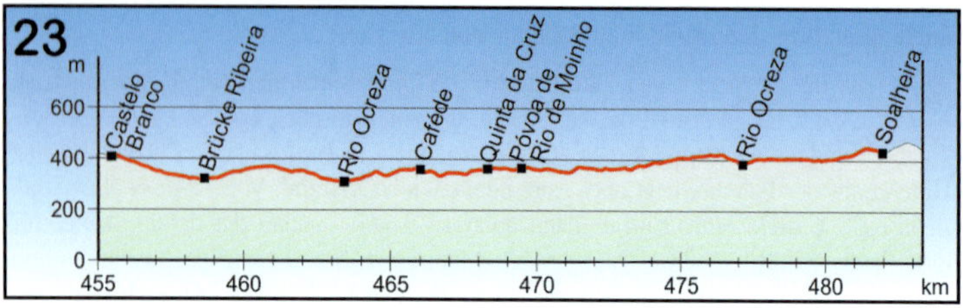

Auf der **Hauptroute** gehen wir also links um den Kreisverkehr herum und an der hinter der Kreuzung nach links abzweigenden Einfahrt vorbei nunmehr auf der N 233 geradeaus weiter. Nach 1,4 km hört der Bürgersteig auf, dort überqueren wir dann auch die Brücke über die N 3. Bei km 1,9 umrunden wir erneut einen Kreisverkehr links und gehen dann am *Centro Médico de Castelo Branco* vorbei auf der N 112 weiter. Nach gut 2,7 km unterqueren wir die Autobahnbrücke der A 23. Kurz dahinter wechseln wir nach rechts auf ein Stück der alten, nicht mehr befahrenen Landstraße und überqueren eine Brücke, an deren niedrige Brüstung wir uns langsam heranpirschen, weil sich auf den Uferfelsen des darunter fließenden Baches äußerst schreckhafte Wasserschildkröten sonnen, die sich bei der leisesten Bewegung ins Wasser stürzen. Anschließend folgen wir bei km 3,2 dem Wegweiser „Caféde" nach rechts. Diese kleine M 551 ist nun sehr viel weniger befahren als die vorhergehenden Fernverkehrsstraßen.

350 m weiter gehen wir bei einer Gabelung nach links aufwärts weiter. Nach 4,2 km kommen wir durch eine Streusiedlung. Bei dem nach gut 4,8 km nach rechts weisenden Wegweiser „Tapada das Figueiras" bleiben wir auf unserer Straße. In der Verlängerung sehen wir dann ein Dorf unterhalb der Höhenzüge der *Serra da Gardunha* und *Serra de Estrela* liegen. Nach gut 6,5 km kreuzt ein Feldweg die Straße. Links steht eine weit ausladende Eiche und oben ein kleines Gehöft. Dort gehen wir die Straße geradeaus hinunter. Bei km 7,6 km laufen wir bei dem Verkehrsschild „Warnung vor einer Kurve" geradeaus weiter und lassen den nach rechts abzweigenden Sandweg außer Acht. Nach 8,1 km überqueren wir eine Brücke.

✝ Zwischen dieser Brücke und *Caféde* muss eine „Capela de São Tiago" liegen. Als ich dort an einem heißen Frühsommertag unterwegs war, hielt ein besorgter Bauer sein Auto an und bestand angesichts der hohen Temperaturen unnachgiebig darauf, mich in den Ort mitzunehmen. Deswegen wurde ich erst dort auf diese Kapelle aufmerksam.

Nach 10,3 km erreichen wir endlich die ersten Häuser von **Caféde** und bleiben dort auf der unteren Dorfstraße, der *Rua D. Enrique*, in Richtung der *Igreja Matriz*. 200 m weiter zweigt von einer Kreuzung die *Rua Doutor Oliveira Salazar* (☞ Seite 22 – man glaubt es nicht!) nach rechts ab. Wir folgen ihr aufwärts und gelangen so zum „Café Ti Matilde". In dem großen kühlen Gastraum werden auch Sandwiches serviert. Im Anschluss gehen wir wieder zur Hauptstraße hinunter und setzen auf ihr unseren Weg nach rechts fort. Hinter dem Ortsausgangsschild erhebt sich in der Ferne die *Serra* *da Gardunha*, in deren Richtung wir nun weiterlaufen. Den nach 11,2 km nach links abzweigenden Feldweg lassen wir außer Acht und folgen unserer M 551 an den sie begleitenden Leitungsmasten entlang in einem Bogen nach rechts aufwärts. Kurz darauf liegt rechts die von Bäumen beschattete Einfahrt zur *Quinta de São Sebastião*.

Nach 11,6 km biegt unser *Caminho* auf eine kleine, nach links abzweigende Teerstraße ab. Dort stehen links am Rand Eichbäume und unsere bisherigen Leitungsmasten setzen sich dort ebenfalls nach links fort. Wir folgen dieser Straße und sehen kurz hinter der Abzweigung links in einem Gartengelände einen kleinen, hellblauen Wasserbehälter.

Nach 12,9 km durchqueren wir eine Streusiedlung. Zu deren Beginn befindet sich hinter einem Zaun links ein Teich und anschließend eine Reihe von Palmen. Auch dort bleiben wir auf unserer Straße. Etwa 500 m weiter laufen wir zwischen den uralten Steinmauern der *Quinta da Cruz* hindurch, dahinter steht ein hoher Eukalyptusbaum. Nach 13,8 km stoßen wir auf die ersten Häuser von **Póvoa de Rio de Moinhos**. Wir durchqueren das Dorf unten auf der *Travessa da Estrada* und stoßen nach 14 km auf eine Kreuzung, über die wir auf Kopfsteinpflaster geradeaus hinweggehen. An der Ecke links gegenüber gibt es zwei Türen unter den Hausnummern 2 und 4. Beide führen in ein ☕ Café ohne Namen, in dem es nur ein kärgliches Angebot, zumindest aber kalte Getränke und Kaffee gibt.

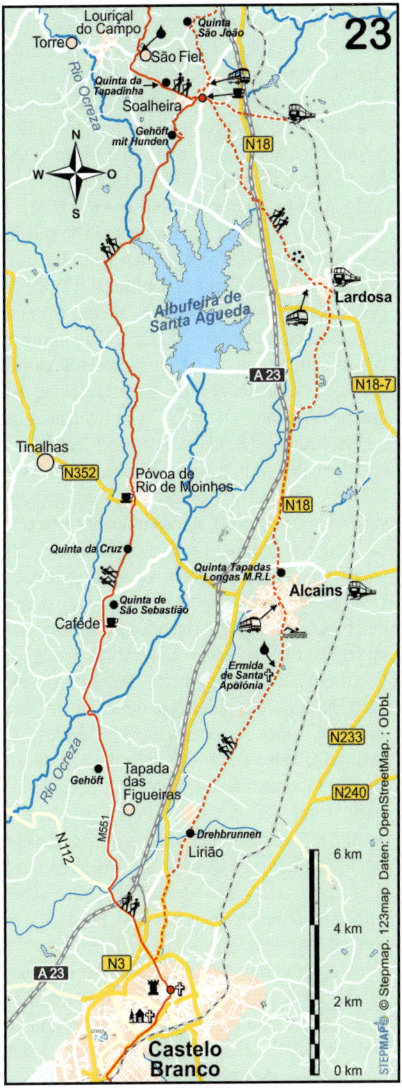

Danach folgen wir dem Wegweiser „Junta da Freguesia" nach links. Bei Erreichen eines kleinen Platzes mit einem Denkmal für den Berufsstand des Müllers und gegenüber der „Casa da Cultura" gehen wir erneut dem Wegweiser „Junta da Freguesia" bzw. „Igreja Matriz" folgend auf der *Rua da Igreja* nach rechts weiter. Anschließend wandern wir zwischen der JdF und dem Kirchturm bzw. der Vorderfront der Kirche auf der *Rua da Fonte Nova* nach rechts und am Ende des Dorfes zwischen zwei Steinmauern hindurch geradewegs in die Felder hinaus. Ab hier geht es nach 14,7 km endlich auf einer Sandstraße weiter. Bei km 15,2 kommen wir an der *Quinta Senhor da Pedra* vorbei und haben bald darauf erneut einen schönen Blick auf die *Serra da Gardunha*. Nach knapp 16,3 km steht links in einem Olivenhain direkt am Weg ein rostiger ehemaliger Göpelbrunnen mit einem flachen Rad, das von einem im Kreis laufenden Esel/Maultier bewegt wurde und über Schöpfkellen (Göpel) Wasser aus dem Brunnen herauftransportierte. Nach 17 km stoßen wir auf eine T-Kreuzung, dort weisen zwei gelbe Pfeile nach links. Diesen folgen wir und dann dem in der Mitte mit Gras bewachsenen Feldweg im Bogen herum weiter. Er führt zwischen Weinstöcken links und Ackerbau rechts in Richtung des Gebirgszuges. Bei einer Gabelung nach 18,3 km folgen wir dem blauen Pfeil und dem dahinter an einem Zaun sichtbaren gelben Pfeil nach rechts.

Nach knapp 18,9 km kreuzt eine Teerstraße unseren Weg, links steht ein Steinkreuz. Hier befinden sich keinerlei Markierungen. Wir gehen über die Teerstraße hinweg und auf dem gegenüberliegenden Sandweg geradeaus weiter. Ein Stück des Weges weiter sehen wir dann rechts an einem Pfahl endlich auch den erhofften gelben Pfeil. Dahinter hat dann die *Serra da Gardunha* schon beträchtlich an Höhe gewonnen. Bei einer Gabelung nach 19,8 km gehen wir im Bogen nach rechts bzw. geradeaus direkt auf den Gebirgskamm zu. Der Weg führt nun durch eine wunderschöne Wiesenlandschaft durchsetzt von weit ausladenden Eichen und dahinter dem alles dominierenden Gebirge. Im Frühjahr ist die ganze Gegend bis *Soalheira* ein einziges Blütenmeer.

Über eine Kreuzung nach 20,3 km gehen wir geradeaus hinweg, rechts können wir ein Fleckchen des Stausees *Albufeira de Santa Águeda* blau schimmern sehen. Bei km 20,7 stoßen wir unter einem Eichbaum auf eine T-Kreuzung. Dort wenden wir uns nach rechts und sehen sogleich an einem Pfosten den gelben Pfeil und die Markierung für den Mountainbiker-Trail Nr. 7 – ein gelbes Symbol für den Mountainbiker und eine weiße 7 auf blauem Grund in der Ecke rechts unten. Direkt gegenüber liegt *Soalheira*. Nach 21,7 km überqueren wir auf einer Brücke mit gelbem Geländer den *Rio Ocreza*, einen Zufluss des Stausees. Im glasklaren, flachen Wasser tummelten sich bei unserer Wanderung wahre Prachtexemplare von Fischen. Dahinter gehen wir an einem Gehöft vorbei nach rechts aufwärts und befinden uns nun auf drei Wanderwegen zugleich – einem PR, dem Fahrradweg und dem *Caminho de Santiago*. Die nun folgende Kirschplantage ist durch Zäune unerreichbar gesichert, aber oben an der Biegung des Weges befindet sich gegenüber von einem Storchennest ein Gatter, das sich eventuell öffnen lässt. ☺ Bei einer Scheune verlässt der Mountainbiker-Trail nach 22,4 km unseren Weg und biegt nach scharf rechts zurück zum Stausee ab. Wir gehen geradeaus weiter auf *Soalheira* zu. Hier befinden wir uns nun auch auf einen PR der *Rotas da Gardunha*, auf die wir bis nach *Fundão* hinüber immer wieder stoßen werden.

📖 In dieser beeindruckenden Landschaft am Fuße des Gebirges spielt der eingangs ☞ Seite 23, Abs. 2 erwähnte Roman „Wohin der Wind uns weht" des portugiesischen Autors João Ricardo Pedro.

Nach 23,8 km gehen wir geradewegs über eine Landstraße hinweg, genauso bei einem Gatter nach 24,1 km. Der Weg wendet sich nach rechts, überquert einen kleinen Wasserlauf und erreicht nach 24,8 km einen nach links zu einem oberhalb liegenden, verfallenen Gehöft abzweigenden Weg. Dort befindet sich auch der nach links zeigende gelbe Pfeil. Er meint aber nicht *diese* Abzweigung, sondern erst die gut 50 m dahinter liegende Kurve nach links. Einige Meter weiter steht in Richtung der Kurve auch der Pfosten der *Rotas da Gardunha*. Dieser besonders in der Kurve stark sumpfige Weg kann jedoch bei oder nach Regenfällen kaum problemlos begangen werden – ich sank selbst nach einer Trockenperiode noch tief ein. Daher empfehle ich, die Abzweigung nach links zu dem Gehöft hinauf zu nehmen. Es wird zwar von zwei freilaufenden Hunden bewacht, die trotz des aufgeregten Gebells des einen aber beide recht feige sind und das Weite suchen, wenn sie einen Stock sehen.

Wir umrunden also das Gehöft rechts und gehen dann durch ein Gatter nach rechts weiter (öffnen und wieder schließen), stoßen auf ein weiteres Gatter und dahinter auf den von rechts heraufkommenden *Caminho*. Nach 25,4 km treffen wir auf einen nach rechts oben führenden Sandweg, dem wir folgen, und erreichen nach weiteren 500 m schließlich die ersten Häuser von **Soalheira**. Wir gehen auf unserer Straße über eine Kreuzung geradeaus hinweg und gegenüberliegend auf der *Rua Fonte da Saúde* zwischen zwei Mauern hindurch auf eine breitgefächerte Palme vor einem roten Ziegeldach zu. Bei dieser Palme gehen wir nach rechts abwärts weiter, nach rechts hinüberblickend haben wir eine schöne Sicht auf den Stausee und dahinter *Castelo Branco*.

Nach knapp 26,4 km erreichen wir eine T-Kreuzung mit einem bemerkenswerten kleinen 💧 Trinkwasserbrunnen rechts und einem Sichtspiegel gegenüber. An dieser Stelle führt die 24. Etappe nach links weiter. Wir wenden uns jedoch zunächst auf der kopfsteingepflasterten Rua 1° de Maio nach rechts und folgen dieser in den Ort hinunter. Nach 100 m geht es links zu einem kleinen Platz mit einem Brunnen in der Mitte und der Post „Correos" dahinter sowie der *Junta de Freguesia* von **Soalheira**, wo es den Pilgerstempel gibt. Am Eingang zum Platz finden wir links an dem Gebäude über dem Schild „Largo da Praça" einen Wegweiser

Käse aus Soalheira

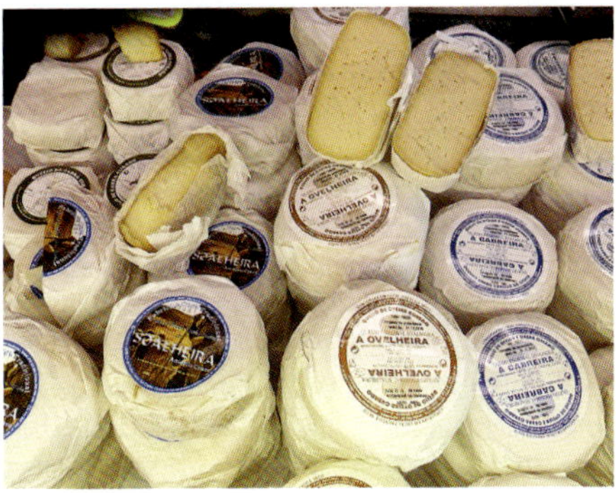

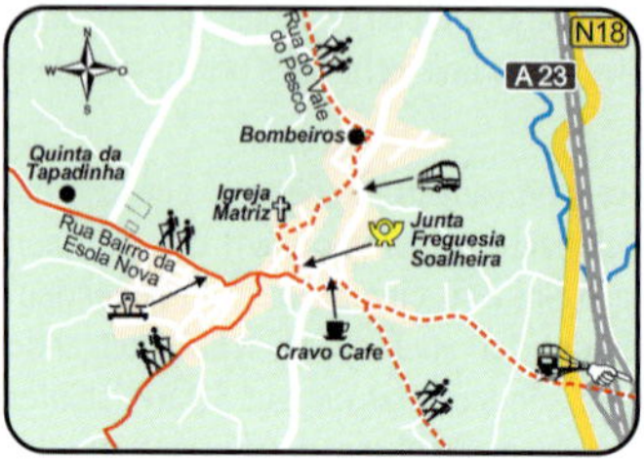

Weg durch Soalheira

mit Muschel und gelbem Pfeil. Mehr dazu zu Beginn der 24. Etappe.

Wir gehen zunächst die Hauptstraße weiter hinunter und stoßen auf einen Platz mit einem Denkmal für die Zunft der Schuhmacher in seiner Mitte. Dort wenden wir uns nach links und erreichen nach 26,8 km links an der nächsten Ecke das „Cravo Café", sozusagen den gesellschaftlichen Mittelpunkt des Städtchens, hier trifft jeder jeden.

Soalheira 　　　　BANK ⇧ 428 m, Ew. 900

Soalheira war bereits für die Römer ein Etappenort auf dem Weg von Castelo Branco nach Norden. Später nutzten die Jakobspilger deren Straßen. Trotz seiner geringen Einwohnerzahl ist Soalheira seit 1997 eine *Vila*, also eine Stadt.

Mo-Fr 13:37 und 17:32 nach **Fundão**, zurück Mo-Fr um 8:30. Folgen Sie rechts am „Cravo Café" vorbei der Hauptstraße Rua Engenheiro Avrantes de Oliveira hinauf und am Friedhof vorbei bis zu dem Platz mit links einer Kapelle und dem Pelourinho. Rechts an dem Wartehäuschen hält der Bus von Castelo Branco nach Fundão. Bei Bedarf: Abfahrt von Castelo Branco Mo-Fr 9:00

Tägl. 14.39 und 20:10 nach **Fundão**, zurück tägl. 13:44 und 19:25 nach **Castelo Branco**, von dort zurück tägl. 6:25 und 10:00 (aber auch Busverbindung beachten!). Der Bahnhof von Soalheira liegt 2,3 km östlich von Soalheira jenseits der A 23, ☞ Karte oben. Gehen Sie vom „Cravo Café" die Rua de São Sebastião und anschließend die Estrada dos Barreiros geradeaus hinunter zum Kreisverkehr an der N 18, dann geradeaus weiter zur großen Autobahnauffahrt und über die Autobahnbrücke direkt hinunter zum Bahnhof bzw. zur Haltestelle.

24. Etappe: Soalheira – Castelo Novo 11 km

Etappenplanung: Der *Concelho von Fundão* hat in seinem Kreisgebiet einen Caminho de Santiago markiert, der auf der 24. Etappe einer kürzeren (6,1 km) und flacheren Route folgt als der nachfolgend beschriebene Weg durchs Gebirge. Diesen Caminho beschreibe ich jedoch nur als **Alternative**, weil er im Vergleich zur der herrlichste Ausblicke bietenden Hauptroute nachgerade langweilig ist und fast 2 km an der Autobahn entlangführt. Sie können die auf der ☞ gegenüberliegenden Karte gestrichelt eingezeichnete Alternative beim Verlag abrufen (☞ Alternative Routen).

Die nachfolgend beschriebene Hauptroute wurde kürzlich zum Teil als PR „Rotas da Gardunha" markiert, das geschah vollständig aber erst nach unserer letzten Wanderung, sodass ich zu den einzelnen Markierungsorten keine präzisen Angaben machen kann, sondern lediglich die zuvor bereits vorhandenen PR-Markierungen erwähne. Die Testläufer, die 2016 unterwegs waren, fanden sich aber mit der Beschreibung so gut zurecht, dass auch Sie keine Schwierigkeiten haben sollten.

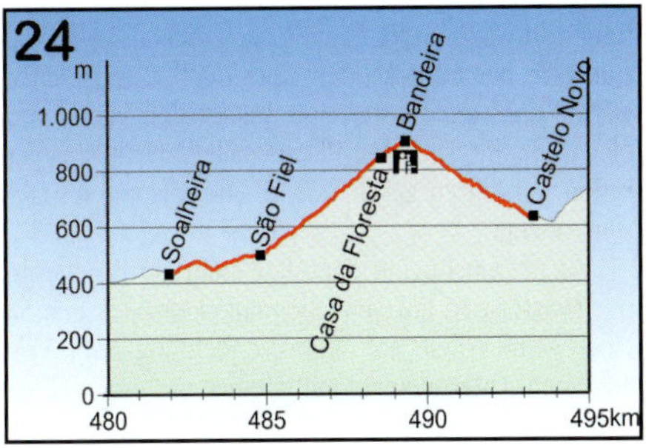

Auf der Hauptroute folgen wir der Teerstraße vom „Cravo Café" in einer Linkskurve aufwärts zu einem gepflasterten Platz mit dem Denkmal für die Schuhmacher. Rechts daran vorbei folgen wir den Wegweisern „São Fiel" und „junta de freguesia" die *Rua de Santo António* aufwärts und laufen nach knapp 200 m am nach rechts markierten Zugang zum rechts liegenden Platz mit der Junta de Freguesia vorbei.

Hier beginnt die vorstehend erwähnte markierte **Alternative**. Wenn Sie ihr folgen, müssen Sie hier nach rechts zum *Largo da Praça* mit einem Brunnen, der Post und der Junta de Freguesia weitergehen.

Auf der **Hauptroute** folgen wir nunmehr der *Rua 1° de Maio* weiter aufwärts bis zum Wegweiser nach „S. Fiel", dessen Richtung wir nach 500 m nach halb rechts folgen. Ein Stück des Weges weiter befindet sich links der kleine, aber gut sortierte „Minimercado Lucas", wo Sie sich mit Proviant für den Abend und die morgige Etappe versorgen können. Bis *Castelo Novo* gibt es keine weitere Einkaufsmöglichkeit mehr und dort gibt es auch nur eine Bar mit einem sehr beschränkten Angebot, wenn man von dem Restaurant „O Lagarto" absieht, das jedoch gerade geschlossen sein könnte, wenn Sie ankommen. Daher sollten Sie auf jeden Fall eine **Notration** mitnehmen.

Nach insgesamt 900 m folgt rechts ein kleines Fußballstadion mit Tribüne und dann wünscht uns die Gemeinde *Soalheira* auf einem Schild links „Boa Viagem". Anschließend führt die Teerstraße durch lichten Kiefernbestand abwärts. An der rechts liegenden *Quinta da Tapadinha* vorbei können wir rechts gegenüber das verlassene *Colégio* von **São Fiel** aufragen sehen. Die Straße führt zunächst hinunter in eine von einem Bach durchflossene Senke und führt dann aufwärts geradewegs in die Welt der *Serra da Gardunha* hinein. Bei einem Stopp-Schild nach knapp 2,3 km folgen wir der Straße nach rechts an einer hoch aufragenden Mariensäule vorbei hinunter zu einem Kreisverkehr mit einer Linde und dem Wegweiser nach „L. do Campo

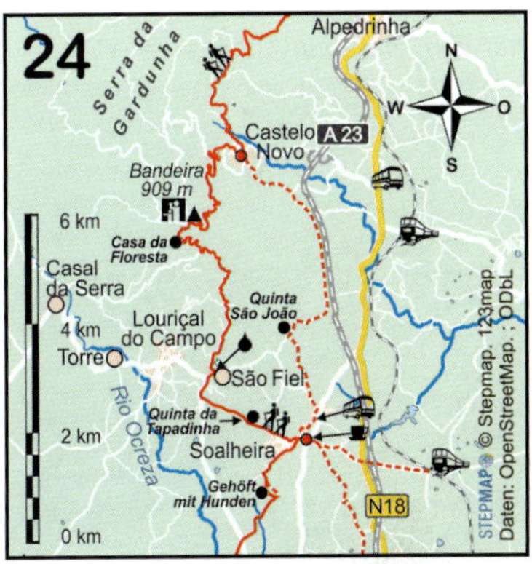

1 km, Torre 2 km, Casal da Serra 4 km" usw. Daran vorbei folgen wir der Straße in Richtung dort wachsender Palmen nach rechts. An den üppig grünen Gärten des durch seine Ausmaße beeindruckenden, aber trostlos verlassenen *Colégio de São Fiel* vorbei folgen wir auf Kopfsteinpflaster einer bemoosten Mauer und erreichen schließlich nach 2,8 km eine doppelte, schattige Platanenallee, die links hinauf zur Kirche des *Colégio* führt, eine schon seit Jahren geschlossene, ehemals von Jesuiten geleitete Erziehungs- und Besserungsanstalt.

Rechts am Beginn der Allee steht ein Brunnen mit herrlich erfrischendem 💧 Bergquellwasser und links daneben auf einer niedrigen Säule mit grünem Türchen sehen wir einen gelben Pfeil, der in unsere Richtung zeigt. Wir gehen die Allee hinauf und finden auf einem Laternenpfahl mittig einen weiteren gelben Pfeil. Vor dem Kirchenportal wenden wir uns nach rechts auf ein dort nicht erwartetes modernes Gebäude zu, vor dem in Großbuchstaben S. FIEL geschrieben steht. An diesem Bau vorbei steigen wir, einen sogleich nach links abzweigenden Weg ignorierend, auf einer breiten Sandstraße aufwärts. Sie windet sich überraschend flach ansteigend den Berg hinauf, wobei wir das Kolleg und *Louriçal do Campo* links unten im Tal liegen lassen.

Weiter oben sehen wir an einem Felsen die rot-gelbe Markierung eines PR, der durch den ❀ *Geopark Naturtejo* führenden „Rotas da Gardunha". Wir folgen der Straße weiter hinauf und befinden uns nun in einer ausgeprägten Gebirgsregion.

▷ Die Ausblicke auf den Stausee von *Santa Águeda* und den von uns weiter im Süden bereits zurückgelegten Weg bis hin nach *Castelo Branco* sind schlicht überwältigend, die herrliche Landschaft liegt wie ein vielfarbiger Teppich ausgebreitet unter uns. Als wäre das noch nicht genug, machen bizarre Felsformationen und aufgetürmte, ineinander verkeilte Monolithen rechts und links des Weges den Aufstieg zusätzlich zu einem unvergesslichen Erlebnis. Selbst der Verfasser des Berichts über eine geologische Exkursion spricht hier gar nicht wissenschaftlich nüchtern von einem „maravilhoso caos de blocos granÍticos" - einem „wundervollen Chaos aus Granitblöcken", schwärmt von Rosmarin und Fingerhut sowie dem Gesang der Vögel in dieser sonst so stillen Bergwelt.

Auf dem Messpunkt Bandeira (vL)

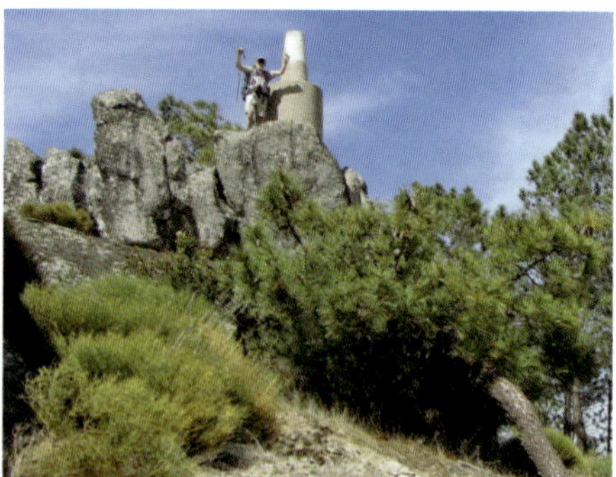

🚶🚶 Im Frühjahr/-sommer sprudelt für Durstige weiter oben ein 💧 Wasserstrahl aus einem Rohr seitlich an der Straße und bald stehen wir vor zwei Wegweisern des PR 1. Wir folgen dem Pfeil mit der Aufschrift „Castelo Velho 2,6 km" nach rechts und erreichen nach 6,5 km einen Rastplatz mit Tischen vor einer völlig verfallenen „Casa da

Floresta“ (Forsthaus) und der Aufschrift „Matas Nacionais“ (Staatsforsten). Daneben steht allerdings ein neueres Gebäude mit flachem Ziegeldach. Nicht weit hinter der Hütte treffen wir wieder auf ein Hinweisschild des PR 1, dem wir nach rechts aufwärts folgen, um nach einem weiteren Anstieg mit erneut atemberaubenden Blicken bei km 7,3 den Messpunkt *Bandeira* (⇧ 909 m) zu erreichen. Dort haben wir seit *Soalheira* fast 500 Höhenmeter überwunden.

In den Stein gehauene Stufen führen hinauf zu einem hinter dem Messpunkt liegenden Monolithen. Der Blick hinunter auf das Amphitheater von *Castelo Novo,* hinüber zu dem hoch aufragenden Felsmassiv der Serra und der Rundblick über - wie wir sagten - "halb Portugal" bleibt unvergesslich, ein Höhepunkt dieser an Höhepunkten wahrlich nicht armen Wanderung. Zeit, innezuhalten und zu staunen.

Vor dem Aussichtsfelsen stehen mehrere Wegweiser. Wir verlassen dort den PR 1 und folgen dem nach rechts hinunterführenden Weg. (☺ Zu Ihrer Beruhigung: Bei dem Ort, den Sie nun vor sich liegen sehen, handelt es sich um *Alpedrinha. Castelo Novo* werden Sie gleich sehr viel näher, in einen Talkessel geschmiegt, unter sich auftauchen sehen.) Bei einer Gabelung nach gut 8,2 km halten wir uns vor einem großen Felsen links und gehen zunächst auf die Gipfel der Serra da Gardunha zu und dann nach gut 400 m in einer Serpentine rechts hinunter nach **Castelo Novo**. Auf dem Weg nach unten läuft erneut frisches Quellwasser aus Rohren vom Berg herunter. Dort befindet sich auf einem Pfosten ein schwarzes Schild mit der weißen Aufschrift „Fonte“.

Am Ortseingang (km 10,8) wenden wir uns nach links auf die Kirche und die Burgruine zu, gehen dann aber vor der links zur Kirche hinaufführenden Straße nach rechts hinunter in die *Rua Nossa Senhora das Graças.* An der nächsten Abzweigung stoßen wir neben einem schwarzen Tor auf den Wegweiser „Casa de Castelo Novo – Turismo Rural“ und folgen ihm zu dieser Herberge, wo wir links neben dem Eingang zum Haus mit der Nr. 7 die Tür vor der zur Unterkunft hinaufführenden Treppe finden. Die Straße etwas weiter hinunter befindet sich links die „Casa Petrus Guterri“. Die daran vorbeiführende *Rua Gama Lobo* führt direkt zur Praça Paços de Concelho, in dessen Mitte sich der beeindruckende *Pelourinho* des Ortes erhebt, km 11.

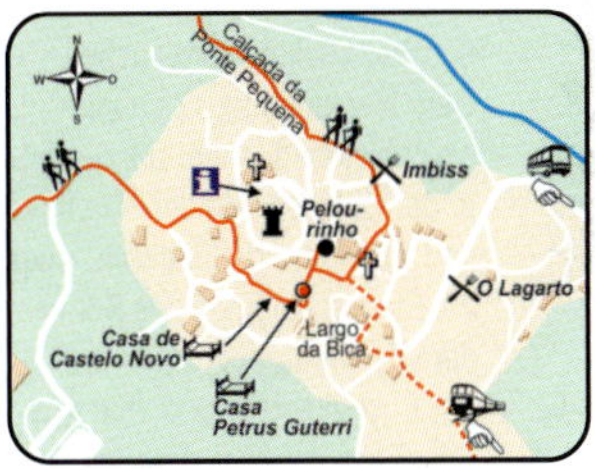

Weg durch Castelo Novo

Castelo Novo ⇧ 640 m, Ew. 400

Posto de Turismo am Largo do Adro oberhalb des Castelo, ☎ 275 561 501, tägl. 9:30 bis 13:00, 14:00 bis 17:30. Dort ist auch der Zugang zum Castelo.

Casa de Castelo Novo, ☎ 275 561 373, www.castelonovo.web.pt (auch Englisch), castelo.novo@gmail.com, DZ € 65, EZ € 55 mit stilvollem Frühstück. Ein gepflegtes Ensemble aus dicken Mauern mit einem sonnigen Rasenstück direkt unterhalb der Berggipfel, Zitronenbäumen, einem großen Brunnen und einer Wäscheleine. Die freundliche Inhaberin Alice Aleixo spricht gut Englisch.

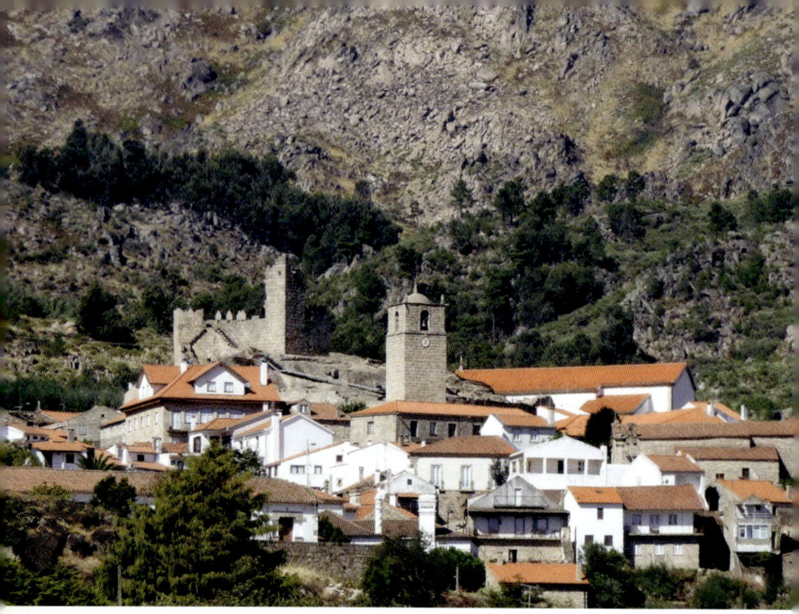

Castelo Novo

▷ Casa Petrus Guterri, ☏ 275 567 373, DZ 65, EZ 45 mit Frühstück. Gegenüber und etwas unterhalb der Casa de Castelo Novo; von Pilgern mehrfach empfohlen, am besten über 💻 www.booking.com buchen.

✕ Café Restaurante „O Lagarto", Largo do Manuel 1, ☏ 275 567 406. Öffnungszeiten nicht gleichbleibend, daher am besten vorher telefonisch erfragen (lassen).

🍷 In der Café-Bar auf der Rua da Gardunha 32-A unten im Dorf bekommen Sie täglich mittags und abends ein Sandwich, aber keine warme Mahlzeit. Sie befindet sich zu Beginn der 25. Etappe am Ende des Dorfes. Über der Eingangstür befindet sich eine Parabolantenne mit dem Zeichen „meo".

🚌 Zur Bushaltestelle und zum 🚆 Bahnhof müssen Sie die Hauptstraße hinunterlaufen, zum Bus 3 km zur Kreuzung mit der N 18. Nach *Fundão* 17:37, zurück von *Fundão in den Ort selbst* Mo-Fr 13:20

🚆 Zum Bahnhof gehen Sie auf der N 18 weiter nach Süden und biegen nach 700 m nach links ab, wo Sie nach weiteren 400 m auf den Bahnhof stoßen. Nach *Fundão* täglich 14:44 und 20:15; zurück von *Fundão* nach *Castelo Novo* am nächsten Tag um 9:06

Castelo Novo, die „neue Burg", wurde ab 1202 erbaut und gehörte erst der Krone, bevor es an die Tempelritter überging. Vom Kastell sind nur Reste erhalten, der weite Blick vom *Torre de Menagem* ist jedoch großartig. Die Hauptsehenswürdigkeit des ganz aus Granit erbauten Ortes ist der Platz vor dem Rathaus, „ein romanisches Gebäude aus der Zeit Dom Dinis'. Der Reisende will gerade gegen den Brunnen wettern, den man

Dom João V. dort zu Ehren aufgestellt hat, aber dann ändert er seine Meinung, als er feststellt, wie das Barocke in das Romanische integriert wurde oder sich ihm unterworfen hat, das Romanische war ja schließlich auch zuerst da. Zusammen mit dem manuelinischen Pranger haben wir drei Epochen versammelt: das 13., das 16. und das 18. Jahrhundert. Diese Männer wussten, wie man mit Stein arbeitet und wie man mit dem Raum umgeht ..." (José Saramago).

Für den Pelourinho wird auf einer daneben stehenden Säule eine ausführliche, lesenswerte Erläuterung gegeben.

25. Etappe: Castelo Novo – Fundão ➲ 12,4 km

Etappenplanung: Wir folgen ab Castelo Novo dem vom *Concelho de Fundão* markierten Caminho de Santiago. Bis *Alcongosta* finden sich nur spärliche, auf Felsen aufgemalte und zum Teil schon verwaschene Markierungen, der Weg ist aber durchgehend als PR markiert und nicht zu verfehlen.

Von der „Casa de Castelo Novo" laufen wir nach rechts die Straße hinunter und nehmen dann die nächste nach links. Gegenüber dem Eingang „Casa Petrus Guterri" (Messung ab hier) gehen wir nach rechts hinunter, biegen vor einem rechts stehenden Haus mit einer Balustrade nach links ab und steigen auf der *Rua Irmandade da Misericordia* zu einer kleinen Kirche hinauf. Dahinter geht es abwärts zu einem Richtungspfeil auf blauem Grund, dem wir nach links folgen, um dann das Dorf auf der *Rua da Gardunha* rechts zu umrunden, vorbei an der Café-Bar mit der Hausnummer 32-A, bis wir auf eine bergab führende Kopfsteinpflasterstraße treffen, an deren Anfang bei einem großen Strommasten und einem Briefkasten der Wegweiser mit den Hinweisen „Souto dos Castanheiros" und „Caminho Romano" steht. Auf der Mauer gegenüber ist eine Markierung angebracht. Hier wenden wir uns nach rechts und folgen dieser *Calçada da Ponte Pequena* in Richtung einer Brücke direkt auf den Gipfel der *Serra da Gardunha* zu. Nachdem wir die Brücke nach 600 m überquert haben, folgen wir der Kopfsteinpflasterstraße aufwärts. Alsbald geht sie in die angekündigte Römerstraße mit den typischen abgenutzten, groben Pflastersteinen über.

Markierung in der Serra da Gardunha

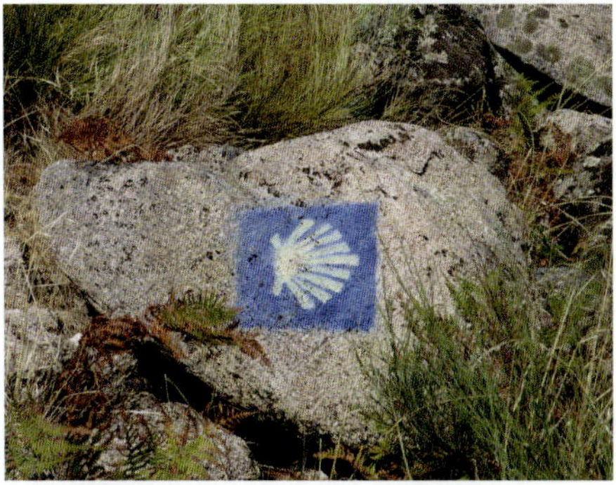

Unterhalb einer pyramidenförmigen Felsspitze mit grobem Geröll wenden wir uns nach rechts und folgen dem Hauptweg. *Castelo Novo* können wir jetzt wie auf einer Urlaubspostkarte rechts unterhalb von uns liegen sehen. Trotz der relativ geringen Höhe von an dieser Stelle nur

660 m befinden wir uns hier schon in einer ausgeprägten Hochgebirgslandschaft. Nach etwas mehr als 1,8 km erreichen wir eine Weggabelung mit einem Felsen links und darauf einer abknickenden PR-Markierung. In der Gabelung liegt ein großer Stein mit der Jakobsmuschel darauf.

Hier folgen wir dem Hauptweg nach rechts auf ein neu erbautes Haus zu, steigen dann den Weg zu den Steinhäusern hinauf und gehen seitlich an diesen vorbei. Oberhalb von Obstterrassen können wir bald rechts wiederum ein neu erbautes Haus sehen. Zwischen diesem und dem Gipfel der *Serra* steigen wir geradeaus nach oben. Im Frühjahr sind die Berghänge gelb vom Ginster, der einen betäubenden Geruch verströmt.

An drei verfallenen Steinhütten vorbei schlängelt sich der Weg aufwärts in Richtung einer schattigen Kieferngruppe. Dahinter treffen wir auf einen quer verlaufenden Höhenweg und können nach knapp 2,9 km auf dem Felsen gegenüber eine mittlerweile verblasste Jakobsmuschel erkennen. Wir gehen diesen Weg dem Wegweiser PR 10 FND Richtung „Casa do Guarda 3,1 km" folgend nach rechts aufwärts. An einer rechts am Weg liegenden Felseninsel mit einer allein stehenden Kiefer darauf - gegenüber im Tal liegt wieder einmal *Castelo Novo* - folgen wir nach gut 3,1 km erneut dem PR-Wegweiser „Casa do Guarda" nach links. Dahinter geht es auf einem sandig-steinigen Bergpfad relativ steil bergan. Etwas weiter oben können wir rückwärtsgewandt unter uns den Stausee von *Santa Águeda* ausgebreitet und zumindest bei guter Fernsicht am Horizont dahinter deutlich *Castelo Branco* liegen sehen.

Hier oben sind wir auch wieder inmitten bizarrster Felsformationen. Manchmal sieht es so aus, als würde ein Felskoloss nur ganz wackelig auf dem unter ihm stehen und

Blick auf den Stausee von Santa Águeda

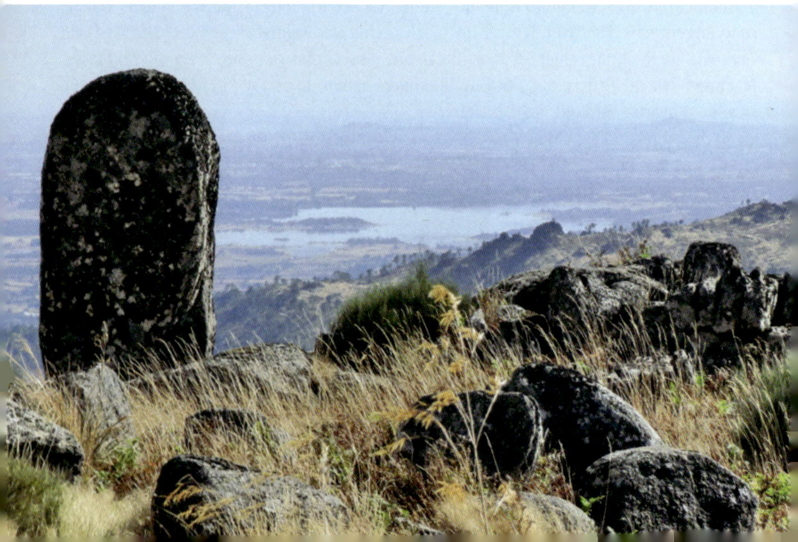

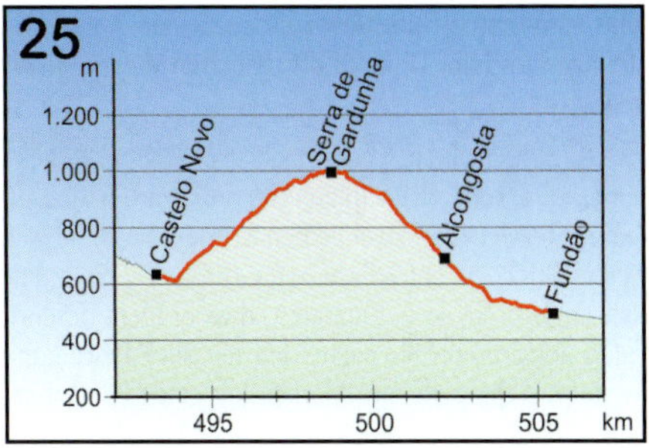

jeden Augenblick herabstürzen. Vor lauter Staunen fast unbemerkt, verwandelt sich der bisher schmale Pfad auch wieder in den von weiter unten gewöhnten Sandweg. Bei km 4,8 überschreiten wir einen breiten Höhenrücken und sehen schräg links vor uns hohe Antennenmasten stehen. Trotz der Höhenlage von ⇧ 1.000 m wachsen hier üppige Farne und dicht stehende, fast mannshohe Halme, die eigenartigerweise an Strandhafer erinnern.

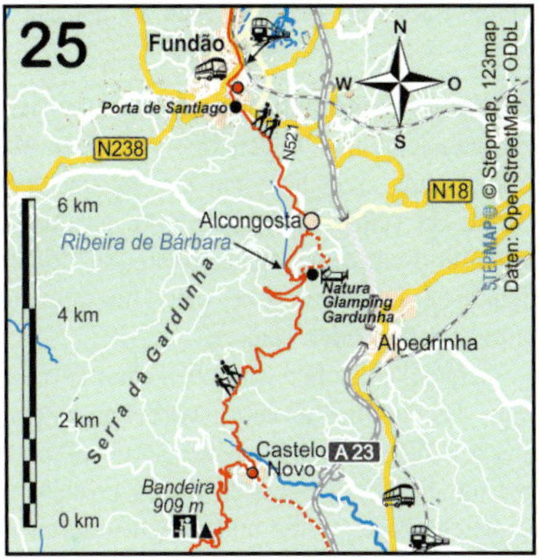

Nach 5,2 km überqueren wir den Scheitelpunkt des Weges rechts unterhalb der Antennen und knapp 100 m weiter kommen wir an eine Kreuzung mit mehreren Abzweigungen und Wegweisern, u. a. nach links zur „Rota da Penha 900 m“. Vor uns eröffnet sich ein großartiges Panorama mit den nächsten Etappenorten *Fundão* und *Covilhã* sowie der dahinterliegenden *Serra de Estrela*. Schräg rechts unterhalb liegt auf einem baumbestandenen Plateau ein Komplex aus Bungalows mit geodätischen Kuppeln (🛏 „Natura Glamping Gardunha“) und in nördlicher Richtung wiederum darunter *Alcongosta*, unser vorläufig nächstes Ziel. Wir gehen jedoch **nicht** den für Pilger mit einem schweren Rucksack viel zu gefährlichen PR „Rotas da Gardunha“ nach rechts hinunter, sondern folgen ein paar Schritte weiter dem Wegweiser mit dem verblassten gelben Pfeil, der an der Kreuzung bei km 5,3 auf die „Casa da Floresta de Alcongosta 1,7 km“ verweist, nach schräg links hinunter. Von hier bis *Alcongosta* gibt es so gut wie keine Jakobsweg-Markierung mehr.

Der Weg verläuft als weit gezogene Serpentine mit zunächst nur schwachem Gefälle fast diagonal am Berghang entlang, bis nach 700 m ihr Scheitelpunkt erreicht ist und sich der Weg danach scharf nach rechts bergab in Richtung des Plateaus wendet, km 6. Mit Blick auf dieses Plateau können wir einen links unterhalb der geodätischen Kuppeln beginnenden, steinigen Weg erkennen, der sich etwa zwischen der ersten und zweiten Kuppel serpentinenförmig nach unten windet. Diesen Weg wollen wir einschlagen.

Wir gehen hinunter zu dem Plateau und dort links am Kreisverkehr vorbei, dann zwischen zwei Baumreihen hindurch und wenden uns am linken Rand des Plateaus der nach links abknickenden Markierung auf dem Pfosten des PR „Rotas da Gardunha“ folgend

links vom ersten Bungalow auf den bei km 7 nach scharf links hinunterführenden, recht steinigen und mit Unkraut durchsetzten Weg, dem wir am Berghang entlang bergab folgen.

↬ Sollten Sie bei oder nach strömendem Regen von oben erkennen, dass der Weg unpassierbar ist, dann folgen Sie auf dem Plateau geradeaus dem Mountainbiker-Track (gelbes Dreieck auf zwei gelben Kreisen, links die weiße Ziffer „4" auf rotem, rechts die weiße Ziffer „5" auf schwarzem Grund – die Spitze des Dreiecks zeigt stets in die Fahrtrichtung). Er ist so gut markiert, dass er nicht beschrieben werden muss. Folgen Sie ihm daher abwärts, bis Sie nach 1 km seit der Abzweigung bei den Bungalows in einer Kurve wieder auf die gelb-rote Markierung eines PR stoßen und folgen Sie dieser nach rechts unten, bis Sie nach 1,4 km vor einer Levada auf den von links kommenden Hauptweg treffen (☞ dort **km 8,6**), dem Sie auf einem rauen Betonweg nach rechts bergab folgen.

Auf dem **Hauptweg** kommen wir nach 7,7 km beim *Ribeira de Bárbara* an eine Weggabelung und folgen dem vereinten Weg nach rechts abwärts. Kurz hinter der Abzweigung steht links ein Pfosten mit der gelb-roten Markierung für einen PR der „Rotas da Gardunha". Nach 300 m können wir bereits *Alcongosta* unter uns liegen sehen und ein wenig später breitet sich dahinter auch *Fundão* vor uns aus. Wir folgen dem Weg abwärts und bei einer Abzweigung nach 8,4 km geradeaus in Richtung der unterhalb liegenden Häuser.

Schließlich stoßen wir neben einer Levada bei **km 8,6** km auf ein Stück rauen Betonweg, das steil bergab führt. Vorbei an einem links stehenden Wasserbottich setzen wir unseren Weg danach zunächst auf einer Sandstraße fort. Zwischen efeubegrünten Mauern mit herüberhängenden Rosen erreichen wir nach knapp 8,8 km schließlich eine Kopfsteinpflasterstraße und setzen unseren Weg auf der gegenüber abwärts führenden *Rua Nova* fort. An der Kirche vorbei erreichen wir den Ortskern mit dem kleinen „Rossío" (*Largo Alvarao Martins Batista*). Dort finden Sie etwas Handel und Wandel und rechts am Platz das ☕ 🍸 „Cafe K4", km 9. Ab hier messe ich die Entfernung neu.

♦ Wie Sie von oben sicherlich schon erkannt haben, liegt das 500-Seelen-Dorf in einem fruchtbaren Landstrich mit üppig grünen Obstplantagen und anderen Gehölzen (z. B. Esskastanienbäumen). *Fundão* ist Zentrum des größten Kirschen-Anbaugebiets Portugals und **Alcongosta** gilt als die Kirschenhauptstadt des Landes. Von Mitte Mai bis in den Juni sind diese Früchte dort allgegenwärtig und die Straßen des hochgelegenen Ortes (⇧ 700 m) werden von Transportfahrzeugen gesäumt, die ihre süße Last in alle Himmelsrichtungen befördern. Aus Kirschen wird auch das portugiesische Nationalgetränk *Ginginha* oder einfach *Ginja*, ein köstlicher Kirschlikör, hergestellt. Besonders in Lissabon, aber auch anderswo, gibt es spezielle *Gingerias*, wo man den Likör kosten kann.

Zur Fortsetzung unser Wanderung wenden wir uns mit dem Rücken zum Café wieder nach links und folgen der auf dem gegenüberliegenden Haus oben angebrachten Markierung nach links wieder hinauf zur Kirche, gehen dann an deren Treppenstufen vorbei die *Rua da Igreja* hinunter zur *Rua Morgado da Bica* und folgen dieser links am Friedhof vorbei bis zum Wegweiser „Fundão“. Dort laufen wir auf der mittleren kleinen Teerstraße geradeaus ins Tal hinunter. Nach 500 m gehen wir rechts an einem weißen Haus vorbei (**nicht** davor nach links!) und durch Kirschplantagen hindurch hinauf zur N 521, wo wir der Markierung nach links folgen.

Nach 1,2 km wenden wir uns vor einem Laternenmast und rechts drei Briefkästen auf eine kleine Teerstraße nach scharf links bergab, biegen dann aber sofort nach rechts auf einen zu einem Haus hinunterführenden Feldweg ab. Vorbei an dem Haus halten wir uns leicht links und gehen immer auf diesem Feldweg weiter. Dort wo er in eine Teerstraße übergeht, sehen wir rechts auch wieder einen gelben Pfeil. Wir folgen stets dieser Straße und erreichen nach 2,4 km die Vororte von **Fundão**. An einer Kapelle und einem Steinkreuz vorbei gehen wir geradeaus die *Rua Martir S. Sebastião* zu einem Kreisverkehr hinunter. Dort gehen wir nach links und über den Zebrastreifen hinüber zum „Parque do Caminhante“ mit dem Santiago-Tor.

Dahinter gehen wir nach links eine Treppe hinunter und zwischen zwei Kapellen hindurch geradewegs auf den Schriftzug „TOYOTA“ zu, halten uns links und folgen der *Rua José da Cunha Taborda* vorbei an „Electro Bimba“ bis zur Kreuzung mit der „Farmácia Taborda“ rechts. Geradeaus geht es weiter zur ℹ, wir aber biegen nach rechts auf die Praça Velha mit der *Igreja Matriz* ab, der Hauptkirche von **Fundão**, km 3,2. Wir gehen geradeaus weiter über den Platz mit der Skulptur „Sitzender Mann“ bis zur Kreuzung mit der *Rua 25 Abril* rechts und der *Rua Journal de Fundão* links. Links befindet sich das ✕ *Restaurante Rivoli*, wo man die Schlüssel für die *Pensão Tarouca* in der *Rua 25 Abril* abholen kann, falls diese (besonders zu den Öffnungszeiten des Restaurants) geschlossen ist, bzw. nach einem Zimmer fragen kann. Außerdem gibt es dort das Frühstück für die Gäste der *Pensão Tarouca*. Wir erreichen diese (Schild mit einem Kamel und dem Hinweis „Alojamento Local Pensão Taroca“ sowie dem Hinweis „Best prices for Pilgrims“ nach 3,4 km. Die Entfernung von *Castelo Novo* hierher betrug also insgesamt 12,4 km.

Wenn Sie auf der *Rua Journal de Fundão* weitergehen, stoßen Sie auf die *Avenida da Liberdade*. Dort geht es nach links zur *Camâra Municipal*. Gegenüber in der zweiten Gebäudereihe ist das große Einkaufszentrum „Centro Comercial Acropole“ mit u. a. dem „Minipreço“ im Untergeschoss. Links daneben führt eine Treppe hinunter zum Busbahnhof. Schräg links von diesem liegt die *Biblioteca Municipal* mit dem @. Die *Avenida da Liberdade* nach rechts hinunter geht es zum Bahnhof.

Fundão ℹ @ 500 m, Ew. 9.200

ℹ Posto de Turismo - „Turismo“, 257 779 040, an der Praça de Municipio links vor der Câmara Municipal. täglich von 9:00 bis 12:30 und 14:00 bis 17:30

Mehrere Möglichkeiten. Eine sehr einfache, aber saubere und nachgerade billige Unterkunft ist die zentral gelegene „Pensão Tarouca“, Rua 25 de Abril 37, 275 752 877, EZ € 16, DZ € 26 (Dusche, mF). Der für die Unterkunft Verantwortliche ist *Vitorino*, 962 905 891, vitorinobatista1@hotmail.com. Er spricht gut Englisch. Falls Sie nicht reserviert haben, gehen Sie während der Essenszeiten und abends direkt zum Restaurant „Rivoli“ (siehe vorstehend) und fragen Sie nach ihm. An beiden Gebäuden befinden sich Schilder mit Jakobsmuscheln und dem Hinweis „Best prices for pilgrims“. Einige Zimmer haben Balkons, wo man Wäsche aufhängen kann.

✗ Restaurante Dom Dinis, Rua da Cale 76-78, ☏ 275 034 584. Gemütliches Lokal mit traditioneller Küche, Tagesmenü € 7, alles inkl. Gehen Sie an der Igreja Matriz vorbei zurück zur Farmácia Taborda und dann über die Kreuzung geradeaus hinweg. Das Lokal liegt links zwischen zwei sehenswerten Gemischtwarenläden, wie sie in Deutschland nur noch ganz alte Leute kennen. ☺

In alle Himmelsrichtungen, auch nach Alcains, Lardosa, Castelo Novo und Covilhã. Fahrpläne im Busbahnhof

Täglich sieben Verbindungen nach Covilhã (direkt um 11:42, 16:48, 22:43, mit Halt in **Alcaria** um 7:13, 10:48, 15:13, 20:39)

Das schon in der Eisenzeit besiedelte Fundão liegt in dem vom *Rio Zêzere* gebildeten, fruchtbaren Hochtal *Cova da Beira*, durch das eine Römerstraße führte, auf der später auch die Jakobspilger unterwegs waren. In diesem Gebiet ließ sich schon vor und schließlich ab 1492 nach ihrer Vertreibung durch die Katholischen Könige Ferdinand und Isabella eine große Anzahl sephardischer Juden aus Spanien nieder, was zu einem erheblichen Aufschwung von Handel, Handwerk und Industrie besonders in Fundão und den umliegenden Städten Covilhã, Belmonte und Guarda führte. Die dortigen Judiarias, die Judenviertel, nahmen so das Ausmaß und die Bevölkerungszahl von mittelalterlichen Städten an. Dazu näher bei ☞ Belmonte. Mit der späteren Verfolgung der Juden auch in Portugal verloren die Region und mit ihr Fundão einen Großteil ihrer wirtschaftlichen Dynamik.

✝ Die im 18. Jh. an der Stelle eines ehemaligen römischen Tempels errichtete *Igreja Matriz* besitzt ein schönes, bemaltes Holztonnengewölbe über dem Altarraum, auf dem auch *S. Jacobus* als Pilger abgebildet ist. Es ist „eher von volkstümlicher Machart, jedenfalls keine hohe Kunst. Portugal ist voll von nicht ganz so bedeutender Malerei, der man mehr Beachtung schenken sollte: ein bescheidener Vorschlag des Reisenden“ (José Saramago). Links vom Hauptportal ist an einem mittelalterlichen Gebäude eine dieser zuweilen anzutreffenden Außenkanzeln angebracht, von denen im Mittelalter Massenpredigten unter freiem Himmel gehalten wurden.

Fundão – Igreja Matriz

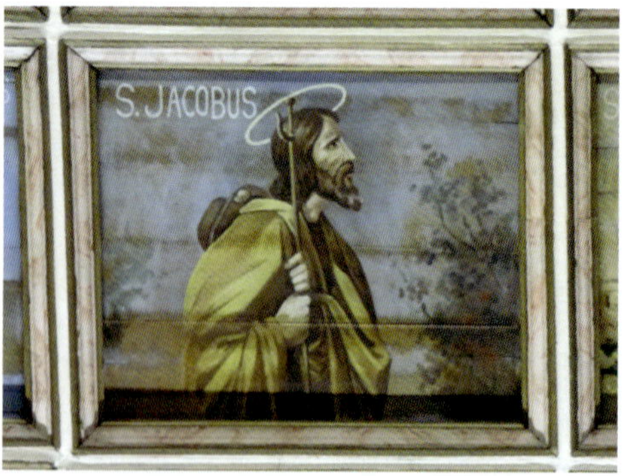

26. Etappe: Fundão – Covilhã ➲ 22,8 km

Der *Concelho* von *Fundão* hat in Verlängerung der an der *Igreja Matriz* vorbei- und hinter der *Rua 25 de Abril* auf der *Rua Dr João Pinto* weiterführenden Route einen *Caminho* in nördöstlicher Richtung markiert, jedoch nur bis *Péro Viseu* bzw. zur Kreisgrenze von *Belmonte*. Der weitere Weg nach *Belmonte* (unter Auslassung von *Covilhã*) ist noch nicht definiert, außerdem gibt es auf der ganzen Strecke keine Übernachtungsmöglichkeit. Ich halte mich daher an die Karte von Prof. Barquero Moreno (Fundstelle 2 am Ende des Buches) und folge ihr weiterhin über die wichtige Pilgerstation *Covilhã* mit ihrer *Igreja de São Tiago* nach *Belmonte*.

Etappenplanung: Falls Sie nicht die ganze Etappe laufen wollen, können Sie mit der Bahn bis Alcaría fahren und dort beginnen. Der Bahnhof liegt unweit der Route. Die auf der Karte ☞ S. 187 gestrichelt eingezeichnete Alternative (nachstehend gelb unterlegt) führt an ihrem Ende direkt daran vorbei. Zu den Abfahrtszeiten ☜ Infos zu *Fundão*.

Beim Verlassen der Pension „Tarouca" drehen wir uns nach rechts und gehen am Restaurante „Rivoli" vorbei die ganze Straße hinunter bis zur *Avenida da Liberdade*, auf der wir wiederum nach rechts bis zu einem Kreisverkehr hinunterlaufen. Diesen umrunden wir links bis zur Höhe des Wegweisers zum „Estação" (Bahnhof) und gehen dann auf der *Rua Cidade da Covilhã* weiter. Auf dieser sich anschließend wieder als N 18 fortsetzenden Straße entlanglaufend folgen wir beim nächsten Kreisverkehr dem Wegweiser rechts nach „Covilhã". Nach 1,9 km liegt links der große Supermarkt „Intermarché". Bei dem Kreisverkehr gleich dahinter gehen wir erneut Richtung *Covilhã* und bei dem darauffolgenden Kreisel mit der Tendenz nach links geradeaus weiter. Kurz darauf stoßen wir links auf einen Lidl-Markt, hinter dem wir geradeaus weitergehen.

Später erreichen wir eine Gabelung mit einem Steinkreuz in der Mitte. Dort laufen wir links unterhalb des Kreuzes auf der „Rota dos Castros" weiter. Bei einer Tafel mit dem Hinweis auf einen Kreisverkehr und „Transito Local" sowie „Covilhã" gehen wir rechts auf der N 18 weiter. Hinter dem dann folgenden Kreisverkehr setzen wir unseren Weg über eine Eisenbahnbrücke Richtung *Covilhã* fort. Nach gut 300 m stoßen wir bei knapp km 3,2 wiederum auf einen Kreisverkehr. Dort folgen wir dem weißen Wegweiser ESTORES MARTINS nach links in Richtung des „pingo doce" und dann sofort nach rechts in die *Rua da Aereeira*, vorbei an der Tankstelle des . Bei einer Abzweigung in eine Sackgasse folgen wir unserer Straße weiter nach rechts und bleiben bis auf Widerruf auf ihr. Nach 4,1 km gehen wir über eine breite Straße geradeaus hinweg und dann auf einem schmaleren Kiesweg weiter. Der Weg führt in einer Kurve abwärts, während wir gegenüber bereits unsere nächsten Zielorte unterhalb der majestätisch aufragenden *Serra de Estrela* liegen sehen können. Wir laufen durch eine schöne Wiesen- und Ackerlandschaft mit einzelnen Bäumen. Vor einer orangeroten Mauer mit einem großen Tor wenden wir uns nach gut 5,2 km nach rechts, folgen dem Weg aufwärts und dann links um einen Zaun herum. Bei einer Dreieckskreuzung hinter einer mit grobem Kiesel bedeckten Fläche und einem Felsen, der die Aufschrift „Quinta Tapada dos Frades" trägt, wenden wir uns nach knapp 6,1 km nach links.

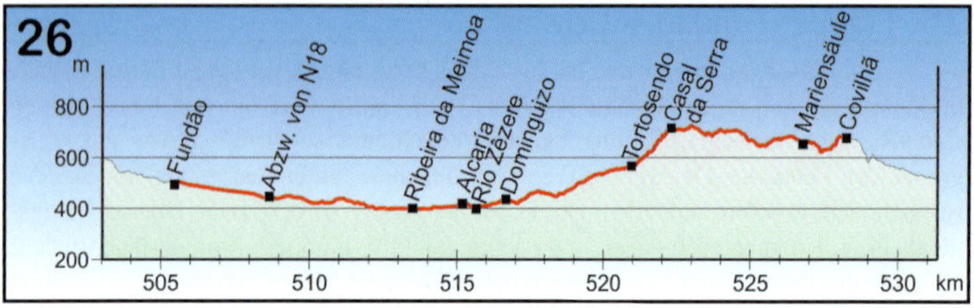

Merken Sie sich diese Stelle! Sollte es nämlich zuvor anhaltend und stark geregnet haben oder sollten Sie später feststellen, dass die Durchquerung der Furt durch den *Ribeira da Meimoa* wegen Hochwassers nicht möglich ist, müssen Sie (hierher zurückkehren und) der Abzweigung nach rechts zur N 18 folgen. Sie kommen dort nach insgesamt 7,3 km kurz vor der Brücke über den *Ribeira da Meimoa* an, die Sie überqueren. Biegen Sie gleich dahinter vor dem nächsten Kreisverkehr auf den links neben der N 18 verlaufenden Sandweg ab, der auf der Höhe einer „loja da terra" in einen Teerweg übergeht, und biegen Sie dann bei etwa km 6,3 sogleich nach links auf einen Schotterweg ab. Er führt durch ein dünn besiedeltes Gebiet links an dem Gebäude von „Moviflor" vorbei. Nach etwas mehr als 8,5 km überqueren Sie einen Bachlauf (*Ribeira da Senhora*), hinter dem rechts vor uns ein unschöner Schrottplatz die Landschaft verschandelt. Bei einem weiteren Schrottplatz direkt am Weg geht dieser in eine Teerstraße über. Gleich darauf biegt nach 9,6 km ein Feldweg nach rechts hinauf ab.

Sollte auch dieser nass sein, gehen Sie auf der Teerstraße weiter. Sie führt zu einer Brücke über die Eisenbahn. Nach Überqueren der Brücke wenden Sie sich vor einem grotesk daliegenden, verfallenen Gehöft mit einem weit ausladenden Ziegeldach nach rechts hinunter auf die nach Alcaria führende Landstraße, über die auch die Hauptroute verläuft.

Ansonsten folgen Sie dem Feldweg aufwärts in Richtung eines grün gestrichenen Tores und dann rechts an einer Gartenmauer entlang immer geradeaus. Hinter einem Fußballplatz ist der Weg mit Schotter bedeckt, bevor er vor einer Kreuzung wieder zum Sandweg wird. Ab einem rechts stehenden Haus ist er geteert und führt dann am Friedhof von **Alcaría** und am rechts liegenden Bahnhof vorbei hinunter zur Hauptstraße des Dorfes und der Eisenbahnbrücke links. Kurz darauf erreichen Sie den kleinen Platz mit der Ortskirche links und dem Café „A Fonte" rechts nach 10,5 km (= km 9,7 auf der Hauptroute).

Auf der **Hauptroute** wenden wir uns an der Dreieckskreuzung nach 6,1 km nach links und gehen am Zaun entlang auf den unterhalb liegenden Bungalow zu. Vorbei an dem ultramodernen Gebäude wenden wir uns bei einer Gabelung vor einer Bruchsteinmauer am Zaun entlang nach links hinunter. Vor einem grünen Tor mit Blick auf den *Ribeira da Meimoa* gehen wir nach links auf eine allein stehende, große Föhre zu und dann in einen Olivenhain hinein. Dahinter unterqueren wir nach knapp 6,7 km eine niedrige Eisenbahnbrücke und gehen auf dem sich anschließenden Wiesenweg weiter. Neben einem lang gezogenen Stall- oder Lagergebäude wenden wir uns nach rechts und gehen um ein verfallenes Gebäude herum nach rechts weiter. Nach knapp 7,2 km überqueren wir einen kleinen Bach und stoßen 200 m weiter auf eine quer verlaufende, breite Sandstraße, wo wir rechts an einem Leitungsmasten ein Schild für den Mountainbiker-Trail 3 sehen, dessen gelben Pfeil wir nach rechts in Richtung des *Ribeira da Meimoa* und in einer Kurve erneut nach rechts folgen, um dann um ein kleines Steinhaus mit einer Pergola aus Weinlaub herum zu einem Bach zu gelangen, den wir links auf Steinen überqueren können. Dahinter führt der breite Weg bei km 8 direkt in den Fluss hinein, zu dessen Durchquerung Schuhe und Strümpfe ausgezogen werden müssen. Auf dem jenseitigen Ufer gehen wir direkt auf die höchste Erhebung der *Serra da Estrela* mit dem darunterliegenden *Alcaría* und vorbei an einem Kieswerk auf erste Häuser zu. Bald darauf geht die Sandstraße in eine Teerstraße über. Zwischen der Eisenbahnbrücke und einem links grotesk daliegenden, verfallenen Gehöft hindurch gehen wir entlang der Bahnlinie geradewegs nach *Alcaría* hinauf. Bei km 9,6 erreichen wir **Alcaría** (BANK @), nicht zu verwechseln mit dem gleichnamigen Dorf auf der 2. Etappe. Am Ortseingang teilt sich die Straße in zwei Gassen. Wir gehen an einer wunderschön mit Blumen bewachsenen Veranda vorbei links die *Rua das Flores* hinauf. Kurz darauf steigen wir die Treppe zur Ortskirche hinauf, gehen an dieser links vorbei zum *Largo da Igreja* und finden dort gleich an der Hauptstraße das Café „A Fonte", in dem wir uns stärken können. Links davor befindet sich auch ein Trinkwasserbrunnen, km 9,7.

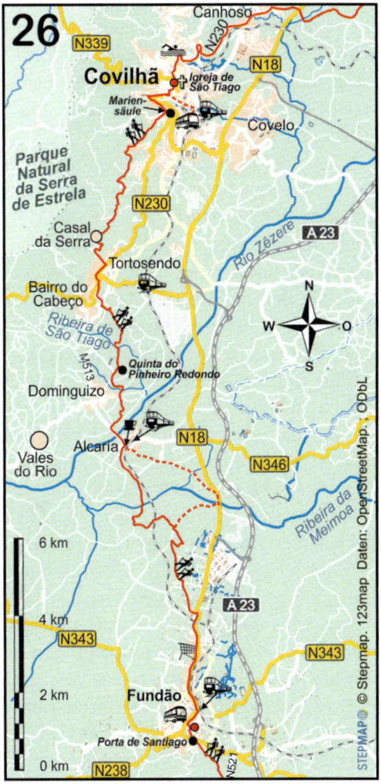

Mit Blick auf das Café wenden wir uns anschließend nach links in die *Avenida D. Maria de Lourdes Silva Linho Sousa* und gehen auf ein Steinkreuz und einen Wegweiser zu. Links steht ein Haus mit einem BANK Bancomat.

☺ Wenn Sie dort durch die Eingangstür hinein- und dann die Treppe zur *Junta de Freguesia* hinaufgehen, finden Sie rechts eine Tür mit der Aufschrift „Sala de Convivio". Dahinter gibt es einen @ *Espaço Internet* und den Stempel für den Pilgerausweis.

Bei dem eben erwähnten Steinkreuz mit einer kleinen Kapelle dahinter folgen wir dem Wegweiser nach *Dominguizo* und laufen dann die Straße hinunter zur Brücke über den *Rio Zêzere* mit beeindruckenden Ausblicken. Wir überqueren sie bei km 10 und stoßen dahinter rechts sogleich auf das Ortsschild von **Dominguizo**. An der darauffolgenden Kreuzung folgen wir den Hinweisen „polidesportivo" und „Cinema" nach rechts, vorbei am Café „Kuatro". Bei einer vor uns liegenden Toreinfahrt gehen wir an der Mauer rechts entlang auf der *Rua do Cardal* weiter. Nach 10,9 km wendet sich die Straße in einem rechten Winkel nach links. Dort folgen wir dem weißen Pfeil auf der gegenüberliegenden Mauer und laufen dann am Zaun der auf der rechten Seite befindlichen „Carpintaria Mecânica" weiter. An einer Kreuzung mit einem hohen Leitungsmasten rechts und einem Sichtspiegel sowie Mülltonnen gehen wir geradeaus weiter auf die *Serra de Estrela* zu.

Bei einer Abzweigung bleiben wir auf dieser Straße und folgen der *Rua de Maceira* geradeaus nach bergab, wo die Teerstraße in einen an einer Wiese entlang verlaufenden Feldweg übergeht (40°12'42"N - 7°31'14"W). Nach gut 11,4 km überqueren wir einen Bach, und zwar auf einer Brücke mit einer gebogenen, grün gestrichenen Eisenbalustrade und geraden Geländern. Bei der nächsten Gabelung dahinter biegen wir nach links ab. Bei km 11,8 trifft der Feldweg auf eine Kreuzung mit einem Gebäude auf der rechten Seite, über die wir geradeaus hinweglaufen. Die nach rechts führende Abzweigung überspannt eine hölzerne Brückenkonstruktion mit Treppen. Wir gehen auf einen Leitungsmasten zu, der die Zahl 2 trägt, und dann den Weg an einem Drahtzaun entlang weiter. Rechts oben dreht sich ein großes gelbes Windrad.

Bei km 12 erreichen wir rechts das Eingangstor zur *Quinta do Pinheiro Redondo* und setzen unseren Weg dahinter geradeaus fort. Bei einer Abzweigung (km 12,4) biegt der Hauptweg nach rechts in Richtung eines Einfahrtverbotsschildes und eines hohen Leitungsmastens mit einer Lampe ab. Dort gehen wir jedoch geradewegs in ein Wiesental hinunter. Rechts an einer Hecke entlang halten wir geradeaus auf die am gegenüberliegenden Hang stehenden Häuser zu. Auf diese Weise erreichen wir das Tal des *Ribeira de São Tiago* und überqueren nach knapp 12,9 km das Bächlein hinter einem auf der linken Seite stehenden, verfallenen Gehöft. Dahinter folgen wir dem Weg an einem rechts stehenden Eisengatter vorbei den Berg hinauf. Hinter einem Bauernhof wenden wir uns nach rechts und gehen an Weinstöcken entlang auf zwei alte Steinhäuser zu, wo wir von einer kläffenden Hundemeute empfangen werden, die jedoch sogleich von ihrem Besitzer zurückgepfiffen wird. Der Feldweg geht nun bald in einen Hohlweg über, der zu einer kleinen Kirschplantage und nun als Teerstraße rechts bergauf zu einem villenartigen Gebäude führt. Nach einem kurzen Anstieg erreichen wir ein Haus, bei dem wir uns nach links halten. Weiter oben erreichen wir bei km 4,6 eine Kreuzung mit zwei großen, hintereinanderstehenden, runden Containern auf der rechten Seite. Dort wenden wir uns nach links, gehen an einem mit blassgrünen Streifen gestrichenen Haus vorbei aufwärts, erreichen kurz darauf die M 513 nach *Tortosendo* und folgen ihr nach rechts.

100 m weiter kommen wir an einen Kreisverkehr, wo wir dem Wegweiser links hinauf nach *Tortosendo* folgen. Hinter einem weiteren Kreisverkehr nach 14,9 km folgen wir

dem braunen Wegweiser „Serra de Estrela" und dem weißen Wegweiser „Covilhã" nach links und gehen auf der **linken** Fahrbahn Richtung Kirche weiter. An dieser gehen wir dann links vorbei und erreichen auch bald das rechteckige Hinweisschild „N 230 Covilhã 5". Nach gut 15,2 km gelangen wir zwischen Bushaltestellen auf beiden Straßenseiten hindurch ins Zentrum von **Tortosendo** (BANK).

Wir gehen auf der Hauptgeschäftsstraße *Avenida Viriato* durch den Ort, wenden uns aber bei km 15,5 hinter der Post (*Correios*) dem Wegweiser *Casal da Serra* folgend nach links in die kopfsteingepflasterte *Avenida Montes Herminios* und folgen ihr steil aufwärts. Unterhalb der oben am Hang liegenden Häuser von *Casal da Serra* macht die Straße eine Rechtskurve und wendet sich unterhalb eines weißen Hauses wieder nach links. Weiter oben in der Kurve biegt gegenüber einem Gebäude links sowie einer Andachtssäule und einem Leitungsmasten die *Rua das Lages* nach rechts hinauf ab. Wir folgen ihr bei km 16,2 durch einen Kiefernwald bergauf.

Nach 16,6 km biegt unter einem hohen Leitungsmast mit einem eingezäunten Transformatorenhäuschen rechts sowie unterhalb eines weißen Hauses mit einer Außentreppe ein Weg nach rechts oben ab. Auf einem am rechten Rand dahinterstehenden, kleineren Leitungsmast befindet sich die gelb-rote Markierung eines PR, der wir in Richtung eines kleinen, weiß gestrichenen Hauses folgen. Auf dem Leitungsmasten vor diesem Haus ist dann wieder die PR-Markierung angebracht. An dem Haus vorbei folgen wir dem Weg auf weitere am Hang stehende Häuser zu und laufen nun mit herrlichen Ausblicken auf das Umland in völliger Bergeinsamkeit an einer Flanke der *Serra de Estrela* entlang. Dort, wo ein kleines Bächlein vom Berg herunterkommt, befinden sich unterhalb Obstbäume und kleine bepflanzte Parzellen, weiter dann oben einige Weinstöcke, Oliven- und Obstbäume.

Nach 17,4 km steht am rechten Wegesrand ein gemauerter Block mit einer roten Tür und den Großbuchstaben „SMAS" in Blau und Weiß über einer Welle. Dort gehen wir dem Weg folgend weiter den Abhang hinunter und treffen bald darauf rechts auf ein Haus neueren Datums. 100 m weiter steht links am Hang ein Haus mit bellenden, trotzdem aber recht freundlichen Hunden. Noch einmal 500 m weiter führt unter hohen Föhren nach halb links ein Weg hinauf, dem wir folgen.

Begegnung auf der Serra (MW)

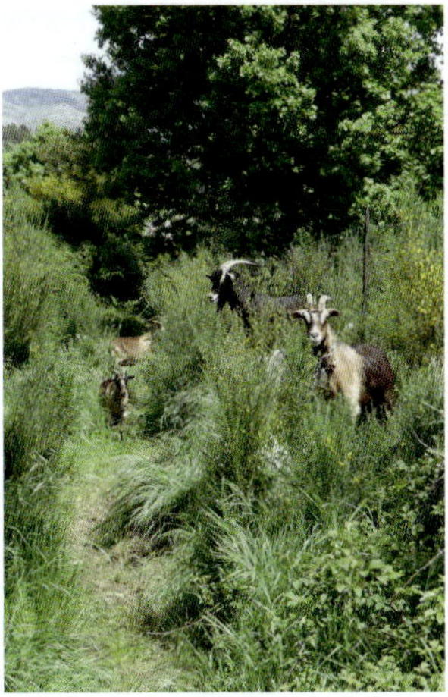

Sollten Sie aus Versehen nach schräg rechts unten weitergehen, kommen Sie nach ca. 100 m unterhalb einer aus mächtigen, groben Bruchsteinen zusammengefügten Mauer mit einem dahinterliegenden, nun einsehbaren stattlichen Anwesen an. Dann sind Sie falsch gelaufen und müssen umkehren!

Wir folgen dem Weg also halb links bergaufwärts und können sogleich rechts auf dem Stein eine verwaschene rot-gelbe *PR*-Markierung erkennen. Bald ist der Weg geteert und in einer scharfen Linkskurve knapp 300 m nach der Abzweigung heißt es dann **aufpassen**: Halb rechts verlässt hier ein kaum erkennbarer Pfad die Straße. Wir folgen diesem Pfad und können kurz hinter der Abzweigung rechts am Boden wieder eine verwaschene Markierung erkennen. Jetzt ist der Pfad deutlich zu sehen, der sich durch eine herrliche Heidelandschaft schlängelt. Wir überqueren einen kleinen Bach auf Trittsteinen und genießen einen überwältigenden Ausblick. Nach 18,9 km überqueren wir einen breiten Sandweg und laufen gegenüber auf dem Pfad an Gartenzäunen und Mauern entlang weiter. Nach 200 m geht der Pfad in einen Feldweg über, dem wir geradeaus folgen. Er wird bald zu einer kleinen Teerstraße, der wir den *PR*-Markierungen folgend immer weiter abwärts folgen. Sie führt über eine kleine Brücke und durch ein kleines Gehöft, bis wir nach 19,7 km in einer scharfen Kurve auf die Hauptstraße mit dem Straßenschild „Rua da Amoeira" auf der rechten Seite treffen. Dieser folgen wir nach links oben. Kurz darauf befindet sich links an einer hohen Mauer der neue Straßenname *Rua do Comércio.* Vor einem um die Ecke gebauten, modernen Wohnblock links vor uns sowie einer Bushaltestelle ganz links und einem Übersichtsspiegel rechts führt unsere Straße nach 19,9 km geradeaus weiter.

Hier befinden wir uns auf dem ursprünglichen Pilgerweg nach Santiago, dem sog. Camino Velho. *São Tiago* ist denn auch der Stadtheilige von *Covilhã.* Hin und wieder durch Häuser unterbrochen, öffnet sich rechts ein weiter, herrlicher Panoramablick auf die Umgebung von den Höhen der *Serra da Gardunha* im Süden über die fruchtbare Hochebene der *Cova da Beira* bis hin zu den hinter *Belmonte* und vor *Guarda* liegenden Ausläufern der *Serra de Estrela* im Norden. Ein schrecklich anzusehendes, halb fertiges, wohl als Bauruine stehen gebliebenes Hochhaus auf der rechten Seite stört nur für kurze Zeit unseren weit über das Land schweifenden Blick und längst hat uns die herrliche Aussicht mit dem steilen Anstieg von vorhin versöhnt.

Für eine Weile hieß unser Caminho nun *Rua* bzw. *Estrada de St° António*, gegenüber besagtem Hochhaus geht sie dann in die sich nach rechts unten wendende *Rua Morais do Convento* über und verläuft alsbald an einer Bruchsteinmauer entlang weiter abwärts. Links oben kann man das *Santuário de Santo António* liegen sehen und nach 21 km schließlich erreichen wir rechts die kleine Parkanlage mit der hoch aufragenden Säule von *Nossa Senhora da Conceição.*

☺ Gehen Sie dort die wenigen Schritte hinunter, denn von der Plattform unterhalb der Mariensäule haben Sie einen überwältigenden 270°-Rundblick, insbesondere auch nach links volle Sicht auf die gegenüberliegende Altstadt von **Covilhã** mit dem im Frühjahr ginstergelben Gebirgskamm der *Serra de Estrela* im Rücken.

Auf dem Rückweg finden sich beiderseits der Treppe Toilettenanlagen. Vom Parkausgang aus führt die Straße nach rechts unter Bäumen zur N 230 hinab. Bevor wir die Nationalstraße erreichen, sehen wir gegenüber die rostrot gestrichenen Gebäude der *Universidade da Beira Interior* sowie zwei außer Dienst gestellte Flugzeuge und einen

Fabrikschornstein liegen. Nochmals davor überspannt bei km 21,8 (den Umweg von etwa 200 m zur Mariensäule eingerechnet) eine Fußgängerbrücke die N 230, sie heißt hier jedoch bereits *Estrada da Palmatória*. Wir gehen über die Brücke und folgen dann der Straße aufwärts bis zu einem großen Brunnen in Form einer Wasserschütte, vor dem wir uns nach rechts in die Altstadt hinauf wenden. Bald darauf erreichen wir die ersten Universitätsgebäude sowie dahinter links den Aufzug „Elevador S. André" zur Oberstadt, den wir zum weiteren „Aufstieg" nehmen (km 22,4). Oben angekommen gehen wir mit Blick auf den *Mercado Municipal* die *Rua António Augusto de Aguiar* 300 m zuerst hinauf und dann leicht bergab bis zum Platz vor der *Câmara Municipal*. Von dort führt die *Rua Visconde da Coriscada* nach rechts hinunter zum Hotel „Solneve", das wir nach knapp 22,8 km erreichen.

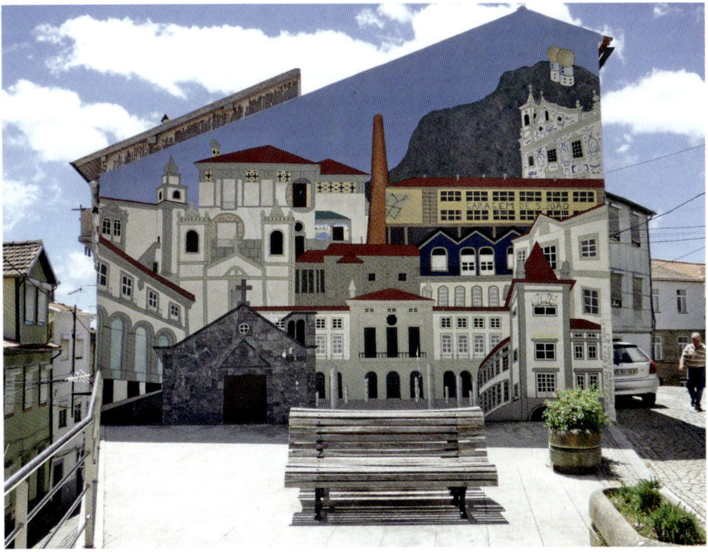

Covilhã in Covilhã

Covilhã

⇧ 670 m (Praça do Municipio), Ew. 19.000 (mit Canhoso)

Posto de Turismo, Avenida Frei Heitor Pinto, ☎ 275 319 560, Mo-Sa 9:00 bis 13:00, 14:00 bis 18:00. Wegbeschreibung dorthin im Anschluss an die Infos

Gut und preiswert: Hotel Solneve, Rua da Visconde da Coriscada 126, ☎ 275 323 001/2, www.solneve.pt, reservas@solneve.pt, EZ € 25, DZ € 38 mF. Mit seiner guten Ausstattung und einem üppigen Frühstücksbüffet ist dieses Haus hinsichtlich des Preis-/Leistungsverhältnisses eine der besten Adresse auf dem ganzen Weg. An der Rezeption wird Englisch gesprochen.

🛏 Ebenfalls empfehlenswert, wenn auch nicht so preisgünstig und mit einem relativ späten Frühstück ab 8:00: Hotel „Covilhã Jardim", Jardim Público 40, ☏ 275 322 140, 🖳 www.hotelcovilhajardim.com, EZ € 30, DZ € 45 mF. Die sehr freundlichen und hilfsbereiten Besitzer sprechen gut Französisch und ein wenig Englisch.

🚌 Busbahnhof (Central de Camionagem), Avenida Cidade de Rio Janeiro. Verbindungen nach Belmonte (Busbahnhof unterhalb der Stadt) und Guarda mehrmals täglich mit Citi Express. Nach Belmonte direkt Mo-Fr 12:25 und 17:00 (mit rbi – bitte vorher verifizieren, ob noch aktuell)

🚆 Der Bahnhof liegt in der Nähe des Busbahnhofs. Dort ist Endstation der von Lissabon über Castelo Branco heraufführenden Strecke. Die weiterführende Linie über Belmonte nach Guarda wurde 2010 eingestellt.

▷ Der Weg zum 🚌 und 🚆 ist auf dem Stadtplan gestrichelt eingezeichnet. Kurzbeschreibung: Zurück zum Aufzug *Elevador de S. André*, dann kurz nach rechts und beim „Café Restaurante MONUMENTAL" (links unterhalb) die schmale *Rua José Ramalho* nach scharf links hinunter. Am Ende nach rechts zum Kreisverkehr und die *Rua Conde da Ericea* hinunter zur *Biblioteca Municipal* (rechts). Davor nach schräg rechts unten auf die *Alameda da Europa*. Schräg rechts gegenüber können Sie dann den 🚌 sehen. Zum 🚆 gehen Sie die *Alameda* am Schwimmbad vorbei nach links hinunter bis zu einem Parkplatz, dort sehen Sie rechts unten das Bahnhofsgebäude.

▷ Um zum **i** zu gelangen, wenden Sie sich vom Hotel Solneve (mit Blick auf die Câmara Municipal) an der Ecke mit der Bank Santander Totta nach rechts in die *Rua Comendador Campos Melo*. Vor einem mit Schwalben bemalten Haus wendet sich die Straße nach links hinunter zur ✝ *Igreja de São Francisco* und erreicht vor dieser den hübschen Park *Jardim Público*. Hinter einem links stehenden Brunnen und einer Zypresse sehen Sie auf einem Dach in gelben Großbuchstaben das Wort „HOTEL" angebracht und durchqueren den Park in diese Richtung. Rechts auf der anderen Seite des Parks liegt das 🛏 Hotel „Covilhã Jardim". Am Ende des Parks biegt die Straße vor einem Kriegerdenkmal nach links und erreicht vor dem Hotel ein rosa gestrichenes Häuschen, in dem sich der Posto de Turismo befindet (450 m).

Covilhã ist ein nicht nur bei den Portugiesen beliebter Ausgangspunkt für Ausflüge und Wanderungen in die **Serra de Estrela**. Das „Sternengebirge" zieht sich auf 100 km Länge und 30 km Breite von Coimbra bis Guarda. In nordwestlicher Richtung erhebt sich oberhalb von Covilhã der Gipfel der Torre, mit 1.991 m der höchste Gipfel Portugals. Am Rande dieses ökologisch weitgehend intakten Gebiets des ❀ *Parque Natural da Serra de Estrela* mit seiner abwechslungsreichen Landschaft und Vegetation werden wir bis *Celoríco de Beira* entlanglaufen und es streckenweise auch durchqueren, zumindest teilweise auf einer Römerstraße. Die Römer nannten die Serra de Estrela *Herminius Mons* und Covilhã *Tritium*.

✝ Wenn Sie in Covilhã von der *Praça do Municipio* kommend oberhalb der ✝ *Igreja de São Tiago* weiterlaufen, gelangen Sie in die ehemalige *Judiaria* und dann in einem Linksbogen über die Polizei und die *Rua Portas do Sol* zur *Igreja Matriz de Santa Maria*. Ihre ganz und gar mit **Azulejos** bedeckte Fassade zeigt Szenen aus dem Marienleben.

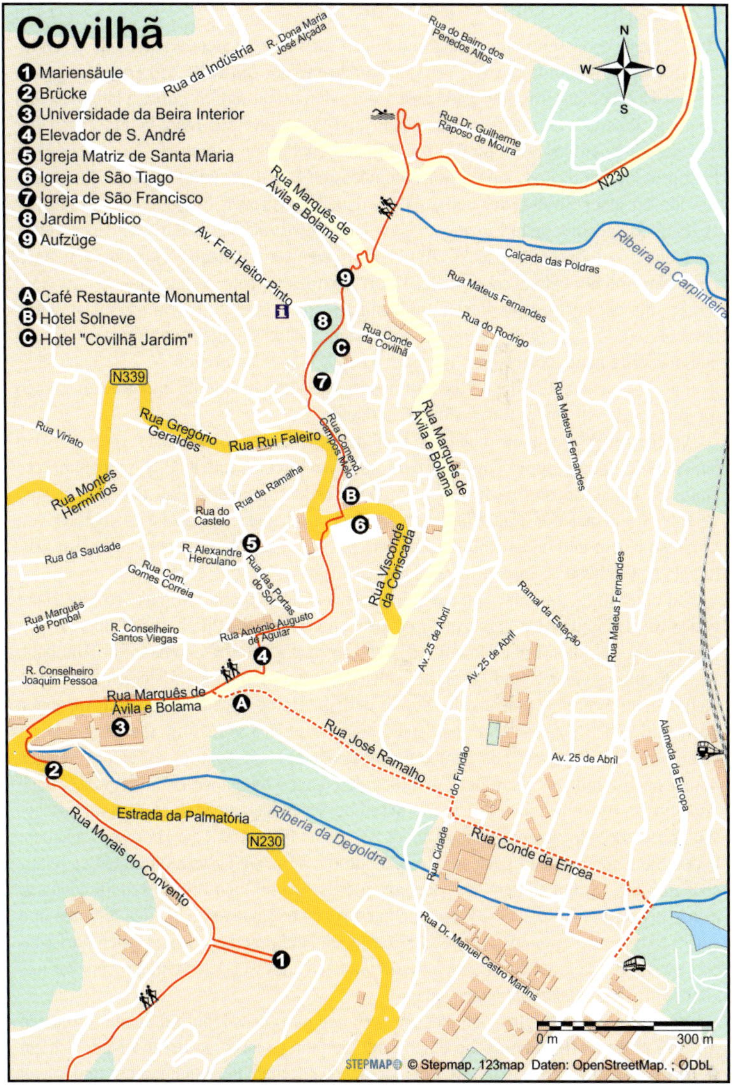
Covilhã
1 Mariensäule
2 Brücke
3 Universidade da Beira Interior
4 Elevador de S. André
5 Igreja Matriz de Santa Maria
6 Igreja de São Tiago
7 Igreja de São Francisco
8 Jardim Público
9 Aufzüge
A Café Restaurante Monumental
B Hotel Solneve
C Hotel "Covilhã Jardim"
N
W
O
S
Rua da Indústria
R. Dona Maria José Alçada
Rua do Bairro dos Penedos Altos
Rua Dr. Guilherme Raposo de Moura
N230
Rua Marquês de Ávila e Bolama
Av. Frei Heitor Pinto
Ribeira da Carpinteira
Calçada das Poldras
Rua Mateus Fernandes
Rua do Rodrigo
Rua Conde da Covilhã
N339
Rua Gregório Geraldes
Rua Rui Faleiro
Rua Comend. Campos Melo
Rua Viriato
Rua Montes Hermínios
Rua da Ramalha
Rua do Castelo
Rua Visconde da Coriscada
Rua da Saudade
R. Alexandre Herculano
Rua das Portas do Sol
Rua Com. Gomes Correia
Rua Marquês de Pombal
R. Conselheiro Santos Viegas
Rua António Augusto de Aguiar
Ramal da Estação
Av. 25 de Abril
R. Conselheiro Joaquim Pessoa
Rua Marquês de Ávila e Bolama
Rua José Ramalho
Alameda da Europa
Rua do Fundão
Estrada da Palmatória
Riberia da Degoldra
Rua Cidade
Rua Conde da Ericea
Rua Morais do Convento
N230
Rua Dr. Manuel Castro Martins
0 m
300 m
STEPMAP © Stepmap. 123map Daten: OpenStreetMap. ; ODbL

27. Etappe: Covilhã – Belmonte ➲ 20 km

Beim Verlassen von Covilhã und folgen wir zunächst dem vorstehend beschriebenen Weg in Richtung des i. Von der Vorderseite der *Igreja de São Francisco* gehen wir auf Holzbohlen zwischen Parkbänken quer durch den *Jardim Público* hindurch und über ein Wasserbecken hinweg auf einen dunkelrosa Bau zu. Dort befindet sich der Zugang zu einem morgens ab 8:00 in Betrieb befindlichen Fahrstuhl, der uns zu einer Plattform hinunterbringt, auf der wir zum nächsten Fahrstuhl hinübergehen. Wir verlassen ihn an einer Straße, auf der wir links den Zebrastreifen überqueren und auf der gegenüberliegenden Seite Zugang zu einer Fußgängerbrücke erhalten. Auf dieser gehen wir hinüber zur Piscina Municipal. Am Ende wenden wir uns nach rechts und gehen am Ende einer rechts befindlichen Mauer sofort nach rechts eine Treppe hinunter zu einer Straße, der wir nach rechts folgen, um dann aber nach links zu einem roten Hydranten hinüberzugehen und auf der rechts neben ihm befindlichen Eisentreppe zur Straße hinunterzusteigen. Dort folgen wir nach knapp 1 km der breiten N 230 nach links hinunter, erreichen kurz darauf das Ortsausgangsschild von Covilhã und können danach für eine Weile auf einem Bürgersteig weiterlaufen.

Vorbei am Willkommensschild von **Canhoso** teilt sich die Straße nach knapp 3,5 km hinter einer Baumgruppe. Ein Wegweiser zeigt nach rechts unter der Eisenbahnbrücke hindurch zur A 23 und nach „Guarda". Wir wenden uns jedoch bei den drei kleinen Verkehrsinseln auf der *Rua Humberto Delgado* nach links in das Neubaugebiet von **Canhoso** hinein und finden links sogleich ein Buswartehäuschen, an dem vorbei wir weitergehen. **Canhoso** ist hier nicht noch einmal ausgeschildert.

An einer Kreuzung mit dem 🛏/✕ Residencial Restaurante „Tomás" rechter Hand gehen wir nach gut 4 km geradeaus weiter durch **Canhoso** hindurch. Nach einer kleinen Brücke teilt sich die Straße bei km 4,3. Wir folgen dort dem Wegweiser zur Autobahn A 23 Richtung *Guarda* und gehen bei einer Abzweigung mit einem kleinen 🛒 Supermarkt rechts weiter geradeaus die Straße bergab. Unten im Tal überqueren wir einen Bach und gehen anschließend die Straße hinauf zu einer Kreuzung, die wir bei km 5 erreichen. Wir überqueren die Straße geradeaus und gehen dahinter vor einer niedrigen Mauer nach schräg rechts weiter. Auf der anderen Seite folgen wir dem Wegweiser nach *Terlamonte.* Auch nach einer weißen Brücke über einen kleinen Bach bleiben wir auf dieser Teerstraße, die sich nach links wendet. Wenn Sie hin und wieder rückwärts schauen, haben Sie einen schönen Blick auf *Covilhã* und die *Serra de Estrela.* Nun geht es relativ steil aufwärts, vorbei an dem links liegenden Häuschen mit den Briefkästen für *Vinha da Serra,* bis wir bei km 6,7 eine Kreuzung mit zwei hintereinanderstehenden Bäumen und einem Mast sowie zwei nach rechts abzweigenden Feldwegen erreichen. Auch dort bleiben wir auf der Landstraße, die sich wiederum nach links wendet. Schräg rechts vor uns können wir jetzt *Belmonte* liegen sehen.

Nachdem wir nach gut 7 km eine Abzweigung nach links ignoriert haben, erreichen wir 300 m weiter **Terlamonte** mit einer modernen Kirche links, an deren Mauer sich ein 💧 Trinkwasserbrunnen befindet. Wir gehen rechts unterhalb der Kirche weiter und folgen der Straße zwischen Weinstöcken durch das nur spärlich bebaute Dorf, von dem aus wir

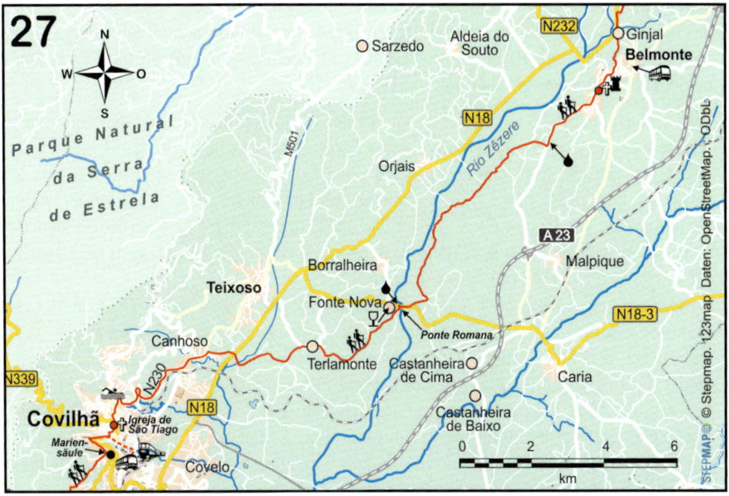

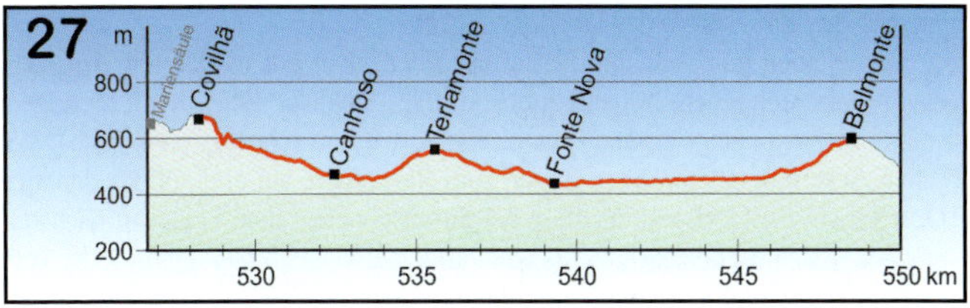

einen schönen Ausblick nach rechts auf die Landschaft haben. Nach 7,8 km erreichen wir eine Kreuzung mit der Bushaltestelle **Terlamonte** links und einem Brunnen davor; dort wenden wir uns nach rechts die Straße hinunter. Wir gehen bei einer Kreuzung etwas weiter unten geradeaus an einem neueren Haus und dann am rechts liegenden *Parque de Merendas* (Picknickplatz mit Wasserhahn) vorbei, um anschließend der Straße nach links hinunter zu folgen.

Unterhalb eines Hauses mit zwei Garagen rechts folgen wir der Straße beständig zwischen Leitungsmasten durch Wein- und Olivengärten, unterbrochen von kargen, mit Baumgruppen und Ginsterbüschen bestandenen Flächen und erreichen nach 9,3 km inmitten von Weinanbauflächen und Pfirsichplantagen eine Ansammlung von Häusern. Hinter diesem Weiler laufen wir unter Straßenlampen hinunter ins Tal, wo wir an einem kleinen Wäldchen vorbei zu ausgedehnten Obstplantagen gelangen.

Kurz vor Fonte Nova macht uns eine Übersichtstafel auf die nach 10,6 km von rechts auf unseren Weg stoßende GR 33/GRZ, die „Grande Rota do Zezêre“ aufmerksam. Sie begleitet den Rio Zezêre von seiner Mündung in der Serra de Estrela 370 km bis zu seiner Mündung in den Tejo. Es handelt sich um eine sog. multimodale Route, der man (in diesem Fall) zu Fuß, mit dem Fahrrad und mit dem Kanu folgen kann. Seine von den GR 15 und 40 bekannte weiß-rote Markierung wird uns ab hier 5 km lang begleiten. Sie können ihr also bis zum Widerruf folgen.

Nach knapp 12 km erreichen wir vor der ⌘ uralten Brücke über den von hohen Bäumen gesäumten *Rio Zêzere* den Weiler **Fonte Nova** bzw. links an der kleinen Landstraße ein von viel Müll umgebenes Café ohne Namen, eher ein schlichtes kleines Gasthaus, in dem wir etwas trinken können. Das Lokal bietet nichts zu essen an, wenn Sie jedoch um 12:30 eintreffen, können Sie am Mittagessen der Besitzerfamilie teilnehmen, vielleicht auch noch kurz danach, wenn noch etwas übrig ist. Fragen Sie danach, die Wirtin bereitet gute Hausmannskost zu.

Danach gehen wir wieder nach rechts hinaus auf die Landstraße N 18-3, an der es links von der Brücke einen Picknickplatz mit einem Trinkwasserbrunnen gibt. Wir überqueren den *Rio Zêzere* auf der schmalen, altehrwürdigen *Ponte Romana*. Sie verbindet die *Concelhos* (Kreise) von *Covilhã* und *Belmonte*. Bei der Ampel dahinter wenden wir uns nach links hinunter, um sogleich dem GR 33/GRZ auf den nach rechts abzweigenden Feldweg zu folgen. Er führt aufwärts zu Ställen und Lagerhallen. *Vor* diesen wenden wir uns nach links und folgen dem Weg zunächst nach links ins Tal hinunter und anschließend auf den vor uns liegenden Bergrücken zu. Schräg links vor uns liegt jenseits des *Rio Zêzere* das Dorf *Borralheira*.

Wir bleiben nun stets auf diesem einsamen, aber gut markierten Weg, so auch bei einem links stehenden, hohen Laubbaum. Der Sandweg führt durch niedrige Baumbestände rechts an einer großen Feuchtwiese vorbei und schwingt dann nach 13,3 km zwischen Äckern in einem weiten Bogen zum *Rio Zêzere* hin und auf das dahinterliegende Dorf *Orjais* zu. Dort, wo der Weg bei Stromschnellen dem Fluss am nächsten kommt, wendet er sich wieder nach rechts von ihm fort und ist ab hier auch wieder von Bäumen gesäumt. Nach 14,2 km stoßen wir hinter einem Findling links auf dem Acker auf eine Kreuzung, über die wir **geradeaus** hinweggehen. 200 m weiter teilt sich der Weg. Wir ignorieren den felsigen Weg nach rechts bergauf und folgen der Abzweigung nach links hinab. Bald darauf stoßen wir auf eine quer verlaufende Teerstraße, die links durch Obstplantagen zum Dorf *Orjais* führt. Wir aber biegen auf die Straße nach rechts ab, auf ein weiter vorne liegendes graubraunes Gehöft mit Ziegeldach zu. Kurz darauf können wir *Belmonte* vor uns aufragen sehen.

Pfirsichblüten am Rio Zêzere (RK)

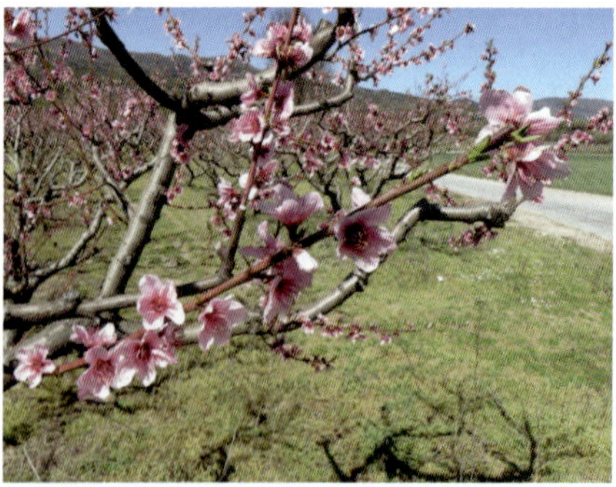

Jüngsten Informationen zufolge soll hier bzw. in der Nähe von hier jetzt eine breite Informationstafel auch mit Hinweisen in Englisch stehen.

Unterhalb des Gehöfts wenden wir uns bei einer Weggabelung nach rechts, steigen zu ihm hinauf, erreichen es nach 15,1 km und setzen dann unseren Weg unterhalb des Bauernhauses fort, an einem wellblechgedeckten Geräteschuppen vorbei in Richtung des vor uns liegenden *Belmonte*. Zwischen je einem Höhenzug zu beiden Seiten laufen wir durch ausgedehnte Obst- und Weinkulturen, die nur hin und wieder von Wiesen mit im Frühjahr üppig blühendem Ginster unterbrochen werden.

Nach 15,6 km biegt der GR 33/GRZ nach links ab. Wir bleiben auf unserem Weg, bis hinter einer Weinbaufläche bei km 16,3 ein Weg nach rechts oben abzweigt, ein anderer führt geradeaus auf Belmonte zu. Diesem folgen wir in Obstbaumplantagen hinein bzw. durch sie hindurch, bis sie bald darauf von blumenübersäten Wiesen abgelöst werden. Nach 17,3 km teilt sich der Weg unterhalb eines kleinen Landhäuschens vor älteren Gebäuden und einem Gemüsegarten; rechts steht ein Neubau. Dort wenden wir uns nach rechts bergauf und stoßen nach 500 m auf ein Stopp-Schild und links hinter der T-Kreuzung auf ein Buswartehäuschen mit einer willkommenen Sitzbank. In dem Kiefernhain dahinter ist ein Picknickplatz mit einem 💧 Wasserhahn.

Mit Blick auf das Wartehäuschen gehen wir anschließend links auf der Teerstraße weiter und steigen nach **Belmonte** hinauf. Rechts am Ortseingang begrüßt uns das Willkommensschild „Caminho de Santiago – Vila de Belmonte". Danach halten wir uns auf der Straße links und gehen an der Mauer des Fußballstadions *Campo de Jogos de Belmonte* vorbei auf der Hauptstraße des Ortes, der *Rua Pedro Álvares Cabral*, geradewegs in den Ort hinauf. Etwas weiter stoßen wir links in einem kleinen Häuschen auf das @ *Centro Municipal de Internet*. Dahinter liegt links auch das „Residencial Pensão Altitude". An einem kleinen Park vorbei finden wir bei km 20 den Optikerladen „Optiframa", über dem sich private Unterkünfte befinden, mit einer großen Linde davor. In ihrem Schatten warten die 🚕 Taxis von Belmonte auf Kunden.

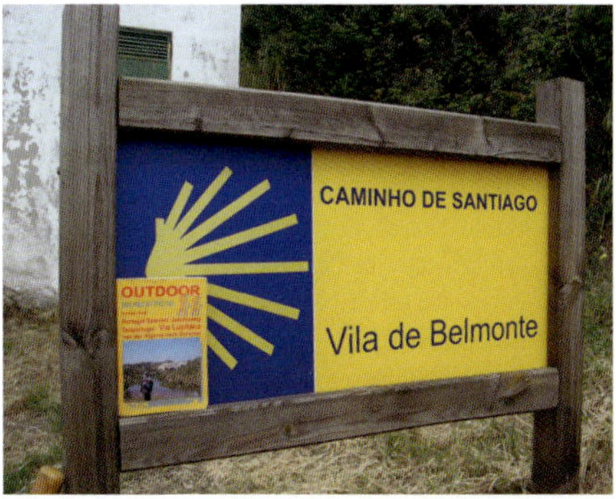

Willkommen in Belmonte

Belmonte

ℹ @ 🛏 ✕ ☕ 🛒 ⚕ BANK 📯 ✠ ⌘ ✞ ✡ ♜

⇧ 604 m (Castelo), Ew. 6.900

ℹ Posto de Turismo, neben dem Burgtor, ☏ 275 911 488, 🕓 täglich 9:30 bis 12:30, 14:30 bis 17:30, im Sommer jeweils 30 Minuten länger. Freundliche Mitarbeiterinnen, die auch wegen der zahlreichen jüdischen Besucher aus Israel und den USA gut Englisch sprechen.

@ Centro Municipal de Internet, *Rua Pedro Álvares Cabral*, ☜ Etappenbeschreibung am Ende, Mo bis Fr 9:00 bis 12:30, 14:00 bis 17:30

Unsere Adresse für Pilger: Privatzimmer, Largo Catarina Eufémia 1, 962 915 020, pP € 20 oF. Einfache, sehr saubere Zimmer mit Dusche auf zwei Etagen über dem Optikerladen „Optiframa". Entweder am Eingang rechts des Optikerladens klingeln oder im Laden selbst fragen, das freundliche Personal hilft weiter.

▷ Pousada Convento de Belmonte, ☏ 275 910 300, www.conventodebelmonte.pt, DZ ab € 99, bei Frühbuchung und EZ € 10 weniger, Ermäßigung „Idade do Ouro" (ab 55 Jahre)

▷ „Belmonte Sinai" Hotel, Largo S. Sebastião, ☏ 275 910 800, www.belmontesinaihotel.com, EZ ab € 50, DZ ab € 60 mF. Wegen der vielen jüdischen Besucher errichtetes, neues Vier-Sterne-Hotel

▷ Hotel „Belsol" (53 Zimmer), ☏ 275 912 206, www.hotelbelsol.com. Der Weg dorthin wird auf Seite 202 beim beschrieben. EZ € 45, DZ € 50 bis 60, Dreibett-Zimmer € 65 bis 75

▷ Casa do Castelo, Largo de São Tiago 17, ☏ 275 181 675, www.casadocastelo.net, info@casadecastelo.net, EZ € 30, DZ € 55 mF

▷ Pensão Altitude, Rua Pedro Álvares Cabral 33, ☏ 275 085 148, EZ € 40, DZ € 50 mF

☺ Fátima, die freundliche, Französisch sprechende Inhaberin des Lokals „Castiçal" in der Rua Pedro Alvares Cabral 14 (dort, wo sie von rechts auf unsere Route trifft) vermittelte uns den *Transport der Rucksäcke* nach Guarda (à 10 €), sodass die lange und steile Etappe problemlos zu bewältigen war. Fatima vermittelt auch Privatzimmer (Preis wie „Optiframa"), wenn Sie sonst nichts finden.

Mit Blick auf „Optiframa" befindet sich links davor an der Hauptstraße ein recht großer „Minipreço".

⌘ In Belmonte gibt es neun Museen / Sehenswürdigkeiten, die drei wichtigsten nachstehend. Ein Museums-Pass hilft Geld sparen. Erkundigen Sie sich beim ersten Besuch danach.

Castelo de Belmonte, täglich 10:00 bis 12:30 und 14:00 bis 17:00

✞ Igreja de São Tiago (oder auch Santiago) und Panteão dos Cabrais, Di bis So 9:30 bis 12:30, 14:00 bis 18:00

✡ Museu Judaico, *Rua da Portela, 4*, Di bis So 9:30 bis 12:30, 14:00 bis 18:00

Verbindungen mit Citi Express nach Guarda Mo-Sa 7:50, 13:56, So 13:56
Die Bushaltestelle befindet sich unterhalb des Orts im „Parque de Santiago". Sie folgen der 28. Etappe bis zum Wegweiser „Fontinha", bleiben dann aber auf der Hauptstraße, die links um die Burg herum abwärts zu einem Kreisverkehr mit einem Feuerwehrmann in der Mitte führt. Dort wenden Sie sich nach links die Hauptstraße hinunter und stoßen nach insgesamt etwa 950 m auf einen weiteren Kreisel mit einem Brunnen, bei dem Sie sich nach rechts Richtung *Guarda* wenden. Vor dem „Intermarché" biegen Sie links ab und dann sogleich wieder in Richtung eines Kreisverkehrs nach rechts. Bei etwa km 1,5 gelangen Sie auf einen dritten Kreisverkehr, in dessen Mitte ein Schäfer (Skulptur) seine Schafe hütet. Wenden Sie sich davor nach links und gehen Sie hinter dem roten Ziegeldach nach rechts in Richtung des Eingangs des kleinen „Parque de Santiago".

Belmonte ist der Geburtsort des Seefahrers *Pedro Álvares Cabral* (1476 bis 1526), der auf einer seiner Reisen wegen eines Navigationsfehlers am 22. April 1500 Brasilien (er nannte es *Terra de Vera Cruz* - Land des wahren Kreuzes) entdeckte. Er kam in dem

Stammsitz der *Cabrais* (Mehrzahl von *Cabral*), der mächtigen im 12. und 13. Jh. erbauten Burg oberhalb des Ortskerns zur Welt. Am Tor des Kastells befindet sich noch das steinerne Wappen der Cabrais mit zwei Ziegen (*cabras*).

▷ Wenn Sie vom beeindruckenden manuelinischen Fenster der Burg aus nochmals hinüber zur *Serra de Estrela* und ins Tal des *Rio Zêzere* blicken, sehen Sie gleich unterhalb die ziegelgedeckten Dächer zweier aneinandergebauter Kirchengebäude. Das von hier aus gesehen rechte Dach gehört zum *Panteão dos Cabrais*, der Begräbnisstätte derer von Cabral, wo neben anderen Familienmitgliedern auch die hierher überführten sterblichen Überreste des Entdeckers ihre letzte Ruhestätte gefunden haben.

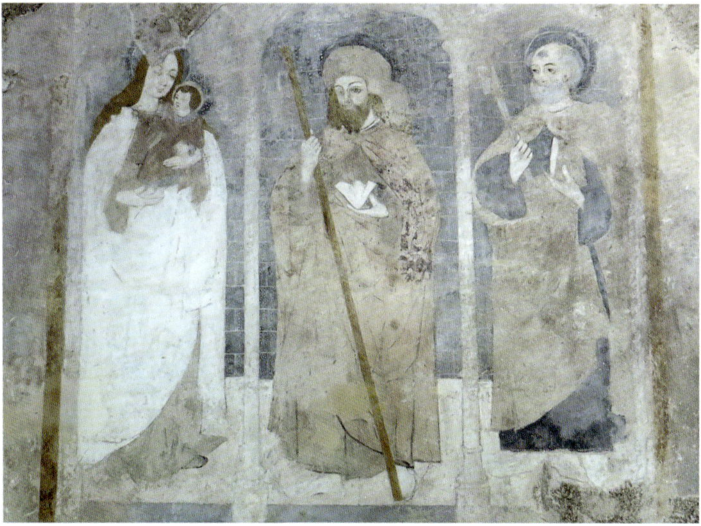

Fresko in der Igreja de São Tiago

▷ Eine Treppe mit dem uns Jakobuspilgern von den anderen Jakobswegen her so vertrauten, mittlerweile leider kaum noch erkennbaren *gelben Pfeil* auf der untersten Stufe (☞ Seite 1) führt hinauf zur **Igreja de São Tiago**, früher Anlaufstelle der Jakobspilger. Die Rückwand der Kirche füllt ein leicht verblasstes, aber immer noch beeindruckendes Fresko aus dem 14. Jh. mit dem Apostel als Pilger im Zentrum, flankiert von der Muttergottes links und Petrus rechts. Eine große Jakobsmuschel schmückt die steinerne Kanzel der Kirche. Seit 2008 ist die Kirche ein „Centro Interpretativo", auch mit dem Ziel, den auf der früheren Römerstraße durch Belmonte verlaufenden Pilgerweg als "rota turistica" zu fördern, und beherbergt die Dauerausstellung „Caminhos da Fé" (Wege des Glaubens) mit Informationen und Dokumentationen zum *Caminho de Santiago* sowie einigen geschmackvollen Souvenirs.

▷ Den dritten Schwerpunkt eines Besuchs von Belmonte bildet die dortige **jüdische Gemeinde**, die bereits seit 1297 eine der ältesten Synagogen Portugals besaß. Da die Juden in Portugal schon lange nicht mehr verfolgt worden waren und so wesentlich zu der wirtschaftlichen Blüte des Landes beitragen konnten, boten die 1492 aus Kastilien und Aragon vertriebenen sephardischen Juden dem portugiesischen König João II. eine hohe Geldsumme, damit er sie ins Land ließ. Mit einer „Kompromissformel" erteilte er für acht Cruzeiros pro Person schließlich 50.000 Flüchtlingen eine Aufenthaltserlaubnis von acht Monaten. Danach verließen die meisten das Land wieder. Die verbleibenden und auch die alteingesessenen Juden wurden von seinem Nachfolger Manuel I. ab Oktober 1496 entweder vertrieben oder mussten sich zwangstaufen lassen. Wie in anderen Gemeinden der *Beira Interior* jedoch übten diese „Neuchristen" als sog. *Marranos* ihren angestammten mosaischen Glauben im Geheimen weiterhin aus und blieben ihren religiösen Gesetzen sowie ihren Sitten und Gebräuchen über viele Jahrhunderte treu. Ihr Geheimnis wurde so gut gehütet, dass diese verborgenen Gemeinden erst in den 20er-Jahren des vergangenen Jh. entdeckt wurden, die erste durch einen Zufall hier in **Belmonte**, worauf ein Rettungswerk (*Obra do Resgate*) in Gang gesetzt wurde. Heute hat die kleine jüdische Gemeinde wieder eine ✡ Synagoge am Ende der früheren Judiaria (☞ Seite 16), und ein kleines Museum in der Ortsmitte erinnert an ihre wechselvolle Geschichte.

28. Etappe: Belmonte – Guarda

➲ 28,3 km / 27,1 km (Alternative)

Etappenplanung: Ich hoffe, Sie haben schönes Wetter oder zumindest klare Sicht. Die **Hauptroute** führt auf wahren Traumpfaden mit umwerfenden Ausblicken hinauf zu den Ausläufern der *Serra de Estrela* und über deren Höhen schließlich noch weiter aufwärts nach *Guarda*. Auf dem Bergrücken vor *Vale de Estrela* ist der Weg bei guter Sicht ganz leicht zu finden; bei sehr schlechtem Wetter mit tiefhängenden Wolken und unzureichender Sicht sollten Sie aber bei der Abzweigung nach 17,2 km nicht ins Gebirge, sondern auf der kleinen Teerstraße über *Aldeia do Bispo* nach *Santa Cruz* weitergehen, um

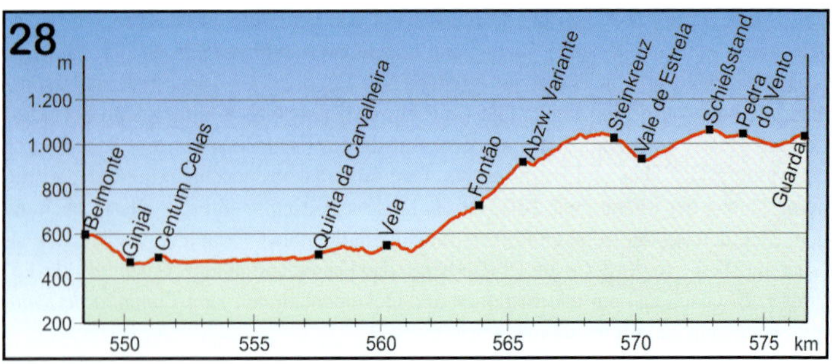

sich nicht im Nebel zu verlaufen. In *Santa Cruz* können Sie sich aufwärmen und etwas essen oder übernachten, bevor Sie nach *Guarda* weitergehen. Ich beschreibe diese **Alternative** in einem Einschub hinter der genannten Abzweigung.

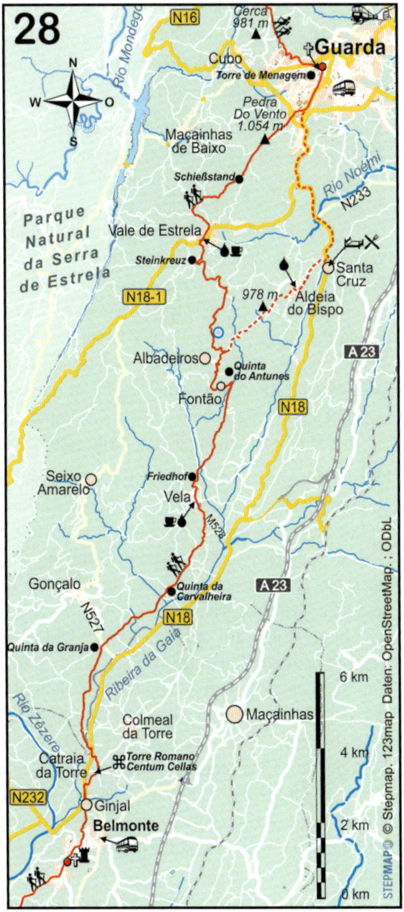

Auch der Weg von *Belmonte* hinunter nach *Ginjal* ist schön, wenn Sie aber 3 km der langen Etappe einsparen wollen, können Sie bis *Centum Cellas* ein Taxi nehmen und erst dort starten.

Vom „Optiframa“ gehen wir zurück auf die *Rua Pedro Álvares Cabral* und setzen unseren Weg nach rechts bergauf fort. Vorbei am *Museu dos Descubrimentos* rechts und einer begrünten Aussichtsterrasse links mit einem schönen Blick auf das Tal des *Rio Zezêre* und dahinter der *Serra de Estrela* sowie dann der *Câmara Municipal* gelangen wir zu einer Kreuzung, von der es rechts hinauf zum *Castelo* und zur *Igreja de São Tiago* geht. Links steht das Denkmal für den Entdecker Brasiliens, *Pedro Álvares Cabral*; in seinem linken Arm bilden Kreuz und Schwert eine Einheit.

Unterhalb der Burg und links gegenüber der Brunnenanlage mit dem großen Stadtwappen biegen wir bei dem Wegweiser „Fontinha“ mit einem Brunnensymbol und dem Hinweis auf die *GNR* nach links in die *Rua Gago Continho e Sacadura Cabral* ein. Wir folgen der Kopfsteinpflasterstraße geradeaus hinunter, gehen dann auf der nunmehr asphaltierten Straße am Denkmal für die Gefallenen des 1. Weltkrieges vorbei abwärts und biegen nach knapp 1 km vor der Verkehrsampel und gegenüber einem palmenbestandenen Grundstück nach links auf eine abwärts führende, nur zu Beginn auf einem kurzen Stück geteerte Straße. An einem rechts stehenden Haus mit einer Außentreppe gehen wir links vorbei und können dann geradeaus entweder einen grasbewachsenen Hohlweg oder rechts an dessen Rand einen Pfad hinuntersteigen. Wo sich beide vereinigen, gehen wir an einem Bungalow und der Geschwindigkeitsbegrenzung auf 40 km vorbei den kleinen „Caminho Agricola" steil hinunter und können den herrlichen Ausblick genießen.

🛏 Hier der Hinweis auf den Weg zum Hotel „Belsol": Hinter der eben erwähnten Verkehrsampel befindet sich ein mit Metallstangen „verschönerter" Kreisverkehr. Dort geht es nach rechts hinunter zum Hotel.

Nach 1,7 km stoßen wir in *Ginjal* auf die N 18 mit einer Tankstelle und einem Imbiss auf der gegenüberliegenden Seite. Auf der N 18 gehen wir Richtung *Guarda* weiter, biegen vor einer niedrigen Mauer nach 2,3 km unterhalb von Häusern in die erste nach rechts abgehende Straße ab und gehen auf ein Wohnhaus mit einer Palme rechter Hand zu. An dieser rechts vorbei geht es hinter einem Hof mit Garagentoren an großflächigem Weinanbau vorbei und mit einem schönen Blick auf *Belmonte* auf einem Feldweg nach links aufwärts weiter. Nach gut 2,7 km stoßen wir auf eine beeindruckende Ruine, den ⌘ *Torre Romano „Centum Cellas"*, „eine der rätselhaftesten Sehenswürdigkeiten Portugals. Niemand weiß, wozu dieses über 20 m hohe Bauwerk diente: Manche behaupten, es war ein Tempel, andere, ein Gefängnis, ein Gasthof, ein Beobachtungs- oder Wachtturm. Ein Gasthof ergibt an dieser Stelle keinen Sinn, ein Wachtturm wäre weniger aufwendig gebaut, für ein Gefängnis sind die Türen und Fenster ziemlich groß … und die Bezeichnung Tempel wird schnell vergeben." (José Saramago).

Auch wir können das Rätsel nicht lösen und gehen auf dem rechts an dem Ausgrabungsgelände vorbeiführenden Weg, auf dem wir gekommen sind, über die Kreuzung mit der aus *Colmeal da Torre* herüberführenden Straße hinweg geradeaus weiter. Nach 150 m wenden wir uns bei einer Gabelung an der Rückseite eines Stopp-Schilds nach links die Teerstraße hinunter. Gegenüber am Berghang sehen wir die Dörfer *Gonçalo* und schräg rechts dahinter *Seixo Amarelo* liegen.

Unten stoßen wir auf ein Stopp-Schild und nach etwa 3,3 km auf die rechts nach *Guarda* führende N 18. Schon nach gut 200 m biegt nach links ein Feldweg ab. ✋ Folgen Sie hier *nicht* dem gelben Pfeil auf dem Stamm einer Platane, der ein Weitergehen auf der N 18 nahe zu legen scheint! Stattdessen überqueren wir auf dem Feldweg zunächst den *Ribeira da Gaia* und laufen dann durch eine mit Blumen und Büschen bestandene und teilweise von Obstplantagen eingenommene Ebene in Richtung *Gonçalo* weiter und folgen dann, alle Abzweigungen außer Acht lassend, stets dem Verlauf dieses Wegs nach 6,1 km rechts an einem Kieswerk vorbei, bis wir bei etwa km 6,5 und einem zur „Quinta da Granja" zurückweisenden Wegweiser die links nach *Gonçalo* hinaufführende N 527 erreichen.

Wir überqueren die Straße und gehen an links stehenden Briefkästen vorbei sowie an einem Maschendrahtzaun entlang auf ein paar Häuser zu und folgen dann der Sandstraße immer geradeaus. Bei km 7,6 teilt sich die Straße. Einen davor bei einem Leitungsmasten nach rechts abbiegenden Weg lassen wir außer Acht. Links steht eine hohe Kiefer, rechts eine hohe Pappel. Wir nehmen den Weg nach rechts an der Pappel vorbei und überqueren einen kleinen Wasserlauf. Bei einer kurz darauf folgenden Abzweigung nach links bleiben wir auf diesem Weg und gehen an einem dann links stehenden Bauernhof vorbei geradeaus weiter.

Nach Überqueren eines größeren Bachlaufs nach gut 8,6 km gabelt sich die Straße unterhalb eines verfallenen Gehöfts. Dort gehen wir geradeaus weiter zu diesem hinauf. Es handelt sich um die Ruine der *Quinta da Carvalheira*. Dem Weg zugewandt prangt an einer Ecke noch ein Adelswappen mit dem Kreuz der Christusritter (☞ Seite 20) in einem seiner Felder. Der Weg führt links um die Quinta herum. Über die Kreuzung dahinter gehen wir geradeaus weiter und erreichen bald ein Kiefernwäldchen. Nach knapp 9,8 km treffen wir auf eine Dreieckskreuzung mit einer Kiefer und einem Leitungsmasten in der Mitte. Dort befindet sich rechts ein Mauerstück mit einem Tor. Wir wenden uns nach links und folgen den Leitungsmasten.

Nach 400 m erreichen wir erneut eine Kreuzung mit mehreren zusammenlaufenden Wegen. Dort gehen wir geradeaus weiter und laufen wenig später rechts an einer weiteren Kreuzung mit einem blauen, gekrümmten Rohr in der Mitte vorbei auf ein kleines Transformatorenhäuschen (oder eine Pumpstation) mit einer blauen Tür zu. Nun führt der Weg abwärts und wendet sich bei km 10,6 vor einem schwarzen Tor mit den Initialen "QM" und einem aus groben Felssteinen errichteten Haus neueren Datums nach links ins Tal hinunter. Wir laufen an den Leitungsmasten entlang im Bogen abwärts, folgen aber bereits nach 100 m einem nach schräg links bergauf abzweigen Feldweg. Nach 200 m senkt er sich ins Tal, wird dort zu einem Wiesenweg und stößt bei km 11,2 auf die M 528, der wir nach links folgen. Sogleich sehen wir **Vela** an einem Hang vor uns liegen, an dessen Ortseingangsschild wir nach knapp 11,4 km vorbeikommen. 400 m weiter aufwärts erreichen wir die Ortsmitte von **Vela** (☕ 🍷), wo sich ein schöner Brunnen mit erquickendem 💧 Trinkwasser befindet (☞ Foto S. 24). Darüber lädt das einfache ☕ „Café da Seara“ mit seiner freundlichen Wirtin zu einer Pause ein. Sollte es einmal geschlossen sein, gibt es einige Meter weiter oben links auch noch das ☕ Café „O Forno“.

🚶🚶 Wir folgen der Hauptstraße hinauf zur Dorfkirche und bei km 12 dann dem Wegweiser nach „Fontão“ rechts um die Kirche herum. Vorbei an einem letzten 💧 Trinkwasserbrunnen führt die Straße hinunter zum Dorffriedhof. An diesem rechts vorbei sehen wir nach gut 12,6 km den nach links Richtung „S^{to} Amaro“ zeigenden Wegweiser, bleiben aber hier noch auf unserer Straße und überqueren eine Brücke, hinter der wir bei km 12,8 und einer Bushaltestelle den Wegweisern u. a. nach „Fontão“ nach links auf eine Sandstraße folgen. Bei der Gabelung kurz darauf folgen wir dann dem schwer leserlichen Wegweiser nach „Fontão 3,5“ sowie „Albadeiros 3,8“ nach rechts und gehen auch bei der nächsten Gabelung nach rechts aufwärts. Der breite Weg führt nicht zu steil bergan, vorbei an Weinanbau und von niedrigem Buschwerk durchsetzten Zistrosenfeldern.

Nach 14,2 km erreichen wir einen Weiler und nach gut 200 m teilt sich der Weg. Dort wenden wir uns nach links auf die oben liegenden Häuser zu, lassen die nach rechts abzweigende Sackgasse außer Acht und steigen dann am Rand eines von einem

Bergbach durchflossenen Tals, dessen Hänge völlig von Ginster- und Zistrosenbüschen bedeckt sind, weiter aufwärts. Dort, wo der Talboden das Niveau unseres Weges erreicht, wendet sich dieser bei gut 15,2 km hinter einer Brücke nach links hinauf. Beim darauffolgenden Anstieg öffnet sich links ein herrlicher Blick hinunter auf die bereits zurückgelegte Strecke und *Vela* sowie das hochgelegene *Belmonte* dahinter.

Nach **Fontão** geht es nun steil bergan (die Brücke liegt 700 m hoch, der Weiler 760 m), der überwältigend schöne Blick entschädigt jedoch für die Anstrengung. Bei km 16,3 lassen wir den nach rechts zeigenden Wegweiser zur „Qta. do Antunes" außer Acht und 200 m weiter sehen wir gegenüber von **Albadeiros** links eine Tafel mit Wegweisern, deren rechter Richtung „Albadeiros" zeigt.

Das kleine Dorf wird nur noch von alten Leuten bewohnt, die Sie aber um **Wasser** bitten können. Pilgerberichten zufolge gibt es dort auch einen Dorfbrunnen, der aber von einem wenig friedlichen Hund bewacht werden soll. Zwischen den zumeist uralten Häusern glaubt man sich fast ins 19. Jh. zurückversetzt, ein Dorf mit Ziegen hütenden, schwarz gekleideten Frauen und durch schwere Arbeit vorzeitig gealterten Männern, die wir trotz der Idylle nicht um ihr Dasein beneiden.

Hinter der Wegweiser-Tafel setzen wir unseren Weg an der Weggabelung auf der nunmehr geteerten Straße nach rechts und dann in einer Kurve nach links hinauf in eine Felsenregion fort. Nach knapp 17,2 km führt gegenüber einer kleinen, rechts am Straßenrand stehenden Eiche ein Sandweg nach schräg links zurück. Diesem Sandweg folgen wir auf dem Hauptweg.

Hier beginnt die bei der Etappenplanung angesprochene Schlechtwetter-**Alternative**, die ich zunächst kurz beschreibe, bevor im Anschluss die Fortsetzung der Hauptroute erfolgt.

Zuerst steil, dann in flachen Kurven ansteigend führt die Straße immer weiter hinauf in eine zunehmend raue Bergwelt, erreicht bei einer hohen Kiefer etwa 100 m unterhalb eines felsigen Gipfels ihren Scheitelpunkt (⇧ 978 m) und gleich darauf ziehen bizarr geformte Felsen den Blick auf sich. Hinter ihnen schwenkt die Straße nach rechts bergab und dann nach links um den Berggipfel herum. Nach gut 19,3 km teilt sich der Weg neben einer eingezäunten Fläche links vor dem Dorf **Aldeia do Bispo**, das rechts unterhalb liegt. Gehen Sie hier nach rechts hinunter, dann links an den ersten Häusern vorbei auf der *Rua do Quintal* in einer Kurve nach rechts zum kleinen Dorfplatz *Largo do Adro* mit einem Trinkwasserbrunnen in der Mitte hinunter. Wenden Sie sich bei der Gabelung dahinter nach rechts und folgen Sie der Straße zur N 18 hinunter. In einer Linkskurve oberhalb von **Santa Cruz** führen Treppenstufen nach rechts abwärts zur Nationalstraße, die Sie nach 21,2 km erreichen. Schräg rechts gegenüber liegt das Restaurante-Residencial „Paraíso das Beiras" mit preisgünstigen Tagesgerichten und Zimmern „mit funktionierender Heizung, tadelloser Ausstattung, besten Matratzen" (DZ € 20), ☏ 271 213 301, 962 344 738 (Dona Maria José).

Folgen Sie von hier stets der N 18 hinauf nach Guarda. Seien Sie dabei in der 500 m hinter **Santa Cruz** beginnenden, lang gezogenen, rechts an einer keine Ausweichmöglichkeit bietenden, senkrechten Felswand vorbeiführenden Linkskurve ganz besonders **vorsichtig** und gehen Sie bis hinter den Wegweisern nach *Guarda* und *Sabugal* auf der rechten Straßenseite! Kurz bevor unterhalb der Stadt die N 18 nach 25,1 km zweispurig wird und sich rechts eine große Hinweistafel mit einem Kreisverkehr darauf befindet, können Sie getrost den rechts hinter der Leitplanke verlaufenden Sandweg nehmen und dadurch die gefährliche Kurve vermeiden. Er endet nach 300 m auf einer Aussichtsplattform, an deren Ende Sie wiederum über den Zebrastreifen ganz hinüberlaufen bis zu dem Bürgersteig, an dem sich der Wegweiser "Guarda" und ein nach rechts weisender Pfeil befindet. Folgen Sie diesem an einer Joghurt-Fabrik und einer Tankstelle vorbei und gehen Sie vor dem anschließenden Kreisverkehr nach links hinüber zur Bruchsteinmauer vor dem *Parque da Saúde de Guarda*. Dort folgen Sie nach 25,9 km wieder dem Hauptweg (dort **km 27,1**) an der Mauer entlang nach rechts.

Auf dem **Hauptweg** biegen wir nach 17,2 km nach links auf den Sandweg ab und gehen in Richtung von niedrigen Kiefern weiter aufwärts. Nach gut 200 m ist der Weg möglicherweise auf allerdings nur etwa 20 m Länge von Ginsterzweigen und Brombeerranken überwuchert. Abgeschnittene, am Boden liegende, trockene Äste erweckten bei mir den Eindruck, dass der Weg hin und wieder gesäubert wird. Sie sollten durchzukommen versuchen, dahinter ist der Weg dann nämlich einwandfrei. Wenn es gar nicht geht, müssen Sie zurück und der Alternative folgen.

Hinter dem „Dschungel" überqueren wir eine Hochebene in Richtung sich drehender Windkrafträder und gelangen etwa bei km 18 an eine kleine Quelle, deren kristallklares Wasser über Felsen plätschert. Im Frühjahr schwimmen Ginsterblüten im Wasser, ein zauberhafter Anblick. Dahinter gehen wir weiter aufwärts – drehen Sie sich oben bei den Felsen um und staunen Sie!

Unterhalb einer aus Felsen aufgetürmten Kuppe (portugiesisch „Penedo") geht es auf Felsgestein steil aufwärts. Nach etwa 18,8 km läuft der Weg auf einen Felsenrücken und sich vor uns drehende Windkrafträder zu, um dann um den Felsen herum nach links weiterzuführen. Rechts in einem mit Birken und anderen Gewächsen bestandenen Feuchtgebiet quaken Frösche. Unterhalb der Windkrafträder durchqueren wir dann eine so üppig grüne und blühende Senke, wie man sie in dieser an sich so rauen Gebirgswelt niemals vermuten würde.

Oben stoßen wir nach gut 19,4 km auf den breiten Versorgungsweg, auf dem wir nach links weitergehen und dann von der nächsten Kuppe bzw. Scheitelpunkt aus in der Ferne ein Dorf vor uns liegen sehen können. Wir bleiben auf diesem breiten Weg und folgen ihm hinauf zu den Windkrafträdern. Dort wendet er sich nach rechts und in der Kurve können wir rechts gegenüber Guarda liegen sehen. Unterhalb eines gigantischen Windkraftrades rechts oben teilt sich der Weg nach 20,6 km. Wir gehen geradeaus weiter und dann nach links in Richtung eines erhöht auf Stufen stehenden Steinkreuzes sowie eines hellen, lang gezogenen Stallgebäudes im Tal weiter. Unterhalb des Kreuzes führt unser Weg links neben einem Fußballfeld nach rechts hinunter. Wir gehen auf einen Nadelbaum links neben dem gegenüberliegenden Fußballtor zu und dahinter dann die Sandstraße hinunter.

Nach knapp 21,5 km beginnt vor den ersten beiden Häusern von **Vale de Estrela** eine Teerstraße, der wir nach links hinunter folgen. Vor einem weiteren Haus mit bellenden Hunden gehen wir zunächst nach links, dann um das Haus herum auf der *Rua das Lagoinhas* nach rechts und bei einer T-Kreuzung anschließend wieder nach links hinunter zur N 18-1, der wir an einer Bushaltestelle nach rechts abwärts zu einem Brunnen folgen. Davor liegt das einfache, aber von freundlichen Kunden belebte Café „O Zé", km 21,8. Hinter dem Brunnen gibt es noch ein Café.

Nach einer Pause gehen wir hinter dem Brunnen bei einem Kreisverkehr mit Blumen in der Mitte die *Rua Nova* ins Dorf hinunter und biegen unten zwischen den Häusern nach links und dann nach rechts auf die „Hauptverkehrsstraße" ein. Zwischen den altertümlichen Häusern mit ihren gemauerten Freitreppen hindurch gehen wir auf den Ortsausgang und die Kirche zu. Hinter ihr wenden wir uns bei einer Gabelung nach links aufwärts. Wir bleiben auf unserer Teerstraße auch dort, wo nach 22,7 km ein Sandweg nach links abzweigt. 200 m danach führt uns der Wegweiser „Guarda" neben einem rechts stehenden, modernen Haus auf einen Sandweg, dem wir nun stets folgen. Vorbei an einem weiteren modernen Haus links und einem Kugelfelsen rechts verläuft unser *Caminho* gemächlich und fast eben in Richtung eines lang gezogenen Gebäudes mit seitlich aufgestapelten Autoreifen (Schießstand), an dem wir nach 24,5 km vorbeigehen und die vor uns stehenden Antennenmasten ansteuern. Danach senkt sich der Weg. Nach links haben wir einen Blick auf das lang gezogene *Maçainhas de Baixo* und dahinter die Höhenzüge der *Serra de Estrela.* Nach knapp 25,5 km stößt ein links von einem Privatgrundstück kommender Weg zu uns und 300 m weiter erreichen wir das Gelände mit den Antennenmasten und dem *Pedra do Vento* ⇧ 1054 m.

Nur wenig später können wir hinter dem kleinen Gebäude mit der Aufschrift „Telecom Portugal" (in großen blauen Buchstaben) **Guarda** vor uns hingebreitet sehen. Vorbei an weniger schönen gewerblichen Anlagen umrunden wir nach 26,6 km einen Kreisverkehr rechts und nehmen dann die erste Ausfahrt rechts. Nach der Überquerung einer Straßenbrücke über die äußere Ringstraße von **Guarda** gehen wir vor einem weiteren Kreisverkehr links an der Strafanstalt vorbei und wenden uns erneut an der ersten Ausfahrt nach rechts unten. Ab hier folgen wir dem Wegweiser „centro".

Bei dem dritten Kreisverkehr kommt bei **km 27,1** von rechts die Alternative herauf. Wir gehen an der links unter den Bäumen des *Parque da Saúde de Guarda* mit seinem langgezogenen Krankenhauskomplex befindlichen Mauer entlang aufwärts und stoßen schließlich nach 27,7 km rechts vom Eingangstor des Parks auf einen leicht ansteigenden Platz mit der beeindruckenden Brunnenanlage *Chafariz de St° André* und gehen dahinter nach links hinauf ins „centro". Vor dem *Centro Politécnico de Guarda* geht es geradeaus weiter aufwärts und bei dem baumbestandenen Kreisverkehr nach 28,1 km folgen wir dem Wegweiser „Sé Catedral" und sehen schon einmal links oben den *Torre de Menagem* liegen, den mit ⇧ 1.056 m höchsten Punkt der Stadt. Kurz darauf taucht die Apsis der Kathedrale vor uns auf, zu der wir hinübergehen, um dann rechts an ihr sowie dem modernen Standbild von König Sancho I. (1185-1211), dem **Guarda** seinen wirtschaftlichen und kulturellen Aufstieg verdankte, hinunter zum "Wohnzimmer" der

Stadt zu steigen, der *Praça Luis Camões*, auch *Praça da Sé* genannt. Weiter unten an den Arkaden heißt sie dann *Praça Velha*. Schräg links unterhalb der Kathedrale liegt das „Guarda Welcome Center", das wir nach gut 28,3 km (Alternative 27,1 km) erreichen.

Guarda

ⓘ @ 🛏 ✕ ☕ 🛒 BANK ✚ ✠ ⌘ ✝ ✡ ♜

⇧ 1.056 m, Ew. 26.600

ⓘ Das „Welcome Center" befindet sich unterhalb der Kathedrale links an der *Praça Luís de Camões*. täglich 9:00-18:00, Englisch und Französisch. Hier bekommen Sie einen (ungewöhnlich gestalteten) Stadtplan und u. a. Informationen über die vor Ihnen liegende Römerstraße. Der Mitarbeiter Luís Prata kennt auch unseren Weg.

@ Erst seit 2016 geöffneter, gut ausgestatteter „Espaço Net" im 1. Stock des modern umgestalteten „Solar dos Póvoas" am Beginn der Rua General Póvoas, beim Café Orquidéa um die Ecke; am Eingang steht „Freguesia da Guarda". Mo-Fr 9:00 bis 17:30, Sa 9:00-14:00

🛏 Nicht nur mein Favorit: „Residência Filipe", Rua Vasco da Gama, 9, ☎ 271 223 658, www.residenciafilipe.com, geral@residenciafilipe.com. Gediegenes Haus mit gut ausgestatteten Zimmern und funktionierender Heizung zu günstigen Preisen (EZ € 20,

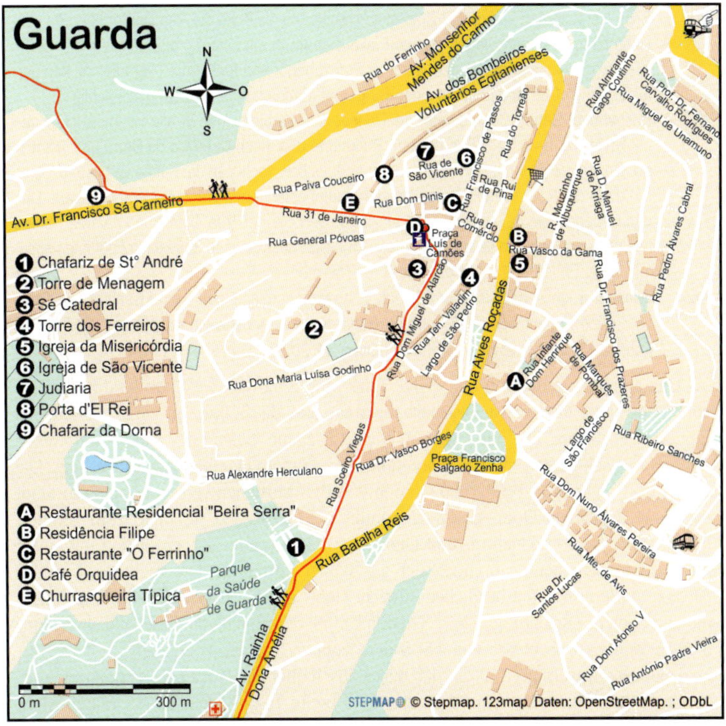

DZ € 35 mF), Französisch und etwas Englisch. Gehen Sie rechts an der Kathedrale hinunter bis zum Ende des Platzes und biegen Sie dann nach rechts in die Rua do Comércio. Dieser folgen Sie bis zur Igreja da Misericórdia, ihr gegenüber liegt das „Filipe".

▷ Restaurante Residencial „Beira Serra", Rua Infante Dom Henrique 35, ☏ 271 212 392. Einfache, saubere Zimmer mit Zentralheizung, EZ € 20, DZ € 35 mF

✕ Wenn Sie vom „Filipe" die Rua do Comércio bis zur Ecke des Hauptplatzes zurücklaufen und nach rechts in die *Rua Francisco de Passos* einbiegen, finden Sie dort einige gute Restaurants, darunter in der Hausnummer 21-23 auch das „O Ferrinho" mit regionalen Spezialitäten.

▷ Ich mag die rustikale „Churrasqueira Típica" in der Rua 31 de Janeiro 48 (gleich zu Beginn der 29. Etappe). Das Take-Away (nicht immer geöffnet) ist oben an der rechten Straßenseite, dahinter biegt nach rechts unten eine Gasse ab, dort ist rechts sofort die „Entrada" zum Lokal im Souterrain, wo für wenig Geld schmackhafte Fleisch- und Fischgerichte sowie Gegrilltes und Salate zubereitet werden, auch der Hauswein (*vinho da casa*) ist empfehlenswert. So Ruhetag.

▷ Das vorstehend erwähnte, von den Einheimischen stark frequentierte Restaurante „Beira Serra" bietet ordentliche Hausmannskost zu günstigen Preisen.

Beim Heraustreten aus dem „Filipe" gleich rechts um die Ecke die Rua Doutor Lopo de Carvalho hinunter finden Sie ein großes Einkaufszentrum mit einem großen Supermarkt sowie allen möglichen anderen Läden, auch für Fotozubehör und Elektronik. Wer nach all den portugiesischen Culinaria Lust auf einen Burger mit Fritten hat, ist dort ebenfalls richtig.

Busbahnhof Centro Coordenador de Transportes, Verbindungen in alle Himmelsrichtungen mit Rede Expressos, Citi Express und Rodonorte u. a. nach **Celoríco da Beira** und **Trancoso**. Gehen Sie gegenüber vom „Filipe" geradeaus bzw. rechts an der Kirche vorbei und folgen Sie dann der Rua Alves Roçadas bis zum baumbestandenen Largo General Humberto Delgado. Biegen Sie davor nach links ab und folgen Sie der Rua Dom Nuno Alvares Pereira hinunter und vorbei an dem Mercado Municipal links bis zum Busbahnhof dahinter, ebenfalls links. Entfernung vom Residencial ca. 750 m.

Bahnhof 4 km nordöstlich der Altstadt. Schnellzugverbindungen nach Lissabon und Porto sowie über Salamanca nach Irun und Paris. Nach *Faro* habe ich im Oktober 2016 für die Fahrt 2. Klasse (3ª idade) über Lisboa-Oriente € 20,30 bezahlt.

Das granitgraue und auf den ersten Blick abweisend kalt wirkende (und tatsächlich auch sehr kalte) Guarda ist Distriktshauptstadt und Bischofssitz in einer der ärmsten Regionen Portugals. Die mit 1.056 m höchstgelegene *Cidade* des Landes war wegen ihrer strategisch günstigen Lage schon unter den Römern eine bedeutende Festung. Die später dort ansässigen Westgoten wurden von den Muslimen vertrieben und die Stadt verwüstet. Nachdem Dom Afonso Henriques (☞ Seite 19) sie 1140 zurückerobert hatte, wurde sie von Sancho I. und Dinis I. ab 1199 wieder aufgebaut und mit einem Kastell, von dem heute nur noch der auf seinen Resten wiederaufgebaute *Torre de Menagem* (Bergfried) mit herrlicher Aussicht steht, gegen Angriffe zunächst der Muslime und dann der Spanier gesichert. Guarda konnte denn auch von diesen nie eingenommen werden, es musste sich erst 1808 den Truppen Napoleons ergeben.

Hauptsehenswürdigkeit ist die sich majestätisch über der *Praça Luis de Camões* erhebende **Kathedrale,** zu der eine beeindruckend breite Treppe hinaufführt. "Massig steht sie da, auf ihrem Sockel, luftig in den oberen Teilen, aber wenn man die Fassade von unten betrachtet, hat man den Eindruck, auf eine militärische Festung zu blicken, und die Glockentürme sind von Zinnenkränzen gekrönte Burgen" (José Saramago). Vom Dach bietet sich ein fantastischer Rundblick über Stadt und Land, die Eintrittskarten für € 2 gibt es in der Kathedrale.

Blick von der Kathedrale auf die Praça Velha

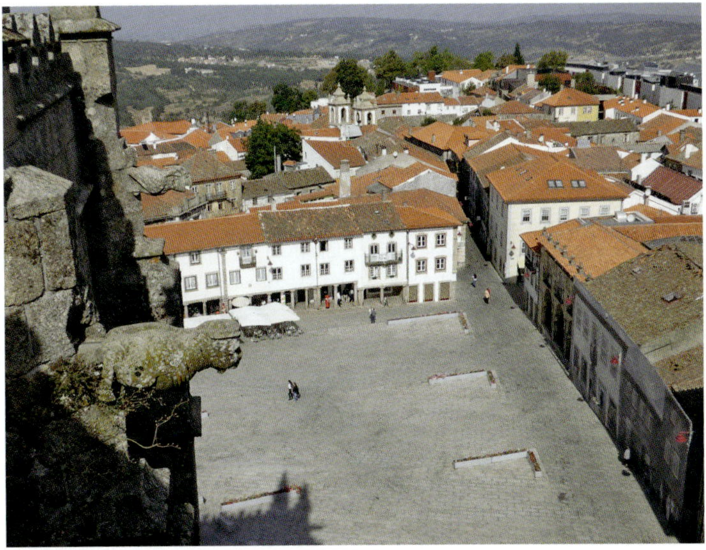

In der in ihrer Art architektonisch einmaligen Altstadt (**Núcleo Antigo**) liegt auch das kleine mittelalterliche Ensemble der **Judiaria**, einem der ältesten Judenviertel Europas. Sie finden es an der Rua da Trinidade hinter der Igreja de São Vicente und vor der Porta d'El Rei. Sehenswert ist auch der Tordurchgang unter dem Torre dos Ferreiros (Stadtplan und Kurzführer „Percurso pelo Núcleo Antigo" besorgen!).

29. Etappe: Guarda – Celorico da Beira ➲ 22,8 km

Vom **i** laufen wir zu der Ecke der *Praça Velha* hinunter, an der sich links das *Café Orquidea* befindet, wenden uns nach links und gehen dann die rechte der beiden dort weiterführenden Straßen, die *Rua 31° de Janeiro*, hinunter, über einen von Linden bestandenen Kreisverkehr aus der Stadt hinaus und danach auf der sich anschließenden *Avenida Dr. Francisco Sá Carneiro* immer geradeaus weiter. Wir bleiben auch bei der Abzweigung nach 400 m auf unserer Straße. Nur wenige Schritte dahinter führt vor einer *Repsol*-Tankstelle ein Trampelpfad nach rechts hinunter zu Bäumen und zwei von

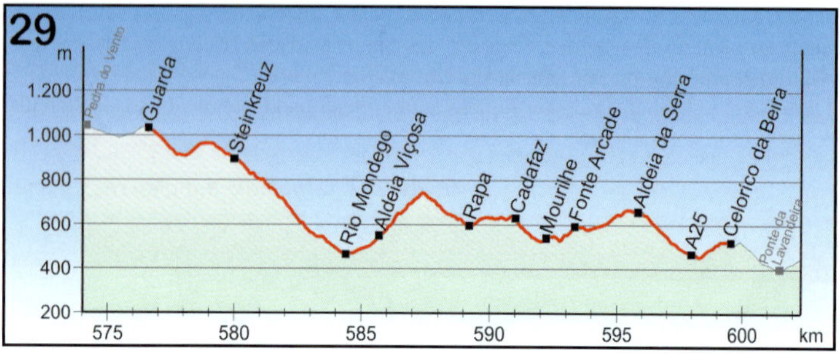

der Straße aus sichtbaren Mauern. Diesem Weg folgen wir über eine Treppe hinunter zum Pflaster einer Römerstraße. Links an der Mauer erhebt sich die mächtige 💧 Brunnenanlage *Chafariz da Dorna* mit dem königlich portugiesischen Wappen, eine Gelegenheit, noch frisch sprudelndes Wasser abzufüllen. Wir gehen aber nicht von dort aus weiter, sondern zurück zum Römerpflaster unterhalb der Treppe und dann an dem gegenüberliegenden, verlassenen, niedrigen, weißen Rundbau rechts vorbei eine Sandstraße hinunter. In unserer Richtung befindet sich ein blauer Pfeil auf der weißen Mauer links neben dem Weg.

Schon nach wenigen Metern beginnt wieder das römische Pflaster. Wir folgen der Römerstraße abwärts und biegen nach 750 m ihr folgend nach links in Richtung auf eine Gebäudeansammlung ab und sehen kurz darauf gegenüber vier große Windkrafträder. Wir gehen auf der Römerstraße zunächst nach links hinunter, wo sie bald wieder nach rechts in Richtung auf die Rotoren abknickt und sich anschließend auf den ockerfarben gestrichenen Gebäudekomplex des *Instituto Politécnico da Guarda* mit vielfarbigen Fliesen zuwendet. Unterhalb der Fliesenwand wenden wir uns nach rechts und folgen dem Sandweg unterhalb einer größeren Straße, bis wir auf eine in einem Bogen verlaufende, kleinere Teerstraße treffen, der wir geradeaus folgen. Zunächst gehen wir auf den erhöht vor uns liegenden ⛫ *Cerca* ⇧ 981 m zu, dann wendet sich die Straße in Richtung der riesigen Windräder nach rechts. Bei der Gabelung vor einem weißen Haus mit einem schmiedeeisernen Tor gehen wir nach rechts hinauf weiter.

Über einem in verblasstem Gelb gestrichenen Haus mit einem Anbau rechts wenden wir uns nach gut 1,9 km hinter einem Leitungsmasten nach links bergauf auf einen Feldweg, gehen links an einem Zaun vorbei und oben dann in einer abwärts geneigten Linkskurve wieder auf die Windflügel zu. Bei einer Abzweigung nach links steht eine hohe Kiefer mit der gelb-roten Markierung einer *Pequena Rota*. In Richtung eines großen Rotors laufend stoßen wir bei km 2,3 auf eine kleine Teerstraße. Wir folgen ihr einige Meter nach rechts und dann vor dem braunen Wegweiser eines „percurso pedestre" gleich wieder nach links.

☺ Sie befinden sich hier nach wie vor auf der Trasse der Römerstraße *Via Colimbriana* und haben nachfolgend so herrliche Ausblicke in die Bergwelt der *Serra de*

Estrela bzw. ihrer Ausläufer mit ihren unter Ihnen liegenden Tälern, erleben eine so vielfältige Vegetation und gewinnen so verschiedenartige Eindrücke, dass ich auf deren Beschreibung verzichte und Sie einfach nur schauen und genießen lasse.

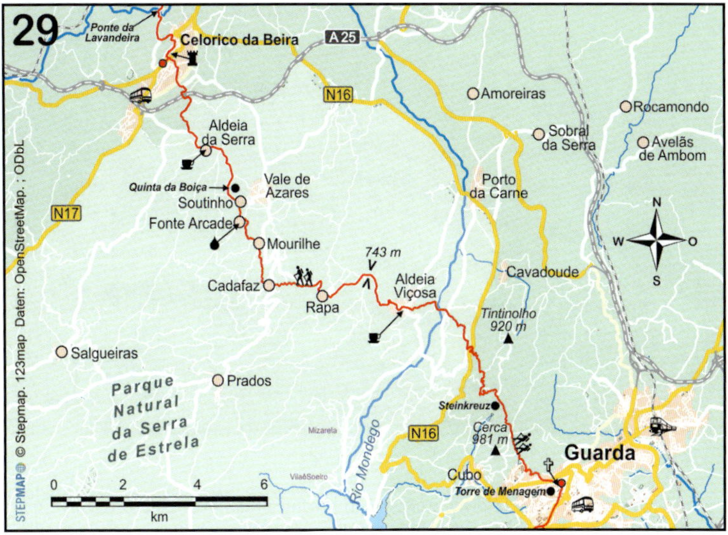

Nach 3,2 km passieren wir auf der linken Seite zunächst einen Monolithen mit einem Steinkreuz darauf und erreichen nach einem leichten Abstieg dann ebenfalls links eine Ansammlung von Felsen mit einem kantigen Monolithen darauf. Nur 30 m dahinter biegt bei km 3,4 vor einem wiederum mehrteiligen Monolithen und einer roten Markierung auf dem Asphalt ein zunächst unscheinbarer Feldweg nach links ab. Wir folgen ihm abwärts direkt auf das unter uns liegende *Aldeia Viçosa* zu. Links ragen von Menschenhand geschaffene, felsige Mauerstücke aus der Erde, dann geht es auf einem kurzen Stück sehr steil abwärts, wobei allerdings Felssteine als Stufen benutzt werden können. Ein wenig später stoßen wir erneut auf die Steine der Römerstraße, auf der wir weiter unten einen Aussichtspunkt (*Miradouro*) mit der noch intakten Brüstung über dem Tal des *Rio Mondego* umrunden und auf dem sensationell gut erhaltenen Pflaster der *Via Romana* zur N 16 hinuntergehen, die wir nach 6 km erreichen.

Dort folgen wir den Hinweisschildern des „Percurso Pedestre" über die Straße geradewegs auf ein Buswartehäuschen sowie einen Brunnen zu und dann rechts eines Gebäudes erneut auf Römerpflaster abwärts. Nach 6,2 km stoßen wir auf eine Straße, der wir nach rechts folgen. An einer Abzweigung gehen wir nach halb rechts aufwärts weiter. Bei einer weiteren Abzweigung bei einem alten Steintor mit einem Kreuz gehen

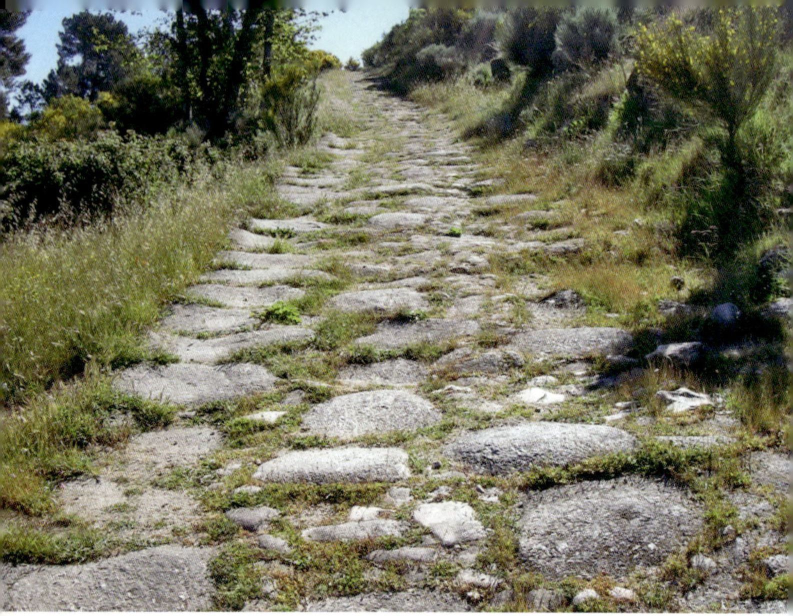

Via Romana

wir geradeaus auf einem Feldweg weiter. Bald beschreibt der Weg eine Linkskurve und wir befinden uns wieder auf antikem Pflaster, das nach weiteren 100 m in einem Rechtsbogen in einen Teerweg übergeht, dem wir folgen. Unten stoßen wir auf eine weitere Teerstraße (km 7,5), wo wir zunächst rechts und dann vor einem Richtungspfeil sofort wieder links hinunter zum Freizeitgelände der *Praia Fluvial* gelangen und auf der Brücke den dunkel unter Laubbäumen dahinfließenden *Rio Mondego* überqueren (km 7,8).

🚶🚶 Hinter der Brücke wendet sich die Straße nach rechts aufwärts, führt später an einer kleinen Kapelle vorbei und dann kopfsteingepflastert nach **Aldeia Viçosa** hinauf. Nach gut 8,7 km an der Kirche angekommen, sehen wir gegenüber auf der anderen Seite des *Largo 25 de Abril* das moderne ☕ „Café do Mondego" und diesem gegenüber rechts den Wegweiser nach *Rapa*, dem wir die Straße hinauf folgen. Nach 9,1 km erreichen wir oben eine Gabelung, an der rechts neben einem Brunnen ein Wegweiser nach rechts Richtung „Rapa 4 km" zeigt. ✋ Vor dem Wegweiser könnte ein Auto geparkt sein und ihn verdecken. Wir folgen dem Wegweiser und biegen bei einem Waschhaus halb rechts auf die geteerte EM 557 ab.

Die Straße windet sich in Serpentinen ganz den Berg hinauf. Nach rechts haben wir einen herrlichen Blick zurück auf das Flusstal des *Rio Mondego* und die *Via Romana*, auf der wir heruntergekommen sind. Nach 10,8 km erreicht die Straße auf einem Pass (⇧ 743 m) die Grenze des *Concelho de Celoríco da Beira*. Vor uns öffnet sich ein großartiges Bergpanorama mit *Rapa* unten im Tal und weiteren Dörfern dahinter. Von der

Passhöhe neigt sich die Straße in ein baumbestandenes Tal nach *Rapa* hinunter. Vorbei an den Wegweisern nach „Celoríco" und „Rapa" und dem Ortseingangsschild des Letzteren gehen wir nach 12 km an dem schräg rechts vor uns auftauchenden Altersheim „Lar de S.^{to} André" vorbei. Dort wenden wir uns nach links in den Ort hinunter und erreichen alsbald die kleine Kirche und den mit einer Mariensäule geschmückten Dorfplatz von **Rapa** (⇧ 621 m). Unterhalb der Säule gehen wir steil nach rechts hinunter und dann bei einem links stehenden, verwaschen gelben Haus nach links, wo wir sofort auf ein Stopp-Schild stoßen, hinter dem wir vor einem Brunnen nach rechts abbiegen. Wir erreichen rechts auch bald ein Haus mit einem Pfeil „Turismo Rural" und folgen danach den Windungen der Kopfsteinpflasterstraße hinunter zur Brücke (km 12,4), hinter der wir nach rechts aufwärts gehen. Nach 300 m und einer Kurve gelangen wir erneut an einen Platz mit einem Steinkreuz und einer kleinen Kirche. Dort folgen wir zunächst der Hauptstraße ein Stück weit, wenden uns bei km 12,8 aber nach links die kopfsteingepflasterte *Rua do Campo de Futebol* hinauf.

☺ Gegenüber dieser Abzweigung steht noch auf der Hauptstraße rechts ein Wohlhabenheit verratendes, großes Haus mit einem ☕ und einem angeschlossenen Lebensmittelladen sowie einer freundlichen, französisch sprechenden Inhaberin.

80 m oberhalb der Hauptstraße folgen wir einem unter Kiefern nach rechts abzweigenden Feldweg, von dem aus wir wieder einen herrlichen Fernblick haben. Nach 13,6 km teilt sich der Weg an einer rechts stehenden Föhre. Wir folgen dort nicht dem nach links abzweigenden Weg, sondern gehen zunächst in Richtung einer rechts unterhalb stehenden Hütte geradeaus weiter und wenden uns nach 70 m vor der Hütte nach links. Jenseits eines kleinen Wiesentals führt der Weg aufwärts nach **Cadafaz**, dessen Hauptverkehrsstraße wir bei km 15,9 erreichen. Dort wenden wir uns nach rechts und vor dem Betonpfosten mit dem Straßennamen „Rua da Quinta" und einem Steinkreuz sofort wieder nach links. Auf der *Rua Direita* gehen wir vorbei an der nach rechts abzweigenden *Travessa da Escura* und dann auf der *Rua do Forno* in leichtem Bogen ins Dorf hinunter. Nach 14,3 km mündet sie in die von rechts oben herabkommende *Rua Fundo do Povo*. Wir wenden uns nach links und folgen der Straße über die sofort darauf folgende Kreuzung geradeaus hinweg und dann im Bogen nach rechts abwärts auf einen ins Tal hinunterführenden Feldweg.

Weg durch Cadafaz

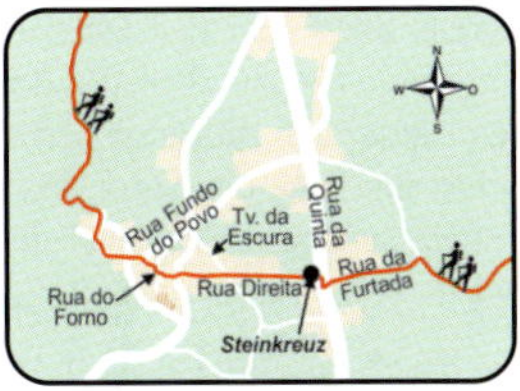

Bei einer Kreuzung mit einer links stehenden Mauer (km 14,45) wenden wir uns nach rechts. Für eine Weile ist der zwischen Felsen verlaufende Weg von hohem Gras überwuchert, bis er unter Bäumen wieder zu einem gut begehbaren Weg wird. Nach 14,8 km wachsen rechts Olivenbäume und nach 100 m wendet sich der Weg bei einer Mauer aus klobigen Steinen nach links bergab. Gegenüber können wir die Häuser von *Mourilhe* liegen sehen. Vor einer rechts liegenden Mauer mit einem hohen Olivenbaum biegt der Weg nach links zu einem Bächlein hinunter. Dahinter führt er nach rechts aufwärts, bis wir nach 15,4 km am Ortseingang von **Mourilhe** eine Teerstraße erreichen. Bei der Dreifachgabelung vor der kleinen Dorfkirche wählen wir die äußerst linke, links an der Kirche vorbei nach oben führende Variante und gehen auf der *Rua do Calvario* aufwärts. 200 m hinter der Kirche gehen wir bei einer Kreuzung auf dem von Kiefern und einer Mauer aus riesigen Steinen gesäumten Feldweg nach rechts. (✋ Nicht nach links weitergehen!) Er führt unterhalb von auf einem Bergkamm stehenden Windkraftträdern in ein Tal hinunter und wendet sich dort an einem Bach entlang nach rechts hinunter. Jenseits des Bachs steigt er wieder an und führt mit einem die Mühsal des Aufstiegs entlohnenden, herrlichen Blick geradewegs hinauf nach **Fonte Arcade**, das wir bei km 16,4 erreichen. Links vor uns steht an der Dorfstraße eine kleine Kirche, hinter der sich links ein Waschhaus mit einem munter sprudelnden, Erquickung spendenden Brunnen versteckt.

Erfrischt gehen wir wieder die Hauptstraße nach links hinauf und dann weiter aufwärts, bis wir oben eine T-Kreuzung erreichen, auf die wir uns nach rechts wenden. Diese *Rua Nossa Senhora dos Azares* ("der Unglücklichen") wird im weiteren Verlauf links und rechts von hohen Mauern gesäumt. Links in einer Einbuchtung steht ein weiterer Brunnen mit je einer Steinbank auf beiden Seiten.

Bei km 17 gelangen wir in das kleine Dorf *Soutinho* mit einer Barockkirche hinter einem kleinen Platz. Alsbald stoßen wir auch auf die *Rua da Igreja.* Dort halten wir uns links und gehen an einer aus großen Felssteinen errichteten Mauer entlang und hinter einem rechts stehenden Brunnen nach links aufwärts und sehen unseren Weg nun bereits oben über den Sattel führen. Nach 17,7 km kommen wir an der Zufahrt zur *Quinta da Boiça* vorbei. Von dort und insbesondere nach einer Kurve unterhalb der ersten Häuser von **Aldeia da Serra** hat man einen herrlichen Blick auf die großartige Landschaft am Fuße der *Serra de Estrela. Sie* ist Teil des „Parque Natural da Serra de Estrela" und sicherlich einer der Höhepunkte unserer lusitanischen Wanderung.

Nach 18,8 km erreichen wir die ersten Häuser von **Aldeia da Serra** (⇧ 663 m). Bei einem Buswartehäuschen teilt sich die Straße, gegenüber ist nun bereits *Celorico da Beira* (*CdB*) zu sehen. Dort wenden wir uns nach links, erreichen alsbald den kleinen Friedhof und gehen die *Rua de Santo António* an einem Steinkreuz vorbei hinunter. Im Ortskern, rechts an der „Cervejeria Rosa" und der modernen Kirche vorbei, folgen wir der Straße aus dem Dorf hinaus. Sie führt in Kurven abwärts, bis bei km 20 km nach rechts eine relativ breite Straße abzweigt, der wir in Richtung *CdB* abwärts folgen. An ihrem Beginn steht an der Ecke ein Leitungsmast mit einem rot-weißen Jagdhinweisschild gegenüber.

500 m nach der Abzweigung wendet sich die Straße nach rechts und führt etwa parallel zur Autobahn und zum Weichbild von *CdB* zur Autobahn hinunter. Sobald wir auf sie stoßen, wenden wir uns noch einmal nach links und gehen schließlich durch eine Unterführung unter ihr hindurch. Auf der anderen Seite müssen wir uns zunächst nach rechts hinauf wenden, bevor die Straße in einer Linkskurve wieder nach links in Richtung eines Kreisverkehrs biegt, den wir bei km 21,5 überqueren. Jenseits gehen wir ins „Centro" hinauf und nach Erreichen der Stadt an einer Bushaltestelle vorbei die *Rua 25*

de Abril geradeaus weiter, bis wir direkt unterhalb der Burgmauer die *Rua Sacaduro Cabral* erreichen. Dort biegen wir in Richtung „Câmara Municipal" ab und kommen nach knapp 22,6 km am zentralen Platz *Largo de Rossío* mit der ✝ *Igreja de São Pedro* und den Hinweisen auf das „Centro Historico", „Castelo" und „Igreja Matriz" an.

Wenn Sie vom *Rossío* auf der *Rua Sacaduro Cabral* geradeaus weitergehen, erreichen Sie nach ca. 250 m links in der Nr. 48 das „Residencial Parque".

Celorico da Beira (CdB)

⇧ 500 m (Castelo), Ew. 7700

Posto de Turismo, ☎ 271 742 109, täglich 9:30-13:00, 14:00-18:00. Beim Hereinkommen auf der rechten Straßenseite hinter der Câmara Municipal. Sehr freundliche, hilfsbereite Angestellte (eine spricht sogar Deutsch). Dort bekommen Sie auch den Plan mit dem aus *Celorico da Beira* hinausführenden Wanderweg PR 2 (☞ Beginn der 30. Etappe).

Mehrere Möglichkeiten, empfehlenswert „Residencial Parque", ☎ 271 742 197. Einfach, aber sauber und ordentlich, freundliche Inhaber, EZ € 20, DZ € 30 mF

Restaurante „Muralhas de Celoryco", rechts neben dem Residencial. Gute regionale Küche, familiäre Atmosphäre, Menü ab € 7, Sonntagabend geschlossen

Central de Camionagem, Terminal Rodoviário, im Südwesten der Stadt. Verbindungen nach **Trancoso** mit Rede Expressos täglich 13:15, 19:10; Rodonorte Mo-Fr 13:15. Mit beiden auch nach **Lamego**

CdB durchlief all die geschichtlichen Epochen von der steinzeitlichen Befestigung, einem römischen *Castrum* unter Kaiser Augustus (man kennt sogar noch die Namen der Erbauer Niger, Servius und Junius) und der muslimischen Besatzung auf dem heutigen Burgberg bis zur Rückeroberung. *Dom Afonso Henriques* (☞ Seite 19) ließ die Burg ausbauen. Im Schatten ihrer Mauern entwickelte sich eine *Judiaria.* Die Spanier griffen CdB dreimal an und auch Napoleons Truppen verschonten es nicht. Im *Centro Historico* sind alle Sehenswürdigkeiten versammelt, ein kleiner Rundgang lohnt sich. Vom *Torre de Menagem* auf dem Burgberg hat man eine herrliche Aussicht.

30. Etappe: Celorico da Beira – Trancoso

19,4 km

Vom Residencial „Parque" gehen wir auf der linken Straßenseite der *Rua Sacadura Cabral* zurück Richtung Burg, bis wir auf die nach links abzweigende, kleine *Rua Fernão Pacheco* vor dem Platz mit der *Igreja* stoßen. Auf der kleinen, dreieckigen Fläche am Beginn der Gasse steht ein Wegweiser mit gelb-roter Markierung und dem Hinweis „PR 2" sowie den Buchstaben „CLD" darunter. Er weist in die Richtung „Ponte da Lavandeira 3,5 km". Ab hier messe ich die Entfernung. Links an der Kirche vorbei gehen wir geradeaus weiter auf ein Verbotsschild für Lastwagen von mehr als 5 t zu. Wir folgen der Gasse aufwärts und gehen dann unterhalb der Burgmauer weiter. Bei einem Andachtsschrein linker Hand senkt sich die Straße bergab, steigt dann wieder an und führt schließlich links an der Kirche *Santa Maria* sowie dem davorstehenden *Chafariz* vorbei. Von dort führt sie als *Rua 31 de Janeiro* abwärts. Nach knapp 550 m umrunden wir schließlich die kleine *Igreja da Misericordia* links und gehen weiter abwärts. An der nächsten Abzweigung mit der *PR*-Markierung auf einem Masten links wenden wir uns nach links und gehen in Richtung der gegenüberliegenden Teerstraße weiter. Anschließend folgen wir einer Kopfsteinpflasterstraße, zu Beginn mit einem Betonpfahl in ihrer Mitte, nach links hinunter zu Wohnblöcken und dann nach rechts an ihnen entlang.

Hinter dem zweiten Wohnblock links mit einem hellgrünen Treppenhaus biegen wir bei dem Pfahl mit der *PR*–Markierung nach links auf das Pflaster einer Römerstraße (*Calçada Romana*), der wir ins Tal hinunter folgen. Dort, wo sie auf die Kurve einer quer verlaufenden Teerstraße trifft, zeigt neben einem Leitungsmasten rechts ein betagter Wegweiser u. a. zur „Necropôle de S. Gens 2,2 km". Diesem folgen wir die Landstraße hinunter und überqueren nach 2 km den *Rio Mondego* auf der berühmten *Ponte da Lavandeira* mit einem Straßenkreuz dahinter. Die Brücke ist römisch/mittelalterlichen Ursprungs, wurde aber im 17. und 19. Jh. restauriert. Rechts haben wir einen schönen Blick hinauf zur Burg und Altstadt von CdB.

Es geht nun leicht aufwärts. 250 m weiter überqueren wir die Bahngleise und nach 2,9 km stoßen wir rechts auf einen bemoosten Felsen. Darauf steht ein Steinblock mit einem Kreuzrelief. An der Basis des Felsens finden sich zwei *PR*–Markierungen. Wir folgen der linken, gehen kurz geradeaus weiter und biegen dann sofort auf den nach rechts zur *Necropôle* von *São Gens* (unverständlicherweise nicht ausgeschildert) hinun-

Die Necropôle von São Gens (RK)

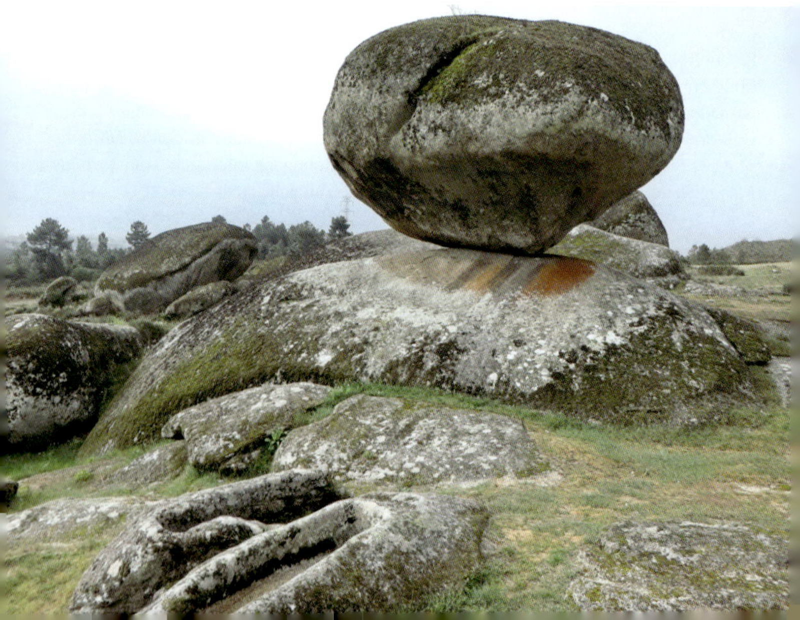

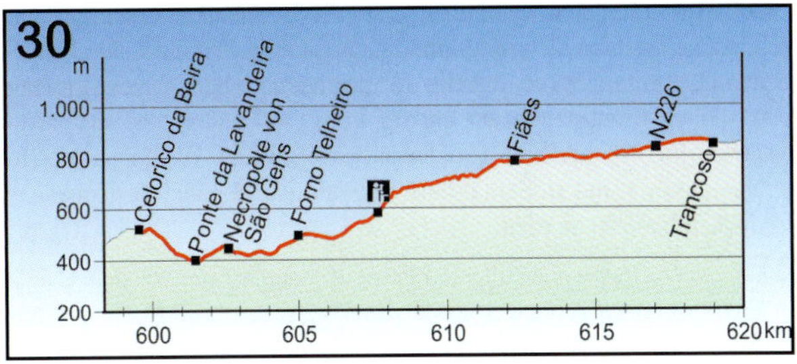

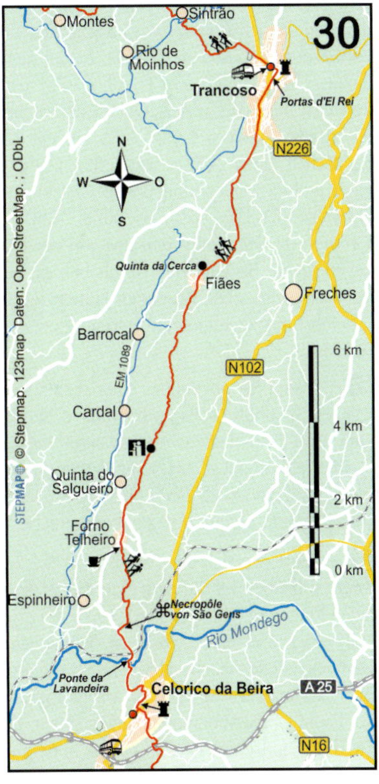

terführenden Pfad ab. Der Weg führt zwischen mehreren beeindruckenden Monolithen hindurch, einer von ihnen ist pilzförmig. Auf dem vom 1. bis 14. Jh. als ⌘ Begräbnisplatz genutzten Gelände finden sich verstreut u. a. in den Felsboden gehauene Grablegen in verschiedenen Formen: wannenförmig, dreieckig und anthropomorph (Körperform). Anlass genug, bei einer kurzen Rast dieses interessante Areal ein wenig zu erkunden.

Vorbei an den rechts liegenden Resten bzw. Fundamenten eines großflächigen Bauwerks und weiter über eine mit Kiefern und weiteren Monolithen durchsetzte Fläche stoßen wir bei km 3,5 und hinter einer uralten Steinhütte auf eine quer verlaufenden Schneise für eine Gasleitung (2016 noch als solche erkennbar; sie kann aber mittlerweile zugewachsen sein) und nach gut 3,8 km an einer T-Kreuzung auf eine Teerstraße, die auf der gegenüberliegenden Seite von einer Bruchsteinmauer begrenzt wird. Wir folgen der Straße zunächst nach links, bis nach 130 m unter hohen Kiefern ein Feldweg nach rechts abbiegt. Auf diesem im Frühjahr von herrlichen Blüten und Ginster gesäumten Weg durchqueren wir nach 4,8 km eine kleine Nutzfläche mit Olivenbäumen. Dahinter wendet er sich zwischen hohen Bruchsteinmauern nach links bergauf und knapp 500 m weiter an einer links stehenden Betonmauer erneut nach links, um schließlich in einen kleinen Kiefernbestand hineinzuführen. Wenig später können wir bereits die ersten Häuser von **Forno Telheiro** vor uns liegen sehen. Wieder im Freien gehen wir an einer hohen Bruchsteinmauer entlang zum Dorf hinauf, das wir vor einem schmiedeeisernen Tor mit goldenen Lanzenspitzen erreichen. Wir folgen der Kopfsteinpflasterstraße aufwärts und stoßen alsbald links auf ein Café, in dem wir nach gut 5,5 km freundlich bewirtet werden.

Nach einer wohlverdienten Pause wenden wir uns vor dem Café nach links hinauf in Richtung eines Brunnens sowie des Wegweisers zur A 25 und anschließend nach rechts aufwärts. Dem entsprechenden Wegweiser folgend setzen wir unseren Weg Richtung „Quinta do Salgueiro“ fort, indem wir unterhalb der Kirche auf unserer Straße, die nun den Namen *Rua da Bica* trägt, weiter und dann an einem links stehenden *Chafariz* vorbei über die *Rua da Portela*, in der sich ebenfalls ein befindet, aus dem Dorf hinausgehen. Hinter dem Friedhof führt die Straße nach 6,2 km abwärts. Wir folgen zunächst dem Wegweiser „Quinta do Salgueiro“ nach links, gehen jedoch dort, wo die Teerstraße bei km 6,4 nach links abbiegt, auf einem Sandweg *geradeaus* weiter in die Landschaft hinein. Unser wunderbar glatter und feinsandiger Weg führt an einem von einer uralten Mauer umgebenen Olivenhain aufwärts. Einen nach 300 m nach rechts abzweigenden Weg lassen wir außer Acht. Nach halb rechts zurückblickend können wir *Celoríco da Beira* unter den uns von der letzten Etappe her so vertrauten Windrädern liegen sehen. Bis auf Widerruf bleiben wir auf diesem Weg. Nach etwa 7,5 km senkt er sich vor rechts oben liegenden Hütten leicht nach bergab, steigt dann aber wieder an und führt uns hinauf in eine Felsenregion, die nur noch von niedriger Vegetation durchsetzt ist.

Wenn Sie gegenüber einer rechts stehenden, in die Felsen hineingebauten, verfallenen Steinhütte sowie wiederum rechts dahinter an einer Steinmauer mit Türöffnung kurz nach links hinaufgehen, gelangen Sie nach knapp 8,2 km zu einer Altar-ähnlichen Steinformation mit rechts aufgehäuften Steinen, von der Sie einen herrlichen Rundblick von links *Celorico da Beira* über *Forno Telheiro* bis hinunter zu dem idyllisch in einem Tal gelegenen *Quinta do Salgueiro* genießen können.

Dort, wo sich der Weg bei km 8,5 teilt – rechts führt ein einfacher Wiesenpfad weiter – bleiben wir auf dem Hauptweg, der dann auf einem stark erodierten Stück von tiefen Rinnen durchzogen wird, bevor er vor einem hohen Sendemasten recht bald einen Höhenrücken erreicht, wo er wieder zu seinem gewohnt guten Zustand zurückfindet. Den nach 9 km nach schräg rechts abzweigenden Weg lassen wir wiederum außer Acht. Von einem Hügel mit bizarr geformten Granitfelsen zurückblickend können wir in der Ferne *Guarda* hoch oben liegen sehen. Danach führt der Weg in eine ausgesprochene Felsenlandschaft hinein, behält aber auch hier seinen ausgezeichneten Zustand. Nach 11,4 km sehen wir links eine verfallene Steinhütte mit einer terrassenförmigen Olivenplantage dahinter. Rechts vor uns liegt ein runder Monolith lose auf seiner Unterlage.

Nach gut 11,9 km erreichen wir rechts eine Mauer und links ein Kiefernwäldchen, zwischen denen wir hindurchgehen. Am Ende der Mauer steht rechts oben ein Kreuz, dort gehen wir geradeaus über eine Kreuzung hinweg weiter und hören auch bald Zivilisationslärm vor uns. 600 m weiter passieren wir die ersten Häuser von **Fiães** und folgen der Straße durch den kleinen Ort, vorbei an einem Brunnen links mit trotz des Hinweises „Agua não controlada" durchaus trinkbarem Wasser und erreichen nach knapp 13 km rechts die kleine Kirche sowie gegenüber einen *Chafariz*. Wir folgen dann nicht dem blau-weißen Wegweiser nach links Richtung „Trancoso", sondern gehen auf einer Kopfsteinpflasterstraße geradeaus weiter, die bei einem Steinkreuz links und einer nach links abzweigenden Straße an einem Bächlein entlang teilweise als Feldweg in Richtung eines Kiefernwaldes geradeaus weiterführt. Beim Eingang zur *Quinta da Cerca* gehen wir an einer bemoosten Felsenböschung links entlang und erreichen zunächst rechts zwei Reihen weit ausladender, hoher Laubbäume sowie danach ein kleines Kiefernwäldchen, in dem wir nach 13,7 km bei einer Gabelung vor einer links stehenden Bruchsteinmauer nach rechts hinaufgehen. Vor einer Kieferngruppe wendet sich der Weg oben dann nach links auf einen quer verlaufenden Weg, dem wir nach links folgen. Anschließend bleiben wir durch lichten Baumbestand hindurch auf diesem Weg und gehen auch bei km 14,7 mit einem Leitungsmasten rechts und einer Ansammlung von Monolithen vor uns geradeaus weiter, genauso wie bei dem zur *Quinta do Paraíso* abzweigenden Weg.

Nach 16 km wenden wir uns bei einem im Bogen zu uns quer verlaufenden Sandweg nach links hoch. Rechts unten liegt hinter einem Zaun ein kleiner Graben und vor uns stehen vier einzelne Kiefern mit einem Steinkreuz links davon. 300 m weiter geht der Weg vor einem Stopp-Schild rechts in eine Kopfsteinpflasterstraße über, um dann nach rechts zunächst in die EM 1089 zu münden. Vor einem Haus gegenüber steht der Kilometerstein 1. Wir folgen der Landstraße nach rechts und sehen bald darauf erneut einen Kilometerstein 1, diesmal für die M 589.

Bei km 17 begrüßt uns neben einem Umspannwerk das Ortseingangsschild von **Trancoso.** 400 m weiter erreichen wir bei einem Kreisverkehr die Stadtgrenze von **Trancoso** und folgen der N 226 in Richtung Altstadt. An dem links gelegenen, großen Supermarkt „minipreço" und der rechts befindlichen, kleinen Kapelle mit der Azulejo-Tafel zur Erinnerung an die Hochzeit von *Dom Dinis I.* und der *Rainha Santa Isabel* sowie bald darauf an ihren grotesken Statuen (Foto Seite 20) vorbeilaufend stehen wir nach 18,9 km schließlich vor der Stadtmauer mit dem durch sie in die Altstadt führenden, beeindruckenden Stadttor *Portas d'El Rei*.

Wir durchschreiten das Tor und gehen auf der dahinter weiterführenden Straße bis zum *Largo de Pelourinho* mit rechts dieser hohen Säule vor der *Igreja de São Pedro*, umrunden dann den Platz nach links und folgen der Kopfsteinpflasterstraße sowie dem Schild „saída (portas do Prado)". Wir passieren die *Portas do Prado* bei km 19,2 und folgen dahinter dem dort unten auf Straßenniveau angebrachten gelben Pfeil geradeaus über den Kreisverkehr hinweg sowie anschließend der Nationalstraße Richtung „Lamego" und „Sernancelhe". Kurz darauf sehen wir links den Busbahnhof und rechts das *Residencial* „Dom Dinis" mit der Post dahinter liegen, km 19,4.

Trancoso @ BANK 873 m, Ew. 9.800

Posto de Turismo, ☏ 271 811 147, links vor der *Portas d'El Rei.* 1. Juni bis 30. Sept. täglich 9:00 bis 12:30, 14:00 bis 17:30; Kernzeit 1. Okt. bis 31. Mai 10:00 bis 12:30, 14:00 bis 17:00, Sa bis 16:30

@ Der Espaço Internet befindet sich beim Hereinkommen in die Stadt bei einer Abzweigung nach links zum „Centro de Saúde, Centro Cultural Cinema" in einem Gebäude links hinter dem Convento das Irmães. An der Abzweigung steht die Capela Sta. Eufémia.

Residencial „Dom Dinis", ☏ 271 811 525, Av. da Republica 10, DZ € 30, EZ € 19 (für Pilger) mit reichhaltigem Frühstück, www.domdinis.net

Unten im Gebäude des „Dom Dinis"

Moderner „Central de Camionagem" direkt gegenüber vom Residencial „Dom Dinis". Mit Transdev Mo-Fr (Schuljahr) 11:37 und 17:35 nach **Ponte do Abade** und **Moimenta da Beira** (zuvor im bestätigen lassen!), mit Rodonorte nach Viseu, von dort überall hin, auch nach **Lamego**

Fronleichnamsprozession in Trancoso

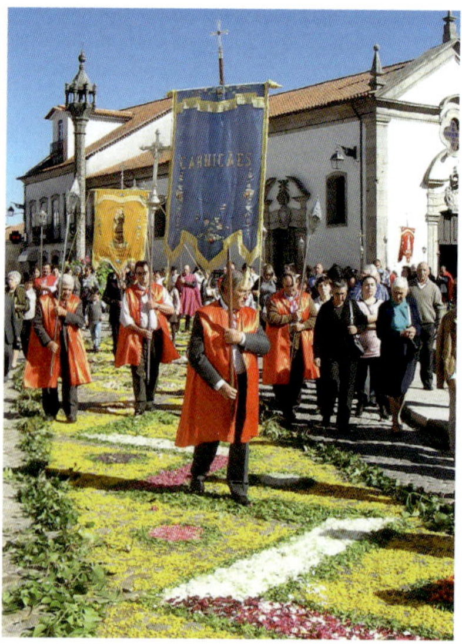

Trancoso ist von außen gesehen die mittelalterliche Stadt par excellence und heute noch fast gänzlich von der Stadtmauer umschlossen. Sie hat vier Tore, und in der Nordostecke liegt oberhalb des ältesten Stadtviertels das *Castelo* mit fünf Türmen, einem beeindruckenden Bergfried und einem herrlichen Rundblick. Innerhalb der Stadtmauer sollten Sie in die Gasse rechts neben dem Tor *Portas do Prado* gehen. Dort kann man auf Steintreppen (vorsichtig!) zur Stadtmauer hinaufklettern und ein Stück auf dem Mauerkranz entlanglaufen. Insbesondere in Richtung der Burg bieten sich malerische Ausblicke. Interssant ist auch der „Boeirinho", ein kleiner Durchschlupf durch die mittelalterliche Stadtmauer bei Gefahr von außen und für Spätheimkehrer, wenn alle anderen Tore schon geschlossen waren.

Einen Rundgang wert ist auch die ehemalige *Judiaria* (*Património Judaico*) mit dem postmodernen *Centro de Interpretação Judaico* und Spuren ihrer mittelalterlichen Bewohner an den Häusern wie der *Casa do Gato* (Haus der Katze). Vor dem *Pelhourinho* an der *Igreja de São Pedro* liegt der Hauptplatz des beschaulichen Ortes wie ein großes gutbürgerliches Wohnzimmer mit allerlei Sehenswertem.

Lassen Sie sich im *Posto de Turismo* einen Stadtplan und die Faltblätter für die beiden Rundgänge (*Circuitos Culturais*) zu den Sehenswürdigkeiten inner- und außerhalb der Mauern sowie der *Judiaria* geben, fragen Sie nach den Öffnungszeiten vor allem auch des *Castelo* und gehen Sie auf Entdeckungsreise durch diese auf engem Raum so vielfältige Eindrücke bietende Bilderbuchstadt mit ihren freundlichen Einwohnern.

31. Etappe: Trancoso – Ponte do Abade ➲ 20,4 km

Etappenplanung: Bereits bei der Ankunft in Trancoso haben Sie hinter der *Portas de Prado* den ersten gelben Pfeil des von Salamanca herüberführenden *Camino Torres* gesehen. Er begleitet uns auf einer teilweise abweichenden Route bis zum Douro, um sich dahinter nach Nordwesten Richtung *Braga* und des Camino Portugués zu wenden. Auf dieser Etappe sind die Routen identisch, d. h. die Etappe ist durchgehend mit gelben Pfeilen markiert.

Auf einem Zwischenstück führt der Weg durch Ginstergestrüpp und könnte undurchdringlich zugewachsen sein. Für diesen Fall beschreibe ich an der betreffenden Stelle eine **Alternative** über die N 226. Bitte benachrichtigen Sie den Verlag, wenn Sie diese Situation antreffen, damit ich im Update zu diesem OutdoorHandbuch hiervor warnen kann. Die nachfolgenden Pilger können dann von vornherein auf diese Alternative ausweichen.

Mit dem Rücken zum *Residencial Dom Dinis* wenden wir uns nach rechts und laufen den von den Initiatoren des *Camino Torres* angebrachten gelben Pfeilen folgend auf der *Avenida da República* geradeaus weiter. Links vor uns liegt das *Estadio Municipal*. An der Stadionmauer vorbei erreichen wir bald das Verkehrsschild für einen Kreisverkehr und dahinter einen Feldweg mit einem gelben Pfeil auf der linken Seite, dem wir folgen.

Bei der nächsten Gabelung halten wir uns nach links und folgen den gelben Pfeilen in Richtung vor uns aufgetürmter Granitgesteinsmassen. Nach knapp 1,5 km wenden wir uns vor einem Gatter den Weg hinunter und vor einem rechts oben thronenden Monolithen nach links bergab, um den Weg an weiteren bizarren Felsformationen vorbei fortzusetzen. Hinter einem Hügelrücken bei km 1,7 senkt sich der Weg ins Tal mit *Sintrão* links und *Rio de Moinhos* rechts hinunter. Dort, wo er sich nach 1,9 km teilt, nehmen wir die Abzweigung nach rechts Richtung *Sintrão* und sehen sogleich links am Boden einen schwarzen Stein mit einem gelben Pfeil sowie wenige Schritte weiter gleich noch eine Markierung. Der Weg wird weiterhin von Granitfelsen begleitet. Ein Felsen links oben ähnelt verblüffend einer Schildkröte.

Nach 2,5 km erreichen wir ein Waldstück, gehen dort geradeaus weiter und können 300 m weiter rechts unten die Häuser von **Sintrão** liegen sehen. Nach knapp 3,1 km überqueren wir eine Brücke und gehen vorbei an einem links stehenden Mast mit dem gelben Pfeil in den Ort hinein. Wir überqueren eine weitere kleine Brücke und folgen dann der Kopfsteinpflasterstraße hinauf zu einem Leitungsmast mit einem nach schräg links zeigenden gelben Pfeil. Dementsprechend wenden wir uns nach links und folgen dann dem an einem Pfosten sichtbaren Pfeil um eine ummauerte Grasfläche nach rechts herum. An einem Haus vorbei stoßen wir schließlich auf die gepflasterte Dorfstraße, die wir nach links und dann rechts hinuntergehen, um alsbald eine Teerstraße zu erreichen und dort dem gelben Pfeil nach links zu folgen.

Am Ende einer Mauer rechts biegen wir unter einem Briefkasten in der Richtung des gelben Pfeils auf Kopfsteinpflaster ab und gehen zu einem modernen Bungalow hinauf. Wir laufen an dessen Zaun entlang aufwärts in einen Kiefernwald hinein. Am Waldesrand folgen wir dem linken Weg bergauf. Er wird zu einem Wiesenpfad, bevor er kurz darauf wieder den Wald erreicht. Nach 4,5 km oben angekommen, gehen wir auf einem querverlaufenden Sandweg den gelben Pfeilen folgend nach links hinab erneut in einen Wald hinein. Bei einer Abzweigung nach 5,1 km gehen wir geradeaus weiter und folgen einem verwischten Pfeil, der sich am Beginn der Abzweigung links auf einem kleinen Felsen bzw. Stein befindet. 300 m weiter stoßen wir nach knapp 5,3 km auf die von links aus *Rio de Moinhos* nach rechts zur N 226 hinaufführende Teerstraße.

➾ Hier beginnt die bei der Etappenplanung erwähnte **Alternative**, die ich zunächst kurz beschreibe, bevor ich mit dem Hauptweg fortfahre.

Rechts auf einem Bergkamm sehen Sie Windräder und folgen der Teerstraße nach rechts geradeaus weiter. Gut 500 m weiter kreuzt ein von rechts aus dem Wäldchen kommender Feldweg unsere Straße und setzt sich links unter hohen Eichen fort. Folgen Sie diesem in der Mitte grasüberwachsenen Weg, der an Bruchsteinmauern entlang in ein von einem Bach durchflossenes Tal führt, um diesen auf einer uralten Steinbrücke zu überqueren. An seinem grasbewachsenen Ufer gehen Sie weiter und dann erneut zwischen jahrhundertealten Steinmauern hindurch aufwärts in Richtung der vor Ihnen liegenden Häuser. Rechts sehen Sie eine zweite kleine Brücke mit einer dahinter liegenden, nachgerade urzeitlichen Steinhütte. Danach treffen Sie bei einer links stehenden Kieferngruppe vor den Häusern auf einen Sandweg, dem Sie erneut zwischen Bruchsteinmauern hindurch nach rechts hinauf folgen. Bei einer Abzweigung wenden Sie sich dann nach links zur Nationalstraße 226, auf die Sie nach 1,4 km (km 6,7) treffen.

Nach 3,2 km (8,5 km) erreichen Sie **Vila Novinha**. 500 m weiter steht unterhalb des Wegweisers zur Kirche *S. Brás* ein 💧 Brunnen mit Trinkwasser. Hinter dem Km-Stein 73 der N 226 sehen Sie nach knapp 4,5 km (gut 9,7 km) einen Wegweiser nach *Carapito* mit einer dorthin abzweigenden Straße; Sie folgen jedoch der Kurve der N 226 und erkennen gleich dahinter links auf dem Baumstamm einer großen Föhre einen nach links oben weisenden gelben Pfeil, dem Sie nach gut 4,6 km (9,9 km) in den lichten Kiefernwald hinauf folgen und ab dort dann wieder auf dem markierten **Hauptweg** laufen (☞ dort **10,7 km**).

Auf dem **Hauptweg** überqueren wir die Teerstraße in Richtung auf eine gekreuzte, weiß-rote Markierung an einem Baum links oben und folgen dem sich gleich darauf auf dem Stamm einer Kiefer befindlichen, möglicherweise bald nicht mehr sichtbaren gelben Pfeil geradeaus den Sandweg hinauf. Kurz darauf treffen wir auf einen nach links abzweigenden Waldweg schlechterer Qualität und sehen erhöht auf der Böschung hinter Ginsterbüschen versteckt einen kleinen Felsblock mit einem nach links weisenden Pfeil am Boden liegen. Nach Verlassen des Sandweges folgen wir dem Pfeil in einem Bogen und stoßen weiter oben auf einen am Boden liegenden Felsen mit einem gelben Pfeil darauf. In einem Meer aus Ginsterbüschen gerade aufwärts steigend gelangen wir bei km 6 auf eine Anhöhe, von der aus wir links deutlich den Wasserturm von *Trancoso* sehen können. Danach geht es über Felsgestein abwärts.

Nach 6,4 km teilt sich der Weg. Links führt er auf eine Anhäufung von Granitfelsen zu, weiter unten sehen wir aber sogleich einen gelben Pfeil, der nach rechts zeigt, sodass wir unseren von Ginsterbüschen hinderlich durchsetzten Weg nach rechts bzw. geradeaus fortsetzen. Er wendet sich bei km 6,9 bogenförmig bergauf. In der Biegung befindet sich auf einem großen, dunklen Felsen der in unsere Richtung geradeaus weisende gelbe Pfeil, die Abzweigung nach schräg rechts hinunter lassen wir daher außer Acht. Nach 7,2 km können wir aus der Höhe rechts unten ein Dorf liegen sehen und 200 m weiter stoßen wir links am Wegesrand auf zwei Felsbrocken mit roten Markierungen. Dort, wo bei km 7,5 ein Weg von schräg rechts kommend auf unseren stößt, folgen wir diesem Sandweg und dem gelben Pfeil nach links. Knapp 300 m weiter biegen wir

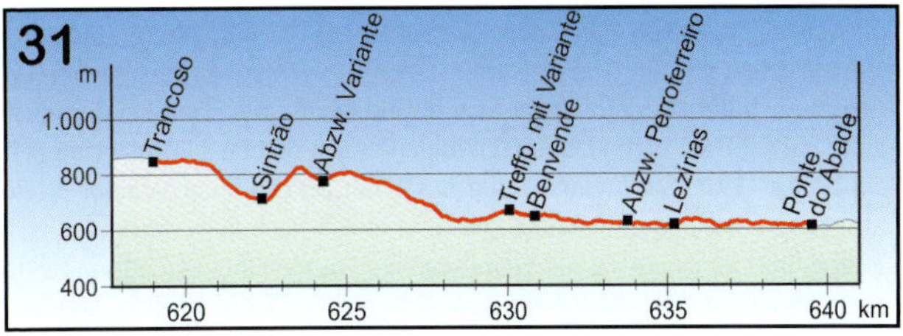

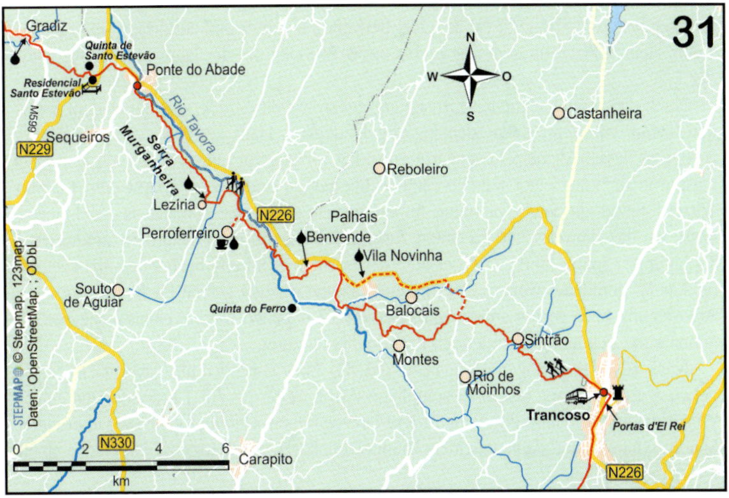

bei einer Gabelung nach links in Richtung auf eine Bergkuppe mit Antennenmasten ab. Bei km 7,9 stoßen wir auf einer freien Fläche auf einen besonders breiten Sandweg, dem wir nach rechts in Richtung einiger in der Ferne sichtbarer Häuser folgen.

Nach 8,8 km erreichen wir nach einem Waldstück die ersten Häuser der Gemeinde *Vila Novinha,* wenden uns jedoch sofort hinter dem zweiten Haus nach links bergab wieder in einen Kiefernbestand hinein und dahinter nach rechts hinab. Bei einer allein stehenden, ausgesprochen hohen Kiefer in einem Wiesental überqueren wir nach knapp 9,5 km einen aus groben Felsblöcken zusammengefügten Steg über einen Bach. Dahinter setzen wir unseren Weg aufwärts in Richtung eines Waldstückes fort, um am Waldesrand dann auf dem breiten, quer verlaufenden Sandweg nach links weiterzugehen. Kurz darauf stoßen wir bei km 9,7 auf eine Teerstraße, der wir nach rechts folgen. Bei dem nach 10 km links zur *Quinta do Ferro* abzweigenden Privatweg (*Caminho Particular*) bleiben wir auf der Teerstraße und folgen dem an dem gegenüberliegenden Briefkasten befindlichen gelben Pfeil. 700 m weiter sehen wir unterhalb eines großen Hauses links und des zur *Quinta do Ferro* zurückweisenden hölzernen Wegweisers an einem Betonpfosten einen gelben Pfeil, dem wir auf die N 226 Richtung *Lamego* folgen. Kaum jedoch haben wir die Nationalstraße erreicht, wenden wir uns nach **10,7 km** sogleich wieder nach links in den lichten Kiefernwald hinauf und dann bei der nächsten Abzweigung nach 11 km dem gelben Pfeil folgend nach rechts. 150 m weiter sehen wir rechts ein hohes Gatter bzw. einen Zaun aus Drahtgeflecht. Kurz darauf erreichen wir eine Kreuzung mit einem Steinkreuz links und einem nach links weisenden gelben Pfeil. Die Straße führt an einem Tal mit Gemüseanbau vorbei auf ein Gehöft mit einem steinernen Kreuz davor zu. Dort folgen wir *nicht* dem gelben Pfeil nach links, sondern bei km 11,6 einem Pfad rechts an der Mauer und über einige flache Felsen hinweg zu einer kopfsteingepflasterten Straße direkt ins Dorf **Benvende** hinunter und auf dieser weiter bis zu einem kleinen Platz, an dem sich rechts ein 💧 Brunnen mit der Jahreszahl 1960 befindet.

Nach dieser willkommenen Erfrischung gehen wir die Straße gegenüber dem Brunnen hinauf, vorbei an einem kleinen, ziegelgedeckten Haus mit einer Veranda. Rechts vorbei an dessen kleinem Rosengarten wenden wir uns vor einem hölzernen Leitungsmasten in Richtung einer Kapelle nach rechts bergab und laufen, erneut dem *Camino Torres* folgend, die Straße hinunter. An der Kapelle gehen wir nach links ins Feld hinein, passieren das Hinweisschild zu einem *Turismo Rural* und folgen dann dem Sandweg ins Tal hinunter. Später führt er wieder aufwärts in einen Wald und nach einer Abzweigung bei km 12 geradeaus weiter. 200 m danach lassen wir den gelben Pfeilen folgend eine Abzweigung nach rechts außer Acht. Bei km 12,4 gehen wir bei einer Weggabelung neben einer Schonung dann jedoch nach rechts hinunter.

Nach 13,2 km gelangen wir ans Ufer des *Rio Tavora,* wenden uns davor nach rechts, gehen zwischen Felsen und einer sumpfigen Wiese weiter bis zur T-Kreuzung mit einem Weg, dem wir nach links über eine Brücke hinweg folgen. Dahinter gehen wir über einen Sandweg hinweg und dann auf einem kaum erkennbaren, grasbewachsenen Pfad in einen Kiefernbestand hinauf.

Gehen Sie keinesfalls nach rechts oder links auf dem unseren Weg kreuzenden Sandweg weiter! Dort, wo unser bisheriger Weg auf ihn stößt, befindet sich gegenüber auf dem Stamm einer kleinen Kiefer ein an ungünstiger Stelle unten angebrachter, dünner gelber Pfeil. Sollten Sie ihn nicht sehen und im Zweifel sein, können Sie auch einige Meter nach links weitergehen, müssen dann aber sofort auf den ersten nach schräg rechts oben führenden und deutlich erkennbaren Wiesenpfad abbiegen. An der Abzweigung liegt ein flacher, ca. 2 m langer, bemooster Felsblock.

Nach 13,6 km biegen wir bei einer rechts stehenden Föhre mit dem gelben Pfeil auf ihrem Stamm nach rechts ab, laufen dahinter auf blankem Fels weiter und gelangen in ein Wiesental mit einem Gehöft gegenüber. Den dort hinführenden, mit hohem Gras bewachsenen Pfad einschlagend gehen wir zwischen Bruchsteinmauern weiter. Kurz vor dem verlassenen Gehöft weist ein gelber Pfeil auf einem flachen Felsen nach links, wo wir unseren Weg durch ein weiteres Wiesental fortsetzen. Bei km 14 können wir auf einem Sandweg weiterlaufen, der 250 m danach in einen weiterführenden Sandweg mündet, dem wir anschließend an einem Wiesenrand entlang geradeaus in Richtung eines vor uns stehenden Hauses folgen und an ihm vorbei geradeaus weitergehen.

Nach 14,6 km erreichen wir an einem Stopp-Schild eine Landstraße, auf der wir uns nach rechts auf die *Rua Direita* (der Streusiedlung **Peroferreiro**) wenden, um bei der nächsten Abzweigung nach links auf die *Rua das Flores* abzubiegen.

☺ Wenn Sie sich stattdessen bei dem Stopp-Schild nach links wenden und die *Rua Direita* ins Dorf hinauf und an der kleinen Kirche vorbei nach links hinuntergehen, finden Sie nach 500 m das spektakulär ausgestattete Café „Cangalho" mit sehr freundlichen Wirtsleuten. Dort bekommen Sie auch einen Imbiss, auf der oberen Etage befindet sich zudem ein Speiseraum. Auf dem Weg ins Dorf gibt es einen Brunnen mit Trinkwasser.

Wieder zurück auf unserem Weg, folgen wir bei km 14,6 der *Rua das Flores* nach links und gehen nach 50 m auf einem kleinen Platz nach rechts hinunter und sehen dann sogleich bei einem Stopp-Schild auf einem Laternenmast rechts einen nach links weisenden gelben Pfeil, dem wir links am *Rio Tavora* entlang folgen. Wir bleiben auf dieser Straße, bis wir nach 15,7 km ein Stopp-Schild erreichen, wo wir uns nach links auf die Landstraße nach *Lezíria* und *Souto de Aguiar* wenden. Die Teerstraße verläuft durch eine Wiesenlandschaft unterhalb der *Serra Murganheira*. Bald darauf wendet sie sich nach rechts und führt über eine weitere Brücke nach **Lezíria** hinauf. Bei den nach *Beira* und *Souto* weisenden Wegweisern gehen wir an einer weißen Madonnenstatue mit einem gelben Pfeil darunter nach rechts die *Rua da Capela* hinauf. Links oberhalb steht ein Waschhaus mit einer weißen Kapelle dahinter. Außerdem finden wir dort rechts unterhalb des Straßenschildes „Beco da Capela" einen Trinkwasserbrunnen mit einem gelben Pfeil. Wir gehen die Straße weiter hinauf und wenden uns dann nach rechts. Vor einem verfallenen Haus laufen wir an alten Steinmauern entlang nach rechts hinunter. Wir bleiben auf dieser Straße, die nunmehr geteert weiterhin als *Rua da Capela* in die Landschaft hinausführt. Einen nach rechts abzweigenden Feldweg außer Acht lassend gehen wir auf eine Gruppe von Kiefern zu, an der wir rechts vorbeigehen. Bald erreichen wir den kleinen Friedhof der Gemeinde und gehen dann geradeaus auf einer Sandstraße zwischen Föhren links und Eichen rechts weiter.

Wir folgen nun dem durch einen lichten Wald führenden Weg immer weiter geradeaus, ohne von ihm abzuweichen; so auch bei einem nach knapp 18 km links stehenden, unfertigen Gebäude aus Betonblöcken, aus dem heraus je ein hoher Ginster- und Holunderbusch wachsen. Hier nehmen wir oberhalb eines rechts am Hang stehenden, wellblechgedeckten Stalls geradeaus weitergehend die rechte Spur in einen Kiefernwald hinein. Gut 300 m weiter am Ende dieses Wäldchens wenden wir uns nach rechts auf die teilweise mit Gras überwachsene Spur in Richtung des von der rechts parallel verlaufenden N 226 herüberdringenden Verkehrslärms zu. Wir unterqueren sogleich eine zwischen einem links stehenden hohen und rechts stehenden niedrigen Leitungsmast quer verlaufende Stromleitung. Dahinter steht links oberhalb einer Senke ein neueres, ziegelgedecktes Haus aus groben Felssteinen, das von Bäumen teilweise verdeckt wird. Der Weg führt nun an einen Bach, den wir auf einer Brücke aus groben Felssteinen in Richtung eines ebenfalls aus groben Steinen errichteten, älteren Gebäudes überqueren. Wir umrunden es rechts und gehen an dem sich anschließenden grünen Tor sowie der darauf folgenden Mauer entlang weiter. An ihrem Ende führt der Weg dann geradeaus durch eine mit Eichen, niedrigen Kiefern und Ginsterbüschen bestandene Wald- und Wiesenlandschaft. Hinter einem Kiefernwäldchen stoßen wir nach knapp 19 km auf die nach **Ponte do Abade** führende Landstraße, auf der wir uns nach rechts wenden. Bald erreichen wir oberhalb des *Rio Tavora* auch das Willkommensschild. Die Teerstraße geht bei einem Geschwindigkeitsbeschränkungsschild in eine Kopfsteinpflasterstraße über, der wir bei einem links stehenden Brunnen mit einem Gärtlein an der Seite nach rechts hinunter zur hoch über den Fluss gespannten Brücke folgen, die wir nach 20,4 km erreichen. Gleich hinter der Brücke kündigt links das Schild „Café-Restaurante Mini-Mercado Seixeira“ auch „Dormidas“ an. Eine weitaus komfortablere Unterkunft wird zu Beginn der nächsten Etappe aufgezeigt. Der Weg dorthin beträgt noch 1,6 km.

✋ Ab hier folgen wir **nicht** mehr den gelben Pfeilen des *Camino Torres.*

Ponte do Abade

⇧ 600 m

/☺ Nach weiteren 1,6 km können Sie im komfortablen „Restaurante Residencial Santo Estevão“ preiswert übernachten (☞ Beginn der nächsten Etappe).
In Ponte do Abade finden Sie das

▷ Residencial Seixeira, ☎ 232 688 192, 📱 962 681 291. Sehr einfach, aber sauber und preiswert, DZ € 25. Die Wirtsleute sprechen als ehemalige Gastarbeiter gut Deutsch. Frau Seixeira bereitet auch Abendessen zu, ihr Mann ist gleichzeitig Taxifahrer. Sie sollten die Preise (Unterkunft, Essen, evtl. Taxi) vorher vereinbaren.

Vom Residencial aus gesehen die Nationalstraße ein Stück weiter links hinauf findet sich eine Bäckerei, in der es schon frühmorgens herrlich frische Brötchen zu kaufen gibt.

🚌 Mo-Fr (Schuljahr) 18:07 nach **Moimenta da Beira** (ohne jede Gewähr!)

Das kleine *Ponte do Abade* gehört zur Gemeinde *Sequeiros*. Der Bau der ursprünglich romanisch-gotischen Brücke, die ihm seinen Namen gab, wurde vom Abt (*Abade*) des Klosters *São Pedro das Águias* als Vertreter des Abtes von *Salzedas* in Auftrag gegeben, um eine direkte Verkehrsverbindung zwischen *Guarda* und *Celoríco da Beira* zum Kloster *Salzedas* (es liegt auf unserem Weg) und *Lamego* herzustellen.

Hinter der Brücke führte dieser mittelalterliche Weg, der *Caminho Velho*, nach *Sernancelhe* und dann weiter nach *Salzedas*. Wir haben die alternative Route über den Marienwallfahrtsort **Lapa** gewählt. Sie können aber der Santiago-Pilgerstation **Sernancelhe** einen Besuch abstatten, indem Sie gleich hinter der Brücke von *Ponte do Abade* nach links abbiegen und den gelben Pfeilen des *Camino Torres* folgen. Die Entfernung beträgt etwa 6 km. Sehenswert sind der Ortskern um die romanische ✞ Kirche aus dem 12. Jh., der *Solar dos Carvalhos* und schließlich die 1999 zu einem Hotel umgebaute Kommende der Malteser. Das Hotel war 2016 geschlossen.

32. Etappe: Ponte do Abade - Moimenta da Beira

➲ 26,2 km

Etappenplanung: Eine besondere Erfahrung machen die Pilger und Wanderer, die in *Lapa* übernachten. Wenn dort nicht gerade eine der wenigen großen Wallfahrten stattfindet, ist dies ohne Übertreibung einer der wenigen Orte, an dem man noch einen Blick in die ferne Vergangenheit des Pilgerns werfen kann. Das kleine Dorf ist durch und durch authentisch, so auch die im Frühjahr noch eiskalten Pilgerunterkünfte. Lesen Sie die ☞ Beschreibung von *Lapa* und brechen Sie bei Gefallen zu einer kleinen Zeitreise auf - Sie werden sie nicht vergessen.

Vor der Brücke über den *Rio Tavora* (aus der Richtung, aus der wir gekommen sind) wenden wir uns nach links auf die N 226 und gehen zunächst am besten auf der rechten Straßenseite weiter. Hinter einer Bushaltestelle und draußen gelagerten Landmaschinen biegen wir vor der großen Traktorenhandlung „Tractoponte" nach 550 m wiederum nach links ab und gehen auf das Ortsausgangsschild von *Ponte do Abade* zu. 900 m weiter überqueren wir die Nationalstraße 229 und erreichen bei km 1,6 gegenüberliegend das preiswerte und gut ausgestattete „Restaurante Residencial Santo Estevão", ☏ 232 680 089, DZ € 45, EZ € 22,50 mF.

Wenn Sie dort nicht übernachten möchten, überqueren Sie die Straße geradeaus und folgen auf einer Kopfsteinpflasterstraße dem gelben Pfeil, der zur *Quinta de Santo Estevão* hinüberweist.

Wir wenden uns beim Verlassen des Residencial auf der N 229 nach links und dann gleich wieder nach links auf die eben erwähnte Kopfsteinpflasterstraße und erreichen kurz darauf die *Quinta* von *Santo Estevão*, eine weitläufige, gut gepflegte Anlage. Hinter einem erhöht stehenden Maisspeicher links gehen wir auf der Kopfsteinpflasterstraße nach links zwischen Bäumen und zwei flach gedeckten Restaurantgebäuden hindurch auf einen dahinter bergauf führenden Feldweg zu und steigen diesen hinauf. An einem weißen Haus gehen wir rechts vorbei und dahinter (km 2,4) geradeaus weiter. Nach 100 m wenden wir uns wieder nach rechts in ein Kiefernwäldchen. Wir erreichen daraufhin bei 40°51'15,27"N - 7°31'05.74"W hinter zwei Betonpfosten und einem rechts dahinter liegenden Mastbetrieb einen zu unserem Weg bogenförmig quer verlaufenden Weg (km 2,6), den wir nach links einschlagen und ihm 130 m weiter in einem Bogen nach rechts folgen.

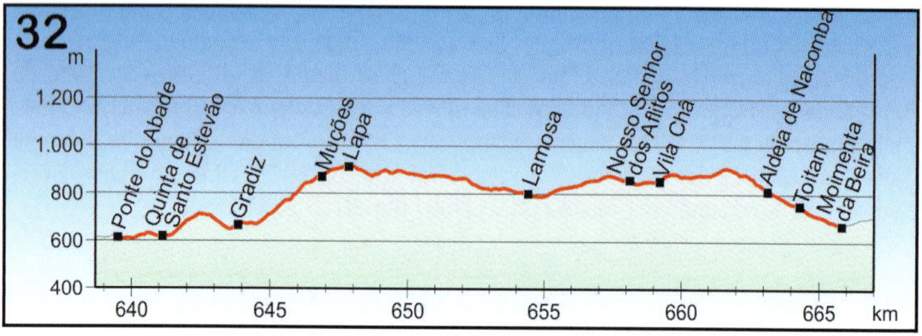

Sollte sich zwischen den beiden Betonpfosten in Zukunft ein verschlossenes Gatter befinden, dann gehen Sie den bisherigen Weg 90 m zurück, bis Sie einen aus Ihrer Richtung nach rechts in den Baumbestand führenden, kleinen Pfad sehen. Folgen Sie ihm zwischen den Bäumen hindurch gut 90 m mehr oder weniger geradeaus (nach Westen mit ganz leichter Tendenz nach Norden), bis Sie auf den breiteren Weg vor bzw. in dem gerade erwähnten Bogen stoßen und ihm ab der nächsten Zeile folgen.

Wir bleiben auf diesem Weg durch einen Kiefernwald hindurch und können von einer Lichtung aus rechts *Sernancelhe* liegen sehen. Später führt der Weg in einem Bogen nach rechts zu einem ummauerten Grundstück hinunter, an dessen Mauer wir rechts entlang weiterlaufen, bis wir bei km 3,5 die Kreisstraße M 599 erreichen, die als *Avenida 5 de Outubro* nach rechts in das Dorf **Gradiz** hinunterführt, wobei wir rechts gegenüberliegend wieder sehr schön *Sernancelhe* sehen können. Unten angekommen, folgen wir bei einer in der Straßenmitte stehenden Fichte dem Wegweiser *Sr. Da Lapa* nach links und gehen auf der Straße weiter abwärts, laufen nach 4 km über eine Brücke und gehen nun die *Avenida Coronel Silveira* hinauf. Nur 100 m weiter biegen wir in einer Kurve in die nach links abbiegende Kopfsteinpflasterstraße *Rua Direita* ein und gehen auf ihr wieder zur Nationalstraße hinauf. An einem Waschhaus mit Brunnen vorbei setzen wir unseren Weg nach links und dann auf der *Avenida Nossa Sehora das Neves* geradeaus fort, bis sie sich vor einer weiteren Häuseransammlung in eine Kopfsteinpflasterstraße verwandelt, auf der wir den Weiler erneut an einem Brunnen vorbei durchqueren, um dann der *Avenida do Jardim* nach rechts in Richtung *Sr. da Lapa* zu folgen.

Vor dem Ortsausgangsschild von **Gradiz** wird die bisher breite Straße nach knapp 5,2 km zu einem schmalen Teersträßlein, dem wir durch eine mit kleinen Kiefern, Ginsterbüschen und Farnen bewachsene, felsige Berglandschaft steil hinauf nach **Muções** (mit Brunnen) und dort als *Rua Sra. da Lapa* durch den Ort hindurch weiter aufwärts folgen, ohne von ihr nach links oder rechts abzuweichen, bis wir bei km 7,9 die breite

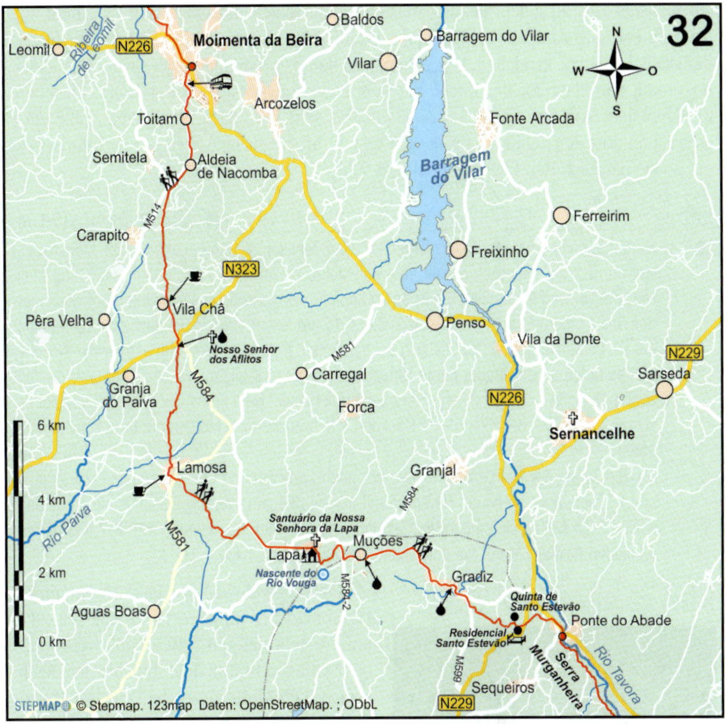

Landstraße M 584-2 erreichen. Wir wenden uns auf ihr nach rechts in Richtung *Lapa*, biegen aber nach gut 8,2 km kurz vor der Einmündung der rechts von *Sernancelhe* und *Granjal* heraufkommenden M 584 nach links auf einen bergab führenden, breiten Sandweg ab. Er führt zwischen Kiefern und Ginster flach in ein Tal hinunter, vorbei an einem lang gezogenen Gebäude, offensichtlich ein Mastbetrieb, und wendet sich an einem Maschendrahtzaun nach rechts. Anschließend läuft er an einer spektakulären Mauer aus Felsen und Felsbrocken vorbei auf Ziegeldächer zu. Dahinter können wir rechts den Kirchturm und das ehemalige Jesuitenkolleg von *Lapa* sehen.

Ab einer Kurve ist der Weg in der Mitte mit Steinplatten belegt. Nach links führt er hinunter zur *Nascente* (Quelle) *do Rio Vouga*. Dort (an der Quelle) stehen auch zwei an Menhire erinnernde Felsen. Wir aber setzen unseren Weg nach rechts in Richtung **Lapa** fort und folgen den Steinplatten. Rechts erheben sich bizarre Felsformationen. Leider ist zu befürchten, dass sie bald dem Presslufthammer zum Opfer fallen werden. Wie an den Mauerresten zu erkennen ist, gehen wir auf uraltes Siedlungsgebiet zu. Dahinter steigen wir zur Kirche hinauf, wobei wir unterhalb der ersten Steinhäuser geradeaus und dann auf blankem Fels zu einem Leitungsmasten hinaufsteigen. Dahinter geht es erneut auf blankem Fels und dann auf Kopfsteinpflaster aufwärts, bis wir die drei Steinkreuze hinter der Wallfahrtskirche erreichen. Wir gehen links daran vorbei und durch einen hohen Torbogen auf den Platz vor der Kirche mit dem Devotionalienladen linker Hand. Daneben werden Pilger von der *Secretária do Santuário* sehr freundlich empfangen, außerdem erhält man dort den Schlüssel für die Unterkunft im ehemaligen Kolleg und „Informacõ-es“ sowie natürlich den Pilgerstempel (km 9,6).

Lapa 894 m

Herberge im ehemaligen Kollegiatsgebäude der Jesuiten, € 10 pP in ehemaligen Mönchszellen, im Frühjahr asketisch eiskalt, aber mit vielen Wolldecken. Dusche auf dem Gang (das Heißwasser wird angestellt). Ein Ehepaar kann im fast prächtig ausgestatteten Schlafzimmer des Abtes untergebracht werden, es kostet € 15 pro Nacht - fragen Sie nach dem „Quarto de casal“. Im Klostergarten lässt es sich mit herrlichem Blick gut picknicken und für die Wäsche gibt es unten an der Mauer lange Wäscheleinen mit unzähligen Wäscheklammern, die Sie auch benötigen – der Wind kann hier oben stark blasen. Kein Frühstück, aber im Dorf gibt es schräg gegenüber der Kirche eine Bäckerei, Sie brauchen am Morgen nur Ihrer Nase zu folgen.

An den Tagen der *Romarías* (Wallfahrten) nach *Lapa* am und um den 10. Juni, 15. August und 8. September, wenn die Herberge mit eigenen Pilgern voll ausgelastet ist, kann es eng werden. Sie sollten sich auf jeden Fall unter ☏ 232 688 993 oder 927 967 633 vorher anmelden (lassen), wenn Sie dort übernachten wollen.

Nossa Senhora da Lapa

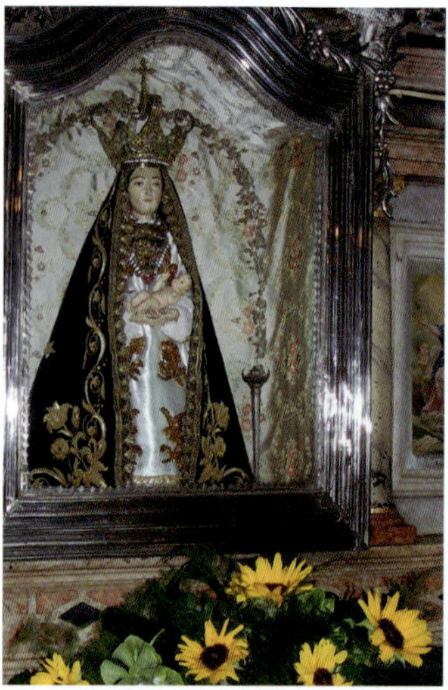

Der Legende zufolge fand ein stummes Hirtenmädchen im Jahre 1584 eine seit 982 unter einem riesigen Felsen (*lapa*) verborgene Madonnenstatue und brachte sie nach Hause. Die Mutter warf die Figur ins Feuer, worauf das Mädchen wie durch ein Wunder plötzlich sprechen konnte und lauthals protestierte. So wurde die Madonna mit Kind gerettet, wenn auch mit Brandspuren. Über dem Felsen wurde die kleine Kirche errichtet, in der die Statue seitdem von Pilgern aus allen Himmelsrichtungen verehrt wird. Ihr offizieller Name ist Santuário Nossa Senhora da Lapa.

Das portugiesische *Senhora da Lapa* und das spanische *Santiago de Compostela* sollen einst die beiden bedeutendsten Wallfahrtsorte auf der Iberischen Halbinsel gewesen sein. Heute läuft Fátima Lapa den Rang ab. Es ist dennoch eine viel besuchte Weihestätte geblieben, in der täglich Messen gelesen werden. Trotzdem ist hier alles überschaubar und von freundlicher Gelassenheit, an den Rummel anderer berühmter Wallfahrtsorte erinnert in Lapa gar nichts. Daneben bleibt es ein hübsches, kleines Dorf mit einladenden, preiswerten Cafés, Restaurants und kleinen Läden, die nicht nur Gipsfiguren im Angebot haben. Ganz hervorragend sind die lokalen Produkte wie der Ziegenkäse, die Wurstsorte *Chouriço*, Honig und Backwaren. Folkloristisch besonders bunt ist das Bild auf dem Platz vor der Kirche an Tagen lokaler *Romarias*, was sowohl „Pilgerfahrt" als auch „Volksfest" heißt und entsprechend stimmungsvoll ist. Dann werden Marktstände mit höchst verführerischen Gaumenfreuden und besonders schönen handwerklichen Erzeugnissen aufgebaut, Volksmusikgruppen spielen, singen und tanzen in farbenfreudigen Kostümen - kurz, ein Fest fürs Auge.

Ich messe die Entfernung ab Lapa neu und zähle beide Teiletappen am Ende zusammen.

Wir setzen unseren Weg gegenüber dem Hauptportal der Kirche fort, gehen an dem hohen *Pelourinho* aus dem 18. Jh. vorbei und folgen einer Allee aufwärts. An ihrem Ende befindet sich ein Kreisverkehr, über den wir geradeaus hinweg- und dann auf der M 584 weitergehen. Nach 1,6 km biegen wir vor (einer 2016 gerodeten Fläche) und dem braunen Schild „Caminho Florestal EM 584 (Quintela) / EM 584-1 2750 m" nach links auf einen Sandweg ab. Wir folgen ihm bis zu einer Kreuzung und wenden uns nach rechts. Dort zeigt ein brauner Wegweiser mit der Aufschrift „Caminho Florestal (Águas Boas) 1850 m" nach links, wir folgen ihm jedoch **nicht**, sondern gehen nach rechts bzw. geradeaus weiter. Die anschließend nach rechts und in der darauffolgenden Kurve nach links abzweigenden Waldwege lassen wir außer Acht und folgen unserem breiten Weg in der Kurve nach rechts. Kurz danach biegt nach gut 2,9 km ein Weg nach links ab. Dort steht das braune Schild „Caminho Florestal Casa do Guarda / Lamosa 1920 m". Wir wenden uns also nach links und gehen an dem links stehenden Kiefernwäldchen entlang weiter. Der Weg führt durch von Felsen und Ginsterbüschen durchsetzte Kiefernbestände abwärts.

An einer Kreuzung nach 3,9 km befindet sich ein (bei unserer Erkundungswanderung heruntergefallener) Wegweiser „Caminho Florestal Lamosa 920 m", dem wir nach links folgen. 500 m weiter stoßen wir auf eine Kreuzung und gehen dort geradeaus hinunter in einen Laubwald. An der Kreuzung steht rechts eine krumme Kiefer mit einem bemoosten Felsen darunter. Kurz darauf sehen wir die ersten Häuser von **Lamosa** vor uns auftauchen und gelangen alsbald auch auf die in das Dorf hineinführende Teerstraße. Bei zwei rechts stehenden, hohen Fichten überqueren wir nach 5 km die M 581, gehen anschließend auf Kopfsteinpflaster und unterhalb der ✞ *Igreja Parochial* sowie einer Skulptur mit einem sich umarmenden Paar nach rechts hinab weiter. An der Kreuzung mit einem rechts stehenden Transformatorenhaus biegen wir nach links in die *Rua do Adro* und laufen auf eine kleine Kirche zu. Rechts neben ihr lädt nach gut 5,2 km ein Café mit einer freundlichen Wirtin zum Verweilen ein.

Nach einer erquickenden Pause gehen wir gegenüber dem Kirchturm auf der rechts am Café vorbeiführenden *Travessa do Adro* aus dem Dorf hinaus. Nach 5,5 km überqueren wir eine Brücke und gehen dahinter nach links weiter, ebenso kurz darauf bei einer Kreuzung. 300 m weiter überqueren wir eine kleine Brücke über ein Bächlein, dahinter halten wir uns bei einer Abzweigung links. Wir bleiben nun stets auf diesem Weg und lassen Abzweigungen nach links oder rechts außer Acht. Nach etwas mehr als 6,2 km bei einer Gabelung hinter zwei rechts stehenden Felskolossen gehen wir in exakt nördlicher Richtung nach rechts weiter. Wir sind hier auf dem *Caminho Velho* von *Lamosa* Richtung *Moimenta da Beira*. Die uns in einiger Entfernung rechts begleitende M 584 ist neueren Datums.

Bei der darauffolgenden Gabelung gehen wir nach links bzw. geradeaus in nördlicher Richtung weiter. Später geht es durch einen Kiefernwald aufwärts mit einer Begrenzung aus Felsgestein links. Anschließend leicht abwärts gewandt, steigt der Weg schließlich wieder an. Auf der Höhe treffen wir auf mächtige Felsformationen, anschließend geht es nach links abwärts. Nach etwas mehr als 7,4 km stoßen wir rechts auf eine in mehreren Schichten aufgetürmte Felsformation und gehen dahinter zwischen den Blöcken eines Steinbruchs weiter aufwärts.

Felsformation bei Lamosa (JW)

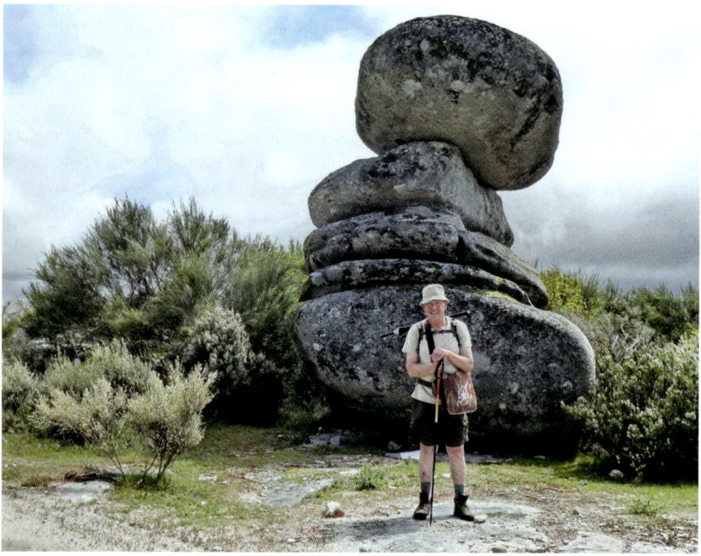

Bei einer Gabelung geht es nach gut 7,9 km nach rechts hinauf. Hier hat der Weg auf einem kurzen Stück eine Begrenzung aus zusammengefügten Felssteinen, die anschließend die ganze Breite des Wegs einnehmen. Dahinter gehen wir auf einer Anhöhe in einen Bestand aus hohen Kiefern hinein und gleich bei dessen Beginn nach rechts hinunter.

Kurz vor der Kreisstraße kommen wir nach gut 8,8 km auf einen baumbestandenen Platz mit Bänken und Tischen, dahinter sehen wir die ✝ Kapelle *Nosso Senhor dos Aflitos*. Unten an der Kapelle befindet sich ein 💧 Wasserhahn. Vor der Tür der Andachtsstätte gehen wir die Treppenstufen zur M 584 hinunter, wenden uns an der Mauer *ganz kurz* nach links und gehen dann hinter dem Stopp-Schild geradeaus über die Kreuzung hinweg Richtung „**Vila Châ**" (Wegweiser) weiter, dessen erste Häuser wir nach 9,2 km erreichen. Wir bleiben auf dieser Straße durch den Ort hindurch und gehen bei einer Kreuzung mit einem Steinkreuz rechts und einer 🚌 Bushaltestelle die *Rua do Bacêlo* geradeaus weiter.

Nach knapp 10 km stoßen wir rechts auf ein ☕. Dahinter folgen wir der Teerstraße 200 m geradeaus aufwärts, schlagen dann aber hinter der Mauer eines großen Grundstücks mit einem ockerfarbenen Haus einen Sandweg nach rechts ein, auf dem wir in den Wald hineingehen. Wir überqueren eine Schneise mit Überlandmasten, setzen unseren Weg im Wald fort und gehen nach 10,6 km bei einer Kreuzung mit dem nach rechts zeigenden Wegweiser „Ponto de Agua" geradeaus über sie hinweg. Der Weg führt hinunter in ein spitz zulaufendes Wiesental, hinter dem sich dann wieder Wald erhebt. Wir gehen geradeaus weiter, ebenso an der Abzweigung, wo erneut ein Wegweiser nach rechts zum „Ponto de Agua 2000 m" weist. Auch bei einer Kreuzung mit einem ausgeprägten rosa Pfeil links hinter zwei Baumstämmen bleiben wir auf unserem Weg, auf dem sich die rosa Pfeile in kurzen Abständen wiederholen. Links sehen wir bald darauf die Häuser von *Carapito* durch die Baumstämme schimmern.

Bei einer Gabelung mit dem Schild „Campo de treino de caça" gehen wir den rosa Pfeilen folgend nach links weiter, während wir nach 11,9 km bei einer Kreuzung mit dem Schild „Zona de caça municipal" gegenüber unseren Weg geradeaus über die Kreuzung fortsetzen. Dasselbe gilt für die darauffolgende Kreuzung. Nach einer weiteren Kreuzung bei km 12,5 steht direkt hinter einem Ginsterbusch ein brauner Wegweiser mit der Aufschrift „Via Romana", dem wir nur allzu gern folgen. Der Weg ist grasüberwachsen, hin und wieder müssen wir die störrischen Zweige von Ginsterbüschen beiseiteschieben und manchmal lugt das römische Pflaster aus dem Boden. Bald können wir unterhalb im Tal *Moimenta da Beira* hingebreitet sehen, auf das die einst von *Viseu* herüberführende Römerstraße stetig zuläuft.

Vorbei an einem Steinkreuz rechts mit der Darstellung des Schweißtuchs der Veronika führt die Straße nun nach **Aldeia de Nacomba** hinunter. Wir folgen den weiteren Kreuzwegstationen (*Via Sacra*) hinunter zu einem Brunnen und gehen unterhalb einer hohen Mauer geradeaus weiter. Unten im Ort gehen wir auf der kopfsteingepflasterten *Rua Via Romana* geradeaus weiter, vorbei an einem links stehenden Schrein mit der Figur eines Heiligen, der Buch und Stab in Händen hält, die ursprünglichen friedfertigen Attribute des Apostels Jakobus. Nach 13,9 km und einem Stopp-Schild stoßen wir schließlich auf die M 514. Links befindet sich ein ☕ Café mit einer freundlichen Wirtin.

Im Frühjahr führt die nach so viel Natur unerfreulich lange Asphaltstraße (keine Alternative möglich) wenigstens durch ein Meer von goldgelbem Ginster hinunter nach **Toitam** und erreicht nach 15,5 km das Ortseingangschild von **Moimenta de Beira**, wo wir dem Wegweiser „centro" folgen. Hinter einem Kreisverkehr bei km 16,3 gehen wir geradeaus weiter, links am 🚌 Busbahnhof „Central do Camionagem“ vorbei. Links von der Post und gegenüber dem Haupteingang des beeindruckenden *Concelho Municipal* befindet sich der *Posto de Turismo* mit freundlichen Angestellten (km 16,6). Das Residencial „Pico do Meio Dia“ liegt knapp 700 m weiter an der *Avenida 25 de Abril*, wenn man vom auf den Haupteingang des *Concelho* blickt und auf der *Avenida* nach rechts weitergeht. Der Weg dorthin wird zu Beginn der 33. Etappe beschrieben. Der Weg von *Ponte do Abade* hierhin betrug 9,54 + 16,64 ≈ 26,2 km.

Moimenta da Beira BANK ⇧ 700 m, Ew. 10.200

wie vorstehend beschrieben

/✕ Empfehlenswert: Restaurante Residencial "Pico do Meio Dia", Av. 25 de Abril 95, ☏ 254 582 381. Gepflegte Zimmer, nach hinten hinaus zum Teil mit Wäscheleine vor dem Fenster, EZ € 20, DZ € 30. Ordentliche und preiswerte Küche im Restaurant

▷ Sie können evtl. auch bei den Bombeiros Voluntários übernachten, „in Betten und mit Heizung“, wie Pilger berichteten; ☏ 254 582 153. Folgen Sie der Avenida 25 de Avril in Richtung des Residencial, bis Sie nach gut 200 m rechts auf die Avenida São João stoßen. Die Feuerwehr liegt gleich links an ihrem Beginn. Sollten Sie dort übernachten, hinterlassen Sie bitte eine Spende!

🚌 Vom „Central do Camionagem“ Verbindungen Richtung **Lamego**, (Peso da) Régua und Vila Real. Fahrpläne hängen im Busbahnhof aus.

Nach Tarouca/**Salzedas** Mo-Fr 8:11 oder 9:47, Ankunft in Tarouca 8:48 oder 10:27, Weiterfahrt von Tarouca um 11:20, Ankunft Salzedas 11:40.

Achtung! Wenn Sie diese Busse benutzen wollen, unbedingt **direkt** im Busbahnhof von Moimenta nachfragen bzw. auf den Fahrplänen nachsehen, ob diese Verbindungen noch aktuell sind! Die Pläne im Internet sind oft veraltet.

33. Etappe: Moimenta da Beira – Queimadela ➲ 22/21,6 km

Etappenplanung: Im Prinzip ist es möglich, die beiden folgenden Etappen von zusammen 32 bis 33 km (je nach Variante) bis Lamego an einem Tag zurückzulegen, das erfordert aber einige Kondition. Außerdem liegen zwei Sehenswürdigkeiten auf dem Weg, für die Sie jeweils eine längere Besichtigungszeit einplanen sollten (*Salzedas* und *São Pedro de Balsemão*). Auch deswegen empfehle ich Ihnen, den Weg in zwei Etappen zu gehen. Sie können jedoch auch Mo-Fr mit dem 🚌 Bus etwas umständlich über *Tarouca* nach *Salzedas* fahren (Abfahrtszeiten ☞ Infos zu Moimenta). Von dort nach *Lamego* beträgt die Entfernung dann nur noch um die 16 bis 17 km.

Falls Sie in **Queimadela übernachten** wollen, müssen Sie sich bereits von *Moimenta da Beira* aus telefonisch ankündigen lassen, am besten vom aus. Näheres ☞ Infos zu Queimadela, Seite 239.

Der *Camino Torres* folgt unserem Weg bis zur halben Strecke zwischen *Granja Nova* und *Salzedas*. Halten Sie sich bis dorthin bitte an die nachfolgende Beschreibung, die Markierung des *Camino Torres* ist vor allem bis *Sarzedo* recht spärlich.

Vom auf den Haupteingang des *Concelho Municipal* blickend gehen wir nach rechts auf der *Avenida 25 de Abril* hinauf und folgen den gelben Pfeilen des *Camino Torres*. Nach knapp 700 m steht links das Restaurante Residencial „Pico do Meio Dia“. Wir laufen an ihm vorbei weiter über einen Kreisverkehr hinweg bis zu Wegweisern, u. a. zum „parque industrial und „pavilhão gimnosportivo“. Hier biegen wir rechts ein in die *Avenida 1° de Maio*. Zwischen einer Reihe von Stahl-Rundsilos mit Treppen rechts und zwei großen Lagerhallen links (die hintere gehört der „Coop. Agrícola do Tavóra“) hindurch biegen wir nach 1,3 km vor der Garage eines ansehnlichen Wohnhauses mit zwei Balkonen in die *Rua Outeiro Dos Sinos* nach links ab. Vorbei am Garten dieses Hauses laufen wir die Straße hinunter, die am Ende der Häuserreihe nach gut 1,5 km in einen Feldweg übergeht, der sich rechts von einer Bruchsteinmauer begleitet später vor einer Plantage mit einer Garage rechter Hand nach links hinunter wendet. Auf diesem Wegstück befanden sich bei unseren Wanderungen vorübergehend keine gelben Pfeile.

Der Feldweg geht bald in einen felsigen Weg über, auf dem wir bei einer Mauer nach links weitergehen, bis wir weiter unten erneut eine massive Mauer erreichen, an der entlang wir weiterlaufen. Wir stoßen nun auf einen von links nach rechts verlaufenden, neuen Feldweg, den wir nach rechts einschlagen. Im Tal zwischen Steinmauern hindurch erreichen wir bei km 2,35 eine aus Felsblöcken zusammengesetzte, kleine Brücke über einen Bach (40°59’43,77”N - 7°37’40,87“W) und setzen unseren Weg dahinter fort. 250 m danach kreuzt von links kommend ein Sandweg. Dort sehen wir auf einem Betonpfosten auf der rechten Seite vor einer kleinen Kiefernschonung wieder einen gelben Pfeil des *Camino Torres*. Wir setzen unseren Weg geradeaus fort *und folgen nun stets den gelben Pfeilen*. Dort, wo sich der Weg bei km 2,9 nach unten senkt, können wir vor uns das Dorf **Beira Valente** liegen sehen. Bei der Kläranlage „ETAR de Leomil“ geht der Weg in eine Kopfsteinpflasterstraße über und überquert eine Betonbrücke rechts neben seiner sehr viel älteren Vorgängerin (40°59’54.45“N - 7°38’11.89“W). Dann wendet er sich nach rechts ins Dorf hinauf, dessen erste Häuser wir bei einem gelben Pfeil nach 3,5 km erreichen. Hinter der *Rua das Quintas* gehen wir nach links bzw. geradeaus weiter und dann an der kleinen Kirche mit einem Brunnen darunter vorbei (km 3,65) nach rechts auf der *Rua do Cemitério* bzw. CM 1191 weiter und folgen dem Wegweiser nach „Armarmar“. Die Straße umrundet den kleinen Friedhof nach links. Wir folgen ihr, bis nach gut 4,9 km bei einer links stehenden, hohen Steinmauer mit einem Esskastanienhain dahinter ein teilweise grasbewachsener und felsiger Sandweg nach links abbiegt und zwischen Steinmauern aufwärts führt. In diese Richtung weist auch ein gelber Pfeil auf der Teerstraße und ein zweiter auf der Mauer gegenüber (möglicherweise durch hohes Gras verdeckt). Wir folgen dem uralten Weg durch einen Kiefernwald und dann zwischen hohen Steinmauern hindurch zunächst ins Freie und dann von Esskastanien gesäumt hinüber nach **Sarzedo**. Bei km 5,6 erreichen wir eine kleine Teerstraße, die uns zunächst nach links und dann nach rechts hinauf ins Dorf führt.

An einer kleinen Kapelle vorbei stoßen wir auf die *Av. 25 de Abril*, der wir bei km 5,8 nach rechts folgen. Knapp 100 m weiter biegen wir nach links in die *Rua das Vendas* und dort bei einem Briefkasten gleich wieder nach rechts in die *Rua do Forno*,

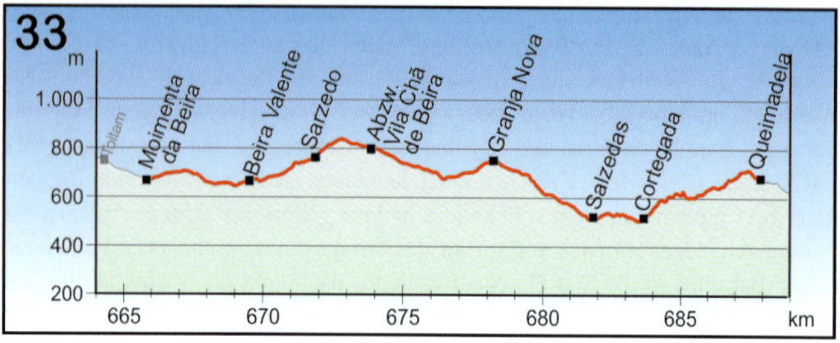

gehen sodann rechts an einer kleinen Kapelle vorbei die *Rua de St° António* hinauf bis zum Eingang zur *Quinta Senhora da Ajuda*, vor der wir uns nach scharf links bergauf wenden, um dann vor einem hohen Metalltor nach rechts hinauf abzubiegen. Links treffen wir auf einen von Schwertlilien eingerahmten Brunnen, gehen weiter hinauf, erreichen eine Teerstraße mit einem alten Waschhaus rechter Hand und folgen ihr nun wieder als *Rua das Vendas* aufwärts. Bei km 6,3 gehen wir bei einer Steinmauer geradeaus bzw. nach rechts aufwärts weiter, um der Teerstraße bis auf Widerruf zu folgen. Nach 6,9 km erreichen wir links die N 226, folgen dort aber der M 520-1 und den Wegweisern nach *V. Chã da Beira*, *Cimbres* und *Salzedas* nach rechts bergab.

Nach knapp 7,8 km biegt vor einer rechts stehenden, bunkerähnlichen Ruine aus Beton mit einer Kiefer darauf ein Feldweg nach links hinab ab. Wir folgen ihm und gehen bei einer Gabelung nach gut 200 m nach rechts bzw. geradeaus weiter und ebenso über die nächste Kreuzung hinweg. Wir bleiben bis auf Widerruf stets auf diesem Weg, besonders auch bei einer Gabelung nach gut 9 km, wo wir halb links weitergehen. Der entsprechende gelbe Pfeil befindet sich links am Boden, könnte aber im Lauf der Zeit verwaschen werden oder ganz verschwinden. An dieser Stelle liegt auch links gegenüber ein Dorf. Teils mit hohem Gras bewachsen, führt der Weg durch Ginsterbüsche abwärts und dann rechts an einem völlig von Ginster überwucherten Hügel vorbei ins Freie, bis wir nach knapp 9,7 km unterhalb eines Kiefernwaldes auf eine Teerstraße stoßen, der wir zunächst nach rechts, dann aber sofort wieder nach links folgen. Nachdem wir einen kleinen Wasserlauf überquert haben, führt die Straße steil hinunter, biegt vor einem weißen Sandweg nach links, überquert eine Brücke und erreicht nach 10,6 km das Schild „Concelho de Moimenta da Beira". Dahinter steigt sie wieder an. Wenig später biegt vor einer stattlichen Villa ein Weg zwischen Obstplantagen nach rechts ab. Wir folgen der teilweise sandbedeckten Straße in einem großen Bogen um einen in der Mitte mit hohen Kiefern bestandenen Hügel herum zum erhöht liegenden Dorf **Granja Nova** hinauf.

Am Ortseingang wenden wir uns vor einem lang gezogenen Gebäude mit einem Falttor („Ziehharmonika") und einem Feigenbaum davor nach rechts und gehen die *Rua da Fonte* hinauf. Über dem tiefer gelegenen Waschhaus biegen wir in die *Travessa da Fonte*, gehen an der nach rechts abbiegenden *Rua da Cruz* vorbei und auf der *Rua da Igreja* geradeaus weiter an der Kirche vorbei, bis wir nach 12,4 km auf den Hauptplatz von **Granja Nova** mit einer Marienstatue und rechts dem ☕ *Café Central* gelangen. Nach einer wohlverdienten Pause überqueren wir den Platz vorbei an der Marienstatue und gehen über die *Rua Santa Catarina* hinweg auf der *Rua da Escola* geradeaus weiter. An einer Gabelung folgen wir dem *Caminho da Ramada* nach links. Bei km 12,8 **verlassen** wir den *Camino Torres*, der zwischen Mauern nach links bergab in Richtung *Ucanha* abbiegt.

Ab dieser Stelle ist unser Weg nicht mehr mit gelben Pfeilen markiert!

Wir folgen der Teerstraße nach rechts in Richtung eines ockerfarbigen Hauses mit einem exotischen Baum davor, gehen daran vorbei und dann geradeaus bzw. rechts weiter. Von hier aus haben wir zunehmend schönere Ausblicke über eine ungemein fruchtbare Landschaft mit sorgfältig gepflegten Weinbergen, Olivenhainen und Obstgärten hinweg auf die verhältnismäßig dicht besiedelten Anhöhen gegenüber.

Nach 13,6 km senkt sich die Straße relativ steil nach unten. Dort treffen wir vor Kastanienbäumen und einer dicken Steinmauer auf eine quer verlaufende Straße, der wir zunächst nach rechts bergab folgen, um bei der nächsten Straße sofort in Richtung eines Brunnens nach links abzubiegen. An einem links liegenden Häuschen mit rotem Ziegeldach und grüner Tür vorbei geht es zunächst leicht aufwärts, dann wieder etwas steiler abwärts, bis wir nach 14,6 km wieder auf eine quer verlaufende, diesmal größere Straße stoßen, auf der wir uns nach links wenden, um nach 120 m bei einem Findling mit einem darin versenkten Eisenkreuz recht schnell wieder nach rechts auf einen Feldweg abzubiegen. Er führt an einem rechts stehenden, kleinen, weißen Haus sowie einem Gatter vor einem Olivenhain zunächst ebenerdig weiter, bis wir bei km 15,2 rechts ein verrostetes Tor erreichen, von dem aus wir einen Blick auf die Klosteranlage von *Salzedas* und das dahinterliegende Dorf haben. Danach geht es zwischen hohen Mauern

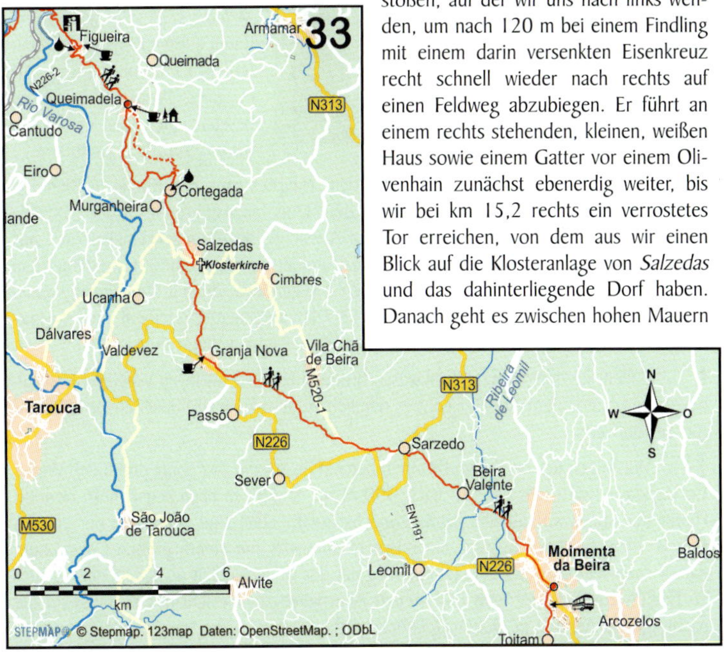

leicht abwärts, bevor der Weg 100 m weiter auf grobes Kopfsteinpflaster trifft und auf der Trasse einer Römerstraße zunächst hinunter zum Friedhof, dann vor der Friedhofsmauer nach rechts und schließlich nach rechts abwärts führt, bis wir nach 15,8 km den Platz (☕ 🍷 ⇧ 525 m) vor der beeindruckenden Fassade der alles überragenden Barockkirche des einst so reichen und mächtigen Zisterzienserklosters von **Salzedas** erreichen.

⌘ Außer der Kirche sind vom Kloster im Wesentlichen nur zwei Kreuzgänge übriggeblieben, alles andere wurde zerstört. Die sorgfältig restaurierten Klostergebäude sind für Besucher zugänglich. 🚪 Di bis So 10:00 bis 13:00, 14:00 bis 18:00. Der Besuch lohnt sich. Eintritt € 3 bzw. 1,50 (ermäßigt). ☺ Dort erhalten Sie auch einen eigens für die Pilger auf der Via Lusitana angefertigten **Pilgerstempel**.

Kreuzgang des ehem. Klosters von Salzedas

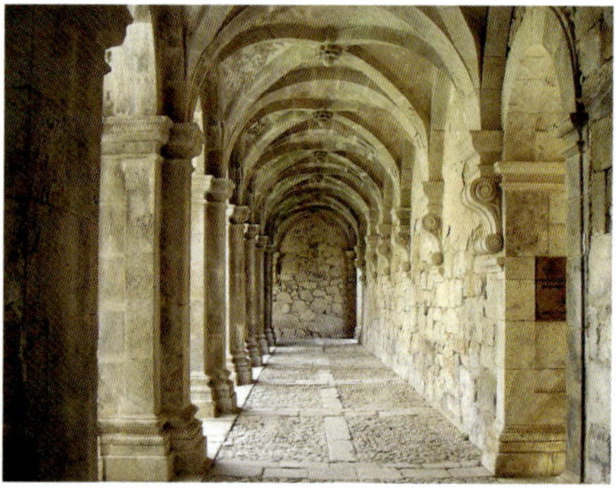

Schließlich lädt das um den Platz versammelte Ensemble teils mittelalterlicher Häuser einschließlich der ehemaligen ✡ *Judiaria* (des auf sehr engem Raum authentischsten mittelalterlichen Ensembles dieser Art in ganz Portugal) zu einer beschaulichen Rast ein, bevor wir unseren Weg fortsetzen.

🚶🚶 Wir verlassen **Salzedas** gegenüber dem Haupteingang der Kirche in Richtung *Queimadela*. Nicht umsonst heißt die aus dem Dorf hinausführende Straße "Rua da Vista Alegre" (etwa: Straße der erfreulichen Aussicht), denn zunächst nähern wir uns durch eine paradiesisch anmutende Landschaft immer am Rand eines Tals entlang dem malerisch auf einem Hügelrücken thronenden *Murganheira*, dessen Ortseingangsschild wir bei km 17,1 erreichen, folgen aber bei 17,7 km an einem Rondell mit weißer Marienfigur dem nach rechts in Richtung *Queimadela* zeigenden Wegweiser.

💧 Füllen Sie dort an dem Trinkwasserbrunnen (⇧ 510 m) Ihren Wasservorrat auf, bevor Sie weiterlaufen! Ab jetzt geht es nämlich an der sonnigen Südseite eines Höhenrückens aufwärts.

🚶🚶 Wir folgen der nach dem Brunnen benannten *Avenida da Fonte* durch den Weiler **Cortegada** aufwärts, bis sie sich nach 600 m bei ⇧ 583 m nach scharf links wendet. Hinter der Kurve verläuft die Straße zunächst relativ eben. Auf der Hälfte der ebenen Strecke biegt bei km 18,4 vor einer Bruchsteinmauer mit einem großen Olivenbaum darauf nach schräg rechts bergauf ein Weg mit der landschaftlich noch schöneren, aber zu Beginn etwas schwierigen und steilen **Alternative** ab, die ich im Anschluss an die nachfolgende Ankunft in *Queimadela* beschreibe.

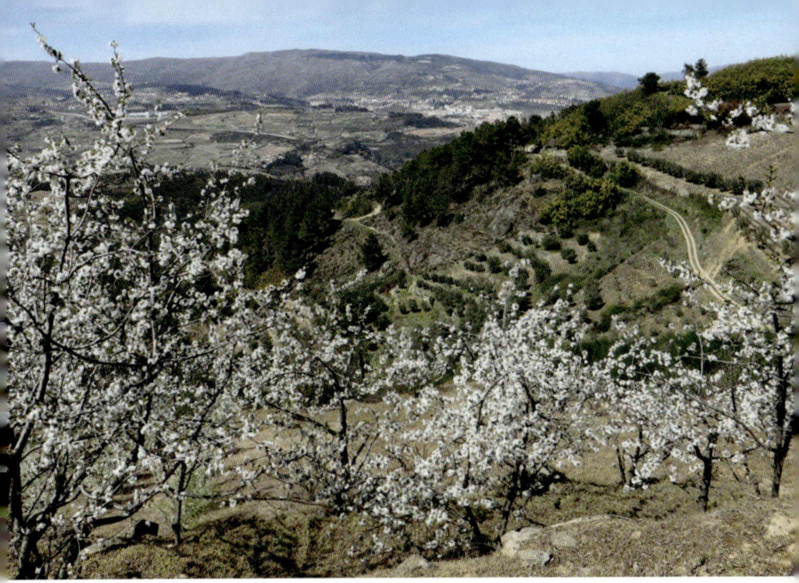

Kirschblüten am Weg nach Queimadela (RK)

Auf dem Hauptweg bieten sich von der Teerstraße wie von einem Balkon herrliche Ausblicke auf die Höhen und Täler links und bei km 18,8 schräg zurückblickend, können wir noch einmal die Klosterkirche von *Salzedas* gegenüber liegen sehen. Danach steigt der Weg wieder leicht an und nach ca. 21 km werden links gegenüber oberhalb der A 24 die modernen Außenbezirke von *Lamego* sichtbar. Nach 21,3 km erreichen wir das Ortseingangsschild von **Queimadela** und bald auch die ersten Häuser neueren Datums. Bei km 21,6 km folgen wir dem Wegweiser u. a. zur *Igreja Matriz* in das anmutig inmitten von Weinbergen vor uns liegende Dorf **Queimadela** (⇧ 700 m) hinunter und dann der *Rua do Cabo* in den Ort hinein. Sie setzt sich in der an der Kirche vorbeiführenden *Rua do Adro* fort, an der rechts gegenüber der Kirche das ☕ „Café Mina" mit seinem angeschlossenen Minimercado liegt, km 22.

↳ Auf der **Alternative** führt der Weg bei km 18,4 vor einer Bruchsteinmauer mit einem großen Olivenbaum darauf nach schräg rechts bergauf und dann in Zickzack-Kurven in die Höhe hinauf. Aus den Kurven bieten sich herrliche Ausblicke ins Tal. Vor einigen Rosensträuchern gehen wir nach 8,9 km nach rechts hinauf, ab dort ist der Weg mit Gras überwachsen. Er wendet sich dann noch einmal nach links bergauf und führt schließlich oberhalb des Tals aufwärts, um nach 19,2 km eine scharfe Kurve nach rechts zu beschreiben. **Achtung!** Der Weg ist hier auf einem kurzen Stück nur schwer zu erkennen, weil in der Kurve niedrige gefiederte Sträucher bzw. Baumschösslinge wachsen. Da sie bei meiner Erkundungswanderung abgebrochen waren, gehe ich davon aus, dass der Weg auch weiterhin benutzbar ist.

Bei Erreichen eines Weinberges links gehen wir nach rechts weiter. Kurz darauf wendet sich der Weg mit Blick auf einen hohen, verstrebten Leitungsmasten nach links aufwärts. Ab hier handelt es sich wieder um einen normalen, in der Mitte mit Gras bewachsenen Feldweg, der zwischen dem bzw. oberhalb des eben erwähnten Weinbergs und seiner Fortsetzung bergauf verläuft. Unterhalb einer Steinhütte gehen wir nach knapp 19,5 km geradeaus weiter und dann erneut zwischen zwei Weinbergen aufwärts, bis wir zunächst rechts eine hohe Kiefer und dann zwei Eichbäume erreichen, um anschließend an einer Kirschbaumplantage entlang weiterzulaufen.

Vor einer Dreieckskreuzung gehen wir an der Kirschbaumplantage entlang nach links weiter und lassen den Weinberg rechts liegen. Zunächst führt der Weg abwärts, wobei wir immer geradeaus auf dem Weg bleiben und dann zwischen Weinbergen hindurch hinuntergehen. Auf einem steinigen Stück geht es steil abwärts und bei km 9,9 dann nach rechts weiter. Wir bleiben immer auf unserer ausgeprägten Sandstraße, die am Berghang entlangführt, und gehen keinesfalls nach links hinunter. Die Ausblicke von hier oben sind mit Worten nicht zu beschreiben.

Nach 20,1 km sehen wir schräg links gegenüber unten den großen, weißen Klinikkomplex von *Lamego* liegen. Kurz darauf können wir auch schon einen Blick auf die Vororte der Stadt selbst werfen. Dort, wo nach 20,7 km eine Abzweigung nach links zur Teerstraße hinunterführt, bleiben wir auf unserem Weg, bis er 300 m weiter selbst auf eine Teerstraße stößt, der wir nach links folgen. Vorbei an einem rechts stehenden Gebäude und einem weiteren großen Gebäude links nehmen wir bei der Straßengabelung dahinter die linke Abzweigung und gehen die Straße über eine Straßenkreuzung nach 21,4 km geradeaus hinweg nach **Queimadela** hinunter. Unten folgen wir an einem rechts stehenden Brunnen der *Rua do Adro* nach rechts und erreichen nach wenigen Metern rechts gegenüber der Kirche das „Café Mina" mit seinem angeschlossenen Minimercado, km 21,6.

Queimadela

⇧ 690 m Ew. 240

Residência Paroquial, einfache Herberge mit zwei Betten und zwei Matratzen. Betreut wird sie von der Küsterin Dona Leonor, 925 482 806; reserviert werden kann aber auch über das Café Mina ☏ 254 855 151, die Inhaber wissen Bescheid. Die Unterkunft ist kostenlos, eine **Spende** für die Kirche („donativo para a igreja") von mindestens € 5 pP sollte aber selbstverständlich sein. Dona Leonor bestreitet die Herberge (Bettwäsche etc.) aus ihren eigenen sehr mageren Mitteln, will für sich selbst aber nichts annehmen. Wenn Sie nicht reserviert haben, wenden Sie sich am besten ans Café „Mina".

34. Etappe:Queimadela – Lamego

10,2/10,6 km

Etappenplanung: 2,36 km hinter *Figueira* stößt diese 34. Etappe auf die wieder von *Lamego* herunterkommende 35. Etappe Richtung *Régua*, das nach weiteren 10 km erreicht wird. Dies nur der Vollständigkeit halber, Sie sollten *Lamego* keinesfalls auslassen!

Von **Queimadela** gehen wir auf der *Rua do Adro* gut 70 m weiter bis zur quer verlaufenden, breiten *Rua Primeiro de Agosto* und wenden uns auf ihr nach links. Sie setzt sich in der *Rua das Eiras* fort, der wir aufwärts und dann mit Blick auf *Lamego* durch Weinberge und Olivenhaine folgen. Von hier aus bietet sich eine wahrhaft grandiose Aussicht auf das Tal des *Rio Varosa* und die darüber liegenden Dörfer sowie die sich dahinter erstreckende Bergkette. Nach 600 m senkt sich die Straße in Richtung *Lamego*, führt dann um den Berg herum auf die unterhalb stehenden ersten Häuser von **Figueira** zu, dessen Ortseingangschild wir nach etwa 1 km erreichen. Wir bleiben auf der Teerstraße mit dem Tal des *Rio Douro* vor uns und der beeindruckenden Bergkulisse dahinter, bis wir nach gut 2 km auf ein gepflastertes Straßenstück stoßen, an dessen Ende wir uns auf der Teerstraße dem Wegweiser „Lamego" folgend nach links hinunter wenden. Oberhalb dieses Dorfes haben wir dann einen unbeschreiblich schönen Ausblick auf den farbenfrohen Ort, den darunter liegenden Stausee und die umliegende Landschaft mit ihren hohen, terrassierten Weinbergen sowie das gegenüberliegende *Lamego*. Oberhalb des Sees macht die Straße eine scharfe Rechtskurve in Richtung der Kirche von **Figueira** mit dem davorstehenden Brunnen *São João Batista* mit zwei wasserspeienden Köpfen, wo wir nach 2,6 km auch zugleich in der Ortsmitte ankommen.

Der Brunnen S. João Batista in Figueira

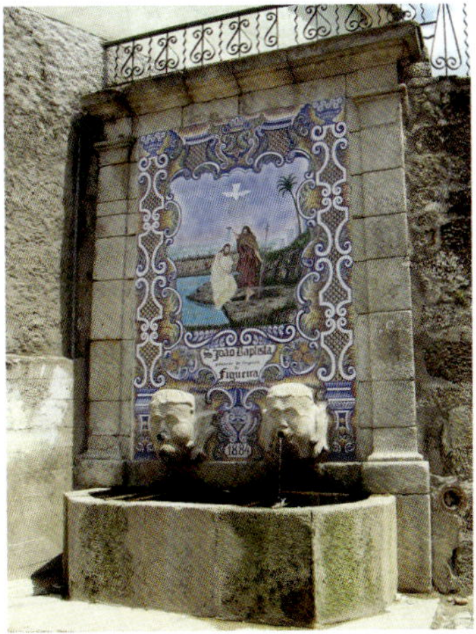

Figueira kann vom Brunnen *São João Batista* aus auf zwei alternativen Routen durchquert werden. Sollten Sie bis *Lamego* nichts zu essen benötigen und keinen Kaffee trinken wollen, wählen Sie die direkte Route (Alternative) aus dem Ort hinaus:

1. **Alternative**

Wir wenden uns gegenüber vom Brunnen nach links die *Rua do Outeiro* hinunter, folgen also nicht dem Wegweiser nach *Lamego*. Die zu gewissen Tageszeiten schön schattige Gasse führt erst als *Rua do Outeiro* zwischen alten Häusern und später als *Rua da Esborralhada* sehr steil bergab und stößt nach 270 m auf die N 226-2. Gegenüber steht ein Wohnhaus über dem Stausee. Dort wenden wir uns nach rechts, gehen an der Bushaltestelle vorbei und nach insgesamt 320 m dann sofort links einen mit Steinen gepflasterten Weg in Richtung des Stausees hinunter (= **500 m** der nachfolgenden 2. Alternative).

2. **Hauptroute**

Ich messe die Entfernung ab dem Brunnen *São João Batista* und zähle am Ende die bisherigen 2,6 km dazu.

Vom Brunnen folgen wir dem Wegweiser nach *Lamego* und gehen auf der N 226-2 bzw. *Avenida São João Batista* nach rechts weiter. Vorbei an einem *Supermercado* stoßen wir 150 m weiter auf das „Café Varosa" mit einer so großartigen Aussicht, dass man auf dem Parkplatz davor unwillkürlich nach Touristenbussen Ausschau hält. Wir genießen jedoch unseren Kaffee ausschließlich unter Einheimischen und bestaunen das herrliche Panorama.

Danach gehen wir mit Blick auf das Café die Teerstraße weiter nach links hinunter, bis wir nach etwas mehr als **500 m** seit dem Brunnen einem von ihr nach rechts abzweigenden, mit Steinen gepflasterten Weg in Richtung des Stausees bis ins Tal hinunter folgen. Beim Abstieg bieten sich herrliche Ausblicke auf Weinberge und Olivenhaine sowie gegenüber die *Serra de Marão.*

Am Talboden unter Bäumen angekommen, gehen wir bei einer Kreuzung geradeaus weiter und bleiben alle Abzweigungen außer Acht lassend stets auf dem breiten, sandigen Weg, dem wir in einem Bogen nach links folgen. Nach gut 1,6 km kommen wir an einer rechts erhöht stehenden, kleinen Kapelle vorbei und überqueren dann auf einer Brücke den Stausee des *Rio Varosa* (*Barragem de Varosa*). Dahinter gehen wir am Seeufer entlang auf die Autobahnbrücke zu. Nach **2,36 km** führt eine weitere Brücke nach rechts über einen Arm des Stausees, *wir folgen aber* dem Wegweiser „Balsemão" geradeaus am Seeufer entlang. 120 m weiter teilt sich der Weg, wir gehen nach links aufwärts. Auf der „Insel" zwischen beiden Wegen stehen jedoch Kirschbäume, an denen man im Mai/Juni einfach nicht vorbeikommt – köstlich!

Bald sehen wir vor uns die Häuser von **Balsemão** liegen. Nach 3,2 km finden wir im Dorf ein Waschhaus mit einem Brunnen rechts unterhalb des Weges. Wir folgen der Dorfstraße in Kurven hinauf zur ✞ *Igreja de São Pedro de Balsemão*, vor der eine Metallsäule mit einem Wasserhahn steht, und können nach 3,4 km die Stufen zu diesem architektonischen Kleinod hinaufsteigen, Di bis So 10:00 bis 13:00, 14:00 bis 18:00. Sollten Sie die Kirche auf dem Hinweg geschlossen antreffen, können Sie die Besichtigung später nachholen – die nächste Etappe führt wieder daran vorbei, es sei denn Sie wählen die Alternative des CT.

São Pedro de Balsemão

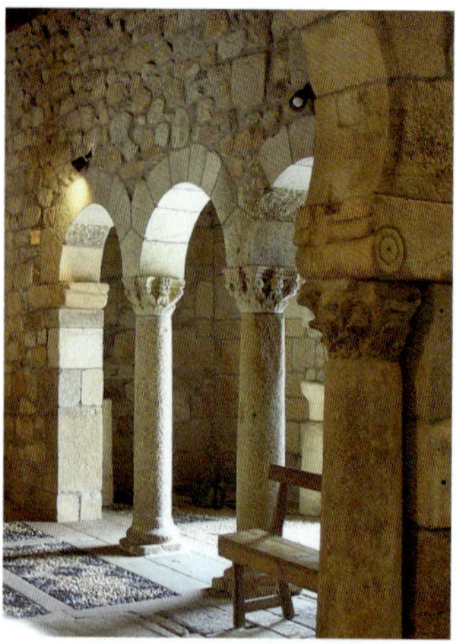

✞ Vom ursprünglichen Kirchenbau ist nur der 1643 mit einem Renaissancegehäuse ummantelte Innenraum geblieben. Dennoch ist diese nach einer Meinung **älteste Kirche Portugals** *Monumento Nacional* und eine Sehenswürdigkeit ersten Ranges. Die Gelehrten streiten sich darüber, ob es sich um ein westgotisches Gotteshaus aus dem

6.-7. Jh. handelt (Steintafel mit Inschrift von 588) oder ein asturisch-mozarabisches Bauwerk aus dem 9.-10. Jh., in dem ältere Bauelemente wiederverwendet wurden (z. B. die Kapitelle). Letztere Ansicht findet zunehmend mehr Anhänger.

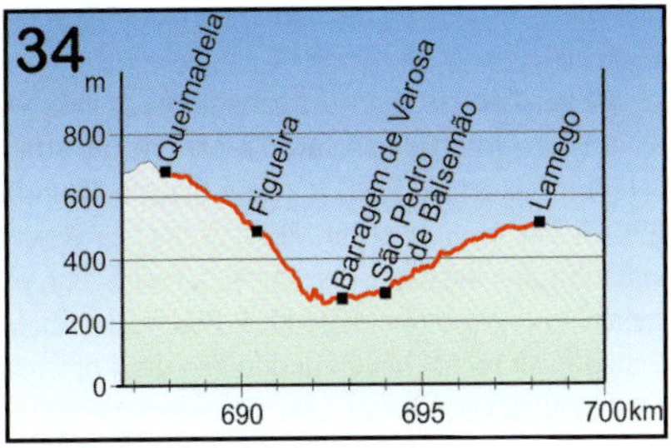

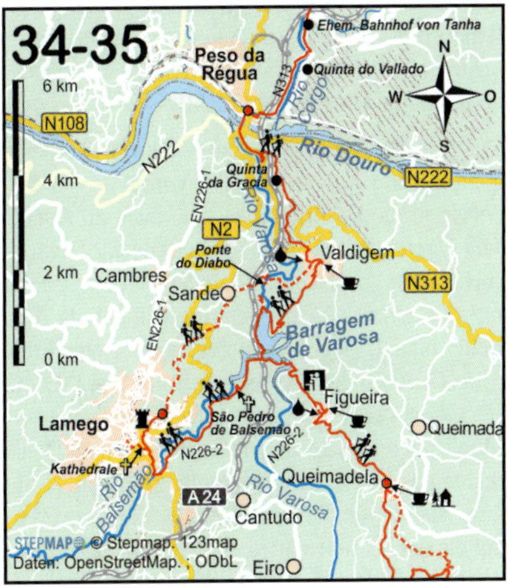

Nach der Besichtigung gehen wir an der Kirche rechts vorbei und oberhalb der Mündung des *Rio Balsemão* an dessen dichtbelaubtem Ufer stetig aufwärts. Nach einer Weile wird die Bewaldung von teilweise in Serpentinen gepflanzten Weinstöcken abgelöst. Von einem flachen Stück aus können wir hinter Olivenbäumen sehr schön die Stromschnellen des Flusses sehen und bald tauchen an den steilen Hängen erste Gebäude und dann auch Wohnblöcke auf. Wo nach 5,4 km von schräg links ein Weg herunterkommt, sehen wir hinter den letzten Wohnblocks den Bergfried des *Castelo* von Lamego aufragen.

Nach 5,9 km biegen wir bei den nach *Balsemão* zurückweisenden Wegweisern nach rechts auf das nunmehr ganz nah am Ufer des *Rio Balsemão* mit seinen Gemüsebeeten und Obstbäumen entlangführende Sträßlein ein. Das Ufer wird zunehmend von pittoresk aussehenden, leider aber auch zunehmend verfallenden und nur noch teilweise bewohnten Häusern gesäumt. Nach 6,3 km überqueren wir die nach **Lamego** hineinführende Brücke über den *Rio Balsemão* und folgen dahinter der Kopfsteinpflasterstraße nach rechts hinauf bis zu einer Kirche (km 6,6) und wenden uns vor ihr nach rechts in die *Rua de Cardoso Avelino*, folgen dieser durch mehrere Kurven in die Stadt hinauf und erreichen nach knapp **7 km** die nach schräg links abzweigende *Rua Direita*. Der Straßenname steht auf dem grünen Haus rechts.

☺ Merken Sie sich diese Stelle für die Beschreibung des Wegs zum Hotel „São Paulo“.

Zur **i**, dem Busbahnhof und der *Casa de São José* gelangen Sie wie folgt: Gehen Sie an der nach links abzweigenden *Rua Direita* vorbei geradeaus weiter an der Rückseite der Kathedrale vorbei die Straße hinunter zu einem großen Platz und dort zwischen dem Standbild eines Bischofs und rechts dem *Museu de Lamego* hindurch zur Vorderfront des Gerichtsgebäudes. Daran vorbei stoßen Sie auf einen viereckigen „rostigen Kasten" mit der Touristeninformation „Loja Interativa de Turismo". Davor wenden Sie sich nach rechts und gehen zum Busbahnhof „Central de Camionagem de Lamego".

Gehen Sie vor dem Busbahnhof nach links weiter und dann hinter einer palmenbestandenen Grünfläche sofort nach rechts die Straße hinunter. Folgen Sie einem Verkehrsschild mit einem weißen Pfeil auf blauem Grund über eine steinerne Brücke, hinter der Sie vor einem grauen mit Mosaiksteinchen verkleideten Haus eine Treppe nach links zu einer Straße hinaufsteigen, an der rechts der preisgünstige *Pingo Doce* liegt. Sie gehen zur gegenüberliegenden Rampe hinüber, wenden sich dort bei einem Stopp-Schild nach rechts hinauf und folgen der Kopfsteinpflasterstraße bis zu einer Treppe, die Sie hinaufsteigen. Dann folgen Sie dem grobgepflasterten Weg hinauf zur N 226, überqueren diese und folgen anschließend den gelben Pfeilen des *Camino Torres* und dem Wegweiser zur „Casa de São José", deren Gartentor Sie nach knapp 8 km (= gesamt 10,6 km) erreichen. Umrunden Sie das Gebäude rechts zum Haupteingang der Herberge mit einer Klingel oben rechts.

▷ Zum Hotel „São Paulo" biegen Sie nach knapp **7 km** in die nach schräg links abzweigende *Rua Direita* ein. Vorbei an der *Churrasqueira* „O Carvão", eines der Lokale in dieser Straße, wo man billig zu Abend essen kann, erhebt sich am Ende der *Rua Direita* der mächtige romanische Glockenturm der Kathedrale. Sie gehen links daran vorbei zum Vorplatz *Largo da Sé* mit dem beeindruckenden Hauptportal rechts die *Avenida Visconde Guedes* Teixeira in Richtung der hoch oben liegenden Wallfahrtskirche weiter hinauf, biegen dann gegenüber einem Kriegerdenkmal nach rechts auf die *Avenida 5 do Outubro* ein und folgen dem Wegweiser „Castelo e Cisterna" aufwärts. Vorbei am „Minipreço" links (mit pilgerfreundlichen Öffnungszeiten) und dem Mercado Municipal rechts erreichen Sie hinter einem Denkmal für die *Bombeiros* nach gut 7,6 km rechts das Hotel, dessen Empfang sich im 1. Stock befindet (Fahrstuhl). Von den ruhigen, nach hinten hinaus liegenden Zimmern 216-218 hat man einen sehr schönen Blick auf die nachts beleuchtete, außen noch romanische ✞ *Santa Maria de Almacave* und die Altstadt mit dem *Castelo* darüber. Die Entfernung von Queimadela hierher betrug gut 10,2 km.

Lamego

BANK ⌘ ✞

⇧ 544 m (Castelo), Ew. 12.200

Lage siehe vorstehend, ☏ 254 612 005, täglich 10:00 bis 19:00. Englisch und Französisch, **keine** Auskünfte zur Via Lusitana oder zum Camino Torres!

Pilgerunterkunft in der Casa de São José, siehe nachstehend. Zwei Räume mit je vier Liegen, € 5

Mehrere Möglichkeiten. Bei Pilgern beliebt: Casa de São José, Ortigosa, ☏ 254 612 486, casasaojose@diocese-lamego.pt (nur Portugiesisch). Ein von freundlichen Nonnen (in Zivil) betreutes Gästehaus der Diözese Lamego, ein Hafen der Ruhe mit gediegen eingerichteten Zimmern (ohne Fernsehen), DZ und EZ € 25 pP mit einfachem Frühstück.

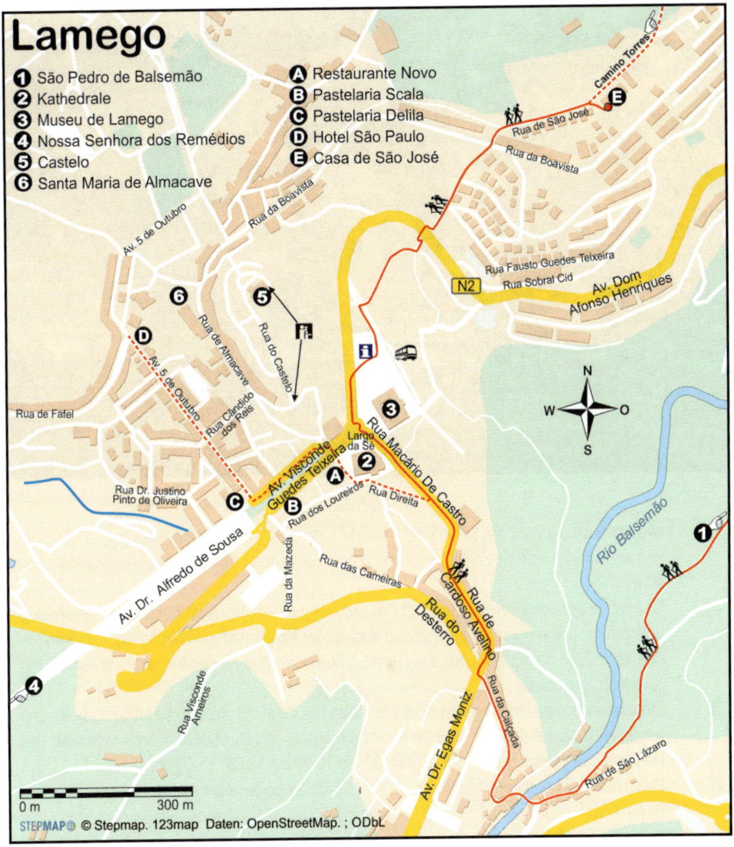

▷ Hotel São Paulo, Avenida 5 de Outubro 22 (Weg wie vorstehend beschrieben), ☏ 254 613 114, 💻 www.hotelsaopaulo.pt. Gediegene Unterkunft, für Pilger DZ € 40, EZ € 25 mit sehr einfachem Frühstück. Die nette Angestellte *Catia* [Katja] *Bandeira* spricht gut Englisch.

✕ In Lamego gibt es eine Vielzahl von Restaurants mit den üblichen portugiesischen Gerichten. Die einfachen Lokale in der Rua Direita und der direkt darunter liegenden Straße bieten preiswerte, bodenständige Gerichte. Auch das direkt gegenüber der Vorderfront der Kathedrale gelegene „Restaurante Novo“ ist trotz seiner touristisch attraktiven Lage durchaus annehmbar.

☕ Pastelaria Scala, Av. Visconde Guedes Teixeira 31-33 (links, wenn man von der Kathedrale kommt). Ein Café aus Großmutters Zeiten mit verführerischem Naschwerk, Mi Ruhetag.

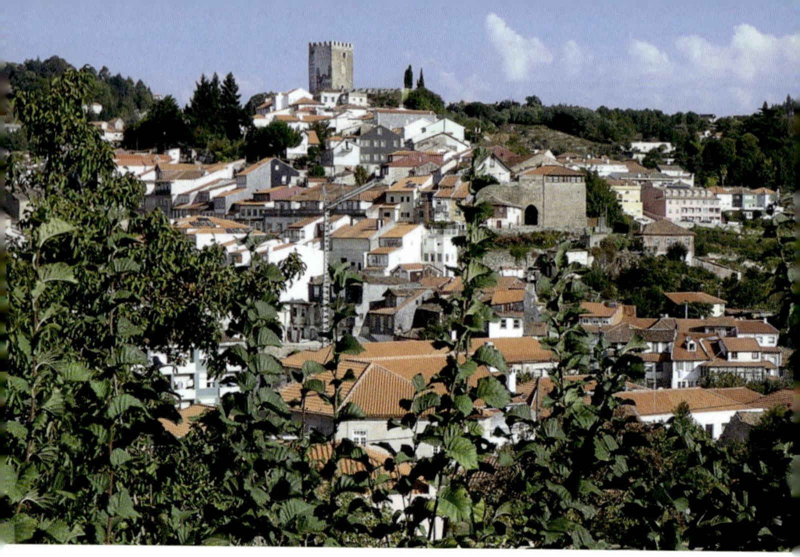

Lamego

▷ Nett ist auch die links am Beginn der Avenida 5 de Outubro gelegene Pastelaria „Delila" mit kleiner Terrasse, ihre Spezialität sind die süchtig machenden *Bôlas de Lamego* (Mandelküchlein).

🚌 Central de Camionagem am Lugar de Preguiça. Mehrmals täglich Verbindungen nach *Régua* und zurück, einen Fahrplan erhalten Sie auch in der ℹ. Die von und nach *Régua* verkehrenden Minibusse halten auch vor dem Hotel „São Paulo" und an der Kreuzung unterhalb der „Casa de São José".

♜ Ein lohnender Spaziergang führt hinauf zur Burg (Castelo) mit pittoresken Altstadtgassen und herrlichen Ausblicken vom Torre de Menagem wie auch von der Grünfläche unterhalb des Haupteingangs, falls geschlossen. 🚪 Di bis So 10:00 bis 12:00, 15:00 bis 18:00

⌘ Das reich ausgestattete Museu de Lamego schräg gegenüber der Kathedrale ist einen Besuch wert, speziell bei Sonderausstellungen. Der ehemalige Bischofspalast birgt viele Schätze vorwiegend sakraler Natur, darunter unglaublich prächtige Kapellen. Auch einen kleinen Laden mit netten, für den Rucksack geeigneten Andenken gibt es. 🚪 Di bis So 10:00 bis 18:00

Bereits von den Römern besiedelt (*Lamecum*), finden sich in Lamego auch Spuren der Westgoten. Schon 1057 endete die muslimische Herrschaft und im Jahre 1143 versammelten sich dort erstmals die portugiesischen Landstände, um *Dom Afonso Henriques* (☞ Seite 19) zum ersten König Portugals zu wählen. Lamego war eine **bedeutende Etappe** auf dem Weg nach Santiago de Compostela, auch heute führen wieder drei Jakobswege durch die Stadt. Im Mittelalter mussten die Kathedralgemeinde und die umliegenden Kirchensprengel aufgrund königlichen Erlasses eine Abgabe an Santiago de Compostela entrichten. Neben der sehenswerten Kathedrale (*Sé*) mit ihrem schönen

Kreuzgang ist Lamego aber vor allem wegen der Kirche und der zu ihr hinaufführenden barocken Treppenanlage von *Nossa Senhora dos Remédios* bekannt, von der aus man einen unvergesslich schönen Blick über die Stadt und auf das gegenüberliegende Hochufer des *Douro* hat.

Hier noch einige Worte zu den zwei anderen durch Lamego führenden **Caminhos de Santiago**. Dabei handelt es sich um den offiziellen, 2012 markierten „Caminho Português Interior de Santiago" und den bereits bekannten *Camino Torres*. Vereinzelt werden Sie in der Stadt auf die Markierungen und Stelen des CPIS treffen. Für ihn erhalten Sie in der i von Lamego einen Plan, Sie finden ihn auch in Fundstelle 9 am Ende dieses Buches. Dieser Caminho führt vorbei an der i und dann ausschließlich auf der verkehrsreichen N 2 nach *Régua* hinunter, erfahrungsgemäß eine für die Pilger/Wanderer auf der Via Lusitana absolut indiskutable Routenführung.

Der *Camino Torres* führt an der Casa de São José vorbei, die Route und Tracks von *Lamego* nach *Régua* finden Sie in Fundstelle 10 am Ende des Buchs. Der CT macht einen etwas komplizierten und anfangs wenig attraktiven Umweg über *Sande* nach *Valdigem*, hat aber den Vorteil, dass man nach einer Übernachtung in der „Casa de São José" bereits auf dem Weg ist, außerdem führt die Route unterhalb des Stausees von Varosa über die uralte *Ponte do Diabo*, die diesen Umweg bei Interesse lohnt. Aus diesem Grunde habe ich diese Etappe des CT bis *Valdigem* (dort vereinigen sich unsere Wege) alternativ beschrieben. Sie können die auf der Karte ☞ Seite 243 gestrichelt eingezeichnete **Alternative** beim Verlag abrufen (☞ Alternative Routen).

Die Via Lusitana folgt einer historisch gesicherten Route zurück über *São Pedro de Balsemão* hinunter zum Rio Varosa, um dann wegen des Stausees (von dort Blick auf die *Ponte do Diabo*) nicht geradewegs weiter am Fluss entlang, sondern über den Staudamm und *Valdigem* nach *Régua* hinunterzuführen.

35. Etappe: Lamego – Peso da Régua ➲ 14,4 km

Etappenplanung: Sollten Sie sich noch etwas in *Lamego* umschauen, die Kapelle *São Pedro de Balsemão* besichtigen und einen Blick auf die *Ponte do Diabo* werfen wollen, reicht es, wenn Sie erst mittags nach *Régua* aufbrechen, um dort zu übernachten oder mit dem Bus nach *Lamego* zurückzufahren, ☞ Infos und ☞ Seite 250 ☺.

☺ Die andere Möglichkeit ist ein früher Aufbruch und dann im Anschluss an die Etappe ein landschaftlich reizvoller Halbtages-Ausflug von *Régua* mit der Bahn entlang des oder mit dem Schiff auf dem Douro nach *Pinhão*, auch eine Kombination von beiden ist möglich, fragen Sie zuvor in der i von Lamego nach.

Wir laufen von der i zurück zur ➲ *Igreja de São Pedro de Balsemão*, dann weiter zum Stausee und erreichen nach knapp 4,9 km die unterhalb der Autobahnbrücke nach **links** über den Stausee führende Brücke (**2,36 km** der 34. Etappe), überqueren diese und steigen dahinter rechts hinauf. Bei km 5,1 laufen wir nach rechts auf einer bald in einen schottrigen Sandweg übergehenden Teerstraße am Stausee entlang weiter und überqueren dann die Staumauer nach rechts.

☺ Hier sollten Sie sich die Zeit nehmen und zuvor noch ein Stückchen am Hochufer des *Rio Varosa* entlanglaufen – die Ausblicke sind spektakulär. Gehen Sie knapp 300 m weiter bis zur Spitzkehre des Weges und dann noch einmal 100 m Richtung Staumauer nach rechts hinunter. Weiter unten überquert der in einem weiten Bogen links von *Lamego* herunterkommende *Camino Torres* (wir werden in *Valdigem* auf ihn stoßen) die Schlucht bzw. den *Rio Varosa* auf der uralten *Ponte do Diabo* (Teufelsbrücke) und bei passender Beleuchtung ähnelt die bizarre Felsformation rechts oben auf der steil abfallenden Wand der Schlucht verblüffend einem Teufelskopf (Hakennase, spitzes Kinn). Die Schlucht heißt daher auch treffend „Sala das Audiencias do Diabo" (Audienzsaal des Teufels).

Lassen Sie sich *nicht* von den links hinaufführenden Treppenstufen verleiten, dort einen Weg zur Brücke zu suchen – der Aufstieg ist lebensgefährlich und endet zudem in höchst unwegsamem Gelände ohne die Möglichkeit, weiterzukommen.

Hinter der Staumauer folgen wir der oberhalb des Stausees nach rechts bergauf führenden Straße, stoßen nach 7,6 km auf erste Häuser und haben dann sogleich einen schönen Blick nach links auf *Régua*. Bei einer quer verlaufenden Straße gehen wir nach links abwärts weiter. Nach 8,7 km bei einer Gabelung vor einem Haus mit einer spitz zulaufenden, grauen Mauer wenden wir uns nach links hinab auf ein rostrot gestrichenes Haus mit Gipsfiguren davor zu und laufen anschließend in Kurven sehr steil durch **Valdigem** zu einer breiten Teerstraße hinunter. Dieser folgen wir zunächst nach rechts bergauf in Richtung des „Cafe Jerónimo" mit angeschlossenem Supermarkt, auf dessen Terrasse wir uns ausruhen und erfrischen können.

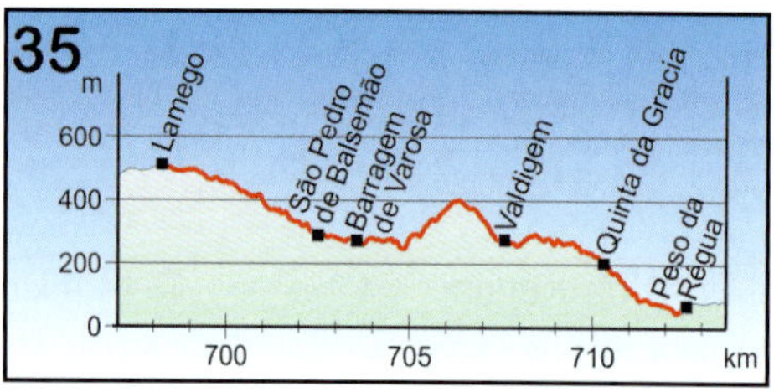

Anschließend gehen wir wieder nach links hinunter zurück, überqueren eine Brücke nach rechts und stoßen alsbald rechts auf einen Brunnen. Links davon befindet sich unten an der Mauer ein gelber Pfeil, der eine Treppe hinaufzeigt. Dort gehen wir nach rechts aufwärts weiter, überqueren einen kleinen Platz und biegen dann nach rechts oben in eine Gasse ein, an deren Beginn ein Einfahrtsverbotsschild steht. Der Weg ist jetzt durchgehend mit gelben Pfeilen markiert, d. h. wir sind hier wieder auf einem Teilstück des *Camino Torres.*

Nach 10 km wächst am Rand des Dorfes hinter einem großen Tor rechts einen hohe Pinie und vor dem Tor steht ein Laternenmast. Dem darauf befindlichen, nach links weisenden gelben Pfeil folgen wir zu der Fußgängerbrücke hinauf, gehen über diese hinweg und oben unterhalb eines hohen, weißen Pfostens auf dem Feldweg nach links weiter. Er führt an einer Bruchsteinmauer entlang durch Weinberge, schließlich über den Hof eines Weinguts und dann unter einer Pergola aus Weinranken weiter. Nach knapp 11,4 km

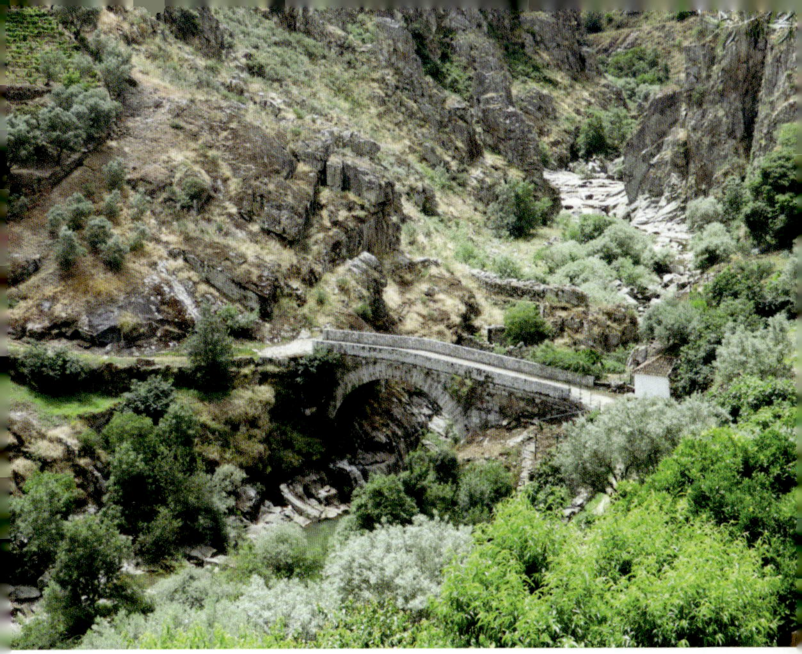

Ponte do Diabo

steht rechts ein Gebäude mit drei Torbögen in der Mitte, kurz darauf geht die Sandstraße in eine Teerstraße über, die in einen kleinen Platz mündet. Jenseits des Platzes führt ein sandiger Weg zwischen zwei Teerstraßen geradeaus weiter zur *Quinta da Gracia*. Dort folgen wir dem rechts an der Quinta vorbei steil nach (links) bergab führenden Weg. Zu Beginn kläfft rechts eine Hundemeute lautstark von der Böschung herunter, die Tiere sind jedoch gut angebunden.

Hinter einer Kurve liegt direkt vor uns *Régua* hingebreitet am Douro-Ufer. Der steile, zwischen den Weinbergen hinunterführende Weg mündet in einen von rechts kommenden Weg, dem wir nach links hinab und nach 12,7 km dann unter der Autobahn hindurch folgen. Auf der sich anschließenden Teerstraße geht es in Serpentinen abwärts zur N 313. Bei km 12,9 km und einem Stopp-Schild überqueren wir diese Straße und setzen unseren Weg in die Weinberge hinein fort. Er führt sozusagen rückwärts stetig bergab und stößt nach einer Weile auf einen am Hang entlanglaufenden, breiteren Feldweg, dem wir bei km 13,1 nach rechts folgen, um am nunmehr bewaldeten Tal des *Rio Varosa* entlangzulaufen.

Bei einer Gabelung vor der Weinkellerei „Castelhino" gehen wir nach rechts weiter, stoßen nach 13,8 km erneut auf die N 313 und gehen um den Kreisverkehr herum zu einem unten stehenden weißen Haus mit Ziegelvordach hinunter. Unten bei der Abzweigung folgen wir dem Schild „S. João da Pesqueira" nach rechts und wechseln dann auf die andere Seite, um geradeaus über die zu einer schönen Fußgängerbrücke umgebaute ehemalige Eisenbahnbrücke hinwegzugehen, deren Ende wir zugleich mit dem dieser Etappe bei km 14,4 erreichen.

Peso da Régua

⇧ 50 m (am Flussufer), Ew. 10.300

☺ Falls Sie in der hochtouristischen *Portweinmetropole* Peso da Régua bleiben, mit dem Bus nach *Lamego* zurück oder mit dem Zug nach *Porto* fahren möchten, gehen Sie nach links in den Ort hinein. Vor dem Bahnhof halten auch die Busse nach *Lamego*, fragen Sie am Kiosk vor dem Bahnhof, wann der nächste abfährt.

i Posto de Turismo, Rua da Ferreirinha, ☏ 254 312 846. Weit entfernt vom Bahnhof, etwa in Höhe der Kais für die Ausflugsschiffe aus und nach Porto sowie Pinhão.

✕ Sollten Sie hier zu Mittag essen wollen, empfehle ich das nur 50 m Richtung Stadt links unterhalb der Straße gelegene, von Einheimischen gern besuchte „Restaurante A Velha Tendinha“ mit ausgezeichneter regionaler Küche. Die Bedienung ist freundlich, die Portionen sind riesig, eine „meia dose“ sättigt allemal.

Von Pilgern empfohlen:

▷ Residencial „Columbano“, Rua Sacaduro Cabral, ☏ 254 320 710 mit Pool sowie Blick auf den Douro, DZ € 40, EZ 30 mF

▷ „Imperio Hotel“, Rua José Vasques Osorio 8 (in Bahnhofsnähe), ☏ 254 320 120, www.imperiohotel.com, regulär DZ € 45, EZ € 35, auf Buchungsportalen DZ € 36, EZ € 27 (2016); etwa € 5 Aufschlag zwischen 01.05. und 30.09, alle mF

▷ 2016 fanden zwei Pilger ein „gediegenes Zimmer“ für € 40 oF (aber mit Mineralwasser und Kaffeeausstattung) sehr nahe der Dourobrücke durch Nachfrage im Eisenwarengeschäft (draußen stand „Quartos“) einige Hundert Meter nach dem ✕ „A Velha Tendinha“ auf der gleichen Straßenseite stadteinwärts.

Peso da Régua ist Zentrum des ersten (1756) geschützten Weinanbaugebiets der Welt. Schon Anfang des 11. Jh. ließ Graf Henrique (☞ Seite 18) am Rio Douro neue Rebsorten pflanzen. Im 13. Jh. wurden an seinen Hängen neue Weinberge angelegt und der *Vinho de Lamego* als Vorgänger des Portweins produziert. 1373 unterzeichneten die Portugiesen mit den Engländern ein Handelsabkommen, das sie berechtigte, im Austausch für Lieferungen von *Vinho de Lamego* vor der britischen Küste zu fischen, das Problem war jedoch die Haltbarkeit des Weins. Nur Mönche waren in der Lage, lager- und transportfähigen Wein herzustellen. Englische Kaufleute sollen in einem Kloster denn auch den sog. „Priest-Port“ entdeckt haben, dessen Geheimnis darin bestand bzw. besteht, dem Wein während der Gärung Neutralalkohol (Agraralkohol) hinzuzufügen, wodurch der Gärprozess gestoppt wird. Der nicht vergorene Restzucker der Trauben verleiht dem Portwein seinen in Abstufungen süßen Charakter. Die Bezeichnung „Porto“ für Weine aus der Region Douro wird 1687 in alten Zollpapieren erstmals erwähnt.

Früher wurden die am Douro erzeugten Weine in Fässern auf kleinen Schiffen, den „barcos rabelos“, zur Veredelung nach Porto transportiert, wo sich auch heute noch die großen Portwein-Kellereien befinden. Für die vielen Touristen aus aller Welt schwimmen Nachbauten dieser Boote in den Häfen von Porto und Régua herum und verleihen ihnen das Flair einer alten Tradition.

36. Etappe: Peso da Régua – Vila Real ➲ 25,5 km

Auch auf dieser Etappe folgen wir nicht dem CPIS, sondern einem Traumpfad hinauf nach *Vila Real*. Die historische Route des *Caminho do Interior* verlief noch weiter östlich über *Poiares*, wir meinen aber, dass der von uns gefundene Weg ein unverzichtbares Wandererlebnis ist. Sie werden uns Recht geben.

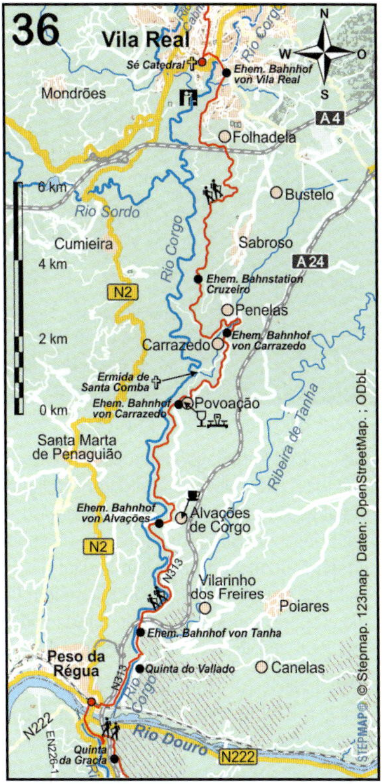

Hinter der Douro-Brücke wenden wir uns nach rechts und folgen den Wegweisern „Santa Marta de Penaguião" sowie „A 24 Vila Real" bis zu einem Kreisverkehr vor der den Fluss überspannenden Autobahnbrücke und laufen dann mit den Eisenbahnschienen auf der N 313 nach rechts weiter. Nach 550 m liegt rechts eine ✗ „Casa de Pasto" (einfaches Restaurant) und nach knapp 1,2 km lädt hinter dem Ortsausgangsschild von *Régua* links ein ✗ „Restaurant/Snack Bar" ebenfalls zum Essen ein.

Nach 2 km überqueren wir den *Rio Corgo* und folgen dahinter dem gelben Wegweiser zur „Quinta do Vallado – Hotel Rural" nach rechts hinauf, um uns nach 150 m bei dem braunen Schild „rota do Vinho de Porto" nach links auf die ehemalige Trasse der *Corgo*-Bahn zu wenden. Bei km 2,5 überqueren wir noch einmal die N 313 auf den hier noch liegenden Gleisresten und setzen jenseits der Straße unseren Weg in die zum Weltkulturerbe ernannte Weinbauregion *Alto Douro* fort.

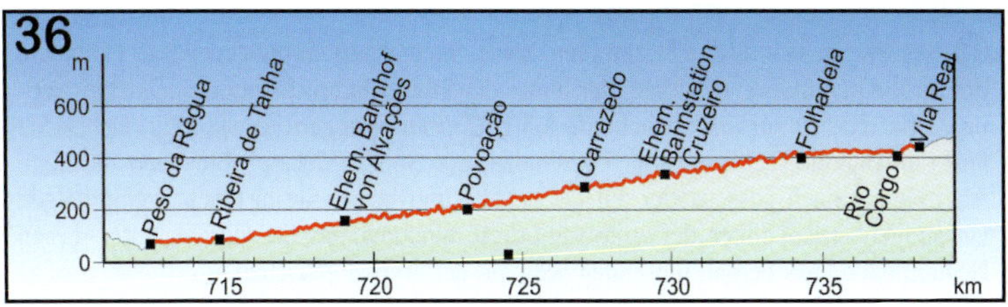

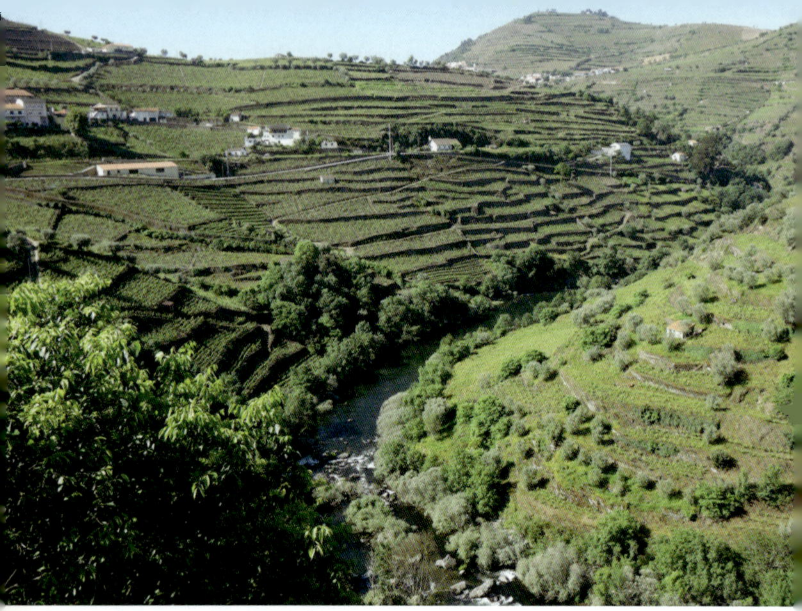

Wein-Berge am Rio Corgo (EW)

📖 José Saramago meint, es sei ein „schwerwiegendes Vergehen, nicht dafür zu sorgen, dass jeder Mensch in diesem Land einmal diese [den Pilgerweg begleitende] Straße entlanggefahren ist, um ihm den phantastischen Anblick dieser terrassenförmig angelegten Hänge zu ermöglichen, die von oben bis unten mit Weinreben bedeckt sind, die Linien der Stützmauern, die dem Verlauf des Berges folgen … Mauern, kilometerlang, um nicht zu sagen Tausende von Kilometern lang, wenn man alle Mauern zusammenzählt, die errichtet wurden, um Wein, Obst- und Olivenbäumen Halt zu geben. Hier, zwischen Vila Real und Peso da Régua, erreicht die Kunst des Terrassenbaus ihre Perfektion."

Nach 2,9 km erreichen wir den von Gartengrün und Rosen eingerahmten ehemaligen Bahnhof von *Tanha* und gehen dann unter der Autobahnbrücke hindurch, um sogleich auf die blau gestrichene ehemalige Eisenbahnbrücke über den *Rio Tanha* zu stoßen, die wir links auf einem ca. 50 cm breiten Steg neben dem Geländer überqueren können.

☺ Falls Sie sich das nicht zutrauen, sehen Sie vor sich rechts gegenüber einen von der Straße herabführenden Weg, der hinter der Eisenbahnbrücke über eine kleine Treppe wieder zurück zur Eisenbahntrasse führt. Dorthin gelangen Sie wie folgt: Gehen Sie links am Bahnhofsgebäude von *Tanja* hinauf zur Straße, nehmen Sie dann die erste Abzweigung nach links wieder auf die N 313 und gehen Sie in einem weiträumigen Linksbogen erneut unter der Autobahnbrücke hindurch, bis Sie kurz dahinter diesen kleinen, nach links bergab führenden Weg mit der Treppe erreichen.

▷ Kurz vor Redaktionsschluss berichtete eine Pilgerin, dass unterhalb der blauen Eisenbahnbrücke eine weitere kleine Brücke den Fluss überquere. Man müsse zurück zum Bahnhof *Tanha* und von dort abwärts zu einem über diese Brücke führenden Pfad laufen. Dahinter ginge es durch die Weinberge wieder aufwärts. Sie hat von dieser Möglichkeit Gebrauch gemacht, vielleicht hilft sie auch Ihnen weiter.

Bei km 5,4 überquert unser Pfad auf einem kleinen Teerstück einen von oben kommenden, für Fahrzeuge mit Ketten versperrten Weg. 200 m weiter stoßen wir auf einen ehemals unbeschrankten Bahnübergang mit einem Stopp-Schild, bevor wir nach knapp 6,7 km unterhalb des malerisch am rechten Hang gelegenen Dorfes *Alvacões de Corgo* dessen ehemaligen Bahnhof *Alvacões* erreichen. Vorbei an einem am Wege stehenden Häuschen mit üppig blühenden Rosen davor gehen wir direkt auf das Dorf zu. Wenig später biegt bei einer alten Eisenbahntafel ein gepflasterter Weg nach rechts hinauf ab, auf dem man bei Bedarf zu einem ☕ oben im Dorf gelangen könnte.

Kurz vor Erreichen der ersten Häuser und des ehemaligen Bahnhofs von *Povoação* fließt nach 10,7 km 💧 Wasser aus einem kleinen Rohr auf der rechten Seite, der Bahnhof liegt 100 m dahinter. Rechts hinauf findet sich oben aber auch sogleich ein kleiner *Minimercado*, in dem man seinen Durst löschen und etwas zu essen kaufen kann. Ein Leser schrieb 2016: „Der Eigentümer war sehr freundlich, sein Angebot an diesem heißen, langen Wandertag in dieser ungewöhnlichen Weinbergelandschaft kam zur rechten Zeit. Hoffentlich bleibt das Geschäft weiter bestehen und wird auch entsprechend von Wanderern unterstützend nachgefragt."

Nach 11,7 km können wir links unten das malerische Kirchlein von *Santa Comba* liegen sehen und nicht ganz 2 km weiter erreichen wir *Carrazedo*. Dort wechseln wir auf die linke Seite des Blechgeländers und gelangen dann nach einem kurzen Stück an Häusern vorbei wieder auf unsere Bahntrasse. 100 m weiter überqueren wir eine kleine Landstraße und erreichen sogleich den ehemaligen Bahnhof von *Carrazedo*. Dahinter verläuft die Trasse in einer weit geschwungenen Schleife nach links zur gegenüberliegenden Talseite und führt zuvor bei km 14,3 über einen kleinen Bach. Werfen Sie von dort einen Blick nach links auf die sorgsam angelegten Gemüse- und Kartoffelbeete.

Hinter einem Hohlweg bietet sich bei km 15 nochmals eine schöne Aussicht auf den Bahnhof von *Carrazedo* und die große Bahnschleife. Nachdem wir nach 15,7 km ein geteertes Stück Weg überquert haben, bietet sich ein weiterer herrlicher Ausblick auf die Fluss-Schleife des *Rio Corgo* unter uns, wie überhaupt auf dem gesamten Weg ein großartiges Panorama das nächste ablöst. Davon schier überwältigt stoßen wir bei km 17,4 auf die ehemalige Station *Cruzeiro* und nachdem wir sie zuvor bereits ins Auge gefasst hatten, können wir nach 19,5 km die gewaltigen Dimensionen der vor uns das Tal überspannenden Brückenkonstruktion ermessen.

Etwa ab dem Bahnhof *Cruzeiro* werden die bis dahin dominierenden Weinberge von Eichenwäldern, hohen Kiefern und Gebüsch abgelöst, teilweise durchsetzt mit Olivenhainen und gelegentlichem Weinanbau. Nach gut 21,7 km gehen wir dann fast sprachlos unter der gigantischen Autobahnbrücke hindurch. Kurz darauf erreichen wir die ersten Häuser von *Folhadela*, und bald können wir auch die ersten Vororte von *Vila Real* sehen.

Noch aber geht es von üppigem Grün und Blüten gesäumt geraume Zeit weiter, bevor wir nach 24 km hinter einer Brücke auf die ersten Häuser von **Vila Real** und bei km 24,4 endlich auch auf dessen ehemaligen Bahnhof stoßen.

Am Bahnhofsgebäude entlang wenden wir uns an dessen Ende nach links, dann wieder kurz nach links, bevor wir nach rechts in die *Avenida 5 de Outubro* einbiegen und ihr in Richtung der vor uns liegenden Brücke über die tief eingeschnittene Schlucht des *Rio Corgo* folgen. Auf der linken, besonders spektakulären Brückenseite überqueren wir den Fluss und gehen danach die Straße hinauf bis zu einer Kreuzung vor einem hohen, hellen Gebäude. Über einen Zebrastreifen mit Fußgängerampel gehen wir auf der anderen Seite geradeaus weiter eine Kopfsteinpflasterstraße hinauf.

Unterhalb der zur ✝ *S. Pedro* gehörigen Mauer wenden wir uns nach rechts und steigen eine rechts von einer Toilettenanlage in die Mauer eingelassene Treppe hinauf. Links um die sehenswerte Kirche herum gehen wir gegenüber vom Hauptportal auf der *Rua Isabel do Carvalho* an einem rechts liegenden Metallwarengeschäft vorbei weiter. Am Ende der Straße stoßen wir auf eine Apotheke, bei der wir uns nach links wenden. Vor dem rechts liegenden „Domus Iustitiae" (Justizgebäude) wenden wir uns nach rechts, gehen an dessen Vorderfront vorbei und auf das gegenüberliegende, große Gebäude zu. Dort sehen wir auch sofort die Hinweistafel „Caminho Português Interior de Portugal – Albergue de Peregrinos – Casa Diocesana", gehen durch das Tor und dann die vor uns liegende Freitreppe hinauf zum Haupteingang. Gleich links ist ein kleiner Raum für die Anmeldung. Nähere Angaben gleich unten.

Falls Sie nicht im *Albergue* übernachten können oder wollen, gelangen Sie unterhalb des *Domus Iustitiae* auf die *Praça Luis Camões* mit einem Brunnen. Wenden Sie sich zwischen diesem und einer Bushaltestelle nach links und dann sofort wieder nach rechts die *Avenida Carvalho Araújo* hinunter. Dort treffen Sie nach 25,5 km links auf die „Loja Interativa de Turismo", wo man Ihnen gern weiterhilft.

Vila Real — BANK — 460 m, Ew. 17.600

Loja Interativa de Turismo, Avenida Carvalho Araújo 94, ☎ 259 308 170, 01.05. bis 30.09. tägl. 9:00 bis 19:00, sonst Mo bis Sa 9:00 bis 13:00, 14:00 bis 18:00; So 9:30 bis 13:00, 14:30 bis 18:00. Sehr freundlich und hilfsbereit – das „gelbe Buch" ist dort bekannt. ☺ Englisch und Französisch.

Albergue de Peregrinos in der Casa Diocesana links neben dem „Domus Iustitiae" (siehe oben). Schöne Pilgerherberge mit Zweibettzimmern. Einlass von 19:00-21:00, Gebühr € 5. Anmeldung unter ☎ 259 322 034 oder ☎ 259 325 828, nach 19:00: Paulo Alves ☎ 964 589 174 oder Padre Manuel Coutinho ☎ 917 623 976; leider ist auch nach 19:00 nicht immer jemand vor Ort. **Achtung!** Im Juli/Aug können keine Pilger aufgenommen werden.

Besonders auf der der gegenüberliegenden Seite der Avenida Carvalho Araújo gibt es Unterkünfte mit Ermäßigung für Pilger („desconto para peregrinos").

▷ Von uns seit 2007 geschätzt: Residencial Real, Rua Combatentes da Grande Guerra (oder einfach Rua Central) 5; unten im Haus ist eine dazugehörige Pastelaria, ☎ 259 325 879. Schöne, trotz der zentralen Lage recht ruhige Zimmer, EZ € 30, Pilger € 27, DZ € 40, Pilger € 35 mF. Legen Sie den Pilgerausweis vor oder betonen Sie, dass Sie „peregrino/a" sind. Um

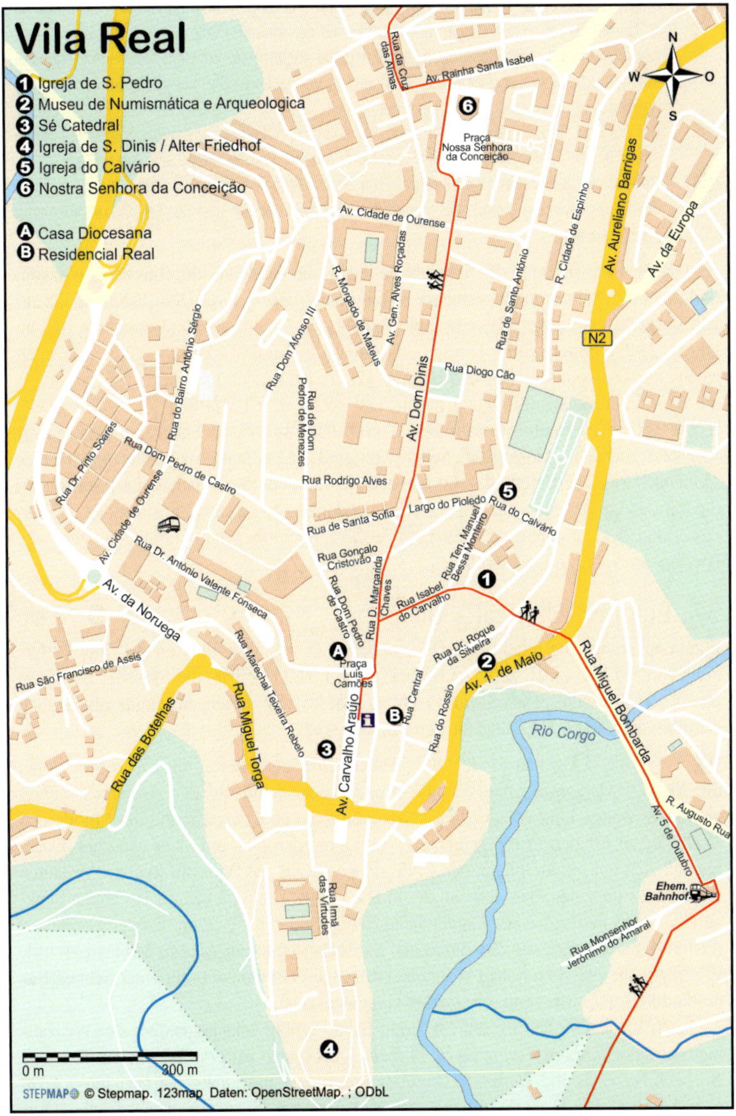
Vila Real
1 Igreja de S. Pedro
2 Museu de Numismática e Arqueologica
3 Sé Catedral
4 Igreja de S. Dinis / Alter Friedhof
5 Igreja do Calvário
6 Nostra Senhora da Conceição
A Casa Diocesana
B Residencial Real
N
W
O
S
Rua da Cruz das Almas
Av. Rainha Santa Isabel
Praça Nossa Senhora da Conceição
Av. Cidade de Ourense
R. Morgado de Mateus
Av. Gen. Alves Roçadas
Av. Dom Dinis
Rua de Santo António
R. Cidade de Espinho
Av. Aureliano Barrigas
Av. da Europa
N2
Rua Diogo Cão
Rua Dom Afonso III
Rua do Bairro António Sérgio
Rua de Dom Pedro de Menezes
Rua Dr. Pinto Soares
Rua Dom Pedro de Castro
Rua Rodrigo Alves
Av. Cidade de Ourense
Rua de Santa Sofia
Largo do Pioledo
Rua do Calvário
Rua Ten. Manuel Bessa Monteiro
Rua Gonçalo Cristovão
Rua Dr. António Valente Fonseca
Rua D. Margarida Chaves
Rua Dom Pedro de Castro
Rua Isabel do Carvalho
Av. da Noruega
Rua Dr. Roque da Silveira
Rua Miguel Bombarda
Rua São Francisco de Assis
Rua Marechal Teixeira Rebelo
Praça Luis Camões
Av. 1. de Maio
Rua das Botelhas
Rua Miguel Torga
Av. Carvalho Araújo
Rua Central
Rua do Rossio
Rio Corgo
R. Augusto Rua
Av. 5 de Outubro
Ehem. Bahnhof
Rua Imã das Virtudes
Rua Monsenhor Jerónimo do Amaral
0 m
300 m
STEPMAP © Stepmap. 123map Daten: OpenStreetMap. ; ODbL

dorthin zu gelangen, gehen Sie an der ℹ weiter und biegen dann gegenüber der Igreja de S. Domingos (auch: Sé Catedral) nach links auf den kleinen Platz mit dem Pelourinho, dort wieder nach links und dann nach rechts, wo Sie sogleich die vor dem Gebäude stehenden Tische und Stühle der „Pastelaria Real" sehen. Verwechseln Sie bitte nicht die sehr zurückhaltende Art des Personals mit Unfreundlichkeit.

⌘ Sehenswert: "Museu de Numismática e Arqueologica" mit einer der größten römischen Münzsammlungen überhaupt. Auch die Fundstücke aus der Vorgeschichte sind interessant.

Central de Camionagem de Vila Real, Rua Doutor António Valente Fonseca. Gehen Sie von der ℹ die *Avenida* hinauf und biegen Sie zwischen der und der Casa Diocesana nach links ab.

Vila Real war schon in der Steinzeit besiedelt, die Funde im Museum zeugen davon, und auch die Römer haben sichtbare Spuren hinterlassen. Graf Dom Henrique (Henri von Burgund ☞ Seite 18) verordnete Anfang des 12. Jh. die Neubesiedlung und im Jahre 1289 gründete Dom Dinis I. „Vila Real de Panóias". Verkehrsgünstig gelegen wuchs der Ort kontinuierlich und ab dem 17. Jh. ließen sich hier Adelsfamilien nieder, die dem Stadtbild seine Prägung gaben. Erst 1925 erhielt Vila Real jedoch die Stadtrechte verliehen. Heute Verwaltungs-, Geschäftszentrum und Schulstadt, beherbergt Vila Real auch eine Universität. Sehenswert sind die romanisch-gotische *Igreja de S. Domingos* (oder Sé Catedral), einst und auch heute wieder Anlaufstelle der Jakobspilger, die auf der Vorderseite ganz mit Azulejos verkleidete *Igreja do Calvário* (oder *S. Francisco*) und der mit einem herrlichen Ausblick hoch über dem Flusstal gelegene alte Friedhof im Süden der Altstadt.

37. Etappe: Vila Real – Bilhó ➲ 22 km

Etappenplanung: Die relativ kurze Etappe hat es in sich – Sie müssen auf einer Entfernung von 5,9 km von ⇧ 420 m in Borbela auf ⇧ 1.163 oberhalb des Stausees *Barragem do Alvão* aufsteigen, gehen Sie also nicht zu spät los. Auf diesem Abschnitt gibt es auch kein Wasser, sorgen Sie daher für den Aufstieg vor.

Von der ℹ gehen wir Richtung *Domus Iustitiae*, dann an diesem rechts vorbei die *Rua D. Margarida Chaves* aufwärts und anschließend auf der *Avenida D. Dinis* geradeaus weiter. Kurz vor der *Praça Nossa Senhora da Conceição* mit ihrer modernen Kirche sehen wir den ersten gelben Pfeil und dann den Pfeil mit einer Muschel. Dabei handelt sich um Markierungen des CPIS, denen wir bis auf Widerruf folgen. Wir laufen schräg links über den Platz links an der Kirche vorbei. Dann biegen wir bei einem Bankgebäude links in die *Avenida Rainha Santa Isabel* und beim „Pingo Doce" gegenüber rechts in die *Rua da Cruz das Almas* ein. Sie setzt sich in der *Rua de Montezelos* fort. Wir folgen ihr zwischen hohen Wohnblocks nach links und dann unter einer Schnellstraße hindurch. (✋ Morgens sehr starker Gegenverkehr!).

Nach 2,6 km stoßen wir auf ein Stopp-Schild schräg links gegenüber der Willkommenstafel der *Junta de Freguesia de Borbela*. Dort folgen wir dem Wegweiser Richtung *Borbela, Ferreiros* und *Lamas de Olo* über eine Brücke nach links. Nach knapp 3,1 km erreichen wir eine Dreieckskreuzung mit einem weißen Buswartehäuschen links. Dort

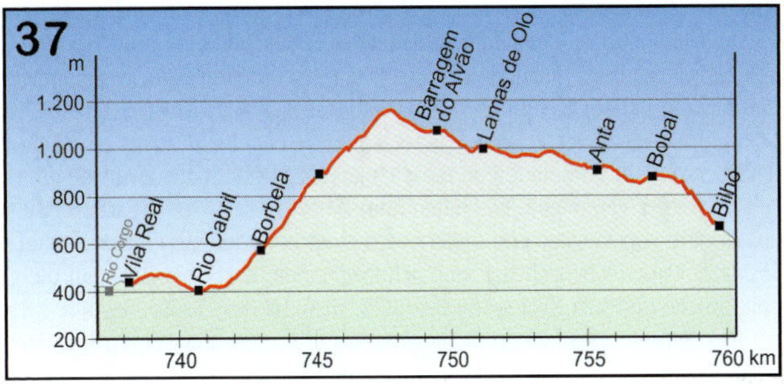

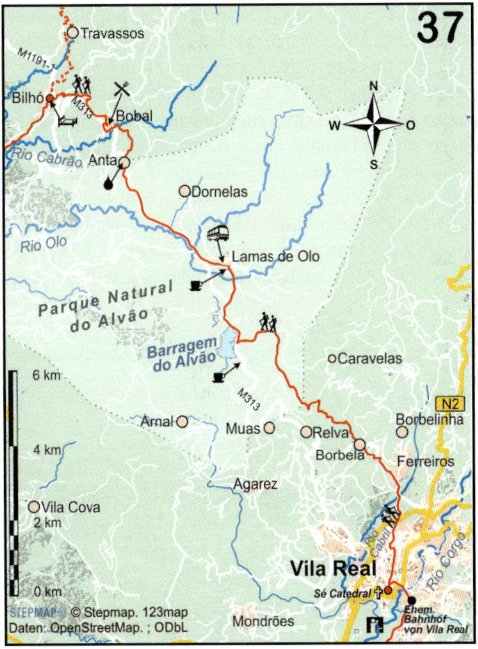

weist der gelbe Pfeil nach rechts u. a. Richtung *Borbelinha* und *Ferreiros*. Hier biegt der CPIS Richtung *Chaves* ab. **Wir** gehen jedoch **geradeaus** Richtung **Borbela**, dessen Ortseingangsschild wir nur wenige Meter entfernt vor uns sehen, und folgen **nicht** mehr den gelben Pfeilen!

Bei km 3,8 stoßen wir auf eine Kreuzung mit einem kopfsteingepflasterten Platz dahinter. Dort biegen wir nach links in Richtung *Mondim de Basto* und *Lamas de Olo* ab. Gut 200 m weiter sehen wir einen stillgelegten Brunnen mit herabfließendem Wasser. Dahinter biegen wir bei einem Leitungsmast nach links auf die *Rua da Barroca* ein. Nach links eröffnet sich sofort ein schöner Ausblick auf *Vila Real* und die Autobahnbrücke. Wir folgen der Straße stetig aufwärts, biegen vor einem Brunnen nach rechts in die *Rua S. Roque*, gehen an der *Rua do Souto* vorbei und erreichen wieder die M 313, der wir nach gut 4,5 km nach links folgen.

Nach knapp 4,8 km zweigt bei einer rechts liegenden Halle und dem Hinweisschild „Bar" mit „Sede do Rancho Etnographico de Borbela" darüber nach scharf rechts die

Rua da Escola de Olho Marinho ab. Wir folgen ihr aufwärts in einer Rechtskurve um den „Sede do Rancho" und ein dahinterliegendes Fußballfeld herum und steigen weiter bergauf, bis wir bei km 5,1 einen Wald erreichen, wo die Straße in einen Sandweg übergeht. Dort, wo in Verlängerung des Weges nach insgesamt 5,5 km (750 m seit Verlassen der M 313) ein einzelner Felsblock unter Kiefern steht, biegt **zuvor** ein Weg nach **schräg links** bergauf ab. Diesem folgen wir nach links. Er besteht aus zwei Armen, die sich aber schnell wieder vereinigen. Daraufhin führt der Weg zunächst zwischen Bäumen geradeaus in eine von Ginster und anderen Büschen bedeckte Bergregion hinauf. Von einem „Podest" haben wir nach 6,1 km nach links einen herrlichen Blick auf die große Autobahnbrücke und Vila Real sowie die hinter dem Tal des Douro liegenden Berge.

Der Schotterweg führt steil aufwärts, bis er vor der Ecke einer Bruchsteinmauer bei km 6,4 eine Kreuzung erreicht. Dort gehen wir zunächst einige Schritte **nach links** zu einem im Bogen zu uns verlaufenden Weg, um 30 m weiter unmittelbar nach rechts aufwärts in den Wald hineinzugehen. Knapp 400 m hinter der Kreuzung beschreibt unser Weg eine Linkskurve. Nach weiteren 150 m kommen wir an eine Gabelung, wo der bisherige Weg nach scharf rechts hinaufführt. Dort gehen wir jedoch **nicht** hinauf, sondern folgen dem nach **links** weiterführenden Weg. Unmittelbar an der Abzweigung stand 2016 eine Eiche unter einem hohen Nadelbaum. Wir bleiben nun ständig auf unserem Weg und lassen auch einen nach gut 7,2 km nach links abwärts abzweigenden Weg außer Acht. Dort gehen wir geradeaus bzw. rechts bergauf weiter.

Nach 7,9 km hört der Wald auf und macht einer Felsregion Platz. Sogleich können wir links das Dorf *Muas* und rechts daneben die von *Borbela* heraufführende M 313 sehen. Der gut ausgebaute Weg führt nun stets am Berghang entlang mit atemberau-

Blick auf Lamas de Olo

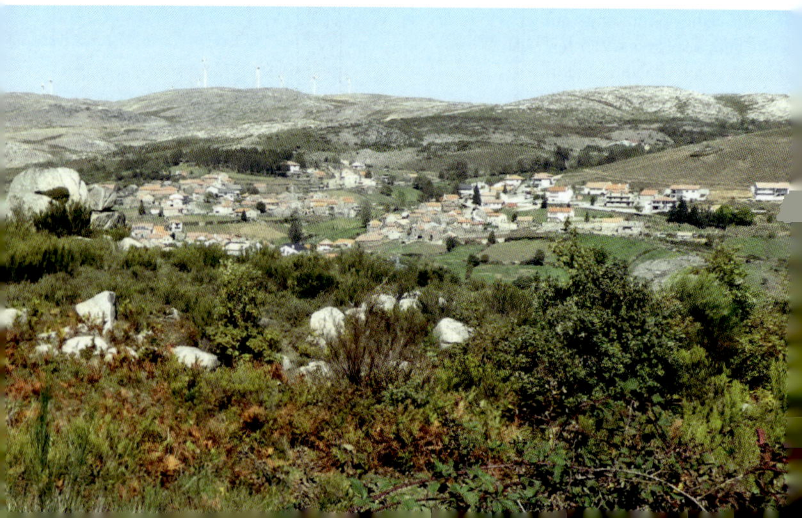

bend schönen Ausblicken auf der linken Seite. Nach 9,4 km laufen wir durch einen kleinen Laubwald aufwärts und knapp 500 m weiter stoßen wir auf einen quer verlaufenden Sandweg, dem wir nach links abwärts folgen. Bald darauf können wir den Stausee *Barragem do Alvão* vor bzw. unter uns liegen sehen und bei einem Picknickplatz stoßen wir schließlich nach gut 11 km vor dem Stausee wieder auf die rechts in Richtung *Lamas de Olo* führende M 313.

☺ An dieser Stelle bietet sich die Gelegenheit zur Rast in einer nicht weit entfernten Blockhütte. Der Weg dorthin beträgt 700 m, die ich bei der Berechnung der Gesamtkilometerzahl außer Acht lasse. Wir wenden uns auf der M 313 nach links, folgen der Straße ein Stück am Stausee entlang, biegen dann beim Anblick der Staumauer nach rechts auf einen kleinen, durch den Wald bergab führenden Weg ein. Bei einem quer verlaufenden Weg gehen wir nach links wieder zurück zur Straße und sehen dann rechts zwei Dächer durch die Bäume lugen. Ein Stück auf der Landstraße weiter biegen wir dann nach rechts zu dem reetgedeckten und efeubewachsenen Häuschen ab, das sich als „Restaurante A Cabana" mit einer freundlichen Wirtin entpuppt, die Getränke und kleine Speisen im Angebot hat.

Nach der Rast gehen wir denselben Weg wieder zurück zum Picknickplatz an der M 313 und setzen unseren Weg bei km 11 fort. Nach 12,2 km biegen wir dem Wegweiser folgend nach rechts auf die nach **Lamas de Olo** führende Straße ab, auf dessen Ortseingangschild wir nach knapp 13,1 km stoßen. Oben am Ortsrand angekommen, finden wir die nach links abzweigende, kleine *Rua da Cabeça* hinaufgehend das gleich hinter einem großen Maisspeicher gelegene „Mourão" mit seinen freundlichen Besitzern, dort gibt es aber nichts zu essen.

Begrüßung in Lamas de Olo

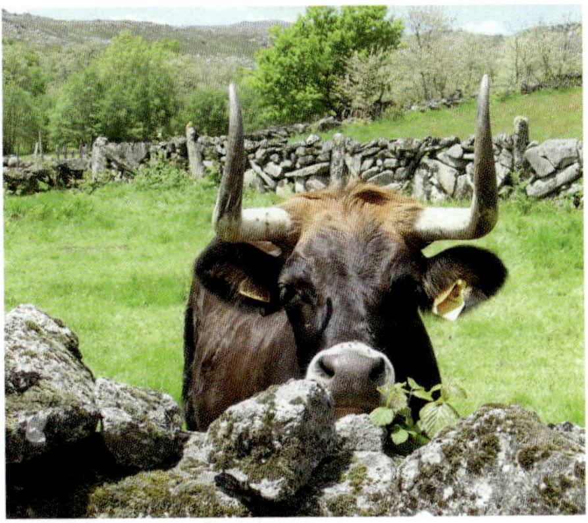

Auf der Hauptstraße *Rua Central* weiter und an einem Dorfbrunnen vorbei erreichen wir nach 13,5 km die vor einer kleinen Kapelle und gleich hinter einem weniger empfehlenswerten gelegene Bushaltestelle mit werktäglichen Verbindungen nach *Vila Real* und einmal wöchentlich einem Bus über *Bilhó* nach *Mondim de Basto*.

Wir verlassen *Lamas de Olo* in Richtung der Kapelle und stoßen nach 400 m wieder auf die M 313, der wir in die herrliche Bergwelt des *Parque Natural do Alvão* hinein folgen. Die Landschaft ist so fantastisch, der Blick so weit, die in traditioneller Bauweise erhaltenen Dörfer sind so malerisch, die blumenübersäten Bergwiesen so anmutig und die Eindrücke so vielfältig, dass man beschwingt durch die reine Höhenluft wandert. An der Abzweigung nach *Dornelas* (Scheitelpunkt ⇧ 977 m) vorbei liegt nach etwa 17 km und einer beeindruckenden Höhenwanderung links unterhalb der Straße **Anta** vor uns. Kurz darauf beginnt die **Markierung** des *Caminho de Santiago por Terras de Basto* mit gelben Pfeilen bis hinunter nach *Mondim de Basto* und darüber hinaus. Wir gehen noch **vor** dem Dorf eine kleine Straße nach schräg links zu einem allein stehenden Haus hinunter, an dem sich links ein verfallener Anbau und rechts eine terrassenartige Fläche befindet. Daran vorbei führt der uralte Weg an ebenso hochbetagten Steinmauern auf moderne Häuser zu und nach 17,4 km durchquert er das Dorf. Rechts befindet sich ein Wasserhahn und gleich darauf noch einer.

An einer kleinen Kapelle vorbei geht es nach rechts aufwärts und nach 17,6 km überqueren wir die M 313, um jenseits einem grob gepflasterten Weg nach oben zu folgen, der bei einem links stehenden Haus in ein Tal hinunter und dann zwischen hohen Mauern als Hohlweg weiterführt. Nach einer Weile geht der mit unangenehm losem Geröll bedeckte Weg in einen leichter zu begehenden Sandweg über und bald können wir auch **Bobal** vor uns liegen sehen. In einem großen Bogen gehen wir schließlich durch ein weites Wiesental nach links zurück Richtung Landstraße, die wir nach 18,8 km erreichen, und gehen dann über eine neue Brücke nach rechts weiter. Daneben befindet sich die alte Brücke aus dem Jahre – man glaubt es kaum, so „antik“ sieht sie aus – 1939. Etwa 100 m weiter steht rechts ein Brunnen. Vorbei an archaischen Häusern geht es aufwärts und nach 19,3 km führt ein gepflasterter Weg vor einer Kapelle aus dem Jahre 1823 und einem uralten Steinkreuz nach rechts hoch.

☺ Oben sehen wir ein Haus mit dem Schild „Tasca“, gehen die Straße links am Haus vorbei aufwärts und dann rechts durch ein Tor in den Hof der „Tasquina d'Alice – Casa de Pasto“, ein sehenswert ausgestattetes Lokal mit einem großen Schankraum, in dem man für wenig Geld ausgezeichnet essen kann. Der *Presunto* (köstlicher geräucherter Landschinken), der würzige Käse und das dunkle Brot zusammen mit ein paar Oliven und einem Glas Wein aus der Region gehören nicht nur zu meinen guten Erinnerungen. Von den hinteren Gasträumen hat man einen herrlichen Blick über die *Serra do Alvão.*

Gegenüber der *Tasquina* gehen wir weiter hinauf. Die Straße führt dann ohne Steigung an einem Brunnen vorbei und biegt bei einer Gabelung schließlich nach links ab. Knapp 200 m weiter mündet sie nach 19,8 km schließlich wieder in die Landstraße, der wir nach rechts folgen. Kurz darauf zweigen nach links und rechts zwei Sandwege ab. Wir folgen dem rechten Weg und dem Hinweis „Veiga Nova“ in den lichten Baumbestand hinein, landen schließlich auf einem kleinen Rastplatz, an dessen Tischen wir rechts vorbei und dann oberhalb einer links im Tal liegenden Siedlung nach rechts in einen Hochwald gehen.

Wir bahnen uns einen Weg durch das Farnkraut und folgen nach 20,4 km dem Pfad in einer Kurve nach links bergab. Bei einer darauffolgenden Abzweigung an einer kahlen Stelle nehmen wir die rechte Variante abwärts, gehen dann aber auf einem über dem Tal quer verlaufenden Weg nach links weiter und folgen dem mit groben Steinen durchsetz-

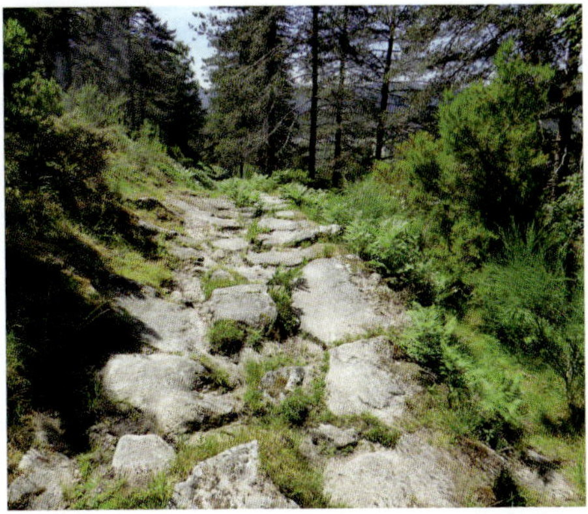

Uralter Weg kurz vor Bilhó

ten Weg in Richtung der zwischen den Bäumen auf einem Bergkegel in der Ferne sichtbaren Wallfahrtskirche *Nossa Senhora da Graça*. Er führt von groben Steinen durchsetzt weiter nach links abwärts, um schließlich mit herrlichen Ausblicken ins Tal hinunterzuführen.

Nach 20,8 km überqueren wir ein kleines Bächlein mit einem kleinen Brunnenbecken dahinter. Ihm gegenüber gehen wir auf dem uralten Weg weiter ins Tal hinunter. In den Felsen können wir teilweise noch die Karrenspuren längst vergangener Zeiten erkennen. Nach 21,1 km hört der grobe Steinbelag auf und der Weg führt als Waldweg hinunter zu einer kleinen Straße. Dort sehen wir auch rechts an einem Felsen unter einer absterbenden Kiefer einen gelben Pfeil. 200 m weiter wendet sich der Weg nach rechts und dann nach links zur Straße hinunter, die wir nach knapp 21,4 km erreichen.

Entgegen einer 2016 ein Stück weiter gegenüber einem grauen Haus nach links weisenden Markierung gehen wir gegenüber der Einfahrt zu einer landwirtschaftlichen Maschinenhandlung mit Schrottplatz nach **rechts** weiter und dann nach 60 m hinter einem kleinen Leitungsmasten auf einem grasbewachsenen Sandweg nach schräg links hinunter. Unterhalb des Schrottplatzes laufen wir zunächst nach rechts abwärts und dann vor einer Steinmauer auf einem wiederum uralten Weg nach links weiter. Er geht nach 21,7 km zwischen zwei Steinmauern in eine Teerstraße über, der wir zur M 1191-1 hinunter und dieser dann nach rechts bergab folgen. Vorbei an einer Kapelle mit Vordach und dem 💧 Brunnen *Fontenário de São Bartolomeu*, gebaut 1758 im Auftrag des Abts *Jozelino* von *N.S. da Lapa*, gehen wir schließlich geradewegs auf das „Café Lopes" zu, das wir nach 22 km erreichen.

Bilhó ⛺ ✕ ☕ 🛒 🚌 ⇧ 620-700 m, Ew. 540

⛺/✕ Café Lopes, pP € 15 mF. Möglichst telefonisch anmelden, ☏. 255 382 243, Senhora Teresa Lopes (nur Portugiesisch). Eine der nettesten Unterkünfte auf dem ganzen Weg. Sehr freundliche Gastgeber, gepflegte Zimmer, gutes Frühstück, Balkon mit herrlicher Sicht auf den *Monte Farinha* mit der Wallfahrtskirche *Nossa Senhora da Graça*. Sie können sich im angeschlossenen 🛒 *Minimercado* verpflegen oder Dona Teresa um ein Abendessen bitten, das sie Ihnen gern zubereitet.

🚌 nach Mondim de Basto Mo bis Fr 7:35, 11:00 (Ferienzeit) oder 11:15, 13:30, 16:45, Sa 7:30

38. Etappe: Bilhó – Mondim de Basto ➲ 14 km

Etappenplanung: Die Jakobsbruderschaft von *Mondim de Basto* hat zwei alternative Routen dorthin markiert. Die **Hauptroute** führt auf direktem Weg an einer *Levada* hinunter, die **Alternative** zunächst hinauf zum *Monte Farinha* und zur Wallfahrtskirche *Nossa Senhora da Graça*, wo man **übernachten** und am nächsten Morgen dann nach MdB hinuntersteigen kann. Der Höhenweg dorthin ist traumhaft schön und die Zimmer der *Hospedaria* auf dem Berg sind nicht nur gut ausgestattet, sondern bieten auch großartige Ausblicke (💻 www.senhoradagraca.pt, ZP € 35 mF). Die Kirche ist gleichzeitig ein Marien- und Jakobus-Wallfahrtsort, ☞ Infos zu MdB. Auf einem Felsen unterhalb der Kirche begrüßt eine Statue von São Tiago die von *Bilhó* herüberkommenden Pilger. Diese Route macht aber nur Sinn bei schönem Wetter mit Weitsicht, dann jedoch ist sie ein „Jahrhunderterlebnis".

Wenn Sie Zeit haben, sollten Sie beide Wege machen, zunächst den Hauptweg und dann am nächsten Tag nach Bilhó zurückfahren, um die Alternative in Angriff zu nehmen. Busse fahren Mo-Fr um 10:30, Sa um 11:40 von MdB nach Bilhó. Sie werden es nicht bereuen.

🛏 Sollten Sie auf dem Monte Farinha **übernachten** wollen, lassen Sie sich zuvor in der dortigen *Hospedaria* telefonisch anmelden, 📱 965 556 393, Restaurant ☎ 963 759 600. Am besten ist es, Sie wenden sich an Luisa Lemos im ℹ von MdB (☞ dort) und bitten sie um Anmeldung.

1. **Alternative**: Die gesamte Strecke Bilhó-MdB beträgt 19,6 km, die Entfernung Bilhó-Monte Farinha 14 km. Leider kann ich nur den Beginn der erst 2016 markierten Alternative beschreiben, da meine Erkundungswanderung ausfallen musste. Der nach Auskunft der Jakobusbruderschaft und auch meinem Eindruck nach aber gut markierte Weg führt vom „Café Gomes" zunächst nach Norden zum Dorf Travassos und dann über den Höhenrücken nach Westen zum Monte Farinha. Von dort führt er über Campos hinunter nach MdB. Die alternative Route ist auf der ☞ Karte gestrichelt eingezeichnet, den entsprechenden GPX-Track finden Sie unter den Ihnen zur Verfügung gestellten ☞ GPS-Tracks.

➩ Gegenüber der Treppe zu den Gästezimmern bzw. dem Eingang des „Café Lopes" befindet sich ein hoher Leitungsmast mit einem gekrümmten gelben Pfeil sowie der nach rechts unten weisenden gelb-roten Markierung eines PR. Dort beginnt die alternative Route. (Der Bürgermeister von MdB teilte mir zwischenzeitlich mit, dass dort ein entsprechender Richtungspfeil angebracht worden sei.) Der Weg führt steil bergab, um dann zur Kreisstraße M 1191-1 hinüberzuführen, der er zunächst einige Meter nach links folgt, um schließlich unterhalb eines Marienschreins auf einen Feldweg nach rechts abzubiegen. Dieser Weg bringt Sie nach *Travassos*. Spätestens dort müssen Sie Wasser abfüllen oder sich geben lassen, denn meiner Erinnerung nach findet sich auf 11,6 km dann keine Wasserstelle mehr.

Nach der Höhen-Wanderung erreichen Sie den Monte Farinha über eine Kuppe gegenüber der Rückseite der Wallfahrtskirche. Von dort gehen Sie hinunter zum *Largo de São Tiago* mit dem Standbild des Apostels und wenden sich dann auf der Teerstraße nach rechts. Genau gegenüber dem Pfad, auf dem Sie heruntergekommen sind, führt ein mit gelben Pfeilen markierter Pfad auf der Rückseite der erhöht liegenden Kirche aufwärts und dann rechts unterhalb dieser um sie herum bis zu der Treppe, die zur Plattform mit Kirche, Restaurant und Hospedaria hinaufführt.

Zur Fortsetzung des Weges gehen Sie wieder die Treppe zur *untersten* Straße hinunter und dort nach rechts, bis Sie links den Beginn des steilen Abstiegs ins Tal finden. Der Weg folgt der Route des PR1 (gelb-rote Markierung, den Link zu dem entsprechenden Faltblatt finden Sie als Fundstelle 13 am Ende dieses Buches) und führt über *Campos* schließlich nach Mondim de Basto, wo Sie oberhalb der Câmara Municipal und dem ankommen.

2. **Hauptweg**:

Zur Fortsetzung unseres Weges umrunden wir das Café **nach links** und folgen der Straße hinunter zu einem Kirchturm. An der Kirchenfront vorbei gehen wir nach rechts hinunter, wenden uns an einem Steinkreuz nach links und laufen dann vor der *Junta de Freguesia de Bilhó* die Straße hinunter. Daraufhin führt links ein mit groben Steinen gepflasterter Weg an hohen Weinstöcken vorbei in Richtung von Olivenbäumen, km 0,4. Weiter unten lässt sich ein Wasserlauf seitlich auf Trittsteinen überqueren. Danach bleiben wir mit Blick auf den rechts gegenüberliegenden *Monte Farinha* zunächst auf demselben Weg und lassen Abzweigungen außer Acht, bis sich der Weg nach knapp 1 km gabelt. Dort gehen wir unter hohen, den Weg überspannenden Weinstöcken hindurch nach rechts hinunter. Wir bleiben nun links auf dem Höhenpfad und steigen *nicht* nach rechts hinunter.

Nach 1,3 km stoßen wir auf eine kleine Teerstraße und folgen dem gelben Pfeil nach rechts auf einige Häuser zu. Wenige Meter dahinter biegen wir noch vor den Häusern und gegenüber

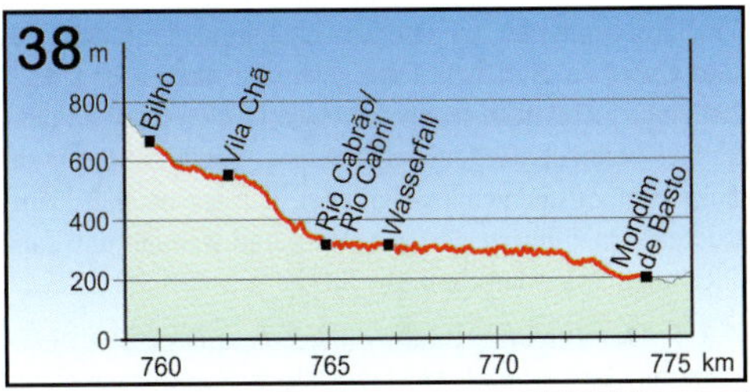

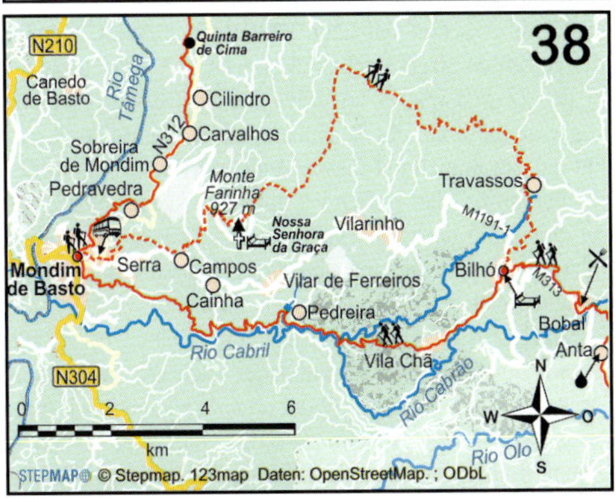

von einem nach rechts hinunterführenden, breiten Sandweg nach links auf einen Feldweg ab. Der Weg führt an Weinstöcken vorbei hinunter ins Flusstal des *Rio Cabrão*, an dessen rechtem Hochufer wir entlanglaufen. Nach knapp 2,1 km und einer quer verlaufenden Straße erreichen wir die ersten Häuser von **Vila Chã**. Dort gehen wir geradeaus auf einem Feldweg ins Dorf hinein, dessen Mitte wir nach 2,2 km erreichen, und wandern auf der Hauptstraße nach links weiter. Gut 200 m weiter wenden wir uns auf einer Kreuzung vor einem blassgelben Haus mit einer gelben Mauer nach rechts bergab in Richtung des *Monte Farinha*. Nach gut 2,8 km folgen wir an einer Gabelung dem Waldweg nach rechts hinunter ins Tal. Wir bleiben auf diesem Weg und folgen ihm in einem Bogen erst nach rechts und dann nach links hinab. Die später hinter einer neu bepflanzten (2015) Rodungsfläche folgende Abzweigung nach rechts lassen wir genauso außer Acht wie nach 3,5 km eine Abzweigung nach links. Dort gehen wir geradewegs auf den *Monte Farinha* zu.

Bei einer Gabelung nach 3,7 km gehen wir den Weg nach rechts hinunter und wandern nun sozusagen rechts am *Monte Farinha* entlang. Ein kurzes Stück weiter unten wenden wir uns dann auf dem unteren von zwei Wegen wieder nach links, gehen zunächst quasi links am *Monte Farinha* entlang und dann direkt auf ihn zu, wobei wir immer auf diesem Weg bleiben. Rechts unten fließt nun der *Rio Cabril*. Der Weg wendet sich später zunächst nach links und läuft dann wieder direkt auf die hoch oben gelegene Wallfahrtskirche zu, um endlich den Talboden mit dem Zusammenfluss der *Rios Cabrão* und *Cabril* zu erreichen. Dort gehen wir **nicht** nach links hinunter, sondern wenden uns bei einer Eiche **nach rechts** auf einen kleinen Pfad, an dem sich seitlich ein kleiner Wasserlauf befindet. Gegenüber von zwei Wegweisern für den PR2 wenden wir uns nach links zum Zusammenfluss hinunter, den wir nach 5,1 km auf großen Felssteinen überqueren. Dahinter steigen wir hinauf und wenden uns dann nach links auf den Pfad des PR2 nach „Mondim de Basto 8,8 km".

Der *Percurso Pedestre* PR 2 *Levada de Piscaredo* beginnt zwischen dem Fluss links und dem *Levada* genannten Bewässerungskanal rechts, der zuletzt 1955 eingefasst wurde, aber schon seit über 300 Jahren existiert. Der herrliche Naturpfad verläuft auf der gesamten Strecke neben diesem kleinen Kanal und kann daher nicht verfehlt werden. In der *Levada* wächst an vielen Stellen essbare Wasserkresse, manchmal bedeckt sie sogar die gesamte überschaubare Länge. Wenn Sie etwas Käse dabeihaben, können Sie ihn gut zusammen mit dieser kleinen Delikatesse genießen.

Bei km 6,7 km stoßen wir auf einen kleinen Wasserfall mit einer Holzbrücke davor. Seien Sie nach dem Verlassen der Brücke vorsichtig! Dort wachsen überhängende Pflanzen, sodass man manchmal die Einfassungsmauer kaum erkennen kann, deren Steine überdies lose oder wacklig sein können.

Nach 7,8 km unterquert die *Levada* eine Straße, auf der wir nach rechts bergauf gehen, um dann aber sofort wieder nach links abwärts auf den PR2 einzubiegen. Die Wallfahrtskirche *Nossa Senhora da Graça* können wir nun direkt über uns liegen sehen. Nach 10 km liegt *Mondim de Basto* unter uns. Bei km 11,3 verschwindet der Weg in einem Tunnel, dahinter bilden riesige Granitfelsen in bizarrer Formation ein Felsentor, durch das hindurch wir unseren Weg in den Wald hinunter fortsetzen. Dort begleitet uns dann auch wieder die *Levada*. An einem grünen Drahtzaun entlang erreichen wir die ersten Häuser von **Mondim de Basto**, überqueren bei km 12 eine Querstraße und gehen gegenüberliegend dem PR2 folgend auf einer gepflasterten Straße weiter. Rechts steht sofort ein Waschhaus mit 💧 fließend kaltem Wasser. Bei dem Schild „PR2" Moínhos de Piscaredo" setzen wir unseren Weg geradeaus zwischen einem Haus und einer von Weinlaub überwucherten Gebäuderuine auf alten Steinplatten fort. Vor einem kleinen alten Gebäude links mit einem kleinen Wellblechdach über der unteren Tür (dahinter befindet sich ein Stall mit ☺ freundlich grunzenden Schweinen (☞ Foto Seite 316)) folgen wir dem PR2 nach rechts hinunter. Unten stoßen wir wieder auf die Wasserleitung, an der wir dem Weg nach links hoch folgen. Der Weg verläuft rechts unterhalb der Wasserleitung und trifft später und weiter oben wieder auf sie. ✋ Gehen Sie hier nicht oben entlang, das ist zu gefährlich!

Am Ende des Hohlwegs biegen wir nach links bergauf ab, stoßen wieder auf die *Levada* und folgen der an ihr entlangführenden, kopfsteingepflasterten Straße bis zu einem Leitungsmasten, wo ein Sandweg nach rechts abbiegt. Wir befinden uns weiterhin auf dem PR2, dessen gelb-rote Markierung uns den Weg weist. Wir gehen an einer rechts stehenden, hohen, aus groben Felsbrocken zusammengesetzten Mauer entlang in einen lichten Baumbestand hinein, bis wir nach 13,2 km auf eine verzweigte Gabelung stoßen. Dort folgen wir dem Wegweiser des PR2 auf einer der linken Varianten Richtung *Mondim de Basto*. Nach 200 m sehen wir links unten das Fußballstadion liegen, erreichen dann sofort die ersten modernen Wohnblocks und nach knapp 13,7 km die Stadt selbst. Wir gehen geradeaus weiter und biegen dann nach rechts zum Gebäude der *Bombeiros* von **Mondim de Basto** ab. Dort überqueren wir die Straße nach links, gehen dann auf der *Avenida Dr. Augusto de Brito* weiter, bis wir an deren Ende links hinter einer Tankstelle das *Residencial Carvalho* erreichen, km 14.

Zum ℹ *Posto de Turismo* gehen Sie über den Zebrastreifen vor dem Residencial hinweg und folgen dann den Wegweisern die Straße hinauf, bis Sie gegenüber einem kleinen Park und vor der Câmara Municipal auf den futuristisch aussehenden, grauen Kubus der Touristeninformation treffen.

Mondim de Basto ℹ 🛏 🏠 ✕ ☕ 🛒 ⚕ BANK 📯 ⇧ 200 m, Ew. 3.500

ℹ Posto de Turismo, Praça de Municipio, ☎ 255 381 479,
✉ turismo@cm-mondimdebasto.pt, 🚪 Mo bis Fr 9:00 bis 13:00 und 14:00 bis 17:00, Sa 9:00 bis 13:00. Ein informatorisches Highlight unter den Touristenbüros auf unserem Weg. ☺ Die Leiterin *Luisa Lemos* spricht gut Englisch und Französisch, weiß alles und ist überaus hilfsbereit. **Achtung!** Lassen Sie sich von Dona Luisa vor der Fortsetzung Ihres Weges eine Unterkunft in Salto (☞ Seite 278) und Pitões das Júnias (☞ Seite 288) reservieren und bei den Bombeiros in Cabeceiras de Basto anmelden, wenn Sie dort übernachten wollen.

🏠 Casa de Conselheiro, Rua da Via Cova, 📱 965 867 536,
✉ casaconselheiro@gmail.com. Aufwendig renoviertes Gründerzeit-Gästehaus, erst 2016 eröffnet. Für Pilger gibt es ein Mehrbett-Zi mit 6 Betten, pP € 15 mF, DZ (nur Ehebett) € 30 mF. Ansprechpartnerin ist *Angelina Botelho*, sie spricht gut Englisch.

Einfach, aber sauber und ideal gelegen: Residencial Carvalho, Avenida Dr. Augusto de Brito, ☏ 255 381 057, j3.carvalho@gmail.com. Der Eingang ist links um das Café herum (Klingel), gegenüber die Treppe hinauf wohnt die Eigentümerin *Celeste Carvalho*; Sie können sich aber auch im Café melden. EZ € 17,50, DZ € 25,00 mF (das frugale Frühstück gibt es *in der Pension*). ☺ Ihre Wäsche dürfen Sie auf Wäscheleinen auf einer Terrasse hinter der Wohnung der Wirtin in der Sonne aufhängen – nach links in den Hof hinein und dann die Treppe hinauf.

Mehrere Möglichkeiten. Nicht gerade billig, aber ausgezeichnet sind:

▷ Die „Casa da Caínha" in der Rua Velha (an der i links die Straße hinein) ist das Stammlokal der örtlichen Jakobsbruderschaft: gastfreundlich, sehr gute regionale Küche, frische Zutaten, herrlicher Tischwein (heißt *Vinho verde*, ist aber rot – das „verde" bedeutet hier „jung").

▷ „Adega Sete Condes", direkt links unterhalb „Casa de Cainha" gelegen, www.adega7condes.pt. Gemütliches Lokal mit ausgezeichneten Fleisch- und Fischgerichten. Spezialität ist das „carne maronesa" von den schwarzen Stieren der Region Vila Real, Sie sahen sie in Lamas de Olo.

Central do Camionagem, vom i und vorbei an der Câmara Muncipal die Straße nach schräg rechts hinauf, dann nach links abwärts. Verbindungen nach Porto und Lissabon sowie Cabeceiras de Basto: MdB – Gandarela 8:30 - 9:00, Gandarela – Cabeceiras de Basto 9:45 – 10:15

Schon in der Frühzeit besiedelt, eroberten im 2. Jh. v. Chr. die Römer unter Decius Junius Brutus die Gegend, wobei sich der Widerstand der Bergstämme besonders in der in 920 m Höhe auf dem *Monte Farinha* gelegenen, berühmten Siedlung *Cinínia* lange hielt. Die Römer bauten Straßen, auf denen auch unsere Route verläuft. Die Kelten, Sueben, Westgoten und Muslime haben keine Spuren hinterlassen und auch im Mittelalter spielte der kleine Ort in den Bergen nur eine untergeordnete Rolle. Erst die 1776 auf dem *Monte Farinha* errichtete Wallfahrtskirche *Nossa Senhora da Graça* brachte Bekanntheit und Besucher. Von einer Rampe unterhalb der Kirche starten die Drachen- und Gleitflieger sowie die sich auf den Berg hinauf – vor allem aber auch wieder hinunterschraubende Straße ist heute ein Eldorado für Mountainbiker aus aller Herren Länder.

Auf dem Monte Farinha

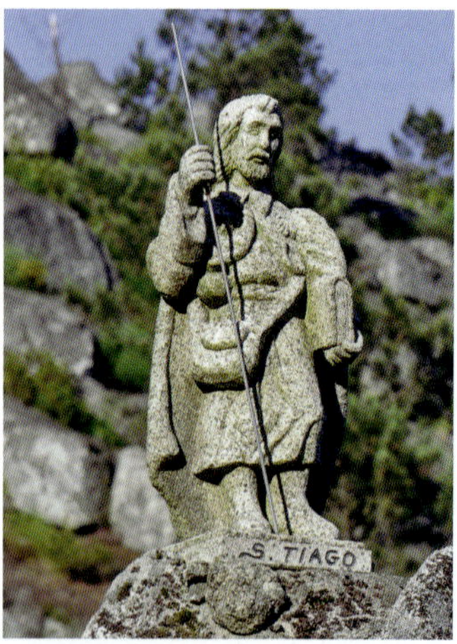

♦ Mondim de Basto hat eine sehr aktive „Irmandade dos Peregrinos do Caminho de **Santiago** por Terras de Basto", die für die Markierung unseres Wegs im *Concelho* verantwortlich zeichnet. Außerdem wird in MdB jährlich vom 24. auf 25. Juli mit der „Noite de Romeiros de Santiago" ein ausgelassenes Straßenfest mit anschließender *Romaria* (Wallfahrt) hinauf zum *Monte Farinha* begangen. Die sich sonst in der Apsis der Kirche befindliche Jakobus-Statue wird in einer feierlichen Prozession herumgetragen und oberhalb des Largo de São Tiago findet ein Festgottesdienst statt.

☺ Bereits von hier, aber auch noch von *Cabeceiras de Basto* aus können Sie einen Ausflug zur „Wiege Portugals" nach **Guimarães** (☞ Seite 18) machen und von dort evtl. unter Auslassung der 39. Etappe direkt nach *Cabeceiras de Basto* fahren.

Sie sollten diesen Abstecher, ob von hier oder erst *Cabeceiras* aus, **unbedingt** machen. Die malerische und geschichtsträchtige Altstadt von *Guimarães* wurde wegen ihrer Fülle an historischen Bauten und bedeutenden Kunstschätzen 2001 zum **Weltkulturerbe** erklärt und war 2012 Kulturhauptstadt Europas. Sie ist aber auch ein herrlicher Ort zum Verweilen, mit zwei Plätzen, an und auf denen fröhliche Menschen vor netten Lokalen sitzen, verlockenden Pastelarias, herrlichen Grünanlagen und einer heiter entspannten Atmosphäre.

Hier einige Tipps:

🚌 Es gibt werktäglich mehrere, Sa vier und So zwei Busse von MdB nach Guimarães. Von dort ebenso viele zurück nach MdB oder nach *Cabeceiras* (in Gandarela umsteigen). Vom Busbahnhof Guimarães gehen Sie auf der Avenida Conde de Margeride nach rechts hinauf in die Stadt.

ℹ An der Nordseite der Praça de Santiago, Englisch und Französisch, ☏ 253 518 790. Holen Sie sich dort einen Stadtplan und gehen Sie auf Entdeckungsreise.

Das Castelo von Guimarães – die Wiege Portugals

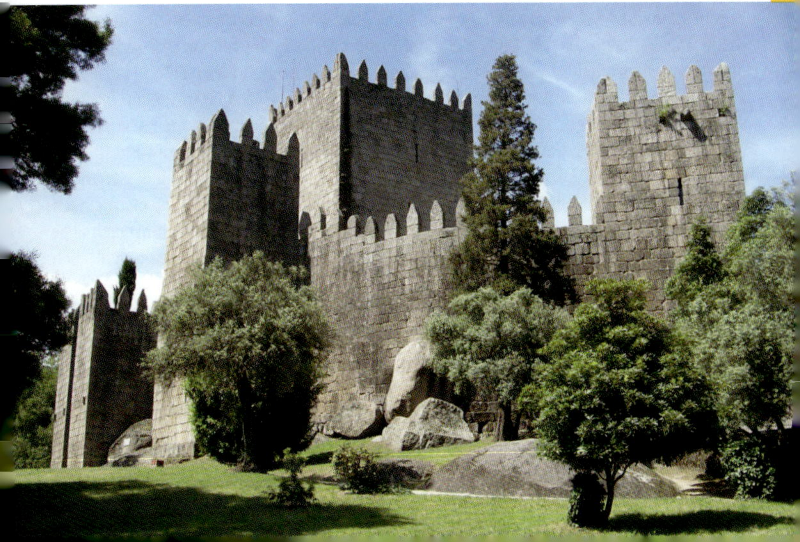

Pousada de Juventude, Largo da Cidade 8, ☏ 253 421 380. guimaraes@movijovem.pt, Bett für Pilger mit Ausweis € 8, sonst € 11; DZ mit Bad/WC € 30-36, alle mF

„Casa de Retiros" der Missionários Redentoristas, Rua Francisco Agra 163, ☏ 253 511 515, einfache Zimmer in klösterlicher Stille, DZ € 35 mF, zentrale Lage. Vorher reservieren (lassen) und Pilgerausweis mitnehmen!

Castelo und Capela de S. Miguel, Paço (Palast) dos Duques de Bragança, Museu Alberto Sampaio: „Dieses Museum ist jeden Besuch wert" (José Saramago), Museu Martins Sarmento (Archäologie) - ein wahrer Ausflug in die Geschichte Portugals

✞ Last but not least: die Pilgerkirche Nossa Senhora da Oliveira mit **St. Jakob als Pilger** hoch oben am Kirchturm

39. Etappe: Mondim de Basto – Cabeceiras de Basto

19,3 km

Wir überqueren den Zebrastreifen vor dem *Residencial Carvalho,* gehen dann nach rechts und anschließend links hinauf zu der kleinen ✞ *Capela do Senhor.* Links daran vorbei geht es weiter in die *Rua do Lajes,* auf der wir ins Tal hinuntergehen. Nach knapp 400 m erreichen wir eine Teerstraße, der wir nach links folgen. Gegenüber auf einer Mauer sehen wir den ersten gelben Pfeil. Wir bleiben bis auf Widerruf auf dieser Teerstraße, auf der gleichzeitig der *PR1* verläuft, wie wir an den gelb-roten Markierungen erkennen können.

Nach 1,1 km biegt die Straße bei einer Kreuzung nach rechts oben, vor einem kleinen Sägewerk links und einem Flachbau mit Briefkästen davor ab. Gegenüber auf einer Bruchsteinmauer sehen wir den gelben Pfeil und weiter oben auf einem Strommast rechts das Zeichen für den PR1. Bei einer weiteren Kreuzung bei km 1,8 wenden wir uns dem gelben Pfeil folgend nach rechts bergauf in Richtung eines weißen Hauses mit grünen Fensterläden und gehen auf der Teerstraße weiter. Nach 2 km gehen wir zwischen einem Leitungsmasten links und einem hohen Zitronenbaum rechts geradeaus weiter in das Dorf **Pedravedra** hinunter. Anschließend geht es wieder aufwärts, bis wir nach knapp 2,3 km auf zunächst nach links weisende Markierungen treffen, denen wir nach gut 100 m auf einen gepflasterten Weg nach rechts bergauf folgen, bis wir nach einem steilen Anstieg nach gut 2,5 km auf die N 312 stoßen, auf der wir uns nach links wenden und an einer Tankstelle entlang geradeaus weitergehen. Wir biegen nicht nach rechts ab.

850 m weiter gelangen wir zur Siedlung **Sobreira de Mondim** und halten uns bei dem Schild „Freguesia de Atei" sowie einem Buswartehäuschen dahinter weiterhin links. Nach 3,9 km passieren wir das Ortseingangsschild von **Carvalhos** und erreichen 200 m danach diese Siedlung. Nach knapp 4,5 km wenden wir uns an einem vor einem weiß-grau gestrichenen Haus mit einem grauen Metallplattenzaun auf der linken Straßenseite stehenden Laternenmast aus Beton *nach links* auf die kopfsteingepflasterte *Rua das Mêstras.* Das entsprechende Straßenschild befindet sich rechts an der Einmündung und gegenüber der Einmündung steht ein Pfahl mit dem weiß-gelben Schild für den

Mountainbikerweg 11. An dem Laternenmast befindet sich der hölzerne Wegweiser „Contentor de Monos, Deposito de Lixo", diesem folgen wir. ☝ Gehen Sie **nicht** auf der Landstraße weiter!

Wir gehen die *Rua das Mêstras* geradeaus hinunter, wobei wir das zweite gleichlautende Hinweisschild außer Acht lassen. Kurz darauf kommen wir an einem kleinen Sägewerk vorbei. Ab hier können wir schon die ersten groben Pflastersteine einer ehemaligen Römerstraße sehen. Vor dem Eingang zur „Pedreira Mêstras no. 6569" und einem Verbotsschild, das das Weitergehen untersagt, halten wir uns bei knapp 4,9 km nach rechts und laufen weiter bis zu einer alten Fabrikhalle. Wir gehen rechts an ihr vorbei und auf dem grobfelsigen Weg unter Weinranken auf dem Pflaster einer Römerstraße geradeaus weiter. Alsbald erreichen wir auch einen Wasserlauf, den wir auf einer aus groben Steinblöcken zusammengefügten, kleinen Brücke überqueren, um danach unsere Wanderung auf diesem uralten Weg mit tief eingekerbten Karrenspuren aus längst vergangenen Zeiten fortzusetzen.

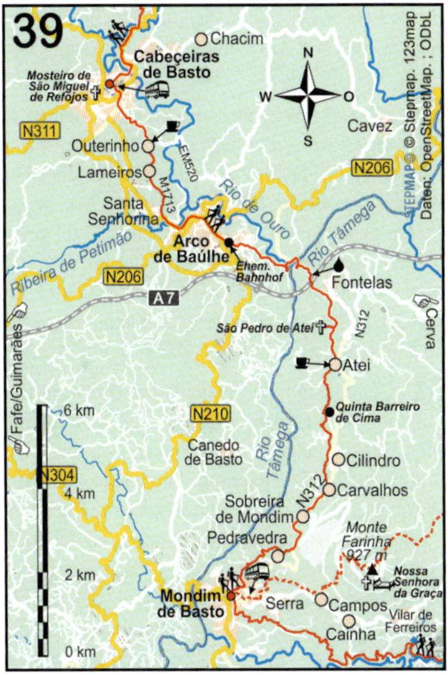

Der Weg endet vor einem grauen Haus, dessen Untergeschoss aus Felsgestein errichtet ist. Dort wenden wir uns nach links und erreichen nach knapp 5,7 km sogleich eine quer zu unserem Weg verlaufende Teerstraße. Wir folgen dem gelben Pfeil nach links abwärts. Auch im Tal bleiben wir auf der Hauptstraße. Vor dem grün gestrichenen, großen Tor (mit einem Steinkreuz darüber) eines klosterähnlichen, grauen Gebäudes, das sich aber als *Quinta* entpuppt, wenden wir uns nach 6,3 km nach links

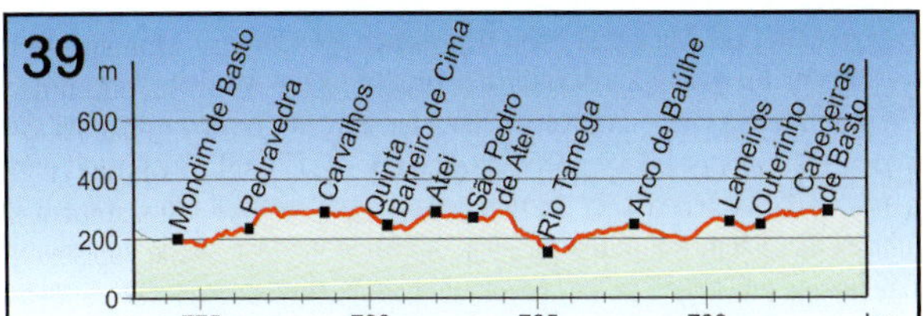

und gehen unter einem die Straße überspannenden Maisspeicher hindurch. Danach wenden wir uns wieder nach rechts und gehen um das Grundstück herum auf eine Teerstraße. Wir bleiben auf dieser Straße bis zu einem Sägewerk und einer dahinter verlaufenden Kopfsteinpflasterstraße. Dort wenden wir uns bei km 7,25 auf der *Rua do Minhatosa* nach rechts und erreichen nach 7,6 km zunächst eine Tankstelle und dann die **Atei** durchquerende N 312. Unterhalb der ✞ Kirche finden wir das ☕ „Café Espigueiro".

Wir folgen der Kopfsteinpflasterstraße hinauf zur Kirche, gehen links an ihr vorbei hinunter zur Hauptstraße mit einem Stopp-Schild und drei hohen Kreuzen sowie einem 🚌 Buswartehäuschen. Dort wenden wir uns nach rechts und gehen dann sogleich dem Wegweiser nach *Arco de Baúlhe* folgend die *Rua da Igreja* links den Berg hinunter. Nach 8,5 km weist ein gelber Pfeil nach rechts bergab, außerdem steht dort der blaue Wegweiser zur „A 7 Guimarães Fafe" mit einem darunter befindlichen, kleinen Wegweiser nach *Arco de Baúlhe*. Unser Weg führt später dort hinunter.

☺ Zuvor machen wir jedoch einen kleinen Abstecher von gut 300 m nach links zu einer sehenswerten Kirche. Deshalb bleiben wir auf der *Rua da Igreja* und kommen alsbald zu einem *Pelhourinho*, der an 800 Jahre Unabhängigkeit und 100 Jahre Befreiung von der spanischen Besetzung erinnert. Vorbei an einem Glockenturm mit einer Petrus-Statue gelangen wir zu der diesem Apostel geweihten *Igreja de São Pedro* mit äußerst bemerkenswerten Bogenfeldern, die an vorromanische Bildhauerkunst denken lassen, obwohl die Kirche erst im 14. Jh. errichtet worden sein soll. Vielleicht wurden die Tympanon-Reliefs einer älteren Kirche wiederverwendet, anders kann ich mir diese archaischen Figuren nicht erklären.

Einmal um die Kirche herum gehen wir die Straße wieder zurück bis zur Abzweigung mit dem gelben Pfeil und folgen ihm auf der *Rua de Fontelas* abwärts. Bei km 9,5 (den Umweg eingerechnet) kommen wir am rechts liegenden ☕ „Bons Amigos" vorbei und ein kurzes Stück weiter oben teilt sich die Straße. Dort folgen wir erneut den beiden Wegweisern von vorhin und der Teerstraße nach links unten. Wir laufen unter den die Straße überspannenden Weinstöcken hindurch, wenden uns ein Stück weiter vor einem gelben Haus mit einem Azulejos-Laubengang nach links und bleiben auf der Teerstraße. Hinter dem gelben Haus geht es an der *Quinta de Val-Bõa* vorbei steil bergab. Wir unterqueren zunächst die Autobahnbrücke, rechts dahinter steht ein 💧 Brunnen mit fließendem Wasser, km 10,3. Danach erreichen wir einen Kiefernwald mit Schonungen und gehen die Teerstraße steil hinunter zur Brücke über den *Rio Tâmega*. Hier an der Kreisgrenze endet die Markierung mit den gelben Pfeilen.

Bei der Kreuzung kurz hinter der Brücke folgen wir dem Wegweiser, der **links** nach *Arco de Baúlhe* zeigt, und gehen hinunter zu einer weiteren Brücke, diesmal über den in den *Rio Tâmega* mündenden *Rio de Ouro* (⇧ 150 m). Auch nach dieser Brücke bleiben wir auf der Teerstraße, die nun genauso steil bergauf führt, wie sie vorher hinunterführte. Bei einem Kuhwarnschild (km 12,6) können wir die ersten Häuser von **Arco de Baúlhe** vor uns liegen sehen. Nach 12,8 km kommen wir an eine Kreuzung, auf der wir vor einem Maschendrahtzaun und einem Hinweisschild auf Radfahrer nach links in Richtung eines Transformatorenhauses abbiegen. Gleich darauf erreichen wir einen Fahrradweg „Ecopista“ mit rotem Belag, dem wir nach rechts in Richtung des ehemaligen Bahnhofsgebäudes von **Arco de Baúlhe** folgen.

Auf dem alten Bahnsteig gehen wir bei km 13 an dem wunderschön restaurierten Gebäude (jetzt ein ⌘) vorbei nach links auf die Steinpflasterstraße, der wir nach rechts folgen. Bei km 13,5 stoßen wir schließlich auf die N 210, auf der wir nach rechts und an einem Sägewerk vorbei ins Zentrum hinunterlaufen. Nach 600 m erreichen wir einen großen Kreisverkehr mit allerlei Verkehrsschildern. Dort wenden wir uns nach links auf die N 206 in Richtung *Fafe*, gehen an einer Tankstelle vorbei und biegen dahinter sofort auf die N 205 in Richtung *Cabeçeiras de Basto*, km 14,3.

Arco de Baúlhe ⇧ 220 m, Ew. 1.700

Auf der N 205 kommen wir über eine Brücke zunächst nach **Santa Senhorina**, wo wir uns bei km 15,3 und einer *Garagem* nach rechts auf die M 1713 Richtung *Lameiros* und *Outerinho* wenden. Nach 300 m gehen wir rechts an einem Baustoffhandel vorbei bergauf auf ein Kiefernwäldchen zu und erreichen alsbald das Ortsschild von **Lameiros**. Wir umrunden eine links hinter einer Mauer stehende, verfallene, kleine Kirche und setzen unseren Weg nach links fort. Stets auf der M 1713 weiterlaufend sehen wir später einige Neubauten und setzen bei einer Gabelung vor einem Waschhaus den Weg geradeaus fort. An mehreren einzeln stehenden Häusern vorbei erreichen wir schließlich nach 16,8 km das Ende von **Lameiros**, wo sich die Straße nach links einen Hang hinunterneigt. Nach 250 m wendet sich die Straße hinter einer Bachbrücke nach rechts und führt an hohen Rebstöcken vorbei. Nach einem leichten Anstieg erreichen wir nach 17,2 km das nette ✕ Restaurant „Luis do Outerinho“ an der EM 520 im gleichnamigen Dorf Outerinho. Wir wenden uns dort nach links und folgen der Straße in einer Kurve nach rechts den Berg hinauf. Oben (⇧ 290 m) angekommen, haben wir einen schönen Blick auf das Bergmassiv der *Serra da Cabreira* auf der linken Seite und sehen dann auch bald **Cabeceiras de Basto** vor uns liegen.

Bei km 19 stoßen wir am Ortseingang auf einen Kreisverkehr an der N 311 bzw. der *Avenida Cardeal António Ribeiro*. Dort gehen wir geradeaus über den Kreisverkehr hinweg in die *Rua de Fonte de S. João* (rechts liegt der Busbahnhof), an deren Ende wir auf den weiten, baumbestandenen *Campo de Seco* gelangen, km 19,3.

Die *Bombeiros* befinden sich wenige Meter weiter auf der linken Seite. In Richtung der Pensionen überqueren Sie den Platz diagonal nach links hinauf zur *Rua General Humberto Delgado*. Schräg rechts gegenüber den Bombeiros findet sich die *Junta de Freguesia*, wo Sie einen Stempel für Ihren *Credencial* bekommen können.

Cabeceiras de Basto ⇧ 300 m, Ew. 4.700

Posto de Turismo, *Praça da República* (vor der Klosterkirche), ☏ 253 669 100, Mo-Fr 9:00 bis 12:30, 14:00 bis 17:30, am Wochenende im *Centro Unesco - Casa do Tempo* neben dem *Mosteiro de São Miguel*

Die Bombeiros bieten Pilgern kostenlose Gemeinschafts-Unterkunft mit Betten und Dusche; ☏ 253 662 133. Eine Spende von mindestens € 5 für deren Gastfreundschaft sollte selbstverständlich sein – es handelt sich um eine Freiwillige Feuerwehr, die sich selbst finanziert und auf Spenden angewiesen ist. Fragen Sie daher nach dem „mealheiro“ [*meal-eiro*], der Sparbüchse, und seien Sie nicht knauserig!

Residencial S. Miguel, links am Beginn der Rua General Humberto Delgado, ☏ 253 661 034 (mit ✕), DZ € 30, EZ € 20

▷ Residencial A Cafreal, Rua General Humberto Delgado 44, ☏ 253 662 690 (mit ✕). Die Unterkunft selbst liegt in ruhiger Umgebung gut 100 m vom Restaurant am bewaldeten Berghang, DZ € 40, EZ € 25. Die Preise können auf € 30 und € 20 heruntergehandelt werden.

✕ Von Pilgern gelobt: „O Camponês“, Rua Dom Nuno Alves Pereira, ☏ 253 662 810. Rustikal und preiswert.

▷ Ebenfalls empfohlen: „Cantinho Dos Leitões“, Rua General Humberto Delgado/Campo Do Seco, ☏ 253 661 034. – Ich war leider noch in keinem von beiden.

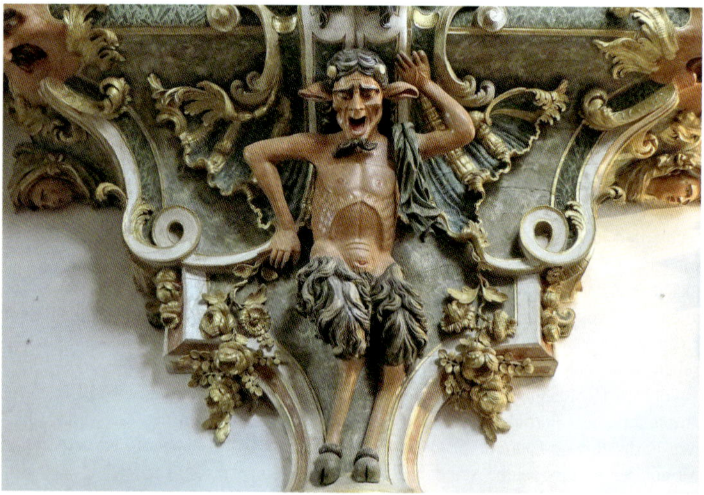

Detail der Orgel in der Igreja São Miguel de Refojos (RK)

✞ Mosteiro de São Miguel de Refojos de Basto. Die imposante Barockkirche des ehemaligen, 1834 aufgelösten Benediktinerklosters ist auf jeden Fall einen Besuch wert, genauso die davor liegende, gepflegte Praça da República mit ihren bunten Bürgerhäusern.

Central do Camionagem. Europa- und landesweite Verbindungen, u. a. nach Porto, Braga und Guimarães. Spärlicher Schulbusverkehr nach Abadim und Travassô, sonst keine Verbindungen nach Norden

☺ Falls Sie es nicht schon von Mondim de Basto aus getan haben, bietet sich von hier aus erneut die Gelegenheit zum Besuch von **Guimarães** (☞ Infos zu MdB).

40. Etappe: Cabeceiras de Basto – Salto/Venda Nova

➲ 21 km/27,5 km

Etappenplanung: Auf dieser Etappe gibt es je eine Übernachtungsmöglichkeit in Salto und in Venda Nova. Unterwegs finden Sie in *Abadim* und *Corva* stets geöffnete ☕ sowie in *Torrinheiras* ein ✕, das Mo/Di geschlossen hat, im Dorf gibt es jedoch einen Brunnen.

☺ Nach etwa 7 km könnten Sie auf die ersten *bois barrosão* (Barroso-Rinder) stoßen, die sich unbekümmert gern auch auf den Straßen und Wegen der *Serra da Cabreira* herumtreiben. Mit ihren riesigen Hörnern sehen sie wahrlich furchteinflößend aus, sind aber ganz friedlich. Die Ausnahme sind Muttertiere, deren Kälbern man zu nahe kommt; sie sind jedoch kaum außerhalb eingezäunter Weideflächen anzutreffen.

Barrosão-Rinder (MW)

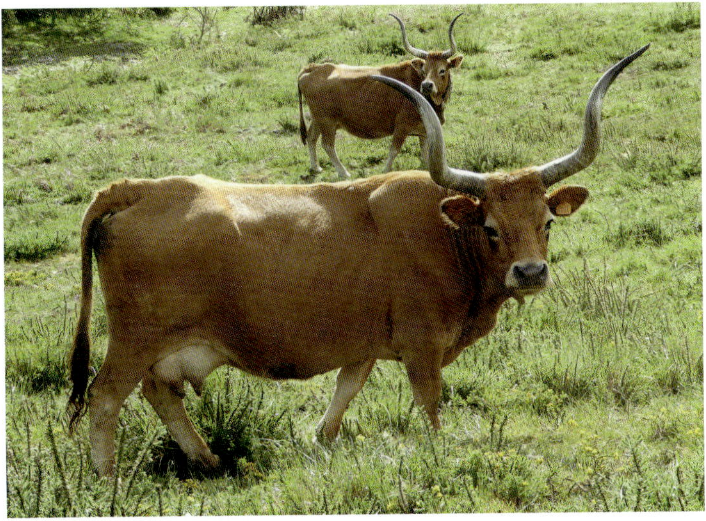

🚶🚶 Mit dem Rücken zu den *Bombeiros* gehen wir diagonal nach rechts über den großen *Campo de Seco* bis zu einem baumbestandenen, kleinen Kreisverkehr. Dort wenden wir uns nach schräg links und laufen an der 🚌 Bushaltestelle vorbei geradeaus weiter die geteerte Hauptstraße hinunter. Sie macht bei palmenbestandenen Grundstücken einen Bogen nach rechts hinunter. Bald darauf kommen wir zur Brücke über den *Rio Peio* und folgen bei Erreichen der N 311 dem Wegweiser „Salto" nach links (km 0,8). Danach bleiben wir auf dieser Straße und ignorieren die Abzweigung rechts nach *Chacim*.

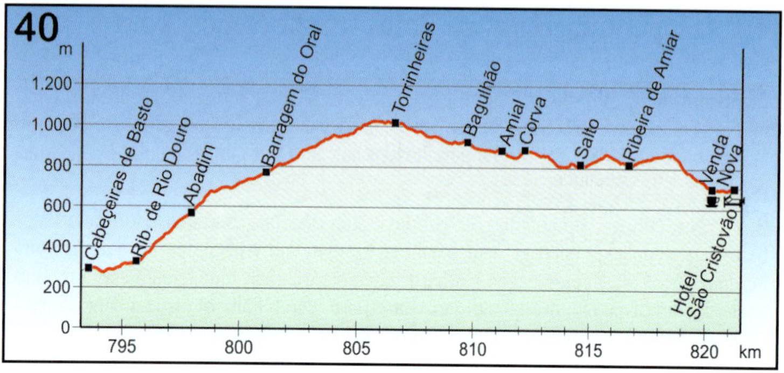

Nach 1,5 km stoßen wir auf das Ortsausgangsschild von *Cabeceiras de Basto* und überqueren nach 2 km den *Ribeira do Rio Douro* auf einer Brücke mit einer uralten Vorgängerbrücke rechts daneben. *Sofort* hinter der Brücke wenden wir uns nach links und gehen dann die nach **rechts** abzweigende Kopfsteinpflasterstraße hinauf, bis wir nach 400 m eine Weggabelung mit einer links stehenden, hohen Kiefer und einem Eukalyptusbaum erreichen. Dort wenden wir uns nach links. Bei einem geradeaus oben liegenden Haus schließt sich rechts ein breiter Teerweg an. Wir folgen ihm geradewegs den Berg hinauf und lassen mögliche Abzweigungen nach rechts außer Acht. Hinter einem Weinberg erreichen wir ein Haus aus grob behauenen Steinen mit Nebengebäuden. Wir umrunden es rechts und setzen unseren Weg dann an einem langen Maisspeicher entlang fort. Er wendet sich ein Stück weiter oben rechts in einen Hohlweg und ist noch weiter oben kopfsteingepflastert. Bei einem Haus mit einer Steinmauer und einem großen Feigenbaum davor halten wir uns nach links aufwärts. Oben angelangt, wenden wir uns vor einer efeubewachsenen Steinmauer nach rechts und erreichen bei km 3,8 den Weiler **Corça**. Dort wenden wir uns nach links, um nach knapp 50 m nach links weiterzugehen bis zu einem Stopp-Schild, bei dem wir eine kleine Teerstraße erreichen, auf der wir uns nach rechts wenden. Wir sind nun in einem Ortsteil der Gemeinde **Abadim**. Alsbald sehen wir auch das ✕ „Café Central" (km 4,2) rechts an der Straße liegen. Dort können wir uns nach dem anstrengenden Anstieg ausruhen und stärken.

Mit dem Rücken zum Café gehen wir ein paar Schritte nach links zurück, biegen dann sofort nach links auf die kleine, aufwärts führende Teerstraße ab und gehen danach an einer Mauer entlang nach links hinauf. Nach 4,5 km geht der Weg in einen Weg mit Kopfsteinpflasterbelag über und teilt sich kurz darauf vor einem Weiler. Dort halten wir uns links und folgen der Straße zwischen den Häusern hindurch. Rechts vorbei an einem Haus mit einer Gartenmauer und darauf grünen Metallplatten führt sie nunmehr wieder als Teerstraße aufwärts. Bei einer Gabelung gehen wir zwischen zwei ziegelgedeckten Häusern geradeaus hindurch und biegen hinter dem kleinen Gartenhaus des rechts stehenden Hauses nach rechts bergauf ab. Dort geht die Straße alsbald in einen Sandweg über. Nach 5,5 km führt der Weg ebenerdig weiter, hier stehen auch vereinzelt hohe

Kiefern. Nach einer Kurve steigt er wieder leicht an und führt in Richtung auf die sich vor uns drehenden Windkrafträder zu. Links unterhalb rauscht das Wasser durch eine schmale *Levada*.

Bald darauf sehen wir hinter einem rechts vor uns stehenden Signalmast die Aufschüttung eines Flugfeldes. Kurz darauf überqueren wir die *Levada* bei km 5,65 und erreichen nach knapp 6 km die Landstraße, der wir nach rechts folgen. Nun sehen wir auch in einer Kurve vor uns die Aufschüttung für die Piste des Flugfeldes, das dort sinnlos mitten in die herrlichste Naturlandschaft hineingeschlagen wurde. Die Straße führt direkt links unterhalb dieser Betonfläche vorbei und oben begegnen wir dann dem ganzen unvorstellbaren Ausmaß der Umweltzerstörung. Bei km 7,1 jedoch folgen wir dem orangefarbigen Wegweiser zum *Barragem do Oral* nach links in den Wald hinein. Wir gehen rechts an dem kleinen Stausee mit einer dahinterliegenden Freizeitanlage vorbei und stoßen am oberen Ende des Sees auf nach links hinunterführende Treppenstufen, wo wir nach 7,5 km zu einer kurzen Rast hinabsteigen und eine Runde schwimmen können. Trinkwasser ist ebenfalls vorhanden.

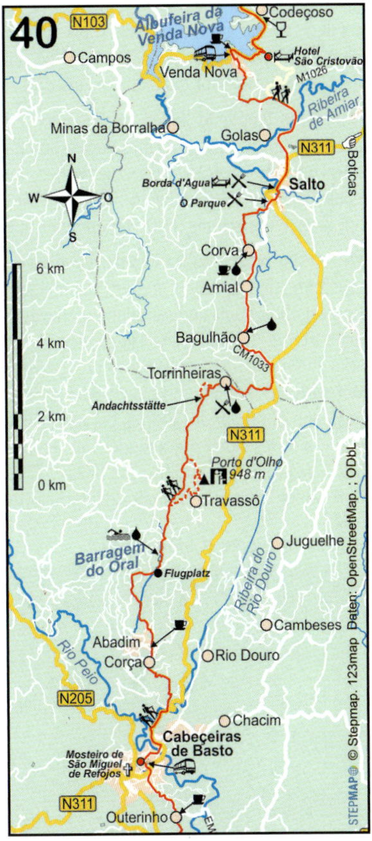

Vom Rastplatz gehen wir auf einem breiten Sandweg nach schräg rechts wieder zur Straße hinauf, der wir zunächst nach links folgen. In einer Kurve geht es dann entlang der Leitungsmasten nach rechts. Bei km 8 wenden wir uns auf der Landstraße, die wir vorhin verlassen haben, nach links in Richtung zweier vor uns liegender Bergkegel. Auf dem rechten können wir den Aussichtspunkt *Porto d'Olho* erkennen. Die Straße wird nun in Abständen von Straßenlampen begleitet und führt im Frühsommer durch ein schier endloses Meer von betörend duftendem Ginster und Heidekraut. Bei einer Gabelung folgen wir der Teerstraße mit den Straßenlampen.

Bei etwa **km 8,9** erreichen wir eine Kreuzung, wo wir dem weißen Wegweiser *Salto* und *Montalegre* folgen (☞ aber den gleich folgenden Tipp ☺). Rechts unterhalb von uns liegt das Dorf *Travassô*. Bei km 10,1 gehen wir an dem braunen Wegweiser „Porto d'Olho" vorbei geradeaus weiter, bis nach 200 m die von rechts kommende Straße mit dem ⇘ Umweg über den Porto d'Olho auf unsere Hauptroute stößt. Dort laufen wir geradeaus weiter auf die sich vor uns drehenden Windkrafträder zu.

☺ Ich empfehle Ihnen, ab der eben erwähnten Kreuzung bei **km 8,9** einen nicht allzu großen (knapp 1,5 km) Umweg durch das malerische Tal von *Travassô* hinauf zum Bergkegel des *Porto d'Olho* zu machen und von dort den fantastischen Rundblick zu genießen. Der Weg ist leicht zu gehen, Sie müssen aber vom Talboden bis zum Gipfel auf kurzer Entfernung 100 Höhenmeter überwinden:

⇘ Wir biegen daher von der Landstraße nach rechts auf die kleine Straße nach **Travassô** ab, die zwischen uralten Steinmauern direkt in Richtung des vor uns liegenden Bergkegels verläuft und sich dann rechts zum Dorf hinunter wendet. Die Wiesen bei den malerisch in der Landschaft liegenden Häusern sind von einmalig intensivem Grün, das vom Rotviolett des am Wegesrand stehenden Fingerhuts nur noch unterstrichen wird. Wir laufen durch ein von einem Bächlein durchflossenes, romantisches Tal und wenden uns dann oberhalb des Dorfes bei zwei Gedenktafeln (Straßenbau) von 2002 und 2005 unterhalb des hoch aufragenden, im Frühjahr ginstergelben Bergkegels auf der in der Mitte gestrichelten Straße nach links. ✋ Gehen Sie *nicht* nach rechts ins Dorf hinein, dort laufen Hunde frei umher. Unterhalb des Gipfels steigen wir dann hinauf bis zum

Blick vom Porto d'Olho (MW)

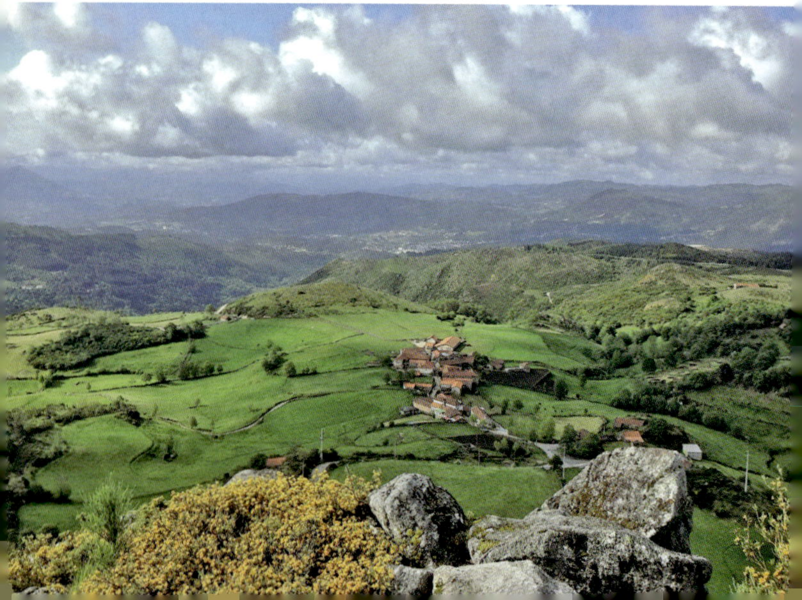

Ortsschild „Porto d'Olho". Dahinter führt rechts ein geteerter Weg zum Aussichtspunkt mit einer kleinen Kapelle und einem Messpunkt (948 m). Der Blick von dort oben ist überwältigend und doch umfängt uns völlige Bergeinsamkeit – kein Tourist weit und breit, kein Postkartenstand, keine leeren Getränkedosen, nur kreisende Dohlen und das Rauschen des Windes.

Wieder zurück auf der mit Kuhfladen gepflasterten Teerstraße wenden wir uns nach rechts zum Weiler hinauf und dann nach links auf eine kleine Kapelle zu. Dort erreichen wir neben einem Waschhaus eine andere Teerstraße, der wir geradeaus folgen, bis sie unterhalb sich drehender Windräder nach 2,85 km auf die von links heraufkommende Hauptroute stößt, der wir nach rechts folgen. (Die nachstehenden Entfernungsangaben sind die der **Hauptroute**. Wenn Sie die Alternative gegangen sind, müssen Sie jeweils 1,45 km hinzuzählen.)

Wir bleiben nun stets auf dieser in der Mitte mit weißen Strichen markierten Straße, bis zu einer Andachtsstätte und einem Steintisch bei einer hohen Eiche mit einem Berggipfel links, km 12. Dort zweigt ein Sandweg nach rechts ab, dem wir bei trockenen Bodenverhältnissen folgen.

Bleiben Sie bei Regen, Nässe und insbesondere nach starken Regenfällen auf der Landstraße, weil sich an einer tiefen Stelle des Weges Wasser gestaut haben könnte. Dort gibt es zwar Trittsteine, die aber möglicherweise nicht hoch genug sind. Für die zusätzlichen 750 m Asphalt werden Sie unterwegs durch einen 7 m hohen Menhir links neben der Straße entschädigt, der von manchen allerdings für eine natürliche Felsformation gehalten wird. Beeindruckend ist der Koloss allemal.

Der nach rechts abzweigende Weg führt dann an der gegenüberliegenden, uralten Felssteinmauer entlang zunächst nach links abwärts und hinter einem Wasserlauf wieder nach rechts aufwärts. Vom Alter her ist der Pfad eines der am meisten beeindruckenden Wegstücke der gesamten Via Lusitana. Nach gut 12,5 km mündet er wieder in die Landstraße, der wir nach rechts in den Weiler **Torrinheiras** hinein folgen. Vorbei an einem Steinkreuz, einer Kapelle und einem in seiner Schlichtheit beeindruckenden Kruzifix aus Granit stoßen wir auf den Wegweiser nach rechts zum Restaurant/Café „Tasca Picão", das wir nach 13 km erreichen. Leider ist dieses schöne Lokal Mo und Di geschlossen; Sie finden aber im Dorf auch einen Brunnen mit frischem Wasser.

Nach einem kurzen Aufenthalt gehen wir die Hauptstraße weiter hinunter, wenden uns bei einer steinernen Einweihungstafel vom 28. August 2005 nach links und vorbei an dem Ortsausgangsschild steil ins Tal hinunter. Nach 14,6 km stoßen wir auf die von *Cabeceiras de Basto* heraufführende Nationalstraße N 311 nach *Salto* und *Venda Nova*, der wir nach links folgen. Auf der linken Seite befindet sich auch eine Bushaltestelle mit einer Bank zum Ausruhen. Bei dem nach 500 m folgenden Wegweiser nach *Corva, Amial* und *Bagulhão* biegen wir auf den nach links abzweigenden CM 1033 ab.

☺ Wir sind nun in der *Terra de Barroso* (bzw. hier dem *Baixo Barroso*), einer von Traditionen und Gebräuchen geprägten, bäuerlichen Bergregion, die sich bis zur spanischen Grenze hinauf erstreckt.

Die beiden nachfolgenden Dörfer *Bagulhão* und *Amial* können Sie auch auf den unterhalb der Landstraße verlaufenden, sicherlich sehenswerten Dorfstraßen durchqueren. Zu meinem nachträglichen Bedauern unterließ ich dies, weil ich als „Einzelgänger" dort mögliche unliebsame Begegnungen mit Hunden vermeiden wollte.

Nachdem wir schließlich das Ortsschild von **Bagulhão** passiert haben, erreichen wir nach 16 km nun auch das Dorf selbst. Nach dessen Durchquerung führt am Ortsausgangsschild gegenüber einer Bushaltestelle eine kopfsteingepflasterte Straße nach rechts hinab. Dort steht ein Brunnen mit fließend kaltem Wasser.

Nach 17,4 km kommen wir nach **Amial** und können dann bereits vor uns im Tal *Salto* liegen sehen. Hinter dem Ortseingangsschild von **Corva** gehen wir nach 18,5 km die mit groben Steinen gepflasterte *Rua do Arabalde* nach links in das Dorf hinauf. Oben steht rechts vor einem Bauernhof ein Brunnen. Gleich darauf erreichen wir nach 18,8 km aber auch den *Largo da Capela* mit einer kleinen Kapelle und dem dahinter liegenden „Café Barroso" mit einem *Minimercado.*

Vor dem Café gehen wir die *Rua Casal do Meio* zwischen zwei Maisspeichern hinunter und wenden uns dann in der *Rua do Cabo* nach links hinauf. Nach etwa 18,9 km gehen wir an einem links liegenden, großen Wasserbecken vorbei geradeaus auf die in der Ferne sichtbaren Gipfel der *Serra do Gêres* zu. Bei km 19,6 und einem rechts stehenden, weißen Haus mit kläffenden Hunden wenden wir uns von der kleinen Teerstraße nach rechts bergab auf einen neben einer Mauer verlaufenden Wiesenpfad. (Sie können auch auf der Straße bleiben.) Er trifft bald wieder auf die kleine Straße, der wir nun nach rechts abwärts Richtung *Salto* folgen. Nach 20,1 km knickt die Straße unterhalb eines Hauses nach links ab. Wir überqueren einen Wasserlauf und biegen dahinter nach rechts auf die quer verlaufende Straße, der wir nach links in den Ort hinauf folgen. Am *Parque das Merendas* vorbei erreichen wir nach 20,6 km wieder die N 311, über die wir beim Stopp-Schild geradeaus hinweggehen. Gleich hier in der Ortsmitte von **Salto** gibt es eine BANK Bank, einen „Supermercado" und die letzte „Loja Chinês" auf unserem Wege sowie links das empfehlenswerte „O Parque" (Spezialität: Barrosão-Rindersteak auf heißem Stein – ☺☺☺)

Jenseits der N 311 gehen wir auf der Kopfsteinpflasterstraße weiter bis zu einem Eichbaum gegenüber der modernen Kirche und wenden uns dort unterhalb der erhöht liegenden Post nach links abwärts auf die *Rua José Jorge Álvares Pereira.* Dieser folgen wir geradeaus bergab in Richtung eines Lkw-Verbotsschilds und gehen links davon hinunter zu einer Brücke, die wir nach links überqueren, um bei km 21 schließlich wieder auf die N 311 und dahinter das / Restaurante/Residencial „Borda d'Agua" zu treffen. Ab hier messe ich den Weg neu.

Salto

BANK ⌘ ⇧ 824 m, Ew. 1.500

Café-Restaurante Borda d'Água, Rua Central 46, ☏ 253 659 216, EZ 20, DZ 30 mF. Die französisch-sprechende Wirtin ist manchmal ein wenig launisch.

Einfach, aber gut, beim Hereinkommen direkt an der N 311: Café Restaurante „O Parque"

⌘ Ecomuseu de Barroso, Casa do Capitão. Interessantes Museum über die Geschichte des Landlebens dieser Gegend, täglich geöffnet.

Salto ist Zentrum der Zucht von besonders reinrassigen Barrosão-Rindern, ein kleiner, verhältnismäßig wohlhabender Ort und die Gemeinde mit den meisten Einwohnern im Bezirk *Montalegre*.

Zur Fortsetzung unserer Wanderung folgen wir am Ortsausgang dem Wegweiser Richtung *Venda Nova* (4 km) und *Montalegre* (30 km). Dahinter erhebt sich der beeindruckende Gebirgszug der *Serra do Gerês*. Nach gut 2,1 km überqueren wir den *Ribeira de Amiar*, wenden uns auf einer kleinen Kreuzung nach knapp 3 km auf die links nach *Golas* abzweigende Teerstraße M 1026 und folgen dann nach 3,6 km dem Wegweiser „Minas da Borralha" und „Salgueiros" nach rechts. Nach 3,9 km biegen wir erneut nach rechts auf einen Feldweg ab, der rechts von einer Bruchsteinmauer gesäumt wird. Sofort können wir auch rechts unterhalb den Stausee *Albufeira da Venda Nova* liegen sehen. Kurz darauf biegt der Weg nach scharf rechts ab; vor uns liegt nun ein Teil des Stausees und dahinter die Bergkette der *Serra do Gerês*. Der Weg führt an einem Birken-/Eukalyptuswäldchen vorbei und über eine Kreuzung hinweg geradeaus zu den Häusern von **Venda Nova** hinunter. Unten versperrt möglicherweise ein Gatter aus dünnem Drahtgeflecht, das eigentlich zu dem danebenliegenden Tor gehört, den Weg. Es ist aber nur mit einem Bindfaden befestigt, der sich leicht lösen und anschließend wieder knüpfen lässt.

Kurz darauf geht die Sandstraße vor einem weißen Haus in eine Teerstraße über. Alsbald stoßen wir auf eine breite Straße, der wir nach links in den Ort hinunter folgen. Nach knapp 5 km steht rechts ein Steinkreuz mit einem Kreisverkehr davor, von dem wir auf der *Rua da Igreja* geradeaus Richtung Kirche weitergehen. Ihr gegenüber biegen wir nach links hinunter zu einem Brunnen ab; rechts davon steht die *Junta da Freguesia*, vor der wir nach rechts wieder in die Hauptstraße einbiegen. Links findet sich ein sehenswerter Gemischtwarenladen herkömmlicher Art und rechts gegenüber der modernere Laden der Frau des Bürgermeisters von **Venda Nova**.

Wir gehen eine Treppe geradeaus hinunter auf ein (ungewöhnlich teures) Restaurant zu. Schräg gegenüber liegt das „Café Caridade" mit einem „Posto Pharmacêutico" (kleine) daneben. Die Haltestelle der Busse nach *Chaves* und *Montalegre* befindet sich am Ende der Treppe rechts, die Busse nach *Braga* bzw. *Paradela do Rio* fahren auf der gegenüberliegenden Straßenseite ab. Fragen Sie aber im Bedarfsfall besser im noch einmal nach.

Von der Treppe aus gesehen geht es die *Rua do Comércio* nach rechts am Seeufer entlang weiter bis zu einem Kreisverkehr und nach 6,3 km zum rechts liegenden „Hotel São Cristovão", wenn Sie dort übernachten wollen, km 6,5. Die Entfernung von *Cabeceiras de Basto* betrug mithin 27,5 km.

Venda Nova

BANK 748 m, Ew. 400

„Hotel São Cristóvão", 253 659 387 (etwas Englisch), www.s-cristovao.com, reservas@s-cristovao.com, EZ € 30, DZ € 40 mF, in der „Hochsaison" ab Mai jeweils € 5 mehr

Venda Nova – Braga (von dort z. B. nach *Porto* und *Lissabon*) Mo bis Fr 12:45, 17:30, So und feiertags 16:50, 20:00 / Venda Nova – Paradela do Rio Mo bis Fr 14:15

41. Etappe: Venda Nova – Paradela do Rio ➲ 19,7 km

Etappenplanung: Sie können entweder in *Paradela* übernachten oder 4,4 km weiter in *Outeiro* bei einem deutschen Ehepaar in der „Oficina do Joe". Eventuell müssen Sie sich aber in *Paradela* mit Proviant fürs Abendessen in *Outeiro* eindecken. Klären Sie diese Frage ggf. am besten vorab bei der Reservierung, die entsprechende Info steht auf ☞ Seite 285.

Zwischen dem Kiosk in *Codeçoso* finden Sie bis *Ponteira* auf 15 km im Zweifel nichts zu essen, nehmen Sie daher ausreichend Proviant mit.

Vom Motel aus folgen wir wegen der hier besonders rücksichtslosen Autofahrer *vorsichtig* der N 103 Richtung *Chaves-Montalegre* und gehen durch das Dorf *Codeçoso* (mit 🍷 geöffnet ab 9:00) hindurch. Hinter dessen Ortsausgangsschild und nach einer Kurve mit mehreren nach rechts weisenden gelben Pfeilen für eine scharfe Kurve zweigt nach ca. 2 km beim Ende der Geschwindigkeitsbegrenzung auf 60 km eine kleine Teerstraße nach links unten ab. Zunächst breit, dann schmaler, führt sie im Schatten hoher Bäume oberhalb des Seeufers entlang. Über eine Kreuzung bei km 2,5 gehen wir geradeaus hinweg und dann eben weiter, genauso nach 4 km bei einer Kreuzung mit einem links über dem See stehenden Haus und einem Baustoffhandel rechts. Zunächst von dessen Gerümpel gesäumt, geht die Straße alsbald in einen Wiesenweg über, der sich nach 4,4 km wieder der N 103 nähert und dann nach links auf eine gut begehbare, alte Teerstraße abknickt.

Am Stausee von Venda Nova

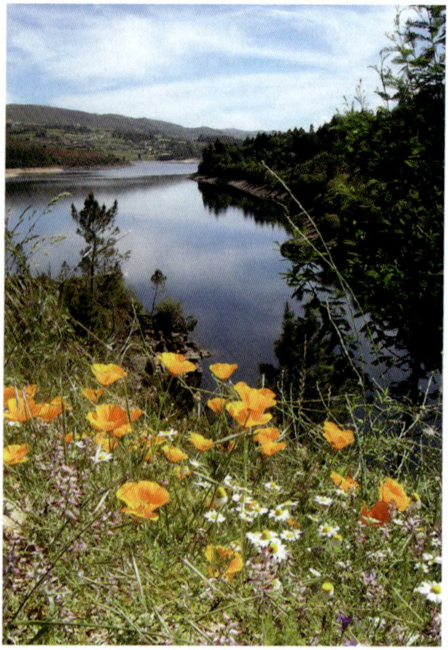

Nach 4,7 km erreichen wir nunmehr endgültig wieder die N 103, gehen auf ihr nach links weiter und bald auch an einigen Häusern neueren Datums vorbei. Falls dort das Gras nicht zu hoch ist, lässt es sich gut links von der Leitplanke entlanglaufen, bis kurz hinter dem Wegweiser Richtung *Reigoso* nach 5,3 km links ein kleiner Pfad hinunter ins Dorf *São Fins* führt. Diesem folgen wir und wenden uns dann erneut nach links auf die kleine Teerstraße am Seeufer entlang. Dort, wo der kleine Weg auf die Straße mit einem Wegweiser nach *Currais* stößt, befindet sich ein 💧 Brunnen. Nach dieser willkommenen Erfrischung überqueren wir den zu einem Arm des

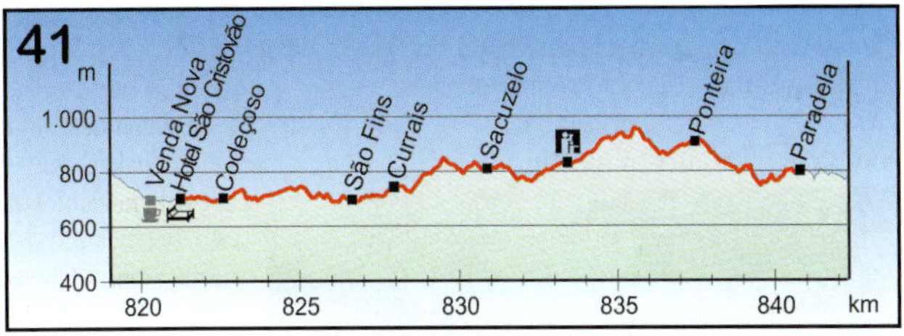

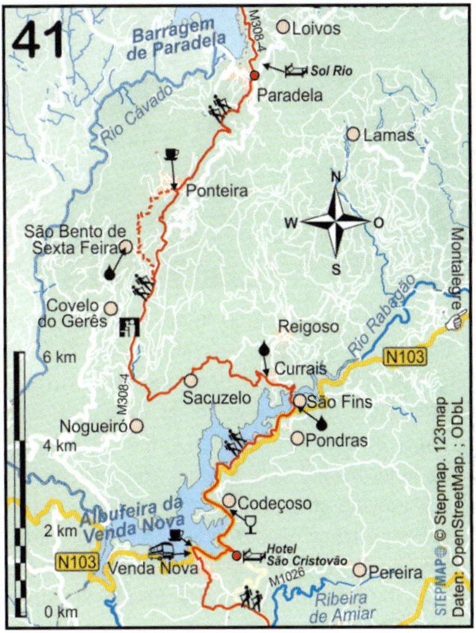

Stausees aufgestauten *Rio Rabagão* auf einer Brücke und folgen der Straße aufwärts nach *Currais*. 150 m hinter der Brücke biegt nach gut 5,9 km nach links ein Wiesenpfad ab.

Er verläuft zunächst zwischen zwei Bruchsteinmauern und entfernt sich dann direkt oberhalb der Brücke von der links befindlichen Mauer, um anfänglich nur schwer erkennbar nach rechts hinauf und dann auf felsigem Untergrund steil zu einem kleinen Wasserlauf im Tal hinunterzuführen. Dahinter setzt er sich aufwärts nach **Currais** fort, das wir vor einem grauen Gebäude mit einem modernen Haus links und einem großen Maisspeicher rechts erreichen. Nach links an dem modernen Haus vorbei gehen wir zunächst auf der *Rua Trás de Portela* und dann der *Rua da Lage* mit rechts liegenden, eindrucksvollen Maisspeichern ins Dorf hinauf. Bei einer Gabelung wenden wir uns nach links auf die *Rua da Fonte* und stoßen nach gut 6,6 km auf den *Largo de Cruzeiro* mit einem Steinkreuz aus dem Jahre 2003 und ihm gegenüber einem netten, aber leider nicht immer geöffneten Café ohne Namen.

Nach einer kurzen Rast wenden wir uns mit Blick auf das Steinkreuz nach links und gehen die Dorfstraße geradeaus hinunter. Nach weniger als 100 m erreichen wir links ein Tal, an dem wir rechts entlang weiterlaufen. Am Ortsende steht links das Straßenschild „Rua do Cruzeiro“. Diesem folgen wir nach 6,9 km ins Grüne hinein. Wir überqueren einen Wasserlauf nach links und befinden uns dann auf dem Pflaster einer Römerstraße, der wir nach links folgen. Bei diesem „excelente troço de calçada“ (ausgezeichnet erhaltenen Stück Straße) handelt es sich um einen Rest der wichtigen Via

Romana XVII zwischen Braga und Astorga, die (jetzt im Stausee verschwunden) von *Venda Nova* herüberkam und sich auf der Trasse des prähistorischen Weges fortsetzte, auf dem wir nach *Currais* hereinkamen.

Römerstraße hinter Currais

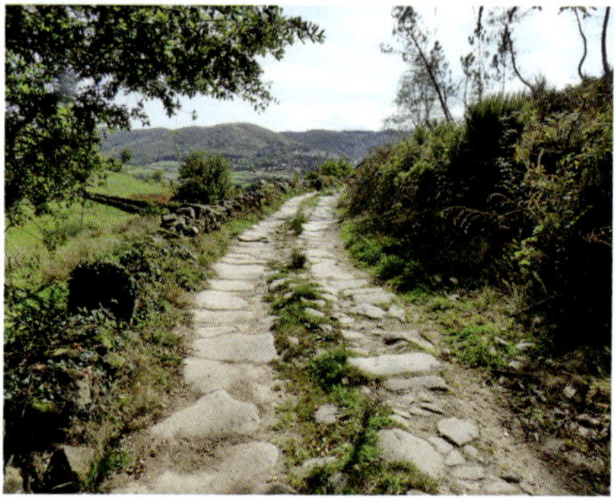

Bald verschwinden die groben Pflasterseine unter einem allerdings leichter zu begehenden Teerbelag. Wir *bleiben* auf dieser Teerstraße auch da, wo nach 7,8 km bei einer großen Eiche mit zwei Steinhütten dahinter die Römerstraße verführerisch einladend nach links hinab abbiegt. Nach 8,2 km – links unten liegt der Stausee – zweigt am Ende eines Eichenwaldes nach links ein Pfad ab, auf dem wir unseren Weg 150 m bis zu einer Teerstraße fortsetzen, der wir nach links folgen. Sie führt in das Dorf **Sacuzelo**, das wir nach 9,5 km auf der *Rua dos Canastros* (so heißen hier die Maisspeicher) erreichen und gehen auf der Kopfsteinpflasterstraße abwärts. Hinter dem Dorf senkt sich die Straße leicht und läuft auf das gegenüberliegende *Nogueiró* zu, biegt dann aber wieder nach rechts ab, bis sie nach einem kräftigen Anstieg bei km 11,6 in die nach *Paradela do Rio* führende M 308-4 mündet. Viele Jahre befand sich dort links die beliebte „Tasquina A Serração". Leider wurde sie 2016 geschlossen, deswegen setzen wir unseren Weg gleich nach rechts hinauf fort. Unterwegs haben wir besonders von einer sandigen Plattform kurz hinter der Gaststätte bei 12,4 km wahrlich traumhafte Ausblicke auf die *Serra do Gerês.*

Nach 13,6 km zweigt eine Straße Richtung *São Bento de Sexta Feira* nach links hinab ab. Hier können Sie zwischen **zwei Routen** wählen. Der Hauptweg führt auf der Straße weiter und dann nach *Ponteira* hinunter. Auf der Alternative gehen Sie Richtung *São Bento* hinunter und dann auf einer gut begehbaren Sandstraße mitten im Gebirge vorbei an den bizarrsten Felsformationen mit grandiosen Ausblicken aufwärts nach *Ponteira.* Ich ziehe die Alternative vor, beschreibe aber zunächst den landschaftlich ebenfalls beeindruckenden Hauptweg bis *Ponteira* und im Anschluss daran die nur 1 km längere Alternative.

Auf der **Hauptroute** gehen wir geradeaus weiter. Nach 14,2 km flacht die Straße direkt oberhalb von *São Bento* ab und nach wenigen Schritten sehen wir auch schon *Ponteira* malerisch unter einen Felsen gebettet vor uns liegen. 200 m weiter kommt von schräg rechts oben ein Weg herunter. Dort gehen wir einen links von der Straße abwärts führenden Feldweg in Richtung auf ein graues Haus und *Ponteira* hinunter. Bald stoßen wir auf einen von oben kommenden, breiteren Weg, dem wir geradeaus weiter am Hang entlang bergab und dann in Richtung *Ponteira* folgen. Bei einer Gabelung nun mit vollem Blick auf *Ponteira* sehen wir einen hellen Weg mit seitlich einer fast weißen Mauer verlaufen. Wir wollen dorthin und wenden uns daher zunächst nach links. Der Weg führt in einer weiten Kurve hinunter zu einem Bach, vor dem er nach links auf den von oben gesehenen Weg abbiegt und eine kleine Brücke überquert. Jenseits der Brücke geht es zwischen Mauern aufwärts, bis wir nach 16 km die ersten Häuser von **Ponteira** erreichen und alsbald auf das Café „Veiga" stoßen.

Auf der **Alternative** gehen wir nach São Bento hinunter, aber nicht in das Dorf hinein (es sei denn Sie brauchen Wasser, dort gibt es einen Brunnen), sondern biegen unten angekommen nach knapp 1 km dem braunen Wegweiser „pedra bolideira" folgend nach rechts auf einen Sandweg ab. Dieser Sandweg führt uns kurvenreich zunächst steil aufwärts und dann in ein Tal mit einem kleinen Wasserlauf hinunter, km 1,8. Dahinter geht es durch eine mit beeindruckenden natürlichen (man glaubt es kaum) Felsen-Ungetümen und unglaublich kunstfertig errichteten, uralten Felssteinmauern durchsetzte Landschaft mit fantastischen Ausblicken immer auf diesem Weg wiederum in Kurven ständig aufwärts. Bei dieser sog. „pedra bolideira" handelt es sich um ein staatlich geschütztes Naturdenkmal.

Hinter einer Anhöhe bei 2,8 km tauchen die Hausdächer von *Ponteira* auf. Bei der dortigen Weggabelung nehmen wir die rechte Abzweigung und gehen auf das Dorf zu. Nach Erreichen der ersten Häuser halten wir uns rechts und gehen bei einer Gabelung

Der Stausee von Paradela

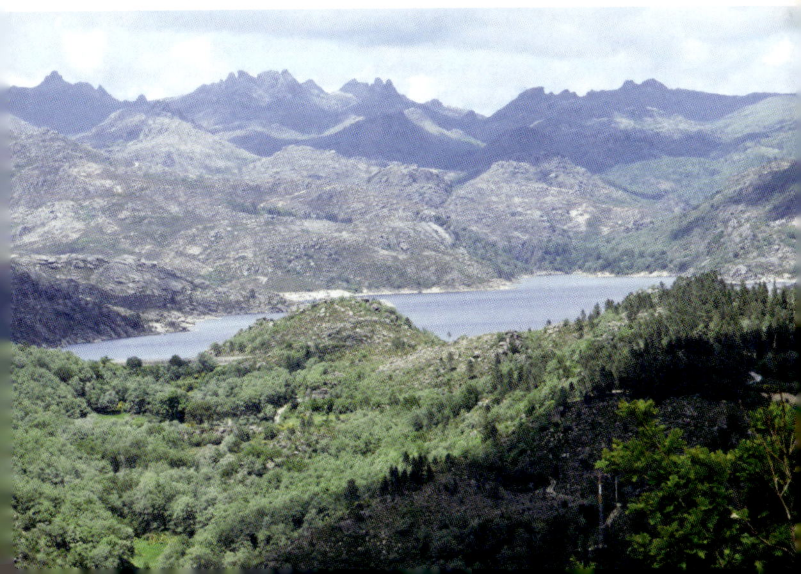

nach 3,3 km mit einem Steinkreuz in der Mitte und einem überdachten Waschtrog dahinter nach rechts bergab weiter, bis wir nach 100 m schließlich das Café „Veiga erreichen. Ab hier gelten wieder die Entfernungen der Hauptroute.

Mit dem Rücken zum Café gehen wir die Kopfsteinpflasterstraße nach rechts aufwärts und über einen kleinen Platz hinweg die *Rua da Cruz* geradeaus hinauf. Oben angekommen, folgen wir dieser Straße abwärts, biegen dann nach rechts und sofort wieder nach links auf eine kleine, nach unten führende Teerstraße ab. Hier können wir bereits *Paradela do Rio* unter uns liegen sehen. Bei einer Gabelung folgen wir der Straße nach rechts. Von hier haben wir einen guten Blick auf den Stausee, rechts davon *Paradela* und oberhalb des Stausees *Pitões das Júnias*.

Nach gut 18,7 km beschreibt unsere Teerstraße vor einem kleinen Haus mit allerlei Gerümpel davor eine Kurve nach links; wir folgen aber der unterhalb des Hauses an einem Bach entlangführenden Kopfsteinpflasterstraße *Rua do Outeiro* nach rechts, überqueren eine kleine Brücke und wenden uns dahinter nach links hinauf. Bei km 19,4 stoßen wir auf die *Rua Principal*, der wir zunächst folgen, um dann in die *Rua do Chainho* nach rechts hinauf abzubiegen und weitere 300 m bis zur Kreuzung mit der Nationalstraße weiterzugehen. Dort erreichen wir nach 19,7 km beim Hochkreuz die Ortsmitte von

Paradela do Rio ⇧ 816, Ew. 280

Mehrere Möglichkeiten: Einen herrlichen Blick auf den Stausee und den Gebirgszug der Serra do Gerês hat man vom links oberhalb der Hauptkreuzung (Kreisverkehr) in der *Rua do Cofrado* gelegenen „Sol Rio“, ☏ 276 566 167, residencial.solrio@gmail.com. Nette Zimmer, EZ € 25, DZ € 40 mF. Die freundliche Wirtin Aurora Fortunas spricht fließend Englisch. ☺ Sie erreichen sie direkt unter 933 267 964. Möglicherweise wird das Restaurant 2017 geschlossen, Dona Aurora vermietet aber auf jeden Fall weiterhin an Pilger und bereitet auf Wunsch Mahlzeiten zu.

Mo-Fr Richtung Montalegre (8:15,14:30) und Venda Nova (12:40,18:05)

Der *Presidente* der JdF und gleichzeitig Besitzer des „Café Benfica“ (rechts von der Hauptkreuzung) fährt Taxi, ☏ 276 566 136. Dona Aurora vom „Sol Rio“ ist seine Schwägerin und ruft ihn gern an.

Paradela liegt am Eingang des 1971 offiziell errichteten *Parque Nacional da Peneda-Gerês*, dem ersten und bisher einzigen Nationalpark Portugals. Wir befinden uns hier am nordöstlichen Rand des von fünf Granit-Gebirgszügen umschlossenen, über 500 km² großen Gebietes, das neben windumtosten, karstig kahlen Höhen dichte Wälder, steile Felsschluchten, Bäche und Wasserfälle umfasst. Innerhalb des Nationalparks stehen große Flächen unter strengem Naturschutz. Er beherbergt eine ungewöhnlich vielfältige Flora. Viele auf sein Gebiet beschränkte Arten wurden vor dem Zugriff des Menschen bewahrt, sodass hier noch mehrere, im übrigen Europa ausgestorbene Pflanzenarten wie der Gerês-Farn aus den Eiszeiten zu finden sind. Auch die Tierwelt ist artenreich. So hat der Iberische Wolf hier sein letztes Refugium und wahrscheinlich treffen Sie unterwegs auf eine Herde von frei galoppierenden (zurückgezüchteten) Garrano-Wildpferden. Seit 2009 ist der Nationalpark Biosphärenreservat der UNESCO.

So einsam die Gegend auch heute noch ist, weisen doch zahlreiche Fundstätten das Gebiet zwischen *Paradela* und *Tourém* als uralten Siedlungsraum aus. Aus dem 3. vorchristlichen Jh. sind noch die Dolmen von *Paradela, Pitões* und *Tourém* erhalten. Vermutlich keltische Siedlungen wurden bisher bei *Pitões* und *Tourém* freigelegt. Sicher ist, dass die Kelten in *Ponteira* Gold schürften und Amethyste abbauten, in der Nähe wurden Schmuckstücke gefunden. Außerdem sind im Nationalpark noch zahlreiche Spuren der Römer erhalten, spätestens auf den Schautafeln in *Pitões das Júnias* werden Sie entsprechende Hinweise finden.

42. Etappe: Paradela do Rio – Pitões das Júnias ➲ 15,3 km

Etappenplanung: Nicht nur wegen des erst spät von mir entdeckten historischen Bezuges des Klosters *Santa Maria das Júnias* zum galicischen (Mutter-)Kloster *Oseira* auf dem *Camino Sanabrés* (Fortsetzung der Vía de la Plata) führt die Route jetzt über *Pitões das Júnias* nach *Tourém*. Ich empfehle, dort einen Ruhetag mit kleinen Exkursionen einzulegen. Sie können auch unter Auslassung von *Pitões* direkt bis nach *Tourém* durchlaufen, verpassen dann aber ein inmitten einer romantisch wilden Bergwelt gelegenes, uriges Dorf mit allerlei Sehenswertem und vor allem den anschließend herrlichen Weg hinunter nach *Tourém* (nachfolgend die 43. Etappe). Bei sehr schlechtem Wetter ohne Aussicht auf Besserung allerdings macht die Abkürzung durchaus Sinn.

Ich beschreibe den direkten Weg ↬ alternativ als Einschub an der Abzweigung nach *Pitões das Júnias*.

Am Kreisverkehr folgen wir dem Wegweiser nach *Pitões das Júnias* und *Tourém* und gehen am Restaurant „Flôr de Rio" vorbei in Richtung des Stausees weiter, auf dessen Hochufer wir nach Norden laufen. Nach 2,6 km überquert die Straße einen Wildbach und nach 3,5 km führt ein kleiner Weg nach links hinunter. An der Abzweigung steht ein niedriges, kleines Schild mit dem Hinweis „Oficina do Joe – Ferro Forjado" und einem Bett-Symbol für eine Unterkunft darüber. Wir folgen dem Weg und gelangen nach 3,9 km zu dem an einem nach links abzweigenden Weg liegenden Haus mit schmiedeeisernen Werkstücken (= *ferro forjado*) davor.

„Oficina do Joe", *Rua do Pereiro* 16, schöne Zimmer mit gutem Frühstück. Die deutschen Gastgeber Gitte und Horst Stricker freuen sich über Gäste; Pilger EZ € 20, DZ € 30. Bitte vorher anmelden und fragen, ob Sie selbst fürs Abendessen sorgen müssen. ☏ 276 563 156, horst.stricker@sapo.pt.

Rechts an der Unterkunft vorbei setzen wir unseren Weg auf der kleinen *Rua Pereiro* aufwärts nach **Outeiro** fort. Dort wenden wir uns in Richtung eines Brunnens auf dem *Largo da Portela*. Neben dem Brunnen mit zwei öffentlichen Toiletten dahinter befindet sich ein nicht immer geöffnetes, kleines ☕ ohne Namen, km 4,2. Ab hier messe ich die Entfernung neu.

Auf dem *Largo da Portela* wenden wir uns nach rechts, gehen die *Rua Adro* hinauf und vorbei an der Kirche nach links auf die M 308-4. Dieser folgen wir um den Friedhof herum und vorbei an einem Steinkreuz, um anschließend den Weg nach rechts zu einer

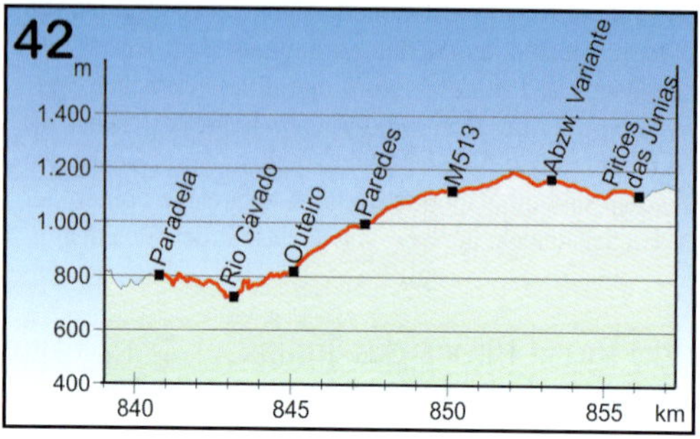

Kapelle hinaufzugehen. An dieser vorbei überqueren wir die M 308-5 und gehen gegenüber der Kapelle die gepflasterte *Rua do Viso* hinauf. Nach 550 m wird der Kopfsteinpflasterbelag zu einem Belag aus groben Steinen. Bei einer Gabelung 100 m weiter gehen wir nach links und dann geradewegs zu einem 💧 Brunnen hinauf, hinter dem wir wieder die M 308-5 erreichen, auf der wir nach links und dann im Bogen weitergehen, allerdings nur ein kurzes Stück, denn im Scheitelpunkt der Kurve biegen wir nach insgesamt knapp 900 m unterhalb eines Laternenmasts mit knallroten Schildern nach links auf einen Feldweg ab. Diesem landschaftlich wunderschönen Weg folgen wir aufwärts, bis nach 1,7 km ein in der Mitte mit Gras bewachsener Feldweg nach scharf rechts bergauf abzweigt. Wir folgen ihm und haben sogleich nach rechts einen herrlichen Blick auf den Stausee von *Paradela* und einen dahinterliegenden Bergkamm sowie auf die Höhenzüge der *Serra do Gerês.*

Vorbei an einer flachen Stelle mit Blick auf den in der Ferne von *Ponteira* herunterkommenden Weg, aber leider auch auf wild abgeladenen Schrott und Schutt gehen wir dahinter in einen Eichenbestand hinein und können auch bald die ersten Häuser von **Paredes do Rio** sehen. Nach gut 2,2 km laufen wir wieder auf Teer aufwärts und gehen oben im Ort geradeaus weiter, bis wir nach knapp 2,5 km rechts eine überdachte Andachtsstätte erreichen. Dort halten wir zunächst einmal inne.

⌘ Das kleine **Paredes** ist ein wahres Museumsdorf, es lohnt sich, hier ein wenig zu verweilen. An der Andachtsstätte nach rechts hinunter finden Sie nach wenigen Metern in der *Rua das Almas 15* das 🛏/✕ Estalagem-Restaurante „Rocha“, wo Sie zu essen und trinken bekommen und übernachten können (EZ € 30, DZ € 40 – verhandelbar). Sollte es geschlossen sein, gehen Sie ein paar Schritte weiter bis zu einer Treppe zum Haus, dann diese hinauf. Oben ist die „Recepção“ mit einer Klingel. Die Wirtin sagte mir, es gäbe jederzeit einen Kaffee oder etwas zu essen, auch übernachten könne man immer.

☺ Sie sollten Ihren Rucksack hierlassen und einen Rundgang durch das granitenarchaische Dorf mit vielen pittoresken Ecken in eine hier noch so nahe ferne Vergangenheit machen. Gehen Sie hoch zum Friedhof und dann nach rechts die *Rua Canto do Cima* weiter in die *Rua Portelas*, bis oberhalb der Kirche die *Travessia da Igreja* nach rechts hinab zu dieser abbiegt. Zwischen dem sehenswert frei stehenden Kirchturm mit Freitreppe und der *Igreja de St° António* hindurch stoßen Sie auf die *Rua da Igreja*, der sie nach rechts über einen Platz mit großem Brunnen in die *Rua da Carredoura* und dieser dann zurück zum Ausgangspunkt an der Andachtsstätte folgen. Unterwegs stoßen Sie auf einige „hintereinandergeschaltete" alte Wassermühlen, durch die das Wasser nur so rauscht. Sie sind Teil des *Ecomuseu de Barroso*.

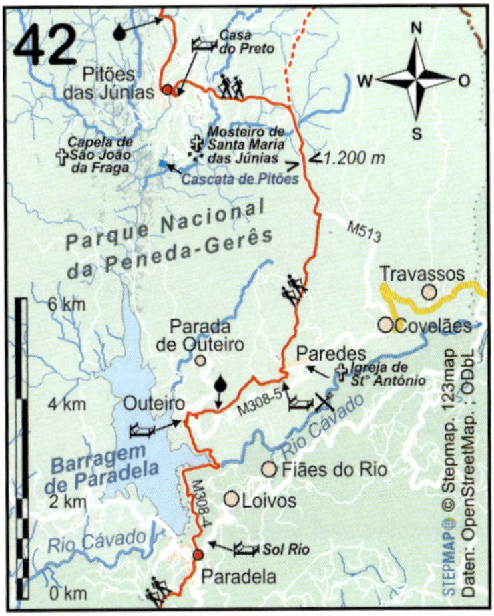

Zur Fortsetzung unseres Weges gehen wir von der Andachtsstätte (oben km 2,5) nach links, vom „Rocha" kommend geradeaus nach oben und um den Friedhof herum nach links hinauf weiter zu einem ausladenden Laubbaum. In der Kurve erst nach rechts und dann nach links gehen wir schließlich an einer links stehenden Reihe von niedrigen Häusern mit großen Toren vorbei geradeaus aufwärts in Richtung einer aus zwei hintereinander gesetzten Betonkästen gebildeten, hellen Trafostation. Auf dem rechts an ihr vorbeiführenden Feldweg gehen wir geradeaus in die Landschaft hinein und überqueren auf dem zwischen Steinmauern gemächlich ansteigenden Weg ein Hochplateau mit Wiesen und Ginsterbüschen. Wir gehen immer geradeaus und nach 4,6 km zwischen einem Haus auf der rechten Seite und einem großen Brunnen links hindurch. Dort befinden wir uns auf einer einsamen, vom Wind durchwehten, nur von Vogelgesang erfüllten, kargen Hochebene. Nach knapp 5,6 km stoßen wir auf die M 513, der wir nach links aufwärts folgen. 1 km weiter überschreiten wir bei ⇧ 1.200 m einen Pass mit einem überwältigend schönen Ausblick auf ein weites Bergplateau und das Massiv der *Serra do Gerês* links. Nach gut 8,1 km erreichen wir eine Gabelung bzw. Kreuzung mit einer eindrucksvollen Andachtssäule (arme Seelen im Fegefeuer) in der Mitte, auf der wir uns Richtung *Pitões das Junias* nach links wenden.

Auf der Abkürzung Richtung *Tourém* geht es nach rechts bzw. geradeaus weiter. Das Sträßchen führt in absoluter Bergeinsamkeit und Stille ganz nah der spanischen Grenze durch eine herrliche Landschaft mit einem weiten Blick hinüber zu den Höhen Galiciens bergabwärts nach **Tourém**, wo Sie das „Café Paris" (☞ Seite 292) nach weiteren 5,7 km (gesamt 4,2 + 8,1 + 9,7 = 22 km) erreichen.

Richtung *Pitões das Júnias* folgen wir der kleinen Landstraße Richtung Bergkette, bis wir nach 10 km hinter einer Kurve unterhalb von lang gezogenen Ställen eine Gabelung erreichen. Dort verlassen wir die Asphaltstraße nach rechts und gehen zwischen Bruchsteinmauern auf einem Sandweg aufwärts. 200 m weiter mündet er neben einem links stehenden, flachen, dreieckigen Brunnen in eine Teerstraße, der wir geradeaus folgen und zuerst eine Abzweigung nach links und dann eine nach rechts außer Acht lassen. Die Straße führt im Bogen nach links zwischen Feldern und nach 10,7 km schließlich den ersten Häusern von **Pitões das Júnias** hindurch. Wir bleiben stets auf dieser später abwärts führenden Straße, bis wir nach 10,8 km links den Treppenaufgang zur 🛏 ✗ „Casa do Preto“ sehen. Bis zum Largo do Eiró (gleich nachfolgend) sind es noch 300 m, sodass die gesamte Etappe 4,2 + 11,1 = 15,3 km beträgt.

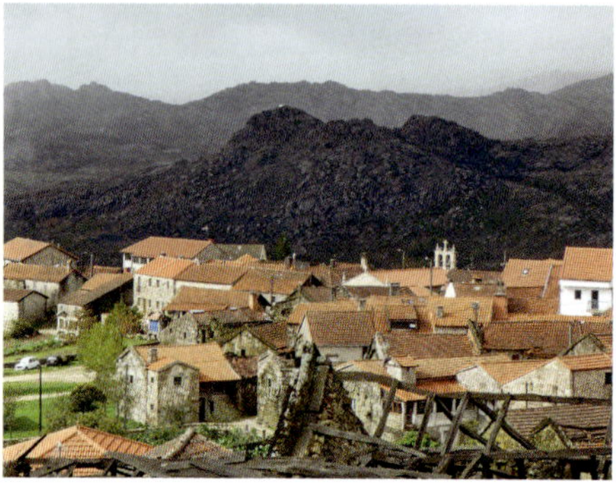

Pitões das Júnias

✗ Zum „Zentrum“ gehen Sie bis zur Hauptstraße hinunter und dann nach rechts, bis Sie schließlich zu dem kleinen *Largo do Eiró* gelangen, mit dem ☕ (eher eine Kneipe) „Rato do Eiró“ ganz rechts, das auch über einen kleinen Lebensmittelvorrat verfügt. Daneben steht der 💧 Dorfbrunnen (für mich gibt es dort das beste Wasser auf dem gesamten Weg) mit einem Kreuz und links gegenüber die kleine *Junta de Freguesia* mit einem auf „Taxi Fernando“ hinweisenden Schild. Einige Schritte weiter ist rechts die ✗ „Taberna Terra Celta“. Vorbei an der *Rua dos Brasileiros* erreichen wir eine Kreuzung. Links geht es zur ✝ *Igreja Matriz* und einem Laden mit regionalen Produkten. Rechts führt eine Kopfsteinpflasterstraße hinauf zur ☺ Bäckerei „Padaria de Pitões“ und dann auf der 43. Etappe hinaus aus dem Dorf.

Pitões das Júnias 🛏 ✗ ☕ ✝ ⇧ 1.100 m, Ew. 180

🛏 ✗ Casa do Preto, ☏ 276 566 158, 💻 www.casadopreto.com, gut ausgestattetes Hotel mit allem Komfort, für **Pilger** EZ € 25, DZ € 40 mit reichhaltigem Frühstück. Dona Maria, der gute Geist des Hauses, spricht nur Portugiesisch (man kommt trotzdem klar), ihre am Wochenende manchmal anwesende Tochter Englisch. Dona Marias deftige „Feijoada transmontana“ passt gut zu der Gegend, auch die anderen Gerichte sind gut, aber nicht gerade billig.

✗ „Dom Pedro de Pitões“, 150 m oberhalb der Bäckerei auf dem Weg aus dem Dorf hinaus. Gute regionale Küche mit Spezialitäten und vernünftigen Preisen.

☺ Vor allem auch für Selbstverpfleger ist die Bäckerei (siehe oben am Ende des Texts) ein Muss. Allein schon der Geruch frisch gebackenen Landbrots lässt einem die Sinne schwinden. Die Frau des tüchtigen Bäckers und ihre Schwester sind überaus freundliche Bretoninnen, die jeden Nachmittag andere Spezialitäten anbieten – die „brioches au jambon et fromage“ oder portugiesisch „pão com presunto e queijo“ z. B. schmecken sehr gut. Natürlich gibt es auch Süßes (mit Nüssen, Honig und allerlei anderem) – lassen Sie sich überraschen!

▷ In der Bäckerei, im „Rato do Eiro“, in einem Laden am Ende der Rua Côto (vorbei an der Kirche) und im Restaurant „Dom Pedro“ können Sie ein Glas des einzigartigen Gebirgsblüten-

honigs „Mel de Pitões" kaufen – mehr Bio geht nicht! Ihr Rücken ist nach all den km so gestärkt, dass Sie leicht ein Glas mitnehmen und nach Santiago tragen können; zu Hause werden Sie mir dankbar sein.

♦ Verbringen Sie möglichst einen vollen Tag in Pitões, es lohnt sich! Gehen Sie auf der Hauptstraße unterhalb der Casa do Preto zurück zur Abzweigung zum Friedhof und folgen sie dann den Wegweisern zur

▷ besonders malerischen Ruine des *Mosteiro de Santa Maria das Júnias*, im 9. Jh. eine Eremitage und im 11. Jh. ein Benediktinerkloster, das wahrscheinlich 1147 zum Filialkloster des Zisterzienserklosters *Oseira* auf dem Camino Sanabrés (Vía de la Plata) wurde. Gehen Sie über die kleine Brücke hinweg zur Wassermühle und dann noch nach rechts hinauf, so weit Sie sich trauen – die Stimmung dieses Orts ist magisch.

Mosteiro de Santa Maria das Júnias

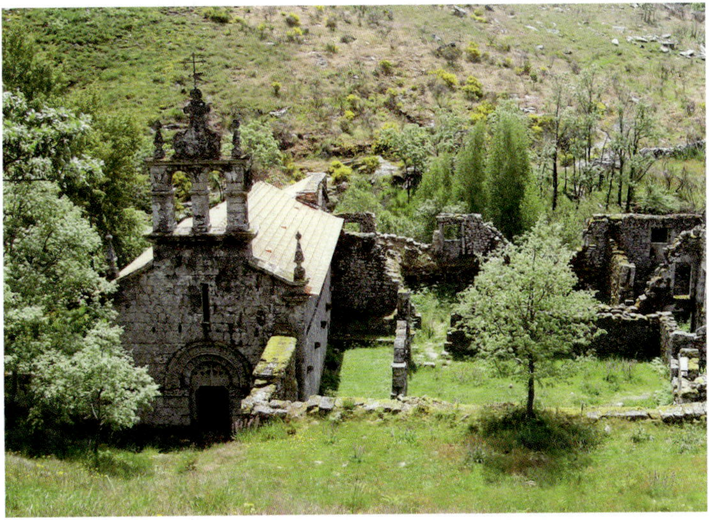

▷ eindrucksvollen Cascata de Pitões (Wasserfall). Von dort führt ein PR auf einer anderen Route mit herrlichen Ausblicken ins Gebirge zurück ins Dorf, Sie kommen unterhalb der „Casa do Preto" zurück.

☺ Ein **besonderes Erlebnis** ist der Halbtagesausflug (insgesamt ca. 6 Stunden) zur *Capela de São João da Fraga* mitten im Gebirge. Sie sehen sie von Pitões aus weißleuchtend auf einem Gipfel thronen. In Richtung der Bäckerei führt gegenüber dieser (etwas unterhalb) ein Weg nach links zu einem aufwendig gestalteten Ferienhaus hinunter. Rechts von dieser Zufahrt biegt ein kleiner Feldweg ab, der hinaus in die *Serra do Gerês* und hinauf zur *Capela* führt. Der Weg ist nicht schwierig zu laufen, nicht sonderlich anstrengend, führt durch eine berauschende Landschaft und ist mit Steinmännchen markiert – jedes Jahr zu Johannis findet dort eine Wallfahrt statt. Lediglich auf den Felsstufen hinauf zur Kapelle heißt es vorsichtig sein. Den Rundblick von dort werden Sie niemals vergessen.

43. Etappe: Pitões das Júnias – Tourém ➲ 11,4 km

Wir gehen vom *Largo do Eiró* geradeaus zwischen der „Terra Celta" und der *Junta de Freguesia* hindurch, biegen dann in die zweite Gasse (mit Kopfsteinpflaster) nach rechts hinauf ein und folgen der *Rua do Outeiro* weiter aufwärts. Vorbei an der Bäckerei gehen wir kurz darauf bei einer Gabelung nach rechts hinauf. Beim ✕ „Dom Pedro Pitões" wenden wir uns nach links und folgen der Straße zu den vor uns liegenden, modernen Stallungen hinauf. Nach 800 m gehen wir links an einem großen, flachen Brunnen vorbei und folgen dem Wegweiser nach u. a. „ESPANHA". Bei km 1,6 überqueren wir eine Brücke bei einem links stehenden Brunnen und biegen dahinter auf einen aufwärts führenden Feldweg nach rechts ab. Am Beginn des Weges steht ein Pfahl mit einer weiß-roten Markierung, der wir nun bis auf Weiteres folgen. Nach 2,8 km überqueren wir einen kleinen Wasserlauf. Dahinter wendet sich der Weg bei einem Markierungspfahl nach links bergauf.

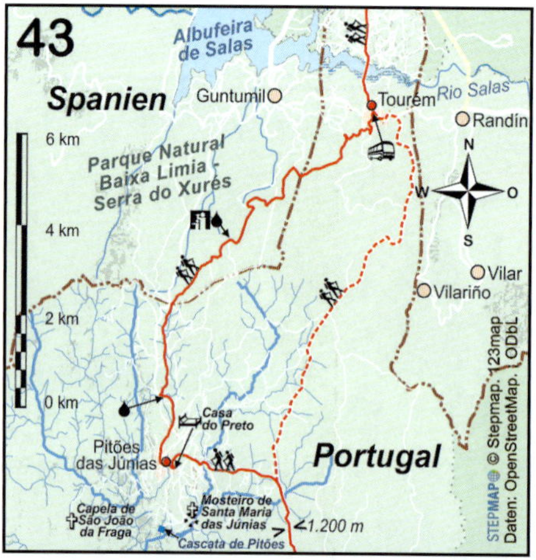

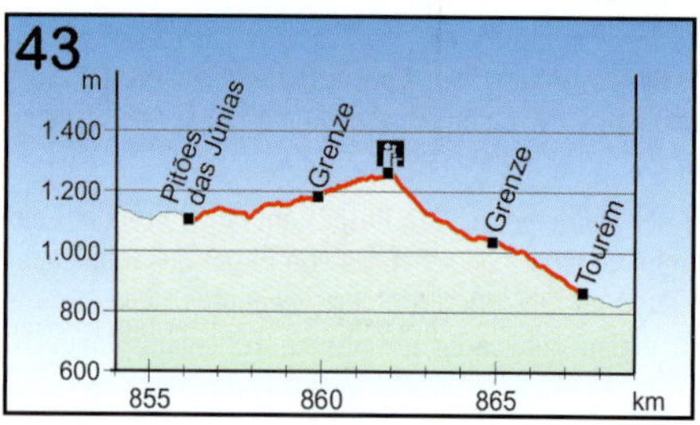

Bei einer großen Kreuzung erreichen wir nach 3,7 km die **spanische Grenze**. Dort wenden wir uns vor einem kleinen Unterstand nach rechts auf eine nicht geteerte Straße. Hier hören auch die rot-weißen Markierungen auf, an ihre Stelle treten vorübergehend gelb-weiße. Unser Weg führt hoch hinauf. Von dort haben wir einen zunehmend schöneren Blick links auf die Ausläufer der *Serra do Gerês* bzw. *Serra do Xurés*, wie das Gebirge auf

Galicisch heißt. Wir befinden uns für eine Weile im spanischen *Parque Natural Baixa Limia - Serra do Xurés*, der sich von uns aus nach Osten erstreckt. Bald sehen wir dann auch vor uns den (Stausee) *Encoro* oder *Albufeira de Salas* blau schimmern.

Nach knapp 6 km gelangen wir zu einer links jenseits der Straße stehenden Steinhütte mit einer Aussichtsplattform, von der sich ein herrlicher Rundblick bietet. Vor der Hütte steht eine Schautafel, außerdem gibt es dort einen Wasserhahn. In Verlängerung des Weges steht ihm und der Hütte gegenüber eine einzelne Föhre vor einer gänzlich mit Ginster bedeckten Bergkuppe. Dort folgen wir der bisherigen Straße in Richtung des Stausees quasi geradeaus hinunter auf einen kleinen Föhrenbestand zu. An einer niedrigen Brückeneinfassung rechts befindet sich nun auch wieder die weiß-rote Markierung.

Nach 8,2 km kommen wir am Ende eines kurzen, ebenen Straßenstücks an eine rechts befindliche, kleine Brücke mit weißen Kieseln zwischen den Graniteinfassungen und einem Wiesenweg nach rechts. Vor uns steht rechts eine kleine Baumgruppe. Hier bleiben wir noch auf unserer Straße, die nun einen Hügel hinaufführt, und folgen ihr 250 m bis zu einer weiteren Brückeneinfassung. Rechts steht ein kleiner Pfosten mit der gelb-weißen Markierung für einen Mountainbiker-Weg auf der *uns abgewandten Seite*. Auch eine Pilgerweg-Markierung haben wir dort angebracht, sie kann aber irgendwann einmal nicht mehr vorhanden sein. Dort wenden wir uns dann nach rechts auf einen Feldweg, km 8,45. Die bisherige Straße führt nach links hinunter ins spanische *Guntumil* und zu einer Brücke über den Stausee.

Km 8,45 Abzweigung nach rechts

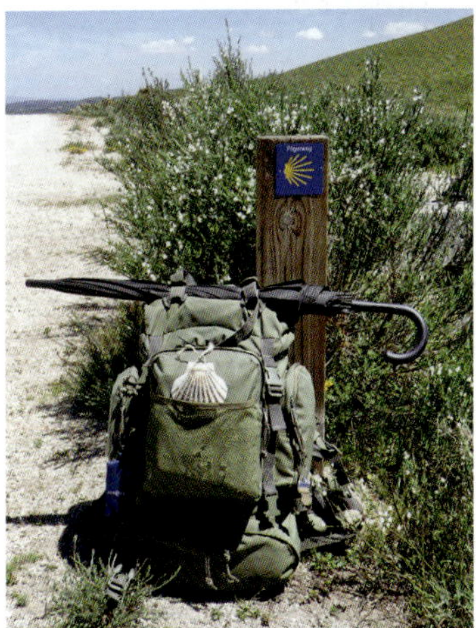

Unser Weg läuft nach links auf die sich gegenüber drehenden Windkrafträder und die erwähnte kleine Baumgruppe zu. Vor den Bäumen wendet er sich nach gut 8,7 km beim links stehenden Grenzstein zwischen Portugal und Spanien nach links und nach knapp 9,7 km sehen wir auf einem Felsen rechts auch wieder die weiß-rote Markierung. 100 m weiter stoßen wir auf eine Gabelung. Gegenüber steht ein Pfahl mit der weiß-roten Markierung über Kreuz, dennoch folgen wir dem Weg nach links hinunter. Nach einer Weile sehen wir links den Stausee durch das Grün der Bäume lugen. Nach 10,2 km wendet sich der Weg nach scharf rechts bergab und führt geradeaus zu hohen Eichen hinüber. Dort folgen wir der links auf einem Felsen befindlichen gelb-roten Markierung abwärts und können links durch die Bäume bereits die ersten Häuser von **Tourém** erkennen.

An einem links stehenden, großen Wasserbecken gehen wir an dessen Schmalseite vorbei einen von Kreuzen gesäumten Weg nach links hinunter und dann um die Friedhofsmauer herum auf die kleine ✞ *Igreja de São Pedro* mit ihren Mauern aus romanischer Zeit zu. An ihr vorbei wenden wir uns auf der *Rua dos Bragançâs* nach rechts hinab, und an der 🛏 „Casa dos Bragançâs" vorbei biegen wir anschließend nach rechts ab. Vorbei am ⌘ *Ecomuseu Forno do Povo* (Backhaus) setzen wir unseren Weg neben einem Brunnen abwärts in Richtung eines Metalltors fort und biegen vor einem Glockenturm nach links in die *Rua Direita*, auf der wir nach 11,4 km auf das ☕ 🍷 „Café Paris" stoßen.

Gegenverkehr in Tourém

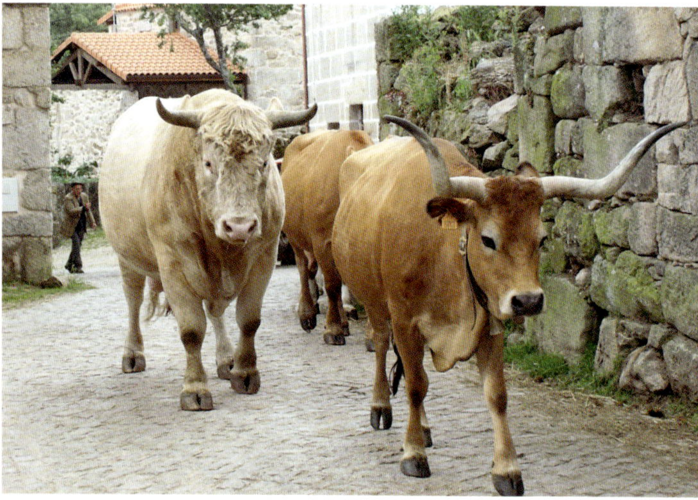

Tourém

🛏 ☕ ⇧ 865 m, Ew. 185

🛏 Casa dos Bragançâs, Rua dos Bragançâs, ☏ 276 579 138, 💻 www.casadosbragancas.com, EZ € 45, DZ € 60 mF. Das vom Besitzerehepaar liebevoll restaurierte Gehöft mit umlaufender Balustrade im Innenhof bietet in authentischer Umgebung allen Komfort, den man sich wünschen kann. Das Frühstück ist nicht nur ein kulinarisches Erlebnis, sondern auch ein Fest fürs Auge.

▷ Eine einfache, für Pilger aber nett hergerichtete Unterkunft bietet *Jaime Barroso*, Rua Direita 35, 📱 936 326 959, 20 € pP (zeigen Sie auf dieses OutdoorHandbuch, wenn mehr verlangt wird). *Jaime* spricht Englisch, ist bei seiner Arbeit im Nationalpark jedoch manchmal im Funkloch, dann mehrfach probieren. Falls Sie nicht reserviert haben, gehen Sie in der Ortsmitte ins „Café Paris" und fragen dort nach, am besten auf Portugiesisch oder Französisch. Den Schlüssel bekommen Sie dort oder im Nachbarhaus links von Senhora Barroso. Die Unterkunft ist etwas weiter entfernt in der Rua da Botica 15.

Das „Café Paris", der „gesellschaftliche Mittelpunkt" des Ortes, bietet in erster Linie *Sandes* an, warmes Essen gibt es nur manchmal – fragen Sie nach!

Der Inhaber der Casa dos Braganças fährt Taxi und werktäglich (nicht in den Schulferien) um 8:00 von der Straßenecke unterhalb der Casa dos Braganças einen Bus nach *Montalegre* (zurück um 12:10). Dort haben Sie Anschluss nach Braga, Mo-Fr 12:00, So 16:05. Von Braga Verbindungen nach überall.

Montalegre ist ein Provinzstädtchen in landschaftlich schöner Lage mit der spektakulärsten Burg Portugals, die ich gesehen habe. Ein Abstecher dorthin und zu dem ⌘ *Ecomuseu de Barroso* lohnt sich allemal.

Tourém ist die Erinnerung an eine längst vergangene Zeit, ein kleines Dorf, wie in einer Zeitblase gefangen, mit archaischen Häusern aus Granit, einem öffentlichen Backhaus, Brunnen, an denen Pferde getränkt werden, Kühen, die durch die engen Gassen laufen, laut krähenden Hähnen, Kletterrosen an verwitterten Erkern. Lassen Sie diese *temps perdu* auf sich wirken, spazieren Sie durch die grob gepflasterten Gassen hinauf zur blumengeschmückten *Igreja de São Pedro*, werfen Sie einen Blick auf den pittoresken Friedhof, schauen Sie in das rußgeschwärzte Backhaus (*Forno comunitário* von 1868). Einige Autos, der Fernseher und das Mobiltelefon haben auch dieses Dorf erobert, sie fallen jedoch kaum ins Gewicht. Zurückversetzt in eine verloren geglaubte Welt hat uns Tourém den Abschied von Portugal schwer gemacht.

44. Etappe: Tourém – Bande ➲ 24,7 km

In Galicien gehen die Uhren anders. Denken Sie daran, Ihre Uhr hinter der Grenze eine Stunde vorzustellen. Auch die Essenszeiten unterscheiden sich, in Spanien isst man gewöhnlich zwei Stunden später zu Mittag und Abend als in Portugal.

Sie befinden sich hier weit von Kastilien-León entfernt, statt Spanisch sprechen und schreiben die Leute auch offiziell Galicisch, das dem Portugiesischen ähnelt. Sollten Sie nach mehreren Wochen in Portugal Schwierigkeiten haben, *Castellano* zu sprechen, macht das überhaupt nichts - Sie werden verstanden.

Etappenplanung: Unser Weg folgt ab km 18,6 dem *Camino Natural del Interior San Rosendo* im Abschnitt *Porto Quintela-Celanova* (☞ Fundstelle 14 am Ende des Buchs, dort dann Ziff. 17 und 18). Dies ist auch gleichzeitig die Route der Via Romana XVIII von *Bracara Augusta* (Braga) nach *Asturica* (Astorga), die auch *Via Nova* bzw. *Geira* genannt wird (☞ Fundstelle 15). Sie wurde unter den römischen Kaisern Titus und Domitian um 80 n. Chr. gebaut. Auf ihr zogen später Jakobspilger über das Grab von *San Rosendo* in *Celanova* nach *Ourense* und Santiago de Compostela. Als wäre dies nicht schon genug, ist das auch der Weg, den die *Rainha Santa Isabel* auf ihren beiden Pilgerfahrten nach Santiago nahm. Mehr dazu am Beginn der 45. Etappe.

☺ Wenn Sie diese kulturhistorisch interessante und landschaftlich attraktive Route näher erkunden wollen, können Sie das am nächsten Tag auf einer Extratour von der westgotischen ✞ *Santa Comba de Bande* über die beeindruckenden ⌘ römischen Ruinen und Bäder von *Aquis Querquennis* machen. Die Routen finden Sie gestrichelt auf der ☞ Karte gegenüber eingezeichnet. In diesem Fall bietet es sich an, bei km 17,2 nicht nach *Xordos* abzubiegen, sondern auf der *Carretera* zu bleiben und auf dieser kurze 4 km direkt nach Bande durchzugehen. Ich werde Sie an der entsprechenden Abzweigung daran erinnern.

Vom „Café Paris" aus verlassen wir Tourém über dessen „Hauptstraße" in Richtung der Brücke über den *Rio* bzw. die *Albufeira de Salas*, überqueren diese nach 900 m und erreichen gut 1,3 km dahinter die **Grenze** zu Spanien. Dahinter liegt ein Kreisverkehr mit einer nunmehr verlassenen Zollstation. Wir gehen auf der dort beginnenden, breiten OU-302 rechts am Zollhaus vorbei und folgen ihr bei einer großen Abzweigung leicht links bzw. geradeaus nach **Norden**. Biegen Sie **nicht** nach scharf rechts (*Randin*) ab! Nach knapp 4,4 km gelangen wir zu den ersten Häusern und rechts dem Ortseingangsschild von **Calvos de Randín**, dem ersten Ort in Galicien.

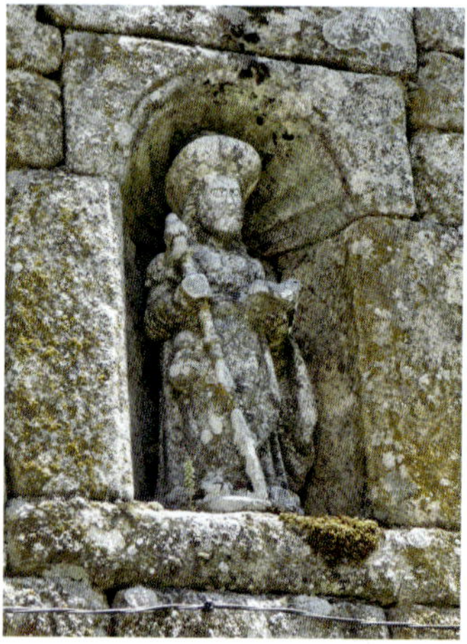

Santiago an der Kirchenfront in Calvos de Randin

300 m weiter zeigt ein Wegweiser nach links zur „Igrexa". Diesen kleinen Umweg von knapp 500 m (er bleibt bei der Entfernungsmessung unberücksichtigt) schlagen wir wegen seines Ziels gern ein, folgen daher der Straße nach links und gehen bei der nächsten Abzweigung die *Rua da Igrexa* nach rechts aufwärts bis zur Vorderfront der *Igrexa de Santiago*. Dort begrüßt uns eine Statue unseres Pilgerpatrons.

Zurück auf der OU-302 gehen wir über die Kreuzung in der Ortsmitte geradeaus weiter aufwärts, wo wir auf ☕ ✕ 🛒 BANK und **i**, die *Oficina de Turismo* in der „Casa de Consello" treffen.

☺ Sollten Sie Mo-Fr unterwegs sein und im *Albergue Municipal* von *Bande* übernachten wollen (☞ Infos zu Bande), müssen Sie von hier aus Ihr Kommen ankündigen, in *Bande* ist es dafür zu spät.

Wir verlassen den Ort am rechts liegenden ✠ *Centro de Saude* vorbei und gehen über den folgenden Kreisverkehr nach gut 5,3 km geradeaus weiter, d. h. wir nehmen die linke der beiden möglichen Straßen. Beim Km-Stein 12 wenden wir uns auf der OU-302 nach rechts und folgen dem Wegweiser „Bande 25". Bei km 7,6 erreichen wir das Dorf **Santuario Couso de Salas.**

Vor dem Kirchturm des unvollendeten Klosters biegen wir nach links ab und gehen zu einer anderen Straße hinüber. Dort befindet sich eine Ruhebank unter einem Baum.

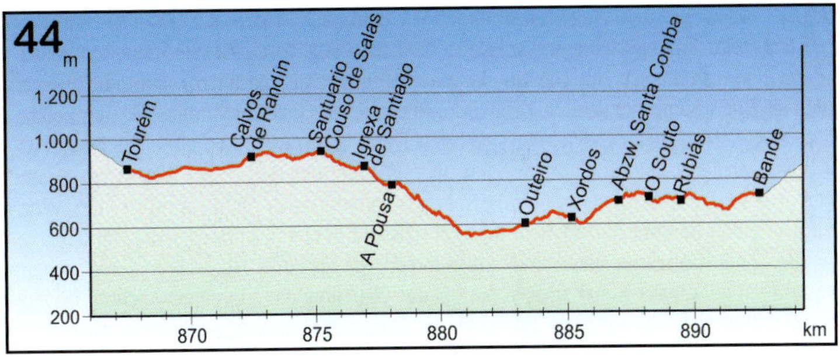

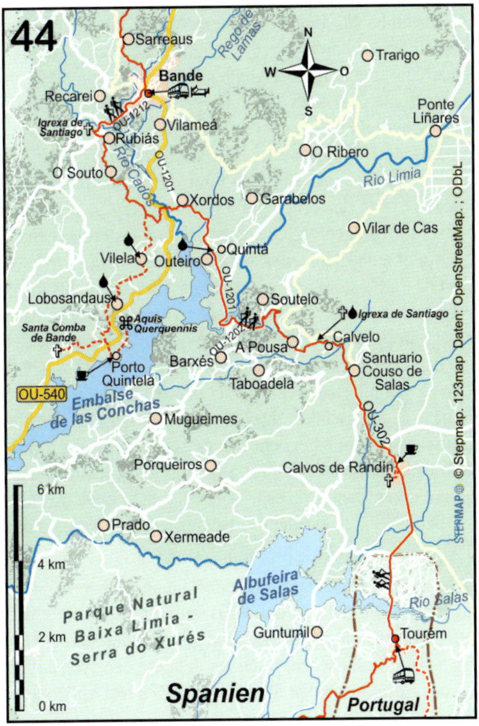

Gegenüber dieser Ruhebank führt ein kleiner Weg ins Tal. Wir folgen ihm, durchqueren weiter unten den Weiler **Calvelo** und wenden uns dort nach rechts. Etwa 100 m weiter steht links an einer Wiese ein kleines Waschhaus.

Bei km 9,2 stoßen wir auf den Wegweiser nach *A Pousa* und *Barxés*, gegenüber steht der nach *Calvelo* zurückweisende, kleine Wegweiser. Bevor wir jedoch nach links abbiegen und dort unseren Weg fortsetzen, gehen wir etwas weiter nach rechts aufwärts und dann nach schräg rechts zurück bzw. hinauf zu kleinen, *Santiago* geweihten ✝ Friedhofskirche. Auf der alten Mauer lässt es sich gut rasten, 💧 Wasser gibt es aus einem Hahn links der Friedhofstür. Der Umweg von ca. 250 m ist in den nachfolgenden Entfernungsangaben enthalten.

Zurück bei den Wegweisern folgen wir dem nach *A Pousa*. Etwa 700 m weiter (gesamt 10,2 km), bei einem Wartehäuschen der *Junta de Galicia* und einer Sitzbank sowie einem Steintisch mit Bänken daneben, wenden wir uns nach rechts und folgen dem an einen Baum genagelten Wegweiser „Pousa" auf einer Teerstraße, die sich unterhalb zweier Holzgeländer nach links wendet. Dann gehen wir unterhalb eines Brunnens weiter nach links hinunter und wenden uns am Ende der pittoresken Gasse vorbei an einem Wasserbecken und einem Waschhaus dahinter nach rechts aufwärts. Der Weg führt in einen Baumbestand hinein und geht alsbald in einen schönen Waldweg über.

Bei einer Gabelung nach 10,8 km nehmen wir die linke Abzweigung und gehen sozusagen geradeaus weiter (gehen Sie bei der Gabelung nicht in einem leichten Bogen nach rechts weiter!). Kurz darauf führt der Weg ins Freie und wird dann zu einem Höhenweg, von dem wir einen schönen Blick auf die *Embalse de las Conchas* (= Jakobsmuscheln) haben. Wieder in einem Wald hinabgehend sehen wir dort von links die Häuser von *Soutelo* durch die Eichbäume schimmern. Nach 11,5 km folgen wir einem nach scharf links bergab abzweigenden Weg. Nachdem dieser ins Freie gelangt ist, verläuft er für geraume Zeit links oberhalb der Landstraße entlang, um nach knapp 12,1 km in einer scharfen Kurve nach rechts hinab auf die OU-1202 zu führen. Auf dieser wenden wir uns nach links abwärts. Vorbei an der Abzweigung nach „Soutelo 0,5 km" und einem Buswartehäuschen führt die Straße in einem Bogen nach rechts hinab. Bei km 12,7 ist in der Leitplanke auf der rechten Straßenseite eine kleine Aussparung oder Lücke, dort folgen wir einem zwischen Ginsterbüschen abwärts führenden Wiesenweg nach schräg links hinunter, wo er auf die *Embalse de las Conchas* zuläuft und dann auf die OU-1201 stößt, der wir nach 5,9 km nach rechts folgen. Etwas weiter unten können wir in deren Kurve auf einer kleinen Teerstraße links daneben weiterlaufen, bis wir bei einem Stopp-Schild wieder auf die große Straße zurückkehren müssen.

Bei dem Wegweiser nach *Garabelos* und *O Ribero* führt links bzw. parallel zur *Carretera* ein kleiner Feldweg bergan, dem wir ein kurzes Stück weit folgen können, bis er beim Straßenschild von *Outeiro* wieder auf die Landstraße trifft. Wir passieren einige Häuser und stoßen bei dem Wegweiser nach *Quintá* rechts hinter der Kreuzung auf eine Trinkwasserquelle. Auf der Straßenseite gegenüber steht eine verfallene Bushaltestelle, auf deren Bank man sich wohl bald nicht mehr ausruhen können wird.

Bei km 17,2 und dem Ortseingangsschild von **Xordos** biegt nach links eine kleine Teerstraße ab, der wir folgen.

☺ Dies ist die in der Etappenplanung gennannte Stelle, an der Sie sich entscheiden können, heute auf der OU-1201 auf kürzestem Weg nach *Bande* weiterzugehen, um morgen die lohnenswerte ganztägige Extratour auf dem CN von *Santa Comba de Bande* nach *Bande* zu machen, oder schon heute den Weg auf dem CN fortzusetzen. Näheres zu der Extratour finden Sie bei den ☞ Infos zu Bande.

Bei einer Gabelung folgen wir der kleinen Dorfstraße nach links hinab und bleiben auf ihr, bis sie eine Kreuzung erreicht, auf der rechts ein leider nicht funktionierender Brunnen steht. Dort biegen wir zwischen einem uralten Steinhaus und einer Steinmauer mit einem Obstgarten gegenüber nach links hinunter ab und gehen unten nach links bzw. geradeaus weiter, vorbei an einem rechts stehenden Haus, aus dem die steinernen „Tragebalken" herausragen. Hinter einer scharfen Kurve überqueren wir bei km 17,8 eine Brücke über den *Rio Cadós* und steigen dahinter hinauf zur OU-540, die wir nach 18 km erreichen.

Wir wenden wir uns auf der Straße nach rechts, überqueren diese aber sofort und folgen auf der anderen Seite einem nach links aufwärts führenden Weg. Nach gut 120 m biegen wir oben nach rechts auf einen Feldweg, folgen dann aber sofort (50 m) einem mit hellem Splitt bedeckten, nach scharf links hinauf führenden Weg neueren Datums. Oberhalb der *Embalse de las Conchas* macht er eine Rechtswendung, der wir ebenfalls folgen. Schräg rechts gegenüber können wir bereits *Bande* liegen sehen. Dort, wo nach **18,6 km** der Splitt-bedeckte Weg aufhört, steht links ein Pfosten mit dem umlaufenden rotbraunen Band und dem Logo der *Caminos Naturales* (CN), einem Netz spanischer Naturwanderwege. Dort folgen wir dem Feldweg nach rechts. Von links kommt der Weg von *Santa Comba de Bande* und *Aquis Querquennis* herauf.

Wir befinden uns hier auf dem Abschnitt (*Tramo*) *Porto Quintela-Celanova* des *Camino Natural del Interior San Rosendo* (☞ Etappenplanung) und werden ihm bis *Celanova* folgen. Er ist gut markiert und kann eigentlich nicht verfehlt werden, dennoch sollten Sie auch hier der Beschreibung folgen.

Wegweiser Camino Natural

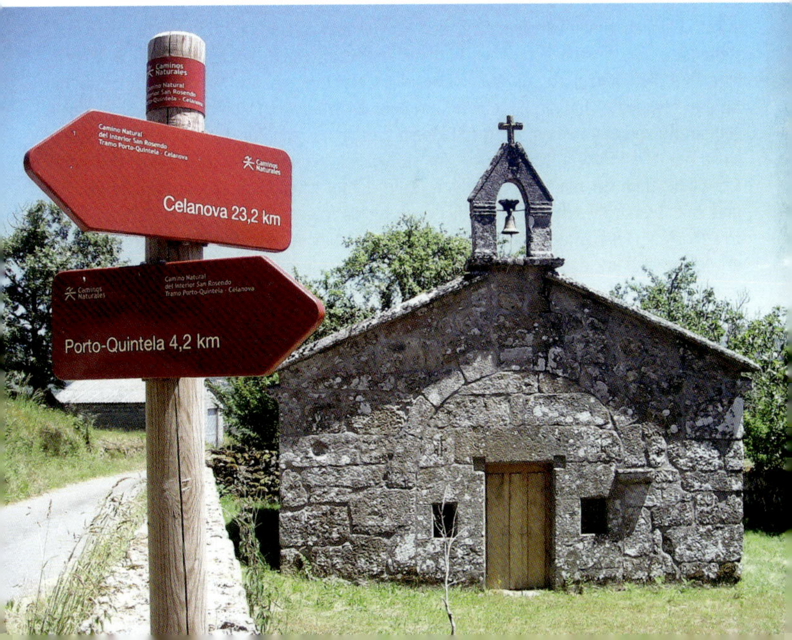

Bei km 19,4 steht links der Km-Stein 6. Nach 20 km sehen wir zunächst rechts einen CN-Pfosten, überqueren dann eine kleine Teerstraße und sehen auf der anderen Seite wiederum rechts an einem nach links bergab führenden Waldweg einen Pfosten stehen. Wir folgen diesem Weg durch einen veritablen Zauberwald, bis wir nach 20,4 km bei einem CN-Pfosten auf eine kleine Teerstraße stoßen, die in einem Bogen zu einem Dorf hinunterführt, vorbei an einem ehemaligen Waschhaus, in dem aus einem Rohr frisches 💧 Wasser fließt. Kurz vor dem Dorf steht links auch der Km-Stein 7 des CN.

Wir gehen durch das Dorf **O Souto** hindurch und bei einer Sitzbank der *Deputación Ourense* nach rechts hinunter. Der Weg führt erneut in einen Wald hinein, überquert eine kleine Brücke und führt anschließend in einem Hohlweg aufwärts. Beim Km-Stein 8 können wir hinter Bäumen *Bande* gegenüber liegen sehen. Nach gut 21,7 km gehen wir rechts nach **Rubiás** hinunter, vorbei an einem großen, braunen Tor mit der Hausnummer 32 rechts daneben. Unten wenden wir uns auf der quer verlaufenden Teerstraße vor einem verfallenen Steinhaus nach rechts und gehen auf eine kleine ✞ Kirche zu. Vor ihr steht eine Sitzbank, auf der wir uns mit einem herrlichen Blick auf die Landschaft und mehrere teils sehr alte Maisspeicher Rast machen können, km 21,9.

☺ Schauen Sie sich die Fassade der Kirche näher an: Die eigentlich nicht zueinanderpassenden Steinblöcke sind so genial zusammengefügt, dass der Turm auf einer waagerechten Fläche ruhen kann.

Danach gehen wir den Weg, den wir gekommen sind, zurück und bei dem links stehenden CN-Pfosten geradeaus bergauf, vorbei an einem links stehenden 💧 Waschhaus und dann hinauf zu dem Wegweiser des CN. Dort gehen wir von der Kreuzung die Straße geradeaus hinauf zu einem zweiten 💧 Brunnen. Dahinter führt eine kleine Teerstraße vorbei an einem Haus mit einem großen, grünen Tor nach links hinauf, rechts steht der CN-Pfosten. Nach 22,2 km stoßen wir rechts vor einer Garage auf einen CN-Pfahl, dem wir nach rechts folgen. Bald darauf erscheinen erneut ein CN-Pfosten und eine Teerstraße, der wir zunächst nach rechts folgen, um jedoch bei dem nächsten CN-Pfosten gleich wieder nach links hinab abzubiegen. An einem Hochkreuz vorbei erreichen wir kurz darauf die ✞ *Igrexa de Santiago* mit der Apostelfigur in der Vorderfront.

Der Weg biegt **vor** der Friedhofsmauer nach rechts hinunter ab, dort steht auch ein CN-Pfosten. Kommen Sie daher nach Besichtigung der Kirche wieder **hierher zurück** und gehen Sie nicht etwa an der Kirchenfront entlang weiter! Wir gehen also bei km 22,6 nach rechts auf den Wiesenweg hinunter und folgen ihm an einer Mauer entlang abwärts. Gut 100 m weiter stoßen wir rechts auf den Km-Stein 9 und erreichen nach 22,8 km eine größere Teerstraße, der wir dem CN-Pfosten entsprechend nach links folgen. 100 m weiter überqueren wir die Brücke über den hier breiteren *Rio Cadós*. Der CN setzt sich dahinter nach links fort, macht aber einen großen und sehr anstrengenden Umweg nach *Bande* hinein, daher **bleiben** wir auf der Straße, die nach 180 m in die OU-1212 mündet, auf der wir nach rechts weitergehen. Bei km 23,8 wenden wir uns unterhalb einer hohen Böschung bei dem Verkehrsschild mit einem springenden Hirsch auf die nach links abzweigende Straße, die links um diesen herumführt. Wir folgen der breiten Straße erst zum Friedhof, dann direkt vor Garagentoren nach links zur ✝ Kirche hinauf und gehen unterhalb von dieser weiter. Rechts oberhalb steht ein 💧 Brunnen auf der kleinen *Praza de San Roque* – **füllen** Sie hier Ihre Flaschen auf, denn das Leitungswasser im *Hostal* schmeckt nicht. Danach gehen wir an den uralten Eichen vorbei geradeaus weiter über zwei Stopp-Schilder hinweg und erreichen die Hauptstraße von **Bande**, auf der wir uns bei km 24,6 nach rechts hinab wenden. 100 m weiter sehen wir links das „Hostal Trebol", kurz davor liegt links gegenüber eine Apotheke mit einer Schweizer Apothekerin, die jeden Nachmittag Dienst hat.

Bande

730 m, Ew. 2.900

Albergue Municipal de Bande, Rúa Xoaquin Lorenzo, MehrbettZi pP € 10, DZ € 30. **Nur** auf vorherige Anmeldung ☎ 988 443 001, Mo-Fr 9:00 bis 14:30, concello@concellobande.com

Hostal Trébol bzw. Hostelería Fertamar, Rúa Pombal, 15, ☎ 609 962 006, 📱 616 612 410. Sehr einfache, abgewohnte Zimmer zu einem allerdings niedrigen Preis, EZ € 15, DZ € 25. Mit ✕, das Essen ist einwandfrei, der Gastwirt *Fernando Estevéz* hilfsbereit.

Bus hält vor dem Hostal. Verbindungen nach Celanova und Ourense Mo-Sa 7:25, Mo-Fr 13:40, Mo-Fr, So 19:00

Bande selbst bietet nur wenig, aber 10 km südwestlich über dem Nordufer der *Embalse de las Conchas* steht die kleine ✝ **Santa Comba de Bande**. Dieses Juwel westgotischer Kirchenbaukunst wurde etwa 675 errichtet und im 9. Jh. instandgesetzt bzw. erweitert. Seitdem ist das Kirchlein praktisch unverändert geblieben. Man erreicht es am besten mit einem Taxi, der Fahrpreis ist vertretbar und der Besuch lohnt sich. Von dort können Sie die bei der Etappenplanung erwähnte Wanderung über den CN machen. Die Entfernung beträgt 12 km zwischen **Santa Comba de Bande** und **Bande**, plus zusätzliche 2 km (hin und zurück) für den Abstecher nach *Aquis Querquennis*. Sie können die Beschreibung der auf der Karte ☞ Seite 294 gestrichelt eingezeichneten Routen beim Verlag abrufen (☞ Alternative Routen).

45. Etappe: Bande – Celanova

16,3 km

Etappenplanung 45. und 46. Etappe: Die gesamte 45. Etappe folgt dem CN, ab *Celanova* gehen wir dann unsere eigenen Wege. Wenn Sie sich einer Führung durch die Klosteranlage von *Celanova* anschließen wollen, rate ich Ihnen, die Etappe dort zu beenden und in *Celanova* zu übernachten, ansonsten können Sie noch am selben Tag die 11,2 km bis *A Merca* (☞ Seite 305) durchlaufen und dort bleiben. Wenn Sie in *Celanova* Station machen, dann sollten Sie am nächsten Tag trotzdem nur bis *A Merca* laufen, um den Rest der 46. Etappe bis *Ourense* in Ruhe zurücklegen zu können und Zeit für einen Besuch der sehenswerten Kirche in *A Mezquita* (☞ Seite 306) zu haben.

☺ Wie bereits zu Beginn der 44. Etappe erwähnt, folgt unser Weg seit *Santa Comba de Bande* bzw. etwas danach dem Pilgerweg der uns nun schon von drei Begegnungen her bekannten *Rainha Santa Isabel* (☞ S. 19 f., 123 f., 219) nach Santiago de

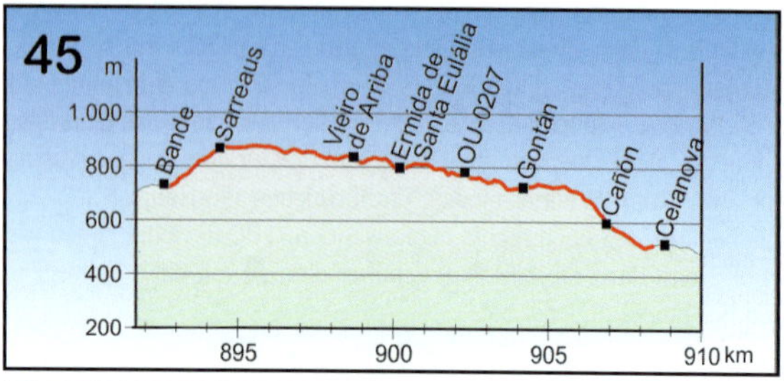

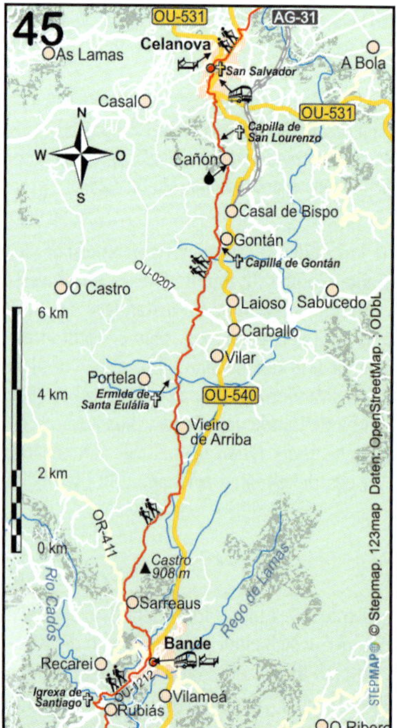

Compostela. Dieser Weg wird daher auch „La Ruta de la Rainha Santa" genannt. Eine spanische Online-Publikation zu diesem Weg mit einer ausführlichen Darstellung all der auch von unserem Weg (mit Exkursionen) berührten Sehenswürdigkeiten finden Sie in der Fundstelle 16 am Ende dieses Buches.

▷ Die bereits verwitwete Königin begab sich 1325 auf ihre Pilgerreise und erreichte Santiago am 25. Juli d. J. Beim Betreten der Kathedrale überreichte ihr der Erzbischof einen Pilgerstab. Zehn Jahre später pilgerte sie noch einmal nach Santiago. Nach ihrem Tod 1336 wurde sie im von ihr gegründeten Kloster Santa Clara in *Coimbra* bestattet. Ihre jakobäische Frömmigkeit wurde dadurch deutlich, dass sie in einem jakobäischen Pilgerkleid und mit ihrem Pilgerstab beigesetzt werden wollte, so ist sie auch auf ihrem Sarkophag ruhend dargestellt. 300 Jahre nach ihrer ersten Pilgerfahrt wurde sie 1625 von Papst Urban VIII. heiliggesprochen.

Vom „Hostal Trébol" gehen wir aufwärts zur *Casa de Consello* und dem danebenliegenden Platz (Entfernungsmessung von dort). Dort biegen wir dem Wegweiser „guarda civil" folgend nach links in die *Rua Badella* und gehen am „Aliprox" sowie einem Café vorbei geradeaus hinunter zu einer Brücke und dann auf der Teerstraße immer geradeaus weiter aufwärts. Vorbei an einem Teich mit oben gelb gestrichenen Pfosten wenden wir uns bei einem CN-Pfosten nach rechts hinauf zu den ersten Häusern von **Sarreaus** und dann auf der Hauptstraße nach links bis zu einem links stehenden Buswartehäuschen. Diesem gegenüber folgen wir nach 1,8 km dem CN-Wegweiser „Celanova 15,3 km“ auf einen Feldweg rechts hinauf.

Nach einem längeren Marsch stoßen wir nach 4,4 km auf den CN-Wegweiser „Celanova 12,7 km“, dem wir nach rechts und dann wieder auf einer Teerstraße folgen. Kurz darauf sehen wir links den Km-Stein 15 und folgen wenig später dem CN-Wegweiser „Celanova 12,2 km“ nach links. Hinter dem CN-Wegweiser „Celanova 11,4 km“ und dem Km-Stein 16 gelangen wir zum Ortseingangsschild von **Vieiro de Arriba** und stoßen kurz darauf auf den CN-Wegweiser „Celanova 10,9 km“. Die Straße führt in einem weiten Bogen links um das Dorf herum, bis wir eine Kreuzung erreichen, über die wir in Richtung *Verea* geradeaus hinweg und dann nach links auf ein Hochkreuz zugehen. Dahinter biegen wir nach rechts auf einen Feldweg ab, der kurz darauf in eine kleine Teerstraße mündet, auf der wir nach rechts weitergehen und ihr dann in Richtung der ✞ *Ermida de Santa Eulália* hinauf folgen.

Ein Stück unterhalb der Kirche mit einem Friedhof biegt beim CN-Wegweiser „Celanova 9,4 km“ rechts ein Pfad ab, der später auf eine Teerstraße stößt. Beim CN-Wegweiser „Celanova 8,8 km“ gehen wir nach rechts auf der Teerstraße weiter, erreichen schließlich links den CN-Wegweiser „Celanova 8,5 km“ und setzen unseren Weg auf einem *Camiño Rural* fort. Kurz darauf stoßen wir auf den Km-Stein 19. Bei einer langen Gabelung folgen wir dem links stehenden CN-Pfosten und erreichen alsbald ein

Die Kirche von Gontán

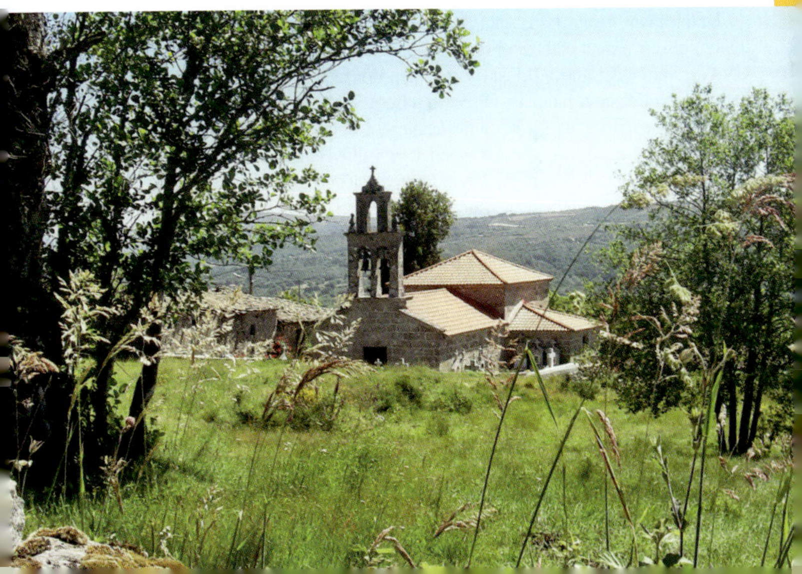

Stopp-Schild vor einer Teerstraße. Links steht der CN-Wegweiser „Celanova 7,5 km". Wir gehen auf der OU-0207 nach links weiter, wobei wir an dem rechts stehenden Km-Stein 20 vorbeikommen. Kurz darauf folgen wir dem CN-Wegweiser „Celanova 7,3 km" nach scharf rechts hinunter.

Nach langer Zeit taucht hinter einer Kurve endlich eine Ruhebank unter einer Eiche auf, wo man kurz verschnaufen kann. Kurz darauf gehen wir an der rechts unten pittoresk daliegenden *Capilla de Gontán* (☞ 📷 Seite 301) vorbei und vor einer Scheune nach links weiter, wo wir bald darauf rechts den Km-Stein 22 sehen. - Hinter dem Km-Stein 23 (rechts) kommt von links oben ein Weg herunter; dort steht rechts ein CN-Pfosten, bei dem wir nach rechts hinuntergehen, um bei der Gabelung dahinter sofort wieder nach links abzubiegen. Links vor dieser Abzweigung steht bei km 13,9 ein CN-Pfosten, der aber zugewachsen sein könnte. Der Weg führt hoch hinauf ins Freie, dort haben wir einen herrlichen Rundblick auf die grünen Hügel Galiciens. Schließlich stoßen wir auf einen quer verlaufenden Weg. Dort biegen wir an dem rechts stehenden CN-Pfosten dann nach links auf die nach **Cañón** hinaufführende Straße ein.

Vor den ersten Häusern läuft köstlich kaltes 💧 Wasser aus einem Rohr in der Mauer links und direkt am Ortseingang steht links der Km-Stein 24. Dort gehen wir der Dorfstraße folgend nach rechts und dann durch das Dorf hindurch. Bei einem CN-Pfosten und einer Ruhebank rechts folgen wir einem Wiesenpfad abwärts und dann in einen Wald hinein. Nach steilem Abstieg erreichen wir die *Capilla de San Lourenzo*, wenden uns nach links und gehen dann vor einem CN-Pfosten **nach rechts** auf einem Feldweg weiter. Gehen Sie **nicht** auf der Teerstraße aufwärts weiter, auch wenn dort Markierungen stehen – es handelt sich dabei um einen unnötig langen Umweg.

Unten beim ersten Haus geht der Feldweg wieder in eine Teerstraße über, der wir folgen, bis wir erneut eine zu unserem bisherigen Weg quer verlaufende Straße mit dem CN-Wegweiser „Celanova 0,5 km" erreichen. Wir folgen ihr und gehen um den Friedhof herum nach **Celanova** hinunter. Dort, wo unsere Straße unterhalb des Friedhofs in einem 90°-Winkel nach rechts in die Stadt einbiegt, zweigt kurz hinter der Kurve die *Calle Manuel Lezón* nach links ab und wendet sich über einen kleinen Platz sogleich nach rechts in die Altstadt hinauf. An ihrem Ende erreichen wir nach 16 km den dreieckigen Platz *Prazo do Millo* mit einem säulengeschmückten Brunnen in der Mitte. Dort wenden wir uns nach rechts, dann nach links und gehen am Klosterkomplex vorbei, bis wir nach 16,3 km die prächtige *Praza Maior* mit ihren schönen Häusern und gemütlichen Cafés, vor allem aber der herrlichen Fassade der ✝ Kirche *San Salvador* des 936 vom hoch verehrten *San Rosendo* gegründeten Benediktinerklosters erreichen.

Celanova

🛏 ✕ ☕ 🛒 ⚕ BANK 📯 ✠ ✝ ⇧ 530 m, Ew. 5.100

ℹ Oficina de Turismo, Praza Maior nº 1, ☎ 988 432 201, 🕒 täglich 10:00-13:00, 15:00-18:00. Hier müssen Sie sich auch für den sehr lohnenden Besuch der Klosteranlage (Hochchor und Sakristei der Kirche, Kreuzgang, Capela de San Miguel) anmelden und Eintrittskarten kaufen (Führungen dienstags bis samstags um 11:00, 12:30, 16:00 und 18:30, Eintritt € 3).

🛏 Die einzige Unterkunft bietet Señora Luisa Diaz García in der Calle Curros Enriquez, 55 in Privatzimmern an, ☎ 679 475 648, EZ € 15, DZ € 25. Überqueren Sie die Praza Maior nach schräg links in die Rua San Roque und folgen Sie dieser über einen Dreiecksplatz mit dem *Mercado* hinweg nach halb links bzw. geradeaus in besagte Calle, an deren Anfang sich links das „Café Curros" befindet, wo Sie nachfragen können, wenn Sie niemand unter der angegebenen Adresse antreffen. In dem Gebäude n° 55 müssen Sie zunächst im 1. Stock klingeln, die Unterkunft befindet sich im 4. Stock (kein Fahrstuhl).

🚌 Bushaltestelle an der Av. San Rosendo. Nach Ourense Mo-Sa 7:45, Mo-Fr 14:05, Mo-Fr, So 19:20

☺ Wenn Sie nur für ein paar Stunden in Celanova bleiben wollen, können Sie Ihren Rucksack im Büro der *Policía Local* neben der **i** lassen. In der Dienststelle ist nicht ständig jemand anwesend, man gibt Ihnen aber eine Karte mit der Mobiltelefonnummer 619 292 919, unter der Sie anrufen können, wenn Sie weiterziehen möchten. Sie können auch im „Café Curros" (vorstehend) fragen; in der **i** macht man zwei Stunden Mittagspause.

Hauptanziehungspunkt Celanovas ist die bereits erwähnte *Igrexa San Salvador*, in deren Innerem die barocke Prachtfülle der Altäre überwältigt. Links über dem Hauptaltar reitet ganz oben *Santiago* auf einem feurigen Ross.

Eine Sehenswürdigkeit ersten Ranges ist die im Klostergarten befindliche, von San Rosendo erbaute kleine mozárabische Kapelle *San Miguel* aus dem Jahre 936. Sie ist nur 8,5 m lang und 3,85 m breit, die maximale Höhe beträgt 6 m. Im Vergleich zum imposanten Bau der Klosterkirche wirkt sie winzig, ist einmalig in Europa und kann nur im Rahmen einer **Führung** besichtigt werden, ☞ **i**.

San Miguel de Celanova

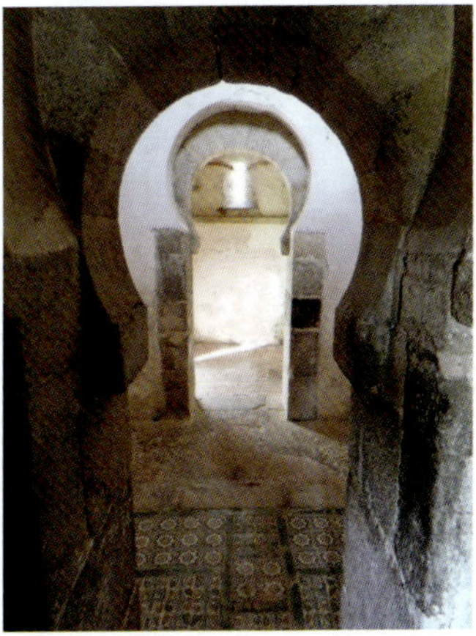

46. Etappe: Celanova – Ourense ➲ 29,6 km

Etappenplanung: Wir folgen bewusst nicht der Fortsetzung des CN nach *Ourense*, sondern haben trotz der Tatsache, dass sie größtenteils auf Teer verläuft, eine interessante Route über *A Merca*, *A Mezquita* und *San Cibrao das Viñas* gewählt. Der *Tramo Celanova-Ourense* des CN ist 37,8 km lang, es gibt dort aber keine Übernachtungsmöglichkeiten. Sollten Sie dennoch diesen Weg gehen wollen, rufen Sie die Adresse aus Fundstelle 14 am Ende des Buches auf und klicken auf die Zahl „18" (im Kreis) auf der Karte. Sie bekommen dann die entsprechende Seite mit einem Kästchen rechts unten „Descargas en GPX" mit dem GPS-Track und der Route auf (*Ruta en*) Google Earth. Darunter in dem Kästchen „Tríptico y Planos" gibt es u. a. drei sehr gute Karten zum Ausdrucken (Mapa de detalle 1-3), diese brauchen Sie unbedingt! Auf dem CN erreichen Sie Ourense zusammen mit unserer Route am *Camiño da Pasarda* (☞ Seite 307 unten).

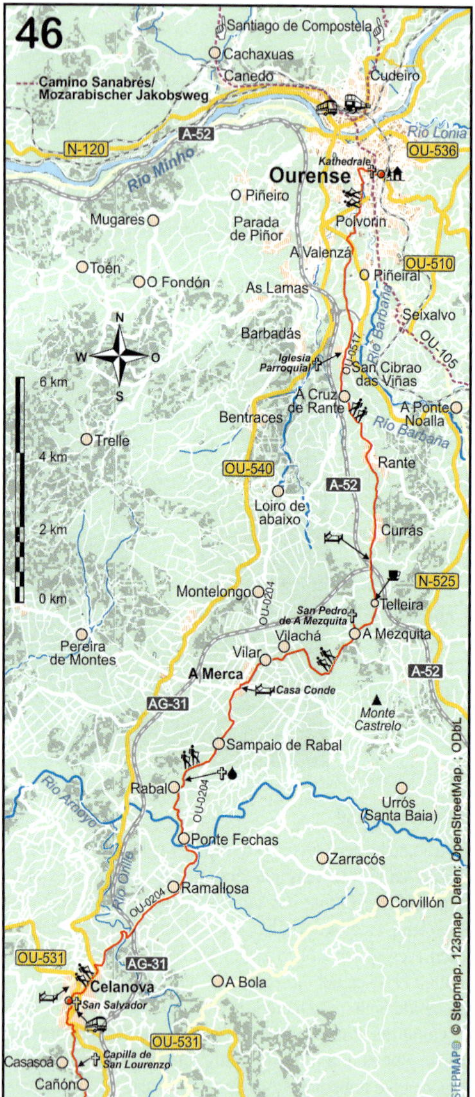

Wir verlassen die *Praza Maior/Plaza Mayor* vorbei an der Kirche, gehen in die *Rua Emilia Pardo Bazán* und folgen anschließend dem Wegweiser „C 531 Cortegada" nach rechts in die *Avenida de Francisco G. Rey.* An der links liegenden Post laufen wir auf dieser Straße nach links und dann geradeaus auf den Ortsausgang zu. Bald geht die Straße in die OU-540 über, der wir an einer links liegenden Tankstelle vorbei bis zum Ortsausgangsschild von *Celanova* folgen. Nach 1,3 km biegt rechts die CP-1 hinter dem Schild „Grupo Antolin Instalaciones" in Richtung „A Merca 9,2 Ourense 22,2" ab. Wir folgen ihr (auch als OU-0204), gehen im weiteren Verlauf über die Brücke über den *Rio Orille* und unterqueren nach knapp 3,1 km die Autobahnbrücke. Nach 4,5 km kommen wir durch das kleine Dorf **Ramallosa** und erreichen bei km 6,1 **Ponte Fechas**, wo wir die Brücke über den *Rio Arnoyo* (auch *Arnoio*) überqueren.

Hinter dem Km-5-Schild der OU-0204 folgen wir nach 6,3 km einem nach links abzweigenden Feldweg. (Folgen Sie **nicht**

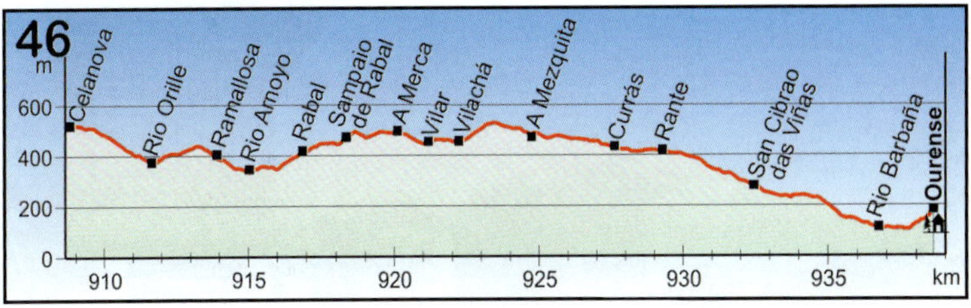

der zuvor nach links abzweigenden *Ruta de Arnoyo*!) Unterwegs tritt grobes Steinpflaster zutage, wir befinden uns also auf einem *Camino Viejo*. Nach 7,2 km erreichen wir eine Teerstraße, der wir nach rechts aufwärts ins Dorf **Rabal** folgen, um dort bei km 7,8 über eine Kreuzung hinweg sowie an einem Waschhaus mit 💧 Brunnen vorbei weiter aufwärts zu gehen. An einer zurückgesetzten Kirche mit einem weiteren 💧 Brunnen auf dem Vorplatz vorbei bleiben wir auf unserer Straße, bis sie nach knapp 9 km schließlich wieder in die OU-0204 mündet, auf der wir nach links weitergehen.

Etwas später laufen wir durch das kleine **Sampaio de Rabal** und erreichen nach 10,6 km das Ortseingangsschild von **A Merca.** Wir gehen am *Ayuntamiento* vorbei zur Ortsmitte weiter. Dort wenden wir uns nach rechts die *Carretera de Urros* hinauf und gelangen dem Wegweiser „Campo de Futbol" folgend nach 11,2 km schließlich zum 🛏 ✗ *Hostal Restaurante* „Casa Conde". Ab hier messe ich die Entfernung neu.

A Merca 🛏 ☕ ✗ 🏤 ⚕ BANK ⌘ ⇧ 482 m, Ew. 2.800

🛏 Casa Conde, Ctra. Urros 10, ☎ 988 260 010, perfekte Pilgerunterkunft, sehr sauber, EZ € 21, DZ € 30. Ein spät am Sonntagabend angekommener Pilger berichtete, dass ihm die freundliche Wirtin noch etwas Warmes zu essen zubereitet habe, nachdem sonst alles geschlossen gewesen sei.

▷ Restaurante Mesón de Labrego, rechts vor der Abzweigung zur Casa Conde, falls dort ausnahmsweise geschlossen. ☎ 988 260 014, DZ € 40 („geräumig, hell, sauber")

🚌 Mo-Fr 7:40, 13:20 nach San Cibrao das Viñas und Ourense, Abfahrt vor dem kleinen 🛒 gegenüber der ⚕ (Fahrplan gültig ab Sept. 2016, in den Sommerferien ab Ende Juni andere Abfahrtszeiten)

In nächster Nähe der „Casa Conde" findet sich allerlei altes Gemäuer. Sehenswert ist der hinter dem Haus liegende *Conjunto de horréos*. Dort befindet sich die mit 35 Exemplaren größte Ansammlung von restaurierten Maisspeichern (☞ 📷 Seite 306) in ganz Spanien. Bis auf drei sind alle vollständig aus Holz. Ihre Lage an einem Hang sorgt für optimale Durchlüftung.

🚶 Zur Fortsetzung unseres Weges gehen wir von der „Casa Conde" auf der *Carretera de Urros* zurück zum Stopp-Schild an der Ecke rechts unten und dort nach rechts auf die nach *Ourense* weiterführende OU-0204. Vorbei an der Kapelle rechts wenden wir uns bei dem Geschwindigkeitsbegrenzungsschild 30 km dann aber sofort nach rechts und laufen unterhalb eines Maisspeichers eine kleine Straße nach links hinunter.

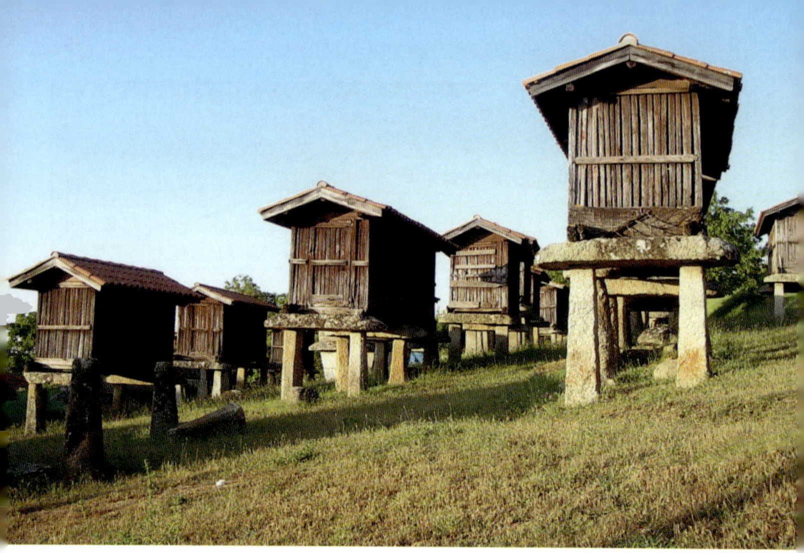

Maisspeicher in A Merca

Bei einer Gabelung gehen wir nach rechts in Richtung eines Brunnens weiter und nehmen bei der darauffolgenden Kreuzung den mittleren Weg nach links. Hinter einem Stopp-Schild nach 750 m gehen wir geradeaus weiter und erreichen alsbald **Vilar**. Wir folgen der Straße aufwärts und stoßen links vor der Kirche auf ein bemerkenswertes Hochkreuz mit der Darstellung u. a. des Sündenfalls (Adam, Eva und die sie überwölbende Schlange).

Danach setzen wir unseren Weg geradeaus fort und folgen bei einem Steinkreuz nach 1,3 km dem Wegweiser nach *Vilachá*, genauso 200 m weiter beim nächsten Wegweiser. Am Eingang des Dorfes halten wir uns rechts und gehen bei einer Kreuzung an einem Buswartehäuschen vorbei geradeaus in Richtung eines vor uns liegenden Feldweges weiter, den wir nach knapp 2 km erreichen. Etwa 200 m weiter folgen wir seiner Kurve nach rechts und gehen dann stets geradeaus aufwärts, bis wir nach gut 3,1 km auf die Landstraße stoßen, auf der wir uns nach links wenden.

Nach 3,9 km erreichen wir das Ortseingangsschild von **San Pedro de A Mezquita** und 300 m weiter biegen wir bei einem Einfahrtsverbotsschild nach links in die *Rua A Torre*, der wir in Richtung der Kirche abwärts folgen. Vorbei an der „Bar Tienda Fina" mit seiner freundlichen Wirtin gehen wir zu einem Brunnen hinunter und dann in Richtung der Kirche weiter. Unterhalb dieser steht an der Weggabelung ein Haus mit drei schmiedeeisernen Balkonen. Dort wohnt die Frau, die den Schlüssel der Kirche in Verwahrung hat. Sie ist sehr freundlich und schließt Ihnen gern auf. Die romanische *Iglesia San Pedro de A Mezquita* wurde zu Beginn des 13. Jahrhunderts an der Stelle von Vorgängerbauten mit einigen von deren Bauelementen errichtet. Sie überrascht innen durch ihre ungewöhnliche Höhe, während das staunenswerte Bildprogramm außen (um die Kirche herumgehen!) zu einem längeren Verweilen einlädt. Der Weg von *A Merca* bis hierher betrug 4,7 km.

Nach der Besichtigung gehen wir den Weg Richtung Brunnen zurück, biegen dort aber nach links zu einem Stopp-Schild hin ab. Danach gehen wir die *Ctra. de Ourense* geradeaus weiter. Bald darauf erreichen wir **Telleira**, km 5,3. Am Ortsausgang befindet sich eine Bar mit einer freundlichen Wirtin. Hinter der Bar gehen wir geradeaus weiter Richtung A-52, wobei wir zunächst links neben ihr herlaufen. Bald erreichen wir die Kreisgrenze von *San Cibrao das Viñas* und nach gut 6,5 km und vor der A-52 eine große Tankstelle mit einem Café und gesalzenen Preisen. Wir setzen unseren Weg unter der Autobahnbrücke hindurch fort und gehen an der folgenden weiteren Tankstelle mit einem Hotel vorbei geradeaus weiter. Auf fast der gesamten Strecke bis zum Ortsausgang von *Curras* wird die *Carretera* von einem Bürgersteig begleitet.

Bei einem Steinhaus links mit dem Straßenschild „Lugar Curras" und einem Stromverteilungskasten wenden wir uns nach links zum Dorf **Curras** hinunter, km 7,4. Die nächste Gemeinde an der Straße heißt **Rante** (km 8,4) und kurz hinter deren Ortseingangsschild wenden wir uns nach links Richtung *Ourense* und *San Cibrao das Viñas*. Nach ca. 12 km gehen wir nach **San Cibrao das Viñas** hinein und bleiben zunächst auf der *Rua Principal*, in der sich auch Cafés und Restaurants befinden. Nach 12,2 km liegt rechts an der Straße die Pilgerkapelle ✝ *Capilla de San Roque*. Danach geht es die Straße hinunter und an der links liegenden ✝ *Iglesia Parroquial* vorbei. Dahinter lassen wir die nach links abzweigende und nach *Celanova* zurückführende OU-540 außer Acht und gehen weiter abwärts, um erst nach 13 km bei einer Steinbank unter drei Laubbäumen und dem Km-Schild 2 der OU-0517 nach links auf die Straße *Lugar A Farixa* abzubiegen. Wir befinden uns jetzt auf der später von der N-525 kurz unterbrochenen Trasse des *Camino Romano* nach Ourense.

Nach etwa 13,6 km überqueren wir die Autobahn und gehen in dem Ortsteil **Madrigal** von *San Cibrao* die Straße geradeaus hinunter, erreichen kurz darauf die Stadtgrenze von *Ourense* und können die Großstadt vor uns hingebreitet sehen. Bei km 15,5 steht links an einem Kreisverkehr ein *McDonald's*. Dort überqueren wir die Fußgängerbrücke nach rechts und folgen dahinter dem Wegweiser „Fábrica de Maderas" nach rechts auf eine kleine Straße. Auf dieser gehen wir vor einem grünen Tor nach links und später vor einem ansehnlichen Haus mit mehreren grünen Toren und einer Palme davor nach links wieder auf den *Camiño Romano*, laufen dann die *Rua dos Cantos* rechts hinunter, bis wir nach 16,3 hinter einem Hochkreuz links im Ortsteil **Polvorin** auf eine quer verlaufende Straße treffen, der wir erst nach rechts und dann links hinunter folgen. Unten sehen wir links am *Camiño da Pasarda* wieder den vertrauten Wegweiser des *Camino Natural* und folgen ihm Richtung *Ourense* in die Stadt hinein. Unter einer Straßenbrücke hindurch gehen wir auf einem hölzernen Steg ein Stück am *Rio Barbaña* entlang und überqueren ihn dann nach 16,7 km auf einer Brücke mit Metallgeländer nach links. Anschließend gehen wir nach rechts und dann wieder rechts auf der *Rua das Camélias* weiter.

Nach 17,2 km überqueren wir eine Brücke mit hohen Bäumen dahinter nach rechts und gehen dahinter gleich nach links hinunter zum Ufer, dem wir nach rechts folgen. Unter einer roten Fußgängerbrücke hindurch gehen wir nach 17,6 km in Verlängerung der nächsten Straßenbrücke nach rechts den *Camiño Portocarreiro* hinauf (der jedoch hier noch nicht angeschrieben steht), dann über die *Rua Dr. Alexander Fleming* hinweg zur *Rua do Progreso* hinauf, die wir vor dem erzbischöflichen Palais überqueren, um anschließend die *Rua Cruz Vermella* bzw. *Calle de la Cruz Roja* hinaufzugehen. Vorbei an der rechts befindlichen *Oficina de Turismo* überqueren wir schließlich die *Rua do Paseo* bzw. *Calle del Paseo*.

☺ Schräg rechts oben sehen Sie einen auf einer Eule sitzenden, Flöte blasenden Pan. Von unserer Position aus gesehen befinden sich ihm gegenüber Wegweiser u. a. mit der Aufschrift „ruta do Camiño de Santiago". Sollten Sie nach Santiago de Compostela weiterlaufen wollen, dann merken Sie sich diese Kreuzung und prägen Sie sich den (späteren) Rückweg ein. Aus unserer Richtung gesehen, geht es auf dem *Paseo* nach links weiter Richtung Santiago.

Wir setzen unseren Weg fort, biegen aber schon 50 m weiter nach rechts in die *Calle Hermanos Villar* ein. Dort befindet sich neben zwei anderen Unterkünften das empfehlenswerte *Irixo* Hotel und die verführerische *Chocolateria Cándido* mit Tischen auf dem ruhigen Platz davor, km 18,1. Zur Pilgerherberge gehen wir geradeaus weiter, biegen dann nach links auf die *Praza Santa Eufemia* ein und folgen schließlich der *Rua Juan de Austria* an der Nordseite der Kathedrale entlang bis zu einer Treppe, die ab hier treffend „Rua da Estrela" heißt, und diese zum erhöht auf der gegenüberliegenden Straßenseite liegenden, mit Bäumen bestandenen Komplex des ehemaligen Franziskanerklosters "Complejo Cultural de San Francisco" hinauf. Überqueren Sie die Straße oberhalb der Treppe auf dem *Zebrastreifen*, um nicht noch auf den letzten Metern zu verunglücken. Wir und nun auch Sie erreichen unser **Ziel** nach 18,4 km. Der Weg von *Celanova* hierhin betrug damit insgesamt 29,6 km.

Ourense

BANK ⌘

⇧ 125 m, 110.000 Ew.

Oficina de Turismo, Rua Cruz Vermella/Ecke Rua Isabel la Católica auf dem Weg in die Stadt (vorstehend), ☏ 988 366 064, Mo bis Fr 9:00 bis 14:00 und 16:00 bis 20:00, Sa und So 11:00 bis 14:00,
http://turismodeourense.gal/recurso/oficina-municipal-turismo/

Albergue de Peregrinos, Antiguo Convento de San Francisco, Calle Emilia Pardo Bazán, ab 13:00 bis 22:00, 36 Liegen (+4 für Behinderte), Küche/Speiseraum, Aufenthaltsraum, Gebühr € 5, Pilgerausweis obligatorisch! (kann dort ausgestellt werden)

Empfehlenswert: Hotel Irixo, Calle Hermanos Villar, 15, ☏ 988 25 46 20, info@hotelirixo.es. Nettes, kleines Hotel, in dessen Altbau (*zona antigua*) man günstig übernachten kann; EZ € 25 am Küchenschacht, sonst € 30, DZ € 40. Freundliches, Englisch sprechendes Personal.

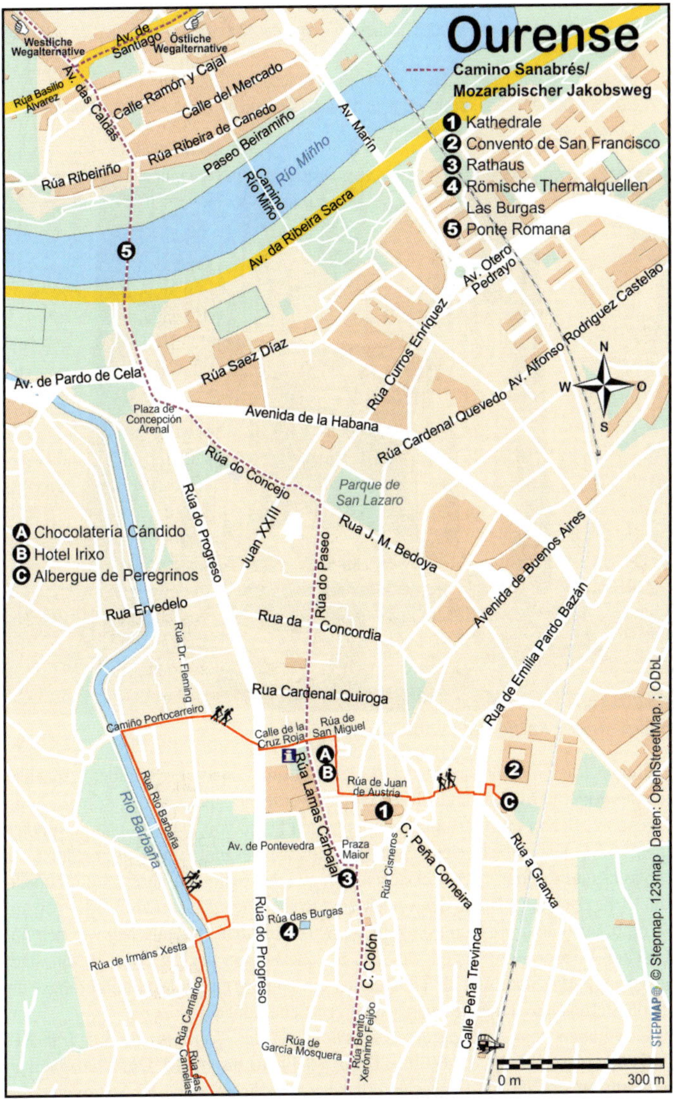
Ourense
Camino Sanabrés/
Mozarabischer Jakobsweg
1 Kathedrale
2 Convento de San Francisco
3 Rathaus
4 Römische Thermalquellen
Las Burgas
5 Ponte Romana
A Chocolatería Cándido
B Hotel Irixo
C Albergue de Peregrinos
Westliche Wegalternative
Östliche Wegalternative
Av. de Santiago
Rúa Basilio Álvarez
Av. das Caldas
Calle Ramón y Cajal
Calle del Mercado
Rúa Ribeira de Canedo
Paseo Beiramiño
Rúa Ribeiriño
Av. Marín
Río Miño
Camino Río Miño
Av. da Ribeira Sacra
Av. Otero Pedrayo
Rúa Curros Enríquez
Av. Alfonso Rodriguez Castelao
Rúa Saez Díaz
Av. de Pardo de Cela
Plaza de Concepción Arenal
Avenida de la Habana
Rúa Cardenal Quevedo
N
W
O
S
Rúa do Concejo
Parque de San Lazaro
Rúa do Progreso
Juan XXIII
Rúa do Paseo
Rua J. M. Bedoya
Avenida de Buenos Aires
Rua Ervedelo
Rua da Concordia
Rúa de Emilia Pardo Bazán
Rúa Dr. Fleming
Rua Cardenal Quiroga
Camiño Portocarreiro
Calle de la Cruz Roja
Rúa de San Miguel
Rúa Lamas Carbajal
Rúa de Juan de Austria
Rúa Río Barbaña
Río Barbaña
C. Peña Corneira
Rúa a Granxa
Av. de Pontevedra
Praza Maior
Rúa Cisneros
Rúa das Burgas
Rúa de Irmáns Xesta
C. Colón
Calle Peña Trevinca
Rúa Carrarico
Rúa das Camelias
Rúa de García Mosquera
Rúa Benito Xerónimo Feijóo
0 m
300 m
STEPMAP © Stepmap. 123map Daten: OpenStreetMap ; ODbL

In der danebenliegenden „Chocolatería Cándido", ☏ 988 229 607, kostet das DZ € 36 (das EZ € 30); dort können Sie auch genüsslich einige der Kalorien ersetzen, die Sie unterwegs verloren haben.

Busse in alle Himmelsrichtungen, Estación de Autobuses, Ctra. Vigo

Estación de Ferrocarril, Schnellzüge u. a. nach Santiago de Compostela und Madrid, www.renfe.es und www.bahn.de.

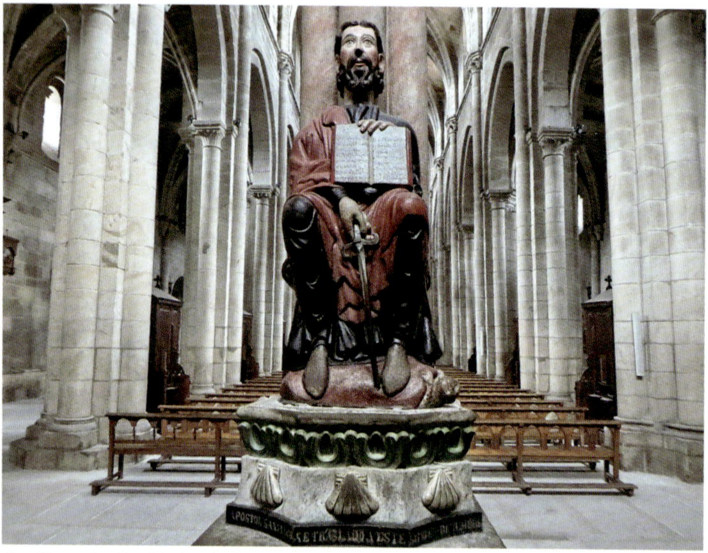

Santiago in der Kathedrale von Ourense (RK)

Ourense trägt den Beinamen „la ciudad del oro", Stadt des Goldes. Angeblich wegen des vom Rio Minho mitgeführten Goldes wurde die Stadt von den Römern „Aurium" genannt. Schon im Altertum durch ihre auch heute von Pilgern noch gern aufgesuchten, 67°C heißen Schwefelquellen (*Las Burgas*) bekannt, war Ourense im 6. Jh. Bischofssitz und Residenz der suebischen Könige (☞ Seite 15), ihre erste urkundlich erwähnte Bezeichnung lautet denn auch *Pariochale Suevum Auriense*. 585 von den Westgoten annektiert, litt Ourense nicht so sehr unter den muslimischen wie den normannischen Invasoren zu Beginn des 11. Jh. Danach ein verschlafenes Provinzstädtchen, gelangte die Stadt erst ab 1850 durch ein umfangreiches Modernisierungs- und Industrialisierungsprogramm zu seiner heutigen Bedeutung.

Gleich neben dem *Albergue de Peregrinos* liegt der *Convento de San Francisco*, Di-Sa 11:30 bis 13:30, 17:00 bis 20:00, So 11:30 bis 13:30. Der Kreuzgang aus dem 14. Jh. ist der am vollständigsten erhaltene in Galicien, seine 63 Spitzbögen werden von Doppelsäulen getragen, deren Kapitelle mit pflanzlichem Dekor, echten und fantastischen Tieren sowie figürlichen Darstellungen geschmückt sind – „precioso, impresionante y sorpredente", wie spanische Besucher ganz zu Recht meinten.

Neben der bereits auf dem Weg hierher erwähnten ⌘ Römerbrücke ist die im 12. und 13. Jh. erbaute ✞ *Catedral San Martín* eine Sehenswürdigkeit ersten Ranges. Ist schon die romanische Bauplastik des Nordportals beeindruckend, durch das man die Kathedrale betritt, so wird sie noch von der meist nur von innen zugänglichen "Paradiespforte" (*Pórtico del Paraíso*) mit dem **Apostel Jakobus** am Mittelpfeiler übertroffen. In den besser erhaltenen Farben lebendiger, erinnern ihre großartigen Skulpturen stilistisch an den *Pórtico de la Gloria* in Santiago de Compostela und machen uns deutlich, wie nah wir dem anfänglich so fern erscheinenden Ziel aller Jakobspilger bereits gekommen sind. 🚪 täglich 10:00 bis 13:00 und 16:30 bis 20:00

Wie geht's weiter?

In Ourense mündet unsere Via Lusitana in den *Camino Sanabrés* (auch *Mozarabischer Jakobsweg* ☞ vordere Umschlagklappe), die Fortsetzung der **Vía de la Plata**. Sollten Sie Ihren Weg nach Santiago fortsetzen wollen, dann folgen Sie beim Verlassen des *Albergue de Peregrinos* zunächst nicht dem kompliziert ausgeschilderten *Camino de Santiago*. Gehen Sie vielmehr den vorstehend beschriebenen Weg zurück bis zur *Rua do Paseo* und folgen Sie ihr nach rechts hinunter zur Römerbrücke, danach halten Sie sich dann an die Markierung. Der *Camino Sanabrés* ist auch auf seinen Alternativen gut markiert. Die Entfernung nach Santiago de Compostela beträgt noch 114 km.

Zum Schluss ...

... möchte ich Sie einladen, so wie bereits viele vor Ihnen den Weg noch einmal zu gehen, vielleicht zu einer anderen Jahreszeit oder nur um Wochen versetzt. Die Via Lusitana wechselt ständig ihr Aussehen, dort, wo gerade noch alles weiß, rosa und violett blühte, erstrahlen die Wiesen nun in einem hellen Gelb, zartes Blau wird abgelöst von blutroten Mohnfeldern, im Vorfrühling ist der Alentejo bedeckt vom Weiß der Zistrosen, im Mai sind die Berge der Tras-os-Montes mit Heidekraut rosa übergossen und die Serras der Beiras glühen dann im Gold des Ginsters. Golden ist auch der Herbst am Douro und in den Trás-os-Montes. Die Via Lusitana verzaubert stets aufs Neue. Lassen Sie mich daher mit denselben Worten schließen wie José Saramago „Die Portugiesische Reise":

„Die Reise geht nie zu Ende. ... Das Ende einer Reise ist nur der Anfang einer neuen. Man muss ansehen, was man noch nicht gesehen hat, noch einmal sehen, was man schon gesehen hat, im Frühling sehen, was man im Sommer gesehen hat, tagsüber sehen, was man bei Nacht gesehen hat, bei Sonne, wenn es beim ersten Mal geregnet hat, die grünen Kornfelder, die reife Frucht, den Stein, der sich verlagert hat, der Schatten, der vorher nicht hier war. Man muss die Wege gehen, die man gegangen ist, sie wiederholen und neue Wege neben ihnen bahnen. Man muss noch einmal zur Reise aufbrechen. Immer wieder."

Dank & Fundstellen

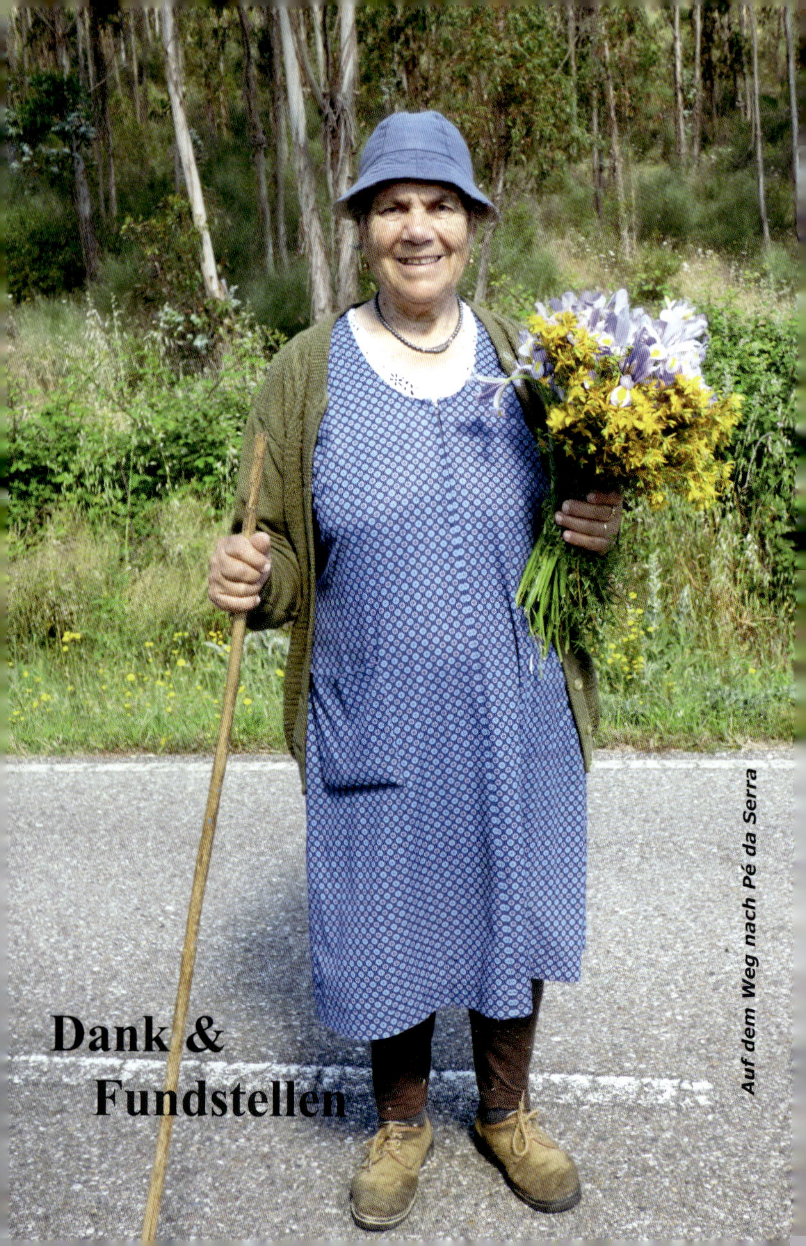

Auf dem Weg nach Pé da Serra

Dank/Agradecimentos

Noch mehr als sein Vorgänger ist dieses Buch ein Gemeinschaftswerk. Viele haben begeistert daran mitgewirkt und durch aufmerksame Beobachtungen dazu beigetragen. Ihnen allen – auch jenen, die ich bei der großen Zahl übersehen habe oder nicht mit Namen kenne – gilt mein tief empfundener Dank.

Evelyne Tichadou hat das Projekt mit der ihr eigenen Selbstlosigkeit von Anfang an unterstützt und mich am Ende auch ein Stück des Weges mit dem Auto begleitet, sodass ich die Beschreibung mehrerer kurzer Etappenstücke ohne viel Zeitaufwand und zu meiner eigenen Beruhigung noch einmal nachprüfen konnte.

Roswitha Gardemann begleitete einen wegen einer äußerst schmerzhaften Sehnenentzündung humpelnden, stöhnenden, mit Diclofenac und Ibuprofen zugedröhnten Autor von Cuba bis zum Tejo, wo er schließlich aufgeben musste – stets gutgelaunt und einfühlsam. Deswegen und nicht wegen der Schmerzen wird mir gerade diese Wanderung unvergesslich bleiben.

Jürgen Jansen hat nicht nur die Via Lusitana für Radfahrer erkundet und dokumentiert, sondern auch einen ahnungslosen Juristen in die Geheimnisse von Garmin und BaseCamp eingeführt. Bei einem gemeinsamen Flug nach Lissabon übertrug er in einer spektakulären Aktion kurzentschlossen seine GPS-Karten auf meinen unerwartet leeren Chip im GPS-Gerät, eine Rettung in letzter Minute. Wann immer ich Fragen habe, kann ich ihn anrufen - er weiß stets Rat. Nein, seine Adresse verrate ich nicht! ☺

Besonderer Dank gilt meinen „Pfadfindern" und „Testläufern", die mit viel Spürsinn neue Wege fanden, begeistert darüber berichteten und/oder neue Wegbeschreibungen voller Elan akribisch überprüften und detailliert Fehler aufzeigten sowie Änderungen oder Alternativen vorschlugen. Sie haben in hohem Maße zum Gelingen dieses Buches beigetragen: Ursula Austermann, Gertraud Bauer, Catherine Laigneau, Janpeter Meindl, Andrea Ruf, Jürgen Salzmann, Klaus Seibert, Helmuth Spengler, Peter Theuer, Jutta und Eckart Winter, Margrit Wipf und Erik Woody.

Ein spezieller Dank gilt dem „Spaziergänger" Wolfgang Timmer, der in scheinbar unwegsamem Gelände abseits des Weges wagemutig Alternativen zu der in der Vorauflage beschriebenen Route suchte und fand. Er war mit einem Zelt unterwegs und konnte deswegen in der Wildnis übernachten. Einige seiner Streckenabschnitte sind jedoch auch für herkömmliche Pilger und Wanderer machbar, ich habe sie gern in den bisherigen Weg integriert. Sie finden seine Route in der Fundstelle 18 gleich im nächsten Kapitel.

Weiterhin danke ich ganz herzlich / *Eu agredeço atenciosamente e cordialmente a* Carolin Alt, *Eduardo Barroso*, Ferdinand Betz, *Dr. Francisco Bilou*, Karin Bindges, *Prof. André Carneiro*, Detlef Charné, Wolfgang Christl, Ulla und Herbert Dederichs, Marcos Fischer, Hildegard Frohn, Gudrun Gerhard, *Fernando Gomes*, Heino von Groote, Markus Gründel, Christian Jahncke, Helmut B. Kampschulte, Petra Kottusch,

Rita und Torsten Kramer-Brennecke, Georg Krause, Rolf Kummer, *Luisa Lemos*, Luc & Helene †, Meir und Pnina Leshem, Will und Lambert van Lieshout, Matthias Meyer, *José Monteiro*, Reginald Muchsel, Stephan Rogalli, Joop Roording, Marcus Schlagnitweit, Helmut Schollenberger, Gertrud und Hanspeter Schwarz, *Diretor Luís Sebastian*, *Padre António Seixeira* †, *António Semedo*, Petra Semper, Siegfried Singrin, Peter Steinle, Joris van Voorst tot Voorst, Ingrid Wecker, Erhard Wegerhoff

und last not least den freundlichen Menschen im GarageLab in Düsseldorf Bilk, die für mich das hoffnungslos verhedderte und verdrehte, aber immens wichtige Band einer Mini-Diktierkassette im Handumdrehen wieder aufspulten – fünf Etappen wurden so gerettet.

Fundstellen

Die nachstehenden Links finden Sie auch am Ende des ☞ **Updates** zu diesem Buch auf 💻 www.conrad-stein-verlag.de – dort brauchen Sie die Links nur anzuklicken.

1) Joel Cleto: 💻 http://obradouro.blogspot.com/2007/10/bibliografia.html
2) Humberto Barquero Moreno: „Vias portuguesas de peregrinação a Santiago de Compostela na Idade Média“, in Revista da Faculdade de Letras, 1986, II Série, v. III, S. 77-89 (im Internet: 💻 ler.letras.up.pt/uploads/ficheiros/2042.pdf),
3) Blog „Caminho do Este de Portugal“: a) Alternative VRSA-Beja: 💻 https://walkingbaesurissantiago.blogspot.pt/2016/03/historia-do-caminho-de-santiago-do-este.html,
b) Allgemein: 💻 https://walkingbaesurissantiago.blogspot.pt/p/jakobs-radweg-ost.html
4) Caminho do Este de Portugal, Tavira – Alcoutim: 💻 http://pt.wikiloc.com/wikiloc/view.do?id=1275458
5) Caminho do Este de Portugal, Alcoutim – Mértola: 💻 http://pt.wikiloc.com/wikiloc/view.do?id=1275495
6) Caminho do Este de Portugal, Mértola-Beja: 💻 http://pt.wikiloc.com/wikiloc/view.do?id=1275446
7) Alternative Vila Real – Terras de Basto – Ourense: Luis De Freixo, Caminos Portugueses a Santiago de Compostela: 💻 www.caminador.es/wp.../1a-preambulo-corregido-04012011.pdf, dann "PREÁMBULO (Formato PDF) anklicken. Dort findet sich eine Auswahl der portugiesischen Jakobswege (auf Spanisch), darunter der „Camino del Este“ mit der Alternative Vila Real –Terras de Basto-Tourém und die „Caminos de Braga“ mit der Alternative über die Römerstraße Via XVII von Braga und Santa Comba de Bande nach Ourense (☞ 44. Etappe).
8) Website Caminho Português Interior de Santiago: 💻 www.cpisantiago.pt/
9) Karte und Tracks CPISantiago: 💻 http://pt.wikiloc.com/wikiloc/view.do?id=3347096
10) Website Camino Torres: 💻 http://caminosantiago.usal.es/torres/. Die Route von Lamego nach Régua finden Sie hier: 💻 http://caminosantiago.usal.es/torres/?page_id=76 (einschl. GPX-Track und kml-Datei).
11) Credencial del Peregrino: 💻 https://oficinadelperegrino.com/en/pilgrimage/the-credencial/ (Englisch)

12) Deutsche St. Jakobus-Gesellschaft: www.deutsche-jakobus-gesellschaft.de
13) PR1 Monte Farinha - Mondim de Basto: http://municipio.mondimdebasto.pt/images/stories/02_turismo/percursos/percurso_sra_graca.pdf
14) Camino Natural: http://www.mapama.gob.es/es/desarrollo-rural/temas/caminos-naturales/caminos-naturales/sector-noroeste/interior-san-rosendo/default.aspx
15) https://pt.wikipedia.org/wiki/Via_Nova
16) La Ruta de la Rainha Santa: www.ourensesiglo21.es/publicaciones/02.pdf
17) João Ricardo Pedro: www.deutschlandfunk.de/joao-ricardo-pedro-vom-ingenieur-zum-bestsellerautor.700.de.html?dram:article_id=315408
18) Alternative Routen „Der Spaziergänger“: www.spazieren.de/PT/NO/pt_no_wand_vl.htm
19) Blog „Parkvogel“: www.parkvogel.de/blog/pilgern-die-zweite/

Bauernhof auf S. 134 unten (UA)

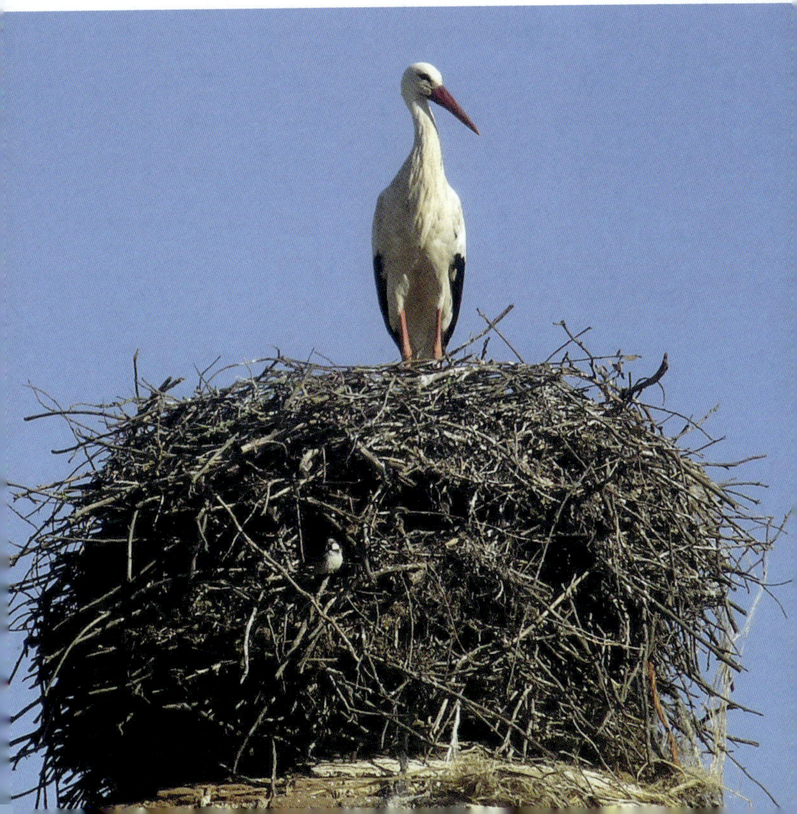

Index

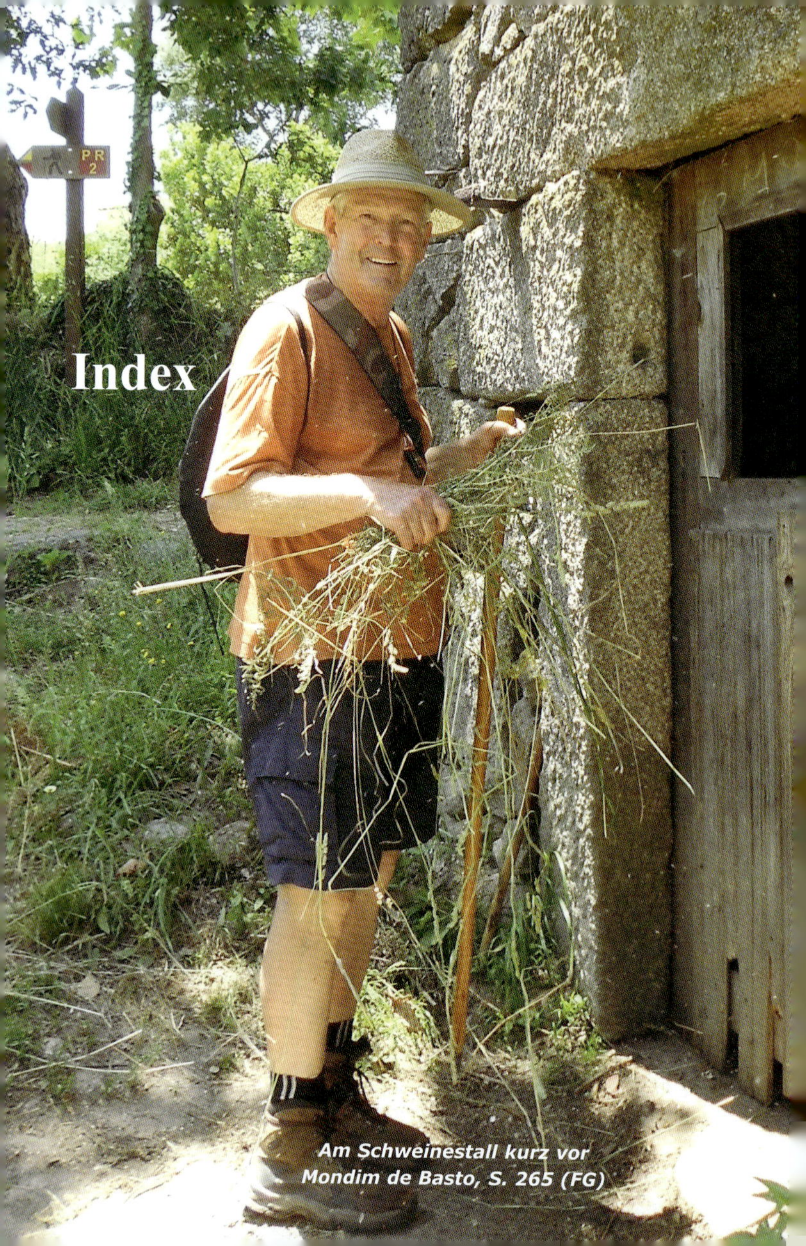

Am Schweinestall kurz vor
Mondim de Basto, S. 265 (FG)

Perl-Eidechse (70 cm) auf dem Monte Farinha

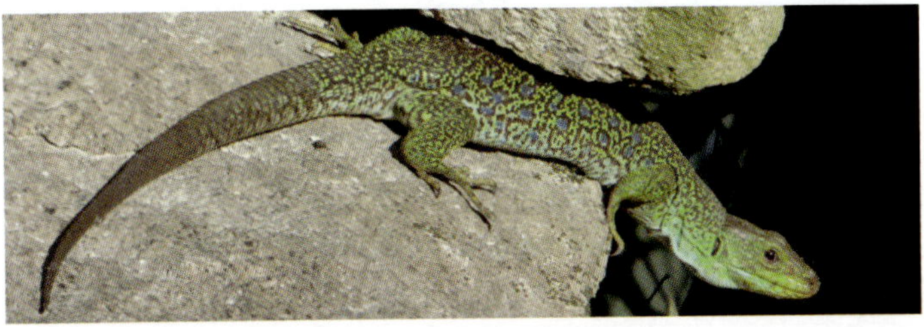